História da
Filosofia

História da Filosofia

Julián Marías

Prólogo de
Xavier Zubiri

Epílogo de
José Ortega y Gasset

Tradução
Claudia Berliner

Revisão técnica
Franklin Leopoldo e Silva

martins fontes

Esta obra foi publicada originalmente em espanhol com o título
Historia De La Filosofía por Alianza Editorial, Madri.
© Julián Marías, 1941.
© 2004, 2015 Livraria Martins Fontes Editora Ltda.,
São Paulo, para a presente edição.

*A presente edição foi traduzida com a ajuda da Dirección General del Libro,
Archivos y Bibliotecas do Ministerio de Educación, Cultura y Deporte, da Espanha.*

Publisher *Evandro Mendonça Martins Fontes*
Coordenação editorial *Vanessa Faleck*
Produção editorial *Carolina Cordeiro Lopes*
Revisão técnica *Franklin Leopoldo e Silva*
Revisão gráfica *Renato da Rocha Carlos*
Sandra Garcia Cortes
Dinarte Zorzanelli da Silva
Diagramação *Studio 3 Desenvolvimento Editorial*

Dados Internacionais de Catalogação na Publicação (CIP)
(Câmara Brasileira do Livro, SP, Brasil)

Marías, Julián, 1914-2005.
    História da filosofia / Julián Marías ; prológo de Xavier Zubiri ; epílogo de José Ortega y Gasset ; tradução Claudia Berliner ; revisão técnica Franklin Leopoldo e Silva. – 2. ed. – São Paulo : Martins Fontes - selo Martins, 2015.

    Título original: Historia de la filosofía.
    Bibliografia.
    ISBN 978-85-8063-219-4

    1. Filosofia – História I. Zubiri, Xavier. II. Ortega y Gasset, José.
III. Título.

15-02588   CDD-109

Índice para catálogo sistemático:
    1. Filosofia : História 109

Todos os direitos desta edição reservados à
Martins Editora Livraria Ltda.
Av. Dr. Arnaldo, 2076
01255-000 São Paulo SP Brasil
Tel. (11) 3116.0000
info@emartinsfontes.com.br
www.emartinsfontes.com.br

Em memória de meu mestre
D. Manuel García Morente
que foi decano e alma da Faculdade de
Filosofia e Letras onde conheci a Filosofia.

Sumário

Prólogo à primeira edição XVII
Reflexão sobre um livro próprio (*Prólogo à tradução inglesa*) XXIX

História da filosofia

Introdução 3
  Filosofia 3
  A ideia de filosofia 4
  Origem da filosofia 5
  A filosofia e sua história 7
  Verdade e história 8

Filosofia grega

OS PRESSUPOSTOS DA FILOSOFIA GREGA 11

I. OS PRÉ-SOCRÁTICOS 13

1. **A escola de Mileto** 13
  O movimento 14
  Tales de Mileto 15
  Anaximandro 16
  Anaxímenes 17

2. **Os pitagóricos** 17
  Pitágoras 17
  A escola pitagórica 18
  A matemática 19

3. **Parmênides e a escola de Eleia** 21
  Xenófanes 21
  Parmênides 22
  O poema 23
  Os atributos do ente 25
  A opinião 25
  Ontologia ou metafísica 26
  Zenão 27
  Melissos 28
  A influência de Parmênides 29

4. **De Heráclito a Demócrito** 29
  O problema geral 29
  a) *Heráclito* 30
    Vida e caráter 30
    O devir 31
    Τὸ σοφόν 31
  b) *Empédocles* 32
    Vida 32
    Cosmologia 33
    Biologia 33
    As quatro raízes 33
    O amor e o ódio 34
  c) *Anaxágoras* 34
    Vida 34
    As homeomerias 35
    O "noûs" 36
  d) *Demócrito* 36
    Os atomistas 36
    Os átomos 37
    Materialismo 37
    O conhecimento 37

II. A SOFÍSTICA E SÓCRATES	39
1. *Os sofistas*	39
Protágoras	41
Górgias	42
2. *Sócrates*	42
A figura de Sócrates	42
O saber socrático	43
A ética socrática	44
A transmissão do pensamento socrático	45
III. PLATÃO	47
Vida	47
Escritos	47
1. *As ideias*	48
A descoberta	48
O ser das ideias	51
O conhecimento	52
2. *A estrutura da realidade*	54
O mito da caverna	54
O esquema dos dois mundos	55
O sentido do mito	56
3. *Os problemas da teoria das ideias*	56
O ser e o ente	56
A comunidade das ideias	58
O bem	58
O ente como gênero	59
4. *O homem e a cidade*	59
Doutrina da alma	60
Ética	60
A cidade	60
5. *A filosofia*	62
IV. ARISTÓTELES	65
Vida	65
Obras	67
1. *Os graus do saber*	68
2. *A metafísica*	70
O ente enquanto tal	70
Deus	71
A substância	72
3. *Os modos do ser*	73
A analogia do ente	73
Os quatro modos	73
"Per se" e "per accidens"	73
Categorias	74
O verdadeiro e o falso	74
A potência e o ato	75
4. *A substância*	76
Matéria e forma	77
O movimento	78
As causas	79
Deus	79
O ente como transcendental	80
A essência	81
5. *A lógica*	82
O "lógos"	82
O conteúdo do "órganon"	83
6. *A física*	85
A ciência física	85
A natureza	85
7. *A doutrina da alma*	86
A essência da alma	86
A estética	88
8. *A ética*	88
O bem supremo	88
A felicidade	89
A vida contemplativa	89
As virtudes	90
9. *A política*	90
A sociedade	90
A linguagem	91
Sociedade e Estado	92
A organização do Estado	92
V. O IDEAL DO SÁBIO	95
1. *Os moralistas socráticos*	98
a) Os cínicos	98
b) Os cirenaicos	99
2. *O estoicismo*	100
As etapas do estoicismo	100
A doutrina estoica	100
O cosmopolitismo antigo	102

3. O epicurismo	104
4. Ceticismo e ecletismo	106
VI. O NEOPLATONISMO	109
Plotino	109
Os filósofos neoplatônicos	111

O cristianismo

CRISTIANISMO E FILOSOFIA	115
I. A PATRÍSTICA	117
As fontes filosóficas da patrística	118
Os problemas	118
Os gnósticos	119
Os apologetas	120
Justino	120
Tertuliano	120
Os padres gregos	121
Clemente de Alexandria	121
Orígenes	121
II. SANTO AGOSTINHO	123
1. A vida e a pessoa	123
Obras	125
2. A filosofia	126
A formulação do problema	126
Deus	126
A alma	127
O homem no mundo	128
3. A significação de Santo Agostinho	130

Filosofia medieval

I. A ESCOLÁSTICA	135
1. A época de transição	135
2. O caráter da Escolástica	137
A forma externa	138
Filosofia e teologia	139
II. OS GRANDES TEMAS DA IDADE MÉDIA	141
1. A criação	141
2. Os universais	143
3. A razão	147
III. OS FILÓSOFOS MEDIEVAIS	151
1. Scotus Erigena	151
De Scotus Erigena a Santo Anselmo	153
2. Santo Anselmo	154
Personalidade	154
Fé e razão	155
O argumento ontológico	156
3. O século XII	158
A escola de Chartres	159
Abelardo	160
Os vitorinos	161
Hugo de São Vítor	161
Ricardo de São Vítor	162
As heresias do século XII	163
4. As filosofias orientais	164
a) A filosofia árabe	165
Seu caráter	165
Os filósofos árabes no Oriente	166
Os filósofos árabes espanhóis	167
b) A filosofia judaica	168
5. O mundo espiritual do século XIII	170
O surgimento de Aristóteles	170
A fundação das Universidades	172
As ordens mendicantes	172
6. São Boaventura	173
Personalidade	173
Doutrina	174
Discípulos de São Boaventura	175
7. A filosofia aristotélico--escolástica	176
a) Santo Alberto Magno	177
Vida e escritos	177

A obra de Alberto Magno 178
b) *Santo Tomás de Aquino* 179
   Vida e obras 179
   A relação com Aristóteles 180
   Filosofia e teologia 182
   Divisão da filosofia 183
   A metafísica 183
   A alma 185
   A moral 186
   A acolhida do tomismo 186
   O neotomismo 187
8. **Roger Bacon** 188
   Personalidade 188
   Doutrina 189
9. *A filosofia cristã na Espanha* 189
   Raimundo Lúlio 190
10. **Duns Escoto e Ockham** 191
    a) *Duns Escoto* 192
       Vida e obras 192
       Filosofia e teologia 192
       A metafísica escotista 193
    b) *Ockham* 194
       Sua personalidade 194
       A filosofia de Ockham 194
11. **Mestre Eckhart** 195
12. *A última fase da filosofia medieval* 196
    Os ockhamistas 197
    O averroísmo 197
    A mística especulativa 198
    O século XV 198

Filosofia moderna

O Renascimento 203

I. O MUNDO RENASCENTISTA 203

1. *O contexto espiritual* 203
2. *O pensamento humanista* 206
   Itália 206
   França 207
   Espanha 207
   Inglaterra 208
   Holanda 208
   Alemanha 209

II. O COMEÇO DA FILOSOFIA MODERNA 211

1. *Nicolau de Cusa* 212
   Personalidade 212
   Filosofia 212
2. *Giordano Bruno* 216
   Vida 216
   Doutrina 216
3. *A física moderna* 217
   Os fundadores da nova ciência da natureza 217
   Nicolau Copérnico 217
   Johannes Kepler 217
   Galileu Galilei 218
   Isaac Newton 218
   A natureza 219
   O método 219
4. *A Escolástica espanhola* 221
   Os teólogos 222
   Suárez 223

O idealismo do século XVII 227

I. DESCARTES 229
   A vida e a pessoa 229
   Obras 230

1. *O problema cartesiano* 231
   A dúvida 231
   A teologia 232
2. *O homem* 233
   O "cogito" 233
   O critério de verdade 234
3. *Deus* 234
   O "gênio maligno" 234
   A demonstração de Deus 235
   A comunicação das substâncias 237
   A razão e o ser 237

O problema da substância 238
4. O mundo 240
   A "res extensa" 240
   Biologia 241
5. Racionalismo e idealismo 241

II. O CARTESIANISMO NA FRANÇA 243
1. Malebranche 243
   Personalidade 243
   Obras 244
   O ocasionalismo 244
2. Os pensadores religiosos 246
   Os jansenistas 247
   Pascal 247
   Bossuet 248
   Fénelon 249

III. ESPINOSA 251
   Vida e escritos 251
1. Metafísica 252
   O ponto de partida 252
   A substância 252
   Deus 253
   A comunicação das substâncias 253
2. Ética 254
   O plano da "Ética" 254
   O homem 254
3. O ser como esforço de perduração 255

IV. LEIBNIZ 257
   Personalidade 257
   Obras 258
1. A situação filosófica de Leibniz 258
2. A metafísica leibniziana 260
   Dinamismo 260
   As mônadas 260
   A harmonia preestabelecida 262
   O papel de Deus 263

3. O conhecimento 264
   Percepção e apercepção 264
   Verdades de razão e verdades de fato 264
   A noção individual 265
   O inatismo 265
   A lógica 266
4. Teodiceia 266
   O otimismo metafísico 266
   A liberdade 267
   Deus na filosofia do século XVII 268

O empirismo 269
I. A FILOSOFIA INGLESA 269
1. Francis Bacon 270
   Vida e escritos 270
   Sua doutrina 270
2. Hobbes 272
   A doutrina do Estado 273
3. O deísmo 275
   A religião natural 275
   A moral natural 276
4. Locke 277
   Vida e escritos 277
   As ideias 277
   A moral e o Estado 278
5. Berkeley 279
   Vida e obras 279
   Metafísica de Berkeley 280
6. Hume 281
   Personalidade 281
   Sensualismo 281
   Ceticismo 282
7. A escola escocesa 283

II. O ILUMINISMO 285
1. O Iluminismo na França 286
   a) A Enciclopédia 286
   Pierre Bayle 286
   Os enciclopedistas 287

O sensualismo e o materialismo	287
Voltaire	288
Montesquieu	289
b) Rousseau	290

2. A "Aufklärung" na Alemanha ... 291
   Wolff ... 291
   A estética ... 292
   Lessing ... 292
   A transição para o idealismo alemão ... 292

3. A doutrina da história em Vico ... 293

4. Os iluministas espanhóis ... 294

III. A formação da época moderna ... 297

1. A filosofia e a história ... 297

2. O Estado racionalista ... 298
   O absolutismo ... 298
   A diplomacia ... 298

3. A Reforma ... 299
   O livre exame ... 299
   O problema da Reforma ... 300

4. A sociedade moderna ... 301
   a) A vida intelectual ... 302
   O tipo de intelectual ... 302
   O tema da natureza ... 303
   A unidade intelectual da Europa ... 304
   b) A transformação social ... 304
   As novas classes ... 304
   Natureza e graça ... 305
   A Revolução Francesa ... 306

5. A perda de Deus ... 307

O idealismo alemão ... 311

I. Kant ... 311
   A) A doutrina kantiana ... 311
   Vida e escritos de Kant ... 311

1. Idealismo transcendental ... 313
   As fontes de Kant ... 313
   O conhecimento transcendental ... 313
   A razão pura ... 314

2. A "Crítica da razão pura" ... 315
   a) Os juízos ... 315
   Juízos analíticos e juízos sintéticos ... 316
   Juízos "a priori" e "a posteriori" ... 316
   b) O espaço e o tempo ... 317
   Intuições puras ... 317
   A matemática ... 317
   c) As categorias ... 318
   Os juízos e as categorias ... 318
   A física pura ... 319
   d) A crítica da metafísica tradicional ... 320
   A metafísica ... 320
   O argumento ontológico ... 320
   As ideias ... 321

3. A razão prática ... 322
   Natureza e liberdade ... 322
   O "factum" da moralidade ... 322
   Os objetos da metafísica ... 323
   O imperativo categórico ... 323
   A pessoa moral ... 324
   O primado da razão prática ... 324
   Teleologia e estética ... 325

B) O problema do kantismo ... 325

1. As interpretações da filosofia kantiana ... 325
   A metafísica ... 325
   O passado filosófico ... 326
   a) O idealismo alemão ... 327
   b) O neokantismo ... 327
   c) A filosofia atual ... 328

2. O conhecimento ... 329

3. O ser ... 330
   O ser e o ente ... 330
   O ser transcendental ... 332
   Deus ... 332

4. A filosofia	334
Conceito mundano da filosofia	334
II. FICHTE	337
Personalidade e obras	337
1. A metafísica de Fichte	338
Kant e Fichte	338
O eu	339
A realidade	341
2. O idealismo de Fichte	341
"Tathandlung"	341
Intuição e conceito	341
Idealismo	342
O saber	342
III. SCHELLING	343
Vida e obras	343
As fases da filosofia de Schelling	344
Personalidade filosófica	344
Natureza e espírito	344
A identidade	345
A metafísica da liberdade	345
A religião positiva	346
IV. HEGEL	347
Vida e obras	347
1. Esquema da filosofia hegeliana	348
2. A "Fenomenologia do espírito"	350
O saber absoluto	350
Dialética	350
3. A lógica	350
O sentido da Lógica	350
Os estágios do pensamento hegeliano	351
A marcha da dialética	352
O problema do panteísmo	353
A ontologia hegeliana	354
4. A filosofia da natureza	354
A natureza	354
Os estágios	354
5. A filosofia do espírito	355
O espírito em Hegel	355
Os estágios do espírito	355
a) O espírito subjetivo	356
b) O espírito objetivo	357
O direito	357
A moralidade	357
A eticidade	357
O Estado	358
A história universal	358
c) O espírito absoluto	359
O absoluto e o pensar	360
Os estágios do espírito absoluto	360
V. O PENSAMENTO DA ÉPOCA ROMÂNTICA	363
1. Os movimentos literários	363
2. A escola histórica	364
3. Schleiermacher e a filosofia da religião	365
Personalidade de Schleiermacher	365
A religião	365
Teólogos posteriores	365
4. Derivações do idealismo	366
Herder	366
Jacobi	366
Herbart	367
Krause	368
Sanz del Río	369
O socialismo	369
5. Schopenhauer	372
Personalidade	372
O mundo como vontade e representação	373
A filosofia no século XIX	375
I. A SUPERAÇÃO DO SENSUALISMO	379
1. Maine de Biran	380
Situação filosófica	380
Metafísica	380

2. *O espiritualismo* 381
   Os ecléticos 381
   Os tradicionalistas 381
   Balmes 382
II. O POSITIVISMO DE COMTE 385
   Personalidade 385
   1. *A história* 386
      A lei dos três estados 386
      Relativismo 387
   2. *A sociedade* 387
      O caráter social do
      espírito positivo 387
      A sociologia 388
      A religião da humanidade 388
   3. *A ciência* 389
      A enciclopédia das
      ciências 389
      A filosofia 390
   4. *O sentido do positivismo* 390
III. A FILOSOFIA DE INSPIRAÇÃO
   POSITIVISTA 393
   1. *Os pensadores franceses* 393
   2. *A filosofia inglesa* 394
      "O utilitarismo" 394
      O evolucionismo 395
      Herbert Spencer 395
   3. *A época positivista na
      Alemanha* 396
      O materialismo 396
      As tentativas de superação 396
      O neokantismo 397
IV. A DESCOBERTA DA VIDA 399
   1. *Kierkegaard* 399
   2. *Nietzsche* 401
      Personalidade 401
      O dionisíaco e o apolíneo 402
      O eterno retorno 402
      O super-homem 402
      A moral dos senhores e a
      moral dos escravos 403

V. A VOLTA À TRADIÇÃO
   METAFÍSICA 405
   1. *As primeiras tentativas* 406
      Bolzano 406
      Rosmini e Gioberti 406
   2. *Gratry* 408

A filosofia de nosso tempo 411
I. BRENTANO 411
   1. *O lugar de Brentano na
      história da filosofia* 411
      Personalidade 411
      A situação filosófica de
      Brentano 412
   2. *A psicologia* 413
      Fenômenos físicos e
      psíquicos 413
      O método de Brentano 414
      Classificação dos
      fenômenos psíquicos 414
      A percepção 415
   3. *A ética* 416
      A sanção 416
      O critério moral 416
      Evidência 416
      O amor justo 417
   4. *A existência de Deus* 418
      A significação de Brentano 418
II. A IDEIA DA VIDA 419
   1. *Dilthey* 419
      Personalidade e escritos 419
      O ponto de vista de
      Dilthey 420
      A vida humana 422
      A filosofia 424
      O sentido da filosofia
      diltheyana 425
   2. *Simmel* 426
      Vida e escritos 426
      A vida como
      transcendência 426

O tempo	427
A essência da vida	428
3. Bergson	**429**
Personalidade	429
O espaço e o tempo	429
A inteligência e a intuição	430
O "elã vital"	431
4. Blondel	**432**
5. Unamuno	**433**
Vida e escritos	433
O problema	434
O método	434

III. A FILOSOFIA DE LÍNGUA INGLESA — 437

1. *O pragmatismo* — 437
   Peirce — 438
   James — 440
   Os continuadores do pragmatismo — 442
2. *O personalismo* — 442
3. *Tendências atuais* — 443
   Santayana — 443
   Alexander — 444
   Whitehead — 444
   Russell — 444
   Os movimentos mais recentes — 445

IV. A FENOMENOLOGIA DE HUSSERL — 449
   Husserl e sua escola — 449

1. *Os objetos ideais* — 450
   O psicologismo — 450
   A fenomenologia — 451
   O ser ideal — 452
   Problemas do ser ideal — 452
2. *As significações* — 453
   Palavra, significação e objeto — 453
   Intenção e preenchimento — 453
3. *O analítico e o sintético* — 454
   Todo e parte — 454
   Implicação e complicação — 454
   Juízos analíticos e sintéticos. — 455
4. *A consciência* — 455
   Vivência intencional — 455
   A redução fenomenológica — 456
   As essências — 457
5. *A fenomenologia como método e como tese idealista* — 457
   A definição completa — 457
   O método — 458
   O idealismo fenomenológico — 458
6. *A filosofia fenomenológica* — 458
   A filosofia como ciência rigorosa — 458
   Ideia do mundo e ciência — 459
   Filosofia transcendental — 460
   A egologia pura — 460
   A intersubjetividade monadológica — 462
   Espaço e tempo — 462
   Os problemas da filosofia fenomenológica — 463

V. A TEORIA DOS VALORES — 465

1. *O problema do valor* — 465
   O ponto de partida — 465
   Objetividade do valor — 466
   Valores e bens — 467
   Irrealidade do valor — 467
   Características do valor — 467
   Percepção e cegueira para o valor — 468
   Ser e valer — 468
2. *Scheler* — 469
   Personalidade e escritos — 469
   A filosofia de Scheler — 470
3. *Hartmann* — 471

VI. A FILOSOFIA EXISTENCIAL DE HEIDEGGER — 473
   Personalidade e obras — 473

1. **O problema do ser** 475
   Ser e tempo 475
   Ser e ente 475
   O existir e o ser 476
   Existir e mundo 476
   A analítica do existir 477
   O método de Heidegger 477
   A filosofia 477
2. **O análise do existir** 478
   A essência do existir 478
   O "estar no mundo" 478
   O mundo 479
   A coexistência 479
   A existência cotidiana 480
   A existência autêntica 480
   A verdade 480
   A morte 482
   A temporalidade 483
3. **O "existencialismo"** 485
   Jaspers 486
   Buber 487
   Marcel 487
   Sartre 489

VII. ORTEGA E SUA FILOSOFIA DA RAZÃO VITAL 493

1. **A figura de Ortega** 493
   Vida 493
   Estilo intelectual 494
   Obras 495
2. **A gênese da filosofia orteguiana** 497
   a) *A crítica do idealismo* 497
   Realismo e idealismo 497
   O eu e as coisas 498
   A consciência 499
   b) *As etapas da descoberta* 500
   Eu e circunstância 500
   Perspectivismo 501
   Razão e vida 502
3. **A razão vital** 503
   A realidade radical 503
   Razão vital e razão histórica 504
   A filosofia 506
4. **A vida humana** 508
   Eu e o mundo 508
   O projeto vital 509
   A moral 510
5. **A vida histórica e social** 511
   A historicidade da vida humana 511
   As gerações 511
   O homem e a gente 512
   O interindividual e o social 513
   Os usos 513
   Sociedade e dissociação 514
6. **A Escola de Madri** 515
   Morente 516
   Zubiri 517
   Gaos 519
   Ferrater 520

Apêndice bibliográfico 523

Epílogo de José Ortega y Gasset 541

Prólogo à primeira edição

É com o maior carinho, querido Marías, que aceito apresentar ao público espanhol este livro, destinado a essa juventude de que você ainda faz praticamente parte. E o carinho se funde com a profunda satisfação de sentir que as palavras de uma cátedra não caíram totalmente no vazio, e serviram em parte para nutrir uma vida intelectual, que emerge cheia de entusiasmo e viço e se afirma pairando acima de todas as vicissitudes a que o planeta se encontra submetido. Presenciei suas primeiras curiosidades, guiei seus primeiros passos, endireitei algumas vezes suas sendas. Ao me despedir de você, já a caminho da maturidade, fi-lo com a paz e o sossego de quem sente ter cumprido uma parcela da missão que Deus lhe deu neste mundo.

Peço que me desculpe por este orgulho vir envolto nas ondas de terror que invadem quem tem quinze anos a mais que você. Terror de ver estampados, em alguns lugares, pensamentos que, em seu momento, podem ter servido numa cátedra ou no diálogo de um seminário, mas que, destituídos de maturidade, não estavam destinados a um público de leitores. Alguns, talvez, já não os comparta; você me conhece o suficiente para que isso não lhe cause estranheza. Estive várias vezes a ponto de deixar correr minha pena na margem de suas páginas. Detive-me. Decididamente, um livro sobre o conjunto da história da filosofia quiçá só possa ser escrito em plena mocidade, quando o ímpeto propulsor da vida pode mais que a cautela. Simpático gesto de entusiasmo; em definitivo, é algo inerente à essência do discipulado intelectual.

Sua obra tem, ademais, raízes que reavivam minhas impressões de discípulo de um mestre, Ortega, ao magistério de quem também eu devo muito do que há de menos ruim em meu trabalho.

Mas tudo isso são apenas as raízes remotas de seu livro. Resta o livro em si; multidão de ideias, a exposição de quase todos os pensadores e também de algumas épocas são obra pessoal sua. Ao publicá-lo, estou certo de que põe em mãos dos recém-ingressados numa Faculdade de Filosofia um instrumento de trabalho de considerável precisão, que lhes poupará pesquisas difíceis, lhes evitará passos perdidos no vazio e, sobretudo, fará com que se ponham a andar pelo caminho da filosofia. Coisa que para muitos parecerá ociosa, sobretudo quando, ainda por cima, se dirige o olhar para o passado: uma história..., agora que o presente urge, e uma história da filosofia..., de uma suposta ciência, cujo resultado mais evidente é a discordância radical no tocante a seu próprio objeto!

* * *

Contudo, não nos precipitemos.

Ocupar-se da história não é mera curiosidade. Seria se a história fosse uma mera ciência do passado. Mas:

1º A história não é uma mera ciência.

2º Não se ocupa do passado uma vez que este já não existe.

Não é uma simples ciência, mas existe uma realidade histórica. A historicidade é, com efeito, uma dimensão desse ente real que se chama homem.

E esta sua historicidade não provém exclusiva nem primariamente do fato de o passado avançar na direção de um presente e empurrá-lo para o porvir. Esta é uma interpretação positivista da história, absolutamente insuficiente. Supõe, com efeito, que o presente é somente algo que passa, e que passar é não ser o que uma vez foi. A verdade, pelo contrário, consiste antes em que uma realidade atual – portanto, presente –, o homem, está constituída parcialmente por uma posse de si mesma, de tal forma que ao entrar em si se descobre sendo *o que é*, porque teve um passado e está se realizando desde um futuro. O "presente" é essa maravilhosa unidade desses três momentos, cuja sucessiva manifestação constitui a trajetória histórica: o ponto em que o homem, ser temporal, tangencia paradoxalmente a eternidade. Sua íntima temporalidade abre precisamente seu olhar para a eternidade. Com efeito, desde Boécio a definição clássica da eternidade envolve, além da interminabilis vitae, de uma vida interminável, a total simul et perfecta possessio. *Reciprocamente, a realidade do homem presente está constituída, entre outras coisas, por esse ponto de tangência concreto cujo lugar geométrico se chama* situação. *Ao entrarmos em nós mesmos nos descobrimos em uma situação que nos pertence* constitutivamente *e na qual se acha inscrito nosso peculiar destino, algumas vezes escolhido, outras, imposto. E embora a situação não predetermine forçosamente o conteúdo de nossa vida nem de seus problemas, circunscreve evidentemente o âmbito desses problemas e, sobretudo, limita suas possibilidades de solução. Por isso, a história como ciência é muito mais uma ciência do presente que uma ciência do passado.*

No que concerne à filosofia, isso é mais verdadeiro do que poderia ser para qualquer outra ocupação intelectual, porque o caráter do conhecimento filosófico faz dele algo constitutivamente problemático. Ζητουμένη ἐπιστήμη, *o saber que se busca, era como costumava chamá-la Aristóteles. Não estranha que aos olhos do leigo este problema tenha uns ares de discórdia.*

No curso da história encontramos três conceitos distintos de filosofia, que emergem em última instância de três dimensões do homem:

1º A filosofia como um saber sobre as coisas.

2º A filosofia como uma direção para o mundo e para a vida.

3º A filosofia como uma forma de vida e, portanto, como algo que acontece.

Na verdade, essas três concepções da filosofia, que correspondem a três concepções distintas da inteligência, conduzem a três formas absolutamente distintas de intelectualidade. Delas o mundo, e às vezes até o próprio pensador, foi se nutrindo sucessiva ou simultaneamente. As três convergem de uma maneira singular na nossa situação e recolocam, de forma pungente e urgente, o próprio problema da filosofia e da inteligência. Essas três dimensões da inteligência talvez nos tenham chegado distorcidas pelos cursos que a história tomou, e a inteligência começou a pagar em si mesma sua própria deformação. Em sua tentativa de se reformar certamente reservará para o futuro formas novas de intelectualidade. Como todas as precedentes, ainda assim serão defeituosas, ou melhor, limitadas, o que não as desqualifica, porque o homem é sempre o que é graças a suas limitações, que lhe permitem escolher o que pode ser. E ao sentirem sua própria limi-

tação, os intelectuais de então voltarão à raiz de onde partiram, tal como hoje retrocedemos para a raiz de onde partimos. E isto é a história: uma situação que implica outra passada como algo real que possibilita nossa própria situação.

Ocupar-se da história da filosofia não é, pois, simples curiosidade, é o próprio movimento a que se vê submetida a inteligência quando empreende precisamente a ingente tarefa de pôr-se em marcha desde sua raiz última. Por isso a história da filosofia não é extrínseca à própria filosofia, como poderia ser a história da mecânica em relação à mecânica. A filosofia não é sua história; mas a história da filosofia é filosofia; porque a entrada da inteligência em si mesma na situação concreta e radical em que se encontra instalada é a origem e a colocação em marcha da filosofia. O problema da filosofia não é outro senão o próprio problema da inteligência. Com essa afirmação, que no fundo remonta ao velho Parmênides, começou a existir a filosofia na terra. E por isso Platão nos dizia que a filosofia é um silencioso diálogo da alma consigo mesma em torno do ser.

Contudo, dificilmente o cientista comum conseguirá livrar-se da ideia de que a filosofia, se não em toda sua amplitude, pelo menos na medida em que envolve um saber sobre as coisas, se perde nos abismos de uma discórdia que dissolve sua própria essência.

É inegável que no curso de sua história a filosofia entendeu de modos muito diversos sua própria definição como um saber sobre as coisas. E a primeira atitude do filósofo deve consistir em não se deixar levar por duas tendências antagônicas que surgem espontaneamente num espírito principiante: a de tender para o ceticismo ou a de decidir aderir polemicamente a uma fórmula, preferindo-a a outras, tentando até mesmo forjar uma nova. Deixemos essas atitudes para outros. Percorrendo essa rica listagem de definições, é inevitável que sejamos invadidos pela impressão de que algo muito grave pulsa sob essa diversidade. Se forem realmente tão distintas as concepções da filosofia enquanto saber teórico, fica claro que essa diversidade significa precisamente que não só o conteúdo de suas soluções, mas a própria ideia de filosofia continua sendo problemática. A diversidade de definições atualiza em nossa mente o próprio problema da filosofia,

PRÓLOGO À PRIMEIRA EDIÇÃO

como um verdadeiro saber sobre as coisas. E pensar que a existência de semelhante problema pudesse desqualificar o saber teorético é condenar-se para todo o sempre a não entrar nem sequer no saguão da filosofia. No fundo, os problemas da filosofia nada mais são senão o problema da filosofia.

Mas talvez a questão ressurja com nova angústia ao tentar precisar a índole desse saber teorético. Não é uma questão nova. Faz muito tempo, há séculos, a mesma pergunta vem sendo formulada de diversas maneiras: tem a filosofia um caráter científico? *No entanto, essa maneira de apresentar o problema não é indiferente. De acordo com ela, o "saber das coisas" adquire sua expressão plena e exemplar no que se chama "saber científico". E esse pressuposto foi decisivo para o destino da ideia de filosofia nos tempos modernos.*

De fato, sob diversas formas observou-se reiteradas vezes que a filosofia está muito longe de ser uma ciência; que na melhor das hipóteses não passa de uma pretensão a ciência. E isso, quer conduza a um ceticismo em relação à filosofia, quer conduza a um máximo otimismo em relação a ela, como acontece precisamente em Hegel, quando, nas primeiras páginas da Fenomenologia do espírito, *afirma rotundamente que se propõe "colaborar para que a filosofia se aproxime da forma da ciência..., mostrar que chegou o tempo de elevar a filosofia à categoria de ciência"; e quando mais tarde repete resolutamente que é preciso que a filosofia deixe de uma vez por todas de ser um simples amor à sabedoria para se tornar uma sabedoria efetiva. (Para Hegel, "ciência" não significa uma ciência no mesmo sentido que as demais.)*

Com propósito diverso, mas com não menos energia, nas primeiras linhas do prólogo à segunda edição da Crítica da razão pura, *Kant começa dizendo o seguinte: "Se a elaboração dos conhecimentos... segue ou não o caminho seguro de uma ciência, é algo que logo se deixa julgar pelos resultados. Quando após muito preparar-se e equipar-se esta elaboração cai em dificuldades tão logo se acerca do seu fim ou se, para alcançá-lo, precisa frequentemente voltar atrás e tomar um outro caminho; quando se torna igualmente impossível aos diversos colaboradores pôr-se de acordo sobre a maneira como o objetivo comum deve ser perseguido, então se pode estar sempre convicto de que um tal estudo se acha ainda bem longe de ter toma-*

do o caminho seguro de uma ciência, constituindo-se antes num simples tatear..." E diferentemente do que acontece precisamente na lógica, na matemática, na física etc., a metafísica "não teve até agora um destino tão favorável que lhe permitisse encetar o caminho seguro da ciência, apesar de ser mais antiga que todas as demais".

Faz um quarto de século que Husserl publicou um vibrante estudo na revista Logos, intitulado "A filosofia como ciência estrita e rigorosa". Nele, depois de mostrar que seria um contrassenso discutir, por exemplo, um problema de física ou de matemática fazendo entrar em jogo os pontos de vista de seu autor, suas opiniões, suas preferências ou seu entendimento do mundo e da vida, defende vigorosamente a necessidade de também fazer da filosofia uma ciência de evidências apodícticas e absoluta. Em última instância, nada mais faz senão referir-se à obra de Descartes.

Descartes, com grande cautela, mas no fundo afirmando o mesmo, começa seus Princípios de filosofia com as seguintes palavras: "Como nascemos em estado de infância e emitimos muitos juízos a respeito das coisas sensíveis antes de possuir o uso íntegro de nossa razão, somos desviados, por muitos preconceitos, do conhecimento da verdade e acreditamos não ser possível livrar-se deles a não ser tentando pôr em dúvida, pelo menos uma vez na vida, tudo aquilo em que encontremos o menor indício de incerteza."

Desta exposição da questão deduzem-se algumas observações importantes.

1ª Descartes, Kant, Husserl comparam a filosofia e as demais ciências do ponto de vista do tipo de conhecimento que proporcionam: possui ou não possui a filosofia um tipo de evidência apodíctica comparável ao da matemática ou ao da física teórica?

2ª Essa comparação incide depois sobre o método que conduz a tais evidências: possui ou não a filosofia um método que conduza com segurança, por necessidade interna e não só por acaso, a evidências análogas às que obtêm as demais ciências?

3ª Isso conduz finalmente a um critério: na medida em que a filosofia não possui esse tipo de conhecimento e esse método seguro das demais ciências, seu defeito se transforma numa objeção ao caráter científico da filosofia.

Pois bem: diante dessa colocação da questão devemos afirmar energicamente:

1º Que a diferença que Husserl, Kant, Descartes assinalam entre a ciência e a filosofia, embora seja muito profunda, não é, em definitivo, suficientemente radical.

2º Que a diferença entre a ciência e a filosofia não é uma objeção ao caráter da filosofia como um saber estrito sobre as coisas.

Porque, afinal, a objeção à filosofia procede de uma certa concepção da ciência que, sem prévia discussão, se pretende aplicar univocamente a todo saber estrito e rigoroso.

I. A diferença radical que separa a filosofia das ciências não procede do estado do conhecimento científico e filosófico. Escutando Kant, pareceria que a única questão é que, no que se refere a seu objeto, a filosofia, diferentemente da ciência, ainda não conseguiu dar nenhum passo firme que nos leve a seu objeto. E dizemos que essa diferença não é bastante radical porque, ingenuamente, pressupõe-se nela que o objeto da filosofia está aí, no mundo, e que a única coisa a fazer é encontrar o caminho seguro que nos leve a ele.

A situação seria muito mais grave caso se constatasse que o problemático é o próprio objeto da filosofia: existe o objeto da filosofia? É isso o que separa radicalmente a filosofia de todas as outras ciências. Se, por um lado, estas partem da posse de seu objeto e simplesmente procuram estudá-lo, a filosofia, por sua vez, tem de começar por justificar ativamente a existência de seu objeto; sua posse é o término e não o pressuposto de seu estudo, e ela só pode se manter reivindicando constantemente sua existência. Quando Aristóteles a chamava ζητουμένη ἐπιστήμη, entendia que o que se buscava não era tanto o método mas o próprio objeto da filosofia.

Que significa que a própria existência de seu objeto é problemática?

Se apenas se ignorasse qual é o objeto da filosofia, o problema, embora grave, seria no fundo simples. Seria questão de dizer ou bem que a humanidade não conseguiu ainda descobrir esse objeto, ou que este é suficientemente complicado para que sua apreensão resulte obscura. Na verdade, foi o que aconteceu durante milênios com todas as ciências, e por isso seus objetos não foram descobertos simultaneamente na história: por isso, algu-

mas ciências nasceram depois de outras. Ou então, caso se constatasse que esse objeto é complicado demais, seria questão de tentar mostrá-lo apenas para as mentes que tivessem alcançado maturidade suficiente. Tal seria a dificuldade de quem pretendesse explicar a um aluno de matemática de uma escola primária o objeto próprio da geometria diferencial. Em qualquer desses casos, e considerando-se todas as vicissitudes históricas ou dificuldades didáticas, tratar-se-ia simplesmente de um problema dêictico, de um esforço coletivo ou individual para indicar (dêixis) qual é esse objeto que anda perdido por aí entre os demais objetos do mundo.

Tudo leva a crer que não se trata disso.

O caráter problemático do objeto da filosofia não decorre apenas do fato de que efetivamente não se tenha reparado nele, mas do fato de que, diferentemente de qualquer outro objeto possível, entendendo aqui por objeto o termo real ou ideal sobre o qual versa não só uma ciência, mas qualquer outra atividade humana, ele é constitutivamente latente. Nesse caso é claro que:

1º Este objeto latente não é de maneira nenhuma comparável a qualquer outro objeto. Portanto, tudo o que se queira dizer sobre o objeto da filosofia terá de se mover num plano de considerações radicalmente alheio ao de todas as demais ciências. Se toda ciência versa sobre um objeto real, fictício ou ideal, o objeto da filosofia não é nem real, nem fictício, nem ideal: é outra coisa, tão outra que não é coisa.

2º Compreende-se então que esse objeto peculiar não pode estar separado de nenhum outro objeto real, fictício ou ideal, mas incluído em todos eles, sem se identificar com nenhum. É isso que queremos dizer ao afirmar que ele é constitutivamente latente: latente sob todo objeto. Como o homem se encontra constitutivamente voltado para os objetos reais, fictícios ou ideais, com os quais constrói sua vida e elabora suas ciências, esse objeto constitutivamente latente é também, por sua própria índole, essencialmente fugidio.

3º Aquilo de que esse objeto escapa é precisamente do olhar simples da mente. Diferentemente, pois, do que pretendia Descartes, o objeto da filosofia jamais pode ser descoberto formalmente por uma *simplex mentis inspectio*. Depois de ter apreendido os objetos sob os quais pulsa, é necessário um novo ato mental que opere sobre o anterior para colocar o objeto numa nova dimensão que torne, não transparente, mas visível essa outra dimensão sua. O ato com que o objeto da filosofia se torna patente não é uma apreensão, nem uma intuição, mas uma reflexão. Uma reflexão que não descobre, portanto, um novo objeto, seja ele qual for. Não é um ato que enriqueça nosso conhecimento sobre o que as coisas são. Não se deve esperar da filosofia que nos conte, por exemplo, a respeito de forças físicas, organismos ou triângulos, algo que seja inacessível para a matemática, a física ou a biologia. Enriquece-nos meramente por nos conduzir a outro tipo de consideração.

Para evitar equívocos, convém observar que a palavra reflexão é empregada aqui em seu sentido mais inocente e vulgar: um ato ou uma série de atos que de uma forma ou outra retornam para o objeto de um ato anterior através deste. Reflexão não significa aqui simplesmente um ato de meditação, nem um ato de introspecção, como quando se fala de consciência reflexa por oposição à consciência direta. A reflexão em questão consiste numa série de atos por meio dos quais se coloca numa nova perspectiva todo o mundo de nossa vida, incluindo os objetos e todos os conhecimentos científicos que tenhamos adquirido sobre eles.

Observe-se em segundo lugar que o fato de a reflexão e o que ela nos revela serem irredutíveis à atitude natural e ao que ela nos revela não significa que espontaneamente, num ou noutro grau, numa ou noutra medida, ela não seja tão primitiva e ingênita como a atitude natural.

II. Conclui-se, portanto, que essa diferença radical entre ciência e filosofia não se volta contra esta última como uma objeção. Não significa que a filosofia não seja um saber estrito, mas que é um saber distinto. Se a ciência é um conhecimento que estuda um objeto que está aí, a filosofia, por tratar de um objeto que por sua própria índole escapa, um objeto que é evanescente, será um conhecimento que precisa perseguir seu objeto e retê-lo ante o olhar humano, conquistá-lo. A filosofia consiste apenas na constituição ativa de seu próprio objeto, na colocação em funcionamento da reflexão. O grave erro de Hegel foi no sentido inverso do kantiano. Este, em última instância, destitui a filosofia de um objeto próprio fazendo com que ela incida tão somente sobre nosso modo de conhecimento. Hegel, por sua vez, substantiva o objeto da filosofia fazendo dele o todo de onde emergem dialeticamente e onde se mantêm, também dialeticamente, todos os demais objetos.

Por enquanto não é necessário precisar o caráter mais profundo do objeto da filosofia e de seu método formal. A única coisa que me importa aqui é sublinhar, contra todo irracionalismo, que o objeto da filosofia é estritamente objeto de conhecimento. Mas que este objeto é radicalmente distinto de todos os demais. Se qualquer ciência e qualquer atividade humana considera as coisas como são e tal como são (ὡς ἔστιν), *a filosofia considera as coisas enquanto são* (ἥ ἐστιν), (Arist.: Metaf., 1064 a 3). Em outras palavras, o objeto da filosofia é transcendental. E, como tal, apenas acessível numa reflexão. O "escândalo da ciência" não só não é uma objeção à filosofia a ser resolvida, como é uma dimensão positiva a ser conservada. Por isso Hegel dizia que a filosofia é o mundo ao revés. A explicação desse escândalo é precisamente o problema, o conteúdo e o destino da filosofia. Por isso, embora o que Kant dizia não fosse correto – "não se aprende filosofia, só se aprende a filosofar" –, é absolutamente certo que só se aprende filosofia pondo-se a filosofar.

* * *

E você está começando a filosofar. Ou seja, começará a se debater com todo tipo de razões e problemas. Permita-me que no umbral dessa vida que promete ser tão fértil, eu lhe traga à memória aquela passagem de Platão em que ele prescreve formalmente a γυμνασία do entendimento: "É belo e divino o ímpeto ardente que te lança às razões das coisas; mas exercita-te e adestra-te nesses exercícios que aparentemente não servem para nada, e que o vulgo chama de palavrório sutil, enquanto ainda és jovem; caso contrário, a verdade te escapará das mãos" (Parm., 135 d). Não é tarefa nem fácil nem grata. Não é fácil; aí está a sua HISTÓRIA DA FILOSOFIA para demonstrá-lo. Não é grata porque envolve, hoje mais que nunca, uma violência e uma retorsão íntimas para entregar-se à verdade: "A verdade está tão ofuscada nestes tempos – dizia Pascal *sobre o seu tempo* – e a mentira está tão assentada, que, a menos que se ame a verdade, já não é possível reconhecê-la" (Pensam., 864). É porque, como dizia São Paulo sobre sua época, "os homens retêm a verdade agrilhoada" (Rm 1,19). O pecado contra a Verdade foi sempre o grande drama da história. Por isso Cristo pedia a seus discípulos: "Consagra-os na verdade"

(Jo 17,17). *E São João exortava seus fiéis a serem "colaboradores da verdade" (3Jo 8).*

Unido neste empenho comum, abraça-o efusivamente seu velho amigo.

X. ZUBIRI
Barcelona, 3 de dezembro de 1940.

Reflexão sobre um livro próprio
(Prólogo à tradução inglesa)

Debruço os olhos sobre este livro de título genérico, História da filosofia, *vinte e quatro anos depois de ter terminado de escrevê-lo, agora que vai ser lançado em Nova York traduzido para o inglês, como se olha para um filho já crescido que vai empreender uma longa viagem. Foi meu primeiro livro; também o de melhor fortuna editorial: desde que foi publicado pela primeira vez em Madri, em janeiro de 1941, teve vinte edições espanholas; é o livro em que estudaram a história da filosofia numerosas turmas de espanhóis e hispano-americanos; em 1963 foi traduzido para o português; agora ingressa no mundo de língua inglesa. Não é estranho que um livro espanhol de filosofia tenha tido tanta sorte? Como, apesar do enorme prestígio que na época a filosofia alemã tinha na Espanha e na América hispânica, pôde este livro de um desconhecido espanhol de 26 anos sobrepujar quase por completo as obras alemãs que tinham dominado o mercado e as universidades de língua espanhola? E como isso foi possível tratando-se de um livro que invocava desde sua primeira página a tradição intelectual de 1931 a 1936, que acabava de ser proscrita e condenada ao ostracismo e ao esquecimento?*

Quem sabe isso se explique voltando às raízes desta História da filosofia. *Eu estudara na Faculdade de Filosofia e Letras da Universidade de Madri de 1931 a 1936. O esplendor que o ensino dessa Faculdade alcançou era tão superior a tudo o que precedera e, afora isso, durou tão pouco, que hoje mal parece crível. O departamento de filosofia, sobretudo, tinha adquirido um brilhantismo e um rigor desconhecidos na Espanha antes e depois daquele período. Inspirava-o e o animava um dos maiores criadores da filosofia de nosso tempo, que era ao mesmo tempo um professor excepcional: Ortega. Para ele, a filosofia era assunto pessoal; era sua própria vida.*

Os estudantes de Madri assistiam então ao espetáculo fascinante e improvável de uma filosofia sendo feita diante deles. Aqueles anos eram os últimos de uma das etapas mais brilhantes e fecundas do pensamento europeu, entre Husserl e Heidegger, de Dilthey a Scheler, de Bergson a Unamuno. Sentia-se que a filosofia estava descobrindo novas possibilidades, que era um tempo germinal (acho que foi efetivamente assim, e que o fato de hoje seu horizonte parecer menos promissor não se deve a que essas possibilidades não fossem reais e não continuem existindo, mas a certos desalentos, descuidos e paixões nefastas que vez por outra acometem o homem em algumas épocas). Havia um ambiente auroreal na Faculdade de Filosofia de Madri, corroborado pela evidência de se estar vendo erguer-se, como um galeão num estaleiro, uma nova filosofia de grande porte.

A imagem do estaleiro não é inadequada, porque aquela Faculdade começava a ser uma escola. Além de Ortega, lecionavam nela Manuel García Morente, Xavier Zubiri, José Gaos, todos discípulos seus, e cada qual de todos os outros mais velhos, colaboradores então na mesma empresa comum. Podia-se pensar, sem extremar demais a esperança, que talvez um dia o principal meridiano da filosofia europeia fosse passar, pela primeira vez na história, por Madri.

A Faculdade de Filosofia estava persuadida de que a filosofia é inseparável de sua história; de que consiste naquilo que os filósofos do passado fizeram e que chega até a atualidade; em outras palavras, de que a filosofia é histórica e a história da filosofia é filosofia estrita: a interpretação criadora do passado filosófico desde uma filosofia plenamente atual. Por isso voltava-se para os clássicos do pensamento ocidental sem distinção de épocas: liam-se – quase sempre em suas línguas originais –, estudavam-se, comentavam-se gregos, medievais, modernos, dos pré-socráticos aos contemporâneos, tudo isso sem qualquer sinal de "nacionalismo" nem "provincianismo"; a Espanha, que entre 1650 e 1900 permanecera isolada da Europa em muitas dimensões – embora não tanto como às vezes se pensa – tinha chegado a ser um dos países em que se tinha uma visão menos parcial do horizonte efetivo da cultura; e o pensamento espanhol – filosoficamente muito modesto até o presente – não era objeto de nenhum trato privilegiado.

Em todos os cursos estudavam-se os clássicos. Não só Zubiri, em seu curso de História da Filosofia, introduzia-nos nos pré-socráticos e em Aristóteles, em Santo Agostinho e Ockham, em Hegel e Schelling e Schleiermacher, em Leibniz e nos estoicos; também Morente, em sua cátedra de Ética, expunha a de Aristóteles, a de Espinosa, a de Kant, a de Mill, a de Brentano; os cursos de Lógica e Estética de Gaos nos levavam a Platão, a Husserl; Ortega, em sua cátedra de Metafísica, comentava Descartes, Dilthey, Bergson, os sociólogos franceses, ingleses e alemães.

Foi esse o ambiente em que me formei, eram esses os pressupostos de minha visão da filosofia; foram essas, em suma, as raízes intelectuais deste livro. Mas não creio que isso baste para explicar, primeiro, que eu tivesse feito o que nem meus professores nem meus companheiros de Universidade fizeram: escrever uma História da filosofia; e segundo, que se transformasse no livro por meio do qual, durante um quarto de século, se iniciaram nessa disciplina pessoas de língua espanhola. Para explicar isto é preciso lembrar o que poderíamos chamar as raízes pessoais que tornaram esse projeto possível.

* * *

Naquela admirável Faculdade eram ministrados cursos monográficos penetrantes e iluminadores sobre temas concretos, mas não havia nenhum curso geral de História da Filosofia, o que em inglês se chama survey, nem sequer se estudava em seu conjunto uma grande época. E todos os estudantes, de qualquer especialização, tinham de prestar um exame – chamava-se então "exame intermediário"–, que versava sobre a totalidade da história da filosofia e seus grandes temas. Não é preciso dizer que aquele exame era objeto de preocupação geral, em particular para os que só tinham recebido cursos de introdução à filosofia e se viam obrigados a preparar-se para ele com extensos e difíceis livros, quase sempre estrangeiros e nem sempre muito claros.

Um grupo de moças estudantes, de dezoito a vinte anos, colegas minhas, amigas muito próximas, me pediram que as ajudasse a se preparar para aquele exame. Era outubro de 1933; tinha eu dezenove anos e estava no terceiro ano de meus estudos universitários – era o que se chama nos Estados Unidos um "junior" –; mas frequentara os cursos de meus professores e lera vorazmente não poucos livros de filosofia. Organizou-se um curso privadíssimo, numa das salas de aula da Residência de Senhoritas, dirigida por María de Maeztu. O grupo se reunia quando podia, com frequência aos domingos, duas ou três horas pela manhã. As moças obtiveram considerável êxito nos exames, para grande surpresa dos professores; no ano seguinte, algumas outras, que estavam com o mesmo exame pendente, me pediram que organizasse novamente o curso; as mais interessadas eram, no entanto, as que já haviam sido aprovadas e queriam continuar assistindo àquelas aulas de filosofia. No fim de cada um dos cursos, quiseram expressar sua gratidão com um presente: Sein und Zeit de Heidegger e Ethik de Nicolai Hartmann em 1934; dois volumes de Gesammelte Schriften de Dilthey em 1935. Conservo os quatro livros, com as assinaturas delas; conservo também uma lembrança indestrutível daqueles cursos, e uma gratidão de que aquelas moças nem podiam suspeitar; guardo também a amizade de quase todas elas. No ano seguinte, durante o ano letivo de 1935-36, María de Maeztu me encarregou formalmente de um curso de filosofia para as residentes; eis como me vi, aos três anos de undergraduate – formei-me em Filosofia em junho de 1936, um mês antes da guerra civil –, transformado em professor universitário.

Aqueles cursos de filosofia eram únicos em muitos sentidos, mas sobretudo em um: meus alunos eram meus colegas de Universidade, minhas amigas, moças da minha idade, o que significa que não tinham nenhum respeito por mim. Essa experiência do que poderíamos chamar de "docência irrespeitosa" foi inestimável para mim. Aquelas garotas não aceitavam nada in verba magistri; o argumento de autoridade não existia para elas. Na Faculdade predominava um apreço ilimitado pela clareza e pela inteligibilidade. Ortega costumava citar com frequência os versos de Goethe:

"Ich bekenne mich zu dem Geschlecht,
das aus dem Dunkel ins Helle strebt."

que traduzia:

Eu me confesso da linhagem daqueles
que do obscuro ao claro aspiram.

E repetia reiteradas vezes que "a cortesia do filósofo é a clareza". Não havia nenhuma complacência no que o próprio Ortega uma vez chamara *"a luxúria da mental obscuridade"*. Com isso quero dizer que minhas alunas pretendiam entender tudo o que eu lhes ensinava, e que era nada menos que a totalidade da história da filosofia do Ocidente; pediam-me que aclarasse tudo, justificasse tudo; mostrasse por que cada filósofo pensava o que pensava, e por que aquilo era coerente, e se não o era, por quê. Mas isso significava que eu tinha de entendê-lo, se não previamente, pelo menos durante a aula. Nunca tive de me esforçar tanto, nem com tantos frutos, como ante aquele auditório de catorze ou dezesseis moças florescentes, risonhas, às vezes zombeteiras, de mente tão fresca quanto a pele, aficionadas por discutir, com afã de ver claro, inexoráveis. Ninguém, nem sequer meus mestres, me ensinaram tanta filosofia. A rigor, deveria dividir com elas os direitos autorais ou royalties de meus livros.

* * *

A bem da verdade, divido-os com uma delas. Ao fim da guerra civil, em 1939, as possibilidades abertas para um homem como eu, que tinha permanecido e estava decidido a continuar fiel ao espírito daquela Universidade e ao que ele representava na vida nacional, eram extremamente reduzidas e problemáticas. Não se podia nem pensar em docência nas Universidades espanholas, ou mesmo em colaborar em revistas e periódicos. Tive de empreender trabalhos de insólita magnitude, porque os menores eram impossíveis. É uma das tantas ironias do destino. Uma das moças que frequentaram meus cursos, que dois anos depois veio a se tornar minha mulher, me animou a escrever uma História da filosofia. Quando lhe fiz ver as enormes dificuldades da empresa, ofereceu-me uma considerável pilha de cadernos: eram suas anotações, admiráveis, claras, fidedignas anotações de meus cursos informais. Pus-me a trabalhar sobre elas: foram o primeiro rascunho deste livro. Havia muito a completar; rever tudo, buscar uma expressão escrita e não oral para o que ali estava dito. Em suma, era preciso escrever um livro que o fosse verdadeiramente. Ao cabo de um tempo invadiu-me o desânimo; eu me refiz, voltei ao trabalho. Em dezembro de 1940 escrevi a última página. Ainda tive tempo, ao corrigir as provas, de incluir a morte de Bergson, ocorrida nos primeiros dias de janeiro de 1941. Devo dizer que Ortega, consultado por seu filho sobre a possibilidade de publicar este livro, que representava em todos os sentidos um risco considerável, sem lê-lo respondeu afirmativamente desde seu desterro em Buenos Aires, e a REVISTA DE OCCIDENTE, a editora de maior prestígio na Espanha, publicou o livro de um autor de quem o melhor que se podia esperar é que não se soubesse quem era. Zubiri, que fora durante quatro anos meu professor de história da filosofia, que me ensinara um sem-número de coisas, escreveu, desde sua cátedra – então em Barcelona –, um prólogo para ele. Em 17 de janeiro dediquei seu primeiro exemplar àquela moça cujo nome era Lolita Franco e que poucos meses depois levaria o meu.

Contei esses detalhes de como este livro chegou a ser escrito porque a meu ver são eles que explicam sua excepcional ventura: seus leitores tiveram dele a mesma impressão das minhas primeiras alunas: a inteligibilidade das doutrinas filosóficas, a história dos esforços do homem ocidental por esclarecer o mais profundo da realidade, uma história em que até o erro encontra sua explicação e se torna inteligível e, nessa medida, justificado.

Uma das ideias centrais de Ortega, que atravessava os ensinamentos filosóficos em Madri durante meus anos de estudante, é a razão histórica; inspirado por esse princípio, este livro leva em conta a situação total de cada um dos filósofos, já que as ideias não vêm apenas de outras ideias, mas da integralidade do mundo em que cada um tem de filosofar. Por isso uma história da filosofia só pode ser elaborada filosoficamente reconstituindo toda a série das filosofias do passado a partir de uma filosofia presente capaz de fornecer a razão delas – sem excluí-las como erros superados, mas incluindo-as como suas próprias raízes.

Muitos anos se passaram desde 1941, e este livro foi sendo ampliado, atualizado, polido e se tornando mais rigoroso no decorrer de suas sucessivas edições; mas é o mesmo que nasceu ante um punhado de moças, numa das experiências mais puras e intensas do que é a comunicação filosófica.

Madri, janeiro de 1965.

História da Filosofia

Introdução

Filosofia • Por filosofia entenderam-se principalmente duas coisas: uma *ciência* e um *modo de vida*. A palavra *filósofo* contém em si duas significações distintas: o homem que possui certo saber e o homem que vive e se comporta de um modo peculiar. Filosofia como ciência e filosofia como modo de vida são duas maneiras de entendê-la que se alternaram e às vezes até conviveram. Desde seus primórdios, na filosofia grega, sempre se falou de uma certa *vida teórica*, e ao mesmo tempo tudo era saber, especulação. É necessário compreender a filosofia de modo tal que na ideia que dela se tenha caibam, *simultaneamente*, as duas coisas. Ambas são, afinal, verdadeiras, uma vez que constituíram a própria realidade filosófica. E a plenitude de seu sentido e a razão dessa dualidade só poderão ser encontradas na visão total dessa realidade filosófica; ou seja, na história da filosofia.

Existe uma indubitável implicação entre os dois modos de entender a filosofia. O problema de sua articulação é, em grande medida, o próprio problema filosófico. Pode-se, no entanto, compreender que ambas as dimensões são inseparáveis, e de fato nunca existiram totalmente desvinculadas. *A filosofia é um modo de vida, um modo essencial que, justamente, consiste em viver numa certa ciência e, portanto, a postula e a exige. É portanto uma ciência que determina o sentido da vida filosófica.*

Pois bem: que tipo de ciência? Qual a índole do saber filosófico? As ciências particulares – a matemática, a física, a história – nos proporcionam uma certeza a respeito de algumas coisas, uma certeza *parcial*, que não exclui a dúvida além de seus próprios objetos; por outro lado, as diversas certezas desses saberes particulares entram em colisão e reclamam uma instância superior que decida entre elas. O homem necessita, para saber com rigor a que se ater, de uma certeza radical e universal, a partir da qual possa viver e ordenar numa perspectiva hierárquica as outras certezas parciais.

A religião, a arte e a filosofia dão ao homem uma convicção total sobre o sentido da realidade como um todo; mas não sem diferenças essenciais. A religião é uma certeza *recebida* pelo homem, dada por Deus gratuitamente: *revelada*; o homem não alcança por si mesmo essa certeza, não a conquista nem é obra sua, muito pelo contrário. A arte significa também uma certa convicção que o homem tem e desde a qual interpreta a totalidade de sua vida; mas essa crença, de origem certamente humana, não se justifica a si mesma, não pode dar razão de si; não tem evidência própria, e é, em suma, *irresponsável*. A filosofia, pelo contrário, é uma certeza radical universal que é, ademais, *autônoma*; isto é, a filosofia se justifica a si mesma, mostra e prova constantemente sua verdade, nutre-se exclusivamente de *evidências*; o filósofo está sempre renovando as razões de sua certeza (Ortega).

A ideia de filosofia • Convém deter a atenção um instante em alguns pontos culminantes da história para ver como se articularam as interpretações da filosofia como um saber e como uma forma de vida. Em Aristóteles, a filosofia é uma ciência rigorosa, a *sabedoria ou saber* por excelência: a ciência das coisas enquanto são. Contudo, ao falar dos modos de vida inclui entre eles, como forma exemplar, uma *vida teorética* que é justamente a vida do filósofo. Depois de Aristóteles, nas escolas estoicas, epicuristas etc., que pululam na Grécia desde a morte de Alexandre, e logo em todo o Império Romano, a filosofia se esvazia de conteúdo científico e vai se transformando cada vez mais num modo de vida, o do *sábio* sereno e imperturbável, que é o ideal humano da época.

Já no cristianismo, para Santo Agostinho trata-se da contraposição, ainda mais profunda, entre uma *vita theoretica* e uma *vita beata*. E alguns séculos mais tarde, Santo Tomás se moverá entre uma *scientia theologica* e uma *scientia philosophica*; a dualidade passou da esfera da própria vida para a dos diversos modos de ciência.

Em Descartes, ao começar a época moderna, não se trata mais de uma ciência ou, pelo menos, simplesmente disso; talvez, de uma ciência *para* a vida. Trata-se de viver, de viver de certo modo, sabendo o que se faz e, sobretudo, o que se deve fazer. Assim, a filosofia aparece como um modo de vida que postula uma ciência. Mas ao mesmo tempo se acumulam sobre esta ciência as máximas exigências de rigor intelectual e de certeza absoluta.

A história não termina aqui. No momento de maturidade da Europa moderna, Kant nos falará, em sua *Lógica* e no final da *Crítica da razão pura*, de um conceito *escolar* e um conceito *mundano* da filosofia. A filosofia, segundo seu conceito escolar, é um *sistema* de todos os conhecimentos filosóficos. Mas em seu sentido mundano, que é o mais profundo e radical, a filosofia é a ciência da relação de todo conhecimento com os fins essenciais da razão humana. O filósofo não é mais um artífice da razão, mas o legislador da razão humana; e nesse sentido – diz Kant – é deveras orgulhoso chamar-se filósofo. O fim último é o destino moral; o conceito de *pessoa moral* é, portanto, a culminação da metafísica kantiana. A filosofia em sentido mundano – um modo de vida essencial do homem – é a que dá sentido à filosofia como ciência.

Por último, em nosso tempo, enquanto Husserl insiste uma vez mais em apresentar a filosofia como *ciência estrita e rigorosa*, e Dilthey a vincula essencialmente à vida humana e à história, a ideia de *razão vital* (Ortega) recoloca de modo radical o próprio núcleo da questão, estabelecendo uma relação *intrínseca* e necessária entre o saber racional e a própria vida.

Origem da filosofia • Por que o homem se põe a filosofar? Poucas foram as vezes em que esta questão foi formulada de modo suficiente. Aristóteles a abordou de tal maneira que exerceu uma influência decisiva sobre todo o processo ulterior da filosofia. O início de sua *Metafísica* é uma resposta a essa pergunta: *Todos os homens tendem por natureza a saber.* A razão do desejo de conhecer do homem é, para Aristóteles, nada menos que sua natureza. E a natureza é a substância de uma coisa, aquilo em que realmente consiste; portanto, o homem aparece definido pelo saber; é sua própria essência que move o homem a conhecer. E aqui voltamos a encontrar uma implicação mais clara entre saber e vida, cujo sentido irá se tornando mais diáfano e transparente ao longo deste livro. Mas Aristóteles diz algo mais. Um pouco mais adiante escreve: *Pelo assombro começaram os homens, agora e num princípio, a filosofar, assombrando-se primeiro com as coisas estranhas que tinham mais à mão, e depois, ao avançar assim pouco a pouco, indagando-se sobre as coisas mais sérias tais como os movimentos da Lua, do Sol e dos astros e a geração do todo.* Temos, pois, como raiz mais concreta do filosofar uma atitude humana que é o *assombro*. O homem *estranha* as coisas próximas, e depois a totalidade de tudo o que existe. Em vez de se movimentar entre as coisas, fazer uso delas, desfrutar ou temê-las, coloca-se de fora, *estranhado* delas, e se pergunta, com assombro, sobre essas coisas próximas e de todos os dias que agora, pela primeira vez, aparecem *diante* dele, portanto, sozinhas, isoladas em si mesmas pela pergunta: "Que é isto?" Nesse momento começa a filosofia.

É uma atitude humana completamente nova, denominada *teorética* por oposição à atitude *mítica* (Zubiri). O novo método humano surge um dia na Grécia, pela primeira vez na história, e desde então há algo a mais, radicalmente novo no mundo, que torna possível a filosofia. Para o homem mítico, as coisas são *poderes* propícios ou daninhos, com os quais vive e que utiliza ou evita. É a atitude anterior à Grécia e que os povos onde não penetra o genial achado helênico continuam partilhando. A consciência teorética, em contrapartida, vê *coisas* no que antes eram poderes. É a grande descoberta das coisas, tão profunda que hoje nos custa ver que efetivamente é uma descoberta, pensar que poderia ser de outro modo. Para isso temos de lançar mão de modos que guardam apenas uma remota analogia com a atitude mítica, mas que diferem da nossa, européia: por exemplo, a consciência infantil, a atitude da criança, que se acha num mundo cheio de poderes ou personagens benignos ou hostis, mas não de *coisas* em sentido rigoroso. Na atitude teorética, o homem, em vez de estar *entre* as coisas, está *diante* delas, *estranhado* delas, e então as coisas adquirem uma significação por si sós, que antes não tinham. Aparecem como algo que existe por si, à parte do homem, e que tem uma consistência determinada: *propriedades*, algo seu e que lhes é próprio. Surgem então as coisas como realidades que *são*, que têm um conteúdo peculiar. E é exclusivamente nesse sentido que se pode falar de ver-

INTRODUÇÃO

dade ou falsidade. O homem mítico se move fora desse âmbito. Apenas como algo que *é* podem as coisas ser verdadeiras ou falsas. A forma mais antiga desse despertar para as coisas em sua verdade é o *assombro*. E por isso é a raiz da filosofia.

A filosofia e sua história • A relação da filosofia com sua história não coincide, por exemplo, com a relação entre a ciência e sua história. Neste último caso são duas coisas distintas: por um lado, a ciência e, por outro, o que *foi* a ciência, ou seja, sua história. São independentes, e a ciência pode ser conhecida, cultivada e existir à parte da história do que foi. A ciência se constrói partindo de um objeto e do saber que num determinado momento se possui sobre ele. Na filosofia, o problema é ela mesma; além disso, esse problema se formula em cada caso segundo a situação histórica e pessoal em que se encontra o filósofo, e essa situação está, por sua vez, determinada em grande medida pela tradição filosófica em que se encontra inserido: todo o passado filosófico já está incluído em cada ação de filosofar; em terceiro lugar, o filósofo tem de se indagar sobre a totalidade do problema filosófico, e portanto sobre a própria filosofia, desde sua raiz originária: não pode partir de um estado existente de fato e aceitá-lo, mas tem de começar do princípio e, *simultaneamente*, da situação histórica em que se encontra. Ou seja, a filosofia tem de ser formulada e realizada integralmente em cada filósofo, não de qualquer modo, mas em cada um de um modo insubstituível: aquele que lhe vem imposto por toda a filosofia anterior. Portanto, em todo filosofar está incluída toda a história da filosofia, e sem esta nem é inteligível nem, sobretudo, poderia existir. E, ao mesmo tempo, a filosofia não tem outra realidade senão a que atinge historicamente em cada filósofo.

Há, portanto, uma inseparável conexão entre filosofia e história da filosofia. A filosofia é histórica, e sua história lhe pertence essencialmente. Por outro lado, a história da filosofia não é uma mera informação erudita a respeito das opiniões dos filósofos, e sim a exposição verdadeira do conteúdo real da filosofia. É, portanto, com todo rigor, filosofia. A filosofia não se esgota em nenhum de seus sistemas, mas consiste na *história efetiva* de todos eles. E, por sua vez, nenhum deles pode existir isolado, mas necessita e implica todos os anteriores; e ainda mais: cada sistema só atinge a plenitude de sua realidade, de sua *verdade*, fora de si mesmo, naqueles que a ele sucederão. Todo filosofar parte da totalidade do passado e se projeta para o futuro, pondo em marcha a história da filosofia. É isso, em poucas palavras, o que se quer dizer quando se afirma que *a filosofia é histórica*.

Verdade e história • Mas isso não significa que a *verdade* da filosofia não interesse, que a filosofia seja considerada simplesmente um fenômeno histórico para o qual é indiferente ser verdadeiro ou falso. Todos os sistemas filosóficos têm pretensão de verdade; por outro lado, é evidente o antagonismo entre eles, que estão muito longe de coincidir; mas esse antagonismo não quer dizer de forma nenhuma incompatibilidade total. Nenhum sistema pode pretender uma validez *absoluta e exclusiva*, porque nenhum *esgota* a realidade; na medida em que cada um se afirma como único, é falso. Cada sistema filosófico apreende uma porção da realidade, justamente a que é acessível do ponto de vista ou perspectiva; a verdade de um sistema não implica a falsidade dos demais, exceto nos pontos em que formalmente se contradigam; a contradição só surge quando o filósofo afirma mais do que realmente vê; ou seja, as visões são todas verdadeiras – entenda-se, parcialmente verdadeiras – e em princípio não se excluem. Mas, além disso, o ponto de vista de cada filósofo está condicionado por sua situação *histórica*, e por isso cada sistema, se for fiel a sua perspectiva, tem de incluir todos os anteriores como ingredientes de sua própria situação; por isso, as diversas filosofias *verdadeiras* não são intercambiáveis, mas estão rigorosamente determinadas por sua inserção na história humana[1].

---

1. Cf. minha *Introducción a la filosofia* (1947), cap. XII [*Obras*, II].

Filosofia grega

Os pressupostos da filosofia grega

Se deixarmos de lado o obscuro problema da filosofia oriental – hindu, chinesa –, em que o mais problemático é o próprio sentido da palavra *filosofia*, e nos ativermos ao que foi essa realidade no Ocidente, constataremos que sua primeira etapa é a filosofia dos gregos. Essa fase inicial, cuja duração ultrapassa o milênio, distingue-se de todas as posteriores pelo fato de não ter pelas costas nenhuma tradição filosófica; ou seja, emerge de uma situação humana concreta – a do homem "antigo" –, na qual não se dá o momento, o ingrediente filosófico. Isso tem duas consequências importantes; em primeiro lugar, na Grécia assistimos à germinação do filosofar com uma pureza e radicalidade superiores a tudo o que veio depois; por outro lado, o contexto vital e histórico do homem antigo condiciona diretamente a especulação helênica a tal ponto que o tema central da história da filosofia grega consiste em averiguar por que o homem, ao alcançar certo nível de sua história, se viu obrigado a exercitar um ofício rigorosamente novo e desconhecido, que hoje chamamos filosofar. Não podemos entrar aqui na discussão desse problema, mas é indispensável indicar pelo menos alguns dos pressupostos históricos que tornaram possível e necessária a filosofia no mundo helênico[1].

Uma forma de vida define-se, sobretudo, pelo repertório de *crenças* em que se está inserido. É claro que essas crenças vão mudando de geração em geração – como mostrou Ortega –, e nisso consiste a mu-

---

1. Cf. minha *Biografía de la filosofía*, I. "A filosofia grega desde sua origem até Platão" (Emecé, Buenos Aires, 1954) [*Obras*, vol. II].

tação histórica; mas certo esquema mínimo perdura através de várias gerações e lhes confere a unidade superior que chamamos *época, era, idade*. Quais são as crenças básicas em que está inserido o homem grego, que limitam e configuram sua filosofia? O heleno se encontra num *mundo* que existe desde sempre e que como tal nunca constitui problema, já estando *pressuposto* em toda questão. Esse mundo é interpretado como *natureza*, e por isso como *princípio*, ou seja, como aquilo de onde emerge ou brota toda realidade concreta: aparece, portanto, como dotado de *virtualidade*, de capacidade produtiva. Mas, ao mesmo tempo, é uma *multiplicidade*: no mundo há muitas coisas que são mutáveis e definidas pela contrariedade. Cada uma delas tem uma consistência independente, mas elas não são sempre, variam; e suas propriedades são entendidas como termos de oposições e contrariedades: o frio é o contrário do quente, o par, do ímpar etc.; essa polaridade é característica da mente antiga. As propriedades inerentes às coisas permitem sua utilização numa técnica que se diferencia radicalmente dos procedimentos mágicos, que manejam as coisas como poderes.

Esse mundo do homem grego é *inteligível*. Pode ser compreendido; e essa compreensão consiste em *ver* ou contemplar essa realidade e *dizer* o que *é: teoria, lógos* e *ser* são os três termos decisivos do pensamento helênico, e se baseiam nessa atitude primária ante o mundo. A consequência disso é que o mundo aparece como algo ordenado e submetido a uma lei: esta é a noção do *cosmos*. A razão se insere nessa ordem legal do mundo, que pode ser governado e dirigido; e a forma concreta dessa legalidade no humano é a convivência política dos homens na cidade. É preciso contar com esse esquema mínimo das crenças antigas para compreender o fato histórico da filosofia grega.

I. OS PRÉ-SOCRÁTICOS

1. A escola de Mileto

Chamam-se *pré-socráticos* os filósofos gregos anteriores a Sócrates. Esta denominação tem, em primeiro lugar, um valor cronológico: são os pensadores que viveram entre o final do século VII e o fim do século V antes de Cristo. Mas tem além disso um sentido mais profundo: as primeiras manifestações da filosofia grega podem ser consideradas verdadeira filosofia porque depois delas houve uma filosofia plena e indubitável. À luz da filosofia já madura – de Sócrates em diante –, são filosóficos os primeiros ensaios helênicos, dos quais nem todos mereceriam esse nome se não fossem começo e promessa de algo posterior. Por serem *pré-socráticos*, por anunciarem e prepararem uma maturidade filosófica, já são filósofos os primeiros pensadores da Jônia e da Magna Grécia. Não se deve esquecer que, embora seja verdade que o presente depende do passado, o presente ao mesmo tempo reflui sobre ele e o condiciona. As afirmações concretas dos mais velhos pensadores hindus ou chineses se aproximam com frequência das de alguns gregos; mas a diferença fundamental está em que depois dos pré-socráticos veio Sócrates, ao passo que à balbuciante especulação oriental não se seguiu uma plenitude filosófica no sentido que esta palavra adquiriu no Ocidente. É esta a razão da radical diferença que encontramos entre o pensamento inicial dos helenos e dos orientais.

Os últimos pré-socráticos não são anteriores a Sócrates, mas contemporâneos seus, na segunda metade do século V. Mas são incorporados ao grupo que o antecede pelo tema e pelo caráter de sua especulação. Toda a primeira etapa da filosofia trata da *natureza* (φύσις). Aristóteles chama esses pensadores φυσιολόγοι, os físicos; fazem uma física com método filosófico. Ante a natureza, o pré-socrático adota uma atitude que difere enormemente da de Hesíodo, por exemplo. Este pretende *narrar* como se configurou e ordenou o mundo, ou a genealogia dos deuses; faz uma *teogonia*, conta um *mito*; a relação entre o mito e a filosofia é próxima, como advertiu Aristóteles, e constitui um grave problema; mas trata-se de coisas distintas. O filósofo pré-socrático enfrenta a natureza com uma pergunta teórica: pretende dizer *o que é*. O que define primariamente a filosofia é a pergunta que a mobiliza: *que é tudo isso?* A esta pergunta não se pode responder com um mito, e sim com uma filosofia.

O movimento • Pois bem: que é que leva os gregos a se perguntarem o que são as coisas? Qual é a raiz do assombro que levou pela primeira vez os gregos a filosofar? Em outras palavras: o que é que causa estranheza ao heleno e o faz sentir-se estranho a esse mundo em que se encontra? Repare-se que a situação dos pré-socráticos distingue-se da de todos os filósofos posteriores, pois estes últimos, ao se colocarem um problema, dispõem de um repertório de soluções já propostas e ensaiadas antes deles, ao passo que os pré-socráticos têm de descartar as respostas oferecidas pela tradição ou pelo mito e recorrer a um novo instrumento de certeza, que é justamente a *razão*.

O que estranha ou assombra o grego é o *movimento*. Que é que isso quer dizer? Movimento (κίνησις) tem em grego um sentido mais amplo que em nossas línguas; equivale a mudança ou variação; o que nós chamamos movimento é só uma forma particular de *kínesis*. Distinguem-se quatro tipos de movimento: 1.º o movimento local (φορά), a mudança de lugar; 2.º o movimento quantitativo, isto é, o aumento e a diminuição (αὔξησις καὶ φθίσις); 3.º o movimento qualitativo ou alteração (ἀλλοίωσις), e 4.º o movimento substancial, isto é, a geração e a corrupção (γένεσις καὶ φθορά). Todos esses movimentos, sobretudo o último, que é o mais profundo e radical, perturbam e inquietam o homem grego, porque tornam problemático o ser das coisas, mergulham-no na incerteza, de tal forma que não sabe a que se ater em relação a elas. Se as coisas mudam, o que são na verdade? Se uma coisa passa de branca a verde, é e não é branca; se algo que era deixa de ser, disso resulta que a mesma coisa *é* e *não é*. A multiplicidade e a contradição penetram no próprio ser das coisas; o grego pergunta, então, o que são as coisas *de verdade*, isto é, *sempre*, por trás de suas muitas aparências. Busca, para além da multiplicidade de aspectos das coisas, sua raiz permanente e imutável, que seja superior a essa multiplicidade e capaz de explicar a razão dela. Daí o interesse fundamental da pergunta inicial da filosofia: o que é de verdade tudo isso, qual é a natureza ou o princípio de onde emerge tudo? As diversas respostas que vão sendo dadas a esta pergunta constituem a história da filosofia grega.

A filosofia grega tem uma origem muito concreta e conhecida. Começa nas costas jônicas, nas cidades helênicas da Ásia Menor, nos primeiros anos do século VI a.C., talvez no final do VII. Dentro do mundo grego, a filosofia tem, pois, uma origem excêntrica; foi só tardiamente, no século V, que a especulação filosófica apareceu na Grécia propriamente dita. As cidades da costa oriental do Egeu eram as mais ricas e prósperas da Hélade; nelas deu-se primeiro um florescimento econômico, técnico e científico, promovido parcialmente pelos contatos com outras culturas, sobretudo a egípcia e a iraniana. Foi em Mileto, a mais importante destas cidades, que apareceu pela primeira vez a filosofia. Um grupo de filósofos, pertencentes a aproximadamente três gerações sucessivas, homens de grande destaque na vida do país, tentam dar três respostas à pergunta sobre a natureza. Costuma-se chamar essa primeira expressão filosófica de escola jônica ou escola de Mileto, e suas três figuras centrais e representativas são Tales, Anaximandro e Anaxímenes, cuja atividade ocupa todo o século VI.

Tales de Mileto • Viveu entre o último terço do século VII e meados do século VI. Os relatos antigos lhe atribuem múltiplas atividades: engenheiro, astrônomo, financista, político; enquanto tal, é considerado um dos Sete Sábios da Grécia. Talvez de longínqua origem fenícia. É provável que tenha viajado pelo Egito, e atribuem a ele a introdução na Grécia da geometria egípcia (cálculo de distâncias e alturas segundo a igualdade e semelhança de triângulos, mas, certamente, de modo empírico). Também predisse um eclipse. É, portanto, uma grande figura de seu tempo.

Para o que aqui mais nos interessa, sua filosofia, a fonte principal e de mais valor é Aristóteles, autoridade máxima para as interpretações de toda a época pré-socrática. Aristóteles diz que, segundo Tales, o princípio (ἀρχή) de todas as coisas é a água; ou seja, o estado de umidade. A razão disto seria que o alimento e a semente dos animais e das plantas são úmidos. A terra flutua sobre a água. Por outro lado, o mundo estaria cheio de espíritos ou almas e de muitos demônios; ou, como diz Aristóteles, "tudo está cheio de deuses".

A isso se denomina hilozoísmo (animação ou vivificação da matéria). Mas o que realmente importa é o fato de Tales, pela primeira vez na história, se indagar sobre a totalidade de tudo o que existe, não para se perguntar qual foi a origem mítica do mundo, mas o que na verdade é a natureza. Entre a teogonia e Tales há um abismo: o mesmo que separa a filosofia de toda a mentalidade anterior.

Anaximandro • Em meados do século VI foi o sucessor de Tales na direção da escola de Mileto. De sua vida nada se sabe ao certo. Escreveu uma obra, que se perdeu, conhecida com o título que posteriormente se deu à maioria dos escritos pré-socráticos: *Da natureza* (περὶ φύσεως). Atribuem-lhe, sem certeza, diversos inventos matemáticos e astronômicos e, mais provavelmente, a confecção de um mapa. À pergunta sobre o princípio das coisas responde dizendo que é o *ápeiron*, τὸ ἄπειρον. Esta palavra significa literalmente infinito, não em sentido matemático, e sim no de ilimitação ou indeterminação. E convém entender isso como *grandioso*, ilimitado em sua magnificência, que provoca o assombro. É a maravilhosa totalidade do mundo, em que o homem se encontra com surpresa. Essa natureza é, ademais, *princípio*: dela surgem todas as coisas: umas chegam a ser, outras deixam de ser, partindo dessa ἀρχέ, mas ela permanece independente e superior a essas mudanças individuais. As coisas são engendradas por uma segregação, vão-se separando do conjunto da natureza por um movimento semelhante ao de um crivo, primeiro o frio e o quente, e depois as outras coisas. Esse engendrar e perecer é uma *injustiça*, uma ἀδικία, um predomínio injusto de um *contrário* sobre outro (o quente sobre o frio, o úmido sobre o seco etc.). Por causa dessa injustiça existe o predomínio das coisas individuais. Mas existe uma necessidade que fará as coisas voltarem para esse fundo último, sem injustiças, o *ápeiron*, imortal e incorruptível, em que uns contrários não predominam sobre os outros. A forma com que irá se executar essa necessidade é o *tempo*. O tempo fará com que as coisas voltem a essa unidade, a essa quietude e indeterminação da φύσις, [phýsis], de onde saíram injustamente.

Anaximandro, além de sua astronomia bastante desenvolvida que não abordaremos, representa a passagem da simples designação de uma substância como princípio da natureza para uma ideia desta, mais aguda e profunda, que já aponta para os traços que irão caracterizá-la em toda a filosofia pré-socrática: uma totalidade, princípio de tudo, imperecível, alheia à mutação e à pluralidade, *oposta às coisas*. Veremos estas características aparecer reiteradamente no centro do problema filosófico grego.

Anaxímenes • Discípulo de Anaximandro, também de Mileto, na segunda metade do século VI. É o último milésio importante. Acrescenta duas coisas novas à doutrina de seu mestre. Em primeiro lugar, uma indicação concreta de qual é o princípio da natureza: o *ar*, que relaciona com a respiração ou alento. Do ar nascem todas as coisas, e a ele voltam quando se corrompem. Isso pareceria antes um retorno ao ponto de vista de Tales, substituindo a água pelo ar; mas Anaxímenes agrega uma segunda precisão: o modo concreto de formação das coisas, partindo do ar, é a condensação e a rarefação. Isso é sumamente importante; há não só a designação de uma substância primordial, mas a explicação de como, a partir dela, se produzem todas as diversas coisas. O ar rarefeito é fogo; mais condensado, nuvens, água, terra, rochas, segundo o grau de densidade. À substância primeira, suporte da variedade cambiante das coisas, acrescenta-se um princípio de movimento. Nesse momento, o domínio persa na Jônia vai impulsionar a filosofia para o Oeste.

2. Os pitagóricos

Pitágoras • Depois dos milésios, o primeiro núcleo filosófico importante é o dos pitagóricos. No final do século VI, a filosofia translada-se das costas da Jônia para as da Magna Grécia, ao sul da Itália e da

Sicília, constituindo-se o que Aristóteles chamou de *escola itálica*. Ao que tudo indica, a invasão persa na Ásia Menor deslocou para a extremidade ocidental do mundo helênico alguns grupos jônicos, e dessa fecunda emigração surgiu o pitagorismo.

Trata-se de um dos problemas mais obscuros e complexos da história grega. Por um lado, tudo o que se refere à história do movimento pitagórico é problemático; em segundo lugar, sua interpretação é sumamente difícil. Teremos de nos limitar a registrar seus traços mais importantes, sem entrar nas sérias questões que suscita.

O fundador dessa escola foi Pitágoras; mas Pitágoras é pouco mais que um nome; sobre ele quase nada se sabe, e o que se sabe é incerto. Parece que era originário da ilha de Samos e foi se estabelecer em Crotona, na Magna Grécia. A ele são atribuídas várias viagens, entre elas para a Pérsia, onde deve ter conhecido o mago Zaratás, ou seja, Zoroastro ou Zaratustra. É provável que nunca tenha se ocupado das matemáticas, embora, posteriormente, sua escola o tenha feito; a atividade de Pitágoras deve ter sido principalmente religiosa, relacionada com os mistérios órficos que, por sua vez, têm parentesco com os cultos de Dioniso. Aristóteles fala dos pitagóricos de modo impessoal, sublinhando essa vaguidade com sua expressão favorita: *os chamados pitagóricos*...

A escola pitagórica • Os pitagóricos estabeleceram-se numa série de cidades da Itália continental e da Sicília, depois também se instalaram na Grécia propriamente dita. Formaram uma liga ou seita e se submetiam a uma grande quantidade de estranhas normas e proibições; não comiam carne nem favas, não podiam usar trajes de lã, nem recolher o que tinha caído, nem atiçar o fogo com um ferro etc. É difícil compreender o sentido dessas normas, se é que tinham algum. Distinguiam-se entre eles os *acusmáticos* e os *matemáticos*, de acordo com o caráter e o grau de sua iniciação. A liga pitagórica tinha uma tendência contrária à aristocracia; mas acabou formando uma e intervindo na política. Em consequência disso, houve uma violenta reação democrática em Crotona, e os pitagóricos foram perseguidos, muitos deles mortos, e sua casa incendiada. O fundador conseguiu se salvar e morreu, segundo dizem, pouco depois. Mais tarde, os pitagóricos floresceram novamente com o chamado neopitagorismo.

Mais que isso, no entanto, interessa o sentido da liga pitagórica como tal. Constituía propriamente uma *escola* (a palavra escola, σχολή, significa em grego *ócio*: convém manter isso presente). Essa escola define-se pelo modo de vida de seus membros, pessoas emigradas, expatriadas – forasteiros, em suma. Seguindo o exemplo dos jogos olímpicos, os pitagóricos falavam de três modos de vida: o dos que vão para comprar e vender, o dos que correm no estádio e o dos espectadores, que se limitam a ver. Assim vivem os pitagóricos, forasteiros curiosos da Magna Grécia, como espectadores. É o que se chama de βίος θεωρητικός, a vida teorética ou contemplativa. A dificuldade dessa vida é o corpo, com suas necessidades, que sujeitam o homem. É preciso libertar-se dessas necessidades. O corpo é um túmulo (σῶμα σῆμα), dizem os pitagóricos. É preciso superá-lo, sem no entanto perdê-lo. Para isso é necessário um estado prévio da alma, que é o *entusiasmo*, ou seja, *endeusamento*. Aqui aparece a conexão com os órficos e seus ritos, baseados na *mania* (loucura) e na orgia. A escola pitagórica utiliza esses ritos e os transforma. Chega-se dessa forma a uma vida suficiente, teorética, não ligada às necessidades do corpo, um modo de viver divino. O homem que chega a isso é o sábio, o σοφός (parece que a palavra *filosofia ou* amor à sabedoria, mais modesta que *sofía*, surgiu pela primeira vez nos círculos pitagóricos). O perfeito *sophós* é ao mesmo tempo o perfeito cidadão; por isso o pitagorismo cria uma aristocracia e acaba intervindo em política.

A matemática • Outro aspecto importante da atividade dos pitagóricos é sua especulação matemática. A matemática grega não se parece muito com a moderna. Iniciada – quase como uma mera técnica operatória – na escola de Mileto, recebe a herança do Egito e da Ásia Menor; mas só no pitagorismo se transforma em *ciência* autônoma e rigorosa. Dentro dessa escola – sobretudo no chamado neopitagorismo – desenvolvem-se os conhecimentos matemáticos que depois serão levados adiante pelas escolas de Atenas e de Cízico; no século VI, a Academia platônica e a escola de Aristóteles forjam os conceitos filosóficos fundamentais que possibilitarão, na época helenística, a partir do século III, a elaboração e sistematização da matemática, simbolizada na obra de Euclides.

Os pitagóricos descobrem um tipo de ente – os números e as figuras geométricas – que não são corporais, mas que têm realidade e opõem resistência ao pensamento; isso leva a pensar que já não se pode identificar diretamente o ser com o ser corporal, o que obriga a uma decisiva ampliação da noção de ente. Mas os pitagóricos, arrastados por sua própria descoberta, fazem uma nova identificação, desta vez de sinal contrário: para eles, o ser vai coincidir com o ser dos objetos matemáticos. Os números e as figuras são a *essência* das coisas; os entes são por *imitação* dos objetos da matemática; em alguns textos afirmam que os números são *as próprias coisas*. A matemática pitagórica não é uma técnica operatória, é antes a descoberta e construção de novos entes, imutáveis e eternos, diferentemente das coisas variáveis e mortais. Daí o mistério que envolvia os achados da escola, por exemplo a descoberta dos poliedros regulares. Uma tradição refere que Hipaso de Metaponto foi afogado durante uma travessia – ou bem naufragou, castigado pelos deuses – por ter revelado o segredo da construção do dodecaedro.

Por outro lado, a aritmética e a geometria estão em estreita relação: o 1 é o ponto, o 2 a linha, o 3 a superfície, o 4 o sólido; o número 10, soma dos quatro primeiros, é a famosa *tetraktys*, o número fundamental. Fala-se geometricamente de números quadrados e oblongos, planos, cúbicos etc. Existem números místicos, dotados de propriedades especiais. Os pitagóricos estabelecem uma série de oposições, com as quais as qualidades mantêm uma estranha relação: o ilimitado e o limitado, o par e o ímpar, o múltiplo e o uno etc. O simbolismo dessas ideias é problemático e de difícil compreensão.

A escola pitagórica também criou uma teoria matemática da música. A relação entre as longitudes das cordas e as notas correspondentes foi aproveitada para um estudo quantitativo do musical; como as distâncias dos planetas correspondem aproximadamente aos intervalos musicais, pensou-se que cada astro dá uma nota, e todas juntas compõem a chamada harmonia das esferas ou *música celestial*, que não ouvimos por ser constante e sem variações.

As ideias astronômicas dos pitagóricos foram profundas e penetrantes: Ecfanto chegou a afirmar a rotação da Terra. Por sua vez, Alcmeão de Crotona realizou estudos biológicos e embriológicos precisos. Arquitas de Tarento e Filolau de Tebas foram as duas figuras mais importantes da matemática pitagórica[1].

* * *

Na escola pitagórica encontramos o primeiro exemplo claro de filosofia entendida como modo de vida. O problema da vida suficiente os leva a uma disciplina especial, que consiste na contemplação. Com os pitagóricos aparece na Grécia o tema da *libertação*, do homem suficiente, que se basta a si mesmo; este virá a ser um dos temas permanentes do pensamento helênico. Essa preocupação com a alma leva os pitagóricos à doutrina da transmigração ou *metempsicose*, relacionada com o problema da imortalidade. E essa questão, intimamente vinculada à idade e ao tempo, liga-se à especulação sobre os números, que são, antes de tudo, medida do tempo, *idades das coisas*. Vemos, pois, o fundo unitário do complexíssimo movimento pitagórico, centrado no tema da vida contemplativa *e divina*.

3. *Parmênides e a escola de Eleia*

Afora os pitagóricos, há outra manifestação filosófica fundamental na Magna Grécia: a escola eleática, cuja figura central é Parmênides, e cujos principais continuadores são Zenão e Melissos. Esse grupo de filósofos foi da mais alta importância. Com eles a filosofia adquire um nível e um grau de profundidade que antes não tinha, e a influência de Parmênides foi decisiva em toda a história da filosofia grega e, portanto, em sua totalidade até hoje. Essa escola tem, fora dela, um antecedente que convém mencionar: Xenófanes.

Xenófanes • Era de Colofão, na Ásia Menor. Não se conhecem as datas exatas de seu nascimento e morte, mas sabe-se que viveu pelo

---

1. Sobre o problema da matemática grega, ver *Biografía de la filosofía*, I, iii, e sobretudo *Ensayos de teoría*, "A descoberta dos objetos matemáticos na filosofia grega" [*Obras*, IV].

menos 92 anos, e que era posterior a Pitágoras e anterior a Heráclito. Portanto, viveu na segunda metade do século VI e primeira do século V. Sabe-se também que percorria a Hélade recitando poesias, geralmente de sua autoria. A obra de Xenófanes estava escrita em verso; são elegias de caráter poético e moral, nas quais mesclam-se às vezes vislumbres de doutrina cosmológica. O mais importante de Xenófanes é, por um lado, sua crítica da religião popular grega e, por outro, certo "panteísmo", precursor da doutrina da unidade do ser na escola eleática.

Xenófanes sentia orgulho da sabedoria, que lhe parecia muito superior à simples força ou à destreza física. Considerava imerecida a admiração pelos vencedores nos jogos, nas corridas etc. Considerava imorais e absurdos os deuses de Homero e Hesíodo, dos quais só se aprendem, dizia ele, roubos, adultérios e mentiras recíprocas. Ao mesmo tempo repudia o antropomorfismo dos deuses, dizendo que, assim como os etíopes os representam baixos e negros, os leões ou os bois os representariam, se pudessem, na figura de leão ou de boi. Em contraposição a isso, Xenófanes fala de um único Deus. Citamos a seguir os quatro fragmentos de suas sátiras referentes a essa questão (Diels, frag. 23-26): "Um só Deus, entre deuses e homens o maior, em nada semelhante aos homens nem na forma nem no pensamento. – Vê inteiro, pensa inteiro, ouve inteiro. – Mas sem esforço ele tudo governa com a força de seu espírito. – E sempre habita o mesmo lugar, sem nada mover, nem lhe convém deslocar-se de um lado para outro."

Estes fragmentos têm um sentido bastante claro. Há unidade – divina – intensamente sublinhada. E esse Deus uno é imóvel e *todo*. Por isso Aristóteles disse que Xenófanes foi o primeiro que "unizou", isto é, que foi partidário do uno. E por esse motivo, desconsiderando o obscuro problema das influências, é forçoso admitir que Xenófanes foi um precursor da doutrina dos eleatas.

Parmênides • Parmênides é o filósofo mais importante de todos os pré-socráticos. Significa na história da filosofia um momento de fundamental importância: o surgimento da metafísica. Com Parmênides, a filosofia adquire sua verdadeira hierarquia e se constitui de forma rigorosa. Até então, a especulação grega havia sido cosmológica, física, com um propósito e um método filosófico; mas é Parmênides quem descobre o tema próprio da filosofia e o método com o qual se pode abordá-lo. Nas mãos dele a filosofia passa a ser metafísica e ontologia; já não versa mais simplesmente sobre as *coisas*, mas sobre as coisas *enquanto são*, ou seja, *como entes*. O ente, ἐόν, ὄν, é a grande descoberta de Parmênides. A tal ponto que a filosofia *stricto sensu* começa com ele, e o pensamento metafísico conserva até nossos dias a marca que lhe imprimiu a mente de Parmênides. E junto com o objeto, o *método* que nos permite chegar a ele, o que os gregos chamaram de νοῦς, *noûs*[2], e os latinos traduziram por *mens*, mente, pensamento ou até talvez, em alguns casos, espírito. Este *noûs*, como logo veremos, está numa essencial unidade com o *ón*. A interpretação da filosofia de Parmênides apresenta sérias dificuldades. Não podemos entrar nelas aqui; apenas indicaremos o núcleo mais inovador e eficaz de seu pensamento. Nos últimos anos foram dados passos decisivos para a interpretação do filósofo eleático com o trabalho de Karl Reinhardt e, sobretudo, de meu mestre Zubiri.

Parmênides de Eleia viveu do final do século VI à primeira metade do século V: não se conhecem com maior precisão as datas. É improvável que tenha tido uma relação pessoal com Xenófanes, apesar de indubitáveis influências. Também parece ter sido afetado pelas do pitagorismo. Platão lhe dedicou um diálogo que leva seu nome, talvez o mais importante de todos os platônicos. Aristóteles lhe dedica muita atenção. Conservam-se, ademais, consideráveis fragmentos de um poema de Parmênides, escrito em hexâmetros, conhecido com o título tradicional *Da natureza*.

O poema • Compreendia uma introdução de grande força poética, e duas partes, a primeira sobre a *via da verdade*, e a segunda sobre a *via da opinião*. Da primeira chegaram até nós mais fragmentos que da segunda. Limitar-nos-emos a indicar os momentos mais importantes do poema.

---

2. Transcrevo o grego em caracteres latinos com as seguintes normas: o g („) tem sempre som suave; o z (Ê), o de *ds*; o *th* (Ë), o de *z*; o *ph* (˘), o de *f*; o *kh* (˘), o de *j*; o ditongo *ou* (ÔÌ), o de *u*, e o *y* (ι) tem o do *u* francês ou *ü* alemão; o *h* (equivalente ao espírito áspero) é aspirado. Transcrevem-se todos os acentos gregos.

Numa carruagem, puxada por fogosos cavalos, avança o poeta pelo caminho da *deusa*. Guiam-no as filhas do *Sol*, que *afastam os véus de seus rostos* e deixam a morada da noite, guardada pela Justiça. A deusa saúda Parmênides e lhe diz ser preciso aprender a conhecer tudo, "tanto o coração inquebrantável da verdade bem redonda como as opiniões dos mortais, que não têm certeza verdadeira", e lhe diz que existe uma única via de que se possa falar. Com isso termina a introdução. Há uma clara alusão à passagem da consciência mítica para a teorética: as helíades tiraram-no da obscuridade. A metáfora dos véus designa a verdade, entendida na Grécia como um *desvelar* ou descobrir (ἀλήθεια).

Na primeira parte do poema a deusa fala de duas vias; mas estas não são as duas mencionadas, da verdade e da opinião, pois esta última será, a rigor, a terceira. As duas primeiras são duas vias possíveis *do ponto de vista da verdade*, das coisas enquanto *são:* a do *que é* e que é impossível que não seja (via da persuasão e da verdade) e a do *que não é*; esta última via é impraticável, porque o que não é não pode ser conhecido nem expresso. E aqui se encontra a estreita vinculação do *noûs* com o *ón*, do ente com a mente ou espírito na verdade. Segue-se em seguida o que poderíamos chamar a ontologia de Parmênides, isto é, a explicação dos atributos do ente que acaba de descobrir. Mas isso requer uma exposição articulada.

A segunda parte do poema abandona a via da verdade para entrar na da opinião dos mortais. Os fragmentos dela são muito escassos. Correspondem à interpretação do movimento, da variação, não do ponto de vista do *noûs*, nem, portanto, do ente, mas da *sensação* e das *coisas*. A isso se somam algumas indicações cosmológicas.

O esquema das vias é, portanto, o seguinte:

MÉTODO	OBJETO	VIA
O *noûs*	o ente	da verdade (via do "que é").
		impraticável (via do "que não é").
A *sensação*	as *coisas*	da opinião (via do "que é e não é")

Os atributos do ente • Convém enumerar e explicar brevemente os atributos atribuíveis ao ὄν, ente, segundo Parmênides.

1º O *ón* é *presente*. As coisas, enquanto são, estão presentes para o pensamento, para o *noûs*. O ente não foi nem será, mas é ῎Ον, *ens,* é um particípio do presente. As coisas podem estar longe ou perto dos sentidos, presentes ou ausentes, mas como entes são imediatas para o *noûs*. A mente tem a presença do ὄν.

2º Todas as coisas são entes, ou seja, *são*. Ficam envolvidas pelo ser, ficam reunidas, *unas*. Toda a multiplicidade das coisas não tem nada a ver com a unidade do ente. O *ón* é uno. Por isso Parmênides chega a dizer que o ente é uma esfera, sem orifícios de não ser.

3º Este ente é, ademais, *imóvel*. O movimento é entendido como um modo de ser. Chegar a ser ou deixar de ser supõe uma dualidade de entes, e o ente é uno. Por esse motivo é *homogêneo* e *indivisível*, sempre do ponto de vista do ente: se eu divido uma coisa em duas partes, o ente fica tão indiviso como antes, envolve igualmente as duas partes: a divisão não o afeta em nada.

4º O ente é *cheio*, sem vazios (o problema do vazio é muito importante em toda a filosofia grega). É *contínuo* e *todo*. Se houvesse algo fora do ente, não seria, e se algo *fosse* fora do ente, *seria*, ou seja, seria *ente*.

5º Pela mesma razão é *ingênito* e *imperecível*. O contrário suporia um não ser, que é impossível.

Estes são os principais atributos do ente, não das coisas: é isso o que descobre a primeira via, a da verdade.

A opinião • Como a segunda via, a do *que não é*, é impraticável, vejamos a terceira, a da δόξα, a opinião dos mortais. Essa terceira via move-se dentro da esfera da verdade, e por isso pode ser verdade e erro. Quanto existe uma e outro só pode ser decidido a partir da verdade.

1º A *dóxa* se atém às informações do mundo, das *coisas*. Essas informações são *muitas* e *cambiantes*. As coisas são verdes, vermelhas, duras, frias, água, ar etc. Além disso, transformam-se umas nas outras e estão em constante variação. Mas

2º A *dóxa* entende esse movimento, essa mudança, como um vir a ser. E nisso consiste seu erro. O ser não se dá nos sentidos, mas no *noûs*. Ou seja, a *dóxa*, movendo-se na *sensação*, que é o que tem, salta para o ser sem utilizar o *noûs*, de que carece. E esta é sua falsidade.

3.º A δόξα, além de ser opinião, é *dos mortais*. Porque seu órgão é a sensação, a αἴσθησις, e esta se compõe de contrários e por isso é mortal, perecível como as próprias coisas. A opinião não tem *noûs*, o único que é *divino*, imortal, como o ser.

Por isso Parmênides interpreta o movimento como *luz* e *trevas*, como um iluminar-se e obscurecer. Ou seja, o vir a ser não é mais que um vir a ser *aparente*. As coisas que parecem vir a ser, já eram, mas nas trevas. O movimento é variação, não geração: portanto, não existe do ponto de vista do ser. E tudo isso é convenção (νόμος), nomes que os homens apõem às coisas.

Ontologia ou metafísica • Podemos indagar agora o sentido da descoberta de Parmênides. As coisas, em grego πράγματα, *prágmata*, mostram aos sentidos múltiplos atributos ou propriedades. São coloridas, quentes ou frias, duras ou moles, grandes ou pequenas, animais, árvores, rochas, estrelas, fogo, barcos feitos pelo homem. Mas consideradas com outro órgão, com o pensamento ou *noûs*, apresentam uma propriedade sumamente importante e comum a todas: antes de ser brancas, ou vermelhas, ou quentes, *são*. São, simplesmente. Aparece o ser como uma propriedade essencial das coisas, como o que depois foi denominado um *atributo real*, que só se manifesta para o *noûs*. As coisas são agora ὄντα, *entes*. E o ὄν e o νοῦς aparecem numa conexão essencial, de modo que um não se dá sem o outro. Nesse sentido, Parmênides diz que o ser e o *noêin* ou *noûs* são o *mesmo*. Aos olhos do *noûs*, o ente é *uno* e *imóvel*, ante a *pluralidade* e *mudança* das coisas que se dão na sensação. Em Parmênides começa a cisão dos dois mundos, o da verdade e o da aparência (opinião ou *dóxa*), que é falsidade quando tomada como realidade verdadeira. Essa cisão será decisiva para o pensamento grego.

Examinando as coisas um pouco mais de perto, podemos dizer que, depois de ter-se pensado que as coisas têm uma consistência *determinada*, Parmênides se dá conta de que isso implica que elas têm uma *consistência* determinada – sublinhando desta vez consistência. As coisas consistem em algo; mas agora a atenção não se dirige ao algo, e sim a seu prévio consistir, seja o que for aquilo em que consistem. As coisas aparecem antes de tudo como *consistentes;* e é isso propriamente o que quer dizer o particípio *eón, ón,* que é o eixo da filosofia parmenideana. As coisas consistem nisto ou naquilo porque previamente consistem, isto é, consistem em ser o *consistente (tò ón).* A descoberta de Parmênides poderia ser formulada, portanto, dizendo que as coisas, antes de qualquer ulterior determinação, *consistem em consistir.*

Com Parmênides, portanto, a filosofia deixa de ser *física* para ser *ontologia.* Uma ontologia do ente cósmico, físico. E ocorre precisamente que, como o ente é imóvel, a física é impossível do ponto de vista do ser e, portanto, da filosofia. A física é a ciência da natureza, e natureza é o princípio do movimento das coisas naturais. Se o movimento não *é,* não é possível a física como ciência filosófica da natureza. É este o grave problema que virá a ser debatido por todos os pré-socráticos posteriores e que não irá encontrar solução suficiente a não ser em Aristóteles. Se o ente é uno e imóvel, não há natureza, e a física é impossível. Se o movimento *é,* necessita-se de uma ideia do ente distinta da de Parmênides. É isso o que Aristóteles consegue, como veremos no momento propício. Antes dele, a filosofia grega é o esforço para tornar possível o movimento dentro da metafísica de Parmênides. Esforço fecundo, que move a filosofia e a obriga a indagar sobre o problema básico. Uma luta de gigantes em torno do ser, para dizê-lo com uma frase de Platão.

Zenão • É o discípulo mais importante de Parmênides, continuador direto de sua escola. Também de Eleia. Parece ter sido uns quarenta anos mais jovem que Parmênides. Sua descoberta mais interessante é seu método, a *dialética.* Esse modo de argumentar consiste em tomar uma tese aceita pelo adversário ou comumente admitida e mostrar que suas consequências se contradizem entre si ou a contradizem; em suma, que é impossível, segundo o princípio de contradição, implicitamente utilizado por Parmênides.

As teses deste, sobretudo as relacionadas com a unidade do ente e a possibilidade do movimento, vão contra o que ordinariamente se pensa. Zenão constrói, para apoiá-las, vários argumentos, que partem da ideia do movimento e mostram que é impossível. Por exemplo, não se pode percorrer um segmento AB, porque para chegar a B é preciso passar primeiro por um ponto médio, C; para chegar a C, por um ponto D, médio entre A e C, e assim sucessivamente, até o infinito. Haveria, pois, que passar por uma série infinita de pontos intermediários, e o movimento seria impossível. Segundo outro exemplo – para citar um deles –, Aquiles, que corre dez vezes mais rápido que a tartaruga, jamais a alcançará se ela sair com certa vantagem. Pois enquanto Aquiles percorre essa vantagem, a tartaruga avançou $1/_{10}$ dessa distância; enquanto Aquiles percorre esse novo espaço, a tartaruga se afastou outro espaço dez vezes menor e assim até o infinito; portanto não a alcança nunca. Zenão propunha várias outras *aporias* (ἀπορίαι) ou dificuldades, que não detalharemos aqui.

O sentido dessas aporias evidentemente não é o de que Zenão acreditasse que assim acontece. O *movimento se demonstra andando*, e, *andando*, se chega de A a B e Aquiles alcança a tartaruga. Não se trata disso, mas da explicação do movimento. Esta é, dentro das ideias do tempo, impossível, e Parmênides tem razão. Para que o movimento possa ser interpretado *ontologicamente*, faz-se necessária uma outra ideia do ente. Se o ente é o de Parmênides, o movimento não é. As *aporias* de Zenão evidenciam isso da forma mais aguda. Será necessária toda a ontologia de Aristóteles para dar uma resposta suficiente para o problema colocado por Parmênides. Não se pode *compor* o movimento, como não se pode *compor* desse modo o contínuo. Aristóteles construirá uma ideia do ser essencialmente distinta da de Parmênides, e só então se explicará o *ser* do movimento e será possível a física.

Melissos • É a última figura importante do eleatismo, mas ele não é de Eleia, e sim jônio, de Samos. Foi almirante daquela ilha na rebelião contra Atenas e obteve uma grande vitória naval no ano de 442. Representa a continuidade do pensamento de Parmênides, com algumas características próprias. Nega a multiplicidade e a mobilidade, nega que o conhecimento das muitas coisas seja um conhecimento da verdade. Mas enquanto Parmênides afirmava que o ente é finito, Melissos diz que é infinito, porque não tem nem princípio nem fim, que seriam distintos dele. Pelo mesmo motivo rejeita a ideia de que seja uma esfera: esta poderia ser interpretada como uma parte limitada da extensão.

A influência de Parmênides • Convém não esquecer que a influência mais profunda de Parmênides na filosofia não deve ser procurada dentro de sua escola, entre os pensadores eleatas, mas fora dela. Como toda filosofia autêntica, a eficácia da de Parmênides está no próprio problema que coloca, não na ação escolar ou de um grupo. O grande achado de Parmênides obriga a filosofia grega a se pôr em marcha de forma metafísica; e suas consequências perduram até hoje.

4. De Heráclito a Demócrito

O problema geral • Parmênides descobriu que as coisas são entes, algo que *é*; e, em consequência, teve de atribuir ao ente uma série de atributos que se mostram contraditórios com o modo efetivo de as coisas se comportarem; daí surgia o problema. Um problema, com efeito, é isto: a consciência de uma contradição. O exemplo clássico do pau submerso na água, que é reto ao tato e quebrado à vista, que é reto e não reto, e, portanto, é e não é. Assim, o ente é uno e imóvel, mas de fato constata-se que as coisas – que são – movem-se e são muitas. A contradição que aqui aparece é no fundo a mesma com que teve de lidar Parmênides: a do ser e do não ser.

Parmênides descobriu que quando se diz de uma coisa que é branca, não só temos a coisa e a brancura, mas, ademais, temos o *é*, que penetra as duas e faz com que a coisa *seja* branca. O ente é, como diz Platão, uma terceira coisa, um certo terceiro, τρίτον τι.

Este problema do ὄν, do ente, penetra em todos os problemas concretos que foram suscitados na filosofia posterior a Parmênides, e todas as questões acabam por se resolver nessa antinomia do ser e do não ser, intimamente ligada à da unidade e pluralidade, e também à do movimento. O movimento é, com efeito, mover-se *de* um princípio *a* um fim. Assim era entendido na Grécia. Supõe, portanto, pelo menos uma dualidade, contrária à unicidade do ente, e ademais uma contrariedade: o movimento se realiza entre contrários (a passagem do branco para o preto, do quente para o frio, do ser para o não ser), e aqui nos encontramos de novo no centro do problema do ser uno. Toda a filosofia grega, de Heráclito a Demócrito, vai se mover dentro da ideia do ente de Parmênides, o que confere uma unidade essencial a todo o período. A filosofia daquele tempo é a progressiva divisão do ente de Parmênides, conservando seus atributos, para dessa forma introduzir nele, sem alterar sua essência, a pluralidade e tornar possível o movimento e a solução dos demais problemas colocados.

Mas isso não basta. O ente de Parmênides não admite a pluralidade. Fragmentando-o não conseguimos nada; o problema vai-se distanciando, mas em última instância permanece intacto. É isso o que demonstram os argumentos de Zenão. Será necessário questionar o *uno*, a própria unidade, e chegar a uma ideia do ser que, sem excluir a unidade, a torne compatível e coexistente com a multiplicidade. É necessário, pois, alterar totalmente a própria ideia do ente. E, um século e meio depois, Aristóteles nos dará uma ideia do ἕν, do uno, essencialmente distinta da parmenideana, e com ela um conceito do ser também completamente novo. Dessa maneira será possível explicar as dificuldades de Parmênides. Aristóteles terá de dizer que *o ente se diz de muitas maneiras*. Logo veremos por quê.

Por ora interessa ver as etapas primeiras do problema de Parmênides, dentro do âmbito filosófico que ele criou com sua genial descoberta.

a) Heráclito

Vida e caráter • Era de Éfeso, na Ásia Menor. Viveu entre os séculos VI e V. Dizem que era da família real de Éfeso e estava destinado a reger a cidade, mas renunciou e se dedicou à filosofia. Existem delicados problemas de cronologia entre Xenófanes, Parmênides e Heráclito. São aproximadamente contemporâneos, mas Heráclito se move dentro da dialética parmenideana do ser e do não ser, e, portanto, pode ser considerado filosoficamente sucessor de Parmênides. Heráclito desprezava a multidão e condenava os cultos e ritos da religião popular. Teofrasto diz que era "melancólico". Por seu estilo um tanto sibilino, os gregos o apelidaram de "Heráclito, o Obscuro". Dizem que o oráculo de Delfos nem manifesta nem oculta seu pensamento, mas o indica por sinais. E isso talvez pudesse ser aplicado a seus escritos.

O devir • O que mais importa é caracterizar a metafísica de Heráclito e situá-la dentro da evolução da filosofia posterior a Parmênides. Heráclito afirma taxativamente a variação ou movimento das coisas: πάντα ῥεῖ, tudo corre, *tudo flui*. Ninguém pode se banhar duas vezes no mesmo rio, porque o rio permanece, mas a água já não é a mesma. A realidade é cambiante e mutável. Por isso a substância primordial é o *fogo*, a menos consistente de todas, a que mais facilmente se transforma. Ademais – diz ele –, a *guerra* é o pai de todas as coisas, πόλεμος πατὴρ πάντων. Ou seja, a discórdia, a contrariedade é a origem de tudo no mundo. O mundo é um eterno fogo que se transforma. Como, segundo um velho princípio do conhecimento, o igual se conhece pelo igual, a alma seca, a que se parece com o fogo, é a melhor de todas e a que melhor conhece: a alma do sábio. A alma úmida, como barro, é uma alma inferior.

À primeira vista, não haveria oposição maior a Parmênides. Heráclito parece inverter rigorosamente os termos e fazer das coisas mobilidade constitutiva. Ainda que assim fosse, seria oposição demais para não interpretá-la como uma relação estreita; afora isso, no entanto, é preciso reparar em algumas coisas. Em primeiro lugar, Heráclito fala do mundo, do cosmos, e Parmênides também reconhecia o movimento e a pluralidade no mundo: o que negava é que isso tivesse algo a ver com o ente. Em contrapartida, há toda uma série de textos com um sentido completamente distinto.

Antes de tudo, Heráclito diz que é judicioso "confessar que todas as coisas são uno". Por outro lado, o *noûs* é comum a todos. Estas afirmações soam de um modo bem diferente, e têm claras ressonâncias parmenideanas. No entanto, há mais: Heráclito introduz um novo conceito, ao qual confere atributos tradicionais da filosofia de Parmênides. É o conceito do σοφόν.

Τὸ σοφόν • Heráclito refere-se a *o sábio* de forma neutra. Não é a pessoa do sábio nem a sabedoria. Começa dizendo que esse *sophón* é *uno*, e que é *sempre*. Além disso, é *separado de todas as coisas*, πάντων κεχωρισμένον. Como se vê, os atributos do *sophón* e os do ente de Parmênides são os mesmos. Heráclito adverte que devemos seguir o *comum*, e este comum é o *noûs*, como vimos. Isso fica particularmente te claro se considerarmos o fragmento que diz: "Os homens despertos têm um mundo comum, enquanto os que dormem voltam-se, cada um, para seu mundo particular."

O sentido desses textos é evidente. Vemos uma nova cisão em dois mundos: o homem desperto, que segue o comum, o *noûs*, é o que chega a "o sábio", que é uno e permanente. Em contrapartida, há o mundo do sonho, que é o mundo particular de cada um, em suma, a *opinião*. É aqui que tudo é mudança e devir. A chave dessa dualidade talvez esteja em uma das mais expressivas frases de Heráclito: φύσις κρύπτεσθαι φιλει, a natureza gosta de se ocultar. O mundo oculta o *sophón*, que é o que verdadeiramente é, separado de tudo. É necessário descobri-lo, desvelá-lo, e isso é precisamente a ἀλήθεια, a verdade. Quando o homem a descobre, encontra os atributos do ente de Parmênides.

O homem, como coisa do mundo, está sujeito ao devir, mas possui esse algo comum, sobretudo se tem a alma seca, e então tende ao *sophón*, ao divino. Não é *sophón* – isso equivaleria a tornar-se Deus –, mas tão somente *filósofo*. O homem volta a deparar, como em Parmênides, com o dilema anterior, com a antinomia entre seu ser perecível (as opiniões dos *mortais*, o "tudo flui") e seu ser eterno e imortal (o *ón* e o *noûs*, o *sophón*). Vemos, pois, qual o sentido mais geral da filosofia de Heráclito. É uma tentativa de interpretar o movimento, radicalizando-o, transformando tudo em mutação contínua, mas tomando o cuidado de distingui-lo do σοφόν *separado de tudo*. O ser fica separado de todo movimento e de toda multiplicidade. Estamos no âmbito da metafísica de Parmênides.

b) *Empédocles*

Vida • Era de Agrigento (Sicília), na Magna Grécia. Ocupava uma posição preeminente, mas não se contentava em ser rei; queria ser Deus. Alguns o consideravam um semideus; outros, um charlatão. Percorria toda a Sicília e o Peloponeso ensinando e realizando tratamentos e curas, e muitos o veneravam. Conta uma tradição que, para ter um fim digno de sua divindade, atirou-se no Etna. Outra tradição diz que foi levado ao céu, como Elias. É mais provável que tenha morrido no Peloponeso. Foi uma figura extraordinariamente viva e interessante. Escreveu dois poemas: *Da natureza* e *As purificações*, imitados por Lucrécio, dos quais se conservam fragmentos. Encontramos neles ideias religiosas, cosmológicas, biológicas, de grande interesse, e, sobretudo, uma doutrina propriamente filosófica.

Cosmologia • Enumeremos simplesmente os pontos mais importantes. Segundo Empédocles, existem dois sóis: um autêntico, o fogo, e outro refletido, que é o que vemos. Tinham descoberto que a luz da lua é refletida, e o homem, como sempre, estendia sua descoberta. A noite se produz pela interposição da terra entre o sol e o fogo. Empédocles descobre o verdadeiro sentido dos eclipses. As estrelas e os planetas eram fogo autêntico, não refletido; as estrelas, fixas, e os planetas, livres. Pensou que a luz é algo que vai de um lugar a outro num tempo muito breve.

Biologia • Os seres são mortais, mas seus princípios são eternos. A primeira coisa a existir foram as árvores; Empédocles suspeitava vagamente de que as plantas tivessem sexo. O calor era principalmente masculino. Segundo Empédocles, os seres vivos foram gerados por agregação de membros soltos, ao acaso; depois sobreviveram os que estavam corretamente organizados. Acreditava na transmigração das almas e disse de si mesmo: "Em outro tempo fui homem e mulher, um arbusto e uma ave, e um peixe mudo no mar." Tem também uma interessante doutrina da percepção. Há uma determinada *adequação* entre a sensação e o tamanho dos poros: por isso os órgãos dos diferentes sentidos variam. As coisas são reconhecidas por seus semelhantes: o fogo, caso haja *em mim* o fogo, e da mesma forma a água e as demais coisas.

As quatro raízes • Examinemos a questão central de Empédocles, o problema do ser das coisas. É preciso articular o ser imóvel com a cambiante multiplicidade das coisas. Empédocles quer resolver esse problema por meio dos quatro elementos: ar, fogo, água e terra. É a primeira vez que aparecem formalmente os quatro elementos tradicionais. Sobre eles Empédocles dirá que são *as raízes de todas as coisas*, ῥιζώματα πάντων. Esses elementos são opostos – neles há a contrariedade do seco e do úmido, do frio e do quente. Essas raízes são *eternas*; ao afirmar isso, Empédocles se apoia em Parmênides, mas com uma diferença: o ente de Parmênides era uma esfera homogênea e não podia mudar; para Empédocles, também é uma esfera, mas não homogênea, e sim uma *mescla*. Todos os corpos se compõem da agregação de substâncias elementares.

O amor e o ódio • Para explicar o movimento, ou seja, que a partir das quatro raízes se engendrem e pereçam todas as coisas, Empédocles introduz outros dois princípios: φιλία καὶ νεῖκος (amor e ódio). O ódio separa os distintos elementos, e o amor tende a juntá-los; aí já temos um movimento. Em certo sentido, é o ódio que junta, porque a união se dá quando os elementos ficaram livres, unidos entre si os semelhantes. O autêntico amor é a atração do dessemelhante. No movimento do mundo há quatro períodos:

1.º A esfera mesclada.
2.º O ódio, que dá início à separação.
3.º O domínio do *neîkos*; o ódio já separou tudo.
4.º Retorna a *philía* (o amor) e as coisas começam a se unir de novo.

É um ciclo que se repete. Formam-se então coisas unidas de maneiras muito variadas – leões com cabeça de asno etc. –, das quais só sobrevivem e perduram as que têm um *lógos*, uma *ratio*, uma estrutura interna que lhes permita continuar sendo. Dessa forma se sucedem vários ciclos em que as coisas vão mudando, pela ação do amor e do ódio, e as quatro raízes se mantêm invariáveis e eternas. E voltamos de novo ao ser e ao não ser, ao *cosmos* que não é verdadeiramente e ao *ser,* que verdadeiramente é. Introduz-se a multiplicidade no ente de Parmênides, dividindo-o em quatro; mas com isso ainda não se explica o movimento do ponto de vista do ser. A ontologia do movimento, a física como filosofia, continua sendo impossível.

c) *Anaxágoras*

Vida • Era de Clazómena (Ásia Menor). Viveu no século V. Era também de família nobre e destinado a mandar. Renunciou a isso para se dedicar a uma *vida teorética*. Anaxágoras foi considerado o homem que levou essa vida de modo exemplar. Aparece por um lado vinculado a Empédocles como dois importantes *physici recentiores*. Mas, por outro, tem um vínculo de outro tipo com a sofística e concretamente com Protágoras. Ambos foram mestres de Péricles. Anaxágoras foi o primeiro filósofo de Atenas, embora não fosse natural da cidade. Não teve muito sucesso ali. Na época, os atenienses não eram muito tolerantes e não havia grande liberdade de pensamento: Péricles queria jonicizar Atenas e torná-la mais aberta; talvez influenciado por Aspásia. Os atenienses zombavam de Anaxágoras e chamavam-no *Noûs*. Depois o acusaram, não se sabe bem de quê; tampouco se sabe ao certo a que o condenaram: há relatos divergentes sobre tudo isso. Parece que Péricles o libertou, mas não pôde permanecer em Atenas e foi para Lâmpsaco, onde o receberam muito bem. Anaxágoras exerceu forte influência sobre a vida ateniense, e é a partir dele que Atenas se transforma na principal cidade filosófica da Grécia. Depois de ter-se difundido pelo Oriente e pelo Ocidente, pela Ásia Menor e pela Magna Grécia, a filosofia passa a se situar principalmente, de modo tardio, na Grécia propriamente dita, que virá a ser seu centro. A influência de Anaxágoras não foi extrínseca a seu pensamento, e esteve intimamente vinculada à sua filosofia.

As homeomerias • Para Anaxágoras os elementos não são quatro, e sim infinitos. *Há de tudo em tudo*. Chama de *homeomerias* (ὁμοιομερῆ) as partes homogêneas, partículas pequeníssimas de que estão feitas as coisas. Se tomamos uma coisa qualquer e a dividimos, nunca chegaremos, diz Anaxágoras, às raízes de Empédocles; o que existe são homeomerias. Na menor parte de cada coisa existem partes pequeníssimas de todas as demais; chama isso de πανσπερμία, *panspermía*, existir em tudo as sementes de tudo.

Como se explica então a formação das diversas coisas? Por união e separação das homeomerias. Assistimos a um passo a mais na divisão do ente de Parmênides: primeiro colocam-no em relação com o fogo que se move e muda (Heráclito); depois dividem-no nas quatro raízes de Empédocles, para explicar o mundo e o movimento partindo delas; agora Anaxágoras o fragmenta nas homeomerias; e não é a última etapa. As propriedades do ente se conservam, e o movimento se explica por união e separação.

As coisas são diferentes porque as homeomerias se agrupam de diversas formas, segundo a posição que ocupam. Anaxágoras descobre a importância da forma, do *eîdos*, da disposição das coisas. Levada à vida ateniense, ao teatro, esta descoberta de Anaxágoras é a *perspectiva*. O século V ateniense está voltado para o *eîdos*, para a plástica: um século de espectadores.

O "noûs" • A causa do movimento é o *noûs*. Para Anaxágoras, provavelmente, o *noûs* é uma matéria mais sutil que as demais, mas não espiritual; a noção de espírito é alheia ao pensamento daquela época. No *noûs* não se encontram as outras coisas; mas algumas delas – as animadas – têm *noûs*. Este, portanto, carece de mescla.

Anaxágoras alcançou essa doutrina do νοῦς por meio de considerações astronômicas; é o princípio que rege o universo, e aparece vinculado à origem do monoteísmo grego[3]. A doutrina de Anaxágoras teve um alcance e uma dignidade que foram além do que seus próprios desenvolvimentos propunham. Platão e Aristóteles valorizavam muito a teoria do *noûs* e criticavam Anaxágoras por ter feito um uso muito restrito dela, quase que só para explicar o movimento, sendo que o νοῦς prometia ser a explicação da origem do mundo. O *noûs* anaxagórico, separado da matéria ou pelo menos no limite dela, é, contudo, como que uma inteligência impessoal que, no entanto, ordena os movimentos cósmicos.

O conhecimento, segundo Anaxágoras, tem certa limitação porque as homeomerias não são acessíveis aos sentidos. Sua ideia da percepção é contrária à de Empédocles: conhecem-se as coisas por seus contrários. São estas as duas teses opostas que se contrapõem nessa época.

d) Demócrito

Os atomistas • São os últimos pré-socráticos. Cronologicamente chegam quase a coincidir com Sócrates, mas continuam filiados à tradição preocupada com a φύσις, e sobretudo com a linha da filosofia

---

3. Cf. W. Dilthey: *Introducción a las ciencias del espíritu* (trad. de J. Marías. *Revista de Occidente*), p. 171-81.

eleática. Os dois principais atomistas foram Leucipo e Demócrito. Os dois, pelo menos o segundo, eram de Abdera (Trácia). De Leucipo quase nada se sabe de especial. Em termos fundamentais, sua doutrina coincidia com a de Demócrito. Este foi uma grande figura intelectual da Grécia, grande viajante e escritor. De suas obras, como das dos demais pré-socráticos, restam apenas fragmentos. Iremos nos referir, portanto, principalmente a Demócrito.

Os átomos • Os atomistas realizam a última divisão do ente de Parmênides. Chegam aos átomos (φύσις); ou seja, às partes insecáveis, indivisíveis, que não podem mais ser partidas. Esses átomos distinguem-se entre si exclusivamente por terem formas distintas, e delas dependem suas propriedades. Movem-se em torvelinho e se engastam de diversas formas, produzindo assim as coisas. Existem muitos mundos, uns em formação, outros em destruição, outros em existência atual. As propriedades baseiam-se na forma e também na sutileza dos átomos. E cada um deles conserva os atributos fundamentais do ente de Parmênides, que aparece, por assim dizer, pulverizado.

Materialismo • É a primeira tentativa formal de elaborar um materialismo. Tudo, inclusive a alma, está composto de átomos. Aparece aqui a interpretação material do ente. Por isso o movimento será antes de tudo movimento local (φορά). Coloca-se então para os atomistas o problema do lugar, do τόπος onde têm de estar os átomos. E, com efeito, dirão que estão no *vazio*. Isso é de grande importância. O vazio era, tradicionalmente, o não ser. Mas este não ser é necessário para os átomos. Demócrito faz algo muito original: dá um certo ser ao vazio, e este se torna *espaço*. Não é o absoluto não-ser (οὐκ ὄν), mas um não ser relativo (μὴ ὄν), em comparação com o cheio, com os átomos, e é o ser *espacial*. O problema do ser e do não ser é mitigado, mas não resolvido, na forma átomos-espaço. É a última tentativa de solução dentro da ideia parmenideana do ente.

O conhecimento • Segundo Demócrito, a percepção se realiza do seguinte modo: as coisas emitem uma espécie de espectros ou imagens sutis (εἴδωλα), compostos de átomos mais finos, que penetram nos órgãos dos sentidos. Assim, a mente recebe uma cópia ou réplica da coisa, e nisso consiste o conhecimento; trata-se, portanto, de uma doutrina sensualista.

As ideias morais de Demócrito já começam a desenhar a figura do "sábio", do σοφός: imperturbabilidade, serenidade, autodomínio[4]. Ainda é física, cosmologia, especulação sobre o céu, o mundo e o movimento das coisas, em contraste com o ser imóvel; mas agora já entramos em Sócrates.

---

4. Sobre a ideia de serenidade, cf. meu estudo "Ataraxia y alcionismo" (em *El oficio del pensamiento*, 1958) [*Obras*, VI].

II. A SOFÍSTICA E SÓCRATES

A partir do século V começa uma nova fase da filosofia na Grécia. Esse período caracteriza-se essencialmente pela volta do homem para si mesmo. À preocupação com o mundo segue-se a preocupação com o homem. Esta não estivera ausente anteriormente; vimos a ideia da vida teorética, a doutrina da imortalidade ou da transmigração etc. Mas agora o homem se dá conta de que é preciso indagar quem ele é. Nisso interferiram algumas razões extrínsecas à filosofia: o predomínio de Atenas depois das guerras médicas, o triunfo da democracia etc. Aparece em primeiro plano a figura do homem que fala bem, do cidadão, e o interesse do ateniense volta-se para a realidade política, civil e, portanto, para o próprio homem.

A Grécia muda consideravelmente de estilo. O cidadão perfeito, o πολίτης, substitui o ideal antigo do καλοκἀγαθός, do homem *comme il faut*, belo de corpo e com dotes notáveis, talvez o que chamaríamos em espanhol de "una bella persona". No centro do pensamento grego não está mais a φύσις, e sim a εὐδαιμονία, a felicidade, no sentido de desenvolvimento da essência da pessoa. E, como representação eminente desse tempo, aparece o sofista.

1. Os sofistas

O movimento sofístico aparece na Grécia no século V. Os sofistas têm certa afinidade com Anaxágoras, no momento em que a filosofia irá começar a exercer influência na vida ateniense. Mas apresentam diferenças essenciais. Distinguem externamente por algumas características: são professores ambulantes, que vão de cidade em cidade, ensinando os jovens; lecionam por dinheiro, mediante uma retribuição, caso novo na Grécia e que surpreendeu bastante. Tinham grande brilhantismo e êxito social; eram oradores e retóricos e, fundamentalmente, pedagogos. Pretendiam saber e ensinar tudo, e certamente qualquer coisa e seu contrário, tese e antítese. Tiveram forte influência na vida grega e foram personagens importantes; alguns, de grande inteligência. Mas o mais sério, aquilo pelo qual nos interessam aqui, são as interferências da sofística na filosofia.

A palavra *sofista* deriva do mesmo vocábulo *sofía*, sabedoria. Filóstrato diz que a sofística fala a respeito das mesmas coisas que aqueles que filosofam. E Aristóteles diz: "A sofística é uma sabedoria aparente, mas que não o é, e o sofista, o que faz uso da sabedoria aparente, mas que não o é." Nestas brevíssimas citações fica caracterizado o problema da sofística: fala de *temas* filosóficos, e *parece* uma sabedoria, mas não é. O sofista parece filósofo, mas não é; é um homem estranhíssimo, diz Platão, cujo ser consiste em não ser. Note-se que isso não quer dizer que *não seja filósofo*; isso é algo que também acontece com o carpinteiro; mas este não *consiste* em não ser filósofo, e sim em ser carpinteiro, ao passo que o ser sofista consiste em *aparentar* ser filósofo e não sê-lo. Temos dois problemas: 1) a filosofia que possa haver na sofística; 2) o problema filosófico da realidade do sofista.

A sofística coloca mais uma vez o problema do ser e do não ser, mas a propósito de si mesma e, portanto, do homem. A ideia que a aristocracia tinha de o que o homem deve ser transformara-se na Grécia. Em vez de ser o homem bem constituído e bem dotado, bom guerreiro, por exemplo, é o sábio, o homem que tem *noûs* e sabe o que deve ser feito e deve ser dito, o bom cidadão. Quando isso se generaliza na Grécia, como cada homem tem *noûs* e este é comum, o resultado é uma democracia. Esse *noûs* e o falar em conformidade com ele são o que importa. Foi, portanto, a filosofia que tornou possível essa situação e, portanto, a própria sofística.

A sofística move-se num âmbito retórico. Trata-se de dizer as coisas de modo que convençam, de *dizer bem* (εὖ λέγειν). Não importa a verdade, e por isso é uma falsa filosofia. Diante disso, Sócrates e Platão reivindicarão o bem pensar, ou seja, a verdade.

Ademais, é algo público, dirigido ao *cidadão*; tem, portanto, uma clara tendência política. E, por último, é uma *paideía*, uma pedagogia, a primeira a propriamente existir.

A dimensão positiva da sofística e sua justificação histórica consistem, ante uma filosofia construída a partir do ente e que abandona as coisas – eleatismo –, na exigência de filosofar a partir das coisas e explicar a razão delas. O importante foi o fato de os sofistas proclamarem a *inconsistência* das coisas e abandonarem o ponto de vista do ser e da verdade, que viria a ser recuperado – sem deixar de fazer justiça à exigência sofística – por Sócrates e Platão, que terão de se indagar sobre o que *as coisas são* ou, dito de outra forma, sobre a consistência das coisas.

Houve muitos sofistas importantes. Conhecemos vários deles de modo vivo e penetrante pelos diálogos de Platão. O que interessa deles são menos os detalhes de sua atuação e suas ideias do que o significado geral do movimento. Os de maior importância foram Hípias, Pródico, Eutidemo e, sobretudo, Protágoras e Górgias.

Protágoras • Era de Abdera, assim como Demócrito. Teve grande influência em Atenas no tempo de Péricles. Ocupou-se de gramática e da linguagem, foi um grande retórico e demonstrou certo ceticismo quanto à possibilidade do conhecimento, especialmente dos deuses. Mas sua fama decorre sobretudo de uma frase sua, transmitida por vários filósofos posteriores, que diz: "O homem é a medida de todas as coisas: das que são, enquanto são, e das que não são, enquanto não são." Esta frase foi objeto de numerosas interpretações, que vão do relativismo ao subjetivismo. Não podemos entrar nesse tema. Basta indicar que, segundo Aristóteles, seria preciso primeiro saber se se refere ao homem como sujeito de *ciência* ou de *sensação*; ou seja, se se refere ao ponto de vista da verdade ou simplesmente ao da *dóxa*. Protágoras não fala do *ón*, mas das coisas na medida em que se opõem a ele (χρήματα), as coisas que se usam, os bens móveis, e daí vem o sentido do dinheiro (crematística). Trata-se, pois, do mundo da *dóxa*, e portanto a frase está inserida no âmbito das ideias de Parmênides. A *dóxa* é "opinião dos mortais", "nomes que os homens põem nas coisas", convenção.

Górgias • Górgias era de Leontinos, na Sicília. Foi um dos grandes oradores gregos. Escreveu um livro intitulado *Do não ser*, em que aparece mais uma vez a clara dependência do eleatismo. Mostrava as dificuldades de sua doutrina do ente, afirmando que não existe nenhum ente, que se existisse não seria cognoscível para o homem, e que se fosse cognoscível não seria comunicável. Com os sofistas chega-se portanto a uma última dissolução da dialética do ser e do não ser de Parmênides. A filosofia perde-se na retórica e na renúncia à verdade. Para recolocar de modo eficaz o problema metafísico será preciso formulá-lo sobre novas bases. É o que Sócrates irá iniciar e exigir e o que irão realizar Platão e Aristóteles, sobretudo.

2. *Sócrates*

A figura de Sócrates • Sócrates ocupa a segunda metade do século V ateniense; morreu aos 70 anos, em 399, no início do século IV, que viria a ser o de máxima plenitude filosófica na Grécia. Era filho de um escultor e de uma parteira, e dizia que sua arte era, como a de sua mãe, uma *maiêutica*, a arte de fazer dar à luz na verdade. Sócrates é uma das personalidades mais interessantes e inquietantes de toda a história grega; apaixonou seus contemporâneos a tal ponto que isso lhe custou a vida, e seu papel na vida da Grécia e na filosofia não carece de mistério. Sócrates teve uma atuação digna e valente como cidadão e soldado; mas, sobretudo, foi o homem da ágora, o homem da rua e da praça, que fala e inquieta toda a Atenas. No começo, Sócrates parecia ser apenas mais um sofista; foi somente mais tarde que se percebeu que não o era, muito pelo contrário, que tinha vindo ao mundo justamente para superar a sofística e restabelecer o sentido da verdade no pensamento grego. Rapidamente reuniu-se à sua volta um núcleo de discípulos atentos e entusiastas; o melhor da juventude ateniense, e também de outras cidades da Grécia, tinha a atenção fixa nas palavras de Sócrates; Alcibíades, Xenofonte, sobretudo Platão, contam-se entre seus apaixonados ouvintes.

Sócrates afirmava a presença junto dele de um gênio ou *demônio* (δαίμων) familiar, cuja voz o aconselhava nos momentos cruciais de sua vida. Esse *daímon* nunca o incitava a agir; na verdade, em certas ocasiões, detinha-o e desviava uma ação. Era uma inspiração íntima, que às vezes foi interpretada como algo divino, como uma voz da Divindade.

A ação socrática era exasperante. Um oráculo tinha dito que ninguém era mais sábio que Sócrates; este, modestamente, pretende demonstrar o contrário. Para isso vai perguntar a seus concidadãos, pelas ruas e praças, quais são as coisas que ele ignora; é essa a *ironia socrática*. O governante, o sapateiro, o militar, a cortesã, o sofista, todos são alvo de suas perguntas. Que é o valor, que é a justiça, que é a amizade, que é a ciência? Acontece que eles tampouco sabem; nem sequer têm, como Sócrates, consciência de sua ignorância, e, no fim, constata-se que o oráculo tinha razão. Trata-se de algo extremamente incômodo para os interrogados, e esse mal-estar vai-se condensando em ódio, que termina numa acusação contra Sócrates "por introduzir novos deuses e corromper a juventude", um processo absurdo, tomado por Sócrates com serenidade e ironia, e uma sentença de morte, aceita serenamente por Sócrates, que bebe a cicuta em meio a uma profunda conversação sobre a imortalidade com seus discípulos, sem querer faltar às leis injustas com a fuga que lhe propõem e garantem seus amigos.

O saber socrático • Qual o sentido disso? Como pergunta Sócrates, e por que não conseguem lhe responder? A principal oposição de Sócrates dirige-se contra os sofistas; seus maiores esforços tendem a demonstrar a inanidade de sua pretensa ciência; por isso, ante os retóricos discursos dos sofistas coloca seu diálogo entrecortado de perguntas e respostas. Se nos perguntarmos qual é, em suma, a contribuição socrática para a filosofia, encontraremos uma passagem de Aristóteles em que ele diz categoricamente que lhe devemos duas coisas: "os raciocínios indutivos e a definição universal"; e Aristóteles acrescenta que ambas as coisas referem-se ao princípio da ciência. Quando Sócrates pergunta, pergunta *o que é*, por exemplo, a justiça, pede uma *definição*. Definir é pôr limites numa coisa e, portanto, dizer o que algo é, sua *essência*. A definição nos conduz à essência, e ao saber entendido como um simples discernir ou distinguir segue-se, por exigência de Sócrates, um novo saber, entendido como definir, que nos leva a dizer o que as coisas são, a descobrir sua essência (Zubiri). Disso decorre toda a fecundidade do pensamento socrático, voltado para a verdade, novamente centrado no ponto de vista do ser, do qual a sofística tinha se afastado. Em Sócrates trata-se de dizer verdadeiramente o que as coisas são. E por esse caminho da essência definida se chega à teoria platônica das ideias.

A ética socrática • A principal preocupação de Sócrates é o homem; não é algo novo, pois já vimos que é próprio dos sofistas e de toda a época; mas Sócrates considera o homem de um outro ponto de vista: o da interioridade. "Conhece-te a ti mesmo" (γνῶθι σεαυτόν), diz Sócrates; traz à tona tua interioridade. E isso introduz um sentido novo na Grécia, um sentido de reflexividade, de crítica, de maturidade, que enriquece o homem grego, mesmo que isso lhe custe perder algo do impulso ingênuo e animoso com que tinham sido vividos os primeiros séculos da história grega. Nesse sentido, embora não se possa falar de *corrupção*, é certo que Sócrates alterou de maneira decisiva o espírito da juventude ateniense (cf. Ortega: *Espíritu de la letra*).

O centro da ética socrática é o conceito de *areté*, virtude. É virtude num sentido distinto do usual, e que se aproxima mais daquele que tem a palavra quando se fala das virtudes das plantas ou de um *virtuoso* do violino. A virtude é a disposição última e radical do homem, aquilo para o qual nasceu propriamente. E essa virtude é *ciência*. O homem mau o é por ignorância; aquele que não segue o bem é porque não o conhece, por isso a virtude pode ser ensinada (ética intelectualista), e o necessário é que cada qual conheça sua *areté*. É esse o sentido do imperativo socrático: conhece-te a ti mesmo. Por isso é um imperativo moral, para que o homem tome posse de si mesmo, seja dono de si, pelo saber. Assim como da definição socrática emerge o problema da essência e com ele toda a metafísica de Platão e de Aristóteles, da moral de Sócrates nascem todas as escolas éticas que povoarão a Grécia e o Império Romano a partir de então: primeiro, os cínicos e cirenaicos; depois, sobretudo, os epicuristas e os estoicos. Toda a filosofia grega desde o início do século IV tem uma raiz em Sócrates; o que nele está apenas indicado ou esboçado teve de se realizar em sua fecunda tradição.

Sócrates deu uma contribuição doutrinal modesta para a filosofia. Não foi provavelmente homem de muitas e profundas ideias metafísicas, como viriam a sê-lo em seguida Platão e Aristóteles. Seu papel foi prepará-las e torná-las possíveis, situando a filosofia pela segunda vez na *via da verdade*, na única que ela pode seguir e da qual fora desviada pela retórica sofística, pela aparente sabedoria do bem dizer, incapaz de ser outra coisa a não ser *opinião*.

A transmissão do pensamento socrático • Sócrates nunca escreveu nada. Não nos deixou nenhuma página, nenhuma linha própria. Conhecemos seu pensamento por meio de outros filósofos, especialmente de seus discípulos. Xenofonte escreveu as *Memoráveis*, dedicadas às lembranças de seu mestre; também um *Symposion* ou *Banquete* e uma *Apologia de Sócrates*. Mas foi sobretudo Platão que conservou o pensamento e a figura viva de um Sócrates que, por certo, difere bastante do de Xenofonte. O Sócrates platônico é incomparavelmente mais rico, profundo e atraente que o de Xenofonte. Mas como Platão faz de Sócrates o personagem principal de seus diálogos e põe em sua boca sua própria filosofia, às vezes fica difícil determinar onde termina o autêntico pensamento socrático e onde começa a filosofia original de Platão. Contudo, a questão é clara na maioria dos casos. Outra fonte de informação sobre Sócrates, indireta mas nem por isso menos valiosa, é Aristóteles. A genial penetração aristotélica torna inapreciáveis todas as suas indicações; e, afora isso, a convivência de vinte anos com Platão deve ter dado a Aristóteles uma grande familiaridade com o pensamento de Sócrates. Esta terceira fonte é de especial valor para decidir os limites entre as doutrinas socráticas e as do próprio Platão. E tem um valor quase simbólico o fato de que a doutrina de Sócrates se encontre fora dele, como a grande fecundidade de sua filosofia[1].

---

1. Não se deve esquecer o enorme valor histórico da imagem de Sócrates – desfigurada e hostil, mas reflexo de uma atitude social ateniense – em *As nuvens*, de Aristófanes.

III. PLATÃO

Vida • Platão nasceu em Atenas no ano de 427 e morreu, na plenitude de sua vida intelectual, em 347. Pertencia a uma família nobre e antiga, cujas origens supostamente remontavam a Codro e Sólon. Seu nascimento e sua vocação pessoal chamavam-no para a política, mas a atração por Sócrates o levou a se dedicar à filosofia. Depois de duas tentativas de intervenção na vida pública ateniense, a morte de Sócrates o afastou totalmente dela; restou-lhe apenas o interesse pelos temas políticos, o que fez com que atribuísse um lugar tão central em seu sistema à teoria do Estado ou tentasse por várias vezes, embora com graves riscos, que seu discípulo Díon, cunhado do tirano Dionísio de Siracusa, realizasse, durante o reinado deste e o de seu sobrinho Dionísio, o jovem, o ideal do Estado platônico. Esses projetos se frustraram, e a atividade de Platão se restringiu à sua genial meditação filosófica, a seu grande trabalho de escritor e ao ensino vivo na escola de filosofia que fundou, por volta de 387, numa propriedade com bosques, próxima do Cefiso, no caminho de Elêusis, dedicada ao herói Academo, e que por isso se chamou Academia. Esta escola perdurou, ainda que com profundas alterações, até o ano de 529 de nossa era, quando o imperador Justiniano mandou fechá-la. Ali Platão exerceu seu magistério até a morte, em estreita e profunda colaboração com seu principal discípulo, Aristóteles.

Escritos • A obra de Platão chegou até nós quase completa. É, com a obra aristotélica, o mais importante da filosofia e de toda a cultura grega. Afora isso, seu valor literário talvez seja o mais elevado de todo o mundo helênico e lhe permite encontrar as expressões e as metáforas justas para exprimir um novo modo de pensar. A contribuição platônica para a formação da linguagem filosófica é incalculável. Para expressar seu pensamento, Platão escolheu como gênero literário o diálogo, que tem uma profunda relação com sua doutrina da dialética como método filosófico, e muitos deles são de impressionante beleza poética. O personagem principal é sempre Sócrates, que carrega o peso da discussão. Os diálogos de juventude, *Apologia*, *Críton*, *Eutífron*, estão fortemente tingidos de socratismo. Entre as obras da maturidade, as mais importantes são *Protágoras*, *Górgias*, *Eutidemo* (sobre os sofistas), *Fédon*, sobre a imortalidade da alma; *Symposion* ou *Banquete*, sobre o amor; *Fedro*, onde se encontra a teoria da alma, e a *República*, sobre a justiça e a ideia do Estado. Por último, *Teeteto*, *Parmênides* – talvez o mais importante dos escritos platônicos –, *Sofista* e *Político*; e nos anos da velhice, *Timeu*, onde estão as referências à Atlântida, *Filebo*, e uma obra considerável, a mais extensa em volume, que contém uma segunda exposição da teoria do Estado, e na qual não aparece Sócrates: as *Leis*. A autenticidade de alguns escritos platônicos, particularmente de algumas de suas cartas – algumas delas, como a VII, têm suma importância –, suscitou sérias dúvidas e problemas.

O pensamento de Platão revela uma evolução que parte da doutrina de Sócrates, chega a sua genial descoberta das ideias e culmina na discussão das dificuldades e problemas que as ideias colocam, em diálogo com Aristóteles. Não podemos seguir aqui todo o caminho da metafísica platônica, e nos limitaremos a expor as linhas mais vivas e fecundas da filosofia da maturidade, que contêm todo o problema que veio a pôr em movimento a história posterior do pensamento grego[1].

1. As ideias

A descoberta • Qual o problema com que Platão tem de se haver? Com o mesmo problema que a metafísica grega vinha levantando desde Parmênides: com o problema do ser e do não ser. Durante

---

1. Uma consideração genética do platonismo dentro da filosofia e da história grega se encontra em minha já citada *Biografía de la filosofía*.

mais de um século, a filosofia helênica lutara para resolver a *aporia* de tornar compatível o *ente* – uno, imóvel e eterno – com as coisas – múltiplas, variáveis, perecíveis. Vimos que a filosofia pré-socrática posterior a Parmênides se constituíra em uma série de tentativas de solução desse problema central, que a rigor não ultrapassam a área intelectual em que o próprio Parmênides as tinha formulado. Platão, em contrapartida, dá à questão uma orientação decisiva: dá um passo para a frente, tão novo e genial que arrasta ele mesmo, e desde então terá de trabalhar arduamente em torno de seu próprio achado, de sua doutrina, que se transforma para ele no problema mais sério. Platão descobre nada menos que a *ideia*. Que quer dizer isso?

Platão busca o ser das coisas. Mas essa busca tropeça em várias dificuldades de diversas índoles, que o empurram, de modo coincidente, para uma solução radical e aparentemente paradoxal. Em primeiro lugar, Platão descobre que as coisas, propriamente, não são; se eu considero, por exemplo, uma folha de papel branco, verifico que a rigor não é branca; ou seja, não é totalmente branca, mas tem um pouco de cinza ou de amarelo; é somente quase branca; o mesmo ocorre com sua suposta retangularidade: nem seus lados são total e absolutamente retos, nem são retos seus ângulos. Há mais ainda: esta folha de papel não existiu desde sempre, só há algum tempo; e daqui a alguns anos tampouco existirá. Portanto, é branca e não branca, é retangular e não retangular, *é e não é*; ou – o que dá na mesma – não é plena e verdadeiramente.

Mas, se agora, em segundo lugar, nos detivermos no outro aspecto da questão, verificaremos que – embora a rigor não seja branca – a folha de papel é *quase branca*. Que quer dizer isso? Ao dizer de algo que é *quase* branco, negamos-lhe a absoluta brancura em comparação com o que é branco sem restrição; ou seja, para ver que uma coisa não é verdadeiramente branca, preciso saber o que é branco; mas como nenhuma coisa visível – nem a neve, nem a nuvem, nem a espuma – é absolutamente branca, isso me remete a alguma realidade distinta de qualquer coisa concreta, que será a total brancura. Em outras palavras, o ser *quase branco* de muitas coisas requer a existência do verdadeiramente branco, que não é coisa alguma, que está fora das coisas. É a esse ser verdadeiro, distinto das coisas, que Platão chama de *ideia*.

Em terceiro lugar, esse problema adquire sua maior agudeza se tivermos presente o ponto de partida de Platão em relação ao conhecimento. Platão move-se no horizonte do pensamento socrático; no entanto, Sócrates – que, a rigor, não faz uma metafísica, mas estabelece o ponto de vista da verdade em filosofia – pretende conhecer *o que são* as coisas; isto é, busca as *definições*. Enquanto Parmênides se move no âmbito do ser e procura discernir o que é de verdade do que é mera aparência, Sócrates tenta dizer *o que* (τί) é aquilo que é, ou seja, definir, descobrir e fixar as *essências* das coisas. É precisamente nesse ponto que Platão inicia sua filosofia.

Pois bem, uma definição é, desde já, uma *predicação* de forma *A é B*. Nela deparo com um problema de unidade e multiplicidade. Quando digo "o homem é um animal que fala", identifico o animal com o homem, digo que duas coisas são uma, que A é B. O que torna possível que eu faça uma predicação verídica? Reparemos que ao dizer *A é B*, *A* funciona duas vezes: primeiro como sujeito, quando digo *A*; mas, em segundo lugar, quando digo que é *B*, não estou só em *B*, pois neste predicado está incluído *A*: em outras palavras, não se trata de mencionar primeiro *A* e depois *B*, sem outra conexão, e sim de que este *B é o ser B de A*, e, por conseguinte, *A* funciona duas vezes. O pressuposto da predicação *A é B* é que *A é A*; isto é, a identidade de *A* consigo mesmo, que por sua vez se desdobra nestes dois momentos: 1.º que *A* é uno; 2.º que *A* é permanente.

Quando digo que o homem é um animal falante, é preciso que o homem seja unívoco e que, ademais, ao referi-lo ao ser falante, continue sendo homem. A definição no sentido socrático e platônico parte do pressuposto da identidade e permanência dos entes, questão certamente central. Quando quero dizer algo sobre o cavalo, constato antes de tudo que existem muitos cavalos; em segundo lugar, que os cavalos que agora encontro não são permanentes: nem existiam faz cinquenta anos nem existirão dentro de outros cinquenta; por último, quando digo que um cavalo é preto, não afirmo algo rigorosamente correto, porque ele tem algo de branco ou de cinza; o cavalo perfeito, o cavalo sem mais nem menos, não existe. Pode-se dizer que *quase* predicamos *quase* propriedades de *quase coisas*.

Platão, que se dá conta disso – e nisso consiste sua genialidade –, supõe – e isso é o fundamental – que se trata de um defeito do cavalo, porque este deveria ser um cavalo absoluto e absolutamente preto. Ante essa dificuldade, afasta-se do cavalo concreto, que é e não é, que não é por completo, para buscar o cavalo verdadeiro. E Platão tem de fazer duas coisas: encontrar o cavalo absoluto e a partir dele dar conta dos cavalos aproximados que galopam pelo mundo. Platão parte do mundo das coisas, que não permitem predicações rigorosas, e recorre ao mundo em que estas se dão, que chama de mundo das *ideias*. Mas que se entende por *ideias*?

O ser das ideias • A palavra "idéa" ou "eîdos" (ιδέα, εἶδος) quer dizer *figura, aspecto*: em suma, aquilo que se vê. Também é traduzida, em certos contextos, por *forma*; assim, em Aristóteles aparece como sinônimo de *morphé*, e por outro lado equivale nele a *espécie*. (Em latim, *species* tem a mesma raiz que o verbo *spicio*, ver ou olhar, como ocorre com os vocábulos gregos εἶδος ou ιδέα; entre as significações de *species* encontramos também a de beleza ou formosura, e equivale, portanto, a forma, de onde vem *formosus*.) Ideia é o que vejo quando vejo algo. Quando vejo um homem, vejo-o propriamente – isto é, vejo-o como homem – porque já tenho de antemão a ideia de homem, porque o vejo como participante dela; do mesmo modo, quando digo de um papel que não é totalmente branco, o que permite vê-lo como quase branco é a ideia da brancura. Quando leio uma palavra escrita, vejo-a instantaneamente porque já possuo sua *ideia*; caso se trate de uma palavra de uma língua totalmente estranha e desconhecida, não a vejo diretamente e como tal, mas só como um agregado de letras – cujas ideias respectivas, em contrapartida, possuo; e se passo para um vocábulo escrito em caracteres que ignoro, a rigor não *vejo* as letras, nem poderia reproduzi-las sem uma prévia redução, mediante um exame detalhado, a formas de traços conhecidos. Um homem que não saiba o que é ler – não simplesmente que não saiba ler – não vê um livro porque carece de sua ideia. A ideia é, portanto, o pressuposto do conhecimento e da visão das coisas como tais. A descoberta das ideias já estava parcialmente preparada na filosofia anterior; recordemos primeiro a *perspectiva*, mediante a qual as homeomerias de Anaxágoras podiam adotar formas diversas variando sua posição; em segundo lugar, a *definição* socrática, que não diz o que é cada coisa concreta, mas todas as compreendidas nela; ou seja, a espécie. Mas há uma grande distância entre esses antecedentes e a doutrina platônica.

O ser verdadeiro, que a filosofia vinha buscando desde Parmênides, não está nas coisas, mas fora delas: nas ideias. Estas são, portanto, *entes metafísicos que encerram o verdadeiro ser das coisas*; são o que é autenticamente, o que Platão chama ὄντως ὄν. As ideias têm os atributos exigidos tradicionalmente do ente e que as coisas sensíveis não podem possuir: *são unas, imutáveis, eternas*; não têm mescla de não ser; não estão sujeitas ao movimento nem à corrupção; *são* de modo absoluto e sem restrições. O ser das coisas, esse ser subordinado e deficiente, baseia-se no das ideias de que as coisas participam. Platão inicia a cisão da realidade em dois mundos: o das coisas sensíveis, que fica desqualificado, e o das ideias, que é o verdadeiro e pleno ser.

Vemos, pois, a necessidade da ideia: 1.º Para que eu possa conhecer as coisas como o que são. 2.º Para que as coisas, que são e não são – ou seja, não são de verdade –, possam ser. 3.º Para explicar como é possível que as coisas cheguem a ser e deixem de ser – em geral, movam-se ou mudem –, sem que isso contradiga os predicados tradicionais do ente. 4.º Para tornar compatível a unidade do ente com a multiplicidade das coisas.

O conhecimento • Ao se indagar sobre o ser das coisas, Platão depara com algo bastante paradoxal: que essas coisas não têm ser e, portanto, não lhe servem para encontrá-lo. Onde procurá-lo, então? O ser verdadeiro está nas ideias, mas as ideias não são acessíveis a meu conhecimento direto, não estão no mundo. No entanto, como vimos, conheço-as de algum modo, tenho-as em mim, e por isso me permitem conhecer as coisas. Como isso é possível? Para resolver essa questão, Platão recorre a um de seus procedimentos característicos: conta um mito. O mito de *Fedro* explica, simultaneamente, a origem do homem, o conhecimento das ideias e o método intelectual do platonismo.

Segundo o famoso mito que Sócrates conta a Fedro às margens do Ilisso, a alma, em sua situação originária, pode ser comparada a um carro puxado por dois cavalos alados, um dócil e de boa raça, o outro indócil (os instintos sensuais e as paixões), dirigido por um cocheiro (a razão) que se esforça por conduzi-lo bem. Esse carro, num lugar supraceleste (τόπος ὑπερουράνιος), circula pelo mundo das ideias, que a alma assim contempla, mas não sem custo. As dificuldades para guiar a parelha de cavalos fazem com que a alma caia: os cavalos perdem as asas, e a alma fica encarnada num corpo. Se a alma viu as ideias, por pouco que seja, esse corpo será humano e não animal; conforme as tenham contemplado mais ou menos, as almas estão numa hierarquia de nove graus, que vai do filósofo ao tirano. A origem do homem como tal é, portanto, a queda de uma alma de procedência celeste e que contemplou as ideias. Mas o homem encarnado não as recorda. De suas asas restam tão somente cotos doloridos, que se excitam quando o homem vê as coisas, porque estas lhe fazem *recordar* as ideias, vistas na existência anterior. É este o método do conhecimento: o homem parte das coisas, não para ficar nelas, para encontrar nelas um ser que não têm, mas para que lhe provoquem uma lembrança ou reminiscência (*anámnesis*) das ideias em outro tempo contempladas. Conhecer, portanto, não é *ver* o que está fora, mas, ao contrário: *recordar* o que está dentro de nós. As coisas são apenas um *estímulo* para nos afastarmos delas e nos elevarmos às ideias.

As *coisas,* diz Platão com uma expressiva metáfora, são *sombras das ideias.* As sombras são signos das coisas e podem fazer com que eu as entenda. Os esfarrapados cotos das asas estremecem e querem voltar a brotar; sente-se uma inquietação, uma comichão dolorosa: "a virtude das asas consiste em levantar as coisas pesadas para cima, elevando-as aos ares, até onde habita a linhagem dos deuses", diz Platão. Este é, como veremos em detalhes, o sentido cognoscitivo do *éros* platônico: o amor, partindo da contemplação das *coisas* belas, dos corpos belos, acaba por nos fazer recordar a própria ideia da beleza e nos introduz no mundo ideal.

O homem, que é para Platão um ente caído, aparece, no entanto, caracterizado por ter visto as ideias, o verdadeiro ser das coisas: por participar da verdade; é isso o que o define. Um dos mais profundos argumentos usados por Platão para provar a imortalidade da alma é que esta, por conhecer a verdade, terá certa adequação a ela; já vimos a vinculação do ente com o *noûs* em Parmênides. Nesse argumento está implícita toda uma metafísica (na filosofia atual, o problema da eternidade das verdades foi suscitado de modo agudo – Husserl e Heidegger. Contrapõe-se a essa ideia a de uma vinculação temporal das verdades à existência humana. Mas esta é uma questão sumamente complexa, na qual não podemos entrar aqui).

2. A estrutura da realidade

O mito da caverna • No livro VII da *República* conta Platão um mito de extraordinária força, em que representa simbolicamente a situação do homem em sua relação com a filosofia e, ao mesmo tempo, a estrutura da realidade. O curioso é que imediatamente antes, no final do livro VI, tinha exposto em forma de tese essa mesma doutrina sobre a realidade e os métodos para conhecê-la. Esse procedimento de Platão lembra, com uma essencial alteração da ordem, a técnica habitual de fazer compreender uma verdade mediante uma representação poética que se esclarece e precisa de modo intelectual; mas essa inversão dos termos revela que não se trata de um simples exemplo metafórico, mas que o mito agrega algo à explicação que o antecede.

O conteúdo do mito resume-se basicamente ao seguinte. Platão imagina alguns homens que desde pequenos se encontram numa caverna provida de uma abertura por onde penetra a luz exterior; estão presos de modo tal que não podem se mover nem olhar, a não ser para o fundo da caverna. Fora desta, nas costas desses homens, brilha o resplendor de um fogo aceso sobre uma saliência do terreno, e entre o fogo e os homens acorrentados há um caminho com um pequeno muro; por esse caminho passam homens que levam todo tipo de objetos e estatuetas, mais altos que o muro, e os acorrentados veem as sombras dessas coisas, que se projetam sobre o fundo da caverna: quando os transeuntes falam, os acorrentados ouvem suas vozes como se procedessem das sombras que veem, para eles a única realidade. Um dos acorrentados, livre de sua sujeição, contempla a realidade exterior; a luz faz com que lhe doam os olhos, e ele quase não vê; o sol o deslumbra dolorosamente e o cega. Pouco a pouco tenta habituarse; primeiro consegue ver as sombras; em seguida, as imagens das coisas, refletidas nas águas; depois, as próprias coisas. Veria o céu de noite, as estrelas e a lua; e ao amanhecer, a imagem refletida do sol, e, por último, depois de um longo esforço (γυμνασία) poderia contemplar o próprio sol. Então sentiria que o mundo em que tinha vivido antes era irreal e desdenhável; e se falasse a seus companheiros desse mundo de sombras e dissesse que não eram reais, eles ririam dele, e se tentasse salvá-los e arrastá-los para o mundo real, o matariam.

O que está simbolizado nesse mito? A caverna é o mundo sensível, com suas sombras, que são as coisas. O mundo exterior é o mundo verdadeiro, o mundo inteligível ou das ideias. As coisas simbolizam as ideias; o sol, a ideia do Bem. É possível representar, seguindo as instruções do próprio Platão, a estrutura da realidade a que se refere o mito da caverna de modo gráfico.

O esquema dos dois mundos • Platão distingue duas grandes regiões do real, o mundo sensível (das coisas) e o mundo inteligível (das ideias), que simboliza em dois segmentos de uma reta. Cada uma destas duas regiões divide-se em duas partes, que indicam dois graus de realidade dentro de cada mundo; há uma correspondência entre as primeiras e as segundas porções dos dois segmentos. Por último, a cada uma das quatro formas de realidade corresponde uma via de conhecimento; as duas que pertencem ao mundo sensível constituem a opinião ou *dóxa*; as do mundo inteligível são manifestações do *noûs*. Nota-se, portanto, a ressonância da doutrina de Parmênides. Esquematicamente, a realidade tem, portanto, esta estrutura:

MUNDO SENSÍVEL (Realidade aparente)		MUNDO INTELIGÍVEL (Realidade verdadeira)	
sombras	coisas reais	objetos matemáticos	ideias
conjetura	crença	discurso	visão noética
dóxa		*noûs*	

O sentido do mito • O mito da caverna, narrado por Platão depois da apresentação desse esquema, acrescenta-lhe algo. De modo concreto, simboliza ao mesmo tempo a estrutura ontológica do real e a significação da filosofia. Com isso introduz a unidade fundamental desses mundos. As duas grandes regiões da realidade ficam unificadas *na* realidade em virtude da intervenção do homem que se confronta com elas. O mundo visível e o mundo inteligível aparecem qualificados por sua referência a duas possibilidades humanas essenciais; o mundo total é um mundo duplo que se integra num só pela passagem do homem (de outro ponto de vista, há um segundo vínculo de unidade, que é o Bem, fundamento ontológico do ser de ambos os mundos). Com o homem da caverna acontece algo que pode ser contado: é o relato em que consiste o mito. O tema do mito da caverna é, em sua dimensão mais profunda, a essência da filosofia, algo que, como vemos, mais se conta que se define. A filosofia não pode propriamente ser definida; apesar de Platão ser o homem da definição, tem de ser contada ou narrada. Aquilo que acontece com o filósofo, o drama da filosofia, é o que a estrutura do real torna manifesto: é essa a dupla substância do mito da caverna.

Mas não esqueçamos que a viagem do homem do mito é de ida e volta: o acorrentado, uma vez tendo contemplado o mundo da luz e a liberdade, volta para a caverna. Isto é, vai explicar, a partir das coisas, as sombras, a partir das ideias, a realidade sensível. Vemos aqui prefigurada a filosofia de Platão, e a um só tempo notamos que fica inconclusa, porque Platão tinha de voltar para a caverna para explicar a partir da teoria das ideias o ser das coisas, e a rigor, como veremos, não o faz, porque fica no mundo inteligível, deslumbrado e detido por seus problemas internos. E o trágico final do mito reflete a forma como a filosofia era vivida na época de Platão: na morte do filósofo por seus companheiros da caverna pulsa a lembrança de Sócrates.

3. *Os problemas da teoria das ideias*

O ser e o ente • Vimos antes que Platão se perguntava sobre o ser das coisas. Constatava-se, no entanto, que elas não têm ser por si, têm-no apenas recebido, *participado* de outra realidade que está fora das coisas. E então Platão descobria as ideias.

Cumpre deter-se um pouco no que isso quer dizer. Trata-se de descobrir o modo de ser das coisas, descobrir o que faz com que as coisas sejam, e por isso, ao mesmo tempo, descobrir aquilo que se pode saber das coisas; ou seja, o que são. O problema do conhecimento está inseparavelmente unido ao do ser, e por isso é estritamente metafísico. Não é possível descobrir uma única coisa e vê-la sem ver sua ideia; sem ver a ideia do homem, não se pode ver um homem; um animal não pode ver um livro, porque não tem sua ideia, e a realidade *livro* não existe para ele. Em suma, que foi que Platão descobriu, o que é realmente a ideia?

Na verdade, Platão descobriu o ser das coisas. O ser é o que faz com que as coisas sejam, que sejam *entes*. O ser é o ser do ente, e ao mesmo tempo, saber uma coisa é saber o que essa coisa é; compreender o ser daquele ente. Suponhamos que tenho uma coisa que vou conhecer. Aquela coisa é um ente; mas, ao conhecê-la, não tenho em meu conhecimento a coisa em si mesma. Que tenho, então? Tenho o ser da coisa, o que aquela coisa é; Platão diria "sua ideia". Diria que se tratava de ver uma coisa em sua ideia.

Em suma, verificamos que Platão descobriu o ser, diferente do ente. Parmênides tinha descoberto o ente, as coisas enquanto são. Platão descobre o ser, o que faz com que as coisas sejam, e verifica que este ser não se confunde com as coisas. Mas, além de distingui-los, os *separa*: as ideias são algo separado das coisas (absoluto). E agora depara com uma dificuldade gravíssima: ele se indagava sobre o ser das coisas, agora encontrou o ser; mas não sabe o que são as coisas. Platão fica nas ideias, no ser que descobriu. Falta-lhe nada menos que explicar com as ideias o *ser das coisas* (Ortega).

Isso ocorre quando um homem faz uma descoberta genial como a das ideias: fica nelas, mas não chega a explicar as coisas; sua metafísica fica por fazer (cf. Ortega: *Filosofía pura*). É isso precisamente o que Aristóteles fará. Critica Platão por se servir desses mitos, não por serem mitos, mas porque por trás deles não há uma metafísica. O conceito de participação é completamente insuficiente. A μέθεξις é o tipo de relação que existe entre as ideias e as coisas. As coisas participam das ideias. As ideias são como um véu que cobre várias coisas, e elas participam dele, diz Platão. A ideia do homem é como um véu comum que cobre todos os homens. Aristóteles dirá que tudo isso são somente metáforas. O que é, ontologicamente, a participação? O estar presente das ideias nas coisas; mas qual é a possibilidade ontológica da participação, qual é esse modo de presença?

A comunidade das ideias • Dentro das próprias ideias surgem problemas para Platão. Pensemos na ideia do homem. O homem é um ser vivo e é racional. O ser do homem é a ideia do homem. Este homem que aqui tenho é participação da ideia de ser vivo, ou da ideia de racional? Dentro da própria ideia tenho o problema do uno e do múltiplo. Como resolverá Platão essa *koinonia*, a comunidade das ideias? Será algo semelhante à participação. A ideia do homem está em *comunidade* com a ideia de ser vivo, com a ideia de racional etc.

Por esses caminhos Platão chega a duas noções importantes: a ideia do ser como gênero supremo e a ideia do bem como "o sol das ideias" – dirá com uma última metáfora Platão –, como a ideia das ideias.

O bem • Que é o bem? Que é a ideia de bem? Antes de tudo, trata-se de uma ideia. Esta ideia está no ponto mais alto da hierarquia em que todas se encontram, porque as ideias – e é isso que torna possível uma κοινωνία ou comunidade – estão dispostas e organizadas hierarquicamente. Da ideia de bem Platão nos diz que é a mais digna e suprema; que é, repito, o sol das ideias, e, sobretudo, que é a ideia das ideias. Não se deve entender isso como uma expressão simplesmente ponderativa, e sim de modo muito mais estrito: a "ideia das ideias" é a que faz com que as demais sejam ideias, que confere às demais seu caráter de ideias. Mas as ideias são os verdadeiros entes, e, portanto, se a ideia de bem confere às demais seu caráter, lhes dá seu *ser*. Mas quem pode fazer com que sejam? O ser, é claro. O ser faria com que cada ente fosse ente; estaria presente nos entes, conferindo-lhes sua entidade. A isso Platão chama o bem; mas na Grécia o bem era entendido num sentido que se aproxima mais do significado do plural *bens* em espanhol [e português]. Isso permite ver de modo vivo a vinculação entre o ser e o bem. O bem de cada coisa é o que essa coisa é, aquilo de que pode lançar mão; e, inversamente, uma coisa é boa se é o que é. Uma boa faca ou um bom político são os que são plenamente – verdadeiramente – uma faca ou um político. Isso naturalmente está próximo daquela implicação do ser, do bem e do uno de Aristóteles, que virão a ser os chamados *transcendentais* da Escolástica medieval.

Em certo sentido, a doutrina do bem em Platão é sua teologia. O bem aparece em muitos textos platônicos – embora nem sempre com suficiente clareza – de uma maneira que induz a entendê-lo como Deus. Assim sua doutrina foi interpretada, primeiro pelos neoplatônicos e depois por Santo Agostinho, e desse modo atuou em toda a tradição cristã medieval.

O ente como gênero • Resta um segundo ponto importante: a ideia do ente como *gênero*. Tratar-se-ia de um gênero supremo. As outras coisas seriam espécies sucessivas desse gênero único. Desse modo poder-se-ia fazer uma divisão do ente em gêneros e espécies, uma divisão hierárquica, adicionando sucessivas diferenças. A esse ponto de vista também se opõe resolutamente Aristóteles, por razões profundas, que examinaremos mais adiante. A crítica de Aristóteles à teoria platônica das ideias vai afirmar, portanto, alguns pontos fundamentais: 1º. Que as ideias não estão separadas das coisas. 2º. Que o ente não é gênero, mas o mais universal de tudo. 3º. Que o ente, o bem e o uno se acompanham mutuamente; e 4º. Que o ser se diz de muitas maneiras, e que essas maneiras se dizem por *analogia*. Estas duas últimas noções, embora de forma distinta, não são alheias ao pensamento platônico.

4. O homem e a cidade

Em Platão, a ideia de bem aparece ao mesmo tempo como divindade, como artífice ou *demiurgo* do mundo. Platão supõe a criação de uma "alma do mundo", intermediária entre as ideias e as coisas; é a animadora do mundo. A alma humana é também, como vimos, algo intermediário: por um lado, está caída, encarnada num corpo, sujeita ao mundo sensível, cambiante e corruptível; por outro, viu as ideias e tem uma peculiar conexão com elas: participa, portanto, do mundo eterno e inteligível das ideias.

Doutrina da alma • Já vimos a origem mítica do homem em *Fedro*. Platão insiste de modo particular na imortalidade da alma. Filia-se assim a uma corrente muito profunda da religião e de todo o pensamento grego, sobretudo dos mistérios dionisíacos e órficos, e do pitagorismo, que influenciou profundamente Platão, tanto nesse ponto como no aspecto matemático. As principais provas da imortalidade da alma baseiam-se em sua simplicidade e imaterialidade e em sua adequação às ideias eternas e à verdade, que é conhecida pela alma. Essas provas foram tradicionalmente utilizadas pela filosofia grega e cristã.

A alma tem três partes: uma parte concupiscível ou sensual, a mais relacionada com as necessidades corporais; uma segunda parte irascível, correspondente aos impulsos e afetos, e, por último, a parte racional, mediante a qual é possível o conhecimento das ideias e a volição em sentido deliberativo, segundo a razão. Este esquema da psicologia será mais profundamente desenvolvido no pensamento aristotélico.

Ética • A moral platônica tem um paralelismo estrito com sua teoria da alma. Há uma correspondência ética rigorosa entre as partes da psique humana. Cada uma delas tem de estar regida de um certo modo, tem de possuir uma *virtude* particular, uma qualidade na qual consiste seu funcionamento perfeito. A parte sensual requer a moderação, o que se chama tradicionalmente temperança (*sophrosýne*). À parte afetiva corresponde a fortaleza ou *andría*. A parte racional tem de estar dotada de sabedoria ou prudência, de *phrónesis*. Mas há ainda uma quarta virtude; as partes da alma são elementos de uma unidade e estão, portanto, numa relação entre si; essa boa relação constitui o mais importante da alma e, por conseguinte, a virtude suprema, a justiça ou *dikaiosýne*. Estas são as quatro virtudes que passaram como virtudes fundamentais, inclusive para o cristianismo (prudência, justiça, fortaleza e temperança, segundo a denominação usual).

A cidade • A moral individual tem uma tradução quase exata na teoria da constituição civil ou *politeia*, tal como a expõe na *República* e depois, de forma atenuada, de mais fácil realização, nas *Leis*. Como a alma, a cidade também pode ser considerada um todo composto de três partes, que correspondem às psíquicas. Essas partes são as três grandes classes sociais que Platão reconhece: o povo – composto de comerciantes, industriais e agricultores –, os vigilantes e os filósofos. Há uma estreita correlação entre essas classes e as faculdades da alma humana, e, portanto, a cada um desses grupos sociais pertence de modo eminente uma das virtudes. A virtude das classes produtoras é, naturalmente, a temperança; a dos vigilantes ou guerreiros, a fortaleza, e a dos filósofos, a sabedoria, a *phrónesis* ou *sophía*. Também aqui a virtude fundamental é a justiça, e isso de modo ainda mais rigoroso, pois consiste no equilíbrio e boa relação dos indivíduos entre si e com o Estado, e das diferentes classes entre si e com a comunidade social. É, pois, a justiça que rege e determina a vida do corpo político, que é a cidade. O Estado platônico é a *pólis* grega tradicional, pequenas dimensões e escassa população; Platão não chega a imaginar outro tipo de unidade política.

Os filósofos são os "arcontes" ou governantes encarregados da direção suprema, da legislação e da educação de todas as classes. A função dos vigilantes é militar: a defesa do Estado e da ordem social e política estabelecida contra os inimigos de dentro e de fora. A terceira classe, a produtora, tem um papel mais passivo e está submetida às duas classes superiores, às quais tem de sustentar economicamente. Em troca, recebe delas direção, educação e defesa.

Platão estabelece nas duas classes superiores um regime de comunidade não só de bens, mas também de mulheres e filhos, que pertencem ao Estado. Não existem propriedade nem família privadas, salvo na terceira classe. Os dirigentes não devem ter interesses particulares e devem subordinar tudo ao serviço supremo da *pólis*.

A educação, semelhante para homens e mulheres, é gradual, e é ela que opera a seleção dos cidadãos e determina a classe a que irão pertencer, segundo suas aptidões e méritos. Os menos dotados recebem uma formação elementar e integram a classe produtora; os mais aptos prosseguem sua educação, e uma nova seleção separa os que ficarão entre os vigilantes e os que, depois de uma preparação superior, ingressam na classe dos filósofos e terão de carregar, portanto, o peso do governo. Na educação platônica alternam-se exercícios físicos com disciplinas intelectuais; o papel de cada cidadão está rigorosamente fixado segundo sua idade. Tanto a relação entre os sexos como a reprodução estão submetidas ao interesse do Estado, que as regula de modo conveniente. Em toda a concepção platônica da *pólis* nota-se uma profunda subordinação do indivíduo ao interesse da comunidade. A autoridade é exercida de modo enérgico, e a condição central para o progresso da vida política da cidade é que esta seja regida pela justiça.

5. *A filosofia*

Veremos agora o que é a filosofia para Platão. Que se entende por filosofia e por filosofar no momento em que o pensamento helênico chega a essa primeira plenitude?

No começo do livro VII da *República*, Platão conta, como já vimos, o *mito da caverna*, que simboliza, por um lado, a diferença entre a vida usual e a vida filosófica e, por outro, os diversos estratos da realidade dentro de seu sistema metafísico.

Por outro lado, diz Platão no *Banquete*: "Nenhum dos deuses filosofa nem deseja tornar-se sábio, porque já o é; nenhum outro sábio filosofa; tampouco os ignorantes filosofam nem desejam tornar-se sábios." E acrescenta mais adiante: "Quem são, portanto, os que filosofam, se não são os sábios nem os ignorantes? É claro que são os intermediários (μεταξύ) entre estes dois".

Isso é definitivo. Para Platão não filosofa nem quem é sábio nem quem é ignorante. Ignorante é simplesmente quem não sabe. O intermediário não sabe, mas se dá conta disso; sabe que não sabe, e por isso quer saber: *falta*-lhe esse saber. Propriamente falando, nem ao sábio nem ao ignorante faz falta o saber. Eu não tenho galhos, mas não sinto falta deles. Só filosofa quem sente falta do saber. Isso vai nos levar a duas coisas importantes, que transcendem Platão: a relação que possam ter com a filosofia, por um lado, o *amor*, e por outro, a *Divindade*.

No *Banquete* fala-se "sobre o amor", e também se faz um elogio ao deus Eros, que está intimamente relacionado com a filosofia. Para

Platão, o amor é um sentir falta, um buscar o que não se tem, o que falta. O Amor, que, segundo o mito, é filho de Poro e de Pênia, é todo riqueza, mas ao mesmo tempo é necessitado. O amor e também o amante, o *erastes*, buscam o que lhes falta, e principalmente a beleza. Sócrates dirá no *Banquete*, causando grande escândalo, que se o amor busca a beleza é porque ela lhe falta, e, portanto, não é Deus. Que é então? Um grande *demônio* ou gênio, um *metaxy*, um intermediário entre os homens e os deuses. E o mesmo ocorre com o filósofo, que é também *metaxy*, intermediário entre o sábio e o ignorante. A sabedoria está entre as coisas mais belas, e o amor é amor pelo belo; é necessário, pois, que o amor seja filósofo. Por meio do belo chega-se ao verdadeiro, e assim os filósofos são "amigos de olhar para a verdade". Há uma comunidade essencial entre beleza e verdade. Sob a ideia do bem e a da verdade, objeto da filosofia, está, muito próxima, a ideia do belo. E a beleza, para Platão, é mais fácil de ver que a verdade, se vê e resplandece mais, se impõe de um modo mais vivo e imediato; a beleza pode nos levar à verdade: por isso o filósofo é um *amador*, e da contemplação da beleza de um corpo se eleva à dos corpos em geral, em seguida, à das almas e, por último, à das próprias ideias. E é então que sabe, que tem verdadeiramente *sophía*.

Lembremos que beleza em latim se diz *forma*; o que é belo é *formosus*; diz-se também *species*; mas *species*, como *eidos ou idéa*, é o que se vê. O que se vê pode ser a *beleza* e a *ideia*; e o mesmo acontece com a *forma*, que é o que constitui a essência de uma coisa, seu bem em sentido grego.

* * *

Vemos que em Platão aparece, como algo essencial da Filosofia, um momento amoroso. Mas a coisa não é tão simples, porque em grego amor se diz de muitas maneiras. Principalmente de três: ἔρως, φιλία e ἀγάπη. O *eros*, como vimos, é antes de tudo um desejo do que não se tem e faz falta, um afã, primordialmente, de beleza. A *philía* se encontra na própria raiz da palavra *filosofia*. É uma espécie de amizade, de cuidado e de trato frequente. Aristóteles se pronunciava a favor da *philía* no que se refere ao filosofar. O que ficava um pouco à margem era a *agápe*, que era uma espécie de *dilectio*, de estima e amor recíproco; esse conceito, essencialmente modificado pelo cristianismo, será em São João e em São Paulo a caridade, *caritas* (Zubiri). E Santo Agostinho diz esta singela e taxativa frase: *Non intratur in veritatem nisi per caritatem*: "Não se entra na verdade a não ser pela caridade."

Portanto, em três filosofias de tanta magnitude como as de Platão, Aristóteles e Santo Agostinho, a filosofia tem como método, como via de acesso à verdade, as três formas do amor grego. Para Platão não se entra na filosofia a não ser pelo *éros*; para Aristóteles, por uma certa *philía*; para Santo Agostinho, pela *caritas*. Doze séculos mais tarde Espinosa definirá a filosofia como *amor Dei intellectualis*, e em nosso século Ortega a definirá como "a ciência geral do amor".

IV. Aristóteles

Com Aristóteles, a filosofia grega atinge sua plena e total maturidade, de modo tal que a partir de então começará sua decadência, e jamais voltará a alcançar altura semelhante. A Grécia nem sequer é capaz de conservar a metafísica aristotélica, pois lhe falta entendimento para os problemas filosóficos na dimensão profunda em que os formulara Aristóteles, e o pensamento helênico se banaliza nas mãos das escolas de moralistas que povoam as cidades helênicas e em seguida as do Império Romano. Aristóteles é – com Platão – a maior figura da filosofia grega, e talvez de toda a filosofia. Determinou em maior medida que qualquer outro pensador os caminhos que depois dele a filosofia viria a percorrer. Foi o descobridor de um profundo estrato das questões metafísicas; o forjador de muitos dos mais importantes conceitos que o intelecto humano maneja há muitos séculos para pensar o ser das coisas; o criador da lógica como disciplina que até hoje se mantém quase nos limites que lhe deu Aristóteles, excetuando-se duas ou três tentativas geniais ao longo de toda a história da filosofia; o homem, em suma, que possuiu todo o saber de seu tempo, e que onde pôs a mão deixou a marca única de sua genialidade. Por isso Aristóteles esteve presente de modo incalculável em toda a filosofia, e talvez por isso seja nosso primeiro problema, aquele com que se tem de enfrentar mais seriamente o pensamento atual se quiser expor a razão de si mesmo e situar-se radicalmente em seu próprio tempo e no autêntico problema da filosofia.

Vida • Aristóteles não era um grego puro, e sim um macedônio, embora com fortes influências gregas. Nasceu em Estagira, na península Calcídica, no ano de 384 a.C. Seu pai, Nicômaco, era médico e amigo do rei da Macedônia, Amintas II. É possível, como assinala Ross, que essa ascendência tenha exercido influência no interesse de Aristóteles pelas questões físicas e biológicas. Aos 18 anos entrou para a escola de Platão, em Atenas; ali permaneceu por dezenove anos, até a morte do mestre, na qualidade de discípulo e de mestre também, intimamente vinculado a Platão e ao mesmo tempo em profunda discrepância. Aristóteles, o único autêntico platônico, mostra qual o sentido exclusivo em que é possível um verdadeiro discipulado filosófico. Com a morte de Platão, Espeusipo encarrega-se da direção da Academia, e Aristóteles sai dela e de Atenas. Foi para a Mísia, onde permaneceu três anos e se casou; mais tarde, com a morte da esposa, teve outra mulher, mãe de seu filho Nicômaco; também esteve em Mitilene, na ilha de Lesbos.

Por volta de 343, Filipe da Macedônia convidou-o para se encarregar da educação de seu filho Alexandre, que tinha 13 anos. Aristóteles aceitou e rumou para a Macedônia. A influência de Aristóteles sobre Alexandre deve ter sido grande; sabe-se que divergiam em relação à questão da fusão da cultura grega com a oriental, que Aristóteles não considerava conveniente. Em 334 voltou para Atenas e fundou sua escola. Nos arredores da cidade, num pequeno bosque consagrado a Apolo Liceu e às Musas, alugou várias casas, que viriam a constituir o Liceu. Ali tratava com seus discípulos, *passeando*, das questões filosóficas mais profundas; por isso foram chamados de *peripatéticos*. À tarde expunha para um auditório mais amplo temas mais acessíveis: retórica, sofística ou política.

Aristóteles desenvolveu uma intensíssima atividade intelectual. Quase todas as suas obras são dessa época. Reuniu um material científico incalculável, que lhe possibilitou fazer avançar de modo prodigioso o saber de seu tempo. Com a morte de Alexandre, em 323, surgiu em Atenas um movimento antimacedônico, que acabou sendo hostil a Aristóteles: foi acusado de impiedade e não quis – disse – que Atenas pecasse pela terceira vez contra a filosofia – referia-se à perseguição de Anaxágoras e à morte de Sócrates; por isso, mudou-se para Cálcis, na ilha de Eubeia, onde a influência macedônica era forte, e ali morreu no ano de 322.

Obras • Aristóteles escreveu dois tipos de livros: uns, chamados *exotéricos*, destinados ao grande público, eram, de forma geral, diálogos, cuja elegância e valor literário são muito elogiados; os outros, filosóficos ou *acroamáticos*, ou também *esotéricos*, tratavam das questões mais profundas e eram dirigidos exclusivamente aos núcleos reduzidos do Liceu; sua forma era, em geral, a do curso ou *lições*, e foram às vezes conservados com redação provisória, sem elaboração, como simples anotações. Todos os diálogos se perderam; restam apenas fragmentos; em contrapartida, o principal da obra científica de Aristóteles foi conservado. Deve-se, por certo, levar em conta que entre os escritos aristotélicos encontram-se alguns apócrifos, e em muitos casos foram feitos em colaboração com discípulos, ou foram redigidos por estes com base em suas anotações e papéis de aula.

Aristóteles divide as ciências em teóricas, práticas e poéticas. É preciso explicar esta divisão. *Poiésis*, de onde vem *poesia*, quer dizer em grego produção, fabricação; o que a caracteriza é ser uma atividade que tem um fim distinto dela mesma; por exemplo, a fabricação de um armário, cujo fim é o armário, ou a composição de uma ode, cujo fim é também a ode. A *práxis* ou prática é uma *ação*, uma atividade, cujo fim é ela mesma, não uma coisa externa ao agir; é superior, por ter o fim em si, e, portanto, suficiência, a *autarquia*, tão estimada pelos gregos; um exemplo seria a política. A *theoría* ou contemplação é um modo de *práxis*; não devemos esquecer que a teoria é também prática; não se opõem exceto na medida em que a teoria é a *práxis* suprema, diferentemente do que *só* é prático, mas não chega a ser teórico. A contemplação é uma atividade cujo fim é ela mesma, mas que ademais contém em si mesma seu próprio objeto. O político, por exemplo, precisa de algo além dele, a cidade, para poder exercer sua ação; o homem teórico não precisa de outra coisa senão de sua própria mente; é o mais suficiente de todos e, portanto, superior.

Dessa distinção depreendem-se três tipos de vida e três modos de ciência.

E, antes de tudo, uma que não entra em nenhum deles, mas é anterior: a *lógica*. Trata-se – assim foi intitulada – do *Órganon*, instrumento, e serve para todas as ciências. O *Órganon* de Aristóteles está composto de diversos tratados: *Categorias, De interpretatione, Analíticos* (primeiros e segundos), *Tópicos, Refutações sofísticas* e outros pequenos escritos lógicos.

As ciências teóricas são a matemática, a física e a metafísica. As principais obras deste grupo são a *Física*, o livro *Do céu*, o *Do mundo*, o *De anima* e uma série de tratados sobre questões físicas e biológicas; e, sobretudo, os catorze livros da *Metafísica* ou *Filosofia primeira*.

As ciências práticas são a ética, a política e a economia, ou seja, as da vida individual e social do homem. Suas principais obras são as três *Éticas* – *Ética a Nicômaco, Ética a Eudemo* e *Grande Ética* (a menor das três e não autêntica) –, a *Política* e os *Econômicos*, estes últimos de interesse bem inferior, e certamente apócrifos.

As obras poéticas capitais são a *Poética*, que exerceu extraordinária influência, e a *Retórica*.

A isso se deve agregar uma grande quantidade de breves tratados sobre todas as matérias da enciclopédia científica aristotélica e um repertório de questões variadas, de redação provavelmente posterior, que se chama *Problemas*. Foi isso que de mais importante nos restou da obra de Aristóteles.

1. Os graus do saber

No começo de sua *Metafísica,* Aristóteles coloca a questão do saber por excelência, que é justamente o que ele chamou de *filosofia primeira* e desde a edição de Andrônico de Rodes é tradicionalmente chamado de *metafísica* (os livros da filosofia primeira foram colocados *atrás* dos de física e são chamados de *tà metà tà physiká*; esta denominação, puramente editorial, foi posteriormente interpretada como um *além* da física, como uma *transfísica*, e desse acaso, como é bem sabido, nasceu o nome da suprema ciência filosófica).

A primeira frase da *Metafísica* diz: "Todos os homens tendem por natureza a saber." E logo acrescenta que o sinal disso é o gosto que temos pelas sensações e, sobretudo, pela da vista; e distingue o uso que fazemos delas por sua utilidade para fazer algo, do gosto que também temos quando não vamos fazer nada. Mas essas sensações, que supõem um ínfimo saber, não são privativas do homem; também os animais as têm, e alguns deles até memória, que pela permanência da recordação permite aprender.

O homem, em contrapartida, tem outros modos superiores de saber, antes de tudo, a experiência, *empeiria*, no sentido de "experiência das coisas". É um conhecimento de familiaridade com as coisas, com cada coisa, de um modo imediato e concreto, que só nos é dado pelo individual. Por isso a *empeiria* não pode ser ensinada; pode-se apenas dar ao outro condições para adquirir essa mesma experiência. Há outro modo de saber mais elevado, que é a arte ou técnica, τέχνη. A arte em seu sentido tradicional, como quando se fala da arte de curar, que é o exemplo a que mais imediatamente se refere Aristóteles. A *tékhne* é um saber fazer. O *tekhnítes*, o perito ou técnico, é o homem que sabe fazer as coisas, sabe que meios empregar para alcançar os fins desejados. Mas a arte não nos dá o individual, apenas certo universal, uma ideia das coisas; por isso pode ser ensinada, porque do universal se pode falar, ao passo que o individual só pode ser visto ou mostrado. Portanto, a *tékhne* é superior à *empeiria*; mas esta também é necessária, por exemplo para curar, porque o médico não tem de curar o homem, e sim Sócrates, um indivíduo que é um homem; portanto, diretamente Sócrates, e o homem apenas de modo mediato.

Esta *tékhne* nos dá o *quê* das coisas, e até seu *porquê*; mas só conhecemos algo plenamente quando o sabemos em suas causas e em seus princípios primeiros. Esse saber só a sabedoria, a *sophía*, pode nos dar. Esse saber supremo tem de dizer o que as coisas são e por que são; isto é, tem de *demonstrar* as coisas a partir de seus *princípios*. A ciência, o saber demonstrativo se chama em grego *epistéme*; esta é a verdadeira ciência, a ciência que Aristóteles busca, ζητουμένη ἐπιστήμη. Mas os princípios não são demonstráveis – por isso são princípios –, não derivam de nada; por isso é preciso haver uma intuição deles, e esta é o *noûs*, outro momento essencial que, com a *epistéme*, compõe a verdadeira *sabedoria*. E com isso chegamos ao grau supremo da ciência, que tem por objeto o ente enquanto tal, as coisas na medida em que são, entendidas em suas causas e princípios. Todas as ciências – diz Aristóteles – são mais necessárias que esta: superior, nenhuma.

E a esse saber, à filosofia, em suma, chegaram os homens pelo assombro, e o assombro é sempre, hoje como no primeiro dia, a raiz do filosofar.

2. A metafísica

Aristóteles define a filosofia primeira (*Metafísica*, IV, 1) como a ciência que considera universalmente *o ente enquanto tal*; ou seja, a totalidade das coisas enquanto são. As outras ciências estudam uma parte das coisas, segundo um acidente determinado: por exemplo, a botânica estuda as plantas enquanto organismos vegetais; a matemática, as figuras e os números do ponto de vista da medida. A metafísica, em contrapartida, tem como objeto a totalidade das coisas, mas enquanto *são*, o ente enquanto ente, τὸ ὂν ᾗ ὄν. Por outro lado, Aristóteles diz que a metafísica é uma ciência divina, em dois sentidos: no sentido de que se Deus tivesse alguma, seria ela, e além disso no sentido de que o objeto da metafísica é Deus; e por isso a chama também ciência *teológica* ou teologia, θεολογικὴ ἐπιστήμη. E, por último, define-a em outros lugares como ciência da substância, περὶ τῆς οὐσίας. Que quer dizer isso? São três ciências, ou é uma só? Esse problema preocupa profundamente Aristóteles, que volta a ele várias vezes e afirma a unidade da filosofia primeira. A metafísica é uma ciência única, e o é a um só tempo do ente enquanto tal, de Deus e da substância. Tentaremos mostrar a conexão interna desses três momentos e, com isso, a unidade da metafísica aristotélica.

O ente enquanto tal • Existem diferentes tipos de entes. Em primeiro lugar, as *coisas naturais*, os objetos físicos. Para Aristóteles, a natureza é o princípio do movimento das coisas (ἀρχὴ τῆς κινήσεως); algo é natural quando tem em si mesmo o princípio de seu movimento, por exemplo uma árvore ou um cavalo, diferentemente de uma mesa (entenda-se, princípio de seu movimento ou de seu repouso *natural*, como a pedra). As coisas naturais são, portanto, coisas verdadeiras; no entanto, elas se movem, chegam a ser e deixam de ser, e nessa medida não são plenamente entes. Existe outro tipo de entes que não se movem: os objetos *matemáticos*. Pareceria que a ciência que versasse sobre eles seria mais ciência. Mas têm um gravíssimo inconveniente: não são coisas; existem na mente, mas não fora dela, *separados*. Se na qualidade de imóveis têm mais dignidade de entes, na medida em que não existem como coisas são menos entes.

Como teria de ser um ente para reunir as duas condições? Teria de ser imóvel, mas separado, uma coisa. Esse ente, se existisse, se bastaria a si mesmo e seria o ente supremo, o que mereceria em sua plenitude a denominação de *ente*.

Deus • Mas este ente Aristóteles chama de divino, Deus, θεός. E a ciência suprema que trataria dele seria uma ciência *teológica*. Ou seja, Deus é em Aristóteles aquele conjunto de condições metafísicas que fazem com que um ente o seja plenamente. A ciência do ente enquanto tal e a de Deus, que é o ente por excelência, são uma e a mesma.

Esse ente é, por certo, *vivo*, porque o ser vivo é mais plenamente que o inerte. Contudo, além disso tem de bastar-se a si mesmo. Recordemos que é possível fazer muitas coisas, e duas possíveis atividades são a *poíesis* e a *práxis*. A primeira é essencialmente insuficiente, pois tem um fim fora dela, uma obra. Se Deus fosse Deus por ter uma *poíesis* precisaria, para ser, daquelas obras e não se bastaria a si mesmo. Na *práxis*, em contrapartida, o fim não é a obra o *érgon*, mas o próprio fazer, a atividade ou *enérgeia*. Pois bem: a *práxis* política, por exemplo, tem dois inconvenientes; em primeiro lugar precisa de uma cidade na qual se exercer, e nessa medida não é suficiente, embora o seja como atividade mesma; em segundo lugar, o saber do político se refere sempre à oportunidade, ao momento, é um saber *cairológico*.

Mas, como vimos, há outro tipo de *práxis*, que é a *theoría*, a vida teorética. Trata-se de um ver e discernir o ser das coisas em sua totalidade; esse modo de vida é o supremo; portanto, Deus terá de ter uma vida teorética, que é o modo máximo de ser. Mas não basta; porque o homem, para levar uma vida teorética, precisa do ente, precisa das coisas para sabê-las, e não é absolutamente suficiente. Essa *theoría* só seria suficiente se se ocupasse de si mesma; por isso Deus é *pensamento do pensamento*, νόησις νοήσεως. A atividade de Deus é o saber supremo, e a metafísica é divina por ser ciência de Deus, no duplo sentido de que Deus é seu objeto e ao mesmo tempo seu sujeito eminente.

Theoría não é uma mera consideração, mas o cuidado de deixar que as coisas sejam o que são, pô-las *na luz* (ἐν φωτί). Isso é *sophía*, sabedoria, e, em sentido estrito, só Deus a tem. O homem só pode tê-la em certos instantes; o que pode ter é uma *filosofia*, uma certa amizade com a *sophía*. Aristóteles dirá que para que o homem seja filósofo não basta que tenha essa visão por um instante, é imprescindível que tenha uma ἕξις, um hábito, uma maneira de viver. E é isso que é verdadeiramente problemático (Zubiri).

A substância • Em terceiro lugar, a metafísica como ciência da substância; é preciso mostrar que essa ciência é una com a ciência do ente enquanto tal e com a de Deus. Diz Aristóteles (*Metafísica*, IV, 2) que o ente se diz de muitas maneiras, mas não de modo equívoco, e sim analógico; ou seja, em relação a um princípio único que dá unidade aos muitos sentidos. Por isso o ente é *uno e múltiplo* ao mesmo tempo. Como veremos mais adiante com maior precisão, o sentido fundamental do ser é a *substância*. Os outros modos dependem deste, porque todos são ou substâncias ou afecções da substância. A cor é cor *de* uma substância, e se dizemos *três* nos referimos a três substâncias, e até a privação encerra a mesma referência.

Para que haja uma ciência é preciso haver uma unidade, uma certa natureza, segundo a qual se dizem as outras coisas. Essa unidade é a da substância, que é o sentido principal com que se diz o ser, o fundamento da analogia. Em todas as formas do ser está presente a substância, e, portanto, esta não é algo distinto do ente enquanto tal e de Deus, mas o ente como ente encontra sua unidade na substância. Trata-se, pois, de uma única filosofia primeira ou metafísica com sua tríplice raiz.

Começamos buscando a ciência também buscada por Aristóteles; descobrimos as características da *sophía* e vimos que é ciência de Deus, e que é ciência do ente enquanto tal, porque Deus é o conjunto das condições ontológicas do ente. Vimos em seguida que essa ciência é também ciência divina porque nela o homem se assemelha a Deus. Vimos, por último, que essa ciência é ciência da substância, que está presente em todos os modos do ente. θεός nada mais é que o ente enquanto tal, a forma plena da substância, e nisso fundamenta-se a unidade essencial da ciência buscada.

3. Os modos do ser

A analogia do ente • Um termo é unívoco quando tem uma única significação; por exemplo, homem; equívoco, quando tem uma pluralidade de sentidos independentes, sem outra coincidência senão a do vocábulo: a palavra *gato*, que designa um animal doméstico ou um aparelho para levantar grandes pesos. Vimos que a palavra *ser* não é equívoca, apesar de seus muitos sentidos, porque estes têm uma conexão ou unidade entre si, não são inteiramente díspares. É uma palavra *análoga* ou *analógica*, como *saudável*, que se diz de um alimento, do passear, de um medicamento, da cor da cara, e em cada caso quer dizer uma coisa distinta: que conserva a saúde, que a produz, que a devolve, que é indício dela etc. Coisas distintas, mas que envolvem uma referência comum à saúde. A saúde é, pois, quem funda a unidade analógica. O mesmo ocorre, como vimos, com o ser, que tem sua unidade na substância, porque todos os modos do ente são substância ou afecções dela, num sentido amplo.

Convém, no entanto, precisar isso um pouco mais. Ao dizer que o ser se diz de muitas maneiras, não se quer dizer apenas que existem muitos entes, nem sequer que existem muitas classes de entes, mas que a palavra *ser* significa coisas distintas quando digo que algo *é* um homem, ou que *é* verde, ou que *são* três, ou que uma moeda *é* falsa. Não são os objetos nomeados que se distinguem, mas é o *é* que significa uma coisa distinta em cada exemplo, embora sempre implique uma alusão, mediata ou imediata, à substância.

Os quatro modos • Aristóteles diz concretamente que o ser se diz de quatro maneiras. Esses modos são os seguintes: 1.º, o ser *per se* (καθ' αὐτό) ou *per accidens* (κατὰ συμβεβηκός), ou seja, por essência ou por acidente; 2.º, segundo as categorias; 3.º, o ser verdadeiro e o ser falso, e 4.º, segundo a potência e o ato. Vamos examinar brevemente o sentido desses quatro modos de ser.

"Per se" e "per accidens" • Quando dizemos, por exemplo, que o homem é músico, isso é por acidente. Músico é um acidente do homem; é, simplesmente, algo que acontece ao homem, mas que não pertence a sua essência. Quando dizemos que o justo é músico, também é *per accidens*, porque os dois pertencem como acidentes a um sujeito, homem, que é músico e justo. O ser *per se* se diz essencialmente; o homem é um ser vivo, por exemplo, não acidentalmente, mas por sua essência. Esse ser essencial se diz em diferentes acepções, que são os modos segundo os quais se pode predicar o ser. E esses modos são os chamados *predicamentos* ou *categorias*.

Categorias • As categorias são os diversos modos como o ser pode ser predicado. E são, por isso, as flexões ou *quedas do ser*, πτώσεις τοῦ ὄντος. Aristóteles fornece várias listas desses predicamentos, e a mais completa compreende dez: substância (por exemplo, homem), quantidade (de quatro palmos de altura), qualidade (branco), relação (dobro), lugar (no Liceu), tempo (ontem), posição (sentado), estado (calçado), ação (corta), paixão (cortam-lhe). Não se trata da diferença entre essas coisas, mas de que o próprio ser se flexiona em cada um desses modos e quer dizer uma coisa diferente em cada uma das categorias. Por isso, se à pergunta "o que é isto?" se responde "sete", trata-se, sem considerar a veracidade ou falsidade, de uma *incongruência*, porque o *é* da pergunta se move na categoria de substância, e a resposta na de quantidade. Essas categorias têm uma unidade que é justamente a substância, porque todas as demais se referem a ela: é o caso mais claro da unidade analógica. A substância está presente em todas as outras categorias, que não têm sentido exceto a partir do pressuposto dela, à qual em última instância se referem.

O verdadeiro e o falso • A veracidade ou falsidade se dá primariamente no juízo. O enunciado A é B, que une dois termos, encerra necessariamente verdade ou falsidade, conforme una o que está na realidade unido ou o que está separado; o inverso pode ser dito da negação. Mas há um sentido mais radical de verdade ou falsidade, que é a verdade ou falsidade das coisas, a do ser. Assim, dizemos que algo é uma moeda falsa, ou que é café verdadeiro. Aqui a verdade ou falsidade corresponde à própria coisa. E quando dizemos que 2 mais 2 são 4, o sentido do verbo ser é o de *ser verdade*. Algo é verdadeiro (ἀληθές) quando mostra o ser que tem, e é falso (ψεῦδος) quando mostra outro ser que não o seu, quando manifesta um por outro; quando tem, portanto, aparência de moeda o que é um simples disco de chumbo. O disco de chumbo, *como tal*, é perfeitamente verdadeiro, mas é falso *como moeda*: ou seja, quando pretende ser uma moeda sem sê-lo, quando mostra um ser aparencial que na realidade não tem. Aqui aparece o sentido fundamental da verdade (ἀλήθεια) em grego. Verdade é estar descoberto, patente, e há falsidade quando o descoberto não é o ser que se tem, mas um aparente; ou seja, a falsidade é um *encobrimento* do ser quando se descobre em seu lugar um enganoso, como quando se encobre o ser de chumbo por trás da falaz aparência de moeda que se mostra.

A potência e o ato • Por último, o ser se divide segundo a potência (δύναμις) e o ato (ἐνέργεια). Um ente pode ser atualmente ou apenas uma possibilidade. Uma árvore pode ser uma árvore atual ou uma árvore em potência, em possibilidade, por exemplo uma semente. A semente é uma árvore, mas em potência, como a criança é um homem, ou o pequeno, grande. Mas é preciso ter em mente duas coisas: em primeiro lugar, não existe uma potência em abstrato, uma potência é sempre potência para um ato; isto é, a semente tem potência para ser carvalho, mas não para ser cavalo, nem sequer pinheiro, por exemplo; isso quer dizer, como afirma Aristóteles, que o ato é anterior (ontologicamente) à potência; como a potência é potência *de* um ato determinado, o ato já está presente na própria potencialidade. O carvalho está presente na bolota, e a galinha no ovo; pela simples razão de que não existem *ovos* assim, sem mais, em abstrato, mas que o ovo é, por exemplo, *de galinha*, o que significa que a galinha já está implicada no ovo e é quem lhe confere sua potência. Em segundo lugar, o ser em potência, para existir, precisa ter certa atualidade, embora não como potência. Isto é, a semente, que é carvalho em potência, é bolota em ato, e o ovo – galinha em potência – é um ovo atual e muitíssimo real. O mesmo ente tem, portanto, um ser atual e o ser potência de outro ente. Isso é sumamente importante para a interpretação metafísica do movimento.

A ideia de atualidade se expressa em Aristóteles com dois termos distintos: *enérgeia* (ἐνέργεια) e enteléquia (ἐντελέχεια). Embora às vezes sejam usados como sinônimos, não são equivalentes, porque *enérgeia* indica a simples atualidade, ao passo que enteléquia significa o que atingiu seu fim, seu *telos*, e, portanto, supõe uma *atualização*. De Deus, que é ato puro, que não tem, como veremos, potência nem movimento, que é, portanto, *atual*, mas não *atualizado*, cabe dizer que é *enérgeia*, mas não, a rigor, enteléquia.

Vemos, pois, que os modos do ser, que são quatro, têm uma unidade analógica fundamental que é a da substância. Por isso Aristóteles diz que a pergunta fundamental da metafísica é: "o que é o ser?" e acrescenta a título de esclarecimento: "isto é, o que é a substância?" Examinaremos agora a análise ontológica da substância que Aristóteles faz.

4. A substância

Substância se diz em grego οὐσία. Esta palavra quer dizer na linguagem usual haveres, fortuna, bens, aquilo que se possui. É o conjunto das disponibilidades de uma coisa, aquilo de que se pode lançar mão. Em espanhol só encontramos um sentido semelhante quando falamos de que algo tem muita substância; um caldo, por exemplo, que dizemos ser substancioso; ou também, em outro sentido, quando falamos de uma pessoa insubstancial, carente de substância. A palavra *substância* aponta para outra ordem de ideias: é *sub-stantia*, o que está debaixo, sujeito, em seu sentido literal de *sub-jectum*, que é a tradução, não de οὐσία, mas de outro termo grego ὑποχείμενον, que quer dizer substrato ou sujeito. Esse momento é decisivo: a substância é suporte ou substrato de seus acidentes; o vermelho, o duro, o quadrado etc. estão suportados pela substância mesa. Por outro lado, os acidentes são predicados de outra coisa, de um sujeito, e inversamente, a substância não é predicado de nenhuma outra coisa. A mesa é mesa por si ao passo que o vermelho é vermelho *da* mesa. Mas não se deve esquecer que esse sentido de substrato não é o primário, e sim o de *ousía*, e que justamente por ter um haver próprio pode a substância ser um sujeito ao qual se atribuam como predicados os acidentes. Por isso, a substância é antes de tudo *coisa*, algo separado, independente, que existe por si e não em outro. E o modo fundamental da substância é a natureza (φύσις), porque vimos que consiste no princípio do movimento, naquilo que constitui as possibilidades próprias de cada coisa.

Mas existem várias classes de substância. Antes de tudo, temos as coisas concretas, individuais: este homem, esta árvore, esta pedra. São as substâncias em sentido mais rigoroso, as que Aristóteles chamará de substâncias primeiras. Mas temos outro tipo de entes, que são os universais, os gêneros e as espécies, *o* homem ou *a* árvore (ou seja, o correlato das ideias platônicas). Evidentemente, não são substâncias em sentido rigoroso de coisas separadas; Aristóteles nega isso, mas a que outra categoria podem corresponder? É claro que a nenhuma, salvo à de substância; e então terá de distingui-las como substâncias segundas. Que quer dizer isso? Qual é a estrutura ontológica da substância? Para explicá-lo, Aristóteles recorre à sua genial teoria da matéria e da forma.

Matéria e forma • A substância é interpretada como um composto de dois elementos: matéria e forma. Não se trata de duas partes reais que se unem para formar a substância, mas de dois *momentos ontológicos* que a análise pode distinguir na *ousía*. A matéria é aquilo *de que* é feita uma coisa; a forma é o que faz com que algo seja o que é. Por exemplo, a matéria de uma mesa é a madeira, e a forma, a de mesa. A matéria (ὕλη) e a forma (μορφή, εἶδος) não podem existir separadas, só é possível encontrar a matéria informada por uma forma, e a forma informando uma matéria. E não se deve entender a forma em sentido exclusivamente geométrico, que é secundário, mas como aquilo que confere o ser: ou seja, a madeira ou a carne têm, por sua vez, forma de madeira ou de carne, e a esta forma pode-se superpor outra, por exemplo a de mesa. Desse modo, a madeira, que seria uma certa forma, funcionaria como matéria em relação à forma de mesa.

O ente concreto é o composto *hilemórfico* (de *hyle* e *morphé*) e também é chamado σύνολον. O universal é forma, mas não está, como as ideias platônicas, separado das coisas, e sim presente nelas, informando-as. Isto é, o homem, a espécie homem não está separada de cada homem, mas presente nele, como forma humana. Assim se explica pela vez primeira o problema da relação das ideias ou espécies com as coisas individuais, que Platão tentou em vão esclarecer com o conceito insuficiente de participação. Os universais são substâncias, mas abstratas, momentos abstratos de cada coisa individual, e por isso se chamam substâncias segundas.

Há uma estreita relação entre a matéria e a forma e a potência e o ato. A matéria é simplesmente possibilidade, é potência que só se atualiza informando-se; não tem, portanto, realidade por si mesma. Por essa razão, Deus, que é pura realidade atual, não pode ter matéria, porque não tem mescla de potência e ato, é *ato puro*. Essa teoria é a que permite, pela primeira vez desde Parmênides, resolver o problema do movimento.

O movimento • Recordemos que eram dois os graves problemas debatidos na filosofia grega, intimamente relacionados entre si: o da unidade do ser e da multiplicidade das coisas, e o do movimento. Os dois confluíam na grande questão do ser e do não ser. Vimos que a primeira parte do problema encontra sua solução em Aristóteles admitindo que o ente é uno, mas ao mesmo tempo múltiplo, mediante a analogia, que concilia e resolve a *aporia*. Vejamos agora o que se refere mais concretamente ao movimento.

Mover-se ou mudar é chegar a ser e deixar de ser. Todo movimento supõe dois termos, um princípio e um fim. Esta dualidade é impossível ontologicamente se o ente é uno. Pois bem, dentro da metafísica aristotélica, essa impossibilidade não subsiste. Que é o movimento para Aristóteles? A definição que ele dá, aparentemente obscura, é no fundo de grande clareza: *a atualidade do possível enquanto possível*. Já indicamos os pressupostos necessários para entendê-la. Vimos que um ente em potência, como a semente ou o ovo, tem também certa atualidade, qual seja: a que torna possível comer um ovo ou comerciar trigo, que é um negócio de realidades, e não de puras possibilidades. Quem come um ovo come *um ovo* em ato, não uma galinha em potência; quando essa potência, em vez de permanecer como possível, se atualiza, há movimento, que é concretamente a geração. Verifica-se então o que costuma ser chamado de passagem da potência ao ato, e com mais rigor, a passagem do ente em potência ao ente atual. O movimento era impossível desde Parmênides, porque era entendido como uma passagem do não ser ao ser, ou vice-versa. A teoria da analogia do ente permite ver que se trata da passagem de um *modo* do ser a outro; isto é, que nos movemos sempre no âmbito do ser uno e múltiplo. Dessa maneira o problema crucial do movimento atinge sua solução madura dentro da filosofia helênica, e a física como disciplina filosófica se torna possível, já que se pode falar, do ponto de vista do ser, de uma *natureza*.

As causas • Para Aristóteles, a ciência, que é do universal, porque o individual tem uma infinidade de aspectos e não pode se esgotar num saber, e que não é do acidente, mas da essência, é antes de tudo ciência demonstrativa, que faz conhecer as coisas por suas causas e princípios. Saber não é mais discernir, como nos pré-socráticos; nem sequer definir, como em Sócrates e Platão, mas demonstrar, saber o *porquê* (cf. Zubiri: *Filosofía y metafísica*). Os princípios são, a um só tempo, princípios do ser e do conhecer; em Aristóteles a teoria do conhecimento está, como em toda autêntica filosofia, vinculada essencialmente à metafísica. As causas são os possíveis sentidos em que se pode perguntar *por quê*. Aristóteles, no livro I de sua *Metafísica,* retoma as doutrinas dos predecessores para rastrear nelas, de modo balbuciante, a própria teoria das causas. Estas são quatro: causa material, causa formal, causa eficiente e causa final.

A causa material é a matéria, aquilo *de que* algo é feito. A causa formal ou forma é o que informa um ente e faz com que seja o que é. A causa eficiente é o princípio primeiro do movimento ou da mudança, é quem *faz* a coisa causada. Por último, a causa final é o fim, o *para quê*. Por exemplo, se tomarmos uma estátua, a causa material é o bronze de que está feita; a causa formal, o modelo; a eficiente, o escultor que a fez, e a final, aquilo para que se esculpiu; por exemplo, o adorno ou a comemoração. A causa formal e a final coincidem com frequência[1].

Deus • Já temos elementos suficientes para compreender a teoria de Aristóteles, exposta principalmente no livro XII da *Metafísica.*

---

1. Sobre as dificuldades internas da teoria aristotélica da substância e de sua interpretação do ponto de vista de matéria e forma, potência e ato, cf. minha *Biografía de la filosofía*, ap. 11 (*Obras*, vol. II, p. 487-94).

Deus é o *primeiro motor imóvel*. Que significa isso? Todo móvel precisa de um motor. A é movido por B; este, por C, e assim sucessivamente. Até quando? Teria de ser até o infinito, εἰς ἄπειρον, mas isso é impossível. É preciso que a série dos motores termine em algum momento, que haja um motor que seja primeiro. E esse motor tem de ser imóvel, para não necessitar por sua vez de mais um motor e assim até o infinito. Esse motor imóvel, como o objeto do amor e do desejo, que move sem ser movido, é Deus. θεός aristotélico é o fim, o *telos* de todos os movimentos, e ele mesmo não se move. Por isso tem de ser ato puro sem mescla nenhuma de potência, e é, portanto, forma sem matéria. É, por conseguinte, o sumo de realidade, o ente cujas possibilidades são todas reais: a substância plena, o ente enquanto tal.

O Deus de Aristóteles é *o momento absoluto do mundo*. Sua missão é tornar possível o movimento, e mais ainda, a unidade do movimento: é ele, portanto, que faz com que haja um *Universo*. Mas não é criador; esta ideia é estranha ao pensamento grego, e será ela que marcará a profunda diferença entre o pensamento helênico e o cristão. O Deus de Aristóteles está separado e consiste em pura *theoría*, em pensamento do pensamento ou visão da visão νόησις νοήσεως. É só nele que a rigor se dá a contemplação como algo que se possui de modo permanente. O Deus aristotélico é o ente absolutamente suficiente, e por isso é o ente máximo. Nessa teoria culmina toda a filosofia de Aristóteles.

O ente como transcendental • Resta abordarmos, para completar esta rápida visão da metafísica aristotélica, um ponto especialmente importante e difícil. Como vimos, Platão considerava o ente *gênero supremo*. Esse gênero se dividiria em espécies, que seriam as diferentes classes de entes. Aristóteles nega categoricamente que o ser seja gênero. E a razão que dá é a seguinte: para que seja possível a divisão de um gênero em espécies é preciso acrescentar ao gênero uma *diferença específica*; assim, ao gênero *animal* acrescento a diferença *racional* para obter a espécie *homem*; mas isso não é possível com o ser, porque a diferença tem de ser distinta do gênero, e se a diferença é distinta do *ser*, não é. Portanto, não pode haver nenhuma diferença específica que se agregue ao ser, e este, portanto, não é gênero.

O raciocínio de Aristóteles é incontestável. No entanto, depois de reconhecer sua indiscutibilidade, resta certo mal-estar, porque se percebe de modo igualmente evidente a possibilidade de dividir o ente. Basta pensar nas diferentes classes de entes que existem para perceber que, com efeito, a divisão é possível. Aristóteles por certo não negaria isso, e ele mesmo faz várias divisões. Então, o que quer dizer tudo isso? Algo muito simples: não se pode confundir a divisão em gêneros e espécies com a divisão sem mais nem menos. O ente pode ser dividido, mas não com uma divisão tão simples. Há uma articulação ontológica muito mais complexa, e esta é, precisamente, a *analogia do ente*. Existem muitos modos de ser, mas não são espécies, e sim, por exemplo, categorias, *flexões do ente*, e o ser está presente em todos esses modos, sem se confundir com nenhum deles. Aristóteles diz que o ente é o mais universal de todas as coisas, καθόλου μάλιστα πάντων, que envolve e penetra todas, sem se confundir com nenhuma. O ser é um dos que a filosofia medieval chamou de *transcendentais*, principalmente o ente, o uno e o bem. Não são coisas, mas penetram todas as coisas e – diz Aristóteles – acompanham-se mutuamente. Um ente é uno, e seu ser é seu bem em sentido aristotélico. É a unidade tripla do ὄν, ou ἕν e ou ἀγαθόν.

A essência • Aristóteles distingue os termos *substância* e *essência*. Essência se diz em grego com uma expressão estranha, τὸ τί ἦν εἶναι, que foi traduzido assim em latim: *quod quid erat esse*, literalmente *o que era o ser*. O interessante é esse pretérito que se introduz no nome da essência. A essência é, portanto, anterior ao ser, é o que o torna possível, o que faz com que seja. Não se deve entender que a essência seja um conjunto de características especialmente importantes de um ente, mas expressa o que faz com que aquilo seja o que é. Quando dizemos que o homem é animal racional, ou animal que tem *lógos*, que fala, não significa que tomamos duas características centrais do homem, sua animalidade e sua racionalidade, e as unimos, mas que essa animalidade e essa racionalidade, *essencialmente* unidas, são as que fazem com que um ente determinado seja um homem. Por isso, quando se diz que o *lógos* dá a essência de uma coisa, isso não quer dizer simplesmente que enuncia suas características centrais, mas que na verdade manifesta ou torna patente o ser oculto em que consiste a coisa, o que a faz ser. A essência tem sempre um estrito significado ontológico e não deve ser entendida como mero correlato da definição.

5. A lógica

Como já vimos, o conjunto dos tratados lógicos de Aristóteles se agrupa sob o título general – cunhado por Alexandre de Afrodisias – de *Órganon* ou "instrumento". É a primeira obra em que se estudam direta e sistematicamente os problemas da lógica, em que esta se constitui como disciplina. A tal ponto, que todo o *corpus* da lógica aristotélica perdura até hoje, quase sem alteração, e só em raros momentos da história foram introduzidos pontos de vista novos. A perfeição dessa obra aristotélica pesou – não sem perturbação – sobre o pensamento lógico posterior e talvez tenha dificultado sua evolução. Mas não se deve esquecer que a lógica aristotélica tradicionalmente usada foi bastante formalizada e banalizada, e que a fecundidade do *Órganon* em sua forma originária está longe de estar esgotada. Vejamos, antes de tudo, o sentido dessa disciplina no conjunto da obra de Aristóteles e a conexão do *lógos* com o ser e com a verdade.

O "lógos" • A palavra *lógos* (λόγος) quer dizer em grego *palavra*. Em latim foi traduzida por *verbum,* e assim aparece no começo do evangelho de São João: *In principio erat Verbum*. Mas também quer dizer *proporção*, razão em sentido matemático, e, portanto, *sentido*; e, finalmente, *razão* em sua significação plena. Mas não esqueçamos que seu sentido primário deriva do verbo *légein*, reunir ou recolher e, também, dizer. *Lógos* é o dizer, isto é, a *voz significativa*.

O *lógos* diz o que as coisas são, e tem uma estreita relação com o ser. Os princípios lógicos, por exemplo o de identidade, o de contradição etc., são princípios ontológicos que se referem ao comportamento dos entes. Eu não posso dizer nem pensar que A é e não é B ao mesmo tempo porque A não pode *sê-lo e não sê-lo*. A lógica nada mais é senão metafísica. Pois bem, vimos que o ser se *diz* de muitas maneiras. Com que modo de ser tem a ver o *lógos*? Evidentemente, com o ser do ponto de vista da verdade ou da falsidade.

Vimos que o verdadeiro e o falso dependem de como se manifesta ou se torna patente o ser das coisas. Verdade ou falsidade só existem no âmbito da verdade em sentido amplo, entendida como *alétheia*, como descobrimento, desvelamento ou patenteamento. E as coisas se manifestam de modo eminente no dizer, quando se diz o que são, quando se enuncia seu ser. Por isso Aristóteles diz que o lugar natural da verdade é o juízo. Quando digo *A é B*, enuncio necessariamente uma verdade ou uma falsidade, o que não ocorre em outros modos da linguagem, por exemplo num desejo ("tomara que chova") ou numa exclamação ("ai!"). O dizer enunciativo coloca as coisas na verdade. Mas é claro que essa possibilidade funda-se no caráter de verdade das próprias coisas, na possibilidade de seu patenteamento.

A verdade mostra o ser de uma coisa, e a falsidade o suplanta por outro. No juízo verdadeiro, uno o que na verdade está unido, ou separo (em meu juízo negativo) o que está separado, ao passo que no juízo falso faço o contrário.

O homem é o animal que tem *lógos*; é, portanto, o órgão da verdade. É o ente no qual transcorre a verdade das coisas, o que as descobre e as põe em sua verdade (Zubiri). Por isso Aristóteles diz que a alma humana é em certo sentido todas as coisas. Existe uma relação essencial entre o ser e o homem que o sabe e o diz. O que funda essa relação é o saber, a *sophía*, a filosofia. Nela o ser alcança sua realidade atual, à luz da verdade.

O conteúdo do "órganon" • O tratado das *Categorias* com que se inicia a *Lógica* aristotélica estuda em primeiro lugar os *termos* e distingue o uso isolado deles – sem complexão, ἄνευ συμπλοκῆς – de seu uso ligado – segundo a complexão, κατὰ συμπλοκήν. Isso leva Aristóteles à doutrina das categorias (ou predicamentos), que por si mesmas não afirmam nem negam nada e, portanto, não são verdadeiras nem falsas até entrarem numa complexão, para formar proposições ou juízos.

O tratado da *Interpretação* ou *Hermenêutica* (Περὶ ἑρμηνείας) distingue, antes de tudo, duas classes de palavras: o nome (ὄνομα) e o verbo (ῥῆμα). O nome é uma voz significativa (φωνὴ σημαντική) por convenção, sem referência ao tempo, e nenhuma de suas partes tem significação separadamente. O verbo acrescenta à sua significação a do tempo e é signo de algo que se diz de outra coisa; ou seja, o verbo funciona dentro da oração ou discurso (λόγος), que é uma voz significativa cujas partes têm significação independente; mas nem todo *lógos* é enunciação, só aquele em que reside a verdade ou falsidade; ou seja, a afirmação (κατάφασις) *e* a negação (ἀπόφασις) são as duas espécies em que se divide a enunciação, ἀπόφανσις, ou *lógos apophantikós*. A partir desses pressupostos Aristóteles estuda as relações entre as proposições.

Os *Primeiros analíticos* contêm a teoria aristotélica do silogismo, que constitui um capítulo central da lógica, elaborado de modo quase perfeito por Aristóteles. O silogismo (συλλογισμός) se opõe em certo sentido à indução (ἐπαγωγή): esta, embora às vezes apareça como um procedimento de raciocínio, redutível ao silogismo (indução completa), tem valor de intuição direta que se eleva da consideração dos casos particulares e concretos aos princípios; as coisas *induzem* a se elevar aos princípios universais.

Os *Segundos analíticos* focalizam o problema da ciência, e portanto da demonstração (ἀπόδειξις). A demonstração leva à definição, correlato da *essência* das coisas, e se apoia nos primeiros princípios, que, como tais, são indemonstráveis e só podem ser apreendidos direta ou indiretamente pelo *noûs*. A ciência suprema, como vimos em outro lugar, é demonstrativa, mas seu fundamento último é a visão noética dos princípios.

Aqui culmina a lógica aristotélica. Os dois últimos tratados, os *Tópicos* e os *Argumentos sofísticos*, são secundários e se referem aos lugares comuns da dialética, usados na argumentação provável, e à análise e refutação dos sofismas[1].

---

2. Sobre o problema da lógica aristotélica e de suas interpretações tradicionais ver minha *Introducción a la filosofía*, ap. 61 (*Obras*, vol. II). Cf. também *Ensayos de teoría* (*Obras*, IV, p. 414-9) *e La filosofía del Padre Gratry* (*Obras*, IV, p. 274-7 e 312-4).

6. A física

A ciência física • A física tem por objeto os entes móveis. Comparada com a filosofia primeira ou metafísica, é *filosofia segunda*. Por seu tema, coincide com o conteúdo da especulação filosófica grega da época pré-socrática. Por essa razão, no livro I da *Física* Aristóteles tem de se ocupar das opiniões dos antigos, especialmente dos eleatas, que negam a natureza e, portanto, a própria possibilidade da física. Para os eleatas o movimento não existe; isto é, o movimento não *é*, não tem ser, e por conseguinte não pode existir uma *ciência* da natureza. Ante essa tese, Aristóteles tem de reivindicar a realidade do movimento e estabelece como princípio e pressuposto que os entes naturais, todos ou alguns pelo menos, se movem; o que, acrescenta ele, é evidente pela experiência ou indução (*Física*, I, 2). Com esse ponto de partida, Aristóteles terá de chegar aos princípios, às causas e aos elementos. A ciência tem de começar pelo que é menos cognoscível em si, mas mais fácil de conhecer para nós e acessível à sensação – as coisas concretas e complexas –, para chegar aos princípios e elementos, que são mais distantes de nós, mas mais claros e cognoscíveis em si mesmos. É esse o método dessa forma concreta de análise da natureza que é a física aristotélica.

A natureza • Aristóteles distingue os entes que são por natureza (φύσει) e os que são por outras causas, por exemplo artificiais (ἀπὸ τέχνης). São entes naturais os animais e suas partes, as plantas e os corpos simples, como terra, fogo, água, ar; em contrapartida, uma cama ou um manto são artificiais. São entes naturais os que têm natureza; e por natureza (φύσις) Aristóteles entende o *princípio do movimento ou do repouso*, inerente às próprias coisas. Nesse sentido, a natureza é substância, aquilo de que a coisa pode lançar mão para suas transformações internas.

Dados esses pressupostos, Aristóteles tem de estabelecer sua teoria das quatro causas e formular, sobretudo, o problema do *movimento*, na esteira da doutrina da potência e do ato. O movimento, como *atualidade do possível enquanto possível*, consiste num modo de ser que determina a passagem de ser em potência para ser em ato, em virtude da descoberta aristotélica de que o ente não é unívoco, mas analógico, e se diz de muitas maneiras (πολλαχῶς).

Em seguida, Aristóteles tem de estudar os problemas físicos do lugar (τόπος), do vazio (τὸ κενόν) e, sobretudo, do tempo (χρόνος), definido como "o número do movimento segundo o antes e o depois". O estudo minucioso dos problemas do movimento leva Aristóteles a inferir o primeiro motor imóvel (Deus), que, por ser imóvel, não pertence à natureza, embora seja sua chave, e cujo estudo não corresponde, portanto, à física – ainda que tenha um lugar na problemática desta disciplina –, mas à filosofia primeira ou metafísica, que é, como vimos, ciência teológica.

7. A doutrina da alma

Aristóteles trata dos problemas da alma em seu livro intitulado Περὶ ψυχῆς, geralmente designado por seu nome latino *De anima*. Antes de tudo, é preciso ter em mente que o livro *De anima* é um livro de *física,* um dos tratados referentes às coisas naturais. Aristóteles realizou a primeira elaboração sistemática dos problemas da *psique,* e se inscreve na esfera da biologia.

A essência da alma • A alma (ψυχή) é o princípio da vida; os entes vivos são *animados,* em comparação com os inanimados, como as pedras. Vida é, para Aristóteles, nutrir-se, crescer e se consumir por si mesmo. A alma é, portanto, a *forma* ou atualidade de um corpo vivo. A alma *informa* a matéria do ser vivo e lhe dá seu ser corporal, torna-o corpo vivo; ou seja, a alma não se superpõe ou se agrega ao corpo, mas o corpo – como determinado corpo vivo – o é porque tem alma. Segundo a definição aristotélica (*De anima*, II, 1), a alma é a atualidade ou entelequia primeira de um corpo natural orgânico. Se o olho fosse um ser vivo – diz Aristóteles –, sua alma seria a vista; o olho é a matéria da vista, e se esta falta, não há olho; e assim como o olho é, a rigor, a pupila unida à vista, a alma e o corpo constituem o ser vivo.

O que define o ente animado é o viver; mas o viver se diz em muitos sentidos, e por isso existem diversas classes de almas; Aristóteles distingue três: a vegetativa, a única que as plantas possuem e que se dá também nos animais e nos homens; a sensitiva, de que carecem as plantas, e a racional, privativa do homem. Entenda-se, contudo, que cada ser vivo possui apenas uma alma; o homem, concretamente, tem uma alma racional, que é forma de seu corpo, e essa alma implica as outras funções elementares.

O homem possui sensação (αἴσθησις), que é um contato imediato com as coisas individuais e constitui, como já vimos, o estrato inferior do saber; a fantasia, por meio da memória, proporciona uma generalização; em terceiro lugar, a faculdade superior é o *noûs* ou entendimento. Aristóteles rejeita a doutrina das ideias inatas e da reminiscência ou *anámnesis* platônica; substitui esta metáfora pela da *tábua rasa*, a tábua encerada sobre a qual são gravadas as impressões; o *noûs* é passivo. Mas junto deste entendimento passivo Aristóteles introduz o chamado *noûs poietikós* ou entendimento agente, cujo papel é bastante obscuro e que constituiu um dos temas prediletos da Escolástica medieval, em suas disputas com o averroísmo. Sobre esse *noûs* Aristóteles diz, em sua famosa e obscura passagem (*De anima*, III, 5), que "é tal que se torna todas as coisas e é tal que as faz todas, ao modo de um certo hábito, como a luz; pois em certo sentido também a luz faz serem cores em ato as que são cores em potência". "Esse entendimento – agrega – é separável, impassível e sem mescla, já que é por essência uma atividade... Só quando separado é o que é verdadeiramente, e só ele é imortal e eterno." Esta é a principal referência aristotélica à imortalidade da alma ou de uma porção dela; mas a interpretação do sentido dessa imortalidade foi amplamente discutida desde os comentários antigos até a época moderna.

Como a ciência e a sensação são, em certo sentido, o sabido ou o sentido nelas, Aristóteles pode dizer que a alma é de certo modo *todas as coisas*. Com uma feliz metáfora, acrescenta que a alma é como a mão, pois assim como a mão é o instrumento dos instrumentos – o que confere ao instrumento seu ser instrumental atual –, o entendimento é a forma das formas, e o sentido a forma dos sensíveis. Como já vimos, no saber as coisas adquirem seu ser verdadeiro, seu patenteamento, sua ἀλήθεια; passam a estar, de certo modo, na alma, embora fiquem fora dela; a pedra não está na alma, diz Aristóteles, somente sua forma está.

A estética • A doutrina estética de Aristóteles, em cujos detalhes não me alongarei aqui, está intimamente relacionada com sua psicologia. A principal fonte é a *Poética*, na qual estuda a tragédia. Aristóteles distingue a poesia da história, não porque a primeira use o verso e a segunda a prosa, o que é acidental, mas porque a história refere o que sucedeu, e a poesia, o que *poderia* acontecer. A poesia é mais filosófica e importante que a história – diz Aristóteles –, porque a poesia se refere mais ao universal, e a história, ao particular. A história afirma que alguém fez ou disse algo, *de facto*: a poesia, em contrapartida, estabelece o que um homem de tal tipo faria ou diria provável ou necessariamente em certa situação. Com isso, Aristóteles aponta para uma certa *compreensão* da realidade e da vida humana essencial à poesia para que esta tenha sentido.

No magistral estudo que dedica à tragédia, Aristóteles a considera como imitação de uma ação grave, que provoca *temor e compaixão*, e opera uma *katharsis* ou purificação dessas afecções. Trata-se de emoções penosas; e, no entanto, a tragédia, por seu caráter artístico, transforma-se num prazer estético. A arte do trágico livra essas vivências do desagradável e provoca uma descarga emocional, em virtude da qual a alma fica aliviada e purificada.

8. *A ética*

A ética aristotélica é a ontologia do homem. Ao falar dos possíveis tipos de vidas, já indicamos o que há de mais profundo no problema ético. Vamos apenas resumir e completar brevemente aquelas ideias.

O bem supremo • A exposição fundamental da moral de Aristóteles é a *Ética a Nicômaco*, provavelmente editada por seu filho, daí esse título. Nela discute a questão do bem (ἀγαθόν), que é o fim último das coisas e, portanto, das ações humanas. O bem supremo é a felicidade (εὐδαιμονία). Mas, de modo ainda mais claro que em Sócrates, distingue-se a *eudaimonía* do prazer ou *hedoné*. Este é, simplesmente, "um fim sobrevindo", algo que não se pode querer e buscar diretamente, mas que acompanha a realização plena de uma atividade. Sêneca, que recolheu o ensinamento de Aristóteles, comparava-o (*De* *vida beata*) às papoulas que crescem num campo de trigo e o embelezam ainda mais, sem que tenham sido semeadas ou procuradas.

A felicidade • A felicidade é a plenitude da realização ativa do homem, no que tem de propriamente humano. O bem de cada coisa é sua função própria, sua atividade, que é ao mesmo tempo sua atualidade; assim, a visão o é do olho, e a marcha, do pé. É claro que existe uma função própria do carpinteiro ou do sapateiro; mas Aristóteles se pergunta qual é a do *homem* em si. Examina a hipótese do viver, mas verifica que a vida é comum às plantas e aos animais e busca então o que é exclusivo do homem. Por isso se atém a "certa vida ativa própria do homem que tem razão"; esta é a felicidade humana. Essa forma de vida é a vida contemplativa ou *teorética*, decerto superior à vida de prazeres, e também à regida pela *poiésis* ou produção e à vida simplesmente prática, por exemplo a política. Mas Aristóteles adverte que para que essa vida teorética seja a felicidade, é preciso que ocupe realmente a vida, "porque uma andorinha não faz verão, nem mesmo um dia, e assim tampouco torna o homem ditoso e feliz um só dia ou um tempo breve".

A vida contemplativa • Esta atividade é a mais excelente de dois pontos de vista: porque o entendimento é o que há de mais excelente em nós, e porque as coisas que o entendimento conhece são as mais excelentes entre as cognoscíveis. Em segundo lugar, é a atividade mais contínua, pois não cessa com sua realização, e uma vez visto ou pensado um objeto, a visão ou a intelecção persistem. Em terceiro lugar, vem acompanhada de prazeres puros e firmes, que são necessários para a felicidade, embora não se confundam com ela. Em quarto lugar, é a forma de vida mais suficiente; porque todo homem precisa das coisas necessárias para a vida, mas o justo, ou o valente etc. precisam de outras pessoas para exercer sua justiça ou sua coragem, ao passo que o sábio pode exercer sua contemplação até mesmo no isolamento. Por último, é a única atividade que se busca e se ama por si mesma, pois não tem nenhum resultado fora da contemplação, ao passo que na vida ativa buscamos algo fora da própria ação.

Essa forma de vida teorética é, em certo sentido, superior à condição humana, e só é possível na medida em que haja algo *divino* no homem. Embora se seja homem e mortal, não se deve ter, diz Aristóteles, sentimentos humanos e mortais, mas é preciso se imortalizar dentro do possível e viver de acordo com o mais excelente que há em nós, ainda que seja uma exígua porção de nossa realidade. O mais excelente é o mais próprio de cada coisa; e "seria absurdo – conclui Aristóteles – não escolher a própria vida, mas a de algum outro" (*Ética a Nicômaco*, X, 7).

As virtudes • Aristóteles divide as virtudes em duas classes: dianoéticas ou intelectuais, virtudes da *diánoia* ou do *noûs*, e virtudes éticas ou, mais estritamente, morais. E faz o caráter da virtude consistir no termo médio (μεσότης) entre duas tendências humanas opostas; por exemplo, a coragem é o justo meio entre a covardia e a temeridade, a liberalidade, entre a avareza e a prodigalidade etc. (investigar o sentido mais profundo dessa teoria do *mesotes* ou termo médio nos levaria longe demais. Basta indicar, como simples orientação, que está relacionada com a ideia de medida *métron*, e esta com o *uno*, que por sua vez se refere de modo direto ao ente, já que se acompanham mutuamente como transcendentais).

Afora isso, o conteúdo da ética aristotélica é, principalmente, uma *caracterologia*: uma exposição e valoração dos modos de ser do homem, das diferentes maneiras das almas e das virtudes e vícios que têm. A Aristóteles devem-se as finas descrições da alma que legaram para nossa linguagem termos tão acurados e expressivos como magnanimidade, pusilanimidade etc.

9. A política

Aristóteles estudou a fundo os problemas da sociedade e do Estado nos oito livros de sua *Política*. Além disso, possuía um material documental extraordinário sobre as constituições das cidades gregas (158, das quais só chegou até nós a de Atenas), e a isso unia um conhecimento profundo das questões econômicas.

A sociedade • Aristóteles reage aos sofistas e cínicos, que por diversas razões interpretavam a cidade, a *pólis*, como *nómos*, lei ou convenção. Aristóteles, pelo contrário, inclui a sociedade na natureza.

Sua ideia mestra é que a sociedade é natureza e não convenção; portanto, algo inerente ao próprio homem e não simplesmente algo estatuído. De acordo com os princípios da ética aristotélica, toda atividade ou *práxis* se faz com vistas a um *bem*, que é, portanto, seu fim e lhe confere seu sentido. Para interpretar o ser da *pólis*, Aristóteles parte desse pressuposto e da ideia de que toda comunidade (*koinonía*) ou sociedade tende para um bem.

Aristóteles considera a origem da sociedade. Sua forma elementar e primária é a casa ou a família (οἰκία), formada pela união do homem com a mulher para perpetuar a espécie; a essa primeira função sexual soma-se a de mando, representada pela relação amo-escravo; esta segunda relação tem como finalidade alcançar a estabilidade econômica na *oikía*; por isso, para os pobres, o boi faz as vezes do escravo, como diz Hesíodo. A agrupação de várias famílias numa unidade social superior produz a aldeia ou *kóme*. E a união de várias aldeias forma a cidade ou *pólis*, forma suprema de comunidade para Aristóteles. O vínculo unitário da aldeia é a genealogia, a comunidade de sangue: os filhos e os filhos destes. A *pólis* é uma "comunidade perfeita", autárquica, que se basta a si mesma, diferentemente das aldeias, que são insuficientes e necessitam umas das outras.

A finalidade da família, da *oikía*, é simplesmente o viver (τὸ ζῆν); a finalidade da aldeia ou *kóme* é mais complexa: o *viver bem* ou bem-estar (τὸ εὖ ζῆν): como a perfeição de cada coisa é sua natureza, e a *pólis* é a perfeição de toda comunidade, a *pólis* é também natureza. E, por conseguinte, o homem é por natureza um "animal político", um ser vivo social (ζῷον πολιτικόν), e o que vive – por natureza e não por acaso – sem cidade é inferior ou superior ao homem: o que não pode viver em sociedade ou não precisa de nada por sua própria suficiência não é um homem, é uma besta ou um Deus.

A linguagem • A natureza social do homem se manifesta na linguagem, no dizer ou *lógos*. Os animais também têm voz (φωνή) que expressa o prazer e a dor; mas a palavra (λόγος) destina-se a manifestar o útil e o prejudicial, o justo e o injusto; o conhecimento disso é o que caracteriza o homem e é o fundamento das comunidades. A justiça é, portanto, essencial à cidade – de acordo com Platão; é a ordem da *pólis*. O homem pode funcionar como *coisa* – como é o caso da mulher ou do escravo – ou como homem, o que só pode fazer na comunidade. O homem é um animal que fala (ζῷον λόγον ἔχον), e o falar é uma função social: é dizer *a alguém* o que *as coisas são* – por exemplo, justas ou injustas. Por isso o homem precisa de uma comunidade na qual viver, e seu ser político se funda em seu ser eloquente. Isso é o que não acontece com Deus – concretamente com o Deus aristocrático –, e por isso ele pode ignorar o mundo e ser simplesmente *noesis noeseos*, pensamento do pensamento, visão da visão. O homem necessita de um ente sobre o qual verse sua contemplação e um próximo ou *semelhante* a quem dizer o que viu, Deus é a suma autarquia e se contempla a si próprio.

Sociedade e Estado • Aristóteles atribui uma importante função à vontade no social e não distingue entre sociedades "naturais", como a família, na qual nos encontramos involuntariamente, e associações fundadas por um ato voluntário, como um círculo, ao qual se pertence ou se deixa de pertencer sempre que se queira. Mais ainda: insiste no caráter voluntário e mesmo violento da constituição das aldeias e cidades, e diz que estas comunidades são *por natureza*. Hoje não diríamos isso. E isso prova que Aristóteles usa de preferência o conceito de natureza "de cada coisa" e não o de "a" natureza. Os dois sentidos se cruzam constantemente desde os pré-socráticos, E por isso, pelo fato de a sociedade ser natural e de a culminação ou perfeição desta ser a *pólis*, a sociedade e o Estado se identificam: o social é o político, e a *pólis* significa a interpretação estatal da sociedade.

Aristóteles não se dá conta de que a sociedade não é o Estado, que em seu contexto histórico coincidem: a sociedade perfeita é a *pólis*, a cidade-Estado. E quando, a partir da fundação do Império alexandrino, as velhas fronteiras helênicas se rompem, o homem antigo fica desorientado em relação aos limites reais das comunidades, com uma desorientação que culmina no cosmopolitismo dos estoicos.

A organização do Estado • A hierarquia dos cidadãos está de acordo com os tipos de vida possíveis. Os trabalhos inferiores, de finalidade econômica, estão a cargo de escravos, pelo menos em parte. Aristóteles defendia a ideia da escravidão segundo a velha convicção helênica de que os bárbaros deviam servir aos gregos. Neste ponto discrepava da política seguida por Alexandre, e que desembocou na formação das culturas helenísticas.

A economia deve tender para a forma autárquica, para que a cidade se baste a si mesma na medida do possível. Aparece aqui novamente, transladado para a comunidade política, o ideal grego de suficiência. Por isso, Aristóteles é mais favorável à cidade agrícola que à industrial.

Com relação à forma do regime ou constituição, Aristóteles não acredita que tenha de ser forçosamente única. Considera possíveis três formas puras, regidas pelo interesse comum. Essas três formas degeneram se os governantes se deixam levar por seu interesse pessoal. Conforme a soberania corresponda a um só, a uma minoria dos melhores ou a todos os cidadãos, o regime é uma monarquia, uma aristocracia ou uma democracia. As respectivas formas degeneradas são a tirania, a oligarquia, baseada quase sempre na plutocracia, e a demagogia. Aristóteles insiste especialmente nas vantagens do "regime misto" ou república (*politeía*), mescla ou combinação das formas puras, por considerar que é o de maior estabilidade e segurança (*aspháleia*), pois este é o tema fundamental de sua Política[3]. É preciso ter em mente que Aristóteles, como Platão, pensa sempre na cidade-Estado, sem imaginar como formas desejáveis outros tipos de unidades políticas mais amplas. Em Aristóteles isso é ainda mais surpreendente, embora se explique por razões profundas, porque estava sendo testemunha da transformação do mundo helênico, que, em seu tempo e por obra de seu discípulo Alexandre, passou da multiplicidade de cidades independentes para a unidade de um grande império territorial, o efêmero império macedônico, logo desmantelado nos reinos dos Diádocos, mas que desde então manteve a ideia da monarquia de grande extensão, sem voltar à atomização das cidades.

* * *

A filosofia de Aristóteles não cabe numa exposição como esta nem mesmo numa muito mais extensa; menos ainda a discussão dos pro-

---

3. Cf. minha *Introducción a la **Política** de Aristóteles* (Madri, 1950).

blemas radicais que coloca e que são, de certo modo, os que a filosofia posterior encontrou, os que hoje temos de resolver. É um mundo de ideias: a tentativa mais genial da história de sistematizar em suas camadas mais profundas os problemas metafísicos. Por isso Aristóteles determinou mais do que ninguém o curso ulterior da história da filosofia, e o encontraremos a partir de agora em todas as partes.

Fui obrigado a omitir muitas coisas importantes e até mesmo essenciais. E, ante essa necessidade, optei por prescindir de quase toda a *informação* erudita e enumerativa do pensamento aristotélico e expor com algum rigor, sem falseamento, o problema central de sua metafísica. Considero preferível ignorar a maior parte das coisas que Aristóteles disse, mas ter uma consciência clara de qual é o problema que o move e em que consiste a originalidade genial de sua solução. Desse modo é possível entender como a filosofia helênica alcançou sua maturidade na *Metafísica* aristotélica, e como com ele concluiu-se efetivamente uma etapa da filosofia, que depois terá de percorrer longos séculos pelo caminho que lhe abriu o pensamento de Aristóteles[4].

---

4. Cf. minha *Introducción a la Ética a Nicómaco* (Madri, 1960).

V. O IDEAL DO SÁBIO

Depois de Aristóteles, a filosofia grega perde o caráter que recebera dele e de Platão. Deixa de ser *explicitamente* metafísica, para se transformar em simples especulação moral. Não é que deixe de fato de ser ontologia, mas para de se ocupar de modo formal e temático das questões fundamentais da metafísica. Depois de uma época de extraordinária atividade nesse sentido, vem uma longa lacuna filosófica, dessas que aparecem reiteradamente na história do pensamento humano: a história da filosofia é, em certo sentido, essencialmente descontínua. Isso não quer dizer que deixe de haver filosofia nessa longa época, mas deixa de ser uma filosofia autenticamente original e criativa e se transforma, em grande medida, num trabalho de exegese ou comentário. E, ao mesmo tempo, como sempre ocorre em tais épocas, o homem aparece como tema quase exclusivo da filosofia. Ela se torna então, principalmente, ética. É dada primazia às questões morais e, de modo concreto, ao que se chamou ideal do sábio, do *sophós*.

Algo semelhante ocorreu, salvando todas as distâncias, no Renascimento, na época do Iluminismo, no século XIX. De distintas formas, que podem ir do humanismo à "cultura", o homem se fez presente nos momentos em que falhou a tensão metafísica, que a humanidade parece não poder sustentar por muito tempo. Na história, a filosofia aparece concentrada em alguns intervalos de tempo, depois dos quais parece relaxar e perder por longos anos seu vigor e rigor. Essa estrutura descontínua da filosofia irá se tornar claramente patente ao longo deste livro.

Costuma-se designar esta etapa da filosofia da Grécia com o nome de filosofia pós-aristotélica. Evito essa denominação por duas razões: primeiro, porque intimamente relacionada com esse movimento filosófico há uma corrente anterior, que nasce com Sócrates e em que se encontram os cínicos e os cirenaicos; segundo, porque também é posterior a Aristóteles o neoplatonismo, que volta à metafísica e difere profundamente dessa filosofia moral de que falamos. E haveria ainda uma terceira razão, talvez a mais profunda, que é a de que a denominação *pós-aristotélico*, embora em si puramente cronológica, parece aludir a uma filiação, e a filosofia do período que consideramos deriva em pequena medida de Aristóteles, pelo menos do verdadeiramente vivo e eficaz nele. É verdade que está intimamente relacionada com as escolas procedentes de Platão e Aristóteles; mas é evidente que depois da morte destes, a Academia e o Liceu têm muito pouco a ver com a autêntica significação *filosófica* de seus fundadores.

Portanto, consideraremos aqui uma corrente filosófica que perdurou por vários séculos, desde Sócrates, no século IV, até o apogeu do Império Romano, pelo menos até o final do século II de nossa era, e talvez ainda mais. Esse movimento, iniciado na tradição socrática, prolifera amplamente na época helenística, e mais ainda na romana.

Seu caráter geral é aquele que apontamos anteriormente: desinteresse pela metafísica enquanto tal; atenção primordial às questões de ética; concepção da filosofia como um modo de vida, com o abandono de seu valor teórico; em suma, nova perda do sentido da verdade, embora com um matiz muito distinto do da sofística. E tudo isso se resume no problema do sábio, na descoberta das características que definem o homem independente, suficiente, que vive como se deve, em total serenidade e equilíbrio, e encarna o modo de vida do filósofo, que agora não é precisamente a *vida teorética*.

Mas o mais grave problema que as filosofias da época helenística colocam é o seguinte: do ponto de vista do *saber*, todas elas – inclusive a mais valiosa, a estoica – são toscas, de escasso rigor intelectual, de pouco voo; não há comparação possível entre elas e a maravilhosa especulação platônico-aristotélica, de incomum agudeza e profundidade metafísica; no entanto, o fato histórico, de avassaladora evidência, é que logo depois da morte de Aristóteles essas escolas suplantam sua filosofia e conseguem uma vigência ininterrupta de cinco séculos. Como isso foi possível?[1]

Naqueles séculos o sentido que se dá na Grécia à palavra *filosofia* muda substancialmente. Se em Platão e Aristóteles é uma *ciência*, um *saber* sobre o que as coisas *são*, determinado pela necessidade de viver na *verdade*, e cuja origem é o *assombro*, para as escolas posteriores vai significar algo bem distinto. Para Epicuro, "a filosofia é uma atividade que procura, com discursos e raciocínios, a vida feliz"; segundo os estóicos, é o *exercício* de uma *arte* destinada a reger a vida. Portanto, a filosofia muda de sentido; a questão não é que a doutrina da Stoa ou de Epicuro suplante a de Aristóteles, mas que o homem do final do século IV e começo do III abandona a filosofia enquanto saber e busca um fundamento para sua vida em outra atividade à qual se aplica, não sem certo equívoco, o mesmo nome, e que coincide parcialmente num repertório de ideias e questões comuns.

A razão mais profunda dessa mudança é a *crise* histórica do mundo antigo. Quando sua situação se torna crítica, o heleno se volta para a filosofia, a suprema criação de sua cultura; mas agora não lhe pede o mesmo que antes, mas um substitutivo para as convicções religiosas, políticas e sociais – *morais*, em suma –, que tinham se tornado problemáticas. A filosofia, outra vez fora da *via da verdade*, vai se transformar numa espécie de religiosidade de circunstância, adequada para as massas. Por isso, sua inferioridade intelectual é, justamente, uma das condições do enorme êxito das filosofias desse tempo. Com elas, o homem antigo em crise obtém uma moral mínima para tempos duros, uma moral de resistência, até que a situação seja radicalmente superada pelo cristianismo, que significa o surgimento do *homem novo*.

Tentaremos descrever brevemente a filiação das distintas escolas desse grupo.

---

1. Cf. um estudo mais minucioso deste problema em meu estudo *La filosofía estóica* (em *Biografía de la filosofía*).

1. Os moralistas socráticos

Vimos acima o que houve de mais fecundo e genial na tradição socrática: Platão e, através deste, Aristóteles. Lembremos, no entanto, que o platonismo conservou de Sócrates principalmente a exigência do saber como definição do universal, que o levou à doutrina das ideias. Contudo, a preocupação de Sócrates era em grande parte moral. Essa outra direção de seu pensamento é a que encontra sua continuação em dois ramos muito secundários da filosofia helênica: os cínicos e os cirenaicos.

a) Os cínicos

O fundador da escola cínica foi Antístenes, um discípulo de Sócrates, que fundou um ginásio na praça do Cão Ágil, daí o nome cínicos (cães ou, melhor, caninos) que foi dado a seus adeptos, e que estes aceitaram com certo orgulho. O mais conhecido dos cínicos é o sucessor de Antístenes, Diógenes de Sinope, famoso por sua vida extravagante e certas demonstrações de engenho, que viveu no século IV.

Os cínicos exageram e levam ao extremo a doutrina socrática da *eudaimonía* ou felicidade e dão-lhe, ademais, um sentido negativo. Em primeiro lugar, identificam-na com a autarquia ou suficiência; em segundo lugar, concluem que o caminho para alcançá-la é a supressão das necessidades. Isso traz como consequência uma atitude negativa ante a vida como um todo, desde os prazeres materiais até o Estado. O único valor estimável que resta é a independência, a falta de necessidades e a tranquilidade. O resultado disso é, naturalmente, o mendigo. O nível de vida cai, perde-se todo refinamento, toda vinculação com a cidade e com a cultura. E, com efeito, a Grécia se encheu de mendigos de pretensões mais ou menos filosóficas, que percorriam como vagabundos o país, sóbrios e desalinhados, pronunciando discursos morais e caindo com frequência no charlatanismo.

A doutrina cínica, se existe, é bem escassa; é antes a renúncia a qualquer teoria, o desdém pela verdade. Importa tão-somente o que serve para viver, entenda-se, de modo cínico. O bem do homem consiste simplesmente em *viver em sociedade consigo mesmo*. Todo o resto, o bem-estar, as riquezas, as honras e seus contrários, não interessa. O prazer dos sentidos e o amor são o pior, o que mais se deve evitar. O trabalho, o exercício, o comportamento ascético é o único desejável. Como o cínico despreza tudo o que seja *convenção* e não *natureza*, ele é indiferente à família e à pátria e se sente *kosmopolítes*, cidadão do mundo. É a primeira manifestação importante do cosmopolitismo, que tão fortemente pesará sobre o mundo helenístico e romano.

b) Os cirenaicos

A escola cirenaica, fundada por Aristipo de Cirene, um sofista posteriormente agregado ao círculo socrático, tem profunda semelhança com a cínica, a despeito de grandes diferenças e até oposições aparentes. Para Aristipo, o bem supremo é o prazer; a impressão subjetiva é nosso critério de valor, e o prazer é a impressão agradável. O problema consiste em que não é o prazer que deve nos dominar, mas nós a ele. E isso é importante. O sábio tem de ser dono de si; não deve, portanto, se apaixonar. Ademais, o prazer transforma-se facilmente em desagrado quando nos domina e altera. O sábio tem de dominar as circunstâncias, estar sempre por cima delas, acomodar-se a quaisquer situações, à riqueza e à indigência, à prosperidade e às dificuldades. Ao mesmo tempo, o cirenaico tem de selecionar seus prazeres para que estes sejam moderados, duradouros, e não o arrebatem. Em suma, o suposto hedonismo dos cirenaicos tem uma extraordinária semelhança com o ascetismo dos cínicos, embora o ponto de partida seja muito distinto. Não esqueçamos que o importante para os moralistas socráticos, como também mais tarde para os estóicos e epicuristas, é a independência e imperturbabilidade do sábio, e o secundário, o modo como estas são alcançadas, pelo ascetismo e pela virtude ou pelo prazer moderado e tranquilo de cada hora.

O cosmopolitismo também é próprio dos cirenaicos; a escola também apresenta traços helenísticos marcantes, e nada mais faz senão sublinhar e exagerar mais um dos aspectos de Sócrates, encruzilhada de onde saem distintos caminhos da mente grega.

2. O estoicismo

A escola estoica tem uma profunda relação com os filósofos moralistas socráticos, e especialmente com os cínicos. Retoma, em última instância, a atitude deles perante a vida e a filosofia, embora com personalidades intelectualmente superiores e uma maior elaboração teórica.

As etapas do estoicismo • Distinguem-se três épocas, chamadas de estoicismo antigo, médio e novo, que se estendem desde 300 a.C., aproximadamente, até o século II d.C., ou seja, por meio milênio. O fundador da escola estóica foi Zenão de Cício, que a estabeleceu em Atenas, no chamado Pórtico das pinturas (*Stoá poikilé*), decorado com quadros de Polignoto, e esse lugar deu nome ao grupo. As figuras principais do estoicismo antigo foram, além de Zenão, Cleantes de Assos – um antigo pugilista, mente tosca e nada teórica – e, sobretudo, o terceiro chefe da escola, Crisipo, verdadeiro fundador do estoicismo como doutrina, de cujos numerosos escritos só restam títulos e fragmentos. Na chamada Stoa média floresceram Panécio de Rodes (180-110), influenciado pelos acadêmicos, amigo de Cipião e Lélio, introdutor do estoicismo em Roma, e o sírio Posidônio (175-90), mestre de Cícero em Rodes, uma das melhores mentes antigas. Na última época, quase exclusivamente romana, a figura central e mais influente do estoicismo é Sêneca (4 a.C.-65 d.C.); cordobês, preceptor de Nero, cortou as próprias veias por ordem deste; afora suas tragédias, Sêneca escreveu, entre suas obras filosóficas, *De ira, De providentia, De beneficiis, De constantia sapientis, De brevitate vitae, De tranquillitate animi, De clementia, De vita beata, Naturales quaestiones* e as *Epistolae ad Lucilium*. Posteriores a Sêneca são outros dois importantes pensadores estóicos: Epicteto (50-120), escravo frígio, depois liberto, autor das *Diatribes* ou *Disertationes* e de um breve *Enquiridion* ou *Manual*, escritos em grego, e o imperador Marco Aurélio (121-180), da dinastia dos Antoninos, que escreveu, em grego também, os famosos *Solilóquios*, cujo título é, literalmente, *A si mesmo* (Εἰς ἑαυτόν).

A doutrina estoica • O centro da preocupação estoica é igualmente o homem, o sábio. Elaboram uma filosofia dividida em três partes: lógica, física e ética; mas seu verdadeiro interesse é apenas a moral. Os estoicos são sensualistas. É a percepção que vai imprimindo suas marcas na alma humana e formando suas ideias. O conceito fundamental é o de φαντασία καταληπτική, sumamente problemático. A associação e a comparação servem para esse fim. Os estoicos reconheciam umas κοιναὶ ἔννοιαι, *noções comuns*, presentes em todos e que determinam o consentimento universal. Posteriormente, a opinião sobre a origem dessas noções se alterou e pensou-se que eram inatas. A certeza absoluta correspondia a essas ideias inatas. Essa teoria exerceu uma profunda influência sobre todo o inatismo moderno. As repercussões do estoicismo, tanto em lógica como em moral, foram muito mais extensas e persistentes do que se costuma pensar; na época renascentista, em particular, talvez a máxima influência da filosofia antiga recuperada tenha sido a do estoicismo.

A física estoica é materialista ou, mais precisamente, corporalista. Admite dois princípios, o ativo e o passivo, ou seja, a *matéria* e a *razão* que reside nela, por eles denominada *deus*. Esse princípio é corporal e se mistura com a matéria como um fluido gerador ou *razão seminal* (λόγος σπερματικός). Além dos dois *princípios*, distinguem-se os quatro elementos: fogo, água, ar, terra. No entanto, o princípio ativo é identificado ao fogo, na linha da inspiração de Heráclito: a natureza é concebida segundo o modelo da *arte* (τέχνη), e por isso o fogo é chamado de *artífice* (πῦρ τεχνικόν). O mundo se repete de modo cíclico; quando os astros atingem de novo suas posições originárias, cumpre-se um *grande ano* e sobrévem uma conflagração do mundo, que volta ao fogo primordial para repetir de novo o ciclo: essa doutrina é um claro antecedente da do *eterno retorno* de Nietzsche.

Deus e o mundo aparecem identificados no estoicismo; Deus é reitor do mundo, mas por sua vez é substância, e o mundo inteiro é a substância de Deus. A Natureza, regida por um princípio que é razão, se identifica com a Divindade. O princípio divino liga todas as coisas mediante uma *lei*, identificada com a razão universal, e esse encadeamento inexorável é o destino ou fado (εἱμαρμένη). Isso torna possível a adivinhação, e dessa doutrina se depreende um *determinismo*; por outro lado, contudo, os estoicos consideram que certa contingência e liberdade do homem estão incluídas no plano geral do destino, que por sua vez aparece como *providência*. Todas as coisas estão a serviço da perfeição da totalidade, a única norma de valoração é a lei divina universal que encadeia tudo, à qual chamamos *natureza*. Esta é a culminação da física estoica, e disso provém a moral da escola.

A ética estoica se funda também na ideia de autarquia, de suficiência. O homem, o sábio, deve se bastar a si mesmo. As conexões da moral estoica com a cínica são muito profundas e complexas. O bem supremo é a *felicidade* – que não tem a ver com o prazer –, e esta consiste na virtude. Essa virtude, por sua vez, consiste em viver de acordo com a verdadeira natureza: *vivere secundum naturam*, κατὰ φύσιν ζῆν. A natureza do homem é *racional*, e a vida que a ética estoica postula é a vida racional. A razão humana é uma parcela da razão universal, e assim nossa natureza nos põe de acordo com o universo inteiro, ou seja, com a Natureza. O sábio a aceita tal como é, amolda-se totalmente ao destino: *parere Deo libertas est*, obedecer a Deus é liberdade. Essa aceitação do destino é característica da moral da Stoa. Os fados, que guiam quem quer, arrastam quem não quer; portanto, é inútil resistir. O sábio se torna independente, suportando tudo, como uma rocha que faz frente a todos os embates da água. E, ao mesmo tempo, obtém sua suficiência diminuindo suas necessidades: *sustine et abstine*, suporta e renuncia. O sábio deve despojar-se de suas paixões para alcançar a imperturbabilidade, a "apatia", a "ataraxia". O sábio é dono de si, não se deixa arrebatar por nada, não está à mercê dos acontecimentos exteriores; pode ser feliz em meio às maiores dores e aos piores males. Os bens da vida podem ser, no máximo, desejáveis e apetecíveis; mas não têm verdadeiro valor e importância, qualidades exclusivas da virtude. Esta consiste na conformidade racional à ordem das coisas, na *razão reta*. O conceito de *dever* não existe, a rigor, na ética antiga. O devido (καθῆκον), em latim *officium*, é antes o adequado, o *decente* (isto é, o que convém, *decet*), o que fica bem, num sentido quase estético. O reto é primariamente o *correto* (κατόρθωμα), o que está de acordo com a razão.

O cosmopolitismo antigo • Os estoicos não se sentem tão desligados da convivência como os cínicos; têm um interesse muito maior na comunidade. Marco Aurélio descreve sua natureza como racional e social, λογικὴ καὶ πολιτική. Mas a cidade é também convenção, *nómos*, e não natureza. O homem não é cidadão desta ou daquela pátria, mas do mundo: cosmopolita. O papel do cosmopolitismo no mundo antigo é sumamente importante. Aparentemente assemelha-se à unidade dos homens que o cristianismo afirma, mas na verdade são duas coisas totalmente distintas. O cristianismo afirma que os homens são irmãos, sem distinguir o grego do romano, do judeu ou do cita, nem o escravo do homem livre. Mas essa fraternidade tem um fundamento, um princípio: a irmandade está fundada numa paternidade comum. No cristianismo os homens são irmãos porque são, todos, filhos de Deus, e não por outro motivo. Percebe-se, portanto, que não se trata de um fato histórico, mas da verdade sobrenatural do homem; os homens são irmãos porque Deus é seu pai comum; são semelhantes, ou seja, próximos, embora estejam separados no mundo, porque se encontram juntos na paternidade divina: em Deus todos somos unos. E por isso o vínculo cristão entre os homens não é o de pátria, nem o de raça, nem o de convivência, mas a *caridade*, o amor de Deus, e portanto o amor aos homens *em Deus*; ou seja, no que os torna próximos de nós, semelhantes a nós. Não se trata, portanto, de nada histórico, da conveniência social dos homens em cidades, nações ou o que quer que seja: "*Meu reino não é deste mundo.*"

No estoicismo falta radicalmente esse princípio de unidade, apela-se tão-somente à natureza do homem. Esta, no entanto, não basta para fundar uma convivência, a mera identidade de natureza não supõe uma tarefa comum que possa agrupar todos os homens numa comunidade. O cosmopolitismo, quando se baseia apenas nisso, é simplesmente falso. Mas há outro tipo de razões – históricas – que levam os estoicos a essa ideia: a superação da cidade como unidade política. A *pólis* perde vigência num longo processo, que se inicia na época de Alexandre e culmina no Império Romano; o homem antigo sente que a cidade já não é *mais* o limite da convivência; o problema está em ver qual é o novo limite; mas isso é difícil, e o que se constata é a insuficiência do velho; daí a propensão a exagerar e acreditar que o limite é apenas a totalidade do mundo, quando a verdade é que a unidade política daquele tempo era apenas o Império. E essa falta de consciência histórica, o brusco salto da cidade para o mundo, que impediu de pensar com suficiente precisão e profundidade o caráter e as exigências do Império, foi uma das principais causas da decadência do Império Romano, que nunca chegou a encontrar sua forma plena e realizada. Os estoicos, e particularmente Marco Aurélio, o Imperador, sentiram-se cidadãos de Roma ou do mundo e não souberam ser o que era necessário naquele momento: cidadãos do Império. E por isso este fracassou.

3. O epicurismo

Assim como a Stoa corresponde aos cínicos na filosofia pós-aristotélica, nota-se um acentuado paralelismo entre os epicuristas e os cirenaicos; e assim como entre as duas escolas socráticas havia uma identidade fundamental, o mesmo se dá entre o estoicismo e a doutrina de Epicuro. Este era cidadão ateniense, mas nasceu em Samos, para onde seu pai tinha emigrado. Foi para Atenas no final do século IV e em 366 fundou sua escola ou comunidade num jardim. Consta que tinha uma personalidade notável e teve uma extraordinária ascendência sobre seus adeptos. No epicurismo fica evidente que na Grécia já não se trata de uma filosofia entendida como ciência, mas de um modo de vida particular. Também algumas mulheres pertenceram ao jardim de Epicuro. A escola adquiriu, sobretudo depois da morte do mestre, um caráter quase religioso e exerceu extraordinária influência na Grécia e no mundo romano. Até o século IV d.C. o epicurismo mantém sua atividade e sua influência. A exposição mais importante das doutrinas de Epicuro é o poema de Tito Lucrécio Caro (97-55), intitulado *De rerum natura*.

A filosofia epicurista é materialista; retoma o essencial da de Demócrito, com sua teoria dos átomos. Tudo é corporal, formado pela agregação de átomos diversos; o universo é um puro mecanismo, sem finalidade nem intervenção alguma dos deuses. Estes são corporais como os homens, mas feitos de átomos mais finos e resplandecentes, e ademais possuem a imortalidade. A percepção também é explicada mediante a teoria atomista dos *eídola* ou imagens das coisas, que penetram pelos sentidos.

Mas também os epicuristas carecem de senso de especulação. Ao fazer física não se propõem descobrir a verdade da natureza, pretendem apenas tranquilizar-se. Dão, por exemplo, explicações físicas para o trovão e o raio, mas não uma, e sim várias; na verdade, não lhes importa qual é a verdadeira, basta saber que pode haver explicações, compreender que o raio é um fato natural, não uma demonstração da cólera divina, e conseguir assim que o homem viva em calma, sem temer os deuses. Toda a doutrina epicurista se dirige para a moral, para o tipo de vida que o sábio deve seguir.

Epicuro opina que o prazer é o verdadeiro bem; e, ademais, que é ele que nos indica o que convém e o que repugna à nossa natureza. Retifica, pois, as ideias de hostilidade antinatural ante o prazer que invadiam grandes zonas da filosofia grega. Parece, à primeira vista, que o epicurismo é o oposto da filosofia da Stoa; mas as semelhanças são mais profundas que as diferenças. Em primeiro lugar, Epicuro impõe condições muito determinadas para o prazer: tem de ser puro, sem mescla de dor nem de desagrado; tem de ser duradouro e estável; por último, tem de deixar o homem dono de si, livre, imperturbável. Assim, ficam eliminados quase totalmente os prazeres sensuais para dar lugar a outros mais sutis e espirituais, e, antes de tudo, à amizade e aos gozos do trato. As paixões violentas ficam excluídas da ética epicurista porque arrebatam o homem. O ideal do sábio é, portanto, o do homem sereno, moderado em tudo, regido pela temperança, sem inquietudes, que conserva um perfeito equilíbrio em qualquer circunstância. Nem a adversidade, nem a dor física, nem a morte alteram o epicurista. É conhecida a resignação afável e bem-humorada com que Epicuro suportou sua doença dolorosíssima e sua morte. Trata-se, portanto, de um ideal de grande ascetismo e, em seus traços profundos, coincide com o estoico. A apartação dos assuntos públicos, o desligamento da comunidade são mais fortes ainda no epicurismo que nos círculos estoicos. O ponto de partida é distinto: num caso trata-se de conseguir a virtude; no outro, o que se busca é o prazer; mas o tipo de vida a que se chega nas duas escolas acaba sendo o mesmo nessa época crepuscular do mundo antigo e está definido por duas características reveladoras de uma humanidade cansada: suficiência e imperturbabilidade, bastar-se a si mesmo e não se alterar por nada.

4. Ceticismo e ecletismo

O desinteresse pela verdade, que predomina nas épocas de falta de tensão teórica, costuma se unir à desconfiança da verdade, ou seja, ao *ceticismo*. O homem não confia; surgem as gerações receosas e suspicazes, que duvidam de que a verdade possa ser alcançada pelo homem. Foi o que ocorreu no mundo antigo, e o processo de declínio da teoria, iniciado com a morte de Aristóteles, é contemporâneo da formação das escolas céticas. Uma das raízes desse ceticismo costuma ser a pluralidade de opiniões: ao tomar consciência de que se acreditou em coisas muito diversas sobre cada questão, perde-se a confiança de que alguma das respostas seja verdadeira ou que uma nova o seja. É o famoso argumento da διαφωνία τῶν δοξῶν. No entanto, é preciso distinguir entre ceticismo como tese filosófica e como atitude vital. No primeiro caso é uma tese contraditória, pois afirma a impossibilidade de conhecer a verdade, e esta afirmação pretende ser ela mesma verdadeira. Portanto, ao ser formulado, o ceticismo como tese se refuta a si próprio. Outra coisa é a suspensão de qualquer juízo (εποχή), o ceticismo vital, que não afirma nem nega. Esse ceticismo aparece vez por outra na história, embora também seja problemático que a vida humana possa se manter flutuante nessa abstenção sem arraigar em convicções.

O primeiro e mais famoso dos céticos gregos, se prescindirmos de antecedentes sofísticos, é Pirro, no começo do século III a.C. Outros céticos são Timão, Arcesilau e Carnéades, que viveram nos séculos III e II. Depois, e a partir do século I de nossa era, aparece uma nova corrente cética, com Enesidemo e o famoso Sexto Empírico, que escreveu *Hipotiposis pirrônicas*. Viveu no século II d.C. O ceticismo invadiu totalmente a Academia, que desde a morte de Platão vinha alterando o caráter metafísico de seu fundador, e nela perdurou até seu fechamento, em 529, por ordem de Justiniano. Os céticos que mencionamos pertenceram à Academia média e à nova, que assim foram chamadas para distingui-las da antiga. Durante séculos, o nome *acadêmico* significou cético.

O *ecletismo* é outro fenômeno das épocas de decadência filosófica. Nelas aparece o espírito de compromisso e conciliação, que toma daqui e dali para compor sistemas que superem as divergências mais profundas. Em geral, esse proceder banaliza a filosofia, e foi o que fez a cultura romana em particular, que utilizou o pensamento filosófico apenas como matéria de erudição e moralização, mas esteve sempre afastada da problematicidade filosófica.

O mais importante dos ecléticos romanos foi Cícero (106-43), cuja figura considerável é por demais conhecida. Seus escritos filosóficos não são originais, mas têm o valor de ser um repertório copioso de referências da filosofia grega. Ao mesmo tempo, a terminologia que Cícero – um extraordinário talento filológico – cunhou para traduzir os vocábulos gregos influenciou enormemente, embora nem sempre acertadamente, as línguas modernas e toda a filosofia europeia. Também merecem destaque Plutarco, que viveu nos séculos I e II de nossa era e escreveu, além de suas famosas *Vidas*, umas *Moralia* de conteúdo ético, e Fílon de Alexandria, um judeu helenizado que viveu no século I e tentou encontrar antecedentes bíblicos na filosofia helênica, sobretudo em Platão. O caráter judaico de sua doutrina se revela especialmente no papel importantíssimo que nela tem Deus e no esforço para conciliar as ideias gregas com o Antigo Testamento. Entre suas obras contam-se uma sobre a criação (chamada em latim *De opificio mundi*) e estudos sobre a imutabilidade de Deus e sobre a vida contemplativa.

VI. O NEOPLATONISMO

A metafísica, a rigor ausente da filosofia grega desde Aristóteles, reaparece mais uma vez no último grande sistema do mundo helênico: o chamado *neoplatonismo*. Pela última vez o grande problema metafísico será formulado em termos gregos, embora com certas influências cristãs e de todo o ciclo das religiões orientais que entram no mundo greco-romano nos primeiros séculos de nossa era. É um momento importantíssimo, no qual a filosofia se divide por meio da única divisão realmente descontínua de sua história: por um lado, a filosofia antiga, e por outro, a moderna, ou, o que dá no mesmo, a grega e a cristã, os dois modos fundamentais de pensamento autenticamente filosófico que até agora surgiram no mundo.

Plotino • O fundador do neoplatonismo é Plotino, no século III d.C. (204-270). Nasceu no Egito, tentou marchar para o Oriente – Pérsia e Índia – com o imperador Gordiano e depois passou a atuar sobretudo em Roma. Foi um homem importantíssimo em seu tempo, alvo da atenção devota e fervorosa de muitos discípulos. Levou uma vida de estranho ascetismo e mistério e declarava ter tido vários êxtases. Sua obra foi recopilada por seu discípulo Porfírio em seis grupos de nove livros cada um, por isso chamados *Enéadas*. Esta obra é de um profundo interesse e contém uma filosofia original, que exerceu enorme influência sobre o pensamento cristão posterior, durante toda a Idade Média, especialmente nos seus primeiros séculos, até ser superada em termos de influência no século XIII pelos escritos de Aristóteles que começavam a ser conhecidos no Ocidente.

O sistema plotiniano está regido por dois aspectos centrais: seu panteísmo e sua oposição ao materialismo. O princípio de sua hierarquia ontológica é o Uno, que é ao mesmo tempo o ser, o bem e a Divindade. Do Uno procedem, por *emanação*, todas as coisas. Em primeiro lugar, o *noûs*, o mundo do espírito, das ideias. O *noûs* já supõe uma volta sobre si mesmo, uma reflexão, e, portanto, uma dualidade. Em segundo lugar, a alma, reflexo do *noûs*; Plotino fala de uma "alma do mundo", vivificadora e animadora do mundo todo, e das almas individuais, que guardam um vestígio de sua unidade em seus princípios. Essas almas ocupam uma posição intermediária no mundo, entre o *noûs* e os corpos que informam. E o grau ínfimo do ser é a matéria, que é quase um não ser, o múltiplo, o indeterminado, aquilo que mal é, exceto no último extremo da emanação. A alma deve se libertar da matéria, na qual tem uma série de recaídas mediante as reencarnações que a teoria da transmigração admite. Existe a possibilidade – muito frequente – do *êxtase*, ou seja, do *estar fora de si*, em que a alma se liberta inteiramente da matéria e se une e funde com a Divindade, com o Uno, e se transforma no próprio Uno. Retomando uma ideia de Platão, Plotino concede grande importância à beleza; o belo é a aparência mais visível das ideias, e nisso se manifesta o mundo suprassensível em forma sensível.

O neoplatonismo é panteísta. Não há nele distinção entre Deus e o mundo; este procede do Uno, não por criação – ideia alheia ao pensamento grego –, mas por emanação. Isto é, o *próprio ser* do Uno se difunde e manifesta, se explicita no mundo inteiro, desde *noûs* até a matéria. Plotino emprega metáforas de grande beleza e sentido para explicar essa emanação. Compara o Universo, por exemplo, com uma árvore, cuja raiz é única, e da qual nascem o tronco, os galhos e até as folhas; ou também, de modo ainda mais agudo e profundo, com uma luz, com um foco luminoso, que se esparge e difunde pelo espaço, diminuindo progressivamente, em luta com a treva, até extinguir-se de modo paulatino; o último resplendor, já se apagando entre a sombra, é a matéria. É sempre a mesma luz, a do foco único; mas passa por uma série de gradações em que vai se debilitando e atenuando, do ser pleno ao nada. Percebe-se o parentesco da doutrina neoplatônica com alguns motivos cristãos – talvez por influência do mestre de Plotino, Amônio Sacas; por isso exerceu tamanha influência sobre os Padres da Igreja e sobre os pensadores medievais, sobretudo sobre os místicos. Um grande número dos escritos destes são de inspiração neoplatônica, e esse panteísmo foi um sério risco em que a mística cristã esteve constantemente ameaçada de cair.

Plotino é, a rigor, a primeira mente grega que se atreve a pensar o mundo – sem dúvida sob a pressão das doutrinas cristãs – propriamente como *produzido*, e não simplesmente "fabricado" ou "ordenado". O mundo tem um ser recebido, é produto da Divindade – o Uno; mas o pensamento helênico não é capaz de enfrentar o *nada*; o mundo foi produzido pelo Uno, não *do nada*, mas *de si mesmo*. O ser divino e o do mundo são, em última instância, idênticos. Daí o conceito de *emanação*, a forma concreta do panteísmo neoplatônico, que é, em suma, a tentativa de pensar a criação sem o nada. Esta é a reação característica da mente grega ante a ideia de criação, introduzida pelo pensamento judaico-cristão.

O homem ocupa uma posição intermediária no sistema de Plotino. Está situado entre os deuses e os animais e inclina-se para uns ou para os outros – diz ele; está referido ao superior e pode se elevar até o mais alto. "O homem – acrescenta Plotino – é uma linda criatura, a mais bela possível, e na trama do universo tem um destino melhor que o de todos os outros animais existentes sobre a terra."

Os filósofos neoplatônicos • O neoplatonismo foi cultivado ininterruptamente até o século VI, até o final do mundo antigo. Sua influência penetrou no pensamento dos Padres da Igreja e posteriormente dos escolásticos medievais. Quando se fala das fontes platônicas dos primeiros séculos da Escolástica, deve-se entender que se trata primariamente de fontes neoplatônicas, que constituem um elemento excepcionalmente ativo em toda a filosofia anterior.

Entre os mais importantes continuadores de Plotino estão os seguintes: Porfírio (232-304), seu discípulo mais próximo, que escreveu os livros mais influentes da escola, condensou as doutrinas de Plotino num breve tratado intitulado Ἀφορμαὶ πρὸς τὰ νοητά (*Sentenças sobre os inteligíveis*); escreveu ademais *Isagoge* ou *Introdução às categorias de Aristóteles*, também chamada *Sobre as cinco vozes* (gênero e espécie, diferença, próprio e acidente), obra de enorme sucesso na Idade Média.

Jâmblico, discípulo de Porfírio, morto por volta de 330, era sírio e cultivou especialmente o aspecto religioso do neoplatonismo, com grande prestígio. Também foi um neoplatônico o imperador Juliano, o Apóstata. O último filósofo importante da escola foi Proclo (420-485), de Constantinopla, professor e escritor extremamente ativo, que cultivou todas as formas filosóficas da época; sua obra de conjunto, sistematização pouco original do neoplatonismo, foi a Στοιχείωσις θεολογική (*Elementatio theologica*, como a chamaram os latinos); também escreveu longos comentários sobre Platão, e outros – muito interessantes para a história da matemática helênica – sobre o livro I dos *Elementos*, de Euclides; o prólogo deste comentário é um texto capital para essa história. Entre os pensadores neoplatônicos deve-se também incluir o autor anônimo do século V que até o século XV foi tido por Dionísio Areopagita, primeiro bispo de Atenas, e que costuma ser chamado de Pseudo-Dionísio. Suas obras – *Da hierarquia celestial*, *Da hierarquia eclesiástica*, *Dos nomes divinos*, *Teologia mística* –, traduzidas várias vezes para o latim, tiveram imensa autoridade e influência na Idade Média.

* * *

Com o neoplatonismo termina a filosofia grega. A ela segue-se uma nova etapa filosófica, em que será a mente cristã que enfrentará o problema metafísico. Foi a primeira a existir, e isso é essencial, porque a filosofia recebeu das mãos dos gregos seu caráter e seus modos fundamentais. Toda a filosofia posterior transcorre pelos caminhos abertos pela mente grega. Portanto, a marca da filosofia helênica é, como o grego quis, *para sempre*, εἰς ἀεί. Em sua essência, os modos de pensar da mente ocidental dependem a tal ponto da Grécia que quando se impôs pensar objetos e até realidades diferentes das que a Grécia tematizou foi preciso lutar contra a dificuldade de se libertar dos moldes helênicos de nossa mentalidade.

Desse modo, a filosofia grega tem hoje total atualidade, que é a que corresponde à sua presença rigorosa na nossa.

O cristianismo

CRISTIANISMO E FILOSOFIA

A divisão mais profunda da história da filosofia é marcada pelo cristianismo; as duas grandes etapas do pensamento ocidental estão separadas por ele. Mas seria um erro crer que o cristianismo é uma filosofia; é uma religião, coisa muito distinta: nem sequer se pode falar com rigor de filosofia cristã, se o adjetivo *cristã* definir um caráter da filosofia; podemos chamar de filosofia cristã exclusivamente a *filosofia dos cristãos enquanto tais*, ou seja, a que está determinada pela situação cristã de que o filósofo parte. Nesse sentido, o cristianismo tem um papel decisivo na história da metafísica porque modificou de modo essencial os pressupostos a partir dos quais se move o homem, e, portanto, a situação de que parte para filosofar. É o homem cristão que é outro, e por isso é outra sua filosofia, distinta, por exemplo, da grega[1].

O cristianismo traz uma ideia totalmente nova, que dá sentido à existência do mundo e do homem: a criação. *In principo creavit Deus caelum et terram.* Desta frase inicial do Gênese nasce a filosofia moderna. Vimos como o problema do grego era o movimento: as coisas são problemáticas porque se movem, porque mudam, porque chegam a ser e deixam de ser o que são. O que se opõe ao ser é o *não ser*, o não ser o que se é. Desde o cristianismo, o que ameaça o ser é o *nada*. Para um grego a existência de todas as coisas não constituía questão, e para o cristão é isso o estranho que tem de ser explicado. As coisas poderiam não ser; é sua própria existência que requer justificação, não o

---

1. Cf. meu estudo *La escolástica en su mundo y en el nuestro* (em *Biografía de la filosofía*).

fato de que sejam. "O grego se sente estranho ao mundo pela *variabilidade* deste. O europeu da Era Cristã, por sua nulidade, ou melhor, *niilidade*". "Para o grego o mundo é *algo* que varia; para o homem de nossa era, é um *nada* que pretende ser". "Nessa mudança de horizonte, *ser* irá significar algo *toto coelo* diferente do que significou para a Grécia: para um grego ser é *estar aí*; para o europeu ocidental ser é, em primeiro lugar, *não ser um nada*". "Em certo sentido, portanto, o grego filosofa *desde o ser*, e o europeu ocidental, *desde o nada*" (Zubiri: *Sobre el problema de la filosofía*).

Essa diferença radical separa as duas grandes etapas filosóficas. O problema é formulado de dois modos essencialmente distintos: é *outro* problema. Assim como existem dois mundos, este mundo e o outro, na vida do cristão haverá dois sentidos distintos da palavra *ser*, se é que se pode aplicá-la em ambos os casos: o ser de Deus e o do mundo. O conceito que permite interpretar o ser do mundo *desde o de Deus* é o de *criação*. Temos, por um lado, Deus, o verdadeiro ser, criador; por outro, o ser criado, a criatura, cujo ser é recebido. É a verdade *religiosa* da criação que obriga a interpretar esse ser e coloca o problema *filosófico* do ser criador e do criado, de Deus e da criatura. Desse modo, o cristianismo, que não é filosofia, afeta-a de modo decisivo, e a filosofia que surge da situação radical de homem cristão é a que pode ser chamada, nesse sentido concreto, *filosofia cristã*. Não se trata, portanto, de uma consagração pelo cristianismo de nenhuma filosofia, nem da filiação impossível da religião cristã a nenhuma delas, mas da filosofia que emerge da questão capital com que o cristianismo depara: a de sua própria realidade ante Deus. Num sentido amplo, isso ocorre em toda a filosofia européia posterior à Grécia, e de modo eminente na dos primeiros séculos de nossa era e na filosofia medieval.

I. A PATRÍSTICA

Chama-se patrística à especulação dos Padres da Igreja, nos primeiros séculos do cristianismo. O propósito dos cristãos não é intelectual nem teórico. São João ou São Paulo, apesar da extraordinária profundidade de seus escritos, não tentam fazer filosofia; contudo, é inevitável que a filosofia tenha de se ocupar deles. Contudo, pouco a pouco e de modo crescente, os temas especulativos vão adquirindo um lugar no cristianismo, sobretudo por dois estímulos de índole polêmica: as heresias e a reação intelectual do paganismo. As verdades religiosas são interpretadas, elaboradas, formuladas em dogmas. Os primeiros séculos de nossa era são os da constituição da dogmática cristã. E junto com a interpretação ortodoxa surgem abundantes heresias, que obrigam a uma precisão conceitual maior para discuti-las, rejeitá-las e convencer os fiéis da verdade autêntica. A dogmática vai-se constituindo na esteira da luta contra os numerosos movimentos heréticos. Por outro lado, os pagãos prestam uma tardia atenção à religião de Cristo. No princípio, parecia-lhes uma seita estranha e absurda, que não distinguiam bem do judaísmo, formada por homens quase dementes, que adoravam um Deus morto e em suplício, sobre os quais se contavam as histórias mais surpreendentes e desagradáveis. Quando São Paulo, no Areópago, se dirige aos refinados e curiosos atenienses do século I, que só se interessavam por dizer ou ouvir algo novo, estes o escutavam com atenção e cortesia enquanto lhes falava do *Deus desconhecido* que fora lhes anunciar; mas quando menciona a ressurreição dos mortos, alguns riem e outros dizem que mais uma vez irão escutá-lo falar daquilo, e quase todos o abandonam. É conhecida a quase total ignorância do cristianismo demonstrada por um homem como Tácito. Em seguida, o cristianismo vai adquirindo maior influência, chega às classes mais altas, e o paganismo passa a lhe dar atenção. Começam, então, os ataques intelectuais, dos quais a nova religião tem de se defender do mesmo modo, e para isso tem de lançar mão dos instrumentos mentais que estão a seu alcance: os conceitos filosóficos gregos. Por essa via, o cristianismo, que em muitas de suas figuras de primeira hora mostra uma hostilidade total à razão (o exemplo famoso é Tertuliano), acaba por incorporar a filosofia grega para servir-se dela, apologeticamente, na defesa contra os ataques que de seu ponto de vista lhe são dirigidos.

O cristianismo se vê portanto obrigado, em primeiro lugar, a uma formulação intelectual dos dogmas, e em segundo lugar a uma discussão racional com seus inimigos heréticos ou pagãos. Essa é a origem da especulação patrística, cujo propósito, repito, não é filosófico, e que só com restrições pode ser considerada filosofia.

As fontes filosóficas da patrística • Os Padres da Igreja não dispõem de um sistema definido e rigoroso. Tomam do pensamento helênico os elementos de que necessitam em cada caso e, ademais, é preciso ter em conta que seu conhecimento da filosofia grega é muito parcial e deficiente. Em geral, são ecléticos: escolhem de todas as escolas pagãs o que lhes pareça mais útil para seus fins. Em Clemente de Alexandria (*Stromata*, I, 7) encontra-se uma declaração formal de ecletismo. Mas, desde o começo, a principal fonte de que se nutrem é o neoplatonismo, que irá influir poderosamente na Idade Média, sobretudo até o século XIII, quando sua importância passa a empalidecer ante o prestígio de Aristóteles. Através dos neoplatônicos (Plotino, Porfírio, etc.), conhecem Platão de modo pouco preciso e se esforçam por descobrir nele analogias com o cristianismo; de Aristóteles não sabem muito; os filósofos latinos, Sêneca, Cícero, são mais conhecidos, e neles encontram um repertório de ideias procedentes de toda a filosofia grega.

Os problemas • As questões que mais preocupam os Padres da Igreja são as mais importantes formuladas pelo dogma. Os problemas filosóficos – e isso ocorre também na Idade Média – quase sempre são impostos por uma verdade religiosa, revelada, que exige interpretação racional. A razão serve, portanto, para esclarecer e formular os dogmas, ou para defendê-los. A criação, a relação de Deus com o mundo, o mal, a alma, o destino da existência, o sentido da redenção são problemas capitais da patrística. E ao lado deles, questões estritamente teológicas, como as que se referem à essência de Deus, à trindade de pessoas divinas etc. Por último, em terceiro lugar, aparecem os moralistas cristãos, que irão estabelecer as bases de uma nova ética que, embora utilize conceitos helênicos, funda-se, no essencial, na ideia de pecado, na graça e na relação do homem com seu criador, e culmina na ideia da *salvação*, alheia ao pensamento grego.

Esses problemas são manejados por uma série de mentes, com frequência de primeira ordem, que nem sempre se mantêm na linha da ortodoxia e às vezes caem na heresia. Apresentaremos brevemente os momentos mais importantes da evolução que culmina no pensamento genial de Santo Agostinho: os gnósticos, os apologetas, São Justino e Tertuliano, os alexandrinos (Clemente e Orígenes), os Padres capadócios etc.

Os gnósticos • O principal movimento herético dos primeiros séculos é o gnosticismo. Tem relação com a filosofia grega da última época, em particular com ideias neoplatônicas, e também com o pensamento do judeu helenizado Fílon, que interpretava alegoricamente a Bíblia. O gnosticismo, heresia cristã, também está intimamente vinculado a todo o sincretismo das religiões orientais, tão complexo e intrincado no começo de nossa era. O problema gnóstico é o da realidade do mundo, e mais concretamente do mal. A posição gnóstica é de um dualismo entre o bem (Deus) e o mal (a matéria). O ser divino produz por emanação uma série de *eones*, cuja perfeição vai decrescendo: o mundo é uma etapa intermediária entre o divino e o material. Isso faz com que os momentos essenciais do cristianismo, como a criação do mundo, a redenção do homem, adquiram um caráter natural, como simples momentos da grande luta entre os elementos do dualismo, o divino e a matéria. Uma ideia gnóstica fundamental é a da ἀποκατάστασις πάντων, a *restituição* de todas as coisas a seu próprio lugar. O saber gnóstico não é ciência em sentido usual, e tampouco é revelação, mas uma ciência ou iluminação especial superior, que é a chamada *gnôsis* (γνῶσις). Evidentemente, essas ideias só podem conciliar-se com os textos sagrados cristãos recorrendo à interpretação alegórica muito forçada, e por isso os gnósticos caem na heresia. Em estreita relação com eles há um movimento, chamado *gnose* cristã, que os combate com grande agudeza. A importância do gnosticismo, que chegou a constituir uma espécie de Igreja heterodoxa à margem, foi muito grande, sobretudo até o Concílio de Niceia, em 325.

Os apologetas • Ante os desvios cristãos, e sobretudo ante a polêmica pagã, os apologetas esforçam-se na defesa do cristianismo. Os dois mais importantes são Justino, que sofreu o martírio e foi canonizado, e Tertuliano. Posteriores, e de menor importância, são São Cipriano, Arnóbio e Lactâncio, que viveram do século II ao século IV. Justino é escritor de língua grega, e Tertuliano, latino, da África romanizada, de Cartago, como depois o foi Santo Agostinho. E neles se encontra uma atitude de profunda oposição à cultura grega, e em especial à filosofia.

Justino procedia dela; conheceu-a e a estudou antes de se converter ao cristianismo. E a utiliza para expor a verdade cristã, servindo-se constantemente das ideias helênicas, que tenta harmonizar com a revelação. Há nele, portanto, uma aceitação do pensamento racional dos gentios, que contrasta com a hostilidade de Tertuliano.

Tertuliano (169-220) escreveu vários livros importantes: *Apologeticus*, *De idolatria*, *De anima*. Foi um inimigo fervoroso do gnosticismo e de toda a cultura do paganismo, e mesmo da própria ciência racional. Ao se voltar contra os gnósticos, que usavam os recursos da filosofia, volta-se contra ela. Há uma série de frases famosas de Tertuliano, que afirmam a certeza da revelação fundando-a precisamente em sua incompreensibilidade, em sua impossibilidade racional, e que culminam na expressão que tradicionalmente lhe é atribuída, embora não se encontre em seus escritos: *Credo quia absurdum*. Mas nem esta opinião, rigorosamente entendida, é admissível dentro do cristianismo, nem as doutrinas de Tertuliano, apologeta inflamado, áspero e eloquente, são sempre irrepreensíveis. Por exemplo, as que se referem ao *traducianismo* da alma humana, que procederia, por geração, da dos pais. Essa doutrina pretendia sobretudo explicar a transmissão do pecado original. Contudo, e em meio à sua apaixonada oposição à especulação helênica, Tertuliano lhe deve muito, e seus escritos estão permeados da influência dos filósofos gregos.

Os padres gregos • O gnosticismo foi combatido de modo especialmente inteligente por uma série de Padres de formação e língua grega, desde São Irineu (século II) até o final do século IV. Em São Irineu, um dos primeiros fundadores da dogmática no Oriente, a fé é contraposta à iluminação especial dos gnósticos, a *pístis* à *gnôsis*. O retorno à segurança da tradição revelada, à continuidade da Igreja ameaçada pelo movimento gnóstico é um momento especialmente importante.

Clemente de Alexandria, que morreu no princípio do século III, escreveu os *Stromata*, um livro eclético cheio de ideias filosóficas gregas. Valoriza enormemente a razão e a filosofia; tende a uma compreensão, a uma verdadeira gnose, ainda que cristã, subordinada à fé revelada, que é o critério supremo de verdade, e a filosofia é uma etapa prévia para chegar a esse saber mais elevado que qualquer outro.

Orígenes, discípulo de Clemente, escreveu uma obra fundamental: Περὶ ἀρχῶν, *De principiis*. Viveu de 185 a 254. Também está permeado de influências gregas, mais até que seu mestre; reúne todo o mundo de ideias que fermentavam no século III em Alexandria. Aristóteles, Platão e os estoicos, transmitidos sobretudo por Fílon e os neoplatônicos, são suas fontes. Em Orígenes, a doutrina da *criação* tem uma significação especial, decisiva para toda a filosofia posterior: ele a interpreta rigorosamente como produção do mundo *a partir do nada*, por um ato de livre vontade de Deus. Assim a criação se opõe claramente a qualquer geração ou emanação, e dessa forma marca-se de modo nítido a separação entre o pensamento cristão e o grego. Mas tampouco Orígenes esteve livre da heterodoxia, sempre uma ameaça naqueles primeiros séculos de insuficiente precisão dogmática, em que a Igreja ainda não possuía o corpo doutrinal maduro, que só começará a existir a partir da teologia agostiniana.

Depois de Alexandria, Antioquia e Capadócia são os centros em que mais floresce a teologia do Oriente. Uma série de heresias, especialmente o arianismo, o nestorianismo e o pelagianismo, dão ocasião para uma série de controvérsias, trinitárias, cristológicas e antropológicas, respectivamente. O arianismo foi combatido por São Atanásio, bispo de Alexandria (século IV), e pelos três Padres capadócios, São Gregório de Nissa, seu irmão São Basílio Magno e São Gregório Nazianzo, que tiveram extraordinária importância para a formação da dogmática e da moral cristãs. No Ocidente, Santo Ambrósio, o famoso bispo de Milão.

* * *

No século IV, a Patrística atinge sua plena maturidade. Foi o momento em que as heresias atingiram sua máxima intensidade. As três antes citadas e o grande movimento maniqueísta, que se estende do Oriente ao Ocidente, ameaçam a Igreja. Por outro lado, o pensamento cristão ganhou profundidade e clareza, e ao mesmo tempo vigência social no Império Romano. O mundo antigo está em sua última etapa. Já faz algum tempo que os bárbaros batem em todas as portas do Império; ao longo de suas fronteiras sente-se a pressão dos povos germânicos, que vão se infiltrando lentamente, antes de sua grande irrupção no século V. E, sobretudo, o paganismo deixou de existir; a cultura romana se esgota no comentário e continua se nutrindo, ao cabo dos séculos, de uma filosofia – a grega – que não é capaz de renovar. Nesse momento aparece Santo Agostinho, a plenitude da Patrística, que resume numa personalidade imensa o mundo antigo, ao qual ainda pertence, e a época moderna, que anuncia, e cujo ponto de partida é ele mesmo. Na obra agostiniana resume-se essa passagem decisiva de um mundo a outro.

II. Santo Agostinho

1. *A vida e a pessoa*

Santo Agostinho é uma das figuras mais interessantes de seu tempo, do cristianismo e da filosofia. Sua personalidade originalíssima e rica deixa uma marca profunda em todas as coisas em que põe a mão. A filosofia e a teologia medievais, ou seja, o que se conhece por Escolástica, toda a dogmática cristã, disciplinas inteiras como a filosofia do espírito e a filosofia da história, ostentam a marca inconfundível que lhes imprimiu. Mais ainda: o espírito cristão e o da modernidade foram decisivamente influenciados por Santo Agostinho; e tanto a Reforma como a Contrarreforma recorreram de modo particular às fontes agostinianas.

Santo Agostinho é um africano. Não nos esqueçamos disso. Africano como Tertuliano, filho daquela África romanizada e cristianizada do século IV, semeada de heresias, onde convivem forças religiosas diversas, animadas por uma paixão extraordinária. Nasce em Tagaste, na Numídia, perto de Cartago, em 354. Em sua ascendência encontram-se duas influências bem distintas: seu pai, Patrício, magistrado pagão, batizado apenas ao morrer, homem violento e iracundo, de inflamada sensualidade, que tanto viria a perturbar Agostinho; sua mãe, Mônica, canonizada depois pela Igreja, mulher de grande virtude e profundo espírito cristão. Agostinho, que amou apaixonadamente sua mãe, teve de se debater entre os impulsos de sua dupla herança.

Muito jovem, Aurélio Agostinho fez seus primeiros estudos em Tagaste, em Madaura e depois, aos dezesseis anos, vai para Cartago.

Nessa época apaixona-se por uma mulher, e dela nasce seu filho Adeodato. Também nessa época Agostinho encontra pela primeira vez a revelação filosófica, ao ler o *Hortensio*, de Cícero, que lhe causou uma impressão muito forte. Desde então tomou consciência do problema filosófico, e o afã da verdade não mais o abandonaria até a morte. Busca a Escritura, mas lhe parece pueril, e a soberbia frustra esse primeiro contato com o cristianismo. Então vai buscar a verdade na seita maniqueísta.

Manes nasceu na Babilônia no começo do século III e pregou sua fé pela Pérsia e por quase toda a Ásia, até à Índia e a China. De volta à Pérsia, foi preso e morreu em suplício. Mas sua influência também se estendeu pelo Ocidente e foi um grave problema para o cristianismo até meados da Idade Média. O maniqueísmo contém muitos elementos cristãos e das diversas heresias, alguns elementos budistas, influências gnósticas e, sobretudo, ideias fundamentais do masdeísmo, da religião persa de Zoroastro. Seu ponto de partida é o dualismo irredutível do bem e do mal, da luz e das trevas, de Deus e do diabo, em suma. A vida inteira é uma luta entre os dois princípios inconciliáveis. Santo Agostinho acudiu ao maniqueísmo cheio de entusiasmo.

Em Cartago leciona retórica e eloquência e se dedica à astrologia e à filosofia. Depois vai para Roma, e dali para Milão onde sua mãe vai encontrá-lo. Em Milão conhece o grande bispo Santo Ambrósio, teólogo e orador, a quem escuta assiduamente, e que tanto contribuiu para sua conversão. Descobre então a superioridade da Escritura e, ainda não sendo católico, afasta-se da seita de Manes; por último, ingressa na Igreja como catecúmeno. A partir daí vai se aproximando cada vez mais do cristianismo; estuda São Paulo e os neoplatônicos, e o ano de 386 é para ele uma data decisiva. Num jardim milanês, tem uma crise de choro e de desagrado consigo mesmo, de arrependimento e angústia, até que escuta uma voz infantil que lhe ordena: "*Tolle, lege*", toma e lê. Agostinho apanha o Novo Testamento e ao abri-lo lê um versículo da Epístola aos Romanos que alude à vida de Cristo ante os apetites da carne. Sente-se transformado e livre, cheio de luz; o obstáculo da sensualidade desaparece nele. Agostinho já é totalmente cristão.

A partir desse momento sua vida é outra, e ele se dedica integralmente a Deus e a sua atividade religiosa e teológica. Sua história passa a se confundir com suas obras e seu trabalho evangélico. Retira-se por uma temporada numa propriedade rural, com sua mãe, seu filho e alguns discípulos, e dessa estada procedem alguns de seus escritos mais interessantes. Em seguida é batizado por Santo Ambrósio e se dispõe a voltar para a África. Antes de sair da Itália, Agostinho perde a mãe, e chora angustiadamente; dois anos depois, já em Cartago, morre o filho. Em seguida é ordenado sacerdote em Hipona e mais tarde consagrado bispo desta mesma cidade. Sua atividade é extraordinária, e junto com o exemplo fervoroso de sua alma cristã vão surgindo suas obras. Em agosto de 430 Santo Agostinho morre em Hipona.

Obras • A produção agostiniana é copiosíssima, de alcance e valor desiguais. As obras mais importantes são as referentes à dogmática e à teologia, e as que expõem seu pensamento filosófico. Sobretudo, as seguintes:

Os treze livros das *Confissões*, um livro autobiográfico em que Agostinho conta, com uma intimidade desconhecida no mundo antigo, sua vida até o ano de 387, e ao mesmo tempo mostra sua formação intelectual e as etapas por que sua alma passou até chegar à verdade cristã, que ilumina sua vida inteira, confessando-a perante Deus. É um livro sem equivalente na literatura, de altíssimo interesse filosófico.

A outra obra máxima de Santo Agostinho é a intitulada *De civitate Dei*, a cidade de Deus. É a primeira filosofia da história, e sua influência perdurou até Bossuet e Hegel.

Ao lado dessas duas obras podemos incluir os três diálogos que se seguiram a sua conversão, *De beata vita*, *Contra academicos* e *De ordine*. Além desses, os *Soliloquia*, o *De Trinitate* etc.

Santo Agostinho recolhe uma série de doutrinas helênicas, sobretudo neoplatônicas, de Plotino e Porfírio; conhece pouco Platão e Aristóteles e somente por via indireta; tem um conhecimento bem maior dos estoicos, epicuristas, acadêmicos e, sobretudo, de Cícero. Esse importantíssimo patrimônio da filosofia grega passa para o cristianismo e para a Idade Média através de Santo Agostinho. Mas ele geralmente adapta as contribuições dos gregos às necessidades filosóficas da dogmática cristã; é o primeiro momento em que a filosofia grega como tal vai entrar em contato com o cristianismo. Graças a esse trabalho, a fixação dos dogmas dá um passo gigantesco, e Santo Agostinho se torna o mais importante dos Padres da Igreja latina. Sua obra filosófica é uma das principais fontes em que se abeberou a metafísica posterior, e dela nos ocuparemos de forma minuciosa.

2. *A filosofia*

A formulação do problema • O conteúdo da filosofia agostiniana se expressa do modo mais radical nos *Solilóquios*: *Deum et animam scire cupio. Nihilne plus? Nihil omnino.* Quero saber de Deus e da alma. Nada mais? Nada mais em absoluto. Ou seja, há apenas dois temas na filosofia agostiniana: Deus e a alma. O centro da especulação será Deus, de onde brota seu trabalho metafísico e teológico; por outro lado, Santo Agostinho, o homem da intimidade e da confissão, nos legará a filosofia do espírito; e, por último, a relação desse espírito, que vive no mundo, com Deus o levará à ideia da *civitas Dei*, e com ela à filosofia da história. Estas são as três grandes contribuições de Santo Agostinho à filosofia e a tríplice raiz de seu problema.

Deus • Esse caráter do pensamento agostiniano tem importantes consequências; uma delas, a de pôr o amor, a caridade em primeiro plano na vida *intelectual* do homem. O conhecimento não se dá sem amor. *Si sapientia Deus est* – escreve em *De civitate Dei* –, *verus philosophus est amator Dei*. E de forma ainda mais clara afirma: *Non intratur in veritatem nisi per caritatem*. Não se entra na verdade senão pela caridade. Por isso, o que move a própria raiz de seu pensamento é a religião, e é esta que põe em movimento sua filosofia. De Agostinho provém a ideia da *fides quaerens intellectum*, a fé que busca a compreensão, e o princípio *credo ut intelligam*, creio para entender, que terão repercussões tão profundas na Escolástica, sobretudo em Santo Anselmo e Santo Tomás. Os problemas da relação entre fé e ciência, entre religião e teologia já estão formulados em Santo Agostinho.

Santo Agostinho recolhe o pensamento platônico, mas com importantes alterações. Em Platão, o ponto de partida são as *coisas*; Santo Agostinho, em contrapartida, apoia-se sobretudo na *alma* como realidade íntima, no que chama de o *homem interior*. Por isso a dialética agostiniana para buscar Deus é confissão. Santo Agostinho conta sua vida. A alma se eleva dos corpos a ela mesma, depois à razão e, por último, à luz que a ilumina, a Deus ele mesmo. Chega-se a Deus desde a realidade criada, e sobretudo desde a intimidade do homem.

Como o homem é a imagem de Deus, encontra-o, como num espelho, na intimidade de sua alma; afastar-se de Deus é como extrair as próprias entranhas, esvaziar-se e ser cada vez menos; quando o homem, em troca, entra em si mesmo, descobre a Divindade. Mas é apenas mediante uma iluminação *sobrenatural* que o homem pode conhecer Deus de modo direto.

Segundo a doutrina de Santo Agostinho, Deus criou o mundo a partir do nada, ou seja, não a partir de seu próprio ser, e livremente. Também incorpora a teoria platônica das *ideias*. No sistema agostiniano, contudo, estas estão alojadas na mente divina: são os modelos exemplares, segundo os quais Deus criou as coisas por uma decisão de sua vontade.

A alma • A alma tem um papel importantíssimo na filosofia agostiniana. O mais interessante não é sua doutrina sobre ela, mas, sobretudo, o fato de que nos põe em contato com sua peculiar realidade, como ninguém fizera antes dele. A análise íntima de sua própria alma, que constitui o tema das *Confissões*, é de imenso valor para o conhecimento interior do homem. Por exemplo, a contribuição de Santo Agostinho para o problema da experiência da morte.

A alma é espiritual. O caráter do espiritual não é simplesmente negativo, ou seja, a imaterialidade, mas algo positivo: a faculdade de *entrar em si mesmo*. O espírito tem um *dentro*, um *chez soi*, em que pode se recluir, privilégio que não compartilha com nenhuma outra realidade. Santo Agostinho é o homem da interioridade: *Noli foras ire, in te redi, in interiore homine habitat veritas*, escreve em *De vera religione*.

O homem, que é simultaneamente racional – como o anjo – e mortal – como animal –, ocupa um lugar intermediário. Mas, sobretudo, é imagem de Deus, *imago Dei*, por ser uma mente, um espírito. Na triplicidade das faculdades da alma, memória, inteligência e vontade ou amor, Santo Agostinho descobre um vestígio da Trindade. A unidade da pessoa, que *tem* essas três faculdades intimamente entrelaçadas, mas não é nenhuma delas, é a do *eu*, que recorda, entende e ama, com perfeita distinção, mas mantendo a unidade da vida, da mente e da essência.

Santo Agostinho afirma – com fórmulas análogas à do *cogito* cartesiano, embora distintas por seu sentido profundo e seu alcance filosófico – a evidência íntima do eu, alheio a qualquer possível dúvida, diferentemente do testemunho dubitável dos sentidos corporais e do pensamento sobre as coisas. "Nestas verdades, não é preciso temer – diz (*De civitate Dei*, XI, 26) – os argumentos dos acadêmicos, que dizem: E se estiveres enganado? Pois se me engano, sou. Pois o que não existe, na verdade nem se enganar pode; por isso existo se me engano. E já que existo se me engano, como posso me enganar sobre o fato de que existo, quando é certo que existo se me engano? Portanto, como eu, o enganado, existiria mesmo se me enganasse, sem dúvida não me engano ao conhecer que existo."

A alma, que por sua razão natural ou *ratio inferior* conhece as coisas, a si mesma e, indiretamente, Deus, refletido nas criaturas, pode receber uma iluminação sobrenatural de Deus e mediante essa *ratio superior* elevar-se ao conhecimento das coisas eternas.

Qual a origem da alma? Santo Agostinho fica um tanto perplexo ante esta questão. Hesita, e com ele toda a Patrística e a primeira parte da Idade Média, entre o generacionismo ou traducianismo e o criacionismo. A alma também é engendrada pelas almas dos pais, ou é criada por Deus por ocasião da concepção do corpo? A doutrina do pecado original, que lhe parece mais compreensível se a alma do filho procede diretamente dos pais, como o corpo, leva-o a se inclinar para o generacionismo; mas ao mesmo tempo sente a fraqueza dessa teoria e não rejeita a solução criacionista.

O homem no mundo • O problema moral em Santo Agostinho aparece intimamente relacionado com as questões teológicas da natureza e da graça, da predestinação e da liberdade da vontade humana, do pecado e da redenção, em cujos detalhes não podemos entrar aqui. No entanto, deve-se notar que todo esse complexo de problemas teológicos exerceu grande influência no desenvolvimento posterior da ética cristã. Por outro lado, os escritos agostinianos, exagerados e desviados de seu sentido próprio, foram amplamente utilizados pela Reforma no século XVI – não esqueçamos que Lutero era um monge agostiniano –, e desse modo uma raiz agostiniana persiste na ética moderna de filiação protestante.

Para Santo Agostinho, do mesmo modo que o homem tem uma luz natural que lhe permite conhecer, tem uma *consciência moral*. A *lei eterna* divina, a que tudo está submetido, ilumina nossa inteligência, e seus imperativos constituem a *lei natural*. É como uma transcrição da lei divina em nossa alma. Tudo deve estar sujeito a uma *ordem* perfeita: *ut omnia sint ordenatissima*. Mas não basta o homem *conhecer a lei*; é preciso também que a *queira*; aqui aparece o problema da vontade.

A alma tem um peso que a move e a conduz, e este peso é o amor: *pondus meum amor meus*. O amor é ativo, e é ele que, em última instância, determina e qualifica a vontade: *recta itaque voluntas est bonus amor et voluntas perversa malus amor*. O amor bom, isto é, a caridade em seu sentido mais próprio, é o ponto central da ética agostiniana. Por isso sua expressão mais densa e concisa é o famoso imperativo *ama e faz o que quiseres* (*Dilige, et quod vis fac*).

Como a ética, também a filosofia do Estado e da história depende de Deus em Santo Agostinho. Vive em dias críticos para o Império. A estrutura política do mundo antigo está se transformando de modo acelerado para dar lugar a outra. A pressão dos bárbaros é cada dia maior. Alarico chega a ocupar Roma. O cristianismo já penetrara profundamente na sociedade romana, e os pagãos atribuíam as desventuras que ocorriam ao abandono dos deuses e ao cristianismo; já Tertuliano tivera de desmentir essas acusações; e nesse mesmo sentido Santo Agostinho empreendeu uma enorme obra apologética, na qual expõe todo o sentido da história: *A cidade de Deus*.

A ideia central de Agostinho é que toda a história humana é uma luta entre dois reinos, o de Deus e o do Mundo, entre a *civitas Dei* e a *civitas terrena*. O Estado, que tem suas raízes em princípios profundos da natureza humana, está encarregado de velar pelas coisas temporais: o bem-estar, a paz, a justiça. Isso faz com que o Estado tenha também uma significação divina. Toda autoridade vem de Deus, ensina Santo Agostinho, seguindo São Paulo. E, portanto, os valores religiosos não são alheios ao Estado, e este tem de estar impregnado dos princípios cristãos. Ao mesmo tempo tem de prestar apoio à Igreja com seu poder, para que esta possa realizar plenamente sua missão. Como a ética, em Santo Agostinho a política não pode ser separada da consciência de que o fim último do homem não é terreno, e sim descobrir Deus na verdade que reside no interior da criatura humana.

3. *A significação de Santo Agostinho*

Santo Agostinho – como já foi dito – é o último homem antigo e o primeiro homem moderno. É um filho daquela África romanizada, penetrada pela cultura greco-romana, há muito transformada em província imperial. Seu século vê um mundo em crise, ameaçado por todos os lados, mas que ainda subsiste. O horizonte social e político que encontra é o Império Romano, a criação máxima da história antiga. As fontes intelectuais que alimentam Santo Agostinho são em sua maioria de origem helênica. Portanto, a antiguidade nutre o pensamento agostiniano.

Mas não é só isso. Essa influência é mais profunda porque Agostinho não é cristão desde o princípio; sua primeira visão da filosofia lhe chega de uma fonte claramente gentílica, como é Cícero, um dos homens mais representativos do modo de ser do homem antigo. O cristianismo tarda em conquistar Agostinho: *Sero te amavi, pulchritudo tan antiqua et tam nova!*, exclama Santo Agostinho nas *Confissões*.

Segundo Ortega, "Santo Agostinho, que permanecera por muito tempo imerso no paganismo, que vira o mundo em grande medida pelos olhos 'antigos' não podia evitar uma profunda estima por esses valores animais da Grécia e de Roma. À luz de sua nova fé, aquela existência sem Deus tinha de lhe parecer nula e vazia. Não obstante, era tal a evidência com que ante sua intuição se afirmava a graça vital do paganismo, que costumava expressar sua estima com uma frase equívoca: *Virtutes ethnicorum splendida vitia* – 'As virtudes dos pagãos são vícios esplêndidos'. Vícios? Então são valores negativos. Esplêndidos? Então são valores positivos"[1]. Esta é a situação em que se encontra Santo Agostinho. Vê o mundo com olhos pagãos e entende em sua plenitude a maravilha do mundo antigo. Mas, desde o cristianismo, parece-lhe que tudo isso, sem Deus, é um puro nada e um mal. O mundo – e com ele a cultura clássica – tem um enorme valor; mas é preciso entendê-lo e vivê-lo desde Deus. Só assim pode ser estimado aos olhos de um cristão.

Mas esse homem fronteiriço que é Santo Agostinho, que vive no limite entre dois mundos distintos, não só conhece e abarca os dois, como chega ao mais profundo e original de ambos. É talvez a mente antiga que melhor compreende a significação total do Império e da história romanos. Por outro lado, Santo Agostinho representa um dos exemplos máximos de realização da ideia do cristianismo, um dos três ou quatro modos supremos de tradução do homem novo. Toda a Escolástica, apesar de suas figuras eminentes, vai depender essencialmente de Santo Agostinho. O último homem antigo é o começo da grande etapa medieval da Europa.

E Santo Agostinho mostra também algo característico, não só do cristianismo, mas da época moderna: a intimidade. Vimos que seu centro é o homem interior. Pede ao homem que entre na interioridade de sua mente para encontrar-se a si mesmo e, consigo, Deus. É a grande lição que será aprendida primeiro por Santo Anselmo, e com ele por toda a mística de Ocidente. Em contraste com a dispersão no externo própria do homem antigo, homem de ágora e foro, Santo Agostinho se encontra com regozijo na interioridade de seu próprio eu. E isso o leva à afirmação do eu como critério supremo de certeza, numa fórmula próxima do *cogito* cartesiano, embora pensada a partir de outros pressupostos: *Omnis qui se dubitatem intelligit, verum intelligit, et de hac re quam intellit, certus est.*

---

1. Ortega acrescenta a seguinte nota: "Como é sabido, esta fórmula, desde sempre atribuída a Santo Agostinho, não se encontra em suas obras; mas toda sua produção a parafraseia. Cf. Mausbach: *Die Ethik Augustinus.*"

Santo Agostinho conseguiu possuir, como ninguém em seu tempo, o que viria a constituir a própria essência de outro modo de ser; daí sua incomparável fecundidade. As *confissões* são a primeira tentativa do homem de se aproximar de si mesmo. Até o idealismo, até o século XVII, não se chegará a nada semelhante. E nesse momento, quando, com Descartes, o homem moderno se voltar para si mesmo e ficar a sós com seu eu, Santo Agostinho adquirirá de novo uma profunda influência.

Santo Agostinho determinou uma das duas grandes direções do cristianismo, a da interioridade, e fez com que chegasse a seus últimos extremos. A outra direção ficou nas mãos dos teólogos gregos e, por isso, na Igreja do Oriente. Isso decidiu em boa medida a história da Europa, que desde seu nascimento traz a marca do pensamento agostiniano.

Filosofia medieval

I. A ESCOLÁSTICA

1. A época de transição

O mundo antigo termina aproximadamente no século V. Restringindo-nos apenas à história do pensamento, podemos considerar como data terminal a morte de Santo Agostinho (430). Considera-se que a Idade Média acaba no século XV, e o limite é dado com frequência pelo ano de 1453, em que o Império Bizantino cai em poder dos turcos. Pois bem: são dez séculos de história, e isso é demais para ser tomado como *uma* época; num espaço tão longo há grandes variações, e uma exposição unitária da filosofia medieval tem necessariamente de desconsiderar grandes diferenças.

Em primeiro lugar, há uma grande lacuna de quatro séculos, do V ao IX, em que não há propriamente filosofia. O mundo se altera radicalmente com a queda do Império Romano. À grande unidade política da antiguidade segue-se o fracionamento; ondas de povos bárbaros invadem a Europa e cobrem-na quase totalmente; constituem-se reinos bárbaros nas diversas regiões do Império, e a cultura clássica fica enterrada. Não se costuma reparar o suficiente numa importante consequência das invasões germânicas: o isolamento. À comunidade dos distintos povos do império opõe-se a separação dos Estados bárbaros. Visigodos, suevos, ostrogodos, francos formam diversas comunidades políticas desconexas, que levarão muito tempo para adquirir vínculos comuns; quando isso ocorrer – conquanto se acredite na volta do Império do Ocidente –, será a formação de algo novo, que se chamará Europa. Portanto, os elementos da cultura antiga ficam quase perdidos e, sobretudo, *dispersos*. Não foram tão destruídos como se costuma pensar; a prova é que pouco a pouco vão reaparecendo. Mas o que resta *em cada lugar* é muito escasso. E surge então um problema: salvar o que se encontra, conservar os restos da cultura em naufrágio. É essa a missão dos intelectuais desses quatro séculos; seu trabalho não é nem pode ser de criação, mas apenas de recopilação. Paralelamente na Espanha, na França, na Itália, na Alemanha, na Inglaterra, alguns homens vão recolher com cuidado o que se sabe da antiguidade e reuni-lo em livros de tipo enciclopédico, nada originais, puros repertórios do saber greco-latino. Esses homens salvarão a continuidade da história ocidental e preencherão com o trabalho paciente o vazio desses séculos de fermentação histórica, para que possa surgir mais tarde a nova comunidade europeia.

A figura central desse tempo é São Isidoro de Sevilha, que viveu entre os séculos VI e VII (aproximadamente de 570 a 646). Além de outras obras secundárias de interesse teológico ou histórico, compôs os 20 livros de suas *Etimologias*, verdadeira enciclopédia de seu tempo, que não se limita às sete artes liberais, mas abarca todos os conhecimentos religiosos, históricos, científicos, médicos, técnicos e de simples informação que pôde compilar. A contribuição dessa grande personalidade da Espanha visigoda para o fundo comum do saber medieval é das mais consideráveis em sua época.

Na Itália, o pensador mais importante desse período é Boécio, conselheiro do rei ostrogodo Teodorico, que no final o encarcerou e mandou decapitá-lo em 525. Durante o tempo de sua prisão compôs um livro famosíssimo, em prosa e verso, intitulado *De consolatione philosophiae*. Também traduziu para o latim *Isagoge*, de Porfírio, e alguns tratados lógicos aristotélicos, e escreveu monografias sobre lógica, matemáticas e música, e alguns tratados teológicos (*De trinitate, De duabus naturis in Christo, De hebdomadibus*), cujo principal interesse consiste nas definições, utilizadas durante séculos pela filosofia e pela teologia posteriores. Marciano Capella, que viveu no século V, embora originário de Cartago, trabalhou em Roma. Escreveu um tratado intitulado *As núpcias de Mercúrio e da Filologia*, estranha enciclopédia onde são sistematizados os estudos que viriam a predominar na Idade Média:

o *trivium* (gramática, retórica e dialética) e o *quadrivium* (aritmética, geometria, astronomia e música), que juntos compõem as sete artes liberais. Também é importante Cassiodoro, ministro de Teodorico, assim como Boécio.

Na Inglaterra foram preservados importantes núcleos onde a cultura básica ficou protegida, uma vez que as Ilhas Britânicas foram menos afetadas pelos invasores. Na Irlanda sobretudo havia conventos onde perdurava o conhecimento do grego, quase perdido em todo o Ocidente. A figura de maior destaque nesses círculos foi Beda, o Venerável (hoje São Beda), monge de Jarrow (Northumberland), que viveu um século depois de São Isidoro (673-735). Sua obra mais importante, com a qual se inicia a história inglesa, é a *Historia ecclesiastica gentis Anglorum*; também compôs outros tratados, sobretudo o *De natura rerum*, de inspiração isidoriana. Da escola de York, na Inglaterra, procedia Alcuíno (730-804, aproximadamente), que lecionou durante vários anos na corte de Carlos Magno e foi um dos propulsores do renascimento intelectual carolíngio, de origem principalmente inglesa.

O discípulo mais importante de Alcuíno foi Rábano Mauro (Rhabanus Maurus), que fundou a escola de Fulda, na Alemanha, onde também surgiram outros centros intelectuais em Münster, Salzburgo etc.

Em toda essa época de transição, o saber antigo dos escritores pagãos e o dos Padres da Igreja é conservado sem rigor intelectual, desordenadamente e sem distinção de disciplinas, e menos ainda num corpo de doutrinas sistemático e congruente. É só uma etapa de acumulação, que prepara o ingente trabalho especulativo dos séculos posteriores.

2. *O caráter da Escolástica*

A partir do século IX aparecem, como consequência do renascimento carolíngio, as *escolas*. E um certo saber, cultivado nelas, que virá a se chamar *Escolástica*. Esse saber, diferentemente das sete artes liberais, o do *Trivium* e do *Quadrivium*, é principalmente teológico e filosófico. O trabalho da escola é coletivo; é uma tarefa de cooperação, em estreita relação com a organização eclesiástica, que assegura uma especial continuidade do pensamento. Na Escolástica, sobretudo do século XI ao XV, existe um corpo unitário de doutrina conservado como um *bem comum*, para o qual colaboram os diversos pensadores individuais que também o utilizam. Como em todas as esferas da vida medieval, na Escolástica a personalidade do indivíduo não tem muito destaque. Assim como as catedrais são imensas obras anônimas ou quase isso, resultado de um grande trabalho coletivo de gerações inteiras, também o pensamento medieval vai sendo tecido sem descontinuidade, sobre um fundo comum, até o final da Idade Média. Por isso o sentido moderno de originalidade não se aplica propriamente à Escolástica. É frequente um escritor utilizar com total naturalidade um material recebido e que não se pode atribuir a ele irrefletidamente, sem risco de errar. Mas isso não quer dizer de forma nenhuma que a Escolástica seja algo homogêneo ou que nela não existam personalidades eminentes. Pelo contrário: nesses séculos medievais encontramos algumas das mentes mais profundas e perspicazes de toda a história da filosofia; e o pensamento medieval, que é de uma riqueza e variedade surpreendentes, experimenta ao longo desse tempo uma nítida evolução bastante radical, que tentaremos perceber com clareza. O volume de produções da Escolástica é tão grande que teremos de nos limitar a indicar as grandes etapas dos problemas e a resenhar brevemente a significação dos filósofos medievais de maior influência na filosofia.

A forma externa • Os gêneros literários escolásticos correspondem às circunstâncias em que se desenvolveram; mantêm uma estreita relação com a vida docente, com a vida da escola, primeiro, e depois das Universidades. O ensino escolástico se dá, em primeiro lugar, a partir de textos que são lidos e comentados; por isso se fala de *lectiones*; esses textos são às vezes os da própria Escritura, mas com frequência são obras de Padres da Igreja, de teólogos ou de filósofos antigos ou medievais. O *Liber Sententiarum* de Pedro Lombardo (séc. XII) foi lido e comentado com insistência. Ao mesmo tempo, a realidade viva da escola provoca as *disputationes*, em que se debatem questões importantes – no final da Idade Média também as que não o são –, e os participantes exercitam a argumentação e a demonstração.

A ESCOLÁSTICA

Dessa atividade nascem os gêneros literários. Antes de tudo, os Comentários (*Commentaria*) aos diferentes livros estudados; em segundo lugar, as *Quaestiones*, grandes repertórios de problemas discutidos, com suas autoridades, argumentos e soluções (*Quaestiones disputatae, Quaestiones quodlibetales*); quando as questões são tratadas separadamente, em obras breves independentes, são chamadas *Opuscula*; por último, as grandes sínteses doutrinais da Idade Média, em que se resume o conteúdo geral da Escolástica, ou seja, as *Summae*, sobretudo as de Santo Tomás, e em especial a *Summa Theologiae*. Estas são as principais formas em que se expressa o pensamento dos escolásticos.

Filosofia e teologia • Em que consiste o conteúdo da Escolástica? É filosofia? É teologia? São as duas coisas, ou uma terceira? A resposta a essas perguntas não é clara à primeira vista. A Escolástica é por certo teologia; sobre isso não cabe dúvida. Mas, por outro lado, se há uma filosofia medieval, não é menos certo que esta se encontra de modo eminente nas obras escolásticas, o que leva necessariamente a pensar que ambas, teologia e filosofia, coexistem; que, junto com a teologia escolástica, há uma *filosofia escolástica*; e em seguida surge o problema da relação entre ambas, que se costuma tentar resolver recorrendo à ideia de subordinação e recordando a velha frase: *philosophia ancilla theologiae*; a filosofia seria uma disciplina auxiliar, subordinada, da qual a teologia se serviria para seus fins próprios. Esse esquema é simples e aparentemente satisfatório, mas apenas aparentemente. A filosofia não é, nem pode ser, uma ciência subordinada, que sirva para que se faça algo com ela; como já sabia Aristóteles, a filosofia não serve para nada, e todas as ciências são mais necessárias que ela, embora nenhuma seja superior (*Metafísica*, I, 2). Por outro lado, de fato não é certo que na Idade Média tenha havido uma filosofia alheia à teologia, da qual esta possa fazer uso. A verdade é com efeito outra.

Os problemas da Escolástica, como, antes, os da Patrística, são antes de tudo problemas teológicos, ou mesmo simplesmente dogmáticos, de formulação e interpretação do dogma, às vezes de explicação racional ou até mesmo de demonstração. E esses problemas *teológicos* suscitam novas questões, que são, por sua vez, *filosóficas*. Imaginemos, por exemplo, o dogma da Eucaristia: trata-se de algo religioso, que em si mesmo nada tem a ver com a filosofia; mas se quisermos compreendê-lo de algum modo, recorreremos ao conceito de transubstanciação, que é um conceito estritamente filosófico; essa ideia nos introduz num mundo distinto, o da metafísica aristotélica, e dentro da teoria filosófica da substância se coloca a questão de como é possível a transmutação em que consiste a Eucaristia. O dogma da criação nos força, igualmente, a levantar o problema do ser e nos coloca de novo na metafísica, e assim por diante nos outros casos. A Escolástica trata, portanto, de problemas filosóficos, que surgem *por ocasião* de questões religiosas e teológicas. Mas não se trata de uma aplicação instrumental, e sim de que o horizonte em que esses problemas são formulados está determinado de modo rigoroso pela situação efetiva de onde brotam. A filosofia medieval é essencialmente distinta da grega, antes de tudo porque suas perguntas são outras e feitas a partir de outros pressupostos; o exemplo máximo é o problema da criação, que transforma de modo radical a grande questão ontológica e faz com que a filosofia cristã dê lugar a uma nova etapa em relação à do mundo antigo. Trata-se, a todo o momento, do complexo teologia-filosofia que é a Escolástica, numa peculiar unidade, que corresponde à atitude vital do homem cristão e teórico de onde emerge a especulação. É o lema de Santo Anselmo, *fides quaerens intellectum*, mas com o cuidado de sublinhar tanto o momento da *fides* como o do *intellectus*, na unidade fundamental do *quaerere*. Nessa busca articulam-se os dois pólos entre os quais a Escolástica medieval vai se mover[1].

Examinaremos brevemente os três problemas centrais da filosofia da Idade Média, isto é, o da criação, o dos universais e o da razão. Na evolução dos três, que avança de forma paralela, concentra-se toda a história do pensamento medieval e também o da época em sua totalidade.

---

1. Cf. meu estudo *La escolástica en su mundo y en el nuestro* (em *Biografía de la Filosofía*).

II. Os grandes temas da Idade Média

1. *A criação*

Vimos que o cristão parte de uma posição essencialmente distinta da grega, ou seja, da *niilidade do mundo*. Em outras palavras, o mundo é contingente, não necessário; não tem em si sua razão de ser, mas a recebe de outro, que é Deus. O mundo é um *ens ab alio*, diferentemente do *ens a se* divino. Deus é criador, e o mundo, criado: dois modos de ser profundamente distintos e talvez irredutíveis. A criação é, portanto, o primeiro problema metafísico da Idade Média, do qual derivam, em suma, todos os demais.

A criação não deve ser confundida com o que os gregos chamam de gênese ou geração. A geração é um modo do movimento, o movimento substancial; este pressupõe um sujeito, um ente que se move e passa *de* um princípio *a* um fim. O carpinteiro que faz uma mesa a faz de madeira, e a madeira é o sujeito do movimento. Na criação isso não ocorre: não há sujeito. Deus não fabrica ou faz o mundo com uma matéria prévia, mas o *cria*, o põe na existência. A criação é criação a partir *do nada*; segundo a expressão escolástica, *creatio ex nihilo*; de modo mais explícito, *ex nihilo sui et subjecti*. Mas um princípio da filosofia medieval é que *ex nihilo nihil fit*, do nada nada se faz, o que pareceria significar que a criação é impossível, que do nada não pode resultar o ser, e seria a fórmula do panteísmo; mas o sentido com que essa frase é empregada na Idade Média é de que do nada nada pode ser feito *sem a intervenção de Deus*, ou seja, justamente, *sem a criação*.

Isso abre um abismo metafísico entre Deus e o mundo que o grego não conheceu; por isso aparece agora uma nova questão que afeta o próprio ser: pode se aplicar a mesma palavra *ser* a Deus e às criaturas? Não é um equívoco? Pode-se, no máximo, falar de uma nova analogia do ente, num sentido muito mais profundo que o aristotélico. Chegou-se a negar que o ser corresponda a Deus; o ser seria uma coisa criada, distinta de seu criador, que estaria além do ser. *Prima rerum creatarum est esse*, diziam os platonizantes medievais (ver Zubiri: *En torno al problema de Dios*). Vemos, portanto, como a ideia de criação, de origem religiosa, afeta em sua raiz mais profunda a *ontologia* medieval.

Essa criação poderia ser *ab aeterno* ou no tempo. As opiniões dos escolásticos estão divididas, não tanto quanto à verdade dogmática de que a criação aconteceu no tempo, como acerca da possibilidade de demonstrá-lo racionalmente. Santo Tomás considera que a criação é demonstrável, mas não sua temporalidade, conhecida tão somente por revelação; e a ideia de uma criação desde a eternidade não é contraditória, pois o ser criado só quer dizer que seu ser é recebido de Deus, que é *ab alio*, independentemente da relação com o tempo.

Mas uma nova questão se coloca, que é a relação de Deus com o mundo já criado. O mundo não se basta a si mesmo para ser, não tem razão de ser suficiente; está sustentado por Deus na existência para não cair no nada; é preciso, pois, além da criação, a *conservação*. A ação de Deus em relação ao mundo é constante; tem de continuar fazendo com que exista a cada momento, e isso equivale a uma *criação continuada*. Portanto, o mundo necessita sempre de Deus e é constitutivamente necessitado e insuficiente. É isso o que pensa a Escolástica dos primeiros séculos. O fundamento ontológico do mundo se encontra em Deus, não só em sua origem, mas de modo atual. No nominalismo dos séculos XIV e XV, contudo, essa convicção vacila. Pensa-se então que não é necessária a criação continuada, que o mundo não necessita ser conservado. Continua-se pensando que é um *ens ab alio*, que não se basta a si mesmo, que recebeu sua existência das mãos de seu criador; mas acredita-se que esse ser que Deus lhe dá ao criá-lo lhe basta para subsistir; o mundo é um ente com capacidade de *conti-*

nuar existindo por si só; a cooperação de Deus em sua existência, depois do ato criador, se reduz a não aniquilá-lo, a deixá-lo ser. Desse modo, à ideia da criação continuada sucede a da relativa suficiência e autonomia do mundo como *criatura*. O mundo, uma vez criado, pode existir por si só, abandonado a suas próprias leis, sem a intervenção direta e constante da Divindade.

Vemos como o desenvolvimento do problema da criação na Idade Média leva a conferir uma maior independência à criatura em relação ao criador e, portanto, conduz a um distanciamento de Deus. Por distintas vias, ao término dessa etapa todos os grandes problemas da metafísica medieval levarão o homem a uma idêntica situação.

2. Os universais

A questão dos universais ocupa toda a Idade Média; chegou-se a dizer que toda a história da Escolástica é a da disputa em torno dos universais; isso não é correto; mas o problema está presente em todos os outros problemas e se desenvolve em íntima conexão com a totalidade deles. Os universais são os gêneros e as espécies e se opõem aos indivíduos; a questão é saber que tipo de realidade corresponde a esses universais. Os objetos que se apresentam a nossos sentidos são indivíduos: este, aquele; em contrapartida, os conceitos com que pensamos esses mesmos objetos são universais: o homem, a árvore. As coisas que temos à vista são pensadas mediante suas espécies e seus gêneros; qual a relação desses universais com elas? Em outras palavras, em que medida nossos conhecimentos se referem à realidade? Coloca-se, portanto, o problema de saber se os universais são ou não coisas, e em que sentido. Da solução que se dê a essa questão depende a ideia que teremos do ser das coisas, por um lado, e do conhecimento, por outro; e, ao mesmo tempo, uma enorme quantidade de problemas metafísicos e teológicos importantíssimos estão vinculados a essa questão.

A Idade Média parte de uma posição extrema, o *realismo*, e termina na outra solução extrema e oposta, o *nominalismo*. O nominalismo é decerto antigo, quase tanto quanto o realismo, e a história de ambos apresenta várias complicações e distintos matizes; mas a linha geral do processo histórico é a que acabamos de indicar. O realismo, que está em pleno vigor até o século XII, afirma que os universais são *res*, coisas. A forma extrema do realismo considera que estão presentes em todos os indivíduos que neles se incluem e, portanto, não há uma diferença essencial entre eles, diferem apenas por seus acidentes; são anteriores às coisas individuais (*ante rem*). Em essência haveria apenas um homem, e a distinção entre os indivíduos seria puramente acidental. Isso corresponde à negação da existência individual e beira perigosamente o panteísmo. Por outro lado, a solução realista era de grande simplicidade, e além disso prestava-se à interpretação de vários dogmas, por exemplo o do pecado original; se em essência existe apenas um único homem, o pecado de Adão afeta, naturalmente, a essência humana, e portanto todos os homens posteriores. O realismo está representado por Santo Anselmo e, em forma extrema, por Guilherme de Champeaux (séculos XI-XII).

Mas logo surgem adversários da tese realista. A partir do século XI aparece o que se chamou nominalismo, principalmente com Roscelino de Compiègne. O que existe são os indivíduos; não existe nada na natureza que seja universal; este existe apenas na mente, como algo posterior às coisas (*post rem*), e sua expressão é a palavra; Roscelino chega a uma pura interpretação verbalista dos universais: nada mais são senão sopros da *voz, flatus vocis*. Mas essa teoria é também muito perigosa; se o realismo exagerado ameaçava levar ao panteísmo, o nominalismo, aplicado à Trindade, nos conduz ao triteísmo: se existem três pessoas, existem três deuses. A Encarnação também se torna de difícil compreensão dentro das ideias de Roscelino. As duas primeiras soluções são, portanto, imperfeitas e não resolvem a questão. Um longo e paciente trabalho mental, desenvolvido por uma parcela não desprezível de judeus e árabes, leva a fórmulas mais maduras e sutis no século XIII, especialmente em Santo Tomás.

O século XIII traz para o problema dos universais soluções próprias: trata-se de um *realismo moderado*. Reconhece-se que a verdadeira substância é o indivíduo, como afirmava Aristóteles, a quem invocam Santo Alberto Magno e Santo Tomás. O indivíduo é a substância primeira, *próte ousía*. Mas não se trata tampouco de um nominalismo;

o indivíduo é verdadeira realidade, mas é indivíduo *de uma espécie* e surge dela por individuação; portanto, para explicar a realidade individual, faz-se necessário um princípio de individualização, *principium individuationis*. Santo Tomás diz que os universais são *formaliter* produtos do espírito, mas *fundamentaliter* estão fundados no real extramental. Os universais, considerados formalmente, ou seja, enquanto tais, são produtos da mente; não existem aí sem mais nem menos, são algo que a mente faz, mas têm um fundamento *in re*, na realidade. O universal tem uma existência, mas não como uma *coisa separada*, e sim como um momento *das coisas*; não é *res*, como queriam os realistas extremados, mas tampouco é uma palavra, é *in re*.

Trata-se agora de encontrar um princípio de individuação. Ou seja, o que é que faz com que este seja *este* e não *aquele outro*? Santo Tomás diz que um indivíduo é apenas *materia signata quantitate*. A matéria quantificada é, portanto, o princípio de individuação; uma certa quantidade de matéria é o que individualiza a forma universal que a informa. Mas não esqueçamos que há uma hierarquia dos entes que vai da matéria-prima ao ato puro (Deus). A matéria-prima não pode existir atualmente, porque é pura possibilidade, mas a matéria informada pode ser forma ou matéria, conforme a consideremos; por exemplo, a madeira é uma certa forma, mas matéria de uma mesa; há, portanto, uma série de formas hierárquicas num mesmo ente, e há formas essenciais e formas acidentais. Esse princípio de individuação coloca para Santo Tomás um grave problema: e os anjos? Os anjos não têm matéria; como é possível neles a individuação? De nenhum modo, segundo a solução tomista; Santo Tomás diz que os anjos não são indivíduos, mas espécies; a unidade angélica não é individual, mas específica, e cada espécie se esgota em cada anjo.

No período final da Idade Média, o problema dos universais sofre uma evolução profunda. Já em mãos de João Duns Escoto, o grande franciscano inglês, e sobretudo nas de Guilherme de Ockham, volta-se à formulação nominalista da questão. Duns Escoto faz muitas distinções: a *distinctio realis*, a *distinctio formalis* e a *distinctio formalis a parte rei*. A distinção real é a existente entre as várias coisas; por exemplo, entre um elefante e uma mesa; a distinção de razão é a que eu estabeleço ao considerar a coisa em seus diversos aspectos, e pode ser efetiva ou puramente nominal; é efetiva se distingo, por exemplo, um jarro como recipiente de água ou como objeto de adorno; a distinção nominal não corresponde à realidade da coisa, apenas à sua mera denominação. A *distinctio formalis a parte rei* é também formal, mas não *a parte intellectus*, e sim *a parte rei*; isto é, não se trata de coisas numericamente distintas, mas não é o pensamento quem coloca a distinção, e sim a própria coisa. Assim, para Duns Escoto, um homem tem várias formas: uma forma humana ou *humanitas*, mas, além desta, uma *forma* que o distingue dos demais homens; isso é uma distinção formal *a parte rei*, o que Duns Escoto denomina, com um termo próprio, *haecceitas* ou "hecceidade". A *haecceitas* consiste em ser *haec res*, esta coisa. Em Pedro e em Paulo está toda a essência humana; mas em Pedro há uma *formalitas* a mais, que é a *petreidade*, e em Paulo, a *paulidade*. Esse é o princípio da individuação em Duns Escoto, que não é apenas material, como na metafísica tomista, mas também formal.

A posição de Duns Escoto abre caminho para o nominalismo. A partir de então, e em especial no século XIV, vão se multiplicar as distinções e vai-se afirmar cada vez mais a existência dos indivíduos. Já em Duns Escoto, sem excluir a *forma* específica, são *formalitates*. Ockham dá um passo a mais e nega totalmente a existência dos universais na natureza. São exclusivamente criações do espírito, da mente; são *termos* (daí o nome de *terminismo* dado também a essa linha). E os termos são simplesmente *signos* das coisas: substituem na mente a multiplicidade das coisas. Não são convenções, mas *signos naturais*. As coisas são conhecidas mediante seus conceitos, e esses são universais; para conhecer um indivíduo preciso do universal, da ideia: quando, com Ockham, os universais passam a ser entendidos como meros signos, o conhecimento passa a ser *simbólico*. Ockham é o artífice de uma grande renúncia: o homem vai renunciar a ter as coisas e se resignará a ficar só com seus símbolos. Será isso que tornará possível o conhecimento simbólico matemático e a física moderna, que nasce nas escolas nominalistas, sobretudo de Paris. A física aristotélica e a medieval queriam conhecer o movimento, as causas mesmas; a física moderna se contenta com os signos matemáticos de tudo isso; segundo Galileu, o livro da natureza está escrito com signos matemáticos; teremos uma física que mede variações de movimento, mas renuncia a saber o que o movimento é. Vemos como a dialética interna do problema dos universais, assim como a da criação, leva o homem do século XV a voltar os olhos para o mundo e fazer uma ciência da natureza. A terceira grande questão da filosofia medieval, o problema da razão, centrará definitivamente o homem nesse novo tema que é o mundo.

3. A razão

O *lógos* aparece como um motivo cristão essencial desde os primeiros momentos. O começo do Evangelho de São João diz taxativamente que no princípio era o verbo, o *lógos*, e que Deus era o *lógos*. Isso quer dizer que Deus é, em primeiro lugar, palavra, e, ademais, *razão*. Isso coloca vários problemas particularmente importantes, sobretudo a posição do homem.

Que é o homem? É um ente finito, uma criatura, um *ens creatum*, uma coisa entre as demais; é, como o mundo, algo finito e contingente. Mas, ao mesmo tempo, o homem é *lógos*: segundo toda a tradição helênica, o homem é um animal que tem *lógos*. Por um lado, portanto, é uma coisa a mais no mundo; mas, por outro, sabe o mundo todo, como Deus, e tem *lógos*, como ele. Qual sua relação com Deus e com o mundo? É uma relação essencialmente equívoca; já que por um lado é um ente que participa do ser no sentido das criaturas, e por outro, é um espírito capaz de saber o que é o mundo, um ente que é *lógos*. A Idade Média vai dizer que o homem é um certo intermediário entre o nada e Deus: *medium quid inter nihilum et Deum*. Além disso, essa peculiar situação do homem já está indicada desde o Gênese: *Faciamus hominem ad imaginem et similitudinem nostram*. O homem está feito à imagem e semelhança de Deus. Ou seja, a ideia do homem, o modelo exemplar segundo o qual está criado, é Deus ele mesmo. Por isso Mestre Eckhart dizia que no homem há algo, uma centelha – *scintilla, Funken* – que é incriada e incriável. Essa afirmação foi interpretada como uma exclusão do ser criado no homem, portanto como panteísmo, e foi condenada; mas seu sentido correto, como Zubiri demonstrou claramente, é o de que o homem tem uma *scintilla* incriada e incriável, ou seja, sua própria ideia; e isso é completamente ortodoxo.

Que consequências terá para a filosofia esse horizonte em que se move o cristianismo? Para conhecer a verdade é preciso entrar em si mesmo, é preciso se interiorizar, como já vimos em Santo Agostinho. *Intra in cubiculum mentis tuae*, dirá também Santo Anselmo. De acordo com isso, o pior que o homem pode fazer para conhecer é olhar as coisas do mundo, porque a verdade não está nas coisas, mas em Deus, e Deus, o homem encontra em si mesmo. E como a verdade é Deus, a via para chegar a ela é a *caritas*: só pelo amor chegamos a Deus, e só Deus é a verdade, não é outro o sentido do *fides quaerens intellectum* de Santo Anselmo; São Boaventura vai chamar a filosofia de caminho da mente para Deus (*Itinerarium mentis in Deum*), e se parte da fé. Assim fica especificada a situação da filosofia medieval em seus primeiros séculos.

Em Santo Tomás, a teoria é um saber especulativo, racional. A teologia é de fé na medida em que é construída sobre dados sobrenaturais, revelados; mas o homem trabalha com eles com sua razão, para interpretá-los e alcançar um saber teológico. Supõe-se, portanto, que há uma adequação perfeita entre o que Deus é e a razão humana. Se Deus é *lógos*, segundo São João, e o homem também vem definido pelo *lógos*, há adequação entre ambos e é possível um conhecimento da essência divina; pode haver uma teologia racional, embora fundada sobre os dados da revelação. Pois bem, se a teologia e a filosofia tratam de Deus, em que se diferenciam? Santo Tomás diz que o objeto material da teologia e da filosofia pode ser o mesmo quando falam de Deus; mas o objeto formal é distinto. A teologia tem acesso ao ente divino por outros caminhos que a filosofia, e portanto, embora esse ente seja numericamente o mesmo, trata-se de dois objetos formais distintos.

Dessa situação de equilíbrio em Santo Tomás passa-se para uma muito diferente em Duns Escoto e em Ockham. Em Duns Escoto, a teologia não é mais ciência especulativa, mas prática e moralizadora.

O homem, que é razão, fará uma filosofia racional, porque aqui se trata de um *lógos*. Em contraposição, a teologia é sobrenatural; a razão pouco tem a fazer nela; é, antes de tudo, *práxis*.

Em Ockham se acentuam estas tendências escotistas. Para Ockham, a razão será um assunto exclusivamente humano. A razão é, sim, própria do homem, mas não de Deus; este é onipotente e não pode estar submetido a nenhuma lei, nem sequer à da razão. Isso lhe parece uma limitação inadmissível do arbítrio divino. As coisas são como são, até mesmo verdadeiras ou boas, *porque Deus quer*; se Deus quisesse que matar fosse bom, ou que 2 mais 2 fossem 19, seriam – chegarão a dizer os continuadores do ockhamismo. Ockham é voluntarista e não admite nada acima da vontade divina, nem mesmo a razão. "A partir desse momento, a especulação metafísica se lança, por assim dizer, numa vertiginosa carreira, na qual o *lógos*, que começou sendo essência de Deus, vai terminar sendo simplesmente essência do homem. É o momento, no século XIV, em que Ockham vai afirmar, de maneira textual e taxativa, que a essência da Divindade é arbitrariedade, livre-arbítrio, onipotência, e que, portanto, a necessidade racional é uma propriedade exclusiva dos conceitos humanos". "No momento em que o nominalismo de Ockham reduziu a razão a uma coisa de *foro íntimo* do homem, uma determinação sua puramente humana, e não essência da Divindade, nesse momento o espírito humano também fica segregado desta. Portanto, sozinho, sem mundo e sem Deus, o espírito humano começa a se sentir inseguro no universo" (Zubiri: *Hegel y el problema metafísico*).

Se Deus não é razão, a razão humana não pode se ocupar dele. A Divindade deixa de ser o grande tema teórico do homem no final da Idade Média, e isso o separa de Deus. A razão volta-se para os objetos aos quais é adequada, aqueles que pode alcançar. Quais são eles? Antes de tudo, o próprio homem; em segundo lugar, o mundo, cuja maravilhosa estrutura começa a ser descoberta então: estrutura não só racional, mas matemática. O conhecimento simbólico a que o nominalismo nos levou se adapta à índole matemática da natureza. E esse mundo independente de Deus – de quem recebeu seu impulso criador, mas que não tem de conservá-lo – transforma-se no outro grande objeto para o qual se volta a razão humana, ao se tornar inacessível à Divindade. O homem e o mundo são os dois grandes temas: por isso o humanismo e a ciência da natureza, a física moderna, serão as duas ocupações magnas do homem renascentista, que se encontra afastado de Deus.

Vemos, pois, como toda a história da filosofia medieval, tomada em suas três questões mais profundas, a da criação, a dos universais e a da razão, conduz unitariamente para essa nova situação com que se encontrará a metafísica moderna.

III. OS FILÓSOFOS MEDIEVAIS

A filosofia medieval começa propriamente no século IX. Como vimos, o pensamento anterior era simplesmente um trabalho de acumulação e conservação da cultura clássica e da especulação patrística, sem originalidade nem grandes possibilidades próprias. Falta, ademais, toda a organização suficiente do estudo filosófico, que só vai aparecer nas *escolas* que surgem no princípio do século IX, especialmente na França, em torno da corte de Carlos Magno; é o chamado renascimento carolíngio. Dessas escolas, formadas por mestres de todos os países da Europa, e sobretudo franceses, ingleses e italianos, surgirá, no reinado de Carlos, o Calvo, o primeiro impulso importante da filosofia na Idade Média, em torno da figura do pensador inglês João Scotus Erigena.

1. Scotus Erigena

João Scotus Erigena procedia das Ilhas Britânicas, provavelmente da Irlanda, onde fora conservado, mais que em qualquer outro lugar, o conhecimento da cultura clássica, inclusive a língua grega. Mas sua atividade intelectual foi exercida principalmente na França, na corte de Carlos, o Calvo, aonde chegou em meados do século IX. Em Scotus Erigena já encontramos o primeiro exemplo da influência inglesa na cultura da Europa. De modo geral, muitas ideias e movimentos intelectuais europeus procedem da Inglaterra; mas não se desenvolvem em seu país de origem, e sim no continente, de onde voltam para a Grã-Bretanha, que sofre novamente sua influência. Assim ocorre com a Escolástica, e mais tarde com as ciências naturais, que nascem com Roger Bacon e depois se desenvolvem na França e na Itália para voltar a florescer na Inglaterra no século XVII; algo semelhante virá a acontecer com o Iluminismo, de inspiração britânica também, mas desenvolvido na França e nos países germânicos, seguindo os passos do empirismo sensualista e do deísmo dos filósofos ingleses; e, por último, um fenômeno análogo ocorre com a propagação do romantismo, que nasce nas Ilhas em finais do século XVIII, determina seu florescimento na Alemanha e no resto do continente e depois volta a ganhar importante impulso na Inglaterra.

Scotus Erigena está muito influenciado pela mística neoplatônica, especialmente pelo escritor anônimo que pensaram ser Dionísio Areopagita, o primeiro bispo de Atenas, e que hoje é conhecido por Pseudo-Dionísio. Scotus traduziu suas obras do grego para o latim e com isso garantiu sua sorte e uma enorme influência no pensamento medieval. O êxito de Scotus Erigena foi muito grande. Estimularam-no a escrever contra a ideia da predestinação, que alguns hereges vinham divulgando com sucesso, e compôs seu tratado *De praedestinatione*, que pareceu excessivamente ousado e foi condenado. Sua principal obra é o tratado *De divisione naturae*.

O propósito de Scotus Erigena é sempre estritamente ortodoxo; nem sequer imagina que possa haver discrepância entre a filosofia verdadeira e a religião revelada; é a razão, e nada mais, que interpreta o que nos revelam os textos sagrados. Há uma identidade entre filosofia e religião quando ambas são verdadeiras: *veram esse philosophiam veram religionem, conversimque veram religionem esse veram philosophiam*. Scotus dá primazia à revelação em sentido rigoroso, à autoridade de Deus; mas há outras autoridades: a dos Padres da Igreja e a dos comentaristas sagrados anteriores, e *esta* deve se subordinar à razão, que ocupa o segundo lugar, depois da palavra divina.

A metafísica de Scotus Erigena é exposta em sua *De divisione naturae*. Essa divisão supõe uma série de emanações ou *participações* por meio das quais nascem todas as coisas do único ente verdadeiro, que é Deus. Esse processo é composto de quatro etapas:

1.ª A natureza que cria e não é criada (*natura creans nec creada*), ou seja, Deus em sua primeira realidade. É incognoscível, e a respeito dele apenas corresponde a teologia negativa, com a qual Pseudo-Dionísio Areopagita granjeou tanta simpatia.

2.ª A natureza que cria e é criada (*natura creans creada*), isto é, Deus na medida em que contém as causas primeiras dos entes. Ao reconhecer em si essas causas, Deus é criado e se manifesta em suas *teofanias*.

3.ª A natureza que é criada e que não cria (*natura creada nec creans*): os seres criados no tempo, corporais ou espirituais, que são simples manifestações ou teofanias de Deus. Scotus Erigena, que é realista extremado, afirma a anterioridade do gênero em relação à espécie, e desta em relação ao indivíduo.

4.ª A natureza que não é criada nem cria (*natura nec creada nec creans*), isto é, Deus como fim do universo inteiro. A finalidade de todo movimento é seu princípio; Deus retorna a si mesmo, e as coisas se deificam, se resolvem no todo divino (θέωσις).

João Scotus apresenta uma metafísica interessante, que aborda de modo agudo vários problemas fundamentais da Idade Média e define a primeira fase da Escolástica. Mas sua doutrina é perigosa e, naturalmente, propensa ao panteísmo. Essa acusação de panteísmo, fundamentada ou não, será lançada durante a Idade Média contra vários pensadores; e não esqueçamos que na maioria dos casos estes estavam muito longe de professar o panteísmo deliberadamente, embora suas doutrinas – ou às vezes apenas suas fórmulas – tendessem para ele. Scotus Erigena chega a um monopsiquismo humano, consequência de seu extremo realismo; este é outro dos perigos que virá a ameaçar de diversas formas a Escolástica. Portanto, no primeiro pensador medieval importante encontram-se os aspectos que caracterizarão positivamente a época e as dificuldades com que há de tropeçar.

De Scotus Erigena a Santo Anselmo • O século X é um século terrível para a Europa ocidental: por todos os lados lutas e invasões; os normandos atacam, devastam e saqueiam; o florescimento carolíngio e de todo o século IX desaparece, e as escolas ficam em situação difícil; o pensamento medieval se recolhe nos claustros e a partir de então irá adquirir o caráter monacal que por muito tempo pesará sobre ele; a Ordem Beneditina torna-se a principal depositária do saber teológico e filosófico. Rareiam as grandes figuras. A de maior interesse é a do monge Gerbert.

Gerbert de Aurillac adquiriu uma formação intelectual completíssima, principalmente na Espanha, onde entrou em contato com as escolas árabes, lecionou em Reims e em Paris, foi abade, arcebispo e, por último, Papa, com o nome de Silvestre II. Morreu em 1003. Gerbert não é um filósofo original; destacou-se como lógico e moralista e foi, sobretudo, o centro de um núcleo intelectual que viria a ganhar maior destaque no século XI.

Nessa centúria está em grande voga o realismo extremo de que já falamos, que tem um representante notável em Odon de Tournay, cidade donde fundou uma escola muito frequentada. Odon aplicou seu realismo principalmente à interpretação do pecado original e ao problema da criação das almas das crianças; segundo ele, tratar-se-ia apenas do surgimento de novas propriedades individuais, acidentais, na substância humana única.

Contra esse realismo aparece a máxima dos *nominalistas*, a *sententia vocum*, que afirma que os universais são *vozes*, não *res*. O principal deles é Roscelino de Compiègne, que leciona na França, Inglaterra e em Roma, no final do século XI. O nominalismo nascente mal sobreviveu a Roscelino; só reaparece, com outros pressupostos, nos últimos séculos da Idade Média.

2. *Santo Anselmo*

Personalidade • Santo Anselmo nasceu em 1033 e morreu em 1109. Era piemontês, de Aosta, e como membro da comunidade cristã medieval, da comunidade europeia que começava a se formar, não limitou sua vida e atividade ao país de origem, mas viveu sobretudo na França e na Inglaterra. Foi primeiro para a Normandia, para o mosteiro de Bec, e ali passou longos anos, os melhores e mais importantes. Foi prior e depois abade de Bec e, por último, foi nomeado arcebispo da Cantuária, em 1093, onde permaneceu até a morte. Toda a vida de Santo Anselmo esteve dedicada ao estudo e à vida religiosa e, em sua última época, à preservação dos direitos do poder espiritual da Igreja, então fortemente ameaçados.

Santo Anselmo é o primeiro grande filósofo medieval depois de Scotus Erigena. É, a rigor, o fundador da Escolástica, que com ele adquire seu perfil definitivo. Por outro lado, contudo, Santo Anselmo está imerso na tradição patrística, de ascendência agostiniana e platônica ou, mais ainda, neoplatônica. Ainda não aparecem nele as fontes – distintas das da Patrística – que exercerão tão forte influência na Escolástica posterior: os árabes e – através deles – Aristóteles. Santo Anselmo é um fiel agostiniano; no prefácio de seu *Monologion* escreve: *Nihil potui invenire me dixisse quod non catholicorum Patrum et maxime beati Augustini scriptis cohaereat.* É presente sua conformidade constante com os Padres, e com Santo Agostinho especialmente. Mas, por outro lado, já se encontram em Santo Anselmo as linhas gerais que virão a definir a Escolástica, e sua obra constitui uma primeira síntese dela. A filosofia e a teologia da Idade Média guardam, portanto, a marca profunda de seu pensamento.

Suas obras são bastante numerosas. Muitas de interesse predominantemente teológico; inúmeras cartas repletas de substância doutrinal; as que mais importam para a filosofia – escritos breves todas elas – são o *Monologion* (*Exemplum meditandi de ratione fidei*) e o *Proslogion*, que leva como primeiro título a frase que resume o sentido de toda a sua filosofia: *Fides quaerens intellectum*; além disso, escreveu a resposta ao *Gaunilonis liber pro insipiente*, o *De veritate* e o *Cur Deus homo*.

Fé e razão • A obra teológica – e filosófica – de Santo Anselmo está orientada, sobretudo, para as demonstrações da existência de Deus. É isso o que mais se destaca em seus escritos e está mais intimamente associado a seu nome. Mas é preciso interpretar essas provas dentro da totalidade de seu pensamento.

Santo Anselmo parte da fé; as demonstrações não se destinam a sustentar a fé, mas estão sustentadas por ela. *Credo ut intelligam* é seu princípio. No *Proslogion*, sua obra capital, escreve: *neque enim quaero intelligere ut credam, sed credo ut intelligam.* Santo Anselmo crê para entender, não o inverso. Mas não se trata tampouco de algo separado da fé; é a própria fé que tende a saber: a fé que busca a intelecção; e essa necessidade emerge do caráter interno da fé. Santo Anselmo distingue entre uma fé viva, que obra, e uma fé morta, ociosa; a fé viva se funda num amor ou *dilectio*, que é o que lhe dá vida. Esse amor faz com que o homem, afastado pelo pecado da face de Deus, esteja ansioso para *voltar* a ela. A fé viva quer contemplar a face de Deus; quer que Deus se *mostre* na luz, na verdade; busca, portanto, o *verdadeiro Deus*; e isso é *intelligere*, entender. "Se não cresse, não entenderia", acrescenta Santo Anselmo; ou seja, sem fé, ou seja, *dilectio*, amor, não poderia chegar à verdade de Deus. Temos aqui a mais clara ressonância do *non intratur in veritatem nisi per caritatem* de Santo Agostinho, que talvez só possa ser plenamente compreendido a partir de Santo Anselmo.

Vemos, portanto, que da religião de Santo Anselmo faz parte de modo particular a teologia; mas não o *êxito* desta última. "O cristão – diz ele textualmente – deve avançar por meio da fé até a inteligência, não chegar pela inteligência à fé, ou, quando não consegue entender, afastar-se da fé. Pelo contrário, quando consegue chegar à inteligência, se compraz; mas quando não consegue, quando não consegue compreender, venera" (Epístola XLI). Esta é, claramente definida, a situação de Santo Anselmo, da qual brota toda a sua filosofia.

O argumento ontológico • Santo Anselmo, em *Monologion*, dá várias provas da existência de Deus; mas a mais importante é a que expõe no *Proslogion*, e que desde Kant costuma ser chamada de argumento ontológico. Essa prova da existência divina teve imensa repercussão em toda a história da filosofia. Já nos tempos de Santo Anselmo, um monge chamado Gaunilon a atacou, e seu autor replicou a suas objeções; depois, as opiniões se dividiram e a interpretação do argumento variou. São Boaventura está próximo dele; Santo Tomás o rejeita; Duns Escoto o aceita, modificando-o; Descartes e Leibniz fazem uso dele, com certas alterações; posteriormente, Kant, na *Crítica da razão pura*, estabelece sua impossibilidade de modo aparentemente definitivo; mas depois Hegel o reformula em outros termos, e mais tarde é profundamente estudado por Brentano e, sobretudo, pelo Pe. Gratry, no século XIX. Até hoje, o argumento ontológico é um tema central da filosofia, pois não se trata apenas de uma simples argumentação lógica, mas de uma questão em que toda a metafísica está implicada. É essa a razão da singular fortuna da prova anselmiana.

Não podemos entrar aqui detalhadamente na interpretação do argumento[1]. Apenas indicaremos de modo breve o essencial de seu sentido. Santo Anselmo parte de Deus, de um Deus oculto e que não se manifesta para o homem caído. O ponto de partida é religioso: a fé do homem feito para ver Deus e que não o viu. Essa fé busca compreender, fazer uma teologia: *fides quaerens intellectum*; mas ainda não aparece a necessidade nem a possibilidade de *demonstrar* a existência de Deus; Santo Anselmo invoca o Salmo 13: *Dixit insipiens in corde suo: non est Deus*; disse o insensato em seu coração: não existe Deus. Ante essa negação, pela primeira vez se questiona a existência de Deus, e a prova tem sentido, sentido de que careceria sem o insensato. E Santo Anselmo formula sua célebre prova nestes termos: o insensato, ao dizer que não existe Deus, entende o que diz; se dizemos que Deus é o maior ente que possa ser pensado, também o entende; portanto, Deus está em seu entendimento; o que nega é que, ademais, esteja *in re*, exista na realidade. Mas se Deus só existe no pensamento, podemos pensar que também existiria na realidade, e isso é mais que o primeiro. Portanto, podemos pensar algo maior que Deus, se este não existe. Mas isso contradiz o ponto de partida, segundo o qual Deus é tal que não se pode pensar em algo maior. Logo, Deus, que existe no entendimento, tem de existir também na realidade. Ou seja, se só existe no entendimento, não cumpre a condição necessária; portanto, não é de Deus que se fala.

A rigor, a prova de Santo Anselmo mostra que não se pode negar que Deus exista. E consiste em opor à negação do *insensato* o *sentido* do que diz. O insensato não entende o que diz, e precisamente por isso é insensato; não pensa em Deus, e sua negação é um equívoco; não *sabe o que diz*, e nisso consiste a insensatez. Se, em contrapartida, se pensa com plenitude o que é Deus, percebe-se que não pode não existir. Por isso Santo Anselmo opõe à insensatez a interioridade, a volta a si mesmo, segundo o exemplo agostiniano. A entrada em si mesmo faz com que o homem, ao encontrar a si próprio, encontre

---

1. Cf. meu livro *San Anselmo y el insensato* (*Obras*, IV).

Deus, à imagem e semelhança do qual está feito. O argumento ontológico é, portanto, um apelo ao senso íntimo, ao fundo da pessoa, e se baseia concretamente na negação do insensato.

Esse encontro com Deus na intimidade da mente abre caminho para a especulação de Santo Anselmo; por essa via irá transcorrer o pensamento medieval da época seguinte.

3. O século XII

Depois de Santo Anselmo, a Escolástica está constituída. Há um repertório de questões dentro das quais passará a se mover, e aparece o corpo de doutrina que se poderá chamar de o "bem comum" da Idade Média ou a "síntese escolástica", e que prepara as grandes obras de conjunto do século XIII, em particular a *Suma teológica* de Santo Tomás. Ao mesmo tempo, o mundo de ideias do Ocidente europeu adquire firmeza; os grupos históricos que haverão de compor a Europa vão ganhando consistência. Durante todo o século XII a organização social da Idade Média caminha para sua consolidação, que atingirá sua plenitude na centúria seguinte. As escolas se transformam em centros intelectuais importantes, que logo conduzirão à criação das Universidades. O principal núcleo da filosofia nesse tempo é a França; sobretudo as escolas de Chartres e de Paris. Pouco depois, a fundação da Universidade parisiense, o foco intelectual mais importante de toda a Idade Média, estabelecerá definitivamente Paris como capital da Escolástica.

No século XII, a questão dos universais é formulada com todo rigor; em geral, predomina o realismo, mas há uma série de tentativas de oposição a seu extremismo, que se aproximam da solução moderada que Santo Tomás virá a impor. A influência árabe e judaica se faz sentir na Escolástica de modo intenso, e com ela a de Aristóteles, quase desconhecido até então em suas próprias obras. Essa fermentação intelectual determina também o surgimento de orientações teológicas heterodoxas, em particular panteístas, e o dualismo ressurge nas heresias dos albigensianos e cátaros. Por último, há um grande florescimento da mística, que se apresenta com um caráter especulativo. Todas essas tendências, ao atingirem o auge de seu desenvolvimento, produzirão o momento culminante da filosofia medieval, de Rogério Bacon a Mestre Eckhart e de São Boaventura a Santo Tomás de Aquino.

A escola de Chartres • Foi fundada por Fulberto, bispo de Chartres, que morreu no início do século XI, mas alcançou sua verdadeira importância no século XII, como núcleo de tendência platônica e realista. Entre os mais interessantes pensadores desse grupo estão os irmãos Bernardo e Teodorico de Chartres, que foram chanceleres da escola. Suas doutrinas são conhecidas principalmente pelas obras de seu discípulo inglês João de Salisbury. Para eles somente as realidades universais merecem o nome de entes; as coisas sensíveis individuais não são mais que sombras. Bernardo distinguia três tipos de realidades: Deus, a matéria, extraída do nada pela criação, e as ideias, formas exemplares por meio das quais estão presentes na mente divina os possíveis e os existentes. A união das ideias com a matéria produz o mundo sensível. A forte influência platônica é visível nesse realismo extremo.

Discípulo de Bernardo, chanceler depois dele e antes de Teodorico, Gilbert de la Porrée (Gilbertus Porretanus) chegou a ser bispo de Poitiers. Gilbert se opõe ao realismo da escola de Chartres; evita qualquer perigo de panteísmo ao distinguir as ideias divinas de suas cópias, que são as formas nativas inerentes às coisas sensíveis. Os universais não são as ideias, mas imagens das ideias. A mente compara as essências semelhantes e realiza uma união mental; essa forma comum é o universal, gênero ou espécie. Portanto, de Gilbert de la Porrée nasce o primeiro esboço da solução do século XIII.

Outros pensadores importantes relacionados com a escola de Chartres são Guilherme de Conches e o já citado João de Salisbury, filósofo perspicaz e interessante, cujas duas obras principais são: *Metalogicus* e *Polycraticus*. Afora esse grupo, mas em relação e em polêmica com ele, encontram-se vários adversários das soluções realistas extremas, que elaboram diversas teorias para resolver o problema dos universais, partindo da existência dos indivíduos e considerando os gêneros e as espécies como distintos *aspectos* daqueles. Entre esses filósofos merecem ser citados o inglês Adelardo de Bath e o flamengo

Gautier de Mortagne, autores da teoria dos *respectus*, dos *status* e, por último, da *collectio*, cujo sentido se infere facilmente de seus nomes.

Abelardo • A figura de Abelardo, dialético batalhador e apaixonado, as histórias de seus amores com Heloísa, de sua mutilação e de sua vida agitada, até sua morte, são muito conhecidas. Partindo desses dados comprovados, tentou-se até construir uma imagem de um Abelardo livre-pensador e antiescolástico, que a investigação moderna demonstrou ser inexistente. Nasceu perto de Nantes, em 1079, de uma família de guerreiros que gostava de fazer alguns estudos antes de seguir a carreira de armas; foi o que Abelardo fez; mas foi seduzido pelas letras, e nelas permaneceu para sempre; seu espírito combativo dedicou-se à dialética e às polêmicas com seus sucessivos mestres. Frequentou a escola de Roscelino; em seguida a de Guilherme de Champeaux; depois fundou uma escola em Melun, que mais tarde transferiu para Corbeil. Anos depois volta para Paris, estuda teologia com Anselmo de Laon e leciona com imenso sucesso. Segundo uma carta de um contemporâneo, os discípulos acudiam de todos os pontos da França, de Flandres, da Inglaterra, de Suábia. Após essa glória vieram as desgraças, e Pedro Abelardo se tornou religioso e levou sua agitação e sua doutrina para diversos monastérios, até morrer em 1142.

Abelardo era um espírito apaixonado e refinado. Sua cultura é profunda e abrangente; houve quem dissesse que nele, e em todo o século XII, há como que uma antecipação do Renascimento. Escreveu uma grande obra de teologia, da qual se conserva uma *Introductio ad theologiam*; seu famoso livro *Sic et non*, no qual reúne autoridades teológicas e bíblicas aparentemente contraditórias, buscando sua conciliação; outra obra, esta filosófica, *Scito te ipsum seu Ethica*; uma *Dialectica* e vários outros escritos.

Pedro Abelardo estabelece relações precisas entre filosofia e religião. Os mistérios não podem ser demonstrados e conhecidos experimentalmente; só podem ser entendidos ou só se pode crer neles segundo analogias e semelhanças. Apesar disso, tende na prática a interpretar diversos dogmas, por exemplo o da Trindade, e incorreu em erros que foram condenados. Quanto à questão dos universais, critica primeiro o "nominalismo" de Roscelino; mas depois ataca sobretudo

Guilherme de Champeaux, por causa de suas doutrinas realistas extremas. Segundo Abelardo, o intelecto apreende as semelhanças dos indivíduos mediante a abstração; o resultado dessa abstração, fundada sempre na imaginação, porque o conhecimento começa pelo individual e sensível, é o universal; este não pode ser coisa, *res*, porque as coisas não são predicados dos sujeitos e os universais são; mas tampouco é uma simples *vox*, é um *sermo*, um *discurso* relacionado com o conteúdo real, um verdadeiro *nomen*, no sentido rigoroso em que equivale a *vox significativa*. A teoria dos *sermones* se aproxima do que depois viria a ser o conceptualismo.

Portanto, embora não tivesse uma importância doutrinal comparável à de Scotus Erigena ou de Santo Anselmo, Abelardo exerceu uma influência pessoal extraordinária nas escolas e abordou de forma aguda questões importantes. Sua atividade preparou o apogeu de Paris como centro escolástico e a plenitude filosófica e teológica do século XIII.

Os vitorinos • A abadia agostiniana de São Vítor torna-se, no século XII, um dos centros intelectuais mais importantes da cristandade. É, antes de tudo, um núcleo místico, mas de uma mística que não exclui o saber racional, nem mesmo o das ciências profanas, mas o forma energicamente. A abadia de São Vítor cultiva de modo intenso a filosofia e a teologia; a profunda espiritualidade religiosa dos vitorinos está sustentada por um saber rigoroso e amplo. A sistematização da Escolástica dá um passo a mais na obra dos pensadores de São Vítor, sobretudo Hugo e Ricardo.

Hugo de São Vítor, o principal deles, é autor de uma obra abrangente e sintética, intitulada *De sacramentis*, que já é uma Suma teológica, mais completa e perfeita que a tentativa de Abelardo. Hugo recomenda que se aprendam todas as ciências, sagradas e profanas; acredita que se apoiam e fortalecem mutuamente, e que todas são úteis. Distingue quatro ciências: a ciência teórica, que investiga a verdade; a ciência prática ou moral; a mecânica, saber sobre as atividades humanas, e a lógica, ciência da expressão e da discussão. Hugo recomenda especialmente o estudo das sete artes liberais, o *trivium* e o *quadrivium*, e as considera inseparáveis.

No problema dos universais e do conhecimento, Hugo de São Vítor utiliza também a teoria da abstração de origem aristotélica, antes da grande influência de Aristóteles no século XIII. Para ele, a história do mundo está ordenada em torno de dois momentos fundamentais, a criação do mundo e sua restauração mediante Cristo encarnado e os sacramentos; a obra da restauração é o objeto principal da Escritura; mas a criação é estudada pelas ciências profanas. Desse modo unem-se para Hugo os dois tipos de ciências. A filosofia de Hugo está fortemente tingida de agostinismo; afirma como primeiro conhecimento o da existência própria e o da alma, distinta do corpo. É outra filosofia da intimidade, o que, por outro lado, corresponde a sua orientação mística ortodoxa.

Ricardo de São Vítor, discípulo de Hugo, reproduz e dá continuidade, com originalidade, ao pensamento de seu mestre. Escreveu um *Liber excerptionum* e o *De Trinitate*. Ocupou-se das provas da existência de Deus, rejeitando as apriorísticas e insistindo particularmente na base sensível e de observação. Também em Ricardo se dá a união estreita entre a mística e o pensar racional que culminará na mística especulativa de Eckhart.

O conhecimento de Deus e do homem se esclarecem mutuamente. Conhecemos o homem mediante a experiência, e o que nele encontramos nos serve de ponto de apoio para inferir – *mutatis mutandis* – algumas determinações do ente divino; e inversamente, o que o raciocínio nos ensina sobre a Divindade se aplica ao conhecimento do homem em seu ser mais profundo, imagem sua. Talvez Ricardo de São Vítor seja o filósofo que mais técnica e agudamente utilizou o método intelectual que consiste em contemplar alternadamente, com os diversos meios adequados, a realidade divina e sua imagem humana. Por isso, seu *De Trinitate* é uma das contribuições medievais mais interessantes à teologia e à antropologia ao mesmo tempo.

Uma relação estreita com a mística marca a grande figura do cristianismo no século XII: São Bernardo de Claraval (Clairvaux). É ele quem anima e inspira a Ordem de Cister, fundada no final do século anterior, para tornar mais rigorosa e ascética a observância de Cluny. O espírito cisterciense foi de uma austeridade extrema, como a própria vida de São Bernardo. É conhecido seu espírito de ardente religiosidade e sua capacidade de direção sobre os homens. Concede seus direitos à filosofia, mas nele predomina a mística, que tem em São Bernardo um de seus primeiros representantes medievais.

Entre os teólogos que fazem da filosofia um uso exclusivamente instrumental, o mais interessante é Pedro Lombardo, chamado, por sua excelência, *magister sententiarum*, que foi bispo de Paris e morreu em 1164. Seus *Libri IV sententiarum* foram, durante toda a Idade Média, um repertório teológico comentado inúmeras vezes em toda a Escolástica posterior.

As heresias do século XII • Esta centúria, tão cheia de atividade intelectual, não conseguiu manter-se livre de correntes heterodoxas em teologia, vinculadas a orientações filosóficas à margem da linha geral da Escolástica. Nesse sentido, pode-se afirmar, como faz Maurice de Wulf, que essas filosofias são "antiescolásticas"; mas não esqueçamos que elas se movem no mesmo campo de problemas da Escolástica, e que justamente por isso suas soluções aparecem como discrepantes e a polêmica se mantém viva durante toda a Idade Média. Essas heresias versam principalmente sobre alguns pontos debatidos: o ateísmo – infrequente em sua forma rigorosa –, o panteísmo, o materialismo, a eternidade do mundo. Estes são os pontos mais controvertidos sobre os quais se debruçará depois a filosofia árabe e que terão repercussões heterodoxas até o final da Idade Média.

No século XII aparecem, sobretudo na França e em alguns pontos da Itália, dois movimentos heréticos distintos, mas aparentados: os albigensianos (de Albi) e os cátaros. São conhecidas as violentas lutas que essas heresias suscitaram, assim como o intenso trabalho teológico e de pregação que determinaram, e que culminou na fundação da Ordem Dominicana por São Domingos de Gusmão. Essas heresias admitem um certo dualismo do bem e do mal, este último oposto a Deus e independente dele, o que equivalia à negação do monoteísmo cristão, e, além do mais, a heresia tinha consequências morais. *Cátaros* quer dizer *puros*; os *perfeitos* levam uma vida especialmente austera e constituem um clero particular; esta contraposição entre um modelo difícil e uma maioria incapaz de tal perfeição levou a um grave imoralismo. A repressão do movimento albigensiano, no começo do século XIII, foi duríssima e terminou depois de várias "cruzadas", com a consequente desolação das comarcas afetadas pela luta. A heresia dos cátaros era particularmente perigosa, porque seu materialismo, que negava a espiritualidade e a imortalidade da alma, contradizia a um só tempo os dogmas católicos e o próprio fundamento da ética cristã.

Por outro lado, há uma série de movimentos que se aproximam mais ou menos do *panteísmo*. As ideias neoplatônicas do monismo e da emanação estão em voga. É o que encontramos em Bernardo de Tours, autor de um livro chamado *De mundi universitate*. Maior importância tem a seita de Amaury de Benes. Segundo Amaury, tudo é uno, porque tudo é Deus: *Omnia unum, quia quidquid est est Deus*. O ser de todas as coisas está fundado no ser divino; há, portanto, uma imanência da Divindade no mundo. O homem é uma manifestação ou aparição de Deus, como o próprio Cristo. Essas ideias provocaram grande agitação e encontraram ressonâncias (Joaquim de Floris) e uma viva oposição. Outro representante das tendências panteístas foi David de Dinant, que distingue entre Deus, as almas e a matéria, mas supõe uma unidade numérica e considera Deus uma matéria idêntica. Em 1215, o cardeal Roberto de Courçon proibiu a leitura na Universidade de Paris das obras de física e metafísica de Aristóteles, que acabavam de ser conhecidas, juntamente com os escritos de David de Dinant, de Amaury e de um certo Maurício de Espanha. Nessa condenação de Aristóteles, junto com os representantes das tendências panteístas, tão alheias a seu pensamento, deve-se ver a confusão das doutrinas aristotélicas, ainda mal conhecidas, com as de alguns comentaristas árabes. A influência de Averróis, sobretudo, determinará mais tarde um movimento pouco ortodoxo, conhecido pelo nome de averroísmo latino.

4. *As filosofias orientais*

Ao mesmo tempo em que a filosofia se desenvolve no Ocidente, um movimento semelhante se origina nos povos orientais, concretamente entre os árabes e judeus. Não se trata de maneira alguma de uma filosofia original e autônoma, árabe ou hebraica, nem tampouco de uma especulação fechada, sem contato com os cristãos. Em primeiro lugar, o impulso procede antes de tudo dos gregos, principalmente de Aristóteles e de alguns neoplatônicos. Por outro lado, o cristianismo tem uma influência decisiva no pensamento muçulmano e judeu; no caso do maometismo, a influência se estende à própria religião; a rigor, o Islã poderia ser considerado uma heresia judaico-cristã, que aparece em virtude das relações de Maomé com judeus e cristãos; os dogmas muçulmanos são formulados negativamente, com ar polêmico, contra a doutrina da Trindade, por exemplo, cuja influência eles acusam: "Não há outro Deus senão Alá; não é filho nem pai, nem tem semelhante." Aqui se percebe tanto a polêmica contra o politeísmo árabe primitivo como contra o dogma trinitário. Inversamente, a filosofia dos árabes e judeus é conhecida pelos escolásticos cristãos e exerce forte influência sobre eles. Ademais, o conhecimento de Aristóteles fez com que a filosofia oriental se adiantasse em relação à dos cristãos, e no século XII já tinha atingido a maturidade, que na Europa só seria atingida no século seguinte. Mas o grande papel dos árabes e judeus foi, sobretudo, a transmissão do pensamento aristotélico; são sobretudo os árabes espanhóis que trazem para os países ocidentais os textos do grande grego, e essa contribuição é a que caracteriza a época de plenitude da Escolástica. Tanto do ponto de vista da transmissão como do da atividade filosófica, à Espanha árabe cabe o lugar de destaque na Idade Média.

a) A filosofia árabe

Seu caráter • Os árabes tomam conhecimento de Aristóteles sob o império dos Abássidas, no século VII, por meio dos sírios. A fonte é indireta. Os textos aristotélicos são traduzidos – nem sempre bem – do grego para o siríaco, do siríaco para o árabe, e às vezes se intercala o hebraico. Essas traduções árabes, indiretíssimas, são as que por sua vez são vertidas para o latim e chegam ao conhecimento dos escolásticos: algumas vezes são primeiro traduzidas para o românico e depois para o latim; em outras ocasiões, em contrapartida, há algum texto grego disponível e a versão latina é direta. Ademais, os árabes geralmente conhecem um Aristóteles desfigurado pelos comentaristas neoplatônicos; de qualquer maneira, no que veio a ser chamado de *sincretismo árabe* há uma grande proporção de elementos aristotélicos. Os árabes e sobretudo Averróis foram os grandes comentadores de Aristóteles na Idade Média.

A filosofia árabe é também uma *escolástica muçulmana*. A interpretação racional do Alcorão é seu tema principal, e as relações entre religião e filosofia guardam paralelismo com as do Ocidente. Algo semelhante ocorre com a filosofia judaica, e desse modo, em torno das três religiões, formam-se três escolásticas, de importância desigual, que se influenciam reciprocamente.

Os filósofos árabes no Oriente • A especulação árabe começa em torno do centro intelectual de Bagdá. No século IX surge uma primeira grande figura, simultânea a Scotus Erigena no Ocidente: Alkindi. No século seguinte vive outro pensador mais importante, morto por volta de 950: Alfarabi; este não se limita à tradução, dedica-se principalmente ao comentário de Aristóteles e introduz a teoria do intelecto agente como forma separada da matéria, que viria a ter tanta importância na filosofia muçulmana, e a distinção entre a essência e a existência. Depois aparece Avicena (Ibn Sina), que viveu entre 980 e 1037. Foi filósofo, teólogo e um dos médicos mais famosos do mundo islâmico e de toda a Idade Média. Teve uma estranha precocidade, e sua vida foi agitada e ocupada por cargos públicos e prazeres, a despeito do que deixou uma copiosa obra. Sua obra mais importante, *Al-Sifa* (a Cura), é uma Suma de sua filosofia, de inspiração fortemente aristotélica. Também escreveu *Al-Nayat* (a Salvação) e muitos outros tratados. Na Idade Média teve muita influência a chamada *Metafísica de Avicena*, da qual provém grande parte das ideias dos escolásticos cristãos. Avicena recolheu a distinção entre essência e existência, que em suas mãos adquiriu grande importância; introduziu a noção de intencionalidade, tão fecunda em nosso tempo, e deixou uma profunda marca em toda a filosofia posterior, muito particularmente em Santo Tomás.

Ao lado desse grupo de filosofias aparece entre os árabes um movimento teológico ortodoxo, vinculado à mística do sufismo, fortemente influenciado pelo cristianismo (cf. Asín: *El Islam cristianizado*) e por correntes hindus neoplatônicas. O mais importante desses teólogos é Algazel, autor de dois livros intitulados *A destruição dos filósofos* e *A renovação das ciências religiosas*. Algazel é um místico ortodoxo, não panteísta, diferentemente de outros árabes que aceitam as teorias da emanação.

Os filósofos árabes espanhóis • Do século X ao XIII, a Espanha árabe é um centro intelectual importantíssimo. Córdoba é a capital desse florescimento. Enquanto a filosofia oriental vai decaindo ela está no auge na Espanha, e o ramo espanhol é uma continuação daquele que culmina em Avicena. Desde o final do século XI, e em todo o século XII, aparecem no Ocidente vários grandes pensadores muçulmanos: Avempace (Ibn Badja), que morreu em 1138; Abentofail (1100-1185) e, sobretudo, Averróis.

Averróis (Ibn Rochd ou Ibn Rušd) nasceu em Córdoba em 1126 e morreu em 1198. Foi médico, matemático, jurisconsulto, teólogo e filósofo; ocupou o cargo de juiz e caiu em graça e em desgraça, conforme as épocas. Averróis é o comentador por excelência durante toda a Idade Média: *Averrois, che'l gran comento feo*, diz Dante na *Divina comédia*. Também escreveu tratados originais. Vários pontos do pensamento de Averróis tiveram grande influência nos séculos seguintes.

Em primeiro lugar, a eternidade do mundo e, portanto, da matéria e do movimento. A matéria é uma potência universal, e o primeiro motor extrai as forças ativas da matéria; esse processo se realiza eternamente, e é a causa do mundo sensível e material. Em segundo lugar, Averróis acredita que o intelecto humano é uma forma imaterial, eterna e única; é a última das inteligências planetárias e uma só para toda a espécie; é, portanto, impessoal; os diferentes tipos de união do homem com o intelecto universal determinam os diferentes tipos de conhecimento, desde o sensível até a iluminação da mística e da profecia. Por esse motivo, a consciência individual se desvanece e só permanece a específica; Averróis nega a imortalidade pessoal; perdura apenas o intelecto único da espécie. A eternidade do movimento e a unidade do intelecto humano são os dois pontos por meio dos quais o averroísmo latino aparece na filosofia ocidental. Por último, Averróis estabelece um sistema de relações entre a fé e o saber. Distingue três tipos de espíritos: os homens de demonstração, os homens dialéticos, que se contentam com raciocínios prováveis, e os homens de exortação, satisfeitos com a oratória e as imagens. O Alcorão tem diversos sentidos, conforme a profundidade com que é interpretado, e por isso serve para todos os homens. Essa ideia dá lugar à famosa teoria da *dupla verdade*, que predominou no averroísmo latino, segundo a qual uma coisa pode ser verdadeira em teologia e falsa em filosofia, ou vice-versa.

b) *A filosofia judaica*

A filosofia judaica se desenvolve na Idade Média sob a influência dos árabes, sobretudo na Espanha. Também os séculos XI e XII são os de maior florescimento. O caráter geral da filosofia judaica é semelhante ao da árabe, da qual, na verdade, procede, com contribuições neoplatônicas e místicas da Cabala. Como os muçulmanos, os judeus procuram elaborar uma escolástica hebraica, e sua filosofia está inseparavelmente ligada às questões teológicas.

Entre os pensadores hebreus espanhóis mais importantes encontra-se Avicebron (Ibn Gabirol), que viveu na primeira metade do século XI e ficou muito conhecido entre os cristãos por seu *Fons vitae*. A tese mais famosa de Avicebron é a de que a alma está composta de potência e ato e, portanto, é material, embora não forçosamente corporal. Avicebron está muito influenciado pelo neoplatonismo. Outros pensadores interessantes são Ibn Zaddik de Córdoba e Yehuda Halevi, autor do *Cuzary*, livro de apologética israelita. Mas a figura máxima da filosofia hebraica é Maimônides.

Moses Ben Maimon ou Moisés Maimônides (1135-1204) nasceu em Córdoba, como Averróis, seu contemporâneo muçulmano, e sua principal obra é o *Guia dos perplexos* (*Dux perplexorum*), não dos *desgarrados* como se costuma traduzir. Foi escrita em árabe, com caracteres hebraicos, e intitulada *Dalalat al-Hairin*, e depois traduzida para o hebraico com o título *Moreh Nebuchim*. O propósito desse livro é harmonizar a filosofia aristotélica com a religião judaica. É uma verdadeira Suma de escolástica judaica, o exemplo mais complexo e perfeito desse tipo de obra nas filosofias orientais. O objeto supremo da religião e da filosofia é o conhecimento de Deus; é preciso pôr de acordo os princípios e resultados de ambas; o tratado de Maimônides é dirigido aos que, donos desses conhecimentos, têm dúvidas ou estão perplexos quanto ao modo de tornar compatíveis as duas coisas; trata-se de uma indecisão, não de um extravio.

Maimônides é próximo de Averróis, embora divirja dele em vários pontos. Não se entrega totalmente à interpretação alegórica da Bíblia; mas admite que é forçoso interpretá-la levando em conta os resultados estabelecidos da filosofia, sem se deixar dominar pelo literalismo. Apesar de suas cautelas, a filosofia de Maimônides pareceu suspeita para os teólogos judeus e enfrentou não poucas dificuldades. A teologia de Maimônides é negativa; pode-se dizer de Deus o que não é, mas não o que é. A essência de Deus é inacessível, mas não seus efeitos. Existe uma hierarquia de esferas entre Deus e os entes do mundo; Deus se ocupa, como providência, da totalidade das coisas. O intelecto humano é também único e separado, como em Averróis; o homem individual possui o intelecto passivo, e pela ação do intelecto agente forma-se nele um *intelecto adquirido*, destinado a se unir, depois da morte, ao intelecto agente. Portanto, resta para o homem a possibilidade de salvar algo de si mediante a acumulação que a filosofia realiza. Percebe-se a influência dessas ideias na teoria de Espinosa, que, como judeu, leva em conta as obras de Maimônides.

* * *

A importância da filosofia árabe e judaica, e em especial de seus principais representantes – Avicena, Averróis e Maimônides –, é grande, mais pela sua influência sobre a Escolástica cristã que por seu interesse próprio. Não se pode comparar o alcance metafísico e teológico desses pensadores com o dos grandes cristãos medievais. Mas sua grande vantagem, que lhes permitiu adiantar-se um século aos cristãos, foi o conhecimento de Aristóteles. Isso lhes dá um material filosófico imensamente superior ao dos pensadores cristãos contemporâneos, e essa vantagem durará até o século XIII. Neste livro, cujo tema é a filosofia ocidental, não é possível tratar das peculiaridades do pensamento árabe e judaico, apenas de suas conexões com a filosofia do Ocidente; sua inspiração grega, sua contribuição para o escolasticismo e sua influência sobre a filosofia ocidental posterior. Uma figura posterior, de importância decisiva, é o filósofo árabe Ibn Jaldun (Ibn Khaldung), de origem espanhola, nascido em Tunis e morto no Cairo (1332-1406). Sua principal obra é sua *Introdução à História* (*Muqaddimah*), genial filosofia da sociedade e da história[2].

5. *O mundo espiritual do século XIII*

O surgimento de Aristóteles • O século XIII marca uma nova etapa na filosofia. Assim como em seus primórdios o cristianismo teve de enfrentar o pensamento grego, isso volta a ocorrer, de forma distinta, na Idade Média. Até esse momento, a filosofia cristã se constituíra sobre a base de raros escritos gregos, de tipo platônico ou neoplatônico; no século XIII, irrompe na área filosófica do Ocidente a figura máxima da Grécia, e a Escolástica é obrigada a considerar essa filosofia maravilhosamente profunda e aguda, mas distinta de sua tradição, que os árabes lhe trazem. Há uma etapa de assimilação do pensamento aristotélico, concentrada sobretudo nas obras de Santo Alberto Magno e de Santo Tomás de Aquino. Embora isso enriqueça enormemente as possibilidades da Escolástica, talvez também desvie a filosofia cristã de outros caminhos aos quais seu gênio original a poderia ter levado. Em todo caso, a presença de Aristóteles assinala a passagem para uma nova época extremamente fecunda.

A Espanha desempenha um importante papel nesse trabalho de transmissão. Desde o século XII traduzia-se intensamente na Espanha; a escola de tradutores de Toledo, em particular, fundada pelo arcebispo don Raimundo, é um dos centros de maior atividade na Europa. Traduzem livros árabes e judeus: Alfarabi, Algazel, Avicena, Avicebron; depois, os árabes trazem para o Ocidente as versões de Aris-

---

2. Cf. o livro de Miguel Cruz Hernández: *La filosofía árabe* (Madri, 1963).

tóteles, que são traduzidas para o castelhano e daí para o latim, ou então diretamente para o latim. Entre esses tradutores, o mais importante é Gundissálvio ou Dominicus Gundisalvus, às vezes chamado, por erro de transcrição, Gundissalinus, autor, também, de uma enciclopédia filosófica de tendência aristotélica intitulada *De divisione philosophiae* e um tratado *De immortalitate animae*: outros tradutores são Geraldo de Cremona ou João de Espanha. Também encontramos na Europa algumas versões diretas do grego, que são muito superiores; entre elas, as de Roberto Grosseteste, bispo de Lincoln, e, sobretudo, de Guilherme de Moerbecke, o grande tradutor dominicano, que realizou a versão ou revisão de outras traduções de Aristóteles, a pedido de Santo Tomás.

A filosofia de Aristóteles, especialmente sua *Metafísica* e seus livros de questões naturais, despertou suspeitas. Era um volume grande demais de doutrinas importantíssimas, que vinham misturadas com teorias pouco ortodoxas dos comentadores árabes. Em 1210, um concílio provincial de Paris proíbe que as obras de Aristóteles sobre filosofia natural sejam lidas e explicadas; em 1215, o legado Roberto de Courçon renova a proibição, embora autorize a lógica e a ética para a recém-fundada Universidade de Paris; em Toulouse, no entanto, seu estudo continua autorizado. Pouco depois, Gregório IX ordena uma revisão de Aristóteles para que sua leitura seja permitida depois de corrigido; de fato, o prestígio de Aristóteles é cada vez maior, a ponto de em 1366 os legados do Papa Urbano V exigirem a leitura de Aristóteles para a licenciatura em artes. Foi sobretudo o imenso trabalho de Santo Tomás o responsável pela incorporação da filosofia aristotélica ao pensamento cristão.

A partir daí, a sorte da Escolástica está decidida. À influência platônico-agostiniana soma-se a aristotélica, mais importante ainda. Os filósofos cristãos, em posse de um instrumento mental incomparavelmente superior, atingem sua plena maturidade. Ao mesmo tempo, nesse século XIII aparecem as Universidades mais importantes, sobretudo Paris e Oxford, e as duas grandes ordens mendicantes, a dos franciscanos e a dos dominicanos. Juntos, esses elementos produzem o grande século clássico da Idade Média.

A fundação das Universidades • Ao principiar o século XIII, nasce a Universidade de Paris, uma das maiores forças espirituais da Idade Média. Uma Universidade não é um edifício nem um centro único de ensino, mas um grande agrupamento de professores e alunos das escolas (*universitas magistrorum et scholarium*), submetido à autoridade de um chanceler. A vida escolar em Paris era muito florescente; vai se organizando aos poucos e se distribui em quatro faculdades: de teologia, de artes (filosofia), de direito e de medicina. Os mais numerosos eram os estudantes e professores de artes, e esses se dividiam em *nações* (picardos, gauleses, normandos, ingleses); seu chefe era o reitor, que acabou por suplantar o chanceler na direção da Universidade. Os graus das faculdades eram o bacharelato, a licenciatura e o doutorado, os títulos de *doctor* ou *magister*. A Universidade de Paris estava submetida a duas proteções – e influências: a do rei da França e a do Papa. Os dois se davam conta da imensa importância desse centro intelectual, que chegou a ser comparado com a do Império e do Pontificado. Inocêncio III foi o grande protetor e inspirador da Universidade parisiense em seus começos.

Pouco depois é fundada a Universidade de Oxford, que adquire grande importância. Dessa forma constitui-se um centro intelectual inglês, distinto do da França, em que se mantêm muito vivas as tradições platônicas e agostinianas, e onde se cultiva também o aristotelismo, mas com ênfase sobretudo no aspecto empírico e científico de seu sistema. Em vez de sublinhar a direção lógica e metafísica e a subordinação à teologia, Oxford utiliza a matemática e a física de Aristóteles e dos árabes e prepara o nominalismo de Ockham e o empirismo inglês da época moderna. Um pouco mais tardia é a Universidade de Cambridge, que se organiza plenamente no século XIV. A de Bolonha é tão antiga quanto a de Paris, mas no século XIII sua importância não se deve à filosofia, e sim aos estudos jurídicos. Depois são fundadas as de Pádua, Salamanca, Toulouse, Montpellier; em seguida as de Praga, Viena, Heidelberg, Colônia, já no século XIV, e, na Espanha, a de Valladolid.

As ordens mendicantes • No começo do século XIII constituem-se, de certo modo em substituição aos beneditinos, as duas grandes ordens mendicantes dos franciscanos e dos dominicanos. São Francisco de Assis funda a Ordem dos Irmãos Menores, e São Domingos de Gusmão a Ordem de Pregadores. A função dessas ordens em princípio não é a mesma: aos franciscanos corresponde mais a *unção*; aos dominicanos, a *pregação*. Esta última ordem, fundada por ocasião da heresia albigensiana, estava encarregada da defesa da ortodoxia, e por isso lhe foi confiada a Inquisição. Mas também os franciscanos logo desenvolveram uma grande atividade teológica e filosófica, de volume e qualidade comparáveis. Os franciscanos, especialmente na direção indicada por São Boaventura, conservam as influências platônico-agostinianas anteriores, mas desde Duns Escoto entram também, como os dominicanos, no aristotelismo.

As ordens mendicantes logo penetram na Universidade de Paris, não sem grandes polêmicas com os seculares. Ao final, essa intervenção é consagrada e se torna tão grande que a Universidade fica nas mãos de franciscanos e dominicanos. O primeiro mestre dominicano foi Rolando de Cremona, e o primeiro franciscano, Alexandre de Hales. Desde então, as maiores figuras da filosofia medieval pertencem a essas ordens: dominicanos são Santo Alberto Magno, Santo Tomás de Aquino e Mestre Eckhart; franciscanos, São Boaventura, Rogério Bacon, Duns Escoto, Guilherme de Ockham. Os menores e os pregadores mantêm-se, portanto, no mesmo nível de autêntica genialidade filosófica. Se Santo Tomás sistematizou melhor que ninguém a Escolástica e incorporou Aristóteles ao pensamento cristão, os franciscanos ingleses, por sua vez, estabeleceram as bases da física nominalista e prepararam o caminho, por um lado, para a ciência natural moderna, de Galileu e Newton, e por outro, para a filosofia que virá a culminar no idealismo de Descartes a Leibniz.

6. São Boaventura

Personalidade • São Boaventura (chamado Giovanni Fidanza) nasceu em Bagnorea na Toscana em 1221; entrou para a ordem franciscana; estudou em Paris como discípulo de Alexandre de Hales, pensador interessante, que deixou uma importante *Summa theologica*; lecionou em Paris como sucessor de Alexandre, em meio às polêmicas contra os mendicantes, e foi grande amigo de Santo Tomás; em 1257 foi nomeado geral da Ordem e abandonou o ensino; morreu enquanto participava do Concílio de Lyon, em 1274. A Igreja lhe deu o nome de *Doctor seraphicus*.

As principais obras de São Boaventura são: *Comentários sobre as Sentenças, Quaestiones disputatae, De reductione artium ad theologiam, Breviloquium* e, sobretudo, *Itinerarium mentis in Deum*.

São Boaventura representa no século XIII o *espírito de continuidade*; graças a ele foram conservadas as linhas gerais da ideologia escolástica tradicional. Nos *Comentários sobre as Sentenças* escreve textualmente: *Non enim intendo novas opiniones adversare, sed communes et approbatas retexere*. Seu caráter pessoal e sua formação procedente de Santo Agostinho, de São Bernardo e dos Vitorinos levam-no a continuar essas grandes correntes de mística especulativa do século XII. Insiste no caráter mais prático e afetivo que puramente teórico da teologia, claro antecedente da posição nominalista nos dois séculos seguintes. São Boaventura, cheio de fervor religioso, está impregnado de uma ternura que corresponde a sua autêntica linhagem franciscana. As coisas naturais, feitas segundo uma semelhança com a Divindade, conservam um vestígio dela; o amor das coisas é também amor de Deus, de quem são vestígio; e não esqueçamos que essa ternura franciscana pela natureza não é de modo nenhum alheia à constituição da esplêndida física matemática do Renascimento, embora isso possa parecer estranho para alguns.

Doutrina • A finalidade dos conhecimentos humanos é Deus. Esse conhecimento é alcançado de diversas maneiras e em diversos graus e culmina na união mística. A inspiração agostiniana é evidente em São Boaventura. Para ele, a filosofia é na verdade *itinerarium mentis in Deum*. Conhece-se Deus na natureza, por seus vestígios; pode ser conhecido, de modo mais imediato, em sua própria imagem, que é nossa alma – volta o tema do homem interior de Santo Agostinho e Santo Anselmo; quando a graça comunica as três virtudes teologais, vê-se Deus *in imagine*, em nós, e, por último, pode-se conhecer Deus diretamente, em seu ser, em sua bondade, no próprio mistério trinitário e, como culminação, na contemplação extática, no *ápice da mente* (*apex mentis*), segundo a expressão de Boaventura.

São Boaventura admite a possibilidade da demonstração de Deus e aceita a prova ontológica de Santo Anselmo: a compreensão *própria* da essência divina faz ver a necessidade de sua existência. No tocante a Deus e à alma, Boaventura não admite que sejam conhecidos, como o resto das coisas, pelos sentidos, mas só diretamente; Deus é luz, e esse conhecimento se dá por razão da luz incriada. *Necessario enim oportet ponere quod anima novit Deum et se ipsam et quae sunt in se ipsa sine adminiculo sensuum exteriorum.* Por outro lado, São Boaventura insiste especialmente em que o homem é causa eficiente de seus atos mentais e rejeita a doutrina averroísta da unidade do entendimento.

São Boaventura afirma a pluralidade das formas substanciais; além da *forma completiva*, reconhece outras formas subordinadas. De modo geral, essa teoria foi aceita pelos franciscanos, desde Alexandre de Hales até o final da Idade Média. O mundo foi criado no tempo; essa verdade dogmática não é negada salvo pelos averroístas heterodoxos; mas São Boaventura acredita ademais que essa verdade não é conhecida apenas por revelação, mas também racionalmente, e que é contraditória com a criação *ab aeterno*, que Santo Tomás considera possível. Esse problema da eternidade do mundo é uma das questões centrais da época, suscitada pelo aristotelismo e pelos comentadores árabes. São Boaventura e Santo Tomás, de acordo sobre o fato da temporalidade, diferem a respeito da origem do conhecimento dessa verdade, que o franciscano põe na razão, ao passo que o dominicano relega à fé.

De São Boaventura brota toda uma corrente da especulação medieval, que virá a ser extremamente fecunda; a controvérsia entre essa orientação e a tomista vivifica o pensamento da Idade Média. E se é certo que o tomismo predominou em maior medida na Escolástica, a orientação dos pensadores franciscanos exerceu, por sua vez, uma influência maior na filosofia moderna, que representa a continuidade mais autêntica e fecunda do pensamento cristão medieval.

Discípulos de São Boaventura • A atividade docente do grande mestre franciscano teve muitos seguidores. Em primeiro lugar, Mateus Aquasparta, que lecionou em Paris e em Bolonha, foi geral da ordem, cardeal e bispo do Porto. Também foi discípulo direto John Peckham, professor em Oxford e depois arcebispo de Canterbury. Outros discípulos posteriores, menos diretos, são Pedro João Olivi e, sobretudo, Richard de Middleton, chamado de Mediavilla.

A influência desses mestres franciscanos foi muito grande, e eles mantiveram as linhas gerais do pensamento de São Boaventura ante o tomismo dominante. No entanto, no final do século XIII aparece na Ordem dos Irmãos Menores uma figura que virá a ocupar o primeiro plano: João Duns Escoto; desde então, a orientação franciscana se personaliza no escotismo, e a influência *direta* de São Boaventura diminui; mas não se pode ignorar que na verdade perdura de modo eficaz, da maneira mais interessante em filosofia: não num discipulado restrito e imóvel, mas como motor de uma renovação metafísica. O papel de um autêntico filósofo não é perpetuar-se num "ismo" qualquer, mas ter uma efetiva atualidade em outros pensadores com nome próprio e distinto e pôr inexoravelmente em andamento a história da filosofia.

7. *A filosofia aristotélico-escolástica*

O século XIII, como vimos, encontra-se ante o enorme problema de enfrentar Aristóteles. É uma filosofia de uma profundidade e de um valor que se impõem ao primeiro contato. No aristotelismo há instrumentos mentais com os quais se pode chegar muito longe; mas é preciso aplicá-los a temas muito diferentes daqueles para os quais foram pensados; a íntima união de teologia e filosofia que se chama Escolástica é algo completamente diferente do horizonte em que se move o pensamento aristotélico. Como aplicá-lo aos problemas da Idade Média? Mas há algo ainda mais grave. O aristotelismo não é só a lógica impecável do *Órganon*; tampouco é apenas um arsenal de conceitos úteis – matéria, forma, substância, acidente, categorias etc.; é, antes de qualquer coisa, *uma filosofia*, uma metafísica, pensada em grego, a partir de pressupostos radicalmente distintos, não cristãos, e que, no entanto, em muitos sentidos parece ser *a verdade*. Que fazer com isso? Aristóteles fala de Deus e diz sobre ele coisas extremamente agudas e interessantes; fala do mundo e do movimento, e da razão deles com uma penetração luminosa até então desconhecida. Mas esse Deus não é o Deus cristão; não é criador, não tem três pessoas, sua relação com o mundo é outra; e o mundo aristotélico tampouco é aquele que saiu das mãos de Deus segundo o Gênese.

O problema é muito sério. A Escolástica não pode renunciar a Aristóteles, não pode ignorá-lo. A filosofia do Estagirita se impõe por sua esmagadora superioridade, pela verdade que tão evidentemente mostra. Mas é preciso adaptá-la à nova situação, aos problemas que preocupam os homens do século XIII. É necessário incorporar a mente aristotélica à filosofia cristã. Com que consequências para esta? Isso é outra questão. A genialidade pujante do aristotelismo talvez fosse excessiva para que pudesse ser recebida sem riscos; talvez a influência de Aristóteles tenha obrigado a filosofia cristã a ser outra coisa, e possibilidades originais que poderiam ter amadurecido percorrendo outro caminho malograram; o problema permanece de pé.

Já São Boaventura acolhe em suas obras a influência de Aristóteles; mas apenas de forma marginal, de modo secundário, sem que o peripatetismo afete o núcleo central de sua filosofia, que continua sendo essencialmente platônica e agostiniana. Isso não era o bastante. Era preciso encarar com determinação a totalidade ingente da filosofia aristotélica; indagá-la, tentar compreendê-la e incorporá-la ao sistema ideológico da Idade Média. Esta foi a extraordinária empresa assumida e realizada no século XIII por dois dominicanos, mestre e discípulo, ambos canonizados pela Igreja; Alberto de Bollstadt (então chamado Alberto de Colônia e hoje Alberto Magno) e Tomás de Aquino.

a) *Santo Alberto Magno*

Vida e escritos • Alberto nasceu, provavelmente, em 1193 – há dúvidas sobre a data; outros indicam 1206-07 – e morreu em Colônia em 1280. Ingressou na ordem dominicana, trabalhou e viajou muito, e lecionou em Colônia, Hildesheim, Freiburg, Regensburg, Estrasburgo; voltou para Colônia, onde foi professor de Santo Tomás de Aquino, e dali foi para Paris, o centro da Escolástica. Depois foi bispo de Regensburg e no fim retirou-se para Colônia, onde viveu e lecionou. A atividade docente e eclesiástica de Santo Alberto foi extraordinária.

O volume de seus escritos é enorme; a autoridade que alcançou foi tão grande que, conforme ressalta Rogério Bacon, era tão citado quanto os grandes mortos, como Aristóteles, Averróis ou Avicena, ou quanto os Padres da Igreja. Suas obras são, principalmente, paráfrases, muito amplas e ricas, da maioria dos livros aristotélicos; além destas, tratados originais de filosofia e teologia, e uma imensa erudição, que se estende também aos árabes e judeus e tornou possível a síntese genial de seu discípulo Tomás.

A obra de Alberto Magno • O propósito de Alberto é a interpretação e assimilação de todas as disciplinas filosóficas de Aristóteles: *nostra intentio est omnes dictas partes facere Latinis intelligibiles*. Para isso faz *paráfrases* das obras de Aristóteles, explicando-as extensamente para torná-las mais compreensíveis, e aumentando-as com comentários dos muçulmanos e judeus, além de outros seus. É um propósito de vulgarização, que tropeça com grandes dificuldades, traduzidas em inúmeros defeitos. Com frequência falta clareza, a perspectiva se perde; não há uma arquitetura mental rigorosa e precisa, como a que Santo Tomás construirá depois. Ademais, muitas vezes a incorporação buscada não é atingida. Alberto Magno está aprisionado demais à estrutura do pensamento tradicional da Escolástica; sobre esse esquema verte sua imensa erudição aristotélica, mas não consegue unir numa síntese congruente e harmoniosa a filosofia do pensador helênico com a mentalidade cristã.

O que consegue é pôr em circulação uma quantidade incalculável de ideias, já consolidadas, para os pensadores da época. Aristóteles é desde então algo que está ao alcance da mão, que se pode estudar e utilizar facilmente. A difícil incorporação já foi tentada; os materiais já estão à disposição: a mente de Santo Tomás já encontrará, feito por seu mestre, o trabalho mais penoso e menos profundo, e poderá se dedicar ao trabalho superior e realizá-lo. Por outro lado, Alberto Magno, nesse sentido seguidor fiel de Aristóteles, é um homem de ciência enciclopédico. Rogério Bacon na Inglaterra e Alberto na Alemanha são as duas grandes figuras da ciência no século XIII. Alberto possui e cultiva todas as ciências, desde a astronomia até a medicina, e as faz avançar; o senso da observação e do experimento, que não foi de modo nenhum alheio à Idade Média, dirigiu seu copioso labor nessa esfera. Por último, além de sua obra mais estritamente filosófica, Alberto Magno cultiva a teologia e leva também a ela os esquemas intelectuais do aristotelismo, antecipando a realização madura de Tomás.

b) Santo Tomás de Aquino

Vida e obras • Tomás era filho da família dos condes de Aquino; nasceu em Roccasecca em 1225; estudou primeiro no monastério de Monte Cassino e em 1239 foi para Nápoles a fim de cursar as sete artes liberais; ali estudou o *trivium* (gramática, retórica e dialética) com Pedro Martín, e o *quadrivium* (aritmética, geometria, astronomia e música) com Pedro de Ibérnia. Estuda também artes na Universidade de Nápoles, e em 1244 toma nesta cidade o hábito de São Domingos. Pouco depois dirige-se para Paris com o mestre geral da Ordem, mas seus irmãos, incomodados com sua entrada na religião, raptam-no no caminho e o levam para Roccasecca. No ano seguinte vai para Paris, onde conhece Alberto Magno, e estuda com ele nessa cidade e depois em Colônia. Em 1252 volta para Paris, onde se torna mestre em teologia, e ali atua durante alguns anos. De 1259 a 1269 leciona em distintas cidades da Itália (Agnani, Orvieto, Roma, Viterbo). Volta para Paris, seu verdadeiro centro; depois reside em Nápoles e sai dessa cidade em 1274, convocado por Gregório X para assistir ao segundo Concílio de Lyon. Mas sua saúde não suportou o extenuante trabalho intelectual a que se submetia: adoeceu no caminho e morreu em Fossa Nova em 7 de março de 1274.

Santo Tomás foi um homem puramente espiritual. Toda a sua vida esteve dedicada ao trabalho da filosofia e da teologia e movida pela religião. Era um homem singularmente simples e bondoso, integralmente consagrado à grande obra intelectual que conseguiu levar a cabo. Os testemunhos mais próximos que se têm dele indicam a profunda afeição que inspirava em seus amigos mais chegados; é o caso de seu mestre Alberto Magno, que, já muito idoso, se pôs a caminho para Paris a fim de defender as doutrinas de seu discípulo, condenadas pelo bispo Tempier, e que sempre sentiu profundamente a morte de Tomás; também de seu biógrafo Guilherme de Tocco e, sobretudo, de seu companheiro de Ordem e amigo fiel frei Reginaldo de Piperno. A Igreja canonizou Tomás e reconheceu, afora sua santidade, seu valor relevante para a Escolástica. Santo Tomás foi chamado *Doctor Angelicus*.

As obras de Santo Tomás são muito numerosas; algumas, de interesse mais diretamente apologético ou de exegese de textos sagrados como a *Catena aurea super quattuor Evangelia*; outras, de tipo estritamente teológico dogmático ou jurídico; aqui nos interessam sobretudo as obras filosóficas e as de sistematização da teologia, nas quais é principalmente a filosofia tomista que está exposta. Antes de tudo, os *Comentários a Aristóteles*, uma longa série de escritos em que estuda e analisa o pensamento do Estagirita. Em segundo lugar, os *Opúsculos*, tratados breves de filosofia ou teologia, ricos de doutrina, entre os quais se encontram o escrito *De ente et essentia*, o *De unitate intellectus*, o *De princípio individuations* etc. Em terceiro lugar, as *Quaestiones quodlibetales* e as *Quaestiones disputatae* (*De veritate*, *De potentia*, *De anima* etc.). Por último, os tratados teológicos, em especial a *Summa contra Gentiles*, o *Compendium theologiae and Reginaldum* e, sobretudo, a obra mais importante de Santo Tomás, a grande exposição sistemática de seu pensamento e também de toda a Escolástica: a *Summa theologica*. Esses são os escritos tomistas que é preciso ter em conta para estudar Santo Tomás do ponto de vista da história da filosofia. Já no século XIII tornaram-se os textos fundamentais da Escolástica, e boa parte da produção posterior desta consistiu em comentários sobre os livros de Santo Tomás, sobretudo das distintas partes da *Suma teológica*.

A relação com Aristóteles • Santo Tomás realiza a adaptação da filosofia grega de Aristóteles ao pensamento cristão da Escolástica. A base geral de seu pensamento é, portanto, a dogmática cristã, os Padres da Igreja, a tradição medieval anterior e, sobretudo, Aristóteles. Tomás trabalhou longamente sobre os escritos peripatéticos, em particular com as traduções diretas de Guilherme de Moerbeke; e no lugar das longas e dificultosas paráfrases de Alberto Magno, imprecisas e cheias de dificuldades não resolvidas, Santo Tomás faz comentários em que segue de perto o texto de Aristóteles e tenta esclarecê-lo plenamente. Há sem dúvida uma estreita afinidade entre a mente de Santo Tomás e a de Aristóteles. Brentano fala, com uma palavra feliz, de uma *congenialidade*; isso faz com que em muitos pontos a exposição das doutrinas tomistas equivalha à das aristotélicas; é o que ocorre com a lógica, com as linhas gerais de sua física e de sua metafísica, com o esquema de sua psicologia e de sua ética; mas não devemos esquecer que as mesmas ideias aristotélicas são utilizadas com fins bem distintos, a dezesseis séculos de distância e, antes de tudo, com o cristianismo entre um e outro; além disso, Santo Tomás era filosoficamente genial demais para simplesmente se dobrar ao aristotelismo, e o sentido geral de seu sistema difere profundamente dele. Basta pensar que toda a atividade intelectual de Santo Tomás se volta para a fundamentação da teologia cristã, baseada em pressupostos totalmente alheios à mente helênica.

O grande problema de Aristóteles foi o dos modos de ser, na tentativa de resolver a questão que a filosofia grega vinha arrastando angustiadamente desde Parmênides, e sobretudo a elaboração de sua teoria da substância, em íntima conexão com o ente enquanto tal e com Deus entendido como motor imóvel. Ou seja, a constituição da metafísica, da "ciência buscada", e toda a ordenação do problema do saber; além disso, a reivindicação da física, colocada em questão pelo eleatismo, com sua doutrina da unidade e imobilidade do ente. Os problemas que movem Santo Tomás são totalmente outros. Antes de tudo, a demonstração da existência de Deus e a explicação de sua essência, na medida em que seja possível; a interpretação racional dos dogmas ou o isolamento de seu núcleo misterioso, suprarracional, mas não antirracional – por exemplo, a Trindade, a criação do mundo, a Eucaristia; por outro lado, a doutrina da alma humana, espiritual e imortal; a ética, orientada para a vida sobrenatural; o problema dos universais, e muitos outros.

Trata-se, pois, de duas coisas bem distintas; e a expressão, tão usada, de *filosofia aristotélico-escolástica* ou *aristotélico-tomista* é equivocada. Só tem sentido quando se aplica aos sistemas medievais que estudamos e significa a incorporação do aristotelismo à Escolástica;

mas não deve ser entendida como designação de *uma filosofia* que incluísse a de Aristóteles e a de Santo Tomás. Por isso, a rigor, as duas denominações invocadas acima não são equivalentes, e a segunda não é correta: não existe uma filosofia aristotélico-tomista, e sim apenas *tomista*, e o tomismo é *aristotélico-escolástico* no sentido que acabo de indicar.

Filosofia e teologia • Para Santo Tomás há uma distinção clara: trata-se de duas ciências, de dois tipos distintos de saber. A teologia se funda na revelação divina; a filosofia, no exercício da razão humana; houve quem dissesse, com razão, que a rigor não é o homem que faz a teologia, mas sim Deus ao se revelar. Filosofia e teologia têm de ser verdadeiras; Deus é a própria verdade e não cabe duvidar da revelação; a razão, usada retamente, também nos leva à verdade. Portanto, não pode haver conflito entre filosofia e teologia, porque seria uma discórdia dentro da verdade.

São, portanto, duas ciências independentes, mas com um campo comum; sua distinção decorre, antes de tudo, do *objeto formal*; mas seu *objeto material* coincide parcialmente. Existem dogmas revelados que podem ser conhecidos pela razão; por exemplo – indicará Santo Tomás –, a existência de Deus e muitos atributos seus, a criação etc.; não obstante, sua revelação não é supérflua, porque, por meio da razão, apenas muito poucos conhecerão essas verdades. Nos casos em que é possível *compreender* racionalmente, isso é preferível à pura crença. Encontramos aqui uma ressonância atenuada do *fides quaerens intellectum*; Santo Tomás não crê que se possa, a não ser parcialmente, tentar a compreensão racional do objeto da fé. A razão aplicada aos temas que são também assunto de fé e de teologia é a chamada *teologia natural*; portanto, existe uma teologia natural além da *theologia fidei*. Essa teologia natural é para Santo Tomás filosofia, e o que ela tem de mais importante; a rigor, é a *filosofia tomista*.

A revelação é critério de verdade. No caso de uma contradição entre a revelação e a filosofia, o erro nunca pode estar na primeira; portanto, o desacordo entre uma doutrina filosófica e um dogma revelado é um indício de que a primeira é falsa, de que a razão se extraviou e não chegou à verdade, motivo pelo qual se choca com ela. Nesse sentido existe uma subordinação da filosofia, não precisamente à teologia como ciência, mas à revelação; no entanto, o sentido dessa subordinação não é o de uma trava ou imposição, pelo contrário: a filosofia impõe como norma para si mesma o que lhe é mais próprio, ou seja, a verdade. A revelação a coloca de sobreaviso, mas é a própria razão filosófica que buscará o saber verdadeiro.

Divisão da filosofia • Como para os gregos, também para Santo Tomás a origem da filosofia é o assombro; o afã de conhecer só se aquieta quando se conhecem as coisas em suas causas: Tomás é um bom aristotélico; mas, como a causa primeira é Deus, só o conhecimento de Deus pode bastar para a mente humana e satisfazer a filosofia. O fim dessa filosofia é que se desenhe na alma toda a ordem do universo e de suas causas; *ut in ea describatur totus ordo universi et causarum ejus*. A alma humana – que já em Aristóteles era comparada com a mão, porque, assim como esta é em certo sentido todos os instrumentos, aquela é de certo modo todas as coisas – envolve com seu saber a totalidade do universo e assim excede sua função de simples criatura para participar do caráter de espírito, à imagem da Divindade.

Essa ordem do universo é tríplice. Há, em primeiro lugar, uma ordem que a mente humana encontra como existente: a ordem das coisas, da natureza, do ser real. A ela se aplica a *filosofia* natural em sentido estrito ou física, cujo objeto é o *ens mobile*, e também a matemática, mas, sobretudo, a metafísica, que estuda, segundo a definição aristotélica, o *ens in quantum ens*, e culmina no saber a respeito de Deus. Em segundo lugar, há a ordem do pensamento, objeto da filosofia racional ou lógica. Em terceiro lugar, a ordem dos atos de vontade, produzida pelo homem, a ordem moral, estudada pela filosofia moral ou ética, e também, em suas dimensões coletivas, a ciência do Estado, a economia e a política. É esse o esquema das disciplinas filosóficas tomistas. Não podemos detalhá-lo aqui, pois isso nos levaria longe demais; bastará expor brevemente os pontos de maior interesse, que marcam seu lugar e sua influência na história da filosofia.

A metafísica • O ser é o conceito mais universal de todos, segundo Santo Tomás, que recolhe o ensino aristotélico. *Illud quod primo cadit sub apprehensione est ens, cujus intellectus includitur in omnibus, quae-*

cumque quis apprehendit. Mas essa universalidade não é a do gênero, como já tinha mostrado Aristóteles em contraposição à opinião platônica; o ente é um dos *transcendentais*, que estão presentes em todas as coisas, sem se confundir com nenhuma; esses transcendentais são *ens, res, aliquid, unum et bonum*. E, como formas particulares do *bonum* temos, no tocante ao entendimento e ao apetite, o *verum* e o *pulchrum*, a verdade e a beleza.

Os dois sentidos fundamentais da palavra *ser* são a essência e a existência; a Escolástica discutira longamente a diferença entre ambas; Santo Tomás afirma a distinção real entre a essência e a existência das criaturas, que são entes contingentes; em contrapartida, em Deus essa distinção não existe; da essência de Deus decorre necessariamente sua existência; é isso que se chama *asseidade*, ser um *ens a se*, e desempenha um papel essencial na demonstração da existência de Deus e em toda a teologia.

Santo Tomás, que rejeita a prova ontológica de Santo Anselmo, demonstra a existência de Deus de cinco maneiras, que são as famosas *cinco vias*: 1.ª Pelo movimento: existe o movimento; tudo o que se move é movido por outro motor; se esse motor se move, necessitará por sua vez de outro, e assim ao infinito; isso é impossível, porque não haverá nenhum motor se não houver um primeiro, e este é Deus. 2.ª Pela causa eficiente: há uma série de causas eficientes: tem de haver uma primeira causa, porque, caso contrário, não haveria nenhum efeito, e essa *causa prima* é Deus. 3.ª Pelo possível e pelo necessário: a geração e a corrupção mostram que existem entes que podem ser ou não ser; esses entes alguma vez não foram, e teria havido um tempo em que não havia nada, e nada teria chegado a ser; tem de haver um ente necessário por si mesmo, e este se chama Deus. 4.ª Pelos graus da perfeição: há diversos graus de todas as perfeições, que se aproximam mais ou menos das perfeições absolutas e por isso são graus delas; há, portanto, um ente que é sumamente perfeito, e é o ente sumo; este ente é causa de toda perfeição e de todo ser, e se chama Deus. 5.ª Pelo governo do mundo: os entes inteligentes tendem a um fim e a uma ordem, não por acaso, mas pela inteligência que os dirige; há um ente inteligente que ordena a natureza e a impulsiona para seu fim, e esse ente é Deus.

Estas são, em suma, as cinco vias. A ideia fundamental que as anima é que Deus, invisível e infinito, é demonstrável por seus efeitos visíveis e finitos. Sabe-se, portanto, *que Deus é*, mas não *o que é*. Ainda assim, cabe de certo modo saber de Deus, pela visão das criaturas, e isso de três maneiras: por via de causalidade, por via de excelência e por via de negação. Santo Tomás distingue, de todo modo, duas possibilidades de ver: uma, segundo a simples razão natural, outra mediante uma luz sobrenatural; alguns veem luz – diz –, mas não estão na luz: *quidam vident lumen, sed non sunt in lumine*.

O mundo está criado por Deus; já vimos que a criação é a colocação do mundo na existência, por um ato livre e voluntário de Deus; a revelação acrescenta que é algo que se deu no tempo, embora, segundo Santo Tomás, isso seja indemonstrável racionalmente. Deus é causa do mundo num duplo sentido: é causa eficiente e, ademais, causa exemplar; por outro lado, é causa final, pois todos os fins se endereçam a Deus.

No tocante aos universais, a doutrina de Santo Tomás é o *realismo moderado*: os universais têm realidade, mas não existem universais enquanto tais, apenas em forma abstrata; a espécie só se dá individualizada, e o princípio de individuação é a *materia signata*. Daí a teoria da especificidade e não da individualidade dos anjos, por serem estes imateriais.

A alma • A doutrina tomista sobre a alma difere da tradicional na Escolástica, de origem platônico-agostiniano, e se aproxima, se bem que com uma transposição cristã essencial, da de Aristóteles. Santo Tomás, em conformidade com a psicologia aristotélica, interpreta a alma como *forma substancial* do corpo humano, primeiro princípio de sua vida. A alma é quem faz com que o corpo seja corpo, ou seja, corpo vivo. Existem tantas almas ou formas substanciais quanto corpos humanos; Santo Tomás rejeita o monopsiquismo de origem árabe, que aparece com força no averroísmo latino. Também nega que o corpo e a alma sejam duas substâncias completas, de modo que a alma daria ao corpo a vida, mas não a corporeidade; a união da alma com o corpo é uma *união substancial*; ou seja, a alma e o corpo, unidos, formam a substância completa e única que é o homem, sem intervenção de nenhuma outra forma. O Concílio de Viena (1311-12) definiu que a alma racional é por si e essencialmente a forma do corpo humano.

Por outro lado, a alma *humana* – diferentemente da animal – é uma *forma subsistente*; isto é, a mente ou entendimento tem uma operação própria, da qual não participa essencialmente o corpo, e, portanto, pode subsistir e exercer essa operação mesmo separada do substrato corporal. Portanto, a alma é algo incorpóreo e não tem composição de matéria e forma; e é espiritual, por estar dotada de razão e ser uma *mens*. Portanto, a alma humana é incorruptível e imortal; sua imaterialidade e simplicidade tornam impossível sua decomposição ou corrupção; sua espiritualidade e conseguinte subsistência impedem-na de poder ser acidentalmente corrompida, quando se dá a corrupção do composto humano. A alma humana é, portanto, imortal, e só poderia perecer se Deus a aniquilasse. Santo Tomás encontra outra prova da imortalidade pessoal no desejo que o homem tem de permanecer em seu modo de ser; e como esse desejo natural – acrescenta ele – não pode ser em vão, toda substância intelectual é incorruptível.

A moral • A ética tomista insere-se no quadro da moral aristotélica, embora considerando o ponto de partida cristão. A moral é *motus rationalis creaturae ad Deum*, um movimento da criatura racional na direção de Deus. Esse movimento tem como fim a bem-aventurança, que consiste na visão imediata de Deus. Portanto, o fim último do homem é Deus, que ele alcança pelo conhecimento, pela contemplação; a ética de Santo Tomás tem um claro matiz intelectualista. A primeira lei da vontade humana é *lex aeterna, quae est quasi ratio Dei*.

A filosofia do Estado de Santo Tomás está subordinada à Política de Aristóteles. O homem é por natureza *animal sociale* ou *politicum*, e a sociedade existe para o indivíduo, e não o inverso. O poder deriva de Deus. Santo Tomás estuda os possíveis tipos de governo e considera o melhor a monarquia moderada por uma ampla participação do povo, e o pior, a tirania. Em todo caso, a autoridade superior é a da Igreja.

A acolhida do tomismo • O sistema de Santo Tomás significava uma inovação radical dentro da Escolástica. Sua oposição a grande número de doutrinas platônico-agostinianas e o evidente predomínio do aristotelismo despertaram a hostilidade dos franciscanos. Até mesmo alguns dominicanos opunham-se ao tomismo.

Os primeiros ataques são escritos; os principais, os de Guilherme de la Mare e de Ricardo de Mediavilla, referem-se, sobretudo, à teoria da unidade das formas substanciais. Mas depois vêm as condenações oficiais. A primeira, em 1277, é a do bispo de Paris, Estevão Tempier, que afetou algumas das proposições tomistas; esta condenação, restrita à diocese parisiense, estendeu-se depois a Oxford, com os dois arcebispos de Canterbury, Roberto Kilwardby (dominicano) e John Peckham (franciscano).

Ao mesmo tempo, contudo, e com mais força, ocorre a acolhida triunfal do tomismo, em primeiro lugar, na Ordem dos Pregadores, em seguida na Universidade de Paris e logo em todas as escolas. Em 1323 Santo Tomás foi canonizado, e desde então até hoje a Igreja vem insistindo no grande valor do sistema tomista.

O neotomismo • A influência de Santo Tomás na teologia e na filosofia não conheceu interrupção; desde sua morte multiplicaram-se os comentários à *Summa theologica* e às demais obras de Santo Tomás; a teologia em particular desfrutou a imensa contribuição tomista, que lhe deu uma estrutura sistemática precisa e rigorosa. No entanto, depois da Idade Média e do passageiro esplendor da Escolástica espanhola no século XVI, o pensamento tomista perdeu fecundidade. Na segunda metade do século XIX, inicia-se um movimento intelectual muito intenso, vivamente apoiado pela Igreja e particularmente por Leão XIII em sua Encíclica *Aeterni Patris* (1879), e cultivado na Itália por Sanseverino, Tongiorgi e Taparelli, que tende a restaurar o tomismo e a abordar os problemas trágicos e filosóficos desde seus pressupostos gerais. O fruto mais bem-sucedido desse movimento foi a Universidade de Louvain, inspirada e animada pelo cardeal Mercier. Entre os principais pensadores neotomistas estão J. Maritain e o Pe. Marechal, e na Alemanha, von Hertling e Bäumker, que tanto contribuíram para o estudo da filosofia medieval; Dyroff, Cathrein, dedicado à filosofia moral, o psicólogo Fröbes e o historiador da filosofia Gilson.

8. Roger Bacon

O século XIII é quase totalmente tomado pela influência de Aristóteles e por sua grande sistematização tomista. Mas há algumas orientações independentes, de grande interesse, e que se desviam da corrente central da Escolástica. É o que ocorre com o *averroísmo latino*, já mencionado, que teve como principal representante Siger de Brabante e renovou as doutrinas árabes da eternidade do mundo e da unidade do entendimento humano e, sobretudo, colocou em primeiro plano a famosa teoria da dupla verdade. Há, por outro lado, um ramo da Escolástica inglesa de filiação tradicional, platônico-agostiniana, mas que se dedica de um modo novo e intenso ao cultivo das ciências experimentais. Essa corrente britânica vincula-se ao grupo anglo-francês que se estabeleceu em Chartres no século XII, que em seguida ganha novo desenvolvimento em Oxford, onde, além da filosofia e da teologia tradicionais, cultivam-se as línguas, as matemáticas e as ciências da natureza; a outra grande dimensão de Aristóteles, descuidada no continente, é recolhida na Inglaterra e logo virá a florescer no Renascimento europeu. A primeira figura importante desse núcleo é Roberto Grosseteste, bispo de Lincoln, mas sobretudo Roger Bacon.

Personalidade • Esse pensador inglês é uma personalidade estranha e fecunda; certamente mais do que foi, três séculos depois, Francis Bacon. Roger nasceu por volta de 1210-14, estudou em Oxford e em Paris, entrou na Ordem Franciscana e se dedicou apaixonadamente ao estudo da filosofia, das línguas e das ciências. Dentro da Ordem foi alvo constante de perseguições e suspeitas dos superiores; só conhece um curto período de alívio durante o pontificado de Clemente IV (1265-68), seu amigo Guido Fulcodi, que o protegeu e estimulou a compor suas principais obras: *Opus majus*, *Opus minus* e *Opus tertium*. Escreveu até 1277, época em que foram condenadas por Tempier várias ideias suas, e no ano seguinte foi preso, não se sabe até quando; tampouco se sabe a data exata de sua morte, que se calcula ser por volta de 1292-94.

Roger Bacon se dedicou a todas as ciências conhecidas em seu tempo, e as conhece melhor que ninguém. É um verdadeiro investigador e experimentador. Aplica a matemática à física, fabrica instrumentos ópticos, é alquimista, astrônomo, linguista. Estuda ademais o pensamento medieval, e em seu *Opus majus* encontramos quase uma tentativa de história da filosofia.

Doutrina • Para Bacon, a filosofia e as ciências não têm outro sentido senão o de explicar a verdade revelada na Escritura: *Una est tantum sapientia perfecta quae in sacra scriptura totaliter continetur.* Deus ensinou os homens a filosofar, pois, sozinhos, não teriam conseguido; mas a maldade humana fez com que Deus não manifestasse plenamente as verdades e estas se misturassem com o erro. Por isso, a verdadeira sabedoria se encontra nos primeiros tempos e por isso é preciso buscá-la nos filósofos antigos. Daí a necessidade da história e das línguas, e das matemáticas para a interpretação da natureza. Bacon representa, portanto, como já dissemos, um *tradicionalismo científico*, tomando o cuidando de dar igual peso aos dois termos dessa denominação.

Bacon reconhece três modos de saber: a autoridade, a razão e a experiência. A autoridade não basta, e requer ela mesma o raciocínio; mas este não é seguro enquanto não for confirmado pela experiência, que é a principal fonte de certeza. Essa experiência é dupla: externa e interna. A primeira é *per sensus exteriores*, ao passo que a segunda é uma verdadeira *scientia interior*, fundada em inspiração divina. A iluminação de Deus, que culmina no *raptus*, tem um papel importante. A experimentação de Bacon vincula-se num extremo com a intenção sobrenatural da mística.

Bacon na verdade representa na filosofia e na teologia um ponto menos avançado que Santo Tomás, por exemplo; mas há nele um germe novo, o do interesse pela natureza, e dele surgirá, através dos físicos franciscanos dos séculos XIV e XV, e da escola de Paris, a ciência natural moderna.

9. *A filosofia cristã na Espanha*

Afora os árabes e judeus antes mencionados, a filosofia não conta com grandes figuras na Idade Média espanhola. A Espanha cristã, por razões que exigiriam muito tempo para expor, aparece à margem da formação da Escolástica; seu papel é sumamente interessante, mas secundário e de transmissão, na escola de tradutores de Toledo; Dominicus Gundisalvus, já citado, é a personalidade mais saliente desse núcleo. Mas, dentro desses limites, há na Espanha vários filósofos com interesse próprio, que exerceram influência em sua época e que a conservaram — pelo menos alguns — durante muitos séculos.

No século XIII, Pedro de Espanha teve uma atuação intensíssima. Nascido em Portugal, foi bispo, arcebispo, cardeal e, por último, Papa, com o nome de João XXI. Estudou medicina, teologia e filosofia, e escreveu *Summulae logicales*, de extraordinária fama em seu tempo, que se transformaram em verdadeiro livro de texto. É autor dos versos mnemotécnicos da silogística e das denominações dos modos válidos do silogismo, *Barbara*, *Celarent* etc.

Também tem interesse um médico e teólogo valenciano, Arnaldo de Villanova, e, sobretudo, Raimundo Lúlio, de quem é preciso falar mais prolongadamente. No século XV viveu outro teólogo e médico catalão, Raimundo de Sabunde (Síbond), de quem Montaigne falou longamente, autor de uma *Theologia naturalis seu Liber de creatures*, de inspiração luliana.

Raimundo Lúlio • Raimundo Lúlio (Ramón Lhull em sua forma catalã, não latinizada) nasceu em Maiorca, aparentemente em 1233, e morreu, não se sabe se martirizado pelos sarracenos, por volta de 1315. Sua juventude foi cortesã e de "escandalosa galanteria"; mas a imagem de Cristo crucificado lhe apareceu várias vezes, e ele abandonou a família, sua fazenda e sua pátria e se dedicou à pregação entre os infiéis. Sua vida é um prodigioso romance. Percorreu inúmeras vezes a Itália e a França, grandes zonas da África e da Ásia, navegou por todo o Mediterrâneo, naufragou, foi feito prisioneiro e apedrejado, e dizem que chegou até a Abissínia e Tartária. Esteve o tempo todo animado pelo afã apostólico, com exaltado fervor.

Para a conversão dos infiéis, aprendeu árabe e se dedicou à lógica. Estudou as ciências, foi místico e poeta. Escreveu em catalão e em latim, e também em árabe uma numerosa série de livros. Os principais são os seguintes: *Libre de contemplació en Dèu*, *Art abreujada d'atrobar veritat* (*Ars compendiosa inveniendi veritatem seu Ars magna et major*), *Liber de ascensu et descensu intellectus, Ars generalis ultima*, e o livro místico intitulado *Libre de amic e amat*, que faz parte de seu romance filosófico *Blanquerna*.

O pensador de Maiorca considera que a conversão dos infiéis exige a prova racional da verdade cristã; acredita que a razão pode e deve demonstrar tudo; nas mãos de Lúlio a filosofia se torna apologética. Raimundo Lúlio imaginou um procedimento para encontrar a verdade e prová-la automaticamente: é a chamada *Ars magna*. Consiste numa complexa combinação de conceitos, relativos sobretudo a Deus e à alma, que formam tábuas passíveis de serem manejadas como um simbolismo matemático para achar e demonstrar os atributos de Deus etc. Essas tábuas, cujo manejo é difícil de compreender, multiplicaram-se e complicaram-se cada vez mais. Essa ideia de construir a filosofia de modo dedutivo e quase matemático mediante uma combinação geral exerceu forte atração sobre outros pensadores, em particular sobre Leibniz; mas o valor filosófico dessas tentativas é mais que problemático.

O grande interesse de Lúlio é sua estranha e poderosa personalidade; foi chamado *Doctor iluminado* e despertou grande admiração. Sua formação é claramente franciscana, com uma base platônica e agostiniana e uma culminação na mística. Assinalou-se acertadamente o parentesco espiritual de Rogério Bacon com Raimundo Lúlio. Os dois cultivam as ciências e as línguas orientais, com os mesmos fins de evangelização e renovação da cristandade. Nos dois há uma clara primazia do saber teológico, e mais ainda místico, sobre qualquer outra ciência. Os dois temas do pensamento franciscano, a subordinação de todos os conhecimentos à teologia e a marcha da mente individual rumo a Deus, estão presentes na obra de Roger Bacon e na de Raimundo Lúlio. São os dois temas que se resumem nos títulos de duas obras de São Boaventura: *De reductione artium ad theologiam* e *Itinerarium mentis in Deum*.

10. *Duns Escoto e Ockham*

Os finais dos séculos XIII e XIV marcam uma nova etapa na Escolástica, que se prolonga, em decadência, no século XV. À plenitude do tomismo sucede uma corrente filosófica, de preferência franciscana, que incorpora, como Santo Tomás, a filosofia aristotélica, mas que adquire características voluntaristas e nominalistas cada vez mais acentuadas. Com esses pensadores se chega ao extremo da evolução dialética dos grandes problemas da filosofia medieval; vimos acima a posição que representam no tocante às três questões da criação, dos universais e do *lógos*. Indicaremos agora os momentos mais importantes da filosofia dos dois grandes franciscanos ingleses João Duns Escoto e Guilherme de Ockham.

a) Duns Escoto

Vida e obras • Nasceu nas Ilhas Britânicas, muito provavelmente na Escócia, em 1266. Entrou na Ordem de São Francisco; estudou e lecionou em Oxford; em 1304 foi para Paris; em 1308, para Colônia, e ali morreu nesse mesmo ano, ainda muito jovem. Escoto é um dos poucos filósofos precoces da história; a filosofia, salvo exceções como a sua ou a de Schelling, costuma exigir a plena maturidade. Duns Escoto foi desde cedo um caso de genialidade filosófica e demonstrou um espírito agudíssimo e penetrante, que lhe valeu o nome de *Doctor subtilis*. Foi defensor do dogma atual da Imaculada Concepção da Virgem.

Várias das obras tradicionais atribuídas a Duns Escoto não são autênticas. As mais importantes entre as seguras são *Opus oxoniense*, sobretudo, e o tratado *De primo rerum omnium principio*.

Filosofia e teologia • A situação de equilíbrio em que as duas disciplinas aparecem em Santo Tomás vai se romper. A distância entre a filosofia e a teologia é muito maior em Escoto, e o será mais ainda em Ockham. Não diferem só por seu objeto *formal*, mas também por seu objeto *material*. A teologia se reduz ao que nos é dado por revelação, de um modo *sobrenatural*; em contrapartida, tudo o que a razão entende *naturalmente* é assunto da filosofia. A história do final da Idade Média e da época moderna será a progressiva dissociação entre o mundo da natureza e o da graça, e o esquecimento do velho princípio: *gratia naturam non tollit, sed perficit*. A teologia não é especulativa, e sim prática. Desaparece cada vez mais a *theologia rationis* para dar lugar exclusivamente à *theologia fidei*. Logo a *ratio*, o *lógos*, se afasta totalmente do *theós*.

Essa atitude, no entanto, não deve ser confundida com a teoria da dupla verdade, de linhagem averroísta, já que a verdade revelada da teologia mantém o lugar principal e oferece uma certeza sobrenatural. É a impossibilidade de penetrar racionalmente o mistério de Deus que separa a filosofia do saber sobre a Divindade.

A metafísica escotista • Duns Escoto distingue – são sempre inumeráveis e sutis suas distinções – três tipos de matéria-prima: a *materia primo prima*, indeterminada, mas com uma certa realidade, como algo criado; a *materia secundo prima*, que possui os atributos da quantidade e já supõe a informação por uma forma corporal, e, por último, a *materia tertio prima*, que é matéria para as modificações dos entes que já são corporais.

Por outro lado, também as *formas* são várias, e Duns Escoto distingue entre a *res* e as *formalitates* que a constituem. Já vimos o papel destas *formalitates*, em especial da *haecceitas*, e da distinção formal *a parte rei* para a interpretação do problema dos universais.

Duns Escoto admite o argumento ontológico de Santo Anselmo para demonstrar a existência de Deus, com algumas modificações, que depois foram recolhidas por Leibniz; se Deus é possível, existe; é preciso demonstrar primeiro sua possibilidade, e esta é provada em Duns Escoto – como em Leibniz – por sua impossibilidade de contradição, já que em Deus não existe nada negativo. Deus, como *ens a se*, é necessário, e sua essência coincide com sua existência; portanto, sua possibilidade implica sua realidade. É isso que Duns Escoto chamava *colorari ista ratio Anselmi de summo cogitabile*.

Duns Escoto, diferentemente de Santo Tomás, é voluntarista. Afirma a primazia da vontade sobre o conhecimento; e isso em todas as ordens; a vontade não é passiva, mas sim *ativa*; não é determinada por uma necessidade (*voluntas nihil de necessitate vult*): sua importância moral é superior, e por isso o amor é superior à fé, e vale mais amar Deus que conhecê-lo, e inversamente: a perversão da vontade é mais grave que a do entendimento. Todas essas tendências escotistas virão a adquirir sua máxima agudeza nos séculos seguintes e determinarão a passagem da Idade Média para o Renascimento. Iremos encontrando suas consequências nas páginas que se seguem.

b) Ockham

Sua personalidade • Guilherme de Ockham nasceu na Inglaterra, talvez na cidade cujo nome leva, no final do século XIII, entre 1280 e 1290. Foi também franciscano, estudou em Oxford, onde foi professor, e em seguida em Paris. Após uma grande atividade científica, envolveu-se em questões políticas e religiosas, e algumas de suas proposições foram condenadas. No século XIV começava a se dissolver a grande estrutura medieval; a luta entre o Pontificado e o Império estava novamente deflagrada. Ockham tomou partido do imperador e foi excomungado por João XXII por causa de sua postura na questão dos direitos temporais. Refugiou-se na corte do imperador Luís da Baviera, a quem disse a famosa frase: *Tu me defendas gladio, ego te defendam calamo*. Morreu em Munique em 1350.

Além de suas obras político-eclesiásticas (*Quaestiones octo de auctoritate summi pontificis, Compendium errorum Joannis papae XXII, Breviloquium de potestate papae* etc.), escreveu *Super IV Libros Sententiarum, Quodlibeta septem, Centiloquium Theologicum, De sacramento altaris, Summa totius logicae* e comentários de Aristóteles.

A filosofia de Ockham • Tudo o que está apontado em Duns Escoto é levado ao extremo por Ockham. As tendências cujo germe aquele indica, este as desenvolve até suas últimas consequências. Em primeiro lugar, leva ao máximo a distância entre a teologia e a física. A primeira tem uma extensão ainda maior, mas não como ciência racional; as verdades da fé são inacessíveis à razão, e a filosofia nada tem a fazer com elas. A ciência é *cognitio vera sed dubitabilis nata fieri evidens per discursum*. Deus não é razão; esta é algo que só tem valor "no foro íntimo" do homem. Deus é onipotência, livre-arbítrio, vontade sem travas, nem sequer as da razão; o voluntarismo de Duns Escoto se transforma nessa posição que exclui a razão da Divindade e, portanto, subtrai esta da especulação racional do homem. Deus desaparece do horizonte intelectual e deixa de ser objeto próprio da mente, como era na Idade Média até então. Nesse momento começa o processo que se pode chamar de *a perda de Deus*, cujas etapas são as da época moderna.

No tocante à questão dos universais, como já vimos anteriormente, Ockham é *nominalista*; não têm realidade nem nas coisas nem na mente divina, como exemplares eternos das coisas; são abstrações do espírito humano, conceitos ou termos: *conceptus mentis significans univoce plura singularia*. A ciência trata dos universais e, portanto, não *é ciência de coisas*, mas só de signos ou símbolos; isso prepara o auge do pensar matemático do Renascimento.

Ockham é, portanto, o extremo da tendência franciscana da filosofia medieval. O homem, cindido do mundo desde o cristianismo, fica agora sem Deus. "Portanto, só, sem mundo e sem Deus – escreve Zubiri –, o espírito humano começa a se sentir inseguro no universo." A partir de então, e ao longo dos séculos da modernidade, o homem vai pedir da filosofia, antes de qualquer coisa, *segurança*. A filosofia moderna está movida pela precaução, pela cautela, mais pelo medo ao erro que pelo afã da verdade.

11. Mestre Eckhart

A grande figura de Mestre Eckhart é mal conhecida e mal estudada. É uma das personalidades mais geniais da filosofia medieval; mas as dificuldades de sua interpretação são muito grandes. Não podemos entrar aqui no estudo de seu pensamento. Basta indicar seu lugar e alertar para o fato de que é um elemento essencial para compreender a filosofia medieval e a passagem para a moderna.

Eckhart nasceu em 1260, provavelmente em Gotha; foi dominicano, talvez discípulo direto de Alberto Magno. Lecionou teologia em Paris no mesmo período que Duns Escoto, no princípio do século XIV. Logo ocupou cargos na ordem dominicana e foi grande pregador. Os franciscanos abriram um processo contra ele, que foi acusado de panteísmo e averroísmo. Em 1329, dois anos depois de sua morte, várias de suas proposições foram condenadas. "Mas nada mais distante de Eckhart – escreve Zubiri – que o panteísmo que com inaudita precipitação lhe foi atribuído." Eckhart deixou muitos sermões em alemão e diversas obras latinas. Sua mística especulativa influenciou profundamente o desenvolvimento de toda a mística alemã e também da flamenga e francesa do século XV; e, de modo direto, está presente nos grandes místicos espanhóis do século XVI.

Já vimos o sentido de sua doutrina da *scintilla animae*, da centelha da alma, incriada e incriável, e como não há panteísmo em sua afirmação, mas sim a convicção, rigorosamente ortodoxa, de que a *ideia* do homem, seu modelo exemplar, do qual é imagem, é Deus ele mesmo. Deus está além do ser; chega a dizer que é *um puro nada*, para marcar sua radical infinitude e superioridade sobre todas as essências. O caminho para chegar a Deus é a própria alma, e Eckhart busca o retiro e o isolamento.

"Sem Eckhart seria totalmente inexplicável a origem da filosofia moderna. Fazer esta brotar de Cusa ou de Ockham é uma imprecisão fácil. Tudo indica que o nominalismo de Ockham seria incapaz de ter gestado em sua dominante negatividade o princípio positivo que Nicolau de Cusa viria a extrair". "E a dificuldade de entender Eckhart é mais grave do que parece à primeira vista, não só porque ainda não se conhecem todos seus escritos latinos, mas porque uma visão leal do problema nos obrigaria a uma reinterpretação total da metafísica medieval". "Veríamos então em Eckhart um pensamento genial, que não consegue expressar em conceitos e termos de Escola novas intuições metafísicas, antípodas, em muitos sentidos, do agostinismo e da Reforma. Para Santo Agostinho é problema o mundo, porque acreditou saber quem é Deus. Para Eckhart é problema Deus, talvez porque tenha acreditado saber o que é o mundo. Por outro lado, enquanto a Reforma apela para o indivíduo, Eckhart recorre ao retiro da vida interior, algo que provavelmente se acha a duzentas léguas de todo o movimento luterano. Somente dessa maneira saberemos o que é especulação e o que é mística em Eckhart, e em que consiste sua radical unidade" (Zubiri).

12. A última fase da filosofia medieval

Depois de Ockham e de Eckhart, a filosofia medieval inicia uma decadência rápida, dominada pela complicação crescente de suas distinções e pela dispersão em questões acessórias. Mas seria um erro crer que tudo termina em meados do século XIV, e por outro lado que a especulação do final desse século e do seguinte não contém elementos fecundos, que depois vão atuar na filosofia moderna. Interessa, sem entrar nos complexos problemas que essa época suscita, assinalar os momentos e as figuras capitais dessa etapa final em que a Escolástica entra em crise.

Os ockhamistas • Na Inglaterra e na França, sobretudo, o ockamismo é rapidamente aceito e tem uma série de argutos cultivadores, entre os quais o dominicano inglês Roberto Holkot, contemporâneo de Ockham, e sobretudo o mestre parisiense Nicolau de Autrecourt, ligeiramente posterior, espírito crítico que às vezes se aproxima do averroísmo latino. Também é seu discípulo o cardeal Pierre d'Ailly (1350-1420), que cultivou a cosmografia, e cuja *Imago mundi* teve uma influência decisiva sobre as ideias de Colombo a respeito da esfericidade da Terra, que o levaram ao descobrimento do Novo Mundo. Discípulo do cardeal e sucessor seu como chanceler da Universidade de Paris foi João Gerson (1363-1429), uma das figuras mais importantes do século XV, que acabou se voltando para a mística.

Por outro lado, os nominalistas franceses cultivam com grande intensidade as ciências da natureza e, a rigor, antecipam boa parte das descobertas dos físicos do Renascimento. João Buridan, que viveu na primeira metade do século XIV; Alberto de Saxônia, morto em 1390, e, sobretudo, Nicolau de Oresme, que morreu em 1382, são os principais "ockhamistas científicos" segundo a denominação de Gilson. Nicolau de Oresme, bispo de Lisieux, que escreveu em latim e em francês, antecipando-se nisso a Descartes, foi um pensador de grande destaque, que fez avançar consideravelmente a física e a astronomia. Escreveu o tratado *De difformitate qualitatum*, *Traité de la sphère* e comentários às obras físicas de Aristóteles.

O averroísmo • O movimento filosófico chamado de averroísmo latino, iniciado no século XIII, prossegue até o final da Idade Média e continua a repercutir no Renascimento. Pode-se dizer que constituiu uma corrente filosófica independente da Escolástica, embora em estreita relação com seus problemas. A figura mais importante do averroísmo latino é Siger de Brabante, que viveu no século XIII e se apoiou nos ensinamentos aristotélicos interpretados por Averróis. Para Siger de Brabante, que teve muitas de suas proposições condenadas, a eternidade do mundo e a unidade do entendimento humano são tais que só há um intelecto da espécie, e desaparece a crença na imortalidade do homem individual. Também é de origem averroísta latina a doutrina da *dupla verdade*, segundo a qual uma mesma proposição pode ser verdadeira em teologia e falsa em filosofia, ou vice-versa.

No século XIV, João de Jandun (morto em 1328) continua a tendência averroísta, ainda mais exagerada, sublinhando a dependência em relação ao filósofo cordobês. Concede primazia à filosofia, e a ela atribui primariamente a verdade.

A mística especulativa • Influenciados por Mestre Eckhart acham-se vários importantes místicos do século XIV, sobretudo na Alemanha e nos Países Baixos, que mantêm relação com os franceses, como o mencionado Gerson e Dionísio, o Cartuxo. Esses místicos, inspiradores mais ou menos diretos da renovação religiosa do século XV, sobretudo da chamada *devotio moderna*, precursora do Renascimento, são principalmente João Tauler (1300-61), Henrique Suso (1300-65) e João Ruysbroeck (1293-1381), e o autor desconhecido de *Theologia deutsch*, que tanto influenciou Lutero. Desses grupos religiosos nascem os estímulos que inspirarão a vida espiritual do século XVI, tanto entre os protestantes como na Contrarreforma.

O século XV • Na última centúria da Idade Média acentua-se a decadência da Escolástica. As principais escolas – tomista, escotista, ockhamista – continuam funcionando, mas sua atividade vai se tornando um vão formalismo. Há alguns comentaristas importantes, como o de Santo Tomás, Cajetano, e os escotistas Pedro Tartareto, famoso por seus comentários a Aristóteles, e o belga Pedro Crockaert, dominicano e posteriormente tomista, que foi professor de Francisco de Vitória; o escotismo perdurou até o século XVII e tem representantes como Wadding, o célebre editor de Escoto, e Merinero, professor de Alcalá. Mas o último escolástico importante, cuja obra não é simples exegese ou ensino, é o ockhamista Gabriel Biel (1425-95). A renovação da Escolástica na Espanha no século XVI tem um caráter distinto e abertamente influenciado pelo Renascimento.

Vimos os caminhos percorridos pela filosofia medieval. Passamos uma breve vista d'olhos em sua imensa riqueza, suficiente para compreender os radicais problemas que suscitou e a profundidade exemplar com que os soube abordar. Acabamos de ver, por outro lado, que a filosofia medieval não se esgota – afinal, o que poderia querer dizer isso? – e que seu final aponta para algo novo. É um final, porque é ao mesmo tempo um começo, e nisso que agora começa continuará se realizando.

A filosofia moderna não surge do nada. Tampouco nasce, como chegou a crer o superficial pensamento dos humanistas, de uma reação à Escolástica para voltar aos gregos e latinos, sobretudo a Platão e aos estoicos. Na verdade, foi o contrário. Os filósofos gregos – dos latinos pouco há o que dizer – atingiram uma nova eficácia na Escolástica; e a suposta restauração dos humanistas foi um obstáculo e um retrocesso, que durou até surgir a autêntica filosofia moderna, de Descartes a Leibniz, na qual a Escolástica encontra sua verdadeira continuação, mais que em nenhum outro "Renascimento", e com ela o pensamento vivo dos gregos.

Desde Platão e Aristóteles – e mesmo desde Parmênides – até Descartes e Leibniz e em seguida Kant e Hegel, e ainda depois deles, há uma linha ininterrupta ligando os problemas e a verdade, embora talvez não o tempo; e essa linha é, nem mais nem menos, a da história da filosofia.

Filosofia moderna

O Renascimento

I. O MUNDO RENASCENTISTA

1. O contexto espiritual

No final da Idade Média a situação religiosa em que o homem vivia tornara-se problemática. A teologia estava em profunda crise, com um destaque cada vez maior para o aspecto sobrenatural, e por isso se tornava mística. Além disso, também estava em situação igualmente crítica toda a organização medieval, a Igreja e o Império. O poder – poder quase espiritual, mais que temporal – do Império esfacelara-se e começavam a nascer as nações. Surge a preocupação com o Estado. No Renascimento vão aparecendo todos os seus teóricos, de diversas linhagens, de Maquiavel a Hobbes. Em geral, o problema é abordado com o incipiente racionalismo, com esse novo uso da razão aplicada ao homem e à natureza, temas aos quais se volta depois de renunciar a Deus. E o racionalismo é anti-histórico: o vício radical do pensamento sobre a sociedade e o Estado, que são realidades históricas, em toda a época moderna. Procura-se resolver o problema esquematicamente: *De optimo reipublicae statu, deque nova insula Utopia*, de Thomas More; *Civitas Solis*, de Campanella; e depois, *Leviatã*, de Hobbes.

A mística floresce em Flandres e depois na França e no resto da Europa. Vive-se em comunidades que cultivam uma nova religiosidade. Sente-se aversão à teologia. Não importa saber, só sentir e fazer: "Mais vale sentir a compunção que saber defini-la." Em Flandres, o final da Idade Média, em arte assim como em tudo, já é Renascimento; os irmãos Van Eyck, por exemplo. Na mística, Ruysbroeck; na França, Dionísio, o Cartuxo, João Gerson; na Alemanha, Suso, Tauler, Tomás de Kempis.

Com uma evidente inspiração franciscana, começa-se a descobrir a natureza. Do amor pelas coisas de São Francisco de Assis ao nominalismo dos filósofos franciscanos, produtor do pensamento matemático, tudo leva ao interesse pela natureza. Um nome: Petrarca, que sobe com propósitos de contemplação ao alto de uma montanha, mas, uma vez no topo, como ainda não sabe olhar muito bem, põe-se a ler Santo Agostinho.

Alguns títulos de livros, muito eloquentes, indicam essa linha divisória entre duas épocas; Petrarca (e muitos outros): *De contemptu mundi*; Agrippa: *De incertitudine et vanitate scientiarum*; Nicolau de Cusa: *De docta ignorantia*. Pouco depois, Francis Bacon escreve: *Novum Organum*, título de amanhecer contra os do poente; *De dignitate et augmentis scientiarum*, de Bacon também, como réplica ao de Agrippa; e o mais triunfante e significativo: *De interpretatione naturae et regno hominis*. A impressão do "outono" logo se dissipa e, em seu lugar, começa a se impor, triunfante, a consciência do "Renascimento".

Aparece o humanismo, que prolifera abundantemente. Chegam ao Ocidente os livros gregos e latinos; a devoção pelo antigo chega ao extremo, por certo sem critério e sem que se saiba muito bem o que é cada coisa. A Escolástica é atacada. O humanismo se liga à nova religiosidade, com a consciência de que é preciso uma reforma; essa ideia ainda é ortodoxa; logo deixará de sê-lo e se transformará na Reforma luterana.

O interesse pela natureza transcende sua própria esfera. O homem não se contenta mais em se voltar com afinco ao natural; procura impor esse caráter a todas as coisas. Haverá não só uma ciência natural, mas um direito natural, uma religião natural, uma moral natural, um naturalismo humano. Que quer dizer "religião natural"? É o que resta da religião depois de extraírem dela todo o sobrenatural: revelação, dogma, história etc. A religião natural é o que o homem sente por sua própria natureza, um Deus, não como o Deus pessoal do dogma cristão, mas uma ideia de Deus. O direito natural, a moral natural são os que competem ao homem pelo mero fato de ser homem. Trata-se de algo fora da história e fora, sobretudo, da graça.

Portanto, no Renascimento muitas coisas são feitas. Descobrimentos que ampliam o mundo, como os dos espanhóis e portugueses, sobretudo; invenções, como a imprensa, as armas de fogo e uma série de técnicas superiores às medievais; política realista das novas nacionalidades, como a de Fernando, o Católico, ou Luís XI, e teorias do Estado; literatura humanística em bom latim e nas línguas vulgares; moral; mística; uma arte que abandona o gótico e restaura os estilos antigos. Também se cultiva bastante uma coisa que chamam filosofia. Mas vale a pena examiná-la com mais vagar. Temos de distinguir na filosofia renascentista dois aspectos diferentes: um deles é a massa do pensamento dos séculos XV e XVI, que se apresenta com as características típicas do "Renascimento", ou seja, oposição à Idade Média e restauração – *renascimento* – da antiguidade; o outro é a corrente, talvez menos visível, mas mais profunda, que dá continuidade à autêntica filosofia medieval e atinge a plena maturidade em Descartes. Aqui, naturalmente, não há ruptura mas um levar às últimas consequências a dialética interna dos problemas filosóficos medievais.

Os humanistas, os pensadores da Academia Platônica de Florença, fundada em 1440, os da Academia Romana, todos aqueles embebidos do caudal clássico procedente sobretudo do Império Bizantino em ruínas, de Lorenzo Valla a Luis Vives, propõem-se, em primeiro lugar, descartar a Escolástica e restaurar a filosofia dos antigos. No entanto, esquecem que a Escolástica estava fundada em grande medida nos escritos platônicos e neoplatônicos e, sobretudo, em Aristóteles, filósofo antigo. Que quer dizer isso? A verdade é que o Aristóteles da Escolástica não interessava muito. Estava latinizado – em um impuro latim medieval – e, ademais, passara pela teologia. Estava cheio de silogismos e distinções, que tinham se multiplicado nas mãos dos frades medievais. Não era isso o interessante do mundo antigo. Muito melhor era Platão, que permitia falar da alma e do amor e escrevia num grego tão perfeito. E algo ainda melhor: os estoicos. Esses tinham todas as vantagens: ocupavam-se de preferência do homem – e isso se ajustava ao humanismo e à preocupação geral do Renascimento – em escritos cheios de dignidade e de nobreza; mostravam exemplos de vida sossegada e serena, cheia de mesura, sem o frenesi dos últimos tempos medievais; e, sobretudo, faziam toda a sua filosofia girar em torno do conceito mais benquisto: a natureza. Viver segundo a natureza, isso é que era preciso. Pouco importava que a natureza estóica, a *phýsis*, se parecesse bem pouco com a renascentista; tampouco que, durante muito tempo, a palavra *natureza* tivesse sido equiparada à palavra *graça*. Não era necessário entrar em distinções tão sutis.

Essa filosofia do Renascimento se caracteriza por uma considerável falta de precisão e rigor. Se a compararmos com os bons momentos da Escolástica, a inferioridade é evidente, e não seria exagero considerar negativamente o Renascimento *na filosofia*. A interpretação dos antigos é extremamente superficial e falsa. Citam-se como grandes filósofos Cícero e Quintiliano, que são equiparados a Platão, sem distinguir hierarquias. A visão do platonismo, fundamentalmente neoplatônica, e a de Aristóteles carecem de sentido filosófico e histórico. A época renascentista não é, de modo nenhum, um período metafísico criativo. Ainda não se pensou de forma plena a situação ontológica desse mundo habitado pelo homem racional e afastado de Deus que a Idade Média nos deixou. O homem não se indagou seriamente sobre sua nova situação intelectual. Isso só virá a ocorrer nos primeiros decênios do século XVII por obra de Descartes, retomando a tradição metafísica aparentemente interrompida. A modernidade vai então pensar metafisicamente seus próprios pressupostos; e isso é o cartesianismo.

2. *O pensamento humanista*

Itália • O Renascimento começa na Itália. Alguns, correndo o risco de pôr a perder qualquer significação precisa desse conceito, quiseram remetê-lo para fins do século XIII, chegando a incluir Dante. É um exagero; mas Petrarca (1304-74) já representa uma primeira versão do homem renascentista. No século XV surge um grande foco, mais literário que filosófico, na corte de Cosme de Médicis, em Florença, e aparece a Academia Platônica, com figuras de humanistas como o cardeal grego Bessarion, Marsílio Ficino, Pico della Mirandola etc. Há também "aristotélicos" na Itália, que reivindicam um Aristóteles bastante desfigurado, como Hermolao Bárbaro e Pietro Pomponazzi.

Um grupo separado, mas com estreitos vínculos, é formado pelos teóricos da política e do Estado. Em primeiro lugar, o arguto secretário florentino Nicolau Maquiavel (1469-1527), que expôs em seu *Príncipe* a teoria de um Estado que não se subordina a nenhuma instância superior, nem religiosa, nem moral. Também Campanella (1568-1639), frei calabrês, escreveu seu *Civitas Solis*, uma utopia de tendência socialista, inspirada, como todos os livros desse tipo, na *República* de Platão. Mas seu Estado é uma monarquia universal, de caráter teocrático, com a autoridade papal no alto.

Entre os pensadores renascentistas italianos de orientação naturalista encontram-se, sobretudo, o grande artista e físico Leonardo da Vinci (1452-1519) e Bernardino Telesio (1508-88), que se dedicou ao estudo das ciências naturais e fundou um vitalismo de base física. Assim se prepara o caminho para a fundação da ciência natural moderna, que teria na Itália a figura genial de Galileu.

França • O Renascimento francês tem uma tendência marcadamente cética. É o caso de Michel de Montaigne, autor dos *Essais*, mais notáveis por sua agudeza e engenho literário que pela profundidade filosófica. A crítica de Montaigne, debochada e penetrante, embora superficial, teve grande influência, que se manteve até o Iluminismo. O cético mais extremado é Charron. Quanto ao movimento antiaristotélico e de oposição à Escolástica, sua principal figura na França é Pierre de la Ramée, chamado Petrus Ramus, que atacou violentamente a filosofia aristotélica e acabou aderindo ao calvinismo. O humanismo rapidamente estabeleceu relações com a Reforma, como também ocorre com o grande helenista Enrique Estienne (Stephanus) ou com Juan de Valdés na Espanha.

Espanha • Além da atividade puramente literária, o Renascimento tem na Espanha representantes característicos, e dos mais importantes. Embora isso às vezes tenha sido questionado, a cultura espanhola foi afetada pelas correntes renascentistas; aparecem aqui, como em toda a Europa, a preocupação estética, o interesse pela língua vulgar – Valdés –, pelas línguas e literaturas clássicas – a Universidade Complutense, Cisneros, Nebrija, frei Luis de León, Árias Montano. O Renascimento espanhol certamente rompeu menos que em outros lugares com a tradição medieval, e por isso foi menos visível. No entanto, e no que se refere ao pensamento filosófico, a corrente cética está representada pelo português Francisco Sánchez, que escreveu o célebre livro *Quod nihil scitur*. E, sobretudo, o humanismo antiescolástico, mas católico ortodoxo, fiel ao mais substantivo do mundo medieval e ao mesmo tempo cheio do espírito do tempo, é representado na Espanha pela grande figura de Luis Vives (1492-1540), que nasceu em Valência, viveu em Louvain, em Paris, na Inglaterra, e morreu em Bruges. Vives, amigo dos homens mais egrégios de sua época, mais europeu que qualquer outro, é um pensador modesto, pertencente a um núcleo histórico que não comportava uma filosofia de altos voos, mas de indubitável penetração e interesse. Escreveu muito sobre questões de moral e educação, e seu tratado *De anima et vita* é um dos livros mais vivos e agudos que o movimento humanístico produziu.

Também escreveram tratados filosóficos, com um espírito independente da Escolástica, Sebastián Fox Morcillo e os médicos Vallés e, sobretudo, Gómez Pereira, autor da *Antoniana Margarita*, publicada em 1554, na qual há quem tenha encontrado ideias análogas a algumas cartesianas.

Mas o mais importante do pensamento espanhol nos séculos XVI e XVII não se encontra aqui, mas no esplêndido e fugaz florescimento da Escolástica que se produz em torno do Concílio de Trento e dirige filosófica e teologicamente todo o movimento da Contrarreforma, vivificado, por outro lado, pela obra dos grandes místicos, em particular Santa Teresa e São João da Cruz, cujo interesse intelectual, embora não estritamente filosófico, é muito grande.

Inglaterra • A figura mais interessante do humanismo inglês é Thomas More, chanceler de Henrique VIII decapitado por sua oposição às medidas anglicanas do rei; recentemente foi canonizado pela Igreja. More escreveu a *Utopia* (*De optimo reipublicae statu deque nova insula Utopia*), um ideal, também de tipo socialista, do Estado, cheio de reminiscências platônicas, que foi o mais famoso dos tratados sobre esse tema publicado no Renascimento.

Holanda • O maior dos humanistas europeus, o que encarnou suas características com mais plenitude, e ao mesmo tempo aquele que obteve mais fama e teve a influência mais extensa, foi Erasmo de Rotterdam. Foi um grande escritor latino, que impôs um estilo de peculiar correção e elegância e teve imitadores e admiradores em toda a Europa, que sentiu por ele vivo fervor. Escreveu uma série de livros muito lidos em todos os países, em especial o *Elogio da loucura* (*Laus stultitiae*), o *Enquirídion* e os *Colóquios*. Erasmo, apesar de seu contato com os reformistas, manteve-se dentro do dogma, embora seu catolicismo fosse tíbio e sempre mesclado de ironia e crítica eclesiástica. Erasmo, cônego e próximo do cardinalato, não deixou de ser um cristão, talvez de fé menos profunda que a do homem medieval, mas de espírito aberto e compreensivo. Com todas as suas limitações e seus inegáveis riscos, Erasmo, que representa o espírito de concórdia numa época duríssima e violenta, é o tipo mais acabado do homem renascentista.

Alemanha • O Renascimento alemão é de grande importância. Seu caráter é distinto do dos demais países, e talvez tenha maior fecundidade filosófica. Em vez do predomínio do humanismo, com sua tendência marcadamente literária, o pensamento alemão de fins do século XV e do século XVI está intimamente ligado à mística especulativa. Suso, Tauler, Angelus Silesius, o autor anônimo da *Teologia alemã*, todos procedem da mística especulativa de Eckhart; também os místicos protestantes vinculam-se a essa tradição. O Renascimento alemão inclui igualmente a alquimia, a astrologia e até a magia. Dessa maneira, a especulação mística une-se ao estudo das ciências naturais.

Encontramos essa mescla complexa, e com ela o abandono da filosofia racional e rigorosa, em Agrippa von Nettesheim, autor do livro intitulado *De incertitudine et vanitate scientiarum* citado acima. Teofrasto Paracelso, médico e filósofo singular, levou essas ideias para o estudo do mundo físico e do homem, a quem considera um espelho do universo. A ciência natural deve a Paracelso, apesar de suas extravagâncias, alguns avanços.

Maior interesse tem o pensamento religioso e místico. Antes de tudo, é claro, a teologia dos reformistas, sobretudo de Lutero, e em menor grau de Zwínglio; mas essa questão ultrapassa nosso tema. À Reforma vincula-se o humanismo alemão de Melanchthon e Reuchlin, por um lado, e por outro, a mística protestante. Os místicos mais importantes são Sebastian Frank, Valentin Weigel e, sobretudo, Jakob Böhme (1575-1624). Böhme era sapateiro; levou uma vida recatada e simples, dedicada à meditação. Sua obra capital é a chamada *Aurora*. Tem influências de Paracelso e de Nicolau de Cusa, e deste toma sua interpretação de Deus como unidade dos contrários. Böhme é panteísta; há nele uma identificação de Deus com o mundo. Sua influência no pensamento alemão foi duradoura.

II. O COMEÇO DA FILOSOFIA MODERNA

Vamos estudar agora os momentos mais fecundos do pensamento dos séculos XV e XVI, aqueles que efetivamente prepararam o caminho para os grandes sistemas metafísicos modernos, a partir de Descartes. Há uma linha de pensadores, descontínua e pouco visível, que mantém vivo o autêntico problema filosófico ou cria as bases necessárias para formular de modo original e suficiente as perguntas essenciais da nova metafísica europeia. Os dois pontos fundamentais são a continuidade da tradição medieval e grega, por um lado, e a nova ideia de natureza, por outro. Por isso incluímos nesse capítulo momentos aparentemente díspares que costumam ser estudados separadamente: Nicolau de Cusa e Giordano Bruno, os físicos modernos e, em terceiro lugar, os escolásticos espanhóis do século XVI. À primeira vista, embora os dois primeiros pertençam à chamada filosofia renascentista, os físicos ficam fora da filosofia e os espanhóis representam um movimento de reação ante a Idade Média "superada". Na verdade, os físicos pensam a ideia moderna de natureza, fundada no nominalismo medieval, e, embora sua ciência não seja filosófica, seus pressupostos o são rigorosamente; ademais, sem o papel da nova física não se pode entender bem a metafísica idealista do século XVII. Quanto aos espanhóis, são principalmente teólogos, com uma exceção ou outra, que tem por direito próprio um lugar na história da filosofia; e seu escolasticismo tem o claro sentido de recolher toda a filosofia medieval e sintetizá-la desde a altura dos novos tempos; esse é, sobretudo, o caso de Suárez. Não se trata de um simples comentário de Santo Tomás ou de Duns Escoto, mas de uma formulação original dos problemas, por homens que não são mais do século XIII, mas são movidos pelos temas da modernidade. Caso fosse necessária alguma prova disso, basta assinalar alguns fatos claríssimos: dessa Escolástica sai algo tão *moderno* como o direito internacional; seu núcleo principal está formado por jesuítas, os grandes homens de seu tempo; e, antes de tudo, esses pensamentos têm seu centro no Concílio de Trento, ou seja, estão situados no ponto crucial da época moderna, na luta da Reforma e da Contrarreforma. E lembremos a profunda influência, mais ou menos explícita, de Suárez em Descartes, Leibniz e em toda a filosofia alemã até Hegel; sua presença efetiva, portanto, em toda a metafísica moderna.

1. Nicolau de Cusa

Personalidade • Nicolau Chrypffs (Krebs) nasceu em Cusa em 1401; de sua cidade natal recebeu o nome pelo qual é conhecido: Nicolau Cusano ou de Cusa. Estudou em Pádua, ocupou altos cargos eclesiásticos e foi nomeado cardeal e bispo de Brixen. Morreu em 1464. Nicolau de Cusa escreveu vários livros de filosofia, dos quais os mais importantes são: *De docta ignorantia*, *Apologia doctae ignorantiae* e *De conjectures*; destaca-se o primeiro, sua obra-prima.

Nicolau de Cusa é um dos filósofos mais interessantes de seu tempo. Por um lado inclui-se na linha de formação da Escolástica, mas ao mesmo tempo já ecoam nele os temas que haverão de indicar a passagem para a filosofia moderna. De Ockham a Descartes transcorrem cerca de trezentos anos, que representam uma grave descontinuidade, uma enorme lacuna entre dois momentos de plenitude metafísica: nesse espaço encontram-se algumas mentes nas quais se mantém o autêntico espírito filosófico e em que se realizam as etapas intermediárias: uma delas é a do cardeal de Cusa.

Filosofia • O ponto de partida de Nicolau de Cusa é a mística, concretamente a de Eckhart, ou seja, a mística especulativa. A isso se soma um extraordinário interesse pelo mundo e o hábito de manipular conceitos metafísicos. É essa a via pela qual se chega à filosofia moderna. O esquema de de Cusa é o seguinte: Deus ou o infinito; o mundo e o homem, ou o finito; Deus redentor, que é a união do finito e do infinito. Esse tema da união de ambos é o ponto central de sua filosofia. Existem diversos modos de conhecer: em primeiro lugar, o dos sentidos (*sensus*), que não nos dá uma verdade suficiente, apenas imagens; em segundo lugar, a *ratio* (que um idealista alemão teria preferido traduzir por entendimento, *Verstand*), que compreende de modo abstrato e fragmentário essas imagens em sua diversidade; em terceiro lugar, o *intellectus* (que corresponderia, por sua vez, à razão ou *Vernunft*), que, ajudado pela graça sobrenatural, nos leva à verdade de Deus. Mas essa verdade nos faz compreender que o infinito é impenetrável, e tomamos então ciência de nossa ignorância; essa é a verdadeira filosofia, a *docta ignorantia* em que consiste o mais alto saber. E isso se vincula à ideia da *teologia negativa* e à situação geral da época.

A *ratio* permanece na diversidade dos contrários; o *intellectus*, em contrapartida, nos leva à intuição da unidade de Deus. A Divindade aparece em Nicolau de Cusa como *coincidentia oppositorum*, unidade dos contrários. Nessa unidade superior supera-se a contradição: no infinito coincidem todos os momentos divergentes. Essa ideia teve sua mais profunda repercussão em Hegel. Nicolau emprega ideias matemáticas para tornar isso compreensível: por exemplo, a reta e a circunferência tendem a coincidir à medida que se aumenta o raio; no limite coincidem, se o raio tender ao infinito; se, ao inverso, o raio se tornar infinitamente pequeno, a circunferência coincide com seu centro; a reta coincide no limite com o triângulo quando um de seus ângulos aumenta.

Nicolau de Cusa compara e simultaneamente distingue com agudeza a mente divina e a mente humana. "Se todas as coisas estão na mente divina – escreve ele –, como em sua precisa e própria verdade, todas estão em nossa mente como à imagem ou semelhança da verdade própria, ou seja, nocionalmente. Com efeito, o conhecimento se dá por semelhança. Todas as coisas estão em Deus, mas ali são os exemplares das coisas; todas estão em nossa mente, mas aqui são semelhanças das coisas." As coisas são, em relação a suas ideias exemplares na mente divina, algo comparável ao que são as ideias humanas em relação às coisas. O conhecimento, para de Cusa, se funda na *semelhança*; grave afirmação, pois já começa a se alterar a interpretação escolástica do conhecimento e da verdade como *adaequatio intellectus et rei*: conhecer não é mais se apropriar da própria coisa, mas de algo *semelhante* a ela. E agrega o cardeal de Cusa: "Entre a mente divina e a nossa há a mesma diferença que entre fazer e ver. A mente divina, ao conceber, cria; a nossa, ao conceber, assimila noções, ou, ao fazer, visões intelectuais. A mente divina é uma força entificadora; nossa mente é uma força assimilativa."

À atividade criadora de Deus corresponde a atividade vidente do homem. *Assimilare* é assemelhar, obter uma *similitudo*, uma semelhança da coisa que Deus criou. Deus, ao criar as coisas, lhes dá sua *entidade*, o homem obtém um precipitado que é a *assimilação*. Não há *adaequatio*, mas sim *assimilatio*. A verdade da mente humana é uma *imagem e semelhança* da verdade da mente divina.

Para Nicolau de Cusa o mundo tem enorme importância; seu grande interesse é colocá-lo de acordo com Deus e superar a contrariedade. Ao homem medieval interessa o ser do mundo, porque é criado e lhe descobre Deus; para Nicolau, Deus interessa sobretudo para entender o mundo. E o mundo é, segundo de Cusa, *explicatio Dei*. A unidade do infinito se explica e manifesta na múltipla variedade do mundo. Todas as coisas estão em Deus; mas, inversamente, Deus está em todas elas e as *explica* ou mostra. O mundo é manifestação de Deus, *teofania*. Cada coisa, diz de Cusa, é *quasi infinitas finita aut deus creatus*, como uma infinidade finita ou um Deus criado; e chega a dizer do universo que é *Deus sensibilis*, e do homem que é um *deus occasionatus*.

Essas expressões provocaram a acusação de panteísmo contra o cardeal de Cusa, assim como contra Mestre Eckhart. Como Eckhart, também Nicolau repudiou energicamente essa acusação. A presença de Deus no mundo, a interpretação deste como *explicatio Dei* não implicam, segundo Nicolau de Cusa, a supressão do dualismo de Deus e do mundo e da ideia de criação; mas vimos como no final da Idade Média acentua-se a independência do mundo *criado* em relação a seu criador.

O mundo de de Cusa é o melhor dos mundos, ideia que será recuperada pelo otimismo metafísico de Leibniz. Por outro lado, é ordem e razão, princípio que Hegel também professará. Ademais, é infinito no espaço e no tempo, mas não como Deus, com positiva e total infinitude e eternidade, mas como uma indeterminação ou ilimitação. Dessa forma afirma-se claramente a posição moderna em relação ao infinito. Para um grego, ser infinito era um defeito; a falha era justamente a falta de limites; o positivo era ter limites, ser algo determinado. O cristianismo, em contrapartida, põe a infinitude em Deus como o mais alto valor; a finitude é sentida como uma limitação, como algo negativo; mas a finitude do ser criado, do homem e do mundo é sempre sublinhada. Agora, Nicolau de Cusa estende essa "quase infinitude" ao mundo, num sentido físico e matemático. Esse sentido infinitista predomina em toda a metafísica moderna, de Giordano Bruno aos idealistas alemães. A influência de Nicolau em Espinosa é muito profunda.

Por último, o cardeal de Cusa afirma um individualismo dentro do universo. Cada coisa é uma concentração individual do cosmos, uma unidade que reflete, como um espelho, o universo; em particular os homens, que refletem o mundo, cada um de modo distinto, e são verdadeiros *microcosmos*. Há uma absoluta variedade nessas unidades, porque Deus não se repete nunca. É um primeiro esboço da teoria leibniziana das *mônadas*. A mente é "uma medida viva, que atinge sua capacidade medindo outras coisas". A *mens* é interpretada como *mensura*. E o conhecimento do mundo mensurável nos dá, em troca, o conhecimento do homem. Aqui vemos a semente da física e do humanismo, que nascem juntos. E a mente, se é um espelho, é um espelho vivo, que consiste em atividade. Se a mente divina é *vis entificativa*, a humana é *vis assimilativa*; daí à "força de representação" de Leibniz há apenas um passo. Portanto, na aurora do século XV, na imediata tradição dos filósofos nominalistas e da mística especulativa, aparecem um depois do outro os grandes motivos da metafísica moderna. Em Nicolau de Cusa está, em forma germinal, toda a filosofia que virá a se desenvolver na Europa, desde Giordano Bruno, de um modo impreciso e confuso, até a esplêndida maturidade hegeliana. Mas essa filosofia só começa a ter uma verdadeira realidade no século XVII, no pensamento cartesiano. Isso justifica plenamente a presente interpretação do Renascimento.

2. Giordano Bruno

Vida • Giordano Bruno é o filósofo italiano mais importante do Renascimento. Nasceu em Nola, em 1548, e entrou para a ordem dominicana; depois a abandonou, acusado de heresia, e viajou por diversos países da Europa: Suíça, França, Inglaterra e Alemanha, voltando depois para a Itália. A Inquisição romana o prendeu em 1592, e em 1600 foi queimado por não se retratar de suas doutrinas heterodoxas. Essa morte trágica e o apaixonado brilhantismo de seus escritos lhe valeram grande fama, que contribuiu para aumentar sua influência posterior.

Bruno acusa as influências de seu tempo; vincula-se a Raimundo Lúlio, aos cultivadores da filosofia natural, em particular Copérnico, e, sobretudo, a Nicolau de Cusa. Sua grande preocupação é também o mundo, e fala dele com exaltação poética e entusiasmo por sua infinitude. As principais obras de Giordano Bruno foram: *De la causa, principio e uno*; *De l'infinito, universo e mondi* e *Degli eroici furori*, em italiano; em latim, *De triplici minimo et mensura*, *De monade, numero et figura* e *De inmenso et innumerabilibus*.

Doutrina • Bruno é panteísta. Sua tese fundamental é a imanência de Deus no mundo. Deus é – como em Cusa – *complicatio omnium*, *coincidentia oppositorum*; mas Bruno não fica nisso. Deus é, além disso, alma do mundo, *causa immanens*. Isso foi interpretado como panteísmo, como identificação do mundo com Deus, embora Giordano Bruno não se considerasse panteísta e apelasse para o conceito da *natura naturans*, a natureza criadora, a alma divina do mundo, em oposição à *natura naturata*, o mundo das coisas produzidas; mas isso não consegue esclarecer a questão decisiva da transcendência de Deus. Para Bruno, o Deus transcendente é exclusivamente objeto de adoração e culto, mas o Deus da filosofia é causa imanente e harmonia do Universo; daí sua tendência a ressuscitar a doutrina averroísta da dupla verdade.

Esse universo é infinito, também espacialmente. E está cheio de vida e de beleza, pois tudo são momentos da vida divina. Tudo é riqueza e multiplicidade. Em Bruno há um entusiasmo estético pela natureza, que é a chave da atitude renascentista.

Bruno também adota a teoria monádica de Nicolau de Cusa. As unidades vitais individuais são indivisíveis e indestrutíveis, e suas infinitas combinações produzem a harmonia universal. A alma do mundo é a mônada fundamental, *monas monadum*. A substância é una, e as coisas individuais não passam de particularizações – *circonstanzie*, diz Bruno – da substância divina. O individualismo de Bruno volta a cair em panteísmo. Sua influência reaparece em Leibniz e, especialmente, em Espinosa e em Schelling.

3. A física moderna

Os fundadores da nova ciência da natureza • Partindo da metafísica nominalista, nos séculos XVI e XVII se constitui uma ciência natural que difere essencialmente da aristotélica e medieval em dois pontos decisivos: a ideia de natureza e o método físico. De Copérnico a Newton elabora-se a nova física, que chegou como um admirável corpo de doutrina até nossos dias, quando sofre outra radical transformação nas mãos de Einstein, que formula sua teoria da relatividade, de Planck, fundador da mecânica quântica, e dos físicos que estabeleceram as bases da mecânica ondulatória (Heisenberg, Schrödinger, Broglie, Dirac) e da física nuclear (Hahn, Fermi, Oppenheimer etc.).

Nicolau Copérnico, cônego polonês, viveu de 1473 a 1543. Estudou matemáticas, astronomia e medicina e, no ano de sua morte, publicou sua obra *De revolutionibus orbium caelestium*, em que afirma que o Sol é o centro de nosso sistema, e a Terra, com os demais planetas, gira em torno dele. Essa ideia, que recuperava antiquíssimas hipóteses gregas, recebeu acolhida hostil em muitos círculos de opinião, porque contradizia todas as representações habituais. Na Espanha, o sistema copernicano foi aceito e ensinado rapidamente. Desde então, a atividade do pensamento matemático aplicado à física tornou-se muito intensa.

Johannes Kepler (1571-1630), astrônomo alemão, adotou as ideias copernicanas e publicou em 1609 sua *Physica caelestis*. Kepler deu expressão matemática rigorosa às descobertas de Nicolau Copérnico, que formulou nas três famosas leis das órbitas planetárias. Nelas estabelecia que as órbitas são elípticas (não circulares, como se considerava mais perfeito), que a linha reta que une os planetas ao Sol varre áreas iguais em intervalos de tempo iguais, e que os quadrados dos tempos de translação dos planetas são proporcionais aos cubos de suas distâncias ao Sol. Kepler afirma do modo mais enfático o matematismo na ciência: "O homem não pode conhecer perfeitamente nada além de magnitudes ou por meio de magnitudes", escreve ele. Contudo, Kepler não conhece ainda o princípio geral da nova física nem tem plenamente a ideia moderna de natureza.

Galileu Galilei (1564-1642), nascido em Pisa, na Itália, é o verdadeiro fundador da física moderna. Suas principais obras são: *Il saggiatore*, *Dialogo dei massimi sistemi* e *Discorsi e dimostrazioni matematiche intorno a due nuove scienze*. Foi professor em Pádua, descobriu os satélites de Júpiter e se declarou copernicano. Foi processado pela Inquisição romana e obrigado a se retratar; conta-se, embora não esteja comprovado, que pronunciou a famosa frase *Eppur se muove*. Posteriormente, a Igreja reconheceu o alto valor e a ortodoxia de seu pensamento. É em Galileu que se encontra de modo claro a ideia de natureza que vai caracterizar a época moderna e a totalidade de seu método. Veremos logo em seguida essas ideias, que nele aparecem maduras.

Depois de Galileu há uma longa série de físicos que completam e desenvolvem sua ciência: Torricelli, seu discípulo, inventor do barômetro; o francês Gassendi, que renovou o atomismo; o inglês Robert Boyle, que dá caráter científico à química; o holandês Huyghens, descobridor de importantes leis mecânicas e autor da teoria ondulatória da luz; Snell, óptico, e também Descartes, que descobre a geometria analítica; Leibniz, descobridor do cálculo infinitesimal, e, sobretudo, o inglês Newton, que descobre e ao mesmo tempo formula de modo geral o princípio da física moderna.

Isaac Newton (1642-1727), professor de Cambridge, filósofo, matemático, físico e teólogo, publicou em 1687 um dos livros mais importantes da história: *Philosophiae naturalis principia mathematica*. Newton formula a lei da gravitação universal e interpreta a totalidade da mecânica em função das atrações de massas, expressáveis matematicamente. Com ele a física moderna atinge a sua pureza, baseando-se num princípio unitário de máxima generalidade. Com os dois grandes instrumentos matemáticos do século XVII, a geometria analítica e o cálculo infinitesimal, a física já pode seguir seu caminho, o "seguro caminho da ciência", de que falará um século depois Kant.

A natureza • Aristóteles entendia por natureza o *princípio do movimento*; um ente é natural quando tem em si mesmo o princípio de seus movimentos, e, portanto, suas próprias possibilidades ontológicas; o conceito de natureza está muito vinculado à ideia substancial. Assim, um cachorro é um ente natural, ao passo que uma mesa é artificial, obra da arte, e não tem em si princípio de movimento. A física aristotélica e medieval é a ciência da natureza, que procura descobrir o *princípio* ou as *causas* do movimento.

Desde o ockhamismo se começa a pensar que o conhecimento não é conhecimento de *coisas*, mas sim de *símbolos*. Isso nos leva ao pensar matemático; e Galileu dirá taxativamente que o grande livro da natureza está escrito em caracteres matemáticos. O movimento aristotélico era um chegar a ser ou deixar de ser; portanto, era entendido de modo ontológico, do ponto de vista do ser das coisas. A partir de Galileu, o movimento será considerado como variação de fenômenos: algo quantitativo, capaz de ser *medido* e expresso matematicamente. A física não será *ciência de coisas*, mas de *variações de fenômenos*. Diante do movimento, a física aristotélica e medieval pedia seu *princípio*, portanto uma afirmação real sobre coisas; a física moderna *renuncia* aos princípios e só pede sua *lei* de fenômenos, determinada matematicamente. O físico renuncia a saber as causas e se contenta com uma equação que lhe permita medir o curso dos fenômenos. Essa renúncia extremamente fecunda separa a física do que é outra coisa, por exemplo filosofia, e a constitui como ciência *positiva*; assim se engendra a física moderna (cf. Zubiri: *La nueva física*.)

O método • Durante muito tempo acreditou-se que o que caracteriza a nova física é o experimento. Diferentemente da física escolástica, racional, a de Galileu seria experimental, empírica, e nasceria da observação da natureza. Isso não é correto; o que diferencia a física moderna é a chamada *análise da natureza*. O ponto de partida do físico é uma *hipótese*, ou seja, uma construção *a priori*, de tipo matemático. Antes de experimentar, Galileu sabe o que vai acontecer; o experimento simplesmente *comprova a posteriori* esse saber apriorístico. O físico interroga a natureza com um esquema ou questionário prévio, que é a hipótese matemática, a construção mental – *mente concipio*, concebo com a mente, dizia Galileu. E com os instrumentos, com o experimento, o físico interroga a natureza e a obriga a responder, a confirmar ou desmentir a hipótese. "A física é, portanto – escreve Ortega –, um saber *a priori*, confirmado por um saber *a posteriori*." A física é ciência, e, portanto, construção apriorística; mas não é ciência ideal, como a matemática, e sim de realidade, e por isso requer confirmação experimental. Mas o decisivo de Galileu e de toda a *nuova scienza* é a primeira questão; mais ainda: os experimentos não confirmam nunca *exatamente* a hipótese porque as condições reais não coincidem com as do caso ideal da construção mental *a priori*, e os físicos escolásticos argumentavam contra os modernos *baseando-se nos experimentos*. Assim, uma bola que roda por uma superfície inclinada jamais satisfará a lei do plano inclinado, porque a imperfeição do plano e da esfera e a resistência do ar provocam atritos perturbadores. Contudo, a lei física não se refere às bolas reais que rodam pelos planos da realidade, mas à esfera perfeita e ao plano perfeito que não existem, num espaço sem atrito (cf. Ortega y Gasset: *La "Filosofía de la Historia" de Hegel y la historiología*).

O método *indutivo* – num sentido que excede amplamente o baconiano – é o que a física moderna usa eficazmente desde Kepler, que se serve dele para determinar a forma elíptica das órbitas planetárias. Newton – que o chama de análise, por oposição à *síntese* – leva-o a uma grande precisão e lhe atribui o máximo alcance. O método analítico consiste em partir dos fenômenos e dos experimentos e elevar-se às leis universais. *In hac philosophia [experimentali]* – escreve Newton – *propositiones deducuntur ex phaenomenis, et redduntur generais per inductionem*. O fundamento do método indutivo é a própria ideia de *natureza* como o modo permanente de ser e comportar-se da realidade. *Suposta* a existência da natureza, as coisas particulares nos *induzem* a nos elevarmos a proposições gerais. Um único fato revela uma determinação natural, em virtude da concórdia permanente da natureza consigo mesma; a natureza é *sibi semper consona*. E este é – acrescenta Newton – o fundamento de toda a filosofia: *Et hoc est fundamentum philosophiae totius*[1].

Essa nova ideia da natureza é movida por razões filosóficas e está fundada em *pressupostos* metafísicos, alheios à *positividade* da ciência. Por isso os *princípios* da ciência natural, que não pertencem ao domínio desta, são um problema para a filosofia.

4. A Escolástica espanhola

No século XVI ocorre um extraordinário florescimento da Escolástica, que tem seu centro na Espanha e culmina no Concílio de Trento. Os grandes teólogos deparam com os problemas colocados pela Reforma; ademais, reafirmam a tradição escolástica ante a crítica dos renascentistas; volta-se ao tomismo e às grandes obras sistemáticas da Idade Média, não para repeti-las, mas para comentá-las e esclarecê-las; na verdade, para realizar um fecundo trabalho original. Além disso, os escolásticos espanhóis indagam-se sobre uma série de problemas políticos e sociais que o Renascimento suscitara; por exemplo, o direito internacional é um tema importante para eles e está vinculado à questão da condição dos índios no Novo Mundo recém-descoberto. Salamanca e Alcalá são os dois centros intelectuais desse movimento, que repercute diretamente em Coimbra e em Roma. Quase todos esses escolásticos tinham se formado em Paris, que continuava sendo um foco importantíssimo.

Este florescimento, no entanto, foi efêmero. Ficou reduzido à Espanha e a Portugal, e depois da morte de Suárez, em 1617, a Escolástica entrou em decadência. O predomínio da teologia sobre o interesse filosófico, a orientação imposta pela Contrarreforma fizeram com que os escolásticos espanhóis não entrassem suficientemente em contato com a filosofia e a ciência naturais da Europa moderna, e esse

---

1. Cf. meu ensaio "Física y metafísica en Newton", em *San Anselmo y el insensato* [*Obras*, IV].

vigoroso movimento não se incorporou à formação da nova metafísica. Se as coisas tivessem ocorrido de outra forma, provavelmente a sorte da Espanha e da Europa teria sido diferente. É claro que o que teve a máxima eficácia e transcendência foi a contribuição doutrinal à teologia católica e à dogmática no Concílio de Trento.

Os teólogos • Duas grandes Ordens, ambas fundadas por dois santos espanhóis, são as que encabeçam essa restauração: a Ordem dos Pregadores e a Companhia de Jesus, fundadas respectivamente por São Domingos de Gusmão e Santo Inácio de Loyola, com elementos espanhóis e franceses e um sentido universal desde o princípio. Se a Ordem Dominicana representa a organização da Igreja no século XIII, a Companhia de Jesus significa a defesa do catolicismo no século XVI.

Em primeiro lugar aparecem os dominicanos. E entre eles, Francisco de Vitória (1480-1546), que estudou em Paris e foi professor em Salamanca. Escreveu importantes comentários à *Suma teológica*, e suas aulas ou *relectiones* – em particular *De justitia* e *De Indis et jure belli* – representam uma especial contribuição ao direito internacional, muito anterior ao *De jure belli ac pacis* de Grócio (1625).

Vitória reuniu um núcleo importante de discípulos de sua Ordem. Domingo de Soto (1494-1560), também professor de Salamanca; Melchor Cano (1509-60), que lecionou em Alcalá e em Salamanca, e foi bispo de Canárias, escreveu um livro fundamental, *De locis theologicis*. Depois, Carranza e, sobretudo, Domingo Báñez (1528-1604), que escreveu comentários à *Suma* e levou ao extremo a agudeza da teologia em sua teoria da *premoção física*.

Em meados do século XVI aparecem na Espanha os teólogos jesuítas. Os mais importantes foram Alfonso Salmerón, professor em Ingolstadt e teólogo tridentino; Luis de Molina (1533-1600), autor do famoso tratado *De liberi arbitrii cum gratiae donis concordia*, em que expõe sua teoria da *ciência média*, que teve grande influência na teologia e determinou o movimento conhecido por molinismo; o português Fonseca, grande comentador de Aristóteles; e, sobretudo, Francisco Suárez, que não foi apenas teólogo, mas também filósofo original.

O último pensador importante desse grupo foi o português João de Santo Tomás (1589-1644), autor de um *Cursus philosophicus* e um *Cursus theologicus* de grande interesse.

Suárez • Francisco Suárez nasceu em Granada em 1548 e morreu em Lisboa em 1617. Seu nascimento coincidiu com o de Giordano Bruno; suas datas de nascimento e morte são posteriores em um ano às de Cervantes. Suárez ingressou em 1564 na Companhia de Jesus, depois de ter sido rejeitado por ser considerado pouco inteligente. Foi professor em Segóvia, Ávila, Valladolid, Roma, Alcalá, Salamanca; por último, desde 1597, na Universidade de Coimbra. Foi conhecido como *Doctor eximius* e logo conquistou autoridade universal.

Depois de publicar vários tratados teológicos, Suárez imprimiu, no mesmo ano em que iniciou seu magistério em Coimbra, sua obra filosófica: os dois grandes volumes de suas *Disputationes metaphysicae*. Também escreveu o tratado *De Deo uno et trino*, sua grande obra jurídica *De legibus ac Deo legislatore*, *Defensio fidei adversus Anglicanae sectae erroes* – contra o rei James I da Inglaterra – e o tratado *De anima*. Suas obras completas compreendem 26 volumes *in folio*.

Suárez – o único grande filósofo escolástico depois de Ockham – encontra uma tradição teológica e filosófica de muitos séculos, sufocada pela enorme quantidade de opiniões e comentários, e que era transmitida de modo rotineiro. Por isso precisa, antes de tudo, compreender esse passado, justificá-lo; em suma, *repensar a tradição tendo em vista as coisas*. Para tanto separa, pela primeira vez na história da Escolástica, a metafísica da teologia e elabora uma construção sistemática da filosofia primeira, calcada em Aristóteles mas independente dele, que leva em conta a totalidade das doutrinas dos comentadores gregos e medievais e a obra dos escolásticos – sobretudo de Santo Tomás –, para determinar a "verdadeira sentença". Nas 54 *Disputationes metaphysicae* estuda com clareza e rigor o problema do ser independentemente das questões teológicas, sem no entanto perder de vista que sua metafísica está voltada para a teologia, para a qual serve de fundamentação prévia. "Suárez é, desde Aristóteles – escreveu Zubiri –, a primeira tentativa de fazer da metafísica um corpo de doutrina filosófica independente. Com Suárez, ela se eleva à categoria de disciplina autônoma e sistemática".

A obra de Suárez não é um comentário. É uma filosofia original, que mantém relativa fidelidade ao tomismo, mas tem, em relação a ele, a mesma independência que Escoto ou outro grande pensador medieval. Discrepa dele em muitos problemas, até mesmo alguns importantes, mas em Suárez eles estão sobretudo pensados e resolvidos desde sua própria situação e numa perspectiva distinta, que inclui a consideração de todo o conteúdo doutrinal do escolasticismo.

Por essas razões, Suárez é um filósofo com realidade e eficácia, inserido na história efetiva da filosofia, que interferiu mais do que se costuma pensar no pensamento da época moderna. Essa vez, não se trata de nenhum "gênio oculto", de nenhum "grande pensador" inédito, sem influências e sem consequências. Durante os séculos XVII e XVIII, as *Disputationes* serviram de texto em inúmeras Universidades européias, até mesmo protestantes; Descartes, Leibniz, Grócio, os idealistas alemães as conheceram e utilizaram. Pode-se dizer que durante dois séculos a Europa aprendeu metafísica em Suárez, embora esta tenha sido *utilizada* mais para elaborar uma metafísica diferente do que *continuada* na linha de sua própria inspiração. Por intermédio de Suárez penetrou na filosofia moderna o que havia de mais fecundo na obra da Escolástica, que dessa forma foi incorporada a uma nova metafísica, elaborada desde outro ponto de vista e com outro método.

A metafísica de Suárez aborda com muita perspicácia e rigor os pontos fundamentais da filosofia escolástica. Embora tente, como vimos, se manter fiel ao tomismo, sempre que possível não recusa os desvios quando lhe parecem necessários. Algumas vezes retoma antecedentes da filosofia pré-tomista; outras, pelo contrário, está mais próximo de Duns Escoto e dos nominalistas; outras vezes expõe soluções originais e próprias. A seu ver, a doutrina tomista da *distinção real* entre essência e existência é errônea; considera que sua distinção é da ordem da simples abstração mental, e que num ente complexo existente cada um dos elementos metafísicos tem sua existência implicada em sua essência; na existência, como na essência, há composição de elementos parciais; a matéria-prima, concretamente, possui uma existência própria, sem o ato determinador da forma, e Deus poderia mantê-la separada.

Quanto à questão dos universais, Suárez, que presta especial atenção ao problema da individuação em relação às *pessoas* e aos entes imateriais, não admite que a *materia signata quantitate* seja o princípio individualizador. O que é decisivo no indivíduo é sua *incomunicabilidade*; Suárez afirma que os elementos constitutivos de cada substância são princípios de individuação: sua unidade modal constitui a individualidade do composto. As investigações de Suárez sobre a personalidade, de interesse trinitário e antropológico, são extremamente argutas.

Para Suárez, a única analogia entre o ser, que é predicado de modo próprio e absoluto de Deus, e as coisas é que são *criadas* com referência à Divindade. A supressão da distinção real entre essência e existência não significa uma identificação do ser divino e do ser criado, pois são, respectivamente, *a se* e *ab alio*, necessário o primeiro e contingente o segundo. Suárez concede valor apodíctico para a demonstração da existência de Deus apenas aos argumentos *metafísicos* e afirma a impossibilidade de ver e conhecer naturalmente Deus, a não ser de maneira indireta, refletido nas criaturas.

Em seu *Tratado das leis*, Suárez toma posição na questão da origem do poder. Nega a teoria do direito divino dos reis, usada pelos protestantes, segundo a qual o rei obteria seu poder imediatamente de Deus, e afirma a tese da soberania popular; a autoridade real se funda no consentimento do povo, que é quem tem o poder, derivado de Deus, e pode destituir os soberanos indignos de governar[2].

* * *

No século XVI surge uma corrente de filosofia inglesa, com Bacon e Hobbes, anterior a Descartes e ao idealismo do continente; mas a estudaremos depois, já que é o desencadeante do empirismo britânico dos dois séculos seguintes e forma um ramo autônomo dentro da filosofia europeia moderna.

---

2. Cf. "Suárez en la perspectiva de la razón histórica" (em *Ensayos de teoría*). [*Obras*, IV].

O idealismo do século XVII

A filosofia moderna se constitui no século XVII. Depois das tentativas de restauração da antiguidade e de oposição à Escolástica, a linha descontínua de pensadores que conservam vivo o sentido da metafísica desemboca numa etapa de esplêndida maturidade filosófica. Já aludi em outro lugar à estrutura descontínua da filosofia; vimos longos períodos de tempo que são como lacunas na especulação filosófica; épocas em que o homem fica reduzido a um trabalho de comentário e exegese ou a uma meditação trivial sobre si mesmo; há outros tempos, contudo, em que se sucedem, num conjunto denso, vários pensadores geniais. É o que ocorre nos séculos V e IV a.C. na Grécia, onde, depois da grande figura de Parmênides e dos présocráticos posteriores, vivem, em imediata relação de magistério e discipulado, Sócrates, Platão e Aristóteles; e depois vem uma longa etapa de declínio. Na Idade Média encontramos um fenômeno análogo: o século XIII e a primeira metade do século XIV vêem desfilar as grandes personalidades do pensamento medieval: São Boaventura, Santo Tomás, Duns Escoto, Bacon, Eckhart, Ockham; e depois um novo declive até o século XVII. Nesse momento vão suceder-se rapidamente pensadores como Descartes, Malebranche, Espinosa, Leibniz, sem falar de Bossuet, Fénelon, Pascal, que estão na zona fronteiriça da filosofia e do pensamento religioso, e, por outro lado, os ingleses, de Francis Bacon a Hume. Em seguida a metafísica decai mais uma vez, até se erguer, em outro esplêndido impulso, o idealismo alemão de Kant a Hegel, ao qual logo se seguirá a época cinzenta do século XIX, positivista e naturalista. E em nossos dias estamos assistindo a um último Renascimento poderoso do pensamento metafísico.

Nas primeiras décadas do século XVII, a época moderna se coloca, pela primeira vez, o problema filosófico. Esta é a obra de Descartes[1].

---

1. Informações mais detalhadas sobre as origens históricas e a estrutura da filosofia desse tempo podem ser encontradas em "La metafísica moderna" (em *Biografía de la filosofía*) [*Obras*, II].

I. Descartes

A vida e a pessoa • René Descartes é a figura decisiva da passagem de uma época para outra. A geração que marca o trânsito do mundo medieval para o espírito moderno em sua maturidade é a sua. Descartes – disse Ortega – é *o primeiro homem moderno*.
Nasceu em La Haye, Touraine, em 1596. Procedia de uma família nobre e, enfermiço, foi criado entre muitos cuidados. Com seu bom temperamento conseguiu recuperar a saúde. Ao cumprir oito anos vai estudar no colégio dos jesuítas em La Flèche. Esse colégio, importantíssimo na vida francesa da época, tinha um interesse especial pelas línguas e literaturas clássicas, que Descartes estudou a fundo. Depois empreende o estudo da filosofia, nos moldes da Escolástica tradicional, sem qualquer referência ou alusão às descobertas da ciência natural moderna. A matemática lhe parece interessante, mas desconsidera a conexão com a física, que ele seria um dos primeiros a estabelecer de modo genial.
Em 1614 sai de La Flèche; vai para Paris e ali se dedica a uma vida de prazeres. Ao mesmo tempo sente um ceticismo total. A ciência que aprendeu em La Flèche lhe parece sem consistência, duvidosa; só a lógica e a matemática têm evidência e certeza, mas em contrapartida não têm utilidade nenhuma para o conhecimento da realidade. Para conhecer o mundo, em 1618 Descartes abraça a vida militar, na Holanda, sob as ordens de Maurício de Nassau. Ali entra em contato com as ciências matemáticas e naturais. Aproveita todas as ocasiões para ver tudo, para submergir na contemplação da realidade, sem poupar fadigas, gastos ou perigos, como observou Goethe.

Depois ingressa no exército imperial de Maximiliano da Baviera, no começo da Guerra dos Trinta Anos contra os boêmios de Frederico V, com cuja filha, a princesa palatina Elizabete, teve depois tão profunda e nobre amizade. Em diferentes exércitos, viaja pela Alemanha, Áustria, Hungria, Suíça e Itália. No acampamento de inverno de Neuburg, em 10 de novembro de 1619, faz uma descoberta sensacional, a do *método*. Depois vai para Loreto, cumprir uma promessa de gratidão à Virgem por seu achado, e em 1625 se estabelece de novo em Paris.

A partir de 1629 reside na Holanda. Apreciava a tranquilidade, liberdade e independência daquele país. É a época de grande atividade cartesiana. Escreve e publica suas obras mais importantes. Relaciona-se com filósofos e homens de ciência da Europa; sofre ao mesmo tempo a amargura de se ver atacado, principalmente pelos jesuítas, apesar de continuar católico. Alguns discípulos o decepcionam, e ele cultiva com mais interesse que nunca a amizade epistolar com a princesa Elizabete. Quando a conheceu em 1643, Descartes pôde constatar que Elizabete, uma bela moça de vinte e cinco anos, tinha estudado suas obras com um interesse e uma inteligência de que Descartes fala com emoção na dedicatória dos *Princípios*. Desde então, a amizade é cada vez mais profunda e mais fecunda intelectualmente.

Descartes só sai da Holanda para curtas viagens, uma delas para a Dinamarca. Mais tarde passa a viajar para a França, onde adquirira grande renome, com maior frequência. Em 1646 estabelece uma relação epistolar com a rainha Cristina da Suécia. Depois, esta o convida para ir a Estocolmo; Descartes aceita e chega à capital sueca em outubro de 49. Apesar da amizade e admiração de Cristina, cuja conversão ao catolicismo foi influenciada por essas conversas, não se sente à vontade na corte. E pouco depois, em fevereiro de 1650, o frio de Estocolmo lhe provoca uma pneumonia e Descartes morre naquele mês, terminando sua vida exemplar de homem em busca da verdade.

Obras • A obra de Descartes é de considerável extensão. Não se limitou à filosofia, compreendendo também obras fundamentais de matemáticas, biologia, física e uma extensa correspondência. Suas principais obras são: *Discours de la méthode*, publicado em 1637 com *Diop-*

trique, *Météores* e *Géométrie*; *Meditationes de prima philosophia* (1641), com as objeções e as respostas de Descartes; os *Principia philosophiae* (1644); *Traité des passions de l'âme* (1649), e *Regulae ad directionem ingenii*, publicadas depois de sua morte, em 1701. Entre as obras não estritamente filosóficas, a citada *Géométrie analytique* e *Traité de l'homme*. Descartes escreveu em latim, como quase todos os pensadores de seu tempo; mas também em francês, e foi um dos primeiros prosadores franceses e cultivadores da filosofia em língua vulgar.

1. O problema cartesiano

A dúvida • Descartes sente uma profunda insegurança. Nada parece merecer confiança. Todo o passado filosófico se contradiz; as opiniões mais opostas foram defendidas; dessa pluralidade nasce o ceticismo (o chamado *pirronismo histórico*). Os sentidos nos enganam com frequência; existe, ademais, o sonho e a alucinação; o pensamento não merece confiança, porque se cometem paralogismos e se incorre com frequência em erro. As únicas ciências que parecem seguras, a matemática e a lógica, não são ciências reais, não servem para conhecer a realidade. Que fazer nessa situação? Descartes quer construir, se isso for possível, uma filosofia totalmente certa, da qual não se possa duvidar; e se vê profundamente mergulhado na dúvida. E esta há de ser, justamente, o fundamento em que se apoiará; ao começar a filosofar, Descartes parte da única coisa que tem: de sua própria dúvida, de sua radical incerteza. É preciso pôr em dúvida todas as coisas, pelo menos uma vez na vida, diz Descartes. Não irá admitir nenhuma verdade de que possa duvidar. Não basta não duvidar realmente dela; é preciso que não reste dúvida nem mesmo como possibilidade. Por isso Descartes faz da Dúvida o próprio método de sua filosofia.

Só aceitará para sua filosofia princípios dos quais não caiba dúvida. Lembrem que rejeitou a suposta evidência dos sentidos, a segurança do pensamento e, sobretudo, o saber tradicional e recebido. A primeira tentativa de Descartes é, portanto, ficar totalmente só; é, com efeito, a situação em que se encontra o homem no final da Idade Média. É a partir dessa solidão que Descartes tem de tentar reconstruir a certeza, uma certeza ao abrigo da dúvida. Descartes busca, em primeiro lugar, *não errar*. Começa a filosofia da precaução.

E, como veremos, surgirão as três grandes questões da filosofia medieval – e talvez de toda a filosofia: o mundo, o homem e Deus. O que mudou foi tão somente a ordem e o papel que cada um deles tem.

A teologia • No tocante à teologia, que tem uma certeza superior, Descartes começa por afirmar a situação de desvio que encontrou em seu tempo. Não irá se ocupar dela, embora seja algo sumamente respeitável. Precisamente por ser demasiado respeitável e elevada. As razões que dá são sintomáticas de todo esse modo de pensar do final da Escolástica.

"Eu reverenciava nossa teologia e pretendia tanto como outro qualquer ganhar o céu; mas tendo aprendido, como coisa muito segura, que seu caminho não está menos aberto para os mais ignorantes que para os mais doutos, e que as verdades reveladas que conduzem a ele estão acima de nossa inteligência, não teria ousado submetê-las à fragilidade de meus raciocínios, e pensava que para tentar examiná-las e acertar era preciso ter alguma extraordinária assistência do céu e ser mais que homem" (*Discurso do método*, 1.ª parte).

Descartes sublinha o caráter prático, religioso da teologia; trata-se de ganhar o céu; mas acontece que se pode ganhar sem saber nada de teologia, o que põe em evidência sua inutilidade. Convém reparar que Descartes não exprime isso como uma descoberta sua, pelo contrário: é algo que aprendeu; portanto, coisa já sabida e transmitida, e ademais perfeitamente segura; é, portanto, a *opinião do tempo*. Em segundo lugar, é assunto de revelação que está acima da inteligência humana. A razão nada pode em relação ao grande tema de Deus; seria preciso ser *mais que homem*. É, claramente, questão de jurisdição. O homem, com sua razão, por um lado; por outro, Deus, onipotente, inacessível, acima de qualquer razão, que vez ou outra se digna a se revelar para o homem. A teologia não é o homem que a faz, mas Deus; o homem não tem nada a fazer nesse terreno: Deus está alto demais.

2. O homem

O **"cogito"** • Desde os primeiros passos, Descartes tem de renunciar ao mundo. A natureza, que tão gozosamente se mostrava ao homem renascentista por meio dos sentidos, é algo totalmente inseguro. A alucinação, o engano dos sentidos, nossos erros fazem com que não seja possível encontrar a menor segurança no mundo. Descartes se dispõe a pensar que tudo é falso; mas conclui que há algo que não pode sê-lo: sua existência. "Enquanto pensava que tudo era falso, era preciso necessariamente que eu, que o pensava, fosse algo; e observando que esta verdade: *penso, logo existo*, era tão firme e tão segura que todas as mais extravagantes suposições dos céticos não eram capazes de quebrantá-la, julguei que podia admiti-la sem escrúpulos como o primeiro princípio da filosofia que buscava" (*Discurso do método*, 4.ª parte).

Com efeito, se estou num erro, sou eu que estou nesse erro; se me engano, se duvido, sou eu o enganado ou o dubitativo. Para que ao afirmar "eu sou" me equivocasse, teria de começar por ser, ou seja, *não posso* me equivocar nisso. Esta primeira verdade de minha existência, o *cogito, ergo sum* das *Meditações*, é a primeira verdade indubitável, da qual não posso duvidar, mesmo que quisesse.

Não há nada certo, exceto eu. E eu não sou mais que *uma coisa que pensa, mens, cogitatio. Ego sum res cogitans* – diz taxativamente Descartes: *je ne suis qu'une chose qui pense*. Portanto, nem sequer homem corporal, somente *razão*. Pelo visto, não é possível reter o mundo, que escapa; nem sequer o corpo; só é seguro e certo o sujeito pensante. O homem fica sozinho com seus pensamentos. A filosofia vai fundar-se em mim, como consciência, como razão; a partir de então e durante séculos, virá a ser *idealismo* – a grande descoberta e o grande erro de Descartes.

Essa solução é congruente. Deus ficara de fora por ficar fora da razão; era isso que era decisivo. Não é de estranhar, portanto, que se encontre na razão o único ponto firme em que se apoiar. Isso, em meio a tudo, não é novo; o que agora ocorre é que a razão é assunto humano; por isso a filosofia não é simplesmente *racionalismo*, mas também *idealismo*. Procurarão fundar no homem, ou melhor, no eu, toda a metafísica; a história dessa tentativa é a história da filosofia moderna.

O critério de verdade • O mundo não resistiu à dúvida cartesiana; no primeiro encontro com ela, ele se perdeu, e só permanece firme o eu. Mas Descartes está apenas começando sua filosofia, colocando o pé onde o terreno é seguro. Descartes se interessa pelo mundo, se interessa pelas coisas e por essa natureza a que se aplica a ciência de seu tempo. Mas está preso em sua consciência, encerrado em seu eu pensante, sem poder dar o passo que o leve às coisas. Como sair dessa subjetividade? Como continuar sua filosofia, agora que encontrou o princípio indubitável? Antes de buscar uma segunda verdade, Descartes se detém na primeira. É uma verdade bem humilde, mas lhe servirá para ver como é uma verdade. Isto é, antes de empreender a busca de novas verdades, Descartes examina a única que possui para ver em que consiste sua veracidade, em que se reconhece que o é. Busca, portanto, um *critério de certeza* para reconhecer as verdades que possa vir a encontrar (Ortega). E constata que a verdade do *cogito* consiste em que não pode duvidar dele; e não pode duvidar porque percebe que tem de ser assim, porque é *evidente*; e essa evidência consiste na absoluta *clareza e distinção* que essa ideia tem. Esse é o critério de verdade: a evidência. Em posse de uma verdade firme e um critério seguro, Descartes se dispõe a reconquistar o mundo. Mas para isso tem de dar uma grande volta. E a volta cartesiana para ir do eu ao mundo passa, coisa estranha, por Deus. Como é possível?

3. Deus

O "gênio maligno" • Vimos que Descartes abandona a teologia, que Deus é incompreensível; e agora, de modo surpreendente, entre o homem e o mundo se interpõe a Divindade, e Descartes terá de se ocupar dela. É preciso explicar isso. Descartes sabe que existe, e o sabe porque penetra, de modo claro e distinto, sua verdade. É uma verdade que se justifica a si mesma; quando deparar com algo semelhante terá forçosamente de admitir que é verdade. A menos que esteja numa situação de engano, que seja vítima de uma ilusão e que haja alguém que o faça ver como evidente o mais falso. Então a evidência não serviria para nada, e não se poderia afirmar outra verdade senão a de que eu existo; e esta porque, é claro, se me enganam, o enganado sou eu, ou, o que dá na mesma, eu, o *enganado*, sou. O homem ficaria definitivamente preso em si mesmo, sem poder saber com certeza nada salvo sua existência. Quem poderia enganar-me de tal modo? Deus, se existisse; não sabemos, mas tampouco sabemos o contrário (entenda-se que isso se afirma do ponto de vista do conhecimento racional e filosófico, sem considerar a revelação, que Descartes exclui do âmbito da dúvida). Mas se Deus me enganasse desse modo, me fazendo crer o que não é, submergindo-me no erro, não por minha debilidade, nem por minha precipitação, mas por minha própria evidência, não seria Deus; repugna pensar tal engano por parte da Divindade. Não sabemos se existe Deus; mas se existe, não pode me enganar; quem poderia fazê-lo seria algum poderoso *gênio maligno*. Para estarmos seguros da evidência, para que possamos nos fiar da verdade que se mostra como tal, com suas provas claras e distintas ao alcance da mão, teríamos de demonstrar que Deus existe. Sem isso, não podemos dar mais nenhum passo na filosofia, nem buscar outra verdade senão a de que eu sou.

A demonstração de Deus • Com efeito, Descartes prova a existência de Deus. E a demonstra de várias maneiras, com argumentos de alcances diversos. Por um lado, diz Descartes, encontro em minha mente a ideia de Deus, isto é, de um ente infinito, perfeitíssimo, onipotente, que sabe tudo etc. Pois bem, essa ideia não pode proceder do nada, nem tampouco de mim mesmo, que sou finito, imperfeito, frágil, cheio de dúvidas e ignorância, porque então o efeito seria superior à causa, e isso é impossível. Por conseguinte, a ideia de Deus tem de ter sido posta em mim por algum ente superior, que corresponda à perfeição dessa ideia, ou seja, por Deus ele mesmo; e assim se prova sua existência.

A outra demonstração é aquela que desde Kant se costuma chamar de *ontológica*, isto é, o argumento de Santo Anselmo no *Proslogion* (vide acima). No entanto, há profundas diferenças entre o sentido desse argumento e a prova cartesiana. Descartes diz: eu tenho a ideia de um ente perfeitíssimo, que é Deus; pois bem, a *existência* é uma perfeição, e a encontro incluída essencialmente na ideia desse ente; portanto, é necessário que Deus exista. As duas provas cartesianas, intimamente relacionadas entre si, têm um elemento comum: *eu tenho a ideia de um ente perfeito, logo existe*. O que as distingue é a *razão* pela qual a ideia prova a existência: na primeira, afirma-se que só Deus pode pôr sua ideia em mim; na segunda, mostra-se que essa ideia de Deus que eu possuo implica sua existência. Portanto, as duas provas se exigem e apoiam reciprocamente.

A rigor, o ponto de partida da demonstração cartesiana é a realidade do eu, comparada com a ideia clara e distinta da Divindade. Minha finitude e minha imperfeição se opõem à infinitude e perfeição de Deus, cuja ideia encontro em mim. Mediante a elevação ao infinito de tudo o que há em mim de positivo e a anulação dos limites, elevo-me intelectualmente até Deus. Em outras palavras, no homem se encontra a *imagem* de Deus, que permite chegar ao conhecimento deste. "Essa ideia [de Deus] – diz Descartes no final da *Meditação III* – nasceu e foi produzida comigo desde que fui criado, assim como a ideia de mim mesmo. E, na verdade, não deve causar estranheza que Deus, ao me criar, tenha posto em mim essa ideia para que seja como a marca do *artífice impressa em sua obra*; e tampouco é necessário que essa marca seja algo diferente dessa própria obra. Pelo simples fato de Deus ter me criado, é muito crível que tenha me produzido, de certo modo, a sua *imagem e semelhança*, e que eu conceba essa semelhança, na qual se acha contida a ideia de Deus, mediante a mesma faculdade com que me concebo a mim mesmo; ou seja, quando reflito sobre mim, não só conheço que sou *uma coisa imperfeita*, incompleta e dependente de outra, *que tende e aspira* sem cessar a algo melhor e maior que o que sou, mas ao mesmo tempo também conheço que aquele de quem dependo possui em si todas essas grandes coisas às quais *aspiro*, *e cujas ideias encontro em mim*, não indefinidamente e só em potência, mas que goza de fato delas, *atual e infinitamente*, e portanto que é Deus. E toda a força do argumento que usei aqui para provar a existência de Deus consiste em reconhecer que não seria possível que minha natureza fosse tal como é, ou seja, que eu tivesse em mim a ideia de um Deus, se Deus não existisse verdadeiramente."

Mas a chave da prova cartesiana é o sentido que Descartes, e com ele quase todo o século XVII, dá à palavra *ideia*. A ideia não é, simplesmente, algo que ocorre ao homem; tampouco algo que este pensa e que deve *coincidir* com a realidade, é a realidade ela mesma, vista. *L'idée est la chose même conçue*, diz taxativamente Descartes. É isso que é decisivo, o fundamento de sua dupla prova; mas é ao mesmo tempo o mais problemático dela, e não cabe a esta obra uma investigação aprofundada do problema que isso implica.

Vimos a necessidade de Deus e as razões que Descartes dá para provar sua existência; e agora alguém poderia perguntar qual é o sentido ontológico desse estranho argumento do "gênio maligno".

A comunicação das substâncias • Se somos enganados por um poder perverso, se nossa maior evidência é puro erro, isso quer dizer que minhas ideias não têm verdade, que são somente "ideias", sem que nada lhes corresponda fora delas. Estaria então preso em mim, substância pensante que não poderia alcançar as outras coisas, concretamente a substância extensa que é o mundo. Esse problema da verdade e do conhecimento, formulado em termos cartesianos, é o da comunicação das substâncias, que se mostra tão dificultosa partindo do eu, coisa pensante, absolutamente distinta e heterogênea de toda coisa extensa, até mesmo da realidade tão próxima de meu corpo.

"Entendi assim que eu era uma substância cuja essência ou natureza toda não é senão pensar, e que, para ser, não tem necessidade de nenhum lugar nem depende de nenhuma coisa material; de modo que este eu, ou seja, a alma, pela qual sou o que sou, é totalmente distinta do corpo..." (*Discurso do método*, 4.ª parte).

A razão e o ser • Descartes tomou tanto cuidado de sublinhar a distinção ou independência de sua alma pensante, que agora não pode sair para o mundo. As ideias da *res cogitans* podem ser, apesar de toda sua evidência, puras quimeras, sem a menor relação com a *res extensa*, separada por um abismo metafísico: fantasmagorias claras e distintas. Mas isso não é o mais grave, embora o seja bastante. Essa impossibilidade de o eu conhecer com verdade o mundo não só afeta esse conhecimento, como a própria índole da *res cogitans*. Razão não é a faculdade de produzir ideias sem verdade e sem realidade; se não for capaz de se apoderar do mundo, se não fizer com que o eu consiga abarcar toda a extensão das coisas desse modo estranho que se chama saber, e ter sua verdade, não merece a denominação de *razão*. Portanto, para o homem é imprescindível, para ser na realidade o que é cartesianamente – uma coisa que pensa, um ente racional –, conseguir obter um conhecimento das coisas, transcender a si próprio, ser capaz de verdade. E é Deus quem dá a segurança de que isso é assim; não engana o homem; ou seja, faz com que suas ideias claras e distintas sejam verdadeiras; em outras palavras, que quando as ideias o sejam plenamente, sejam *mais que ideias*, e reflitam a realidade das coisas.

Deus é a *substância infinita* que funda o ser da substância extensa e da substância pensante. As duas são distintas e heterogêneas, mas coincidem em ser, no mesmo sentido radical de *ser criado*. E nessa raiz comum que as duas substâncias finitas encontram em Deus funda-se a possibilidade de sua coincidência e, em suma, da verdade. Deus, fundamento ontológico do eu e das coisas, é quem torna possível que o mundo seja sabido pelo homem.

É desse ponto de vista que adquirem pleno sentido as provas de Descartes. As ideias que tenho das coisas – diz ele – podem muito bem ser apenas um produto meu, algo dependente de minha natureza pensante, e nada mais; e, por isso, essas ideias podem ser verdadeiras ou falsas; nada me garante que exista o que elas significam, que a elas corresponda algo fora de minha subjetividade que as pensa. A ideia de Deus, em contrapartida, é tão perfeita, de tal modo alheia a minha natureza e a minhas possibilidades, que não pode proceder de mim; ela vem a mim de fora; portanto, de outra coisa que não sou eu, de algo que transcende a ela mesma. Portanto, essa ideia de Deus me coloca diante de uma realidade distinta de mim. Por isso exerce uma ação libertadora sobre o homem fazendo-o sair de si próprio para encontrar a realidade efetiva do que não é ele.

O problema da substância • Mas aqui surge uma questão muito séria, que afeta em sua raiz a ontologia cartesiana. O eu e o mundo são duas substâncias criadas, finitas, e seu fundamento ontológico é Deus, a substância infinita; mas agora cabe perguntar: o que é *res*, o que é *substância*? *Per substantiam* – diz Descartes (*Principia*, I, 51) – ni-

hil aliad intelligere possumus, quam rem quae ita existit, ut nulla alia re indigeat ad existendum. A substância se define, portanto, pela *independência*; ser substância é *não* necessitar de outra coisa para existir; trata-se de uma determinação negativa, que não nos diz o que é *ser substância* positivamente.

Por outro lado, Descartes adverte que a rigor o único ente independente é Deus, uma vez que os entes criados necessitam dele, e a palavra *substância* não se aplica univocamente a Deus e a eles, só se aplica *analogicamente*. Mas é aqui que começa a dificuldade. A mente e o mundo se chamam substâncias porque só precisam de Deus para existir – diz Descartes; têm, portanto, uma independência relativa, atenuada. Mas Descartes agrega que não podemos conhecer a substância *por si só*, porque não nos afeta, e só a apreendemos por algum atributo, por exemplo a extensão ou o pensamento. E então temos de voltar a perguntar: que há de comum entre Deus e os entes criados, que permita chamá-los igualmente de substâncias?

Descartes aclara que assim se chamam apenas por analogia; mas uma analogia – como já mostrou Aristóteles – exige um *fundamento* que seja, por certo, *unívoco*. Qual pode ser o fundamento comum da analógica substância cartesiana? A única característica definitória da substância é para Descartes a independência. Mas *esta é também analógica*, pois a independência das substâncias criadas é apenas relativa. O fundamento da suposta analogia é por sua vez analógico; o que equivale a dizer que a noção de substância em Descartes é *equívoca*. Com efeito, Descartes não tem uma noção suficiente do *ser*; para ele é algo tão óbvio que acredita poder prescindir de seu sentido para se ocupar diretamente dos *entes*. E esta é a deficiência radical da metafísica cartesiana, cujas consequências afetam todo o pensamento da época moderna.

* * *

Vemos, pois, que Descartes tem de passar por Deus para chegar ao mundo, e que, mesmo renunciando à teologia, há um momento em que tem de se ocupar intelectualmente de Deus. Mas certamente não é preciso que faça teologia; basta provar a existência de Deus; e ele o faz mediante a prova ontológica. É o argumento ontológico que permite ao homem idealista, que tinha perdido Deus e em seguida também o mundo, reconquistar um e, em consequência, o outro. A filosofia cartesiana e, como veremos, todo o idealismo até Leibniz, funda-se no argumento ontológico.

4. O mundo

A "res extensa" • O mundo físico está determinado em Descartes pela extensão. Junto da *res infinita* que é Deus aparecem as duas substâncias finitas, a substância pensante – o homem – e a substância extensa – o mundo. São duas esferas da realidade que não têm nenhum contato ou semelhança entre si. E isso coloca o problema de sua comunicação, consequência do idealismo, que é o problema do século XVII. O próprio fato do conhecimento ou o ser do homem já coloca essa questão. Como posso conhecer o mundo? Como pode o extenso passar para mim, que sou inextenso e inespacial? Mais ainda: como posso eu agir sobre meu próprio corpo para movê-lo, sendo duas realidades díspares e sem possível interação? Tem de ser Deus, fundamento ontológico das duas substâncias infinitas, que efetue essa impossível comunicação das substâncias. Esse problema, formulado por Descartes, tem três soluções possíveis, que serão dadas por ele mesmo – e mais claramente por Malebranche –, por Espinosa e por Leibniz.

O mundo é simples extensão. A força não é uma ideia clara, e Descartes a elimina. A física cartesiana é geometria; Leibniz terá de retificar essa noção, pondo a ideia de força em primeiro plano e transformando a física estática em dinâmica. A essas duas concepções correspondem as duas grandes descobertas matemáticas de ambos: a geometria analítica e o cálculo infinitesimal. A primeira é a aplicação da análise, do cálculo operatório, à geometria – e, portanto, em Descartes, à própria realidade física; o segundo permite a mensuração das variações e o desenvolvimento da dinâmica. Matéria e espaço são uma única e mesma coisa; a espacialidade é a principal qualidade da matéria. O mundo poderia ser explicado por uma série de movimentos de torvelinho, que, depois da criação, se desenvolve de modo puramente mecânico. Aqui encontramos a ressonância da ideia de que a conservação do mundo, a criação continuada, não é necessária, e o mundo, uma vez criado, se basta a si mesmo.

Biologia • Descartes estende esse mecanismo a toda a física – a seus estudos de ótica e meteorologia – e também à biologia. Os animais são para ele puras máquinas autômatas, *res extensa*. Máquinas, é claro, perfeitíssimas, como obras da mão de Deus, mas sem semelhança com a substância espiritual e pensante que é o homem. Neste, a glândula pineal – o único órgão ímpar que encontra, e, além disso, de função desconhecida – é o ponto em que a alma e o corpo podem se acionar mutuamente. A partir dela, a alma orienta o movimento dos *espíritos animais*, e vice-versa. Posteriormente reconheceu a impossibilidade de explicar a evidente comunicação. Em seu *Tratado das paixões*, Descartes inicia a série de tentativas de explicar o mecanismo da psique humana mediante a combinação de alguns motores psíquicos fundamentais. Esta é, reduzida a sua mais mínima expressão, a teoria cartesiana do mundo.

5. Racionalismo e idealismo

Descartes funda sua especulação no critério de evidência. Essa evidência não se refere à percepção nem aos sentidos, que nos enganam com frequência, mas à clareza e distinção das ideias; é a evidência da razão. Portanto, o método cartesiano é o racionalismo. A única instância com valor para o homem é a razão, que é comum a todos. O homem é substância pensante, *raison*. Esta é uma das raízes da ciência apriorística do século XVII. E o racionalismo cartesiano é também a causa do espírito igualmente apriorista e anti-histórico que informa todo o século seguinte e culmina de forma dramática na Revolução Francesa.

Por outro lado, o sistema de Descartes é *idealista*. Que quer dizer isso? O idealismo é a tese oposta ao realismo metafísico. Para o realismo – Grécia e Idade Média – as coisas têm um ser por si, eu simplesmente existo entre elas, e a verdadeira realidade são as coisas – *res*. Ser quer dizer *ser em si, ser independente de mim*. O idealismo, pelo contrário, pensa que nada sei de seguro exceto eu mesmo (o *cogito*); que só sei das coisas na medida em que as veja, toque, pense, queira etc. (a palavra *cogitatio* não significa apenas *pensar*, mas todo ato psíquico); ou seja, na medida em que estejam em relação comigo e eu seja testemunha delas. Não sei nem posso saber como são as coisas separadas de mim; nem sequer se existem em mim, pois nada sei delas sem estar presente. Ou seja, as coisas aparecem como sendo *para mim*; são, portanto, *ideias* minhas, e a realidade que lhes corresponde é essa realidade ideal. O eu funda o ser das coisas como ideias suas; é isso o idealismo.

Como, em princípio, a razão não é o ponto em que o homem se vincula à realidade suprema de Deus, mas algo privativo, reduzido a sua subjetividade, o racionalismo se converte forçosamente em idealismo; por isso será preciso que Deus salve essa subjetividade e garanta a transcendência do sujeito.

Descartes funda sua filosofia nesses dois princípios. A partir de então e até nossos dias, a filosofia será ambas as coisas – racionalista e idealista – com raras exceções. Foi só nestes últimos anos que a metafísica chegou a posições que, partindo da grande verdade parcial contida nos dois princípios cartesianos, corrigem a dimensão de erro que os afeta. Por um lado, percebe-se a essencial dependência que o eu, por sua vez, tem em relação às coisas, com as quais sempre depara em sua vida; por outro, altera-se a ideia exclusivista da razão especulativa e de tipo matemático. Na Espanha, Ortega deu um passo decisivo nesse sentido: sua metafísica da razão vital[1].

---

1. Cf. "Los dos cartesianismos" em *Ensayos de teoría* (*Obras*, IV).

II. O CARTESIANISMO NA FRANÇA

Descartes determina toda a filosofia do século XVII no continente. Sua influência é visível, não só em seus discípulos e seguidores imediatos, mas nos pensadores independentes, até mesmo nos teólogos, em Pascal, em Fénelon ou em Bossuet. E, sobretudo, em Malebranche, e fora da França nas grandes figuras de Espinosa e Leibniz. Vejamos o desenvolvimento dessa filosofia.

1. *Malebranche*

Personalidade • Nicolas Malebranche nasceu em Paris em 1638 e morreu em 1715. Era de família ilustre e sempre teve a saúde frágil, o que lhe causou muitos sofrimentos e exigiu muitos cuidados. Estudou filosofia no Collège de la Marche e se sentiu decepcionado, como Descartes em La Flèche; depois, na Sorbonne, estudou teologia, e tampouco lhe satisfizeram os métodos intelectuais. Em 1660 ingressou na Ordem do Oratório, que deu à França altas mentalidades, desde o próprio Malebranche até o Padre Gratry no século XIX. Fontenelle dizia que Malebranche fora levado ao estado sacerdotal "pela natureza e pela graça". Os oratorianos tinham uma grande inquietude intelectual e cultivavam Platão e Santo Agostinho, ao mesmo tempo em que se interessavam por Descartes. Em 1664, Malebranche comprou numa livraria o *Traité de l'homme*, de Descartes, que lhe causou uma formidável impressão, e descobriu nele o método que secretamente vinha buscando e esperando desde sempre. A partir de então, sua inclinação para a filosofia ficou clara e estudou seriamente Descartes.

Completou essa formação com Santo Agostinho, sobretudo, e também com um pensador dos Países Baixos, Arnold Geulincx, e os orientadores da ciência natural: Bacon, Hobbes, Gassendi etc. Dez anos depois se iniciou a produção literária de Malebranche. Ao mesmo tempo começaram as relações – cordiais ou polêmicas – com a maioria das grandes figuras contemporâneas: Arnauld, Fénelon, Bossuet, Leibniz, Locke, Berkeley. Malebranche sentia um profundo apego pelo retiro e pela meditação solitária; sua vida foi recatada e silenciosa sempre que possível, dentro da comunidade oratoriana. E morreu aos 77 anos, cheio de calma e de profunda religiosidade.

Obras • A principal obra de Malebranche é a *Recherche de la vérité*. Depois publicou *Conversations chrétiennes*, e em seguida as intituladas *Méditations chrétiennes*. Mais tarde escreveu *Traité de la nature et de la grâce*, que suscitou uma violenta polêmica e foi incluído no Índice pela Inquisição. Também escreveu um diálogo muito importante, intitulado *Entretiens sur la métaphysique et sur la religion*, e um *Traité de morale*. Essas são as obras mais importantes da produção filosófica de Malebranche.

O ocasionalismo • O centro da filosofia de Malebranche está em sua teoria do ocasionalismo, iniciada por Arnold Geulincx, professor em Louvain e posteriormente, depois de sua conversão ao calvinismo, em Leiden. O problema de Malebranche, que parte da situação cartesiana, é o da transcendência do sujeito e, em geral, o da comunicação das substâncias. Descartes ainda tentara salvar de alguma maneira a interação das substâncias, reduzindo-as a pequenos movimentos e alterações da glândula pineal. Malebranche vai afirmar taxativamente que não há nem pode haver comunicação nenhuma entre a mente e os corpos. "É evidente que os corpos não são visíveis por si mesmos, que não podem agir sobre nosso espírito nem ser representados nele" (*Recherche de la vérité*, esclarecimento X). O conhecimento direto do mundo é, portanto, absolutamente impossível; mas há algo que possibilita esse conhecimento: por um lado, Deus tem em si as ideias de todos os entes criados; por outro, "Deus está muito intimamente unido a nossas almas por sua presença, de modo que se pode dizer que é o lugar dos espíritos, assim como os espaços são em certo sentido o lugar dos corpos. Pressupondo-se essas duas coisas, é certo que o espírito pode ver o que há em Deus que representa os seres criados, já que isso é muito espiritual, muito inteligível e muito presente para o espírito." E, algumas páginas depois, Malebranche acrescenta: "Se não víssemos Deus de alguma maneira, não veríamos nenhuma coisa" (*Recherche de la vérité*, livro III, 2.ª parte, capítulo VI).

A dificuldade está nesse *de alguma maneira*. Conhece-se Deus indiretamente, refletido, como em um espelho, nas coisas criadas, segundo o texto de São Paulo (*Romanos*, I, 20); *Invisibilia Dei... per ea quae facta sunt intellecta conspiciuntur.* Malebranche esforça-se para manter um sentido reto e admissível da visão de Deus, mas não consegue evitar o erro. Com frequência inverte os termos da fórmula paulina e afirma o conhecimento *direto* de Deus e o das coisas nele. Esse erro repercutiu, sobretudo entre os "ontologistas" italianos do século XIX, Rosmini e Gioberti.

É Deus que faz com que eu conheça as coisas inacessíveis. Sua espiritualidade traz em si as ideias das coisas corporais, criadas por Ele. É isto o que têm em comum todas as coisas: ser criadas. O ser está presente nas coisas e as unifica num sentido, apesar de sua radical diversidade. Essa vinculação ontológica total é o que permite que se fale com sentido da *razão*. Numa subjetividade sem referência à realidade não se poderia dizer que houvesse razão. As *coisas* são extensas e corporais, alheias a meu espírito; mas as *ideias* de Deus, os modelos segundo os quais as coisas estão *criadas* – união do agostinismo e do cartesianismo –, são *espirituais*, são adequadas ao ser pensante, e o lugar dos espíritos é Deus. O homem participa de Deus, e, *nele* das coisas, e assim se evita o abismo metafísico. Não há interação direta entre as substâncias; a congruência entre elas é operada por Deus; essa é a teoria das *causas ocasionais*: eu não percebo as coisas, mas, *por ocasião* de um movimento da *res extensa*, Deus provoca em mim uma certa ideia; *por ocasião* de uma volição minha, Deus move o corpo extenso que é meu braço. O decisivo é essa relação do espírito humano com Deus, e com as coisas apenas n'Ele. Malebranche se dá plenamente conta disso: "Não existe ninguém que não concorde com que todos os homens são capazes de conhecer a verdade, e até os filósofos menos esclarecidos estão de acordo com que o homem participa de uma certa razão que não determinam. Por isso definem-no como *animal* RATIONIS *particeps*; pois não existe ninguém que não saiba, pelo menos confusamente, que a diferença essencial do homem consiste na união necessária que tem com a razão universal" (*Recherche de la vérité*, esclarecimento X).

As palavras de Malebranche são de tal modo claras e significativas que prefiro citá-las textualmente a fazer qualquer comentário. Vemos em Deus todas as coisas; é a condição necessária de todo saber e de toda a verdade. Malebranche toma literalmente e com todo rigor as palavras de São João no quarto Evangelho: Deus é *lux vera quae illuminat omnem hominem venientem in hunc mundum*. Portanto, Deus é absolutamente necessário; embora não se conheça a plenitude da essência divina, é forçoso pelo menos saber que existe. A filosofia de Malebranche também necessita de uma prova da existência de Deus, e nela encontra seu fundamento. Malebranche leva o cartesianismo a suas últimas consequências na direção marcada por seu fundador. Outros filósofos seguirão outros caminhos, saindo do mesmo ponto de partida.

2. Os pensadores religiosos

No século XVII e nos primeiros anos do XVIII aparece na França uma série de pensadores católicos, preferentemente teólogos e também místicos, influenciados de modo profundo pela filosofia cartesiana. Surge assim uma corrente intelectual muito fecunda, que caracteriza a vida espiritual francesa durante um século e condicionará a sorte ulterior da filosofia na França. Em outros países, o pensamento teológico se mantém apegado às formas mentais e também expositivas da Escolástica, e a filosofia moderna segue um curso independente ou nem sequer penetra neles. Os pensadores religiosos franceses estão inseridos na tradição medieval, articulada em torno de dois pontos capitais: Santo Agostinho e Santo Tomás; mas recebem a influência do cartesianismo, sobretudo no que se refere ao método, e dessa síntese surge uma nova forma de pensamento, que se poderia talvez chamar de "teologia cartesiana" ou quem sabe *moderna*. Sobre os pressupostos agostinianos mantém-se a arquitetura geral do tomismo e, ao mesmo tempo, utilizam-se as conclusões filosóficas de Descartes renovando o método de investigação e de exposição literária. Desse modo, salva-se a tradição helênica e medieval, atrelando-a ao pensamento moderno, e o pensamento católico da França adquire uma vitalidade que logo perdeu em outros lugares. Por outro lado, esses teólogos esbarram constantemente nos problemas da filosofia, e com frequência acrescentam-lhe a precisão e o rigor que a teologia sempre deu ao pensamento metafísico.

Os jansenistas • Cornélio Jansen ou Jansenius, bispo de Ypres, em íntima relação com o abade de Saint-Cyran, tentara fundamentar no agostinismo e nos Padres da Igreja uma interpretação teológica da natureza humana e da graça. Em 1640, pouco depois da morte de seu autor, apareceu o *Augustinus* de Jansenius, que foi condenado três anos depois. O espírito jansenista se infiltrara, sobretudo, na abadia de Port-Royal, dirigida por Madre Angélica Arnauld. Por motivo da condenação do *Augustinus* e da condensação em cinco proposições, também condenadas, da doutrina jansenista, instaurou-se na França uma longa e viva polêmica, cujos detalhes não cabem aqui. Os jansenistas se opunham, por outro lado, à moral casuística dos jesuítas, que acusavam de lassidão. Os mais importantes pensadores do grupo de Port-Royal foram Antoine Arnauld (1612-94) e Pierre Nicole (1625-95). Além de suas obras teológicas, ambos são autores do famoso livro titulado *La logique ou l'art de penser*, conhecido com o nome de *Lógica de Port-Royal*.

Pascal • Estreitas relações com os solitários de Port-Royal teve Blaise Pascal (1623-62), genial matemático, de estranha precocidade, místico e polemista, espírito profundo e apaixonadamente religioso. Pascal escreveu, além de tratados físico-matemáticos, as *Lettres à un Provincial* ou *Provinciales*, mediante as quais interveio na polêmica antijesuítica, e, sobretudo, suas *Pensées sur la religion*, obra fragmentária, a rigor apenas anotações dispersas para um livro não escrito, de extraordinário interesse religioso e filosófico.

Aparentemente, Pascal se opõe ao cartesianismo, à sua confiança na razão, e é quase cético. Na verdade, Pascal é em grande medida cartesiano, até mesmo quando se opõe a Descartes. Por outro lado, Pascal está rigorosamente determinado por pressupostos cristãos, e é a partir deles que seu pensamento se move. Se, por um lado, Pascal apreende o homem, como Descartes, por sua dimensão pensante, por outro sente com extrema agudeza sua fragilidade, necessidade e miséria: o homem é *um caniço pensante* (*un roseau pensant*). E dessa miséria do homem sem Deus se eleva à grandeza do homem com Deus, que é grande porque se sabe necessitado e pode conhecer a Divindade. A antropologia pascaliana é do mais alto interesse.

No tocante ao problema de sua atitude ante a razão, deve-se destacar que Pascal distingue entre o que chama *raison* – que costuma entender como raciocínio ou silogismo – e o que chama *coeur*, coração. "O coração – diz ele – tem razões que a razão desconhece." E acrescenta: "Conhecemos a verdade não só pela razão, mas também pelo coração; deste último modo conhecemos os primeiros princípios, e em vão o raciocínio, que não participa deles, tenta combatê-los... O conhecimento dos primeiros princípios é mais firme que qualquer um dos que nos dão nossos raciocínios. E é nesses conhecimentos do coração e do instinto que a razão tem de se apoiar e fundar todo seu discurso." Não se trata, portanto, de nada sentimental, o *coeur* é para Pascal uma faculdade para o conhecimento das verdades principais, fundamento do raciocínio.

Pascal busca Deus, mas é, antes de tudo, um homem religioso, e quer buscá-lo em Cristo, não só com a simples razão. E escreve estas palavras de ressonância agostiniana: "Fazem um ídolo da própria verdade. Pois a verdade fora da caridade não é Deus; é sua imagem, um ídolo que não se deve amar nem adorar." E resume toda a sua atitude filosófica numa frase que esclarece sua verdadeira significação. "Dois excessos: excluir a razão, não admitir nada além da razão."

Bossuet • Uma das figuras centrais dessa corrente teológica influenciada pelo cartesianismo é Jacques-Bénigne Bossuet (1627-1704), bispo de Meaux, grande personagem em seu tempo, que foi a alma da Igreja da França durante meio século. Foi um grande orador sagrado, historiador, teólogo e filósofo. Empenhou-se, junto com Leibniz, nas negociações *irênicas*, que pretendiam reunir as Igrejas cristãs, e escreveu a *História das variações das Igrejas protestantes*. Suas obras filosóficas de maior importância são o tratado *De la connaissance de Dieu et de soi-même* e *Discours sur l'histoire universelle*, verdadeira filosofia da história, que se vincula com a *Cidade de Deus*, de Santo Agostinho, e prepara de certo modo a obra de Vico e Herder e, sobretudo, de Hegel.

Fénelon • Outra grande figura da Igreja da França é Fénelon, arcebispo de Cambrai (1651-1715). A propósito do quietismo, a heresia introduzida pelo espanhol Miguel de Molinos, autor do *Guia espiritual*, e difundida na França por madame Guyon, Fénelon teve uma polêmica com Bossuet, e algumas proposições de sua *Histoire des maximes des saints* foram condenadas. Fénelon, como fiel cristão, retratou-se de seu erro. Sua obra filosófica mais interessante é o *Traité de l'existence de Dieu*.

Fénelon representa, em certo sentido, uma continuação do pensamento de Bossuet, mas vai mais longe. Não só incorpora uma série de descobertas cartesianas, como o dualismo e a compreensão do homem como ente pensante, mas adota para si o método de Descartes: a dúvida universal. A partir da evidência indubitável do eu tenta reconstruir a realidade e chegar a Deus. A segunda parte de seu tratado é claramente cartesiana. Mas enquanto Descartes é pura e simplesmente um filósofo, Fénelon é teólogo acima de qualquer outra coisa, e por isso a orientação de seu pensamento é em última instância bem distinta.

III. Espinosa

Vida e escritos • Baruch de Espinosa nasceu em Amsterdã (Holanda) em 1632. Procedia de uma família judia espanhola, que imigrara tempos antes para Portugal e depois para os Países Baixos. Suas opiniões religiosas provocaram sua expulsão da sinagoga, e desde então se relacionou mais com meios cristãos, embora não tenha professado essa religião. Seu nome hebraico foi latinizado, e ele o usou na forma de Benedictus, Bento. Viveu na Holanda, sobretudo em sua cidade natal e em Haia, sempre pobre e modesto, dedicado a polir cristais ópticos. Espinoza (ou, se preferirem, Espinosa, na forma espanhola de seu sobrenome, provavelmente a usada originariamente na família) foi sempre doentio, modesto e com grande necessidade de independência. Não aceitou uma nomeação de professor na Universidade de Heidelberg para não comprometer sua liberdade, e manteve uma leal amizade com Jan de Witt. Morreu, ainda jovem, em 1677.

Escreveu, salvo alguma obra em holandês, quase tudo em latim. Seus principais escritos são *Tractatus de intellectus emendatione*, *Breve tratado de Deus, o homem e sua felicidade* (em holandês), *Tractatus theologico-politicus*, *Tractatus politicus*, uma exposição dos *Princípios* de Descartes; *Cogitata metaphysica* e, sobretudo, sua obra-prima, publicada depois de sua morte: a *Ethica ordine geometrico demonstrata*. Essa obra segue a forma de exposição dos livros de matemática, com axiomas, definições, proposições com suas demonstrações, escólios e corolários. É um exemplo extremo da tendência racionalista e matemática, aplicada até à forma exterior da filosofia.

1. Metafísica

O ponto de partida • Espinosa está inserido numa tradição filosófica múltipla. Em primeiro lugar e de modo mais direto, na tradição cartesiana próxima; está ademais vinculado a uma tradição escolástica, sobretudo ao escotismo e ao ockhamismo, e conheceu e estudou a obra de Suárez. Tem também contato com as fontes hebraicas: em primeiro lugar, a Bíblia e também o Talmude; em segundo lugar, os filósofos judeus medievais, principalmente Maimônides e a Cabala. Deve-se acrescentar outro momento, que é a tradição grega, em particular o estoicismo. E, além disso, a influência da ciência natural contemporânea e da filosofia de Giordano Bruno, e da teoria do Estado e da política de Hobbes. Estas são as principais raízes do pensamento de Espinosa, que lhe conferem um caráter peculiar dentro da metafísica do século XVII.

A substância • Espinosa parte da situação de Descartes. Este dizia que por substância se entende aquilo que não precisa de nada para existir, e, a rigor, só Deus poderia ser substância; mas logo encontrava outras substâncias que não necessitam de outras *criaturas* para existir, embora precisem de Deus: a *res cogitans* e a *res extensa*. Espinosa toma isso com todo rigor e define a substância deste modo: *Per substantiam intelligo id quod in se est et per se concipitur; hoc est, id cujus conceptus non indiget conceptu alterius rei, a quo formari debeat*: Por substância entendo aquilo que é em si e se concebe por si; isto é, aquilo cujo conceito não necessita do conceito de outra coisa para se formar. Portanto, para Espinosa haverá uma única substância. Que são, então, as outras coisas? Não são substâncias: são *atributos*; o atributo é o que o entendimento percebe da substância como constituinte de sua essência. Existem infinitos atributos; mas o intelecto conhece apenas dois: *cogitatio* e *extensio*, pensamento e extensão. Ou seja, a *res cogitans* e a *res extensa* cartesiana, rebaixadas na hierarquia ontológica; não são mais substâncias, e sim simples atributos da substância única.

As *coisas singulares* – que já em Descartes ficavam despojadas de seu tradicional caráter substancial, reservado às duas *res* – são *modos* da substância, isto é, afecções dela, aquilo que é em outro e se concebe por outro. Esses modos afetam a substância segundo seus diferentes atributos.

Deus • Espinosa define Deus como o ente *absolutamente infinito*; ou seja, a substância que contém infinitos atributos, cada um dos quais expressa uma essência eterna e infinita. Esse ente coincide com a única substância possível. É o ente necessário e *a se*, e fica identificado com a substância; os atributos desta são os infinitos atributos de Deus. E este Deus de Espinosa, igual à substância, é *natureza. Deus sive natura*, diz Espinosa. A substância – ou seja Deus – é *tudo o que existe*, e todas as coisas são afecções suas. É, portanto, natureza num duplo sentido: no sentido de que todas as coisas procedem de Deus, de que é a origem de todas as coisas – a isso Espinosa chama *natura naturans*; mas, por outro lado, Deus não engendra nada distinto d'Ele, de modo que é natureza num segundo sentido: as próprias coisas que emergem ou brotam – e a isso chama *natura naturata*. O sistema de Espinosa é, portanto, panteísta.

O Deus de Espinosa está expresso pelas coisas singulares nos dois atributos fundamentais que o homem conhece: pensamento e extensão. Volta, portanto, para o esquema cartesiano, mas com uma modificação essencial: das três substâncias de Descartes, uma infinita e duas finitas, só a primeira conserva o caráter substancial, e as outras duas são atributos seus.

A comunicação das substâncias • Vimos aparecer esse problema na metafísica cartesiana, e sua primeira solução ocasionalista. Malebranche nega que haja efetivamente uma comunicação das substâncias. A doutrina de Espinosa é ainda mais radical: consiste em negar pura e simplesmente toda pluralidade de substâncias. Há apenas *uma*, com dois atributos da mesma: não pode haver *comunicação*, só *correspondência*. Há um estrito paralelismo entre os dois atributos conhecidos – extensão e pensamento – da substância única, portanto entre a mente e as coisas corporais: *Ordo et connexio diearum idem est, ac ordo et connexio rerum*. A ordem ideal é a mesma que a real. E é justamente o fato de fazer a extensão e o pensamento – em suma, o *mundo* em seu mais amplo sentido – perderem o caráter subsistente que ainda conservavam em Descartes, para reduzi-los a meros atributos da substância única, que obriga a identificar esta com Deus, por um lado, e com a natureza por outro: *Deus sive substantia sive natura*. Nesse momento surge o panteísmo de Espinosa. Em sua filosofia, praticamente não se ocupa de outra coisa senão de Deus; mas isso, que poderia parecer uma nova teologia, não é mais que o estudo metafísico da substância; e, ao mesmo tempo, a consideração racional da natureza, entendida, ao modo cartesiano, geometricamente.

No sistema de Espinosa, como em todos os demais do século XVII, é preciso garantir a existência de Deus. E isso num sentido talvez ainda mais extremo, já que tem de atribuir à própria natureza, junto com o caráter substancial, a divindade. *Ser* não quer dizer em Espinosa *ser criado por Deus*, mas simplesmente *ser divino*.

2. Ética

O plano da "Ética" • A metafísica de Espinosa culmina em sua ética. Por isso, sua obra fundamental, a que expõe o conteúdo geral de sua filosofia, leva esse título. Está dividida em cinco partes: I. De Deus. II. Da natureza e da origem da mente. III. Da origem e da natureza das paixões. IV. Da servidão humana, ou da força das paixões. V. Da potência do intelecto, ou da liberdade humana. Expõe, portanto, primeiro, sua ontologia: a teoria de Deus ou da substância; em segundo lugar estuda a estrutura da mente e aborda o problema do conhecimento; em seguida enumera e define as paixões, interpretadas de um modo naturalista e geométrico: quer falar das ações e dos apetites humanos "como se fossem linhas, planos ou corpos"; por último, expõe a teoria da escravidão humana ou da liberdade, segundo predominem no homem as paixões ou a razão; é nessas últimas partes que formula propriamente o problema ético, no qual resume todo o sentido de sua filosofia.

O homem • Para Espinosa, tudo é natureza; não faz sentido contrapor-lhe outra coisa, por exemplo *espírito*. O homem é *cogitatio*; mas esse pensamento é tão natureza quanto uma pedra. O homem é um *modo* da substância, uma simples modificação de Deus, nos dois atributos da extensão e do pensamento; nisso consiste a peculiaridade do homem, que tem corpo e alma: a alma é a ideia do corpo. E como há uma exata correspondência entre as ideias e as coisas, há um estrito paralelismo entre a alma e o corpo. Tudo o que acontece com o homem, e concretamente suas próprias paixões, é natural e segue o curso necessário da natureza. Para Espinosa, "é livre a coisa que existe pela mera necessidade de sua natureza e decide agir por si só"; é uma ideia da liberdade na qual só Deus é livre. Espinosa é determinista: "não se pode considerar o homem como um império dentro de outro império". Portanto, o homem não é livre, nem o mundo tem uma finalidade, tudo é necessário e está determinado causalmente. O homem é escravo porque acredita ser livre e se vê arrastado pela necessidade. Só é possível um modo de liberdade: o conhecimento. Quando o homem sabe o que é, sabe que não é livre e não se sente obrigado ou coagido, mas sim determinado segundo sua essência; por isso a razão é liberdade. O ser do homem, que é um modo da substância, uma *mens* e um *corpus*, consiste em não ser livre e em sabê-lo, em viver na natureza, em Deus. Aqui ressoa o princípio estoico: *parere Deo libertas est*; obedecer a Deus é liberdade.

A filosofia, o saber sobre o ser, sobre a substância, é um saber de Deus. E esse modo supremo de conhecimento, no qual residem a liberdade e a felicidade, é o *amor Dei intellectualis*, o amor intelectual a Deus, em que culminam, a um só tempo, a filosofia e a vida humana em Espinosa.

3. O ser como esforço de perduração

Na III parte da *Ética*, Espinosa expõe uma ideia do ser como afã de perdurar infinitamente, que importa conhecer, ainda que seja com suma brevidade. Toda coisa – diz Espinosa –, enquanto está em si, tende a perseverar em seu ser, e esse esforço (*conatus*) não é senão a essência atual da coisa; esse esforço envolve um tempo indefinido, infinito: é um afã de continuar sendo sempre. A mente humana tende a perdurar indefinidamente e é consciente desse esforço, que, quando se refere apenas à mente, se chama *vontade*, e quando se refere simultaneamente à mente e ao corpo, se chama *apetite*; e esse apetite de ser não é senão a própria essência do homem: o *desejo* é o apetite com consciência.

Não tendemos às coisas – diz Espinosa –, não queremos ou apetecemos algo porque o consideremos bom, mas, ao contrário, julgamos que algo é bom porque tendemos para ele, porque o queremos, o apetecemos ou desejamos. Esta *cupiditas* é o principal afeto do homem; existem outros dois que são fundamentais, a alegria e a tristeza, que correspondem ao aumento ou à diminuição do ser e da perfeição; destes três afetos procedem todos os outros e toda a vida psíquica do homem: o amor, o ódio etc.

Portanto, o que constitui o ser das coisas para Espinosa é um *esforço* (*conatus*), uma tendência, e esse esforço é um afã de ser sempre. Portanto, *ser* quer dizer para Espinosa *querer ser sempre*, ter *apetite de eternidade* ou, pelo menos, de perduração. A essência do homem é desejo: o homem consiste em desejar ser sempre e saber que o deseja. Nesta forma radical enlaçam-se o problema do ser e o problema da imortalidade em Espinosa.

IV. LEIBNIZ

Personalidade • Gottfried Wilhelm Leibniz nasceu em Leipzig em 1646 e morreu em Hannover em 1716. Sua família era protestante e de tradição jurídica. Leibniz estudou intensamente desde muito jovem: as línguas clássicas, grego e latim; as literaturas da Antiguidade, a filosofia escolástica, que conhecia muito bem, e depois a dos modernos: Bacon, Campanella, Descartes, Hobbes; travou conhecimento com a matemática e a física contemporânea, e estudou as obras de Kepler e Galileu; além disso, trabalhou seriamente em questões jurídicas e históricas, iniciou-se na alquimia e sentiu imensa curiosidade por todas as formas do saber.

Rapidamente Leibniz começa a intervir na vida de seu tempo. Envia trabalhos para as sociedades eruditas europeias; vai para a França em missão diplomática e trava relações com os melhores intelectuais daqueles anos; vai também para Londres. Depois, em 1676, descobre o cálculo infinitesimal ou *calcul des infiniment petits*, ao mesmo tempo em que Newton descobria a mesma disciplina, embora de forma distinta, com o nome de *método dos fluxos*. Isso suscitou uma grande polêmica entre os partidários de ambos – mais do que entre eles mesmos; mas parece que a descoberta se deu de modo independente e sem influência de um sobre o outro.

Voltou para a Alemanha e foi nomeado bibliotecário de Hannover, onde passou a viver desde então, excetuando seus períodos de viagens. Ali desenvolveu intensa atividade intelectual, diplomática e política, e como historiador dos *Annales Brunsvicenses*. Por iniciativa sua foi fundada a Academia de Ciências de Berlim, nos moldes da de

Paris e Londres, em 1700, e Leibniz foi seu primeiro presidente. Foi um grande personagem de sua época e esteve, ademais, na Itália, Áustria e Holanda. Ocupou-se ativamente de seu projeto de união das Igrejas cristãs. Sentia-se muito próximo do catolicismo, mas não queria abjurar e se converter, e sim unir novamente os dois credos; apesar de seus esforços e dos de Bossuet e Rojas Spínola, o plano fracassou. Leibniz morreu na solidão, obscuramente e quase abandonado, depois de uma vida intensa e de maravilhosa plenitude intelectual.

Obras • Leibniz escreveu inúmeros livros de matemática, física, história e, sobretudo, filosofia. Quase todas as suas obras estão escritas em francês ou em latim e apenas poucas e secundárias, em alemão. Esta língua ainda não tinha cultura filosófica, e só a adquiriu nas mãos de Wolff, discípulo de Leibniz. Toda a personalidade leibniziana acusa uma forte influência francesa, e ele empregou de preferência, além da língua internacional – o latim –, a língua culta da época. As principais obras *filosóficas* de Leibniz são: dois livros extensos, os *Nouveaux essais sur l'entendement humain* e a *Théodicée* (o primeiro, dirigido contra o *Essay Concerning Human Understanding* do filósofo inglês Locke, não foi publicado em vida de Leibniz, porque Locke morreu enquanto era preparada sua publicação; a *Teodiceia* discute o problema da *justificação de Deus*, ou seja, o de sua bondade e onipotência em relação com o mal e com a liberdade humana); ademais, vários escritos breves, sobretudo o *Discours de métaphysique*, talvez o mais sistemático e interessante; o *Système nouveau de la nature*; os *Principes de la nature et de la grâce, fondés en raison*, e a *Monadologie*, que compôs para o príncipe Eugênio de Saboya. Manteve, além disso, uma extensa correspondência intelectual com Arnauld, Clarke etc., ainda em grande parte inédita.

1. *A situação filosófica de Leibniz*

Leibniz encerra um período da filosofia, a época barroca, em termos gerais, que se inicia filosoficamente com Descartes. Ou seja, Leibniz aparece no final de uma época de densidade metafísica poucas vezes igualada. Quando Leibniz chega à maturidade, já faz sessenta anos que se faz metafísica intensamente. Os sistemas do racionalismo foram se sucedendo com rapidez: Descartes, Malebranche, Espinosa, os de Port-Royal, os jansenistas. Nessa época houve também um grande florescimento teológico, a Escolástica espanhola. Suárez, Melchor Cano, Báñez, Molina, todo o movimento em torno do Concílio de Trento. Leibniz está atento a essa dupla corrente, a do racionalismo por um lado e a da Escolástica – sobretudo espanhola – por outro. Em suas páginas afloram com grande frequência nomes espanhóis, justamente os que tiveram um autêntico valor intelectual e um lugar na história viva do pensamento: os que tiveram eficácia e rigor mental; e isso é reconfortante para quem mantém acordado o senso da verdade e não gosta de fáceis glorificações em que, na confusão, perde-se toda clareza e hierarquia. Leibniz supera por completo o desdém em relação à Escolástica que caracterizou os pensadores superficiais do Renascimento e que ainda se manteve, pelo menos externamente, nos primeiros racionalistas; volta de modo explícito a utilizar as ideias aristotélicas e muitas das medievais, além de vários conceitos teológicos apurados em Trento. Dedica-se além disso intensamente à matemática e à nova ciência natural e promove um extraordinário progresso de ambas. Desse modo, reúne e domina por completo todas as tradições filosóficas, teológicas e científicas. Leibniz é o resumo superior de toda a sua época.

O horizonte concreto em que Leibniz se move é a situação filosófica deixada por Descartes e Espinosa. Leibniz é talvez o primeiro idealista em sentido estrito; em Descartes, o idealismo ainda está lastreado de realismo e de ideias escolásticas, e Espinosa não é propriamente idealista no que tem de mais peculiar, embora o seja no contexto ideológico de seu tempo em que seus problemas lhe são colocados. Leibniz se verá obrigado a formular com rigor as grandes questões da época, e terá de alterar essencialmente a ideia da física e o próprio conceito de substância, no qual, desde Aristóteles, a filosofia sempre se centrou.

2. A metafísica leibniziana

Dinamismo • Para Descartes, o ser era *res cogitans* ou *res extensa*. O mundo físico era extensão, algo quieto. Desconhecia a ideia de força, pois lhe parecia confusa e obscura, e impossível de ser traduzida em conceitos geométricos. Para Descartes, um movimento consistia na mudança de posição de um móvel em relação a um ponto de referência; os dois pontos são intercambiáveis: dá na mesma dizer que A se move em relação a B, ou que B se move em relação a A; o que interessa para a física é a mudança de posição. Descartes acha que a quantidade de movimento (mv) permanece constante. Leibniz demonstra que a constante é a força viva ($1/2mv^2$). Leibniz considera absurda essa física estática, geométrica. Um movimento não é uma simples mudança de posição, mas algo *real*, produzido por uma *força*. Se uma bola de bilhar bate em outra, esta se movimenta, e isso ocorre porque existe uma força, uma *vis* que faz com que a segunda bola se ponha em movimento. Esse conceito de força, *vis, impetus, conatus*, é o fundamental da física – e da metafísica de Leibniz. A ideia da natureza estática e inerte de Descartes é substituída por uma ideia *dinâmica*; contra a física da extensão, uma física da energia; não geométrica, mas física: não esqueçamos que, desde a Grécia, a natureza é *princípio de movimento*. Leibniz tem de chegar a uma nova ideia da substância.

As mônadas • A estrutura metafísica do mundo é para Leibniz a das *mônadas*. Mônada – μονάς – quer dizer *unidade*. As mônadas são as substâncias simples, sem partes, que entram na formação dos compostos; são os elementos das coisas. Como não têm partes, são rigorosamente indivisíveis, *átomos*, e, portanto, inextensas, pois os átomos não podem ter extensão, já que esta é sempre divisível. Um átomo material é uma expressão contraditória: a mônada é um *átomo formal*. Essas mônadas simples não podem ser corrompidas, nem perecer por dissolução, nem começar por composição. Portanto, uma mônada só chega a ser por criação e só deixa de ser por aniquilamento. Começa, portanto, a ser *tout d'un coup*, não por geração. Essas mônadas – diz Leibniz – não têm janelas; ou seja, não há nada que possa se desprender de uma e passar para outra e influir nela. Mas as mônadas têm qualidades e são distintas entre si; ademais, mudam de modo contínuo; mas essa mudança não é extrínseca, e sim a manifestação de suas possibilidades internas.

A mônada é *vis*, força. Uma *vis repraesentativa* ou força de representação. Cada mônada representa ou reflete o universo inteiro, ativamente, *desde seu ponto de vista*. Por isso, as mônadas são insubstituíveis, cada uma reflete o universo de um modo próprio. A metafísica de Leibniz é *pluralista* e *perspectivista*. Nem todas as mônadas são de igual hierarquia; refletem o universo com diversos graus de clareza. Ademais, nem todas as mônadas têm consciência de seu refletir. Quando têm consciência e memória, pode-se falar não só de *percepção*, mas de *apercepção*; este é o caso das mônadas humanas. Mas essa representação é ativa: é um fazer da mônada, um conato, uma *apetição*, que emerge do próprio fundo ontológico dela, de sua própria realidade. Tudo o que acontece com a mônada brota de seu próprio ser, de suas possibilidades internas, sem intervenção exterior.

Portanto, Leibniz faz o contrário de Espinosa: enquanto este reduz a substancialidade a um ente único, natureza ou Deus, Leibniz restitui à substância o caráter de *coisa singular* que tinha desde Aristóteles. É, em certo sentido, a volta à interpretação do conceito de substância como *haver* ou *bem* de uma coisa, οὐσία em grego, em vez de enfatizar o momento da *independência* – como Descartes e, mais ainda, Espinosa –, que na metafísica grega foi sempre uma consequência do caráter substancial no sentido da *ousía*. A substância, dizia Aristóteles, é o *próprio de cada coisa*. Ante a dualidade cartesiana da *res extensa* e da *res cogitans*, presididas pela *res infinita* que é Deus, Leibniz volta para uma absoluta pluralidade de mônadas substanciais, que contêm em si, com todo rigor, a totalidade de suas possibilidades ontológicas. A substância ou natureza volta a ser princípio do movimento nas próprias coisas, como em Aristóteles. Apesar de suas aparentes aproximações com Platão, pela teoria das ideias inatas, Leibniz é o mais aristotélico dos metafísicos do racionalismo, e daí decorre em parte sua incomparável fecundidade, que a filosofia sempre recuperou quando se pôs em contato vivo com Aristóteles.

A harmonia preestabelecida • Como as múltiplas mônadas que constituem o mundo não têm janelas, o problema da impossível comunicação das substâncias não é mais apenas um problema do conhecimento, mas, antes de tudo, da própria ordem e da congruência do mundo em seu conjunto. O acontecer do universo só pode ser explicado partindo-se do pressuposto de que tudo emerge do fundo individual de cada mônada. Como é então que elas formam um mundo cheio de conexões, que seja possível conhecer as coisas, e que tudo ocorre no mundo como se ocorresse essa quimérica comunicação das substâncias, que é preciso rejeitar? É forçoso admitir uma ordem estabelecida previamente a cada mônada, que faz com que, ao desenvolver solitariamente suas possibilidades, coincida com todas as restantes e se encontrem harmonicamente, constituindo um mundo, apesar de sua radical solidão e independência. E essa ordem só Deus pode tê-la realizado em seus desígnios, ao criar suas mônadas, isoladas e reunidas ao mesmo tempo. "É preciso, pois, dizer que Deus criou primeiro a alma, ou qualquer outra unidade real, de maneira que tudo nasça de seu próprio fundo, por uma perfeita espontaneidade com relação a si mesma, e, no entanto, em perfeita conformidade com as coisas de fora" (*Système nouveau*, 14). Foi o que Leibniz chamou de *harmonia preestabelecida*.

Estas são as três soluções possíveis para o problema idealista da comunicação das substâncias: o ocasionalismo, o monismo e a harmonia preestabelecida. Conforme um exemplo famoso, o problema equivaleria ao de sincronizar vários relógios. Na solução de Descartes e Malebranche, o relojoeiro – Deus – sincroniza constantemente os dois relógios – pensamento e extensão –, que não têm qualquer relação direta entre si. Em Espinosa o problema é negado; isto é, não existem dois relógios, mas um só com duas esferas: dois aspectos da mesma realidade, dois atributos da mesma substância, que coincidem com Deus. Em Leibniz os relógios não são dois, mas muitos; e tampouco têm relação entre si, nem o relojoeiro acerta constantemente sua hora: isso seria um milagre perpétuo, e lhe parece absurdo; mas o relojoeiro construiu os relógios de modo que marquem ao mesmo tempo a mesma hora, sem se influenciarem mutuamente e sem que sejam tocados; independentemente, e em virtude de sua construção prévia, os relógios andam em sincronia, harmonicamente. Esta é a harmonia preestabelecida.

O papel de Deus • Se voltarmos a atenção para o problema do conhecimento, veremos que também em Leibniz é Deus que garante a correspondência de minhas ideias com a realidade das coisas ao fazer coincidir o desenvolvimento de minha mônada pensante com todo o universo. Se em Malebranche todas as coisas são vistas e sabidas *em* Deus, em Leibniz, propriamente falando, só são sabidas *por* Deus. Leibniz expressa isso em termos claríssimos: "No rigor da verdade metafísica não existe causa externa que aja sobre nós, exceto Deus, e só ele nos é comunicado imediatamente em virtude de nossa contínua dependência. Disso se segue que não existe outro objeto externo que toque a nossa alma e que excite imediatamente nossa percepção. Assim, não temos em nossa alma as ideias de todas as coisas a não ser em virtude da ação contínua de Deus sobre nós..." (*Discours de métaphysique*, 28). O que quer dizer, em outras palavras, que as mônadas têm, em suma, janelas, só que, em vez de pôr em comunicação uma mônada com outra, estão todas abertas para a Divindade.

Dessa forma encontramos, mais uma vez, na plenitude da filosofia leibniziana, a necessidade de garantir Deus, pressuposto fundamental de toda a sua metafísica, porque é quem torna possível o ser das mônadas, entendido como essa força autônoma e espontânea de representação, que espelha o universo desde a infinita pluralidade de sua perspectiva. Portanto Leibniz precisa provar na filosofia a existência de Deus, e para isso esgrime de novo, ainda que modificado, o argumento ontológico, que vem a ser assim um fundamento capital de toda a metafísica racionalista do século XVII. Segundo Leibniz, é preciso provar a *possibilidade de Deus*, e só então se garante sua existência, em virtude da prova ontológica, pois Deus é o *ens a se*. Se Deus é possível, existe. E a essência divina é possível, diz Leibniz, porque, como não encerra nenhuma negação, não pode ter nenhuma contradição; portanto, Deus existe (Cf. *Discours de métaphysique*, 23, e *Monadologie*, 45).

Mas Leibniz faz algo mais. Tenta também uma prova *a posteriori* e experimental. Se o *ens a se* é impossível, também o são todos os entes *ab alio*, já que estes só existem por este *aliud* que é, justamente, o *ens a se*; portanto, nesse caso não haveria nada. Se não existe o ente necessário, não há entes possíveis; pois bem, estes existem, já que os vemos; logo existe o *ens a se*. *Juntas*, as duas proposições enunciadas compõem a demonstração leibniziana da *existência de Deus*. *Se o ente necessário é possível, existe; se não existe o ente necessário, não há nenhum ente possível*. Este raciocínio funda-se na existência, conhecida *a posteriori*, dos entes possíveis e contingentes. A fórmula mínima do argumento seria esta: *Existe algo, logo existe Deus*[1].

3. O conhecimento

Percepção e apercepção • As mônadas têm percepções. Mas estas percepções não são sempre iguais, podem ser claras ou obscuras, distintas ou confusas. As coisas têm percepções insensíveis, sem consciência, e o homem também, em diferentes graus. Uma sensação é uma ideia confusa. Quando as percepções têm claridade e consciência e vêm acompanhadas da memória, são apercepções, e estas são próprias de almas. Entre as almas há uma hierarquia, e as humanas chegam a conhecer verdades universais e necessárias; então se pode falar de razão, e a alma é *espírito*. No alto da hierarquia das mônadas está Deus, que é ato puro.

Verdades de razão e verdades de fato • Leibniz distingue entre o que chama de *vérités de raison* e *vérités de fait*. As verdades de razão são necessárias; é inconcebível que não o sejam; ou seja, baseiam-se no princípio de contradição. Portanto, são evidentes *a priori*, independentemente de qualquer experiência. As verdades de fato, em contrapartida, não se justificam simplesmente *a priori*. Não podem se basear apenas no princípio de identidade e no de contradição, e sim no

---

1. Uma análise dos problemas que essa prova coloca pode ser lida em meu ensaio "El problema de Dios en la filosofía de nuestro tiempo" (em *San Anselmo y lo insensato*) [*Obras*, IV].

de razão suficiente. Dois mais dois são quatro; isso é verdade de razão e se baseia no que é o dois e no que é o quatro; dois mais dois *não podem* não ser quatro. Colombo descobriu a América; isso é uma verdade de fato e exige uma confirmação experimental; poderia não ser verdade, não é contraditório que Colombo não tivesse descoberto a América.

A noção individual • No entanto, isso não é tão claro. Não esqueçamos que a mônada contém em si toda a sua realidade e nada lhe pode vir de fora; portanto, tudo o que ocorra com ela está incluído em sua essência e, por conseguinte, em sua noção completa. Colombo descobriu a América porque isso estava incluído em seu ser Colombo, na sua noção completa. Se César não tivesse cruzado o Rubicão – diz Leibniz num exemplo famoso –, não teria sido César. Portanto, se conhecêssemos a noção individual completa veríamos que as verdades de fato estão incluídas na essência da mônada, e sua ausência é contraditória. Todas as verdades seriam, pois, *vérités de raison*, necessárias e *a priori*. Mas quem possui a noção completa das mônadas? Só Deus; portanto, só para ele desaparece a distinção mencionada, que para o homem subsiste.

Portanto, a rigor, para Leibniz não haveria características acidentais; segundo ele, toda predicação verdadeira está fundada na natureza das coisas. Todos os juízos são, portanto, *analíticos*: nada mais são que a explicitação da noção de sujeito. Mais tarde, Kant exporá a importante distinção entre juízos analíticos e juízos sintéticos, a partir de pressupostos metafísicos distintos dos de Leibniz.

O inatismo • Todas as ideias procedem da atividade interna da mônada; nada é recebido de fora. Leibniz está a cem léguas de distância de qualquer empirismo, que é formalmente impossível em sua metafísica. As ideias, portanto, são *inatas* nesse sentido concreto. Não se trata tanto de um problema psicológico como de uma questão metafísica. As ideias têm sua origem – ativa – na própria mente, na *vis repraesentativa* que as produz. Por isso Leibniz está em total oposição a Locke e a todo o empirismo inglês, que tem forte influência no continente e vai dominar o século XVIII. Leibniz retifica o princípio tradicional de que não existe nada no entendimento que não tenha estado antes nos sentidos, exceto o próprio entendimento: *Nihil est in intellectu quod prius non fuerit in sensu... nisi intelectus ipse.*

A lógica • A lógica tradicional, demonstrativa, não satisfaz Leibniz. Crê que só serve para demonstrar verdades já conhecidas e não para encontrá-las. Essa objeção, assim como a tendência ao inatismo, já tinham aparecido em Descartes, e em Leibniz chegam a seu extremo. Leibniz quis fazer uma verdadeira *ars inveniendi*, uma lógica que servisse para descobrir verdades, uma *combinatória universal* que estudasse as possíveis combinações dos conceitos. Poder-se-ia operar de modo apriorístico e seguro, de maneira matemática, para a investigação da verdade. Esta é a famosa *Ars magna combinatoria*, que inspirou filósofos desde Raimundo Lúlio. Daqui nasce a ideia da *mathesis universalis*, que atualmente vem mostrando sua fecundidade no campo da fenomenologia e da logística ou lógica matemática.

4. Teodiceia

A *Teodiceia* de Leibniz tem como subtítulo *Ensaios sobre a bondade de Deus, a liberdade do homem e a origem do mal*. Isso explica o sentido e o alcance desta "justificação de Deus". Por um lado, Deus é definido como onipotente e infinitamente bom; mas existe o mal no mundo. Por outro lado, diz-se que o homem é livre e responsável, mas Leibniz mostra que tudo o que ocorre está previamente incluído na mônada. Como tornar compatíveis essas ideias? Este é o problema.

O otimismo metafísico • O mal pode ser metafísico (a imperfeição e a finitude do mundo e do homem), físico (a dor, as desgraças etc.) ou moral (a maldade, o pecado etc.). O mal metafísico nasce da impossibilidade de o mundo ser infinito como seu criador; o mal físico se justifica como ocasião para valores mais elevados (por exemplo, a adversidade cria a oportunidade para demonstrações de força moral, heroísmo, abnegação); além disso, Leibniz crê que a vida, em suma, não é má, e que é maior o prazer que a dor. Por último, o mal moral, que constitui o problema mais grave, é antes um *defeito*, algo negativo; Deus não quer o mal moral, simplesmente o permite, porque é condição para outros bens maiores. Não se pode considerar isoladamente um fato; não conhecemos todos os planos de Deus, e cada fato teria de ser julgado na totalidade de seus desígnios. Como Deus é onipotente e bom, podemos assegurar que o mundo é *o melhor dos mundos possíveis*; ou seja, contém o máximo de bem com o mínimo de mal que é condição para o bem do conjunto. É o que se chama *principe du meilleur*, e se vincula aos argumentos de Duns Escoto para provar a Imaculada Concepção. Deus faz o melhor porque pode e é bom; se não pudesse, não seria Deus, porque não seria onipotente; se pudesse e não quisesse, tampouco seria Deus, porque não seria infinitamente bom. *Potuit, decuit, ergo fecit*: "Pôde, convinha, logo o fez", concluía Duns Escoto. De modo análogo, Leibniz funda seu otimismo metafísico ao afirmar que o mundo é o melhor dos mundos possíveis.

A liberdade • Todas as mônadas são *espontâneas*, porque nada de externo pode coagi-las nem obrigá-las a nada; mas isso não basta para que sejam *livres*. A liberdade supõe, ademais da espontaneidade, a deliberação e a decisão. O homem é livre porque escolhe entre os possíveis depois de deliberar. No entanto, deparamos com a dificuldade da presciência divina; Deus, desde o começo, vê o ser das mônadas, e estas encerram em si tudo o que lhes há de acontecer e o que hão de fazer. Como é possível a liberdade?

Leibniz lança mão de algumas distinções sutis da teologia católica, sobretudo do espanhol Molina, para interpretar a ciência de Deus. Deus tem três tipos de ciência: 1.º Ciência de pura intelecção. 2.º Ciência de visão. 3.º Ciência média. Por meio da primeira, Deus conhece todas as coisas possíveis; pela ciência de visão conhece as coisas reais ou futuras; pela ciência média, Deus conhece os *futuríveis*, isto é, os futuros condicionados, as coisas que acontecerão em certas condições, mas sem que estas condições estejam dadas. Deus sabe o que a vontade livre faria, sem que esteja determinado que isso tenha de ser assim ou se trate, portanto, de futuros, como Cristo sabe que se em Tiro e em Sidônio tivessem ocorrido milagres, as pessoas teriam feito penitência (Mt 9,21). As coisas contingentes não são necessárias; sua necessidade só é dada *a posteriori*, depois de um decreto da vontade divina, posterior à ciência de simples intelecção e à ciência média.

Deus cria os homens, e os cria livres. Isso quer dizer que decidem agir livremente, embora tenham sido determinados por Deus a *existir*. Deus quer que os homens sejam livres e permite que possam pecar, porque é melhor essa liberdade que a falta dela. O pecado aparece, portanto, como um mal possível que condiciona um bem superior: a liberdade humana.

Deus na filosofia do século XVII • Vimos que, apesar do isolamento da teologia, Deus não estava perdido. Toda essa filosofia racionalista e idealista, de Descartes a Leibniz, pode surgir porque Deus está lá, seguro embora isolado. A razão talvez não possa conhecer a essência divina, não possa fazer teologia, mas sabe com certeza que Deus existe. A situação da época, insisto, é que Deus está um tanto afastado, um tanto inacessível e inoperante na atividade intelectual, mas, não obstante, seguro. Apóiam-se nele, embora não seja um tema em que os olhares se detenham com interesse constante. Deixa de ser o *horizonte* sempre visível para se transformar no *solo intelectual* da mente europeia do século XVII.

É isso o que dá uma unidade profunda ao período da história da filosofia que vai de Descartes a Leibniz. Esse grupo de sistemas aparece envolto num ar comum, que revela uma filiação semelhante. Percebe-se uma profunda coerência entre todas essas construções filosóficas que se apinham nesses decênios. E esse conjunto de sistemas filosóficos aparecerá contraposto a outro grupo de altos edifícios metafísicos: o chamado idealismo alemão, que começa com Kant para culminar em Hegel. A filosofia da época romântica dirigirá uma crítica à totalidade da metafísica do tempo barroco. Nessa objeção, esses sistemas aparecem formando um todo, sem nenhuma distinção entre eles; interessará ver o sentido dessa qualificação de conjunto. Essa filosofia é denominada *dogmática*. Que quer dizer isso? Teremos de ver qual o destino do problema de Deus nas mãos dos idealistas alemães. Esse problema se expressará na questão do argumento ontológico e nos revelará a situação metafísica da nova etapa da filosofia moderna[2].

---

2. Cf. meu ensaio "La pérdida de Dios" (em *San Anselmo y el insensato*) [*Obras*, IV].

O empirismo

I. A FILOSOFIA INGLESA

Do século XVI ao século XVIII desenvolve-se na Inglaterra, paralelamente ao idealismo racionalista do continente, uma filosofia com características próprias, claramente definidas. Entre Francis Bacon e David Hume há uma série de pensadores que se opõem em certa medida aos filósofos que acabamos de estudar, de Descartes a Leibniz. Há na filosofia inglesa dois aspectos que a diferenciam da continental: uma preocupação menor com as questões rigorosamente metafísicas, com maior atenção para a teoria do conhecimento (que, é claro, sempre pressupõe uma metafísica) e para a filosofia do Estado; e enquanto método, ante o racionalismo de tendência apriorística e matemática, um empirismo sensualista. A filosofia inglesa tende a se tornar psicologia e a conceder primazia, no tocante ao saber, à experiência sensível.

A filosofia britânica da época moderna é de inegável importância, mas talvez mais do ponto de vista de sua influência e de suas consequências históricas do que de sua estrita significação filosófica. Apesar de seu grande nome e da ampla influência que exerceram, os filósofos britânicos desses séculos não têm o valor dos extraordinários pensadores ingleses da Idade Média, Roger Bacon, Duns Escoto e Guilherme de Ockham, sem contar outros de importância um tanto menor, mas sempre muito grande. Portanto, temos de buscar a grande contribuição inglesa para a filosofia na época medieval, pelo menos tanto quanto na Idade Moderna.

Contudo, dos pensadores ingleses dos séculos XVI ao XVIII procedem as ideias que talvez mais intensamente tenham interferido na transformação da sociedade europeia: o sensualismo, a crítica da faculdade de conhecer, que em alguns casos chega ao ceticismo, as ideias de tolerância, os princípios liberais, o espírito do Iluminismo, o deísmo ou religião natural e, finalmente, como reação prática contra o ceticismo metafísico, a filosofia do "bom senso", ou *common sense*, a moral utilitária e o pragmatismo. Todos esses elementos, que exerceram extraordinária influência sobre a estrutura da Europa nos séculos XVIII e XIX, têm sua origem nos sistemas ideológicos dominantes na Inglaterra nos séculos anteriores, que têm profundas repercussões nos países continentais, especialmente na França e na Alemanha.

1. Francis Bacon

Vida e escritos • Bacon nasceu em 1561 e morreu em 1626. É, portanto, anterior em algumas gerações a Descartes. Foi chanceler e barão de Verulam: um grande personagem político na Inglaterra elisabetana e imediatamente posterior. Depois foi despojado de seus postos, e no retiro dedicou-se ao trabalho intelectual. Foram-lhe atribuídas, de modo sumamente improvável, as obras de Shakespeare.

A principal obra de Bacon é o *Novum Organum*, que expõe uma lógica indutiva, oposta à lógica aristotélica, dedutiva e silogística; também escreveu, sob o título geral *Instauratio magna*, o tratado *De dignitate et augmentis scientiarum* e numerosos ensaios de diferentes matérias: *Filum Labyrinthi, De interpretatione naturae et regno hominis, Temporis partus masculus sive instauratio magna imperii humani in universum, Cogitata et visa*. Seus títulos, como se vê, têm todos um sentido positivo e de começo triunfal de uma nova ciência.

Sua doutrina • A fama que Bacon alcançou é exagerada. Durante muito tempo foi considerado o instaurador da filosofia moderna, igual ou superior a Descartes. É algo sem fundamento, e foi preciso limitar sua significação à de introdutor do empirismo e do método indutivo; mas mesmo nisso não se deve esquecer o papel de seu compatriota de mesmo nome Rogério Bacon três séculos antes; este foi mais original que o chanceler renascentista e preparou em grande medida seu caminho, embora com consequências incomparavelmente menores.

Bacon significa a culminação do Renascimento, que em filosofia não passa da longa etapa de indecisão que vai do último sistema escolástico original e alerta – o ockhamismo – à primeira formulação madura e clara do pensamento da modernidade – a filosofia cartesiana. Em Bacon o interesse especulativo se une ao técnico: saber é poder. Desde o começo do *Novum Organum* coloca num mesmo plano o *fazer* e o *entender*, a mão e o intelecto; daí o novo sentido vivo que dá à metáfora aristotélica do *órganon* ou instrumento para designar a lógica; nem a mão desnuda nem o entendimento entregue a si mesmo e inerme podem dominar as coisas; os instrumentos – materiais ou mentais – são os que lhes dão verdadeira eficácia. E assim como o técnico, o pensador deve subordinar-se às exigências da realidade com que lida: *natura non nisi parendo vincitur*, só se vence a natureza obedecendo a ela.

Para Bacon, a investigação filosófica exige um exame prévio dos preconceitos (ídolos) que podem ocultar a verdade. Como no cartesianismo, indica aqui a preocupação crítica e o temor ao erro. Esses ídolos são quatro: 1º *Idola tribus*. São os preconceitos da *tribo*, da espécie humana, inerentes a sua natureza: as falácias dos sentidos, a tendência à personalização, etc. 2º *Idola specus*. Os preconceitos da *caverna* em que cada homem se encontra (alusão ao mito platônico: as tendências e predisposições individuais, que podem conduzir a erro). 3º *Idola fori*. São os ídolos da *praça*, da sociedade humana e da própria linguagem de que nos servimos. 4º *Idola theatri*. São os preconceitos de autoridade, fundados no prestígio de que alguns gozam na *cena* pública, e que podem comprometer a visão direta e pessoal das coisas e extraviar a opinião reta.

Por outro lado, Bacon faz uma crítica do método silogístico. Seu suposto rigor lógico, que lhe dá um valor demonstrativo, se anula pelo fato de a premissa *maior* de um silogismo ser um princípio universal que não é obtido silogisticamente, mas, com frequência, mediante uma apreensão inexata e superficial das coisas. Se a premissa maior não for correta, o rigor e a certeza da *inferência* são puramente formais e sem interesse. Isso leva Bacon a estabelecer sua teoria da *indução*: de uma série de *fatos singulares*, agrupados de modo sistemático e conveniente, obtêm-se por abstração, depois de seguir um processo experimental e lógico rigoroso, os conceitos gerais das coisas e as leis da natureza.

Essa indução baconiana, também chamada *incompleta* por oposição à que se baseia em *todos* os casos particulares correspondentes, não dá uma certeza absoluta, mas sim suficiente para a ciência, quando é realizada com o máximo de escrúpulos. Em certo sentido, esse método se opõe ao do racionalismo filosófico e também ao da física matemática moderna, desde Galileu. Bacon não teve uma consciência clara do valor da matemática e do raciocínio apriorístico, e seu empirismo foi muito menos fecundo que a *nuova scienza* dos físicos renascentistas e o racionalismo dos filósofos procedentes do cartesianismo.

2. Hobbes

Thomas Hobbes (1588-1679) é outro pensador inglês interessante. Sua longa vida fez com que sobrevivesse até mesmo a Espinosa, embora a data de seu nascimento o inscreva na geração pré-cartesiana. Teve muito contato com a França, e ali conheceu Descartes e se impregnou do método das ciências matemáticas e físicas. Durante vários anos de sua juventude foi secretário de Bacon e participou das preocupações deste, aplicando, contudo, aos objetos humanos o método naturalista da física moderna. O homem individual e social e, portanto, a psicologia, a antropologia, a política, a ciência do Estado e da sociedade são os temas de Hobbes. Escreveu suas obras em latim e em inglês, principalmente *De corpore*, *De homine*, *De cive* e o *Leviatã*, que é sua teoria do Estado e toma o título da besta de que fala o livro de Jó.

Hobbes é também empirista. O conhecimento se funda na experiência, e seu interesse é a instrução do homem para a prática. Por outro lado, é nominalista e assim continua a tradição medieval de Oxford; os universais não existem nem fora da mente nem nela, pois nossas representações são individuais; são simplesmente *nomes*, *signos* das coisas, e o pensamento é uma operação simbólica, uma espécie de cálculo, e está estreitamente ligado à linguagem.

A metafísica de Hobbes é naturalista. Busca a explicação causal, mas elimina as causas finais e quer explicar os fenômenos de modo mecânico, por meio de movimentos. Descartes também admitia o mecanismo para a *res extensa*, mas a ele contrapunha o mundo imaterial do pensamento. Hobbes supõe que os processos psíquicos e mentais têm um fundamento corporal e material; para ele, a alma não pode ser imaterial. Por isso Hobbes é materialista e nega que a vontade seja livre. Em todo o acontecer domina um determinismo natural.

A doutrina do Estado • Hobbes parte da igualdade entre todos os homens. Acredita que todos aspiram ao mesmo; quando não o alcançam, sobrevêm a inimizade e o ódio; quem não consegue o que lhe apetece, desconfia do outro e, para se precaver, o ataca. Daí a concepção pessimista do homem de Hobbes; *homo homini lupus*, o homem é o lobo do homem. Os homens não têm um interesse direto na companhia de seus semelhantes, só a têm enquanto possam submetê-los. Os três motores da discórdia entre os humanos são: a competição, que provoca as agressões para obter lucro; a desconfiança, que leva os homens a se atacarem com vistas à segurança, e a glória, que os hostiliza por motivos de reputação.

Essa situação *natural* define um estado de perpétua luta, de guerra de todos contra todos (*bellum omnium contra omnes*), segundo a conhecida fórmula de Hobbes. Não se trata, contudo, de atos isolados de luta, mas de um estado – um *tempo*, diz Hobbes – em que se está, uma disposição permanente em que não há certeza do contrário.

O homem está dotado de um poder do qual dispõe conforme seu arbítrio; tem certas paixões e desejos que o levam a buscar coisas e querer arrebatá-las dos demais. Como todos conhecem essa atitude, desconfiam uns dos outros; o estado natural é o ataque. Mas o homem se dá conta de que essa situação de insegurança é insustentável; nesse estado de luta vive-se de forma miserável, e o homem se vê obrigado a buscar a paz. Hobbes distingue entre *jus* ou direito, que interpreta como liberdade, e *lex* ou lei, que significa obrigação. O homem tem liberdade – isto é, direito – de fazer tudo o que possa e queira; mas com um direito é possível fazer três coisas: exercê-lo, renunciar a ele ou transferi-lo. Quando a transferência do direito é mútua, tem-se um pacto, contrato ou convênio: *covenant*. Isso leva à ideia da comunidade política.

Para conseguir segurança, o homem tenta substituir o *status naturae* por um *status civilis*, mediante um convênio em que cada um transfere seu direito para o Estado. A rigor, não se trata de um convênio com a pessoa ou pessoas encarregadas de regê-lo, mas de cada um com cada um. O soberano simplesmente representa essa força constituída pelo convênio; o restante dos homens são seus súditos. Pois bem: o Estado assim constituído é *absoluto*: seu poder, o mesmo que o indivíduo tinha antes, é irrestrito; *o poder não tem outro limite senão a potência*. Quando os homens se despojam de seu poder, o Estado o assume integralmente, manda sem limitação; é uma máquina poderosa, um monstro que devora os indivíduos e ante o qual não há nenhuma outra instância. Hobbes não encontra nome melhor que o da grande besta bíblica: *Leviatã*; é isso o Estado, superior a tudo, como um Deus mortal.

O Estado de Hobbes decide *tudo*; não só a política, mas também a moral e a religião; se esta não é reconhecida por ele, não passa de *superstição*. Esse sistema, agudo e profundo em muitos pontos, representa a concepção autoritária e absolutista do Estado, baseada ao mesmo tempo no princípio da igualdade e num total pessimismo em relação à natureza humana. Embora Hobbes fale às vezes de Deus, sua teoria tem no fundo um sentido ateu. Em contraposição às ideias de espiritualidade e liberdade, o sistema político de Hobbes está dominado pelo mecanismo naturalista e pela afirmação do poder onímodo do Estado.

Essa doutrina, de forte influência no século XVIII e de grandes consequências históricas, que chegam até nossos dias, suscitou em seu tempo dois tipos de reação: uma, representada pelo *Patriarcha* de Sir Robert Filmer, procura salvar o absolutismo monárquico dos Stuarts mediante a teoria do direito divino dos reis, baseada na concepção de que nenhum homem nasce livre, mas sim submetido a uma autoridade paterna, do que deriva a legitimidade do governo paternal e patriarcal dos monarcas; a outra reação, que se contrapôs por sua vez à de Filmer, é a de Locke, que defende os princípios da liberdade e do parlamentarismo; ou seja, os da segunda Revolução Inglesa de 1688.

3. O deísmo

A religião natural • O naturalismo da época moderna leva naturalmente ao conceito de *religião natural*. A isso também se denomina *deísmo*, em comparação com o *teísmo*. Teísmo é a crença em Deus; ou seja, no Deus religioso, sobrenatural, conhecido por revelação. O deísmo, em contrapartida, surge como uma reação ao ateísmo que se insinua na filosofia inglesa, mas dentro do estritamente natural. Deus é conhecido pela razão, sem nenhuma ajuda sobrenatural. A religião natural se resume ao que nossa razão nos diz sobre Deus e sobre nossa relação com Ele. É, portanto, uma religião sem revelação, sem dogmas, sem Igrejas e sem culto. Todo o século XVIII do Iluminismo, com sua ideia do "Ser supremo", está dominado pelo deísmo.

É o que expressa o pensador inglês Edward Herbert of Cherbury (1581-1648), cujas principais obras são: *De veritate, prout distinguitur a revelatione, a verisimile, a possibili, et a falso* e *De religione gentilium, errorumque apud eos causis*. O conteúdo da religião natural – um conteúdo mínimo – é aceito universalmente por todos os homens porque procede apenas da razão natural. Esse conteúdo resume-se à existência de um "Ser supremo", a quem devemos veneração, que consiste na virtude e na piedade, no dever do homem de se arrepender de seus pecados e, por último, na crença em outra vida, em que a conduta receberá seu justo prêmio ou seu justo castigo. As religiões positivas, segundo Herbert of Cherbury, têm uma origem histórica e procedem da fantasia poética, das ideologias filosóficas ou dos interesses das classes sacerdotais. O cristianismo, particularmente o primitivo, seria a forma mais próxima e pura da religião natural.

Com isso, esquece naturalmente muitas coisas. Nem é tão certo o universal assentimento ao conteúdo da religião natural, nem as religiões têm de fato a origem que Herbert lhes atribui. Além disso, deixa de fora o conteúdo autêntico da religião, *religio*, como *religação* do homem com Deus.

A moral natural • Paralelamente ao deísmo, os moralistas ingleses do século XVII procuram fundar a moral na natureza, tornando-a independente de todo conteúdo religioso ou teológico. É o caso do bispo Cumberland (1622-1718), autor do livro *De legibus naturae*, que supõe um instinto social do homem, pacífico e benévolo, ao contrário de Hobbes; a moral se funda, segundo ele, na experiência da natureza e dos atos humanos; o que se mostra útil para a comunidade é o bom. Aparece aqui, portanto, uma primeira manifestação de utilitarismo social que irá culminar no século XIX em Bentham e Stuart Mill.

Outros moralistas britânicos encontram o fundamento da moralidade não na experiência, mas numa evidência imediata e *a priori* da razão. A moral consiste em se ajustar à verdadeira natureza das coisas e comportar-se com elas de forma adequada a seu modo de ser; é a intuição imediata que nos mostra essa natureza das coisas. Essa tendência está representada principalmente por Cudworth (1617-88) e Samuel Clarke (1675-1729). O primeiro escreveu *The True Intellectual System of the Universe* e *A Treatise Concerning Eternal and Inmutable Morality*. Clarke foi também um notável metafísico, que meditou profundamente sobre o problema da Divindade e manteve uma perspicaz correspondência com Leibniz. Sua obra mais interessante é *A Demonstration of the Being and Attributes of God*.

Mas a forma mais interessante e característica da moral inglesa é a de lord Shaftesbury (1671-1713), autor de *Characteristics of Men, Manners, Opinions, Times*. É a ética do *moral sense* ou senso moral: o homem tem uma faculdade inata para julgar – com um juízo de valor – as ações e as personalidades e decidir sobre sua qualificação moral, aprová-las ou rejeitá-las. É esse senso moral imediato que decide e orienta o homem, especialmente para valorizar um tipo de personalidade em seu conjunto, uma forma bela e harmoniosa de alma humana. Shaftesbury está impregnado de ideias gregas e renascentistas, e sua ética está intensamente marcada de esteticismo. A influência de Shaftesbury, em parte artística e literária, foi muito ampla na Inglaterra, na França do Iluminismo e no classicismo alemão, de Herder a Goethe.

4. Locke

Vida e escritos • John Locke nasceu em 1632 e morreu em 1704. Estudou filosofia, medicina e ciências naturais em Oxford; depois, com maior interesse, estudou Descartes e Bacon e teve contato com Robert Boyle, o grande físico e químico inglês, e com o médico Sydenham. Na casa de lorde Shaftesbury (avô do moralista mencionado) ocupou o cargo de conselheiro, médico e preceptor de seu filho e de seu neto. Essa relação o levou a intervir na política. Durante o reinado de James I emigrou e depois participou da segunda revolução inglesa de 1688. Viveu bastante tempo na Holanda e na França. Sua influência foi extremamente importante, maior que a dos outros filósofos ingleses. O empirismo encontrou nele seu expositor mais hábil e bem-sucedido, e por meio dele predominou no pensamento do século XVIII.

A obra mais importante de Locke é o *Essay Concerning Human Understanding* (Ensaio sobre o entendimento humano), publicado em 1690. Escreveu também obras de política – *Two Treatises of Government* – e as *Cartas sobre a tolerância*, que definiram a posição de Locke em matéria religiosa.

As ideias • Locke também é empirista: a origem do conhecimento é a experiência. Locke, como em geral os ingleses, emprega o termo *ideia* num sentido muito amplo: é ideia tudo o que penso ou percebo, tudo o que é conteúdo de consciência; nesse sentido, aproxima-se do sentido da *cogitatio* cartesiana, do que hoje chamaríamos representação ou, melhor, *vivência*. As ideias não são inatas, como pensava o racionalismo continental. A alma é *tamquam tabula rasa*, como uma tábua lisa em que não há nada escrito. As ideias procedem da experiência, e esta pode ser de dois tipos: percepção externa mediante os sentidos, ou *sensação*, e percepção interna de estados psíquicos, ou *reflexão*. De qualquer maneira, a reflexão opera sobre um material fornecido pela sensação.

Existem dois tipos de ideias: simples (*simple ideas*) e compostas (*complexed ideas*). As primeiras procedem diretamente de um único sentido ou de vários ao mesmo tempo, ou então da reflexão, ou, por último, da sensação e da reflexão juntas. As ideias complexas resultam da atividade da mente, que combina ou associa as ideias simples.

Entre as simples, Locke distingue as que têm validade objetiva (qualidades primárias) e as que só têm validade subjetiva (qualidades secundárias). As primeiras (número, figura, extensão, movimento, solidez etc.) são inseparáveis dos corpos e lhes pertencem; as segundas (cor, cheiro, sabor, temperatura etc.) são sensações subjetivas de quem as percebe. Essa distinção não é de Locke, é antiga na filosofia, vem do atomismo grego e chega até Descartes, mas na filosofia de Locke desempenha um importante papel.

A formação de ideias complexas se funda na memória. As ideias simples não são instantâneas e deixam uma marca na mente; por isso não podem se combinar ou associar entre si. Esta ideia da *associação* é central na psicologia inglesa. Os modos, as ideias substanciais, as ideias de relação são complexas e resultam da atividade associativa da mente. Portanto, todas essas ideias, inclusive a de substância e a própria ideia de Deus, procedem em última instância da experiência, mediante sucessivas abstrações, generalizações e associações.

O empirismo de Locke limita a possibilidade de conhecer, sobretudo no que se refere aos grandes temas tradicionais da metafísica. Com ele começa a desconfiança em relação à faculdade cognoscitiva, que culminará no ceticismo de Hume e obrigará Kant a formular de modo fundamental o problema da validade e possibilidade do conhecimento racional.

A moral e o Estado • A moral de Locke apresenta certas vacilações. Em termos gerais, é determinista e não concede liberdade à vontade humana; mas deixa uma certa liberdade de indiferença, que permite ao homem decidir. A moral, independente da religião, consiste na adequação a uma norma, que pode ser a lei divina, a do Estado ou a norma social da opinião.

No tocante ao Estado, Locke é o representante típico da ideologia liberal. No mesmo barco em que Guilherme de Orange ia da Holanda para a Inglaterra viajava Locke: com o rei da monarquia mista ia o teórico da monarquia mista. Locke rejeita o patriarcalismo de Filmer e sua doutrina do direito divino e do absolutismo dos reis. Seu ponto de partida é análogo ao de Hobbes: o estado de natureza; mas este, que consiste também para Locke na igualdade e na liberdade, porque os homens têm as mesmas condições de nascimento e as mesmas faculdades, não tem matiz agressivo. Da liberdade emerge a obrigação; há um dono e senhor de todas as coisas, que é Deus, o qual impõe uma *lei natural*. Enquanto em Hobbes da igualdade nascia uma cruel e agressiva independência, para Locke brota um amor dos homens uns pelos outros, que jamais devem romper essa lei natural. A rigor, os homens não nascem *na* liberdade – por isso os pais, que têm de cuidar deles, exercem uma legítima jurisdição sobre eles; mas nascem *para* a liberdade, e por isso o rei não tem autoridade absoluta, mas a recebe do povo. Por isso a forma do Estado é a monarquia constitucional e representativa, com independência em relação à Igreja, tolerante em matéria de religião. Tal é o pensamento de Locke, que corresponde à forma de governo adotada na Inglaterra depois da revolução de 1688, que eliminou da antes turbulenta história inglesa as guerras civis e revoluções, inaugurando um período que já dura mais de um quarto de milênio. Usando a terminologia orteguiana, poder-se-ia falar de um Estado como pele que substitui um Estado como aparelho ortopédico.

5. Berkeley

Vida e obras • George Berkeley nasceu na Irlanda em 1685. Estudou em Dublin, no Trinity College; depois foi deão de Dromore e de Derry; em seguida foi para a América, com vistas a fundar um grande colégio missionário nas Bermudas; de volta à Irlanda, foi nomeado bispo anglicano de Cloyne. No final de sua vida, mudou-se para Oxford e ali morreu em 1753. Berkeley estava tomado de espírito religioso, que teve profunda influência em sua filosofia e em sua vida. Sua formação filosófica depende, sobretudo, de Locke, de quem é um efetivo continuador, embora apresente uma preocupação muito mais intensa e imediata pelas questões metafísicas. Berkeley está muito influenciado pelo platonismo tradicional na Inglaterra e determinado num sentido espiritualista por suas convicções religiosas, que procura defender contra os ataques céticos, materialistas ou ateus. Por isso chega a uma das formas mais extremas de idealismo que se conhecem.

Suas principais obras são: *Essay Towards a New Theory of Vision*, *Three Dialogues between Hylas and Philonous* (Três diálogos entre Hilas e Filonous), *Principles of Human Knowledge* (Princípios do conhecimento humano), *Alciphron, or the Minute Philosopher* (Alcífron, ou o filósofo menor) e *Siris*, em que expõe, juntamente com reflexões metafísicas e médicas, as virtudes do alcatrão.

Metafísica de Berkeley • A teoria das ideias de Locke leva Berkeley ao campo da metafísica. Berkeley é nominalista; não acredita que existam *ideias gerais*; não pode haver, por exemplo, uma ideia geral do triângulo, porque o triângulo que imagino é forçosamente equilátero, isósceles ou escaleno, ao passo que o triângulo em geral não contém esta distinção. Berkeley se refere à *intuição* do triângulo, mas não pensa no *conceito* ou pensamento de triângulo, que é verdadeiramente universal.

Berkeley professa um espiritualismo e idealismo extremado. Para ele não existe a matéria. Tanto as qualidades primárias como as secundárias são subjetivas; a extensão ou a solidez, assim como a cor, são *ideias*, conteúdos de minha percepção; por trás delas não há nenhuma substância material. Seu ser se esgota em serem percebidas: *esse est percipi*; este é o princípio fundamental de Berkeley.

Todo o mundo material é só representação ou percepção minha. Existe apenas o eu espiritual, do qual temos uma certeza intuitiva. Por isso não tem sentido falar de causas dos fenômenos físicos, dando um sentido real a esta expressão; existem apenas concordâncias, relações entre as ideias. A ciência física estabelece essas *leis* ou conexões entre os fenômenos, entendidos como ideias.

Essas ideias procedem de Deus, que é quem as põe em nosso espírito; a regularidade dessas ideias, fundada na vontade de Deus, faz com que exista para nós o que chamamos um mundo corpóreo. Aqui encontramos de novo, por outros caminhos, Deus como fundamento do mundo nessa nova forma de idealismo. Para Malebranche ou para Leibniz, só podemos ver e saber as coisas em ou por Deus; para Berkeley, existem apenas os espíritos e Deus, que é quem age sobre eles e lhes cria um mundo "material". Não só vemos as coisas em Deus, mas, literalmente, "em Deus vivemos, nos movemos e somos".

6. Hume

Personalidade • David Hume é o filósofo que leva às últimas consequências a orientação empirista que se inicia em Bacon. Nasceu na Escócia em 1711 e morreu em 1776. Estudou direito e filosofia; residiu vários anos, em diferentes ocasiões, na França e teve grande influência sobre os meios enciclopedistas e iluministas. Foi secretário da Embaixada inglesa, e sua fama na Inglaterra, França e Alemanha logo se espalhou.

Sua obra mais importante é o *Treatise of Human Nature* (Tratado da natureza humana). Também escreveu várias reformulações de diversas partes desta obra, como as intituladas *An Inquiry Concerning Human Understanding* (Investigação sobre o entendimento humano), *An Inquiry Concerning the Principles of Morals* (Investigação sobre os princípios da moral), *Diálogos sobre a religião natural*. Além de sua obra filosófica, tem uma copiosa produção historiográfica, sobretudo sua grande *History of England*.

Sensualismo • O empirismo de David Hume chega a seu extremo e se transforma em sensualismo. Segundo ele, as ideias se fundam necessariamente numa *impressão* intuitiva. As ideias são cópias pálidas e sem vivacidade das impressões diretas; a crença na continuidade da realidade se funda nessa capacidade de reproduzir as impressões vividas e criar um mundo de representações.

Berkeley fizera uma crítica geral do conceito de substância, mas restringindo-a à substância material e corpórea. As "coisas" têm um ser que se esgota em ser percebido; mas a realidade espiritual do eu que percebe continua firme. Hume faz uma nova crítica da ideia de substância, de acordo com a qual a percepção e a reflexão nos dão uma série de elementos que atribuímos à substância como suporte deles; mas não encontramos em nenhuma parte a impressão de substância. Encontro as impressões de cor, dureza, sabor, cheiro, extensão, forma redonda, suavidade, e refiro tudo a um algo desconhecido que chamo maçã, uma substância. As impressões sensíveis têm mais vivacidade que as imaginadas, e isso produz em nós a crença (*belief*) na realidade do representado. Portanto, Hume explica a noção de substância como resultado de um processo associativo, sem reparar em que na verdade ocorre o contrário: minha percepção direta e imediata é a da maçã, e as sensações só aparecem como elementos abstratos, quando analiso minha percepção da *coisa*.

Mas não é só isso. Hume não limita sua crítica às substâncias materiais, estende-a ao próprio eu. O eu é também um feixe ou *coleção* de percepções ou conteúdos de consciência que se sucedem continuamente. O eu, portanto, não tem realidade substancial; é resultado da imaginação. Mas Hume esquece que sou *eu* que tenho as percepções, que sou eu que deparo com elas e, portanto, sou distinto delas. Quem une esta *coleção* de estados de consciência e faz com que constituam uma *alma*? Ao fazer sua crítica sensualista, Hume nem sequer roça o problema do eu; afora o problema de sua índole, substancial ou não, o eu é algo radicalmente distinto de *suas* representações.

Além da crítica dos conceitos de substância e de alma, Hume faz a crítica do conceito de *causa*. Segundo ele, o vínculo causal nada mais significa senão uma relação de *coexistência e sucessão*. Quando um fenômeno coincide repetidas vezes com outro ou o sucede no tempo, chamamos, em virtude de uma *associação de ideias*, o primeiro de *causa*, e o segundo de *efeito*, e dizemos que este acontece *porque* o primeiro ocorre. A sucessão, por mais vezes que se repita, não nos dá a certeza de sua reiteração indefinida e não nos permite afirmar um vínculo de causalidade no sentido de uma *conexão necessária*.

Ceticismo • O empirismo de Hume, que chega a suas últimas consequências, se transforma em *ceticismo*. O conhecimento não pode atingir a verdade metafísica. Não se podem demonstrar nem refutar as convicções íntimas e imediatas que movem o homem. A razão disso – como já apontava de certa forma o nominalismo – é que o conhecimento não é entendido aqui como conhecimento de coisas. A realidade se transforma, em última instância, em percepção, em experiência, em *ideia*. A contemplação dessas ideias, que não chegam a ser coisas, que não são mais que impressões subjetivas, é ceticismo. Vemos o que ocorre com o idealismo quando Deus não está presente para garantir a transcendência, salvar o mundo e fazer com que as ideias sejam ideias *das coisas* e exista algo que mereça o nome de *razão*. Na esteira de Hume, Kant terá de enfrentar de modo radical esse problema, e sua filosofia consistirá precisamente numa *Crítica da razão pura*.

7. *A escola escocesa*

Dentro da filosofia inglesa, e precisamente na Escócia, surge no século XVIII e no começo do século XIX uma reação contra o ceticismo de Hume. Esse movimento constitui a chamada *escola escocesa*, de bastante influência no continente.

Os principais pensadores dessa escola são Thomas Reid (1710-96) e Dugald Stewart (1753-1828). O primeiro escreveu *An Inquiry into the Human Mind on the Principles of Common Sense, Essays on the Intellectual Powers of Man, Essays on the Active Powers of Man*; o segundo, *Elements of the Philosophy of the Human Mind, Outlines of Moral Philosophy, The Philosophy of the Active and Moral Powers*. O ponto de partida é sempre empirista; a experiência é a origem do conhecimento. Mas essa experiência é entendida como algo direto e imediato, que nos é dado pela realidade das coisas tal como as entende a *razão sã*. A filosofia da escola escocesa consiste num recurso ao senso comum, ao *common sense*. Esse senso comum é a fonte máxima de certeza; todas as críticas excluem qualquer dúvida sobre sua evidência imediata. Esse senso nos coloca diretamente nas coisas e nos ancora novamente em sua realidade. Mas a insuficiência filosófica da escola escocesa não lhe permitiu resolver nem mesmo formular de modo maduro o problema que a preocupava.

Apesar disso exerceu forte influência na França (Royer-Collard etc.) e na Espanha, sobretudo na Catalunha, onde suas marcas podem ser percebidas em Balmes e Menéndez Pelayo.

II. O Iluminismo

Não se pode considerar todo o complexo movimento intelectual chamado Iluminismo como uma simples manifestação do empirismo. Nele entram outros elementos, e particularmente os que procedem do racionalismo idealista e, em última instância, do cartesianismo. Mas podemos incluir o pensamento "das Luzes" na corrente empirista por duas razões: em primeiro lugar, porque, como vimos, o empirismo inglês depende, em boa medida, do racionalismo continental e não exclui, pelo contrário supõe a influência deste; em segundo lugar, porque o Iluminismo, na escassa medida em que é filosofia, se preocupa mais com as questões do conhecimento que com as questões metafísicas e segue os caminhos empiristas, levando-os ao extremo até o sensualismo absoluto. Por outro lado, os elementos mais importantes do Iluminismo, o deísmo, a ideologia política, partidária da liberdade e do governo representativo, a tolerância, as doutrinas econômicas etc. têm sua origem no pensamento empirista dos séculos XVI a XVIII.

A época do Iluminismo – o século XVIII – representa o fim da especulação metafísica do século XVII. Depois de quase uma centúria de intensa e profunda atividade filosófica, encontramos uma nova lacuna em que o pensamento filosófico perde sua tensão e se banaliza. É uma época de difusão das ideias do período anterior. E a difusão tem sempre esta consequência: as ideias, para agirem sobre as massas, para modificar a superfície da história, precisam se banalizar, perder seu rigor e sua dificuldade, transformar-se numa imagem superficial de si mesmas. Então, ao preço de deixar de ser o que na verdade são, difundem-se e as massas participam delas. No século XVIII, uma série de escritores hábeis e engenhosos, que chamam a si mesmos, com tanta insistência quanto impropriedade, "filósofos", expõem, glosam e generalizam uma série de ideias que – de outra forma e com outro alcance – foram pensadas pelas grandes mentes europeias do século XVII. Essas ideias, ao cabo de alguns anos, tomam conta do ambiente, transformam-se no ar que se respira, tornam-se o pressuposto de que se parte. Encontramo-nos num mundo distinto. A Europa mudou totalmente, de um modo rápido, quase brusco, *revolucionário*. E esta transformação do que se pensa determinará pouco depois a radical mudança da história que conhecemos com o nome de Revolução Francesa.

1. O Iluminismo na França

Desde o fim do século XVII e durante todo o século XVIII opera-se na França uma mudança de ideias e convicções que altera o caráter de sua política, de sua organização social e de sua vida espiritual. De 1680 a 1715 ocorrem as maiores variações substanciais; a partir de então, tudo girará em torno da difusão e propagação das novas ideias; mas o esquema da história francesa já mudou. Da disciplina, da hierarquia, da autoridade, dos dogmas, passa-se para as ideias de independência, de igualdade, de uma religião natural, e até de um concreto anticristianismo. É a passagem da mentalidade de Bossuet para a de Voltaire; a crítica de todas as convicções tradicionais, da fé cristã à monarquia absoluta, passando pela visão da história e das normas sociais. É uma efetiva revolução nos pressupostos mentais da França, e, como a França é então o principal país da comunidade europeia, da Europa toda (cf. o magnífico livro de Paul Hazard: *A crise da consciência europeia*).

a) A Enciclopédia

Pierre Bayle • O Iluminismo quer reunir todos os conhecimentos *científicos* e torná-los acessíveis aos grandes círculos. Os problemas rigorosamente filosóficos – não digamos mais teológicos – passam para segundo plano. A "filosofia" se refere agora, principalmente, aos resultados da ciência natural e às doutrinas empiristas e deístas dos ingleses; é uma vulgarização da porção menos metafísica do cartesianismo e do pensamento britânico. Por um lado, o pensamento é racionalista e, por conseguinte, revolucionário: pretende formular e resolver as questões de uma vez por todas, matematicamente, sem levar em conta as circunstâncias históricas; por outro lado, a teoria do conhecimento dominante é o empirismo sensualista. As duas correntes filosóficas, a continental e a inglesa, convergem no Iluminismo.

O órgão adequado para essa vulgarização da filosofia e da ciência é a "Enciclopédia". E, com efeito, o primeiro representante típico desse movimento, Pierre Bayle (1647-1706), é autor de uma: o *Dictionnaire historique et critique*. Bayle exerceu uma crítica aguda e negativa a respeito de várias questões. Embora não negasse as verdades religiosas, tornava-as completamente independentes da razão, e até contrárias a ela. É cético, e considera que a razão não pode compreender nada que diga respeito aos dogmas. Isso, num século apegado à *razão*, tinha de desembocar num total afastamento da religião; da abstenção se passa à negação definitiva; os inimigos do cristianismo logo utilizam amplamente as ideias de Bayle.

Os enciclopedistas • Mas muito maior importância teve a chamada *Enciclopédia ou dicionário racional das ciências, das artes e dos ofícios*, publicada de 1750 a 1780, apesar das proibições que tentaram impedir sua impressão. Os editores da Enciclopédia eram Diderot e d'Alembert; os colaboradores eram as maiores figuras da época: Voltaire, Montesquieu, Rousseau, Turgot, Holbach e muitos outros. A Enciclopédia, que à primeira vista não era mais que um dicionário, foi o veículo máximo das ideias do Iluminismo. Com certa habilidade introduzia os pensamentos críticos e atacava a Igreja e todas as convicções vigentes. Dos dois editores, d'Alembert era um grande matemático e escreveu, além de sua colaboração científica, o *Discurso preliminar*, com uma tentativa de classificação das ciências. Diderot foi um escritor fecundo, novelista, dramaturgo e ensaísta, que terminou numa orientação quase totalmente materialista e ateia.

O sensualismo e o materialismo • Essa orientação do movimento iluminista procede de um sacerdote católico, o abade Etienne de

Condillac. Nasceu em 1715 e morreu em 1780. Sua principal obra é o *Traité des sensations*, e nela expõe uma teoria sensualista pura. Condillac supõe uma estátua à qual iriam sendo dados sucessivamente os sentidos, do olfato ao tato; ao chegar ao final teríamos a consciência humana completa e, portanto, todo o conhecimento. Condillac, que era crente, exclui de seu sensualismo a época anterior à queda de Adão e a vida ultraterrena, e fala de Deus e da alma simples como unidade da consciência. Mas esta reserva não se mantém depois. Enquanto os chamados *ideólogos*, sobretudo o conde Destutt de Tracy (1754-1836), cultivam, conforme seus métodos, a psicologia e a lógica, o sensualismo de Condillac encontra uma continuação no grupo mais extremado dos enciclopedistas, que o transformam em simples materialismo ateu.

Os principais pensadores desse núcleo são o médico La Mettrie (autor de um livro de título bem eloquente: *L'homme machine*); Helvétius (1715-71), que escreveu *De l'esprit*, e, sobretudo, um alemão residente em Paris, o barão de Holbach, autor de *Système de la nature* e de *La morale universelle*. Todos esses escritores consideram que a única via de conhecimento é a sensação, que tudo na natureza é matéria, inclusive o fundamento da vida psíquica; que as religiões são um engano e que, portanto, não se pode falar da existência de Deus nem da imortalidade da alma humana. O valor filosófico de suas obras, pouco originais, é ínfimo. De muito maior interesse são os pensadores do Iluminismo que se orientam para a história e a teoria da sociedade e do Estado, sobretudo Voltaire, Montesquieu e Rousseau, e também Turgot e Condorcet, os teóricos da ideia de progresso.

Voltaire • François Arouet de Voltaire (1694-1778) foi um grande personagem de sua época. Desfrutou extraordinária fama que lhe valeu a amizade de Frederico, o Grande, da Prússia e de Catarina da Rússia. Seu êxito e sua influência foram incomparáveis no século XVIII. Nenhum escritor foi tão lido, comentado, discutido, admirado. O valor real de Voltaire não corresponde a essa celebridade. Temos de distinguir nele três aspectos: a literatura, a filosofia e a história.

Voltaire é um excelente escritor. Com ele a prosa francesa atingiu um de seus picos; é extremamente perspicaz, engenhoso e divertido.

Seus contos e novelas, em particular, acusam um esplêndido talento literário. Filosoficamente a coisa é outra. Não é original nem profundo. Seu *Dictionnaire philosophique* está impregnado das ideias filosóficas do século XVII, que ele adota no que elas têm de mais superficial: o empirismo, o deísmo e a imagem física do mundo, popularizada. Portanto, Voltaire não tem verdadeiro interesse filosófico. Suas críticas irreligiosas, que em sua época foram demolidoras, nos parecem hoje ingênuas e inofensivas. Teve uma falta de visão total no que se refere à religião e ao cristianismo, e sua hostilidade é o ponto em que se revela mais claramente a inconsistência de seu pensamento. Não só por atacar o cristianismo, mas por fazê-lo com uma superficialidade absoluta, desde uma posição anticlerical, sem nenhuma consciência da verdadeira questão.

A contribuição mais interessante e profunda de Voltaire é sua obra histórica. Escreveu um livro sobre a grande época anterior intitulado *Le siècle de Louis XIV*. Mas sua principal obra historiográfica é o *Essai sur les moeurs et l'esprit des nations*. Aqui aparece pela primeira vez uma ideia nova da história. Já não é crônica, simples relato de fatos ou acontecimentos, mas seu objeto são os *costumes* e o *espírito* das *nações*. Os povos aparecem, portanto, como unidades históricas com um espírito e costumes; a ideia alemã de *Volksgeist*, de "espírito nacional", é, como mostrou Ortega, mera tradução do *esprit des nations*. Voltaire encontra um novo objeto da história, e esta dá em suas mãos o primeiro passo para se tornar uma autêntica ciência, embora não consiga superar o naturalismo.

Montesquieu • O barão de Montesquieu (1689-1755) significou uma contribuição diferente para o pensamento do Iluminismo. É também um engenhoso escritor, sobretudo em suas *Lettres persanes*, em que faz uma crítica cheia de graça e de ironia da sociedade francesa de seu tempo. Mas, sobretudo, é escritor político e histórico. Sua principal obra é *L'esprit des lois*. Sua tese é que as leis de cada país são um reflexo do povo que as tem; o naturalismo da época faz com que Montesquieu sublinhe especialmente a influência do clima. Montesquieu conhece três formas de constituição, que se repetem na história; em primeiro lugar, o despotismo, em que só cabe a obediência temerosa, e depois, duas formas de Estado, nas quais descobre um *motor* da história, distinto para cada uma delas. Na monarquia, o motor principal é a *honra*; na república, a *virtude*. Quando estes faltam em seu respectivo regime, a nação não funciona como deveria. Mediante essa teoria, Montesquieu fornece um complemento decisivo para a ideia de história em Voltaire: um elemento dinâmico que explica o acontecer histórico (cf. Ortega: *Guillermo Dilthey y la idea de la vida*).

b) Rousseau

Rousseau, apesar de suas ligações com os enciclopedistas, tem um lugar à parte na história do pensamento. Jean-Jacques Rousseau nasceu em Genebra, em 1712. Era filho de um relojoeiro protestante e teve uma infância de precoce excitação imaginativa. Depois, sua vida foi errante e infeliz, com frequentes indícios de anormalidade. Suas *Confessions*, um livro em que exibe, romanticamente, sua intimidade, são o melhor relato dela. Obteve um prêmio oferecido pela Academia de Dijon com seu *Discours sur les sciences et les arts*, em que negava que estas tivessem contribuído para a depuração dos costumes. Esse estudo o tornou famoso. Rousseau considera que o homem é naturalmente bom, e que é a civilização que o corrompe. Seu imperativo é a *volta à natureza*. Este é o famoso *naturalismo* de Rousseau, fundado em ideias religiosas, que nascem de seu calvinismo originário. Rousseau prescinde do pecado original e afirma a bondade natural do homem, à qual deve voltar. Essas ideias inspiram outro trabalho seu, o *Discours sur l'origine de l'inégalité parmi les hommes*, e ele as aplica à pedagogia em seu famoso livro *Émile*. Rousseau representa uma forte reação sentimental contra a dureza fria e racionalista da Enciclopédia e escreve uma novela apaixonada e lacrimosa, que teve imenso êxito: *Julie, ou la Nouvelle Héloïse*. A esse naturalismo vincula-se a ideia de religião. Rousseau se converteu ao catolicismo, depois novamente ao calvinismo e terminou numa posição deísta; a religião de Rousseau é sentimental; encontra Deus na Natureza, pela qual experimenta profunda admiração.

Mas o que teve consequências mais graves foi a filosofia social de Rousseau. Sua obra sobre este tema é o *Contrato social*. Os homens, no estado de natureza, fazem um *contrato tácito*, que é a origem da sociedade e do Estado. Portanto, para Rousseau, estes se fundam num acordo voluntário; o indivíduo é anterior à sociedade. O que determina o Estado é a vontade; mas Rousseau distingue, além da vontade individual, duas vontades coletivas: a *volonté générale* e a *volonté de tous*. Esta é a soma das vontades individuais, e quase nunca é unânime; a que importa politicamente é a *volonté générale*, a vontade da maioria, *que é a vontade do Estado*. O importante é isso. A vontade majoritária, por sê-lo, é a vontade da comunidade como tal; ou seja, também dos discrepantes, não como indivíduos, mas como membros do Estado. É o princípio da democracia e do sufrágio universal. O importante aqui é, por um lado, o respeito pelas minorias, que têm direito de fazer valer sua vontade, mas, ao mesmo tempo, a aceitação da vontade geral pelas minorias, como expressão da vontade da comunidade política. As consequências dessas ideias foram profundas. Rousseau morreu em 1778, antes do início da Revolução Francesa; mas suas ideias contribuíram essencialmente para esse movimento e tiveram grande influência na história política europeia.

2. A "Aufklärung" na Alemanha

Ao Iluminismo francês corresponde na Alemanha um movimento semelhante, mas não idêntico, também chamado ilustração ou iluminismo: *Aufklärung*. Consiste também na popularização da filosofia, em especial a de Leibniz, e igualmente da inglesa. Mas na Alemanha esse espírito iluminista é menos revolucionário e menos inimigo da religião; a Reforma já tinha realizado a transformação do conteúdo religioso alemão, e a *Aufklärung* não se confronta com a longa tradição católica, como na França. De resto, domina na Alemanha o mesmo espírito racionalista e científico, e a corte prussiana de Frederico, o Grande, com a Academia de Ciências de Berlim, é um grande centro da ideologia do Iluminismo.

Wolff • O popularizador da filosofia leibniziana foi Christian Wolff (1679-1754), professor de Halle, expulso depois desta Universidade, da qual passou para a de Marburg, para em seguida ser reempossado em Halle com grandes honras por Frederico. Wolff, pensador de escassa originalidade, escreveu muitas obras em latim e mais ainda em alemão, cujos títulos gerais são com frequência *Pensamentos racionais sobre...* Wolff foi o introdutor do alemão nas Universidades e na produção filosófica. Seu pensamento consiste na vulgarização e difusão da filosofia de Leibniz, particularmente de suas partes menos profundas. Seguindo os antecedentes de Clauberg e Leclerc, do final do século XVII, introduziu a divisão da metafísica em ontologia ou metafísica geral, teologia racional, psicologia racional e cosmologia racional (isto é, ontologias de Deus, do homem e do mundo). A filosofia aprendida usualmente na Alemanha no século XVIII é a de Wolff; aquela ante a qual terá de tomar posição mais imediatamente Kant em sua *Crítica da razão pura*.

A estética • Uma disciplina filosófica que se constitui independentemente no Iluminismo alemão é a estética, a ciência da beleza, que se cultiva de um modo autônomo pela vez primeira. O fundador da estética foi um discípulo de Wolff, Alexander Baumgarten (1714-62), que publicou em 1750 sua *Aesthetica*. Também relacionada com esses problemas temos a atividade histórica de Winckelmann, contemporâneo de Baumgarten, que publicou sua famosa *História da arte da Antiguidade*, de tanta importância para o estudo da arte e da cultura da Grécia.

Lessing • O escritor que representa mais claramente o espírito da *Aufklärung* é Gotthold Ephraim Lessing (1729-81). Foi um grande literato, poeta, dramaturgo, ensaísta. Sentiu profunda preocupação por questões filosóficas, especialmente pelo sentido da história e da busca do saber. De Lessing é a famosa frase de que se Deus lhe mostrasse numa mão a verdade e na outra o caminho para buscá-la, escolheria o caminho. Seu estudo sobre o Laocoonte é outro passo importante na compreensão da arte grega. O racionalismo de Lessing – com tendências espinosistas – é tolerante, não agressivo como o de Voltaire, e não tem a hostilidade deste contra a religião cristã.

A transição para o idealismo alemão • As correntes religiosas alemãs do século XVIII – concretamente o pietismo fundado por Spener e Franke – e o interesse pela história levam o Iluminismo alemão para outros caminhos. Volta-se a dar um alto valor ao sentimento – fenômeno que aparece na França com Rousseau; trata-se de encontrar o sentido das grandes etapas históricas; volta-se a admirar a Idade Média e o alemão, como reação contra a *Aufklärung*, de um frio racionalismo. Aparece o movimento chamado *Sturm und Drang*. Herder talvez seja a ponte entre as duas tendências. Depois aparecerá uma série de escritores que preparam ou acompanham o idealismo alemão, a grande etapa que vai de Kant a Hegel.

3. *A doutrina da história em Vico*

Ao traçar um quadro do panorama intelectual do século XVIII, não se deve omitir a figura, um tanto desconexa, do filósofo napolitano Giambattista Vico (1668-1744). Embora a rigor seu pensamento não se encaixe exatamente dentro das formas e pressupostos do Iluminismo, sua posição histórica está determinada por condições afins, e suas relações com os iniciadores daquele movimento intelectual são frequentes.

Vico nasceu na época em que Nápoles era um vice-reinado espanhol. Era jurista e filósofo; foi o primeiro a colocar em dúvida a existência de Homero – antes só se discutia seu local de nascimento; para Vico, em contrapartida, Homero, Zoroastro ou Hércules não são pessoas, mas épocas ou ciclos culturais personificados. Depois de publicar diversas obras latinas (*De antiquissima Italorum sapientia ex linguae latinae originibus eruenda*, *De uno universi juris princípio et fine uno*, *De constantia jurisprudentis*), Vico escreveu a famosa *Scienza nuova* (o título completo é *Principi di Scienza nuova d'intorno alla comune natura delle nazioni*), cuja primeira edição é de 1730, e a definitiva (chamada *Scienza nuova seconda*), de 1744.

A obra de Vico – de grande complexidade e estrutura confusa – considera como protagonistas da história universal uma série de *nações*. Vico estabelece uma série de axiomas prévios (*degnità*) e assinala que, enquanto a filosofia considera o homem como deve ser, a legislação o considera como é. Esta toma os vícios do homem e os aproveita, transformando-os: da ferocidade deriva a milícia; da avareza, o comércio; da ambição, a vida da corte. Estamos a meio caminho entre a ideia de natureza e a de história. Os costumes humanos têm uma certa natureza, uma estrutura que se manifesta na língua – por isso chama a história de *filologia* – e particularmente nos provérbios.

A evolução histórica das nações, que são os sujeitos da história, acontece segundo um ritmo alternado de idas e vindas (*corsi e ricorsi*). A ida consta de três fases: a) A primeira se caracteriza por um predomínio da *fantasia* sobre o raciocínio; é *criadora*. Vico a chama de *divina*, porque cria deuses. Os homens são ferozes, mas reverenciam os que criaram; é a época da *teocracia*. b) A idade *heroica*: acredita-se em heróis ou semideuses de origem divina; a forma de governo é a *aristocracia*. c) A idade *humana*: gente benigna, inteligente, modesta e sensata; a forma de governo é a igualdade, que se traduz pela *monarquia*. Os homens da primeira dessas idades são religiosos e piedosos; os da segunda, meticulosos e coléricos; os da terceira, oficiosos, instruídos pelos deveres civis. A essas três etapas correspondem três línguas: uma para os atos mudos e religiosos (língua mental); outra para as armas (língua de vozes de mando); uma terceira para falar (língua para se entender). Essas ideias de Vico esboçam uma teoria das funções da linguagem.

Depois de um povo percorrer as três fases, o ciclo recomeça: é o *ricorso*. Não é uma decadência, mas uma rebarbarização. Essas ideias encontram eco na teoria comtiana dos três estados; mas nesta o estado positivo é o *definitivo*, diferentemente do que ocorre com a idade humana no esquema de Vico.

4. Os iluministas espanhóis

Na Espanha, o Iluminismo teve características próprias: seu principal traço foi a reincorporação da Espanha ao nível da época e à ciência e à filosofia que vinham sendo elaboradas desde o século XVII: a *europeização* (em luta com o atrativo do popularismo castiço). Os iluministas espanhóis não foram irreligiosos, mas homens desejosos de superar os abusos da Igreja ou a falta de liberdade, permanecendo fiéis a sua fé. Partidários das reformas políticas e sociais, mas não revolucionários; em sua grande maioria, desolados ante as violências e a falta de liberdade durante a Revolução Francesa. O reinado de Fernando VI (1746-59) e o de Carlos III (1759-88), sobretudo, representam uma inteligente transformação da sociedade espanhola, que se viu comprometida durante o reinado de Carlos IV, quando se inicia uma forte reação, definitivamente destruída pela invasão napoleônica e pelas lutas políticas, e pelo absolutismo de Fernando VII (1814-33).

O Iluminismo espanhol é mais receptivo que criativo, e filosoficamente muito modesto; significou apenas a incorporação do pensamento moderno, num momento em que a Escolástica atingira sua maior decadência. As figuras principais são o beneditino Benito Jerónimo Feijoo (1676-1764), galego, professor em Oviedo, autor do *Teatro crítico universal* (8 vols.) e das *Cartas eruditas y curiosas* (5 vols.), grande ensaísta de enorme difusão, compreensivo e tolerante, interessado no desarraigamento das crenças errôneas e das superstições; seu amigo e colaborador, o Pe. Martín Sarmento (1695-1771); o filósofo e médico Andrés Piquer (1711-72), autor de *Lógica moderna* e *Filosofía moral para la juventud española*; o doutor Martín Martínez (*Filosofía escéptica*); Antonio Xavier Pérez y López (*Principios del orden esencial de la naturaleza*); os jesuítas Juan Andrés (*Origen, progreso y estado actual de toda la literatura*, 10 vols., que representa admiravelmente o nível da época), Esteban de Arteaga (*La belleza ideal*) e Lorenzo Hervás y Panduro (*Historia de la vida del hombre, Catálogo de las lenguas de las naciones conocidas*); a grande figura do século é Gaspar Melchor de Jovellanos (1744-1811), autor de inúmeros estudos e monografias, cuja mentalidade se revela melhor que em qualquer outro lugar em seus *Diarios*[1].

---

1. Cf. meus livros *Los Españoles* (1962) e *La España posible en tiempo de Carlos III* (1963).

III. A FORMAÇÃO DA ÉPOCA MODERNA

1. A filosofia e a história

O que primeiro se pensa na filosofia acaba tendo consequências históricas. As ideias vão se generalizando até transformar-se pouco a pouco numa força atuante, até mesmo nas multidões. Isso sempre ocorreu; mas mais que nunca na época em questão aqui. Todo o século XVIII, tudo o que chamamos de Iluminismo, foi o processo de aquisição de influência e existência social das ideias pensadas nos séculos anteriores. E isso não foi por acaso. Todos os tempos vivem, em certa medida, de ideias; mas não é forçoso que estas ideias se mostrem como tais, como teorias; costumam precisamente encontrar sua força no fato de se ocultarem sob outras formas; por exemplo, formas tradicionais. No século XVIII, em contrapartida, as ideias importam justamente por serem ideias: trata-se de viver segundo essas ideias, segundo a *raison*. Por isso não têm de se revestir de outra aparência, e adquirem sua máxima eficácia.

Com as ideias metafísicas que tentei expor nos capítulos anteriores – e com algumas ideias religiosas e teológicas aparentadas com elas – ocorre o mesmo. Vão se expandindo para círculos cada vez mais amplos, e sobre eles exercem sua influência. Pouco a pouco, a vida e as ciências vão sendo informadas pelos resultados a que a filosofia chegou antes. Dessa maneira, o aspecto do mundo vai se transformando. As raízes são anteriores e permanecem ocultas; o que se manifesta é a alteração total da superfície. Mas essa variação só pode ser plenamente compreendida em sua unidade quando se conhecem os movimentos subterrâneos em ação. Temos de entender como essa época europeia está condicionada pela filosofia, e ao mesmo tempo como, a partir dela, a filosofia fica situada historicamente e determinada por sua própria situação.

2. *O Estado racionalista*

A época posterior ao Renascimento está constituída pela descoberta da razão matemática – o racionalismo. Durante os séculos XVI e XVII constroem-se os grandes sistemas racionalistas na física e na filosofia: Galileu, Newton, Descartes, Espinosa, Leibniz. Esse racionalismo tem claras consequências históricas.

O absolutismo • Nos primórdios do Estado moderno, do Estado absoluto, se começa a falar de razão, da razão de Estado: a *ragione di Stato* de Maquiavel. Temos, pois, um Estado com uma personalidade, e este Estado tem suas razões; age, portanto, como uma mente. Trata-se de uma personificação racionalista do Estado, que aparece junto com as nacionalidades modernas.

Descartes fala incidentalmente de política; diz que as coisas são mais bem feitas quando feitas segundo a razão, e por um só, não por vários. Esta é a justificação racional da monarquia absoluta, e desse mesmo princípio também brotará, mais tarde, o espírito revolucionário. Os Estados que se constituem no Renascimento se transformam em fortes unidades de poder absoluto.

A diplomacia • Nesse momento surge manifestamente a diplomacia, com um novo sentido. É apenas a substituição da relação direta de Estados entre si por uma relação pessoal abstrata; essa diplomacia resulta da unidade alcançada pelas nações; antes, ela só existira nos Estados italianos medievais, que foram justamente os que mais se pareceram com uma nação em sentido moderno; por isso, talvez, a Itália não tenha conseguido estabelecer um Estado unitário. Graças a essa diplomacia, consequência da unidade, essa unidade se acentua. Começa a existir a França como tal, França para os franceses e para os que não o são, quando é vista representada e personalizada, relacionando-se com outras nações. Basta ver a diferença de consciência de espanholidade de um súdito dos Reis Católicos e de um súdito de Felipe II, por exemplo. Morta Isabel, Fernando de Aragão ainda pode "voltar para seus Estados"; em tempos de Felipe isso não seria mais possível. A nação está personificada no rei absoluto; as relações entre as nações se resumem e personificam na conversação de alguns poucos homens. Os Estados começam a ocupar um lugar na mente de cada indivíduo.

3. A Reforma

A Reforma tem uma dimensão estritamente religiosa, com uma gênese fácil de traçar ao longo da Idade Média até chegar a Lutero. Mas não vamos considerar esse aspecto, e sim o vital e histórico, a situação espiritual que a tornou possível e a nova situação que ela determinou.

O livre exame • O mais importante da Reforma é o livre exame. Supõe que, em vez de haver uma autoridade da Igreja que interprete os textos sagrados, cabe a cada indivíduo interpretá-los. Isso é racionalismo puro; pressente-se aqui aquilo que Descartes dizia: "o bom senso é o que há de mais bem distribuído no mundo". Mas Lutero é o homem menos racionalista do mundo, inimigo da razão e da filosofia. Que significa isso? É mais uma prova de que o homem que nasce numa época está inserido nas crenças dela, a despeito de suas ideias particulares, e de que o que atua nele são sobretudo os pressupostos vigentes do tempo (Ortega).

Consequência necessária desse espírito de livre exame é a destruição da Igreja. Já que se diz "o homem e Deus a sós", a Igreja é uma ingerência que se interpõe entre o homem e Deus. A Igreja sempre considerou com extrema cautela as posições místicas porque beiravam este perigo. É conhecida a terrível frase de um místico católico: "Deus e eu, mundo não mais." O homem fica a sós com Deus. Dá-se o fracionamento do protestantismo; a pluralidade faz parte da essência do protestantismo. Examinaremos dois tipos de Igreja reformada – a Igreja "nacional", por exemplo a anglicana, e a Confissão de Augsburg –, para ver como trazem em si o germe de sua própria dissolução.

A Igreja nacional se forma em torno da pessoa do rei. O rei da Inglaterra, ou um príncipe alemão, é a cabeça da Igreja, e esta é nacional, política. Ocorre uma vinculação radical entre religião e política, entre Igreja e Estado. O Estado se transforma em Estado religioso, de modo bem distinto do que acontecia na Idade Média, em que o Estado supõe e aceita os princípios religiosos. O que agora ocorre é antes o contrário, é a religião que está afetada pelo princípio nacional; chega-se à norma *cujus regio, ejus religio*. Nos países católicos este espírito também penetra em certa medida, e neles se fala de "aliança do trono com o altar", esquecendo o claríssimo texto evangélico: *Meu reino não é deste mundo*. As diversas inquisições modernas – tão distintas da medieval – são, em suma, antes instrumentos estatais que organismos religiosos. Esta estatização da Igreja conduz à perda de seu conteúdo religioso e à sua absorção pelos interesses temporais. Essa época assiste não ao desaparecimento do protestantismo, mas a frequentes falências das "igrejas nacionais".

A Confissão de Augsburg, por exemplo, supõe um *acordo* sobre matérias de fé. Pertence-se a ela por estar em conformidade com seu conteúdo dogmático. É uma associação de indivíduos isolados, que *constituem* uma Igreja, que não *estão nela* como no catolicismo; a distinção é bem clara. Mas essa comunidade baseada na opinião concordante está sujeita a variações. A opinião, regida pelo livre exame, evolui em muitos sentidos e se divide; à Confissão única seguem-se várias seitas, estas se atomizam ainda mais, e assim chegamos ao credo individual. O chamado "protestantismo liberal" consistiu na supressão de quase todo o conteúdo dogmático, a ponto de o nome cristianismo ser nele quase um simples resíduo injustificado.

O problema da Reforma • Nos países católicos ocorre a Contrarreforma, isto é, uma Reforma ao inverso. Ocorre, portanto, uma cisão entre os países protestantes e os católicos, e a Europa que nos fora dada como uma unidade aparece desgarrada em duas. Diante dessas duas metades em que a Europa se dividiu, podemos pensar que quem mantém a unidade é o catolicismo, e a Reforma é puro erro passageiro, ou que o destino da Europa é o protestantismo, e as nações católicas são retrógradas (para esta solução apontam Hegel e Guizot, e é a

França que contradiz essa interpretação histórica). Ou podemos pensar na subsistência de ambos, e que a unidade da Europa é uma unidade dialética, uma unidade dinâmica, tensa, dessas duas metades. Note-se que isso nem roça a questão da verdade integral do catolicismo; o fato com que a mente cristã depara é o de que Deus *permitiu a Reforma*, como permitiu, por outro lado, a convivência de uma pluralidade de religiões. Não se pode prescindir do fato da Reforma, o que a Igreja não fez; reparem que a Igreja católica não adota a mesma posição ante o Cisma do Oriente e ante o movimento protestante; no primeiro caso perde a obediência de todos os países orientais e permanece inalterada; no segundo, *faz uma Contrarreforma*: a substantividade desta exige a da Reforma – não simples cisma – que a provoca.

Mas esta posição coloca um novo problema: de que tipo é essa interação entre o mundo católico e o protestante?, de que tipo é a unidade que os constitui?, e, por último: qual será a síntese que resolverá essa antinomia? Poderíamos pensar – e essa ideia, agradável para uma mente católica, não se vê desmentida pelos indícios da época – que essa síntese seja a reabsorção final no catolicismo, depois de esgotado o caminho errôneo, até chegar a suas últimas consequências. Talvez o protestantismo se refute historicamente a si mesmo e seja superado na verdade. E essa unidade restaurada da Igreja católica não seria de modo algum igual à anterior à Reforma, como se esta não tivesse existido, mas ficaria conservada na forma concreta de sua superação.

4. A sociedade moderna

Vimos o papel de dois elementos fundamentais da Idade Moderna: o racionalismo e a Reforma. Veremos agora qual sua influência na estrutura social da época; como, em virtude da filosofia e da teologia, toda a vida moderna, do intelectual ao social e político, adquire um ar novo, que culmina, no século XVII, com os dois grandes fatos do Iluminismo e da Revolução Francesa.

a) A vida intelectual

O tipo de intelectual • Que tipos de intelectuais produzem esses séculos? Que é um homem intelectual nessa época, e como entende seu trabalho? Qual a diferença de ser intelectual no século XVII e sê-lo na Idade Média, no Renascimento ou no século XVIII?

Na Idade Média o verdadeiro intelectual é o clérigo, especialmente o frade. O trabalho da Escolástica, com seu senso de *escola*, de colaboração, é comum dentro da Ordem ou da Universidade. O filósofo é nessa época homem de monastério, de comunidade, ou então *professor*. É o homem escolar – *scholasticus* –, que coopera na grande obra coletiva.

No Renascimento, o intelectual é um *humanista*. É um homem do mundo, secular, que cultiva sua pessoa, principalmente nas dimensões da arte e da literatura, impregnadas de essências clássicas. Tinha um ar matinal em seu novo modo de assomar à natureza e ao mundo. É o tipo de Bembo – apesar de seu capelo –, de Thomas More, de Erasmo, de Budé ou Vives.

Tomemos agora um tipo diferente de intelectual: Galileu, Descartes, Espinosa. O intelectual dessa época é o homem do método (Ortega). Não faz outra coisa senão buscar métodos, abrir novos caminhos que permitam chegar às coisas, a coisas novas, a novas regiões. É o homem que, com um imperativo essencial de racionalidade, vai constituindo sua ciência. O homem do século XVII tem uma consciência efetiva e precisa de modernidade. O renascentista era o homem que tinha sintomas, indícios de modernidade, que ia encontrando coisas velhas, que de tão velhas já pareciam novas. A examinar minuciosamente o Renascimento, comprovar-se-ia que era em grande parte negativo. As coisas que a Idade Moderna fará estão ancoradas antes na Idade Média – Ockham, Eckhart, a escola de Paris – que no Renascimento. Este é brilhante, mas de pouca solidez. Os renascentistas voltam-se contra a Idade Média – Vives, Ramus –, e isso é algo que irá perdurar: um século depois, quando se está vivendo de raízes medievais, continua-se considerando a Idade Média e a Escolástica um puro erro. O primeiro homem com senso histórico que, junto com o valor da nova ciência, verá o valor da Escolástica será Leibniz.

O tema da natureza • A Reforma cindira a Europa em duas metades, e não uma reformada e outra não, mas as duas reformadas, embora com sentido distinto. Há uma exceção, a França, que não é Reforma nem talvez Contrarreforma. A França combate os calvinistas, incluindo o episódio da noite de São Bartolomeu, mas faz também uma política contrária à dos Áustrias e ao desmembramento da religião na Guerra dos Trinta Anos; promulga o Edito de Nantes e gera a Igreja Galicana, católica, submetida ao Papa religiosamente, mas matizada do ponto de vista nacional. Talvez por isso Leibniz, ao tentar a união das Igrejas, não se dirija aos hierarcas da Igreja espanhola, salvo ao bispo Rojas Spínola, nem diretamente a Roma, mas sobretudo a Bossuet, o porta-voz da Igreja Galicana.

Entre a Europa da Contrarreforma e o resto dela encontramos uma diferença muito séria: os países contrarreformados não fazem apenas ciência natural, salvo os físicos italianos, com Galileu, que entra em conflito com as autoridades eclesiásticas. Os países da Contrarreforma fazem outra coisa importante: o *jus naturae*. Ante a física, vai-se fazer o direito natural, uma ciência humana jurídica. Mas por trás das diferenças existe comunidade: é um direito *natural*, reaparece aqui o tema da natureza. Esse direito, nas mãos dos teólogos espanhóis, ainda vai estar fundado em Deus; mas nas mãos dos holandeses e dos ingleses – Hugo Grócio, Shaftesbury, Hutcheson – se transforma num direito estritamente natural, um direito da natureza humana. Falar-se-á de religião natural ou deísmo, de um Deus natural. É todo um movimento naturalista, que culmina em Rousseau.

A Contrarreforma teve uma sorte estranha: ficou intelectualmente fechada em si mesma, isolada, sem se pôr em contato com a nova filosofia e a nova ciência. Descartes e Leibniz conheciam os teólogos espanhóis; mas estes não se relacionam com os filósofos modernos, se esgotam em si mesmos. Ficam fora da nova comunidade intelectual européia, e isso faz com que o esplêndido florescimento espanhol logo se extinga e não tenha fecundas consequências *diretas*. Porque é preciso notar que a obra dos pensadores espanhóis, de Vitoria a Suárez, não foi estéril; mas sua eficácia só veio a se revelar muito mais tarde, depois de sua aparente *continuação*.

A unidade intelectual da Europa • No século XVII existe uma comunidade espiritual na Europa, dirigida pela filosofia e pela ciência natural, e também pela teologia. Um de seus elementos está desaparecido nesse momento, mas provavelmente voltará a surgir com essas gerações, depois desses anos de crise: os intelectuais, no século XVII, escreviam longas cartas uns aos outros. Nas obras de Galileu, de Descartes, de Espinosa, de Leibniz, de Arnauld, de Clarke, de todos os homens representativos da época, uma parte considerável está composta por sua correspondência científica. Isso significa que uns estão atentos ao trabalho dos outros e além disso se corrigem, fazem objeções que dão uma enorme precisão às obras desse tempo. É a época em que são publicados aqueles brevíssimos folhetos que transformam a filosofia com cinquenta claras páginas, chamados *Discours de la méthode*, *Discours de métaphysique*, *Monadologie*.

b) A transformação social

As novas classes • A profissão de intelectual ainda não existia como tal no século XVII. Descartes, muito a contragosto de sua família, não escolhe profissão – as armas, a justiça ou a Igreja: *gens de robe et gens d'épée* – e se dedica a trabalhar e estudar. É um homem independente e de boa posição, um *homme de bonne compagnie*, e se dedica à atividade intelectual sem ser clérigo ou professor. Ao longo do século XVII esse tipo inaugurado por Descartes começa a se generalizar.

Por um lado, o intelectual vai abrindo caminho, por outro a nobreza vai se tornando palatina. No final do século XVIII a classe intelectual ainda não se consolidou por completo. Stendhal cita a frase de um nobre a propósito de Rousseau: *Cela veut raisonner de tout et n'a pas quarante-mille livres de rente*. Mas ao mesmo tempo está se formando uma burguesia, tingida de intelectualismo, porque sua camada superior é formada pelos homens de ciência.

Os vestígios do feudalismo se extinguem, e termina a independência da nobreza. Os últimos atos residuais do feudalismo são a Fronda na França de Mazarino, e, na Espanha, o levante de Andaluzia com o duque de Medina Sidonia, em tempos de Felipe IV. A nobreza é obrigada a se vincular às outras duas forças: o terceiro estado e a monarquia. Torna-se palatina, por um lado, e por outro se põe em contato com a burguesia. Apoia-se nas duas e fica em situação muito difícil depois da Revolução Francesa. Em contrapartida, pouco a pouco vai se constituindo uma forte burguesia.

A monarquia chegou à sua plenitude absoluta – regalismo – e conseguiu uma organização completa do Estado. Este começa a ser uma máquina perfeita. Automaticamente, uma série de coisas que pareciam particulares e privadas vão passando a ser da alçada do Estado. Cada vez presta mais serviços, se encarrega de mais problemas, também se faz sentir mais pesadamente. É o que se chama de intervencionismo do Estado; um processo que vai aumentando incessantemente e no qual nos encontramos totalmente imersos hoje.

Natureza e graça • Vimos que o pensamento reformista e o racionalismo desembocam num interesse pela natureza, separada de Deus. Na Idade Média os conceitos de natureza e de graça se contrapunham, e no Renascimento o homem se lança à procura da natureza, separado da graça e esquecendo o velho princípio cristão: *gratia naturam non tollit, sed perficit*; o século XIX terá esquecido tão completamente que a graça foi a companheira da natureza, que, nele, à *natura* só se opõe *cultura*, e isso transforma concretamente a ideia de natureza. Hoje se prefere falar de *espírito* – uma palavra cheia de sentido, mas também de equívocos – e, de outro ponto de vista, de *história*.

Com o Renascimento triunfa o modo de pensar *natural*. O *mundo* deixa de ser cristão, embora os indivíduos o sejam, o que é muito diferente. O homem fica sendo um mero ente natural. Por outro lado, o protestantismo surgira com uma concepção completamente pessimista do homem: considera que está caído, que sua natureza está essencialmente corrompida pelo pecado original, e a justificação só pode se realizar *pela fé*, pela aplicação dos méritos de Cristo; as obras são inoperantes: o homem é impotente para realizar méritos que o salvem. Diante disso, a Contrarreforma, em Trento, proclamará como lema a *fé e as obras*.

No Renascimento o homem vai perdendo Deus em consequência de sua irracionalidade. Para o protestante, suas obras não têm a ver com a graça e são meras obras naturais, que dominam o mundo mediante a física; assim o homem vai se afastando de Deus e da graça. Consequência: só no mundo, com o qual faz grandes coisas, e sem se preocupar com o problema da graça, o homem *já não se considera mau*. O pessimismo se fundava no ponto de vista da graça, mas como *ente natural*, em pleno êxito da razão física, por quê? O pessimismo protestante, reduzindo-se à mera natureza, transforma-se no otimismo de Rousseau. O homem se esquece do pecado original e se sente *naturalmente bom*.

A Revolução Francesa • Que consequências terá essa situação no século XVIII? O século XVIII é a época de aproveitamento do século XVII; existem épocas de tensão, criativas, e outras de utilização do anterior, sem grandes problemas originais, só com questões de aplicação e generalização do já descoberto. Todas as coisas se diluem um pouco. Assim, do intelectual do século XVII se passa ao enciclopedista, que tem afinidades essenciais com o jornalismo, mas ainda conserva viva a ciência, embora, em geral, a já elaborada. Esses homens difundem o pensamento do século XVII, do qual vive a centúria seguinte. Para viver de uma ideia é preciso que haja passado tempo, que as massas a tenham recebido, não como uma convicção individual, mas como uma crença em que se está imerso; e isso é lento. Como indica Ortega, o *tempo* da vida coletiva é muito mais pausado que o da individual. Assim, no século XVIII as damas de Versalhes falam dos temas que no século XVII eram privativos dos mais agudos pensadores: a física de Newton e os torvelinhos de monsieur Descartes, que Voltaire tornou acessíveis para a corte.

Tudo isso levará à Revolução Francesa. O Renascimento nos trouxe duas coisas: o racionalismo e a Reforma; estas têm duas consequências: o naturalismo e o otimismo. Vimos que o racionalismo produz muito diretamente a monarquia absoluta; mas esta é uma fase de transição desde a Idade Média. A época medieval criara um espírito militar: a cavalaria; e o monarca é um governante fortemente militarizado. Ao longo de todo o século XVII trava-se uma luta entre duas forças: a militar e a intelectual. A ideia do mando militar vai se tornando civil, vai se intelectualizando. E como a razão é essencialmente *uma* e mesma, e o que dispõe é o que *deve ser*, portanto é *para sempre*, cria-se um estado de espírito *revolucionário*.

Os homens *racionais* e *naturalmente bons* estão numa sociedade constituída historicamente, pouco a pouco, de um modo imperfeito, fundada numa ideia da monarquia que já não está viva, e numa tradição religiosa que perdeu vigência social. Esses homens decidem derrubar tudo para fazer melhor, racionalmente, perfeitamente, de uma vez por todas e para todos: "direitos do homem e do cidadão", assim, sem mais concessões à história. Estamos na Revolução Francesa. O mundo se organizará de um modo definitivo, geometricamente. É a *raison* que vai mandar a partir de agora.

5. A perda de Deus

Não quero dizer que a evolução do problema de Deus, que estudei minuciosamente nas páginas anteriores, seja a única causa intelectual de toda a variação da Europa nesse tempo. Isso seria um exagero; mas o que é certo é que um importantíssimo grupo dessas variações consiste na passagem de uma situação fundada no cristianismo, com a ideia de Deus na base de todas as ciências, com um direito divino e uma moral religiosa, fundada nos dogmas e na teologia, para outra situação totalmente distinta, em que Deus é substituído pela razão humana e pela natureza.

Há, além disso, um fator que acelera o triunfo e a difusão dessas ideias que prescindem de Deus e o vão desalojando das ciências e dos princípios. É a primazia concedida ao negativo na modernidade. Com efeito, nos séculos modernos parte-se do pressuposto de que é preciso justificar o positivo, e que o negativo é válido por si só. Portanto, é preciso esforçar-se para demonstrar a liberdade ante o determinismo, a existência do mundo exterior, a possibilidade do conhecimento. Não considero que não seja efetivamente necessário provar essas coisas, mas refiro-me à tendência, à exatidão de que se parte. Há umas palavras de Fontenelle especialmente expressivas: "O testemunho dos que crêem numa coisa estabelecida não tem força para sustentá-la; mas o testemunho dos que não creem nela tem força para destruí-la. Pois os que crêem podem não estar instruídos das razões para não crer, mas não é possível que os que não creem não estejam instruídos das razões para crer..."

Assim, mediante essa primazia do negativo a progressiva secularização das crenças vai adquirindo vigência. E isso explica por que, assim como antes não havia razões particulares em cada uma para justificar o fato de que tivessem seu fundamento na Divindade, tampouco agora existem provas suficientes para explicar a exclusão de Deus das disciplinas intelectuais. Nosso tempo, com o imperativo de não partir de nenhuma das duas atitudes, e de justificar as coisas, teria de falhar no que diz respeito a questão tão grave.

Tentei mostrar a que *céus desconhecidos e impenetráveis*, como diz Paul Hazard, Deus fora relegado. Mas também vimos que, apesar de tudo, Deus permanecia seguro e firme na filosofia do século XVII. Como é possível esquecer essa dimensão e só prestar atenção à outra, que nos afasta da Divindade?

Disse antes que Deus deixa de ser o horizonte da mente para tornar-se seu solo. Com efeito, o divino não é mais objeto da consideração e da ciência, é apenas seu pressuposto. O homem não vai a Deus porque lhe interesse, o que lhe importa é o mundo. Deus é tão somente a condição necessária para reconquistá-lo. Uma vez seguro, Deus não importa mais. O homem, do que menos se ocupa é do solo; precisamente por ser firme e seguro, prescinde dele para prestar atenção a outras coisas; assim, o homem moderno, esquecido de Deus, volta-se para a natureza. Na passagem da Idade Média para a Idade Moderna vemos um exemplo máximo dessa dinâmica histórica que às vezes transforma em pressuposto, com função tão diferente, o que antes era horizonte para o homem.

Mas há, sobretudo, outra razão muito mais decisiva. O processo a que assistimos brevemente não termina aqui. A metafísica de Descartes a Leibniz é só uma primeira etapa. Veremos como o idealismo alemão, em Kant, acaba perdendo totalmente Deus na razão especulativa, ao declarar impossível a prova ontológica. Portanto, desde Ockham até o idealismo alemão avança-se nesse afastamento de Deus, que se perde para a razão teórica. Em Leibniz se está apenas na metade do caminho. O que então é ascendente, o que tem mais pujança, o que se está fazendo, é afastar Deus; a ponte ontológica que ainda nos une a Ele é somente um resto que define uma etapa. É o que confere sua unidade *fundamental* aos anos de mudanças que consideramos e faz com que, apesar de sua extrema complexidade, constituam uma etapa efetiva da história.

O idealismo alemão

I. Kant

Já vimos o que acontece nos séculos XVII e XVIII, a situação fundamental a que se chega depois do racionalismo. Esses esclarecimentos tinham um duplo objetivo: em primeiro lugar, eram uma tentativa de explicar a realidade histórica desses dois séculos; e, em segundo lugar, procuramos estabelecer com certa precisão o ambiente em que irão se movimentar Kant e os demais idealistas alemães. Convém destacar dois momentos importantes do pensamento desses dois séculos: um é a imagem física do mundo, fornecida pela física moderna, mais concretamente por Newton; outro, a crítica subjetiva e psicologista feita por Locke, Berkeley e Hume, sobretudo por este último. Com esses elementos à vista, é possível abordar uma explicação do kantismo, que é uma das coisas mais difíceis de fazer. Será necessário realizar uma primeira exposição breve e simples do conteúdo dessa filosofia, para depois tentar entrar na significação do problema kantiano.

A) A DOUTRINA KANTIANA

Vida e escritos de Kant • Immanuel Kant nasceu em Königsberg em 1724 e morreu na mesma cidade em 1804, depois de ter passado toda sua longa vida nela. Immanuel Kant foi sempre um sedentário, nunca saiu dos limites da Prússia oriental, e pouco de Königsberg. Era de família humilde, filho de um artesão que trabalhava com couro, criado num ambiente de honrado trabalho artesanal e de profunda religiosidade pietista. Estudou na universidade de sua cidade natal, foi *Privatdozent* e depois participou de atividades universitárias;

no entanto, só em 1770 foi designado professor ordinário de Lógica e Metafísica. Permaneceu em sua cátedra até 1797, sete anos antes de morrer, abandonando-a por motivos de idade e debilidade física. Kant sempre teve a saúde muito delicada e apesar disso levou uma vida de oitenta anos de extraordinário esforço. Era pontual, metódico, tranquilo e extremamente bondoso. Toda a sua vida foi uma silenciosa paixão pela verdade.

Em sua obra – e em sua filosofia – distinguem-se duas épocas: o denominado período *pré-crítico* – anterior à publicação da *Crítica da razão pura* – e a época *crítica* posterior. As obras mais importantes da primeira etapa são: *Allgemeine Naturgeschichte und Theorie des Himmels* (História natural universal e teoria do céu), *Der einzig mögliche Beweisgrund zu einer Demonstration des Daseins Gottes* (O único argumento possível para uma demonstração da existência de Deus) (1763). Em 1770 publica sua dissertação latina *De mundi sensibilis atque intelligibilis causa et principiis*, que marca a transição para a crítica. Depois veio o grande silêncio de dez anos, ao final do qual aparece a primeira edição da *Kritik der reinen Vernunft* (Crítica da razão pura), em 1781. Depois, em 1783, publica *Prolegomena zu einer jeden künftigen Metaphysik, die als Wissenschaft wird auftreten können* (Prolegômenos a toda metafísica futura que queira se apresentar como ciência); em 1785, a *Grundlegung zur Metaphysik der Sitten* (Fundamentação da metafísica dos costumes) e, em 1788, a obra que completa sua ética: a *Kritik der praktischen Vernunft* (Crítica da razão prática). Por último, em 1790, publica a terceira crítica, a *Kritik der Urteilskraft* (Crítica da faculdade de julgar). Num espaço de dez anos se agrupam as obras mais importantes de Kant. Também têm grande importância *Die Metaphysik der Sitten* (1797), *Die Religion innerhalb der Grenzen der blossen Vernunft* (A religião dentro dos limites da mera razão), *Anthropologie in pragmatischer Hinsicht* e as *Lições de Lógica*, editadas por Jäsche em 1800. A obra kantiana compreende também grande número de escritos mais ou menos breves, de extraordinário interesse, e outros publicados depois de sua morte (cf. *Kants Opus postumum*, editado por Adickes e depois por Buchenau), essenciais para a interpretação de seu pensamento.

1. Idealismo transcendental

As fontes de Kant • A principal origem do kantismo está na filosofia cartesiana e, consequentemente, no racionalismo, até Leibniz e Wolff. Por outro lado, diz Kant que a crítica de Hume o despertou de seu sono dogmático (já veremos o que quer dizer esse adjetivo). Em Descartes, a *res cogitans* e a *res extensa* têm algo em comum: o *ser*. Como vimos, esse ser fundado em Deus é quem faz com que haja unidade entre as duas *res*, e que seja possível o conhecimento.

Em Parmênides, que é o começo da metafísica, o ser é uma qualidade *real* das coisas, algo que está *nelas*, como pode estar uma cor, embora de modo prévio a toda possível qualidade. As coisas de Parmênides são, definitivamente, *reais*. No idealismo o caso é diferente. O ser não é real, mas sim *transcendental*. Imanente é o que permanece em, *immanet, manet in*. Transcendente é o que excede ou transcende a algo. Transcendental não é nem transcendente nem imanente. A mesa tem a qualidade de ser, mas todas suas demais qualidades também são; o ser penetra e envolve todas e não se confunde com nenhuma. Todas as coisas estão no ser, e por isso ele serve de ponte entre elas. *Isto é o ser transcendental.*

O conhecimento transcendental • Contudo, para Kant isso não é suficiente. Não se pode explicar o conhecimento só pela interpretação do ser como transcendental; é necessário fazer uma teoria transcendental do conhecimento, e esse conhecimento será a ponte entre o eu e as coisas. Num esquema realista, o conhecimento é o conhecimento das coisas, e as coisas são transcendentes a mim. Num esquema idealista, em que eu diga que nada mais há exceto minhas ideias (Berkeley), as coisas são algo imanente, e meu conhecimento é de minhas próprias ideias. Mas se creio que minhas ideias são *das coisas*, a situação é muito diferente. Não é que as coisas se dão a mim como algo independente de mim; as coisas dão-se a mim *em minhas ideias*; contudo, essas ideias não são só minhas, são *ideias das coisas*. São coisas que aparecem para mim, fenômenos em seu sentido literal.

Se o conhecimento fosse transcendente, conheceria coisas externas. Se fosse imanente, só conheceria ideias, o que há em mim. Entretanto, é transcendental: conhece os fenômenos, ou seja, as *coisas em mim* (sublinhando os dois termos desta expressão). Aqui surge a distinção kantiana entre o fenômeno e a coisa em si.

As coisas *em si* são inacessíveis; não posso conhecê-las, porque na medida em que as conheço já estão *em mim*, afetadas pela minha subjetividade; as coisas em si (*númenos*) não são espaciais nem temporais, e nada pode dar-se a mim fora do espaço e do tempo. As coisas, tal como se manifestam para mim, como aparecem para mim, são os *fenômenos*.

Kant distingue dois elementos no conhecer: o dado e o posto. Há algo que se dá a mim (um caos de sensações) e algo que eu ponho (a espaço-temporalidade, as categorias), e da união desses dois elementos surge a *coisa conhecida* ou *fenômeno*. Portanto, o pensamento, ao ordenar o caos de sensações, *faz as coisas*; por isso Kant dizia que não era o pensamento que se adaptava às coisas, mas sim o contrário, e que sua filosofia significava uma "revolução copernicana". Contudo, não é o pensamento *sozinho* que faz as coisas, ele as faz com o material dado. Por conseguinte, a *coisa*, diferente da "coisa em si" incognoscível, surge no ato do conhecimento transcendental.

A razão pura • Kant distingue três modos de saber: a sensibilidade (*Sinnlichkeit*), o entendimento discursivo (*Verstand*) e a razão (*Vernunft*). À razão, Kant agrega o adjetivo *pura*. Razão pura é a que trabalha com princípios *a priori*, independentemente da experiência. Puro, em Kant, quer dizer *a priori*. Entretanto, isso não basta: a *razão pura* não é a razão de nenhum homem, nem sequer a razão humana, mas a de um *ser racional*, simplesmente. A razão pura equivale às *condições racionais de um ser racional em geral*.

Contudo, os títulos de Kant podem induzir a erro. Kant intitula um de seus livros *Crítica da razão pura*, e o outro, *Crítica da razão prática*. Parece que *prática* se opõe a *pura*; não é assim. A razão prática também é pura e se opõe à razão especulativa ou teórica. A expressão completa seria, portanto, razão pura *especulativa* (ou *teórica*) e razão pura *prática*. Entretanto, como Kant estuda na primeira *Crítica* as condições gerais da razão pura, e na segunda a dimensão prática da mesma razão, escreve abreviadamente os títulos.

A razão especulativa se refere a uma *teoria*, a um puro saber sobre as coisas; a razão prática, em contrapartida, se refere à ação, a um fazer, num sentido próximo da *práxis* grega, e é o centro da moral kantiana.

2. A "Crítica da razão pura"

Kant escreve sua *Crítica* como uma propedêutica ou preparação para a metafísica, entendida como conhecimento filosófico *a priori*. Tem de determinar as possibilidades do conhecimento e o fundamento de sua validade. Esse é o problema geral. A *Crítica* foi publicada em 1781, e Kant a modificou notavelmente na segunda edição de 1787; as duas são de especial interesse para a história da filosofia. Indicamos o esquema em que se articula a *Crítica da razão pura*.

Introdução (formulação do problema e teoria dos juízos).

I. *Teoria transcendental dos elementos.*
   1. *Estética transcendental* (teoria do espaço e do tempo).
   2. *Lógica transcendental.*
      a) *Analítica transcendental* (possibilidade da física pura).
      b) *Dialética transcendental* (problema da possibilidade da metafísica).

II. *Metodologia transcendental.*
   1. *A disciplina da razão pura.*
   2. *O cânone da razão pura.*
   3. *A arquitetônica da razão pura.*
   4. *A história da razão pura.*

a) Os juízos

O conhecimento pode ser *a priori* ou *a posteriori*. O primeiro é aquele que não funda sua validade na experiência; o segundo é aquele que deriva dela. Este último não pode ser universal nem necessário; portanto, a ciência exige um saber *a priori*, que não esteja limitado pelas contingências da experiência *aqui e agora*. Kant encontra vários tipos de conhecimento *a priori*: a matemática, a física, a metafísica tradicional, que pretende conhecer seus três objetos, o homem, o mundo e Deus. Esses objetos estão fora da experiência, porque são "sínteses infinitas". Por exemplo, não posso ter uma intuição do mundo porque estou nele, ele não se dá a mim como uma *coisa*. Mas Kant se pergunta se a metafísica é possível; constata que as outras ciências (matemática e física) vão por seu *caminho seguro*; parece que a metafísica não. E se coloca seus três problemas centrais: Como é possível a matemática? (Estética transcendental.) Como é possível a física pura? (Analítica transcendental.) É possível a metafísica? (Dialética transcendental.) Reparem na forma diferente da pergunta, que no terceiro caso não supõe a possibilidade (*Estética* não se refere aqui ao belo, mas à sensibilidade, em seu sentido grego de *aísthesis*).

Portanto, a verdade e o conhecimento se dão nos juízos. Uma ciência é um complexo sistemático de juízos. Antes de tudo, Kant tem de fazer uma teoria lógica do juízo.

Juízos analíticos e juízos sintéticos • São juízos *analíticos* aqueles cujo predicado está contido no conceito do sujeito. Sintéticos, em contrapartida, aqueles cujo predicado não está incluído no conceito do sujeito, mas que *se une* ou agrega a ele. Por exemplo: os corpos são extensos, a esfera é redonda; contudo, a mesa é de madeira, o chumbo é pesado. A extensão está incluída no conceito de corpo, e a redondeza no de esfera; mas a madeira não está incluída no conceito de mesa, nem o peso no de chumbo (deve-se observar que para Leibniz todos os juízos seriam *analíticos*, já que todas as determinações de uma coisa estão incluídas em sua noção completa; esta noção, porém, só Deus a possui).

Os juízos analíticos *explicitam* o conceito do sujeito; os sintéticos o *ampliam*. Estes, portanto, aumentam meu saber e são os que têm valor para a ciência.

Juízos "a priori" e "a posteriori" • Entretanto, há uma nova distinção, já mencionada, conforme se trate de juízos *a priori* ou de juízos de *experiência*. À primeira vista, parece que os juízos analíticos são *a priori*, obtidos por pura análise do conceito, e os sintéticos, *a posteriori*. A primeira afirmação é verdadeira, e os juízos *a posteriori* são, via de regra, sintéticos; mas a recíproca não é verdadeira; existem juízos *sintéticos a priori*, embora pareça uma contradição, e são estes que interessam à ciência, porque preenchem as duas condições exigidas: são, por um lado, *a priori*, ou seja, universais e necessários; e, por outro, sintéticos, isto é, aumentam efetivamente meu saber. 2 + 2 = 4, a soma dos três ângulos de um triângulo é igual a dois retos são juízos sintéticos *a priori*; seus predicados não estão contidos nos sujeitos; contudo, os juízos não se fundam na experiência. Também fora da matemática, na física e na metafísica, encontramos juízos sintéticos *a priori*: todo fenômeno tem sua causa, o homem é livre, Deus existe. O problema da possibilidade dessas ciências se reduz a este outro: como são possíveis – se o são – os juízos sintéticos *a priori* em cada uma delas?

b) O espaço e o tempo

Intuições puras • O que conheço está composto de dois elementos: o dado e o que eu ponho. O dado é um caos de sensações; mas o caos é justamente o contrário do saber. Faço algo com esse caos de sensações. Que faço? *Ordeno-o*, em primeiro lugar, no espaço e no tempo; depois – já veremos isso –, de acordo com as categorias. Então, com o caos de sensações, fiz *coisas*; não são coisas em si, mas *fenômenos*, sujeitos ao espaço e ao tempo. Pois bem: o espaço e o tempo, são eles coisas em si? Não, não são coisas. Que são, então?

Kant diz que são *intuições puras*. São as *formas a priori da sensibilidade*. A sensibilidade não é somente algo receptivo; é ativa, imprime sua marca em tudo o que apreende; tem suas formas *a priori*. Essas formas que a sensibilidade dá às coisas que lhe vêm de fora são o espaço e o tempo; são as condições necessárias para que eu perceba, e estas, sou eu que as ponho. São algo *a priori*, que não conheço pela experiência, ao contrário: são as condições indispensáveis para que eu tenha experiência. São as formas em que alojo minha percepção. Portanto, são algo anterior às coisas, pertencentes à subjetividade pura.

A matemática • Conheço o espaço e o tempo de modo absolutamente apriorístico. Por conseguinte, os juízos que se referem às formas da sensibilidade são *a priori*, embora sejam sintéticos. Logo, são possíveis na matemática, que se funda numa *construção de conceitos*. A validade da matemática se funda na intuição *a priori* das relações das figuras *espaciais* e dos números, fundados na sucessão *temporal* de unidades. Portanto, o espaço e o tempo são o fundamento lógico – não psicológico – da matemática, e nela são possíveis os juízos sintéticos *a priori*. A estética transcendental resolve a primeira parte do problema.

c) As categorias

O espaço e o tempo nos separam da realidade das coisas em si. A sensibilidade só apresenta fenômenos ao entendimento, as coisas já "deformadas" ou elaboradas por ela. Pensar, como bem mostrou Ortega, é *essencialmente* transformar. Mas o entendimento, como a sensibilidade, tem também suas formas *a priori*, com as quais apreende e entende as coisas; essas formas são as *categorias*.

Em Aristóteles, as categorias eram modos ou flexões do ser, às quais a mente se adaptava. Em Kant, inversamente, a mente já traz consigo suas categorias, e são as coisas que se conformam a ela; é essa a *revolução copernicana*. As categorias estão no entendimento, e não imediatamente no ser. O que nos separa da realidade *em si* não é mais só o espaço e o tempo, agora vem a segunda deformação, a das categorias.

Os juízos e as categorias • Kant parte da classificação lógica dos juízos, modificada por ele de acordo com quatro pontos de vista: quantidade, qualidade, relação e modalidade.

1.
Quantidade:
Universais.
Particulares.
Singulares.

2.
Qualidade:
Afirmativos.
Negativos.
Infinitos.

3.
Relação:
Categóricos.
Hipotéticos.
Disjuntivos.

4.
Modalidade:
Problemáticos.
Assertóricos.
Apodícticos.

Desses juízos, que são vários modos de síntese, derivam as categorias. Como a divisão dos juízos é completamente *a priori*, as categorias derivadas são modos de síntese pura *a priori*, as modalidades do conceito de objeto em geral. Dessa maneira, chegamos à seguinte tabela de *conceitos puros do entendimento* ou *categorias*:

1.
Quantidade:
Unidade.
Pluralidade.
Totalidade.

2.
Qualidade:
Realidade.
Negação.
Limitação.

3.
Relação:
Substância.
Causalidade.
Comunidade ou ação recíproca.

4.
Modalidade:
Possibilidade.
Existência.
Necessidade.

Vê-se claramente a estreita relação que os tipos de juízos mantêm com as categorias. As categorias são relações dos objetos, correspondentes às dos juízos.

A física pura • Com o espaço e o tempo e as categorias, o entendimento elabora os objetos da física pura; a categoria de substância aplicada ao espaço nos dá o conceito de matéria; a categoria de causalidade com a forma temporal nos dá o conceito físico de causa e efeito etc. Como continuamos a nos mover absolutamente no *a priori*, sem intervenção da experiência, a validade da física pura não depende dela, e dentro de sua esfera são possíveis os juízos sintéticos *a priori*. Esse é o resultado da Analítica transcendental.

d) *A crítica da metafísica tradicional*

A metafísica tradicional, segundo as formas medievais e, principalmente, nos moldes em que fora generalizada por Wolff no século XVIII, compunha-se de duas partes: uma *metaphysica generalis* ou ontologia e uma *metaphysica specialis*, que estudava as três grandes regiões do ser: o homem, o mundo e Deus. Portanto, temos três disciplinas: psicologia, cosmologia e teologia racionais. Kant encontra essas ciências com seus repertórios de questões (imortalidade da alma, liberdade, finitude ou infinitude do mundo, existência de Deus etc.) e aborda na Dialética transcendental o problema de *se é possível essa metafísica*, que parece não ter encontrado *o seguro caminho da ciência*.

A metafísica • Para Kant, metafísica é igual a conhecimento puro, *a priori*. No entanto, o conhecimento real só é possível quando, aos princípios formais, acrescenta-se a sensação ou a experiência. Pois bem, os princípios que obtivemos são formais e aprioristicos; para ter um conhecimento da realidade, seria necessário completá-los com elementos *a posteriori*, com uma experiência. A metafísica especulativa tradicional é a tentativa de obter, aprioristicamente, um conhecimento real de objetos – a alma, o mundo, Deus – que estão além de toda experiência possível. Portanto, é uma tentativa frustrada. Esses três objetos são "sínteses infinitas", e eu não posso pôr as condições necessárias para ter uma intuição deles; portanto, não posso ter essa ciência. Kant examina sucessivamente os paralogismos contidos nas demonstrações da psicologia racional, nas antinomias da cosmologia racional e nos argumentos da teologia racional (prova ontológica, prova cosmológica e prova físico-teológica da existência de Deus) e conclui por sua invalidade. Não podemos entrar nos pormenores dessa crítica, que nos levariam longe demais. Interessa-nos apenas indicar o fundamento da crítica kantiana do argumento ontológico, porque é a chave de toda a sua filosofia.

O argumento ontológico • Kant mostra que o argumento procedente de Santo Anselmo baseava-se numa ideia do ser que ele rejeita: a ideia do ser como *predicado real*. Isso é mais verdadeiro em relação à forma cartesiana da prova, que é a estudada por Kant. Entende-

-se que a existência seja uma *perfeição* que não pode faltar ao ente perfeitíssimo. Ou seja, interpreta-se a existência como algo que está *na coisa*. Mas Kant afirma que o ser não é um predicado real: *Sein ist kein reales Prädikat*. A coisa existente contém tão somente a coisa pensada: se não fosse assim, esse conceito não seria dela. Cem escudos reais – diz Kant no seu famoso exemplo – não têm nada que cem escudos possíveis não contenham. No entanto, continua ele, para mim não dá na mesma ter cem escudos possíveis ou cem escudos reais; em que consiste a diferença? Os escudos efetivos estão em conexão com a sensação; estão aqui, com as outras coisas, na totalidade da experiência. Ou seja, a existência não é uma propriedade das coisas, é a relação delas com as demais, a *posição* positiva do objeto. O ser não é um predicado real, mas *transcendental*. Para a metafísica do século XVII ele era real, e por isso admitia a prova ontológica; esse é o sentido do qualificativo que lhe aplica Kant: *dogmatismo*, ignorância do ser como transcendental.

As ideias • As três disciplinas da metafísica tradicional não são válidas. A metafísica não é possível *como ciência especulativa*. Seus temas não entram na ciência, mas ficam abertos – sem possível refutação – para a fé: "Tive de suprimir o saber – diz Kant – para dar lugar à crença."

Contudo, a metafísica existe sempre como *tendência natural* do homem para o absoluto. E os objetos da metafísica são os que Kant chama de *Ideias*; são como as novas categorias superiores correspondentes às sínteses de juízos que são os raciocínios. Essas ideias, por não serem suscetíveis de intuição, só podem ter um uso *regulativo*. O homem deve agir *como se* a alma fosse imortal, *como se* fosse livre, *como se* Deus existisse, embora a razão teórica não possa demonstrá-lo. Entretanto, este não é o único papel das Ideias. As Ideias transcendentais unem a essa validade hipotética na razão especulativa outra absoluta, incondicional, de tipo diferente; reaparecem no estrato mais profundo do kantismo como *postulados da razão prática*.

3. A razão prática

Natureza e liberdade • Kant distingue dois mundos: o mundo da natureza e o mundo da liberdade. O primeiro está determinado pela causalidade natural; mas, junto com ela, Kant admite uma *causalidade por liberdade*, que rege na outra esfera. Por um lado, o homem é um sujeito psicofísico, submetido às leis naturais físicas e psíquicas; é o que chama de *eu empírico*. Assim como o corpo obedece à lei da gravidade, a vontade é determinada pelos estímulos, e nesse sentido empírico não é livre. Mas Kant contrapõe ao eu empírico um *eu puro*, que não está determinado naturalmente, mas somente pelas leis da liberdade. O homem, como *pessoa racional*, pertence a esse mundo da liberdade. No entanto, já vimos que a razão teórica não chega até aqui; dentro de seu campo não pode conhecer a liberdade. Onde a encontramos? Exclusivamente no *fato da moralidade*; aqui aparece a *razão prática*, que não se refere ao *ser*, mas ao *dever ser*; não se trata aqui do conhecimento especulativo, mas do conhecimento moral. E assim como Kant estudava as possibilidades do primeiro na *Crítica da razão pura* (teórica), terá agora de escrever uma *Crítica da razão prática*.

O "factum" da moralidade • Na razão prática, Kant aceita *postulados* que não são demonstráveis na razão teórica mas têm uma evidência imediata e absoluta para o sujeito. Por isso são postulados, e sua admissão é exigida, imposta de modo incondicional, embora não especulativamente. Kant depara com um fato, um *factum* que é o ponto de partida de sua ética: a moralidade, a consciência do dever. O homem se sente responsável, sente o dever. Isso é um fato puro, indiscutível e evidente. Pois bem: o dever, a consciência de responsabilidade supõem que o homem seja *livre*. No entanto, a liberdade não é demonstrável teoricamente; do ponto de vista especulativo, não passa de uma *Ideia reguladora*: devo agir *como se* fosse livre. Agora, em contrapartida, a liberdade aparece como algo absolutamente certo, exigido pela consciência do dever, embora não saibamos teoricamente como é possível. O homem, enquanto *pessoa moral*, é livre, e sua liberdade é um postulado da razão prática.

Os objetos da metafísica • De modo análogo, a imortalidade da alma e a existência de Deus, impossíveis de provar na *Crítica da razão pura*, reaparecem como postulados na outra *Crítica*. Os objetos da metafísica tradicional têm validade num sentido duplo: como Ideias reguladoras, teoricamente, e como postulados de validade absoluta na razão prática. Este será o fundamento da ética kantiana.

O imperativo categórico • Kant formula o problema da ética na *Fundamentação da metafísica dos costumes* como a questão do *bem supremo*. Os bens podem ser bons para outra coisa ou bons em si mesmos. E Kant diz que a única coisa que é boa em si mesma, sem restrição, é uma *boa vontade*. Portanto, o problema moral é transladado, não para as ações, mas para a vontade que as move.

Kant quer fazer uma ética do *dever ser*. E uma ética imperativa, que obrigue. Procura, portanto, um *imperativo*. Contudo, a maioria dos imperativos não serve para fundamentar a ética porque são *hipotéticos*, ou seja, dependem de uma condição. Quando digo: *alimenta-te*, supõe-se uma condição: *se queres viver*; no entanto, o imperativo não tem validade para um homem que queira morrer. Kant necessita de um imperativo *categórico*, que mande sem nenhuma condição, absolutamente. A obrigatoriedade do imperativo categórico terá de ser encontrada nele mesmo. Como o bem supremo é a boa vontade, a qualificação moral de uma ação recai sobre a vontade com que foi feita, não sobre a própria ação. E a boa vontade é a que quer o que quer *por puro respeito ao dever*. Se faço uma boa ação porque gosto, ou por um sentimento, ou por temor etc., ela *não tem valor moral* (aqui Kant se coloca a difícil questão de saber se o respeito ao dever não é um sentimento). O imperativo categórico se expressa de diversas formas; seu sentido fundamental é o seguinte: *Age de tal modo que possas querer que o que faças seja lei universal da natureza.*

Com efeito: quem faz mal alguma coisa, o faz como uma *falta*, como uma *exceção*, e está afirmando a lei moral universal ao mesmo tempo em que a infringe. Se minto, não posso querer que mentir seja uma lei universal, já que isso destruiria o sentido do dizer e tornaria impossível até mesmo o efeito da própria mentira. O mentir supõe, justamente, que a lei universal seja dizer a verdade. E assim nos demais casos.

A pessoa moral • A ética kantiana é *autônoma* e não *heterônoma*; ou seja, a lei é ditada pela própria consciência moral, não por uma instância alheia ao eu. Este é *colegislador no reino dos fins*, no mundo da liberdade moral. Por outro lado, essa ética é *formal* e não *material*, porque não prescreve nada concreto, nenhuma ação determinada em termos de conteúdo, mas a *forma* da ação: agir por respeito do dever, o que quer que se faça.

A rigor, a expressão é correta: deve-se fazer o que se *queira*; não o que se deseje, apeteça ou convenha, mas o que possa *querer* a vontade racional. Kant pede ao homem que seja livre, que seja autônomo, que não se deixe determinar por nenhum motivo alheio à sua vontade, que dá as leis a si mesma.

Desse modo, a ética kantiana culmina no conceito de *pessoa moral*. Uma ética é sempre uma ontologia do homem. Kant pede ao homem que realize sua essência, que seja o que na verdade é, um ser *racional*. Porque a ética kantiana não se refere ao eu empírico, nem sequer às condições da espécie humana, mas sim a um eu puro, a um ser racional puro. Por um lado, o homem como eu empírico está sujeito à causalidade natural; mas, por outro, pertence ao reino dos fins.

Kant diz que *todos os homens são fins em si mesmos*. A imoralidade consiste em tomar o homem – o próprio eu ou o próximo – como *meio* para algo, quando é um fim em si.

As leis morais – o imperativo categórico – procedem da legislação da própria vontade. Por isso o imperativo e a moralidade nos interessam, porque são coisa nossa.

O primado da razão prática • A razão prática, diferentemente da teórica, só tem validade imediata para o eu e consiste em determinar-se a si mesmo. No entanto, Kant afirma o primado da razão prática sobre a especulativa; ou seja, diz que é anterior e superior. O primário no homem não é a teoria, mas a *práxis*, um *fazer*. A filosofia kantiana culmina no conceito de pessoa moral, entendida como liberdade. Kant não pôde *realizar* sua metafísica, que ficou apenas esboçada, porque toda a sua vida esteve ocupada pela tarefa crítica prévia. Contudo, é só a partir desse primado da razão prática e dessas ideias de *liberdade* e de *fazer* que se pode entender a filosofia do idealismo alemão, que nasce em Kant para terminar em Hegel.

Teleologia e estética • Podemos prescindir aqui da exposição do conteúdo da *Crítica da faculdade de julgar*, que se refere aos problemas do fim no organismo biológico e no campo da estética.

É conhecida a definição do belo como uma *finalidade sem fim*, ou seja, como algo que encerra em si uma finalidade, mas que não se subordina a nenhum fim alheio ao gozo estético. Kant também distingue entre o *belo*, que produz um sentimento prazeroso acompanhado da consciência da limitação, e o *sublime*, que provoca um prazer misturado de horror e admiração, como uma tempestade, uma grande montanha ou uma tragédia, porque vem acompanhado da impressão do infinito ou ilimitado. Essas ideias kantianas tiveram profundas repercussões no pensamento do século XIX.

B) O PROBLEMA DO KANTISMO

1. As interpretações da filosofia kantiana

A metafísica • Kant é um filósofo estranho, porque representa uma virada essencial no pensamento filosófico. Ele mesmo apresenta sua filosofia com uma metáfora expressiva: diz que equivale a *uma revolução copernicana*. Portanto, algo essencialmente novo, que abre novos caminhos. Isso bastaria para justificar a dificuldade de Kant. Mas, além disso, Kant não chega a constituir um sistema, a possuir plenamente seu sistema; prova disso são os títulos de suas obras fundamentais: são *Críticas*, algo mediante o qual põe certos limites à razão e delimita seus objetos; contudo, pareceria que por trás dessas críticas deveria vir sua doutrina positiva, e esta não chega. Nessa direção, há apenas fragmentos. Isso é verdade, mas só uma meia verdade. Não seria lícito afirmar rotundamente que Kant não faz sua metafísica, porque em suas *Críticas*, inclusive – e muito particularmente – na da razão pura, está contida uma metafísica. E aqui começa a dificuldade, porque como essa metafísica não está feita como tal – está antes negada –, presta-se a não ser vista ou a ser mal-entendida.

O caso de Kant é parecido com o de Platão, como bem observou Ortega. Os problemas que as coisas colocavam para Platão levaram-

-no a descobrir as ideias; mas ter descoberto a ideia já é bastante para um homem. Platão fica nas ideias, nas dificuldades que estas lhe colocam, e não lhe sobra mais tempo para voltar às coisas. Na sua velhice, seu afã é resolver essas dificuldades – como no *Parmênides* – e voltar às coisas, fazer sua metafísica.

Com Kant ocorre algo semelhante. É um homem lento, nada precoce – como quase ninguém em filosofia –, e ao chegar à velhice, resta por fazer a parte construtiva; contudo, sua metafísica, no que tem de essencial, já está feita: a *Crítica da razão pura* já é metafísica (cf. Ortega: *Filosofía pura*, e, por outro lado, Heidegger: *Kant und das Problem der Metaphysik*). Entretanto, isso já é uma interpretação: em parte alguma é chamada de metafísica; diz, na verdade, que a metafísica não é possível. Por isso, afirmar que é ontologia exige uma justificação. Nem sempre se disse isso. Podemos considerar três momentos fundamentais do que Kant foi para a filosofia posterior: o idealismo alemão, o neokantismo e o momento presente.

O passado filosófico • Antes de tudo, uma pequena advertência. Poder-se-ia pensar que não importa o que se tenha pensado que Kant é, mas só o que Kant é de verdade. Mas seria um erro; quando falo do que Kant é, pretendo falar de algo que tem realidade. Uma coisa é real quando age, quando tenho de contar com ela. Quando falo do kantismo, falo de algo que *é* real: uso esse *ser* no presente do indicativo; ser real é sê-lo *agora*. Conto com o passado enquanto e na medida em que estou, por exemplo, lembrando, ou seja, num presente. A lembrança é a *presença* de um passado enquanto passado. Da mesma maneira, a esperança de um futuro é a presença do futuro enquanto futuro. Portanto, vemos que é o presente que confere realidade ao passado e ao futuro. Se prescindo do presente, o passado já não é, e o futuro não é ainda. Além do mais, dizer que o passado foi significa que foi presente; e o futuro será, entenda-se, presente. Que quer dizer isso? Que o passado como passado só existe num presente que o atualiza e em relação ao qual é passado.

Esclarecidas estas ideias voltemos ao caso do kantismo. O kantismo tem uma realidade que, pensada como o foi lá pelo século XVIII, é coisa passada. Portanto, recebe sua realidade tão somente de um presente; por exemplo, quando eu o penso agora.

Portanto temos: 1.º, que o que é presente hoje não o era faz trinta anos; consequentemente, a realidade do kantismo é dada por *cada* presente em que se atualiza, e vemos que, longe de nos ser indiferente, o que nos interessa é o que o kantismo foi em cada momento. No fundo, a evocação do kantismo enquanto tal, isolado do que foi para os sucessores, é falsa, já que se funda numa pura miragem que é a seguinte: quando pretendo voltar a esse kantismo *em si*, o que faço é atualizá-lo mais uma vez num presente *meu*, não no de Kant. Atualizo-o *num* presente, e além disso tomo-o pelo de Kant; aqui está o erro.

O kantismo é aquele que esteve atuando nas diversas filosofias – e não outro; aquele – e não outro – que encontro em mim como passado. O que não quer dizer que eu não possa descobrir nele dimensões novas e que estas não tivessem atuado; quer dizer apenas que essas dimensões não teriam realidade atual até agora.

Trata-se de algo que se pode aplicar a toda a história da filosofia. O que justifica dizê-lo a propósito de Kant é que o kantismo foi um tanto oscilante e teve interpretações muito diversas; houve vários kantismos diferentes, mais ou menos autênticos. Vamos ver os três principais momentos da interpretação de Kant:

a) O idealismo alemão • Kant aparece como gerador de um esplêndido movimento filosófico: o idealismo alemão. Tanto é assim que os idealistas começam apresentando suas filosofias como interpretações de Kant. Fichte chega a dizer: "Kant não foi bem entendido; eu o entendi, talvez melhor que o próprio Kant." Adota um ponto de vista diferente do de Kant para explicá-lo, e em seguida Fichte e os demais idealistas fazem suas respectivas filosofias. Portanto, o que fazem com Kant é: fazer sua própria filosofia pelos caminhos kantianos e, partindo de Kant, dar continuidade ao que Kant não fez. Em suma, os três grandes idealistas – Fichte, Schelling e Hegel – pretendem fazer a metafísica que Kant não chegou a fazer. Já veremos até que ponto isso é verdadeiro.

b) O neokantismo • Vejamos o segundo momento. Convém prestar atenção a seu nome: *neokantismo*. Uma expressa atualização de um passado, já que não são kantianos, mas *neo*kantianos, isto é, algo que não é atual, mas que precisa ser renovado, atualizado. Os exegetas do kantismo serão principalmente Hermann Cohen e Paul Natorp. Não pretendem apresentar Kant, e sim um *neo*-Kant. Sua situação ante os idealistas alemães é: Kant não era isso, era outra coisa, que somos nós quem vamos dizer.

Como esse neokantismo não é simplesmente kantismo, deve ter havido algo no meio que justifique a partícula. O quê? O *positivismo* (dos anos 1835-40 a 1880, aproximadamente). Portanto, os neokantianos são positivistas, vêm do positivismo e deixam de sê-lo; é isso que determina a índole da filosofia neokantiana.

O positivismo tinha as seguintes características: 1.º, negação de qualquer possível metafísica; 2.º, forte tendência a se tornar teoria do conhecimento; 3.º, grande interesse pelas ciências *positivas*, e 4.º, propensão a entender a filosofia como uma teoria dessas ciências. Pois bem, a *Crítica da razão pura* pretende: 1.º, determinar as possibilidades do conhecimento; 2.º, fazer uma teoria filosófica da ciência do seu tempo – matemática e física newtoniana –, e 3.º, irá rejeitar a metafísica tradicional por considerá-la impossível. Isso de fato caracteriza a *Crítica da razão pura*, e é isso o que veem em Kant esses homens positivistas; ela se caracteriza, porém, por muito mais e por aspectos mais importantes. O neokantismo está tingido de positivismo e tende a se transformar numa teoria da ciência, numa reflexão filosófica sobre o conhecimento e sobre as ciências positivas. Portanto, algo bem diferente do idealismo alemão.

c) A filosofia atual • Chegamos ao momento presente. O que Kant possa ser para nós é muito diferente, porque entre os neokantianos e nós aconteceram coisas muito importantes: 1.º, a elaboração de uma filosofia da vida, com características metafísicas, por Kierkegaard, Nietzsche, Dilthey e Bergson; 2.º, a constituição da fenomenologia de Husserl, preparada por Brentano, e 3.º, chegou-se finalmente a fazer uma metafísica da vida humana ou, melhor, da razão vital – Ortega –, ou uma ontologia da existência – Heidegger. Portanto, voltamos à metafísica. Voltou-se a ver com clareza que a filosofia é metafísica e não outra coisa, que a teoria do conhecimento é metafísica e não pode ser uma disciplina autônoma e anterior. Portanto, a interpretação neokantiana de Kant nos parece parcial – ou seja, falsa –, pelo fato de destacar só o menos importante. Para nós, Kant é antes de tudo um metafísico, que não pôde elaborar sistematicamente sua filosofia, mas que a deixou – nas páginas que os neokantianos menos examinaram. E sua metafísica tem de ser tal que torne patente como podem provir dela as outras metafísicas do idealismo alemão (sobre todas essas questões, cf. o citado ensaio de Ortega: *Filosofía pura*).

2. O conhecimento

Vamos abordar o problema de Kant numa dupla dimensão, complicada de modo muito rigoroso: a doutrina do ser e a doutrina do conhecimento. Pelo duplo caminho de ambas chegamos ao conceito fundamental de Kant: a pessoa moral e a razão prática; e com isso atingimos uma altura da filosofia kantiana desde a qual podemos ver a filosofia posterior. As duas dimensões do problema são inseparáveis.

Kant modifica de modo muito fundamental o ponto de vista do conhecimento. É o denominado *criticismo*, e era o que interessava aos neokantianos. Vamos destacar aqui uma outra dimensão, que descobrirá para nós a ideia do ser que Kant tinha. Tenhamos em mente a doutrina kantiana do fenômeno e da coisa em si. O que aqui nos interessa dela é o seguinte: Conhecer é uma função ativa do sujeito; não é receber algo que está aí, mas fazer algo que se conhece; em termos kantianos, *pôr* algo. Kant diz que conhecemos das coisas o que pusemos; portanto, para Kant, as coisas não *estão* aí, sou eu que as faço ao conhecê-las. Isso deve ser tomado com todo rigor, porque se poderia pensar que o único que é por si só sou eu, que a única *coisa em si* sou eu, e as demais coisas são *em mim*. Mas não é isso; eu não sou uma coisa em si por mim mesmo, porque só me constituo como coisa à medida que me conheço.

Vamos destacar outra dimensão, que é a oposta: a dimensão objetiva. É preciso contestar uma possível interpretação subjetivista do kantismo. Não creio nem invento essas coisas, há algo que me é *dado* essencialmente, e nisso ponho as formas *a priori* da sensibilidade e as categorias. Só depois de tê-las aplicado, faz sentido falar de coisas conhecidas ou do ser das coisas. Contudo, não é que por um lado esteja o dado, que Kant chamará de caos de sensações, e por outro, eu, com minhas determinações subjetivas. Isso significaria que eram duas coisas em si, e que o conhecimento surgia de sua união ou contato; a verdade é que o caos de sensações só pode dar-se na minha subjetividade, porque para que exista tem de dar-se no espaço e no tempo, portanto em mim; e, inversamente, eu só existo ante o dado. Assim, longe de o conhecimento resultar do contato ou união do dado com o posto, o que possa ser dito do dado e do posto funda-se no fato superior do conhecimento.

3. O ser

Vimos a modificação essencial que Kant introduz com sua ideia do conhecimento, que é uma "revolução copernicana" porque traz consigo uma nova ideia do ser. Ortega viu isso com extrema clareza.

O ser e o ente • Em todos os tempos os homens se perguntaram *o que é o ser*; no entanto, essa pergunta tem um duplo sentido. É preciso distinguir duas coisas essencialmente diferentes: o *ser* e o *ente*. Costumam ser utilizadas como sinônimos, e algumas línguas, como o francês, só têm uma palavra para as duas: *l'être* (o termo *étant* foi introduzido recentemente, para fazer essa distinção ao traduzir as expressões alemãs). Em latim, temos *esse* e *ens*; em grego εἶναι e ὄν: em inglês, *to be* e *being*; em alemão, *das Sein* e *das Seiende*. As palavras não foram confundidas por acaso, já não se reparou que eram duas coisas.

O *ser* é algo que tem ou que acontece com as coisas que são, e que permite dizer delas que são *entes*. Além do problema do que seja, ou melhor, de *quem* seja o ente, de que coisas sejam, existe um problema posterior e mais profundo: em que consiste o fato de que essas coisas sejam. Aristóteles, que estuda em sua *Metafísica* o ente *enquanto ente*, pelo menos entreviu esse problema fundamental.

Quase sempre se falou do ente, entendendo-o como substância, como subsistência; por isso, quando Descartes afirma sua tese idealista, o que faz é afirmar-se no eu, mas no eu como ente, como substância primeira: "ego sum *res* cogitans". Por isso, o problema do que se entende por substância, do que seja substância, e, portanto, o ser permanece intacto no idealismo. O idealismo, na medida em que nada mais seja salvo idealismo, não afeta o problema fundamental da filosofia; não passa de uma questão de hierarquia de substâncias. A *próte ousía* vem a ser o eu. O que o eu faz é *cogitare*; portanto, o que propriamente é e funda o ser das outras coisas é a *cogitatio* ou ideia. Por isso é *idealismo*. Se no *realismo* o que há principalmente é *res*, no idealismo é *ideia*; no entanto a ideia também é *res*, *res cogitans*.

O conceito da substância cartesiana está fundado na noção de independência, tradicional desde Aristóteles. Essa independência, esse bastar-se a si mesmo, essa subsistência, é *em si*. Lembremos a diferença que há entre ser *in se* e ser *a se*. Ser *in se* é essa independência substancial; *a se* só Deus é. Um ente pode ser *in se* ou *in alio*, e, por outro lado, *a se* ou *ab alio*. A independência de uma cor, de um cavalo e de Deus, por exemplo, são bem diferentes. Uma cor não pode sequer ser pensada por si só; pertence a sua essência não ser independente, complicar a extensão; é *ab alio*, mas além disso *in alio*. Um cavalo, para ser cavalo, não precisa de outra coisa; é em si independente; isto, quanto à sua essência; mas e a existência? Para existir precisa estar em algum lugar, que é o sentido da palavra *existir*. Mesmo prescindindo da criação, um cavalo, uma pedra ou qualquer ente finito não existe independentemente, pela própria índole do verbo *existir*. Existir é *ex-sistere*; em alemão, *da-sein*. Aparentemente, ambas as palavras carregam uma determinação de lugar; *ex*, *da*, estar aí, fora de algo. Na verdade, não se trata de lugar. Lembremo-nos de quando Kant fala da diferença entre cem escudos possíveis e cem escudos existentes; não há diferença no conceito, mas sim no fato de que os cem escudos reais não só existem no meu pensamento – como os pensados –, mas também fora, entre as coisas. Portanto, precisam de que outras coisas existam, que exista pelo menos algo *em* que estejam. O que falta é um mundo em que haja escudos e cavalos e pedras. Assim, mesmo prescindindo de serem independentes ou não de Deus, são dependentes do mundo. O cavalo ou a pedra são independentes quanto à essência, mas dependentes quanto à existência; são *in se*, mas *ab alio*. Somente Deus, cuja essência envolve a existência, é um *ens a se*.

O ser transcendental • A metafísica de Kant está aqui. Dessa intuição radical depende sua novidade: *o ser não é um predicado real*. Um predicado real seria algo que as coisas tivessem em si mesmas; ou seja, os cem escudos teriam em si algo que os faria ser reais; Kant vê que não têm nada em si que os diferencie de cem escudos possíveis. A diferença está numa *posição*, no fato de que os escudos reais estejam aí, estejam *postos*, com as coisas, em conexão com a totalidade da experiência (em Kant essa conexão contínua com a experiência é também o signo da realidade em contraposição ao sonho). A característica do existente não é uma característica intrínseca, é transcendental: consiste num *estar em*; é algo que transcende a cada coisa e se fundamenta no fato de estar com as demais.

Temos aqui a interferência de uma distinção kantiana muito importante, que é a distinção entre o pensar e o conhecer. O conhecimento é um conhecimento de algo, um conhecimento de coisas, portanto algo que não se limita a ideias minhas, mas que envolve uma referência verdadeira às coisas. No entanto, é preciso distinguir essa ideia do conhecer da que teria um realista. Este diria que meu conhecimento conhece coisas, mas coisas que estão aí, em si. Para Kant não se trata disso; não é que haja duas coisas em si – o eu e a coisa conhecida – e que depois esse eu conheça a coisa, mas que é justamente nesse conhecer que as coisas são coisas e eu sou eu. Não é que as coisas sejam simplesmente transcendentes a mim, já que sem mim não há *coisas*, mas sim que esse conhecimento funda o ser das coisas conhecidas e do eu que as conhece. O conhecimento não é algo que se interponha entre as coisas e mim, mas as coisas tampouco são ideias minhas; o conhecimento faz com que as coisas sejam coisas na medida em que são conhecidas por mim, e que eu seja eu na medida em que as conheço. Desse modo, o conhecimento confere tanto às coisas como ao eu seu respectivo ser, sem confundir-se com nenhum deles; porém isso nada mais é senão o que chamamos de *transcendental*, e assim se explica o fato de que sejam chamados de transcendentais tanto o conhecimento como o ser.

Deus • Isso explica a posição de Kant ante o argumento ontológico. Essa prova supunha que o ser fosse um predicado real, e a existência, uma *perfeição intrínseca*, que Deus deve ter. No entanto, se o ser é transcendental, não basta ter a ideia de Deus para estar certo de que exista; a existência de Deus só seria assegurada por sua *posição*. E como Deus, por sua própria índole de ente infinito, não é suscetível de eu pôr as condições necessárias para que se dê numa intuição, Deus fica além de toda experiência possível. E como justamente o que distingue as coisas reais das possíveis é o dar-se a mim em conexão com a experiência, não é possível demonstrar nem a existência de Deus nem tampouco sua não existência.

Essa refutação do argumento ontológico mostra que não é um argumento qualquer, que não é um tipo de raciocínio em relação ao qual caiba verificar se pode ou não ser demonstrado, mas que é uma tese que traz consigo uma ideia do ser e, portanto, uma metafísica; só se pode objetar a ele a partir de uma ideia diferente do ser. E as objeções que venham a ser feitas a essa crítica de Kant terão de ser estendidas a toda a metafísica kantiana.

Agora podemos entender em sua totalidade o problema de Deus na filosofia do idealismo. Em Kant, a razão especulativa tem de renunciar à posse intelectual de Deus e não pode mais utilizá-lo como fundamento. Com isso a metafísica se altera em sua raiz. A anterior, o racionalismo do século XVII, estava fundada num pressuposto que agora é impossível. O ser é interpretado num sentido diferente, e ante o idealismo *dogmático* de que Kant, segundo famosa frase, despertara, passará a ser feito um idealismo *transcendental*.

Com isso a situação de Deus perante a mente muda, assim como muda todo o problema do ser e, com ele, a filosofia. E essa mudança está igualmente determinada pelo argumento ontológico, quando este deixa de ser considerado válido e demonstrativo. Assim se inicia a última etapa do idealismo, cortando a ponte que até esse momento continuava mantendo Deus unido à razão teórica, e se consuma o processo metafísico iniciado no final da Escolástica medieval. Nessa etapa, Deus vai reaparecer de modo original na razão prática, e de outra forma em toda a metafísica pós-kantiana, especialmente em Hegel. E com isso o argumento ontológico ganha nova atualidade filosófica.

4. A filosofia

A metafísica kantiana atinge sua plenitude no conceito de pessoa moral e na razão prática. Vimos que para Kant a metafísica como ciência era impossível; mas Kant se vê diante de dois fatos indubitáveis, que se impõem: o fato da metafísica como *tendência natural* do homem e o fato da moralidade.

Kant se perguntava *se* a metafísica como ciência é possível, mas não se é possível a metafísica como afã, como tendência natural, uma vez que faz muitos e muitos séculos que ela existe. É preciso levar a sério a expressão *tendência natural* (*Naturanlage*), algo que está na natureza. Quer dizer que existe no homem, na sua própria natureza, a tendência a fazer metafísica.

Conceito mundano da filosofia • Kant fornece certas razões para explicar que o homem filosofe; não se limita a dizer que é uma tendência natural. A verdadeira filosofia não o é em sentido escolar (*Schulbegriff*), mas sim em sentido mundano (*Weltbegriff*). Nesse sentido, a filosofia é o sistema dos últimos fins da razão; pela filosofia o homem *escolhe* os últimos fins.

As questões últimas da filosofia mundana são quatro:

1) Que posso saber? (Metafísica.)
2) Que devo fazer? (Moral.)
3) Que posso esperar? (Religião.)
4) Que é o homem? (Antropologia.)

"Mas no fundo – diz Kant – tudo isso poderia ser incluído na antropologia, porque as três primeiras questões se referem à última." A filosofia se transforma em *antropologia*. O fim último da filosofia é que o homem se conheça. O objeto supremo da metafísica é a pessoa humana.

Acontece que saber o que é uma pessoa humana traz consigo muitas questões: Que é o mundo onde essa pessoa está? Que é uma pessoa? Que pode esperar e, portanto, que pode saber de Deus? Com isso voltamos aos três temas da metafísica clássica. Que quer dizer isso? Como pode Kant voltar a esses objetos inacessíveis?

Eles não aparecem aqui como objetos da razão teórica, e sim da razão prática. Não se chega a esses objetos mediante um saber especulativo; o homem apreende a si mesmo como *pessoa moral*, de modo não demonstrável, mas com imediata evidência para o sujeito. E esse *factum* da moralidade exige ser explicado. Que coisas tornam possível para o homem ser uma pessoa moral? A liberdade da vontade, a imortalidade e a existência de Deus. A razão prática nos põe em contato íntimo, incondicional e absoluto com estes seus postulados. A razão prática consiste na determinação absoluta do sujeito moral. Este é o sentido radical da *razão pura* kantiana.

II. FICHTE

Personalidade e obras • Johann Gottlieb Fichte nasceu em Rammenau, em 1762. Era de origem humilde, filho de um tecelão. Por uma coincidência, um senhor da região se deu conta da capacidade extraordinária de Fichte quando este ainda era quase criança e ajudou-o em seus estudos. Com grandes dificuldades econômicas cursou teologia na Universidade de Jena e depois se dedicou a dar aulas particulares. Em 1791 conheceu Kant, já idoso, e no ano seguinte, por mediação do grande filósofo, publicou sua *Kritik aller Offenbarung* (Crítica de toda revelação), que foi editada sem seu nome e atribuída a Kant. Quando se revelou o verdadeiro autor, a atenção despertada pelo livro reverteu para Fichte e lhe proporcionou rapidamente a fama. De 1794 a 1799 foi professor em Iena, onde sua atividade como escritor também foi intensa. Teve um atrito com o governo por causa de um artigo publicado em sua revista, sendo acusado de ateísmo embora o artigo não fosse de sua autoria. A altivez do filósofo fez com que perdesse sua cátedra. Mudou-se para Berlim e participou dos círculos românticos, ao mesmo tempo em que dava cursos particulares com grande sucesso. Com a invasão francesa liderada por Napoleão, participou ativamente da campanha destinada a levantar o espírito alemão e pronunciou nos anos de 1807 e 1808 seus famosos *Discursos à nação alemã* (*Reden an die deutsche Nation*), que foram uma das mais decisivas contribuições para a formação da consciência nacional alemã. Em 1811 foi reitor da Universidade de Berlim, fundada no ano anterior. Em 1813 participou da campanha napoleônica como orador, ao mesmo tempo em que sua mulher trabalhava como enfermeira nos hospitais de Berlim. Ela contraiu uma infecção, e Fichte também se contagiou, o que causou sua morte em janeiro de 1814.

A produção de Fichte é extensa. Suas principais obras são várias elaborações sucessivas, cada vez mais maduras, de uma obra fundamental, intitulada *Wissenchaftslehre* (Doutrina da ciência). Além disso, *Die Bestimmung des Menschen*, *Die Bestimmung des Gelehrten* (O destino do homem e O destino do sábio), a *Primeira* e a *Segunda introdução à teoria da ciência* – estes quatro textos são apropriados para uma iniciação na difícil filosofia de Fichte –, a *Anweisung zum seligen Leben* (Advertência para a vida feliz) e, além dos já citados *Discursos*, lições de filosofia da história intituladas *Die Grundzüge des gegenwärtigen Zeitalters* (As características da idade contemporânea).

Fichte foi uma personalidade excepcional. Nele há sempre uma propensão à ação pública e à oratória, e sua significação para a formação da nacionalidade alemã foi muito grande. O estilo literário de Fichte é enérgico, brioso e expressivo.

1. *A metafísica de Fichte*

Kant e Fichte • Fichte procede de modo direto de Kant. No começo apresenta sua filosofia como uma exposição madura e profunda do kantismo. Contudo, fica difícil ver essa gênese filosófica se nos ativermos à imagem vulgar de Kant que nos transmitiu o século passado. É necessário voltar ao ponto em que Kant resumia o sentido de sua filosofia.

A culminação da metafísica kantiana era a razão prática. Kant terminava afirmando o primado da razão prática sobre a teórica, e a pessoa moral, o *eu puro* de Kant, determinava a si mesmo praticamente de modo incondicional. A determinação do eu pela razão prática vê-se com toda clareza na fórmula que poderia ser dada ao imperativo categórico: *faz o que quiseres*, salientando o *quiseres*; faz o que possas querer. Para Fichte, o imperativo moral consiste em dizer: *vem a ser o que és* (*werde, der du bist*), e nesse sentido não está longe do de Kant, porque ao dizer "faz o que quiseres" ou "sê livre", Kant pede ao homem que aja de acordo com o que em última instância é, que determine a si mesmo, com liberdade. Desse modo, o eu empírico, que está determinado por muitas coisas, deve agir, segundo Kant, como se fosse livre, ou seja, o eu empírico deve tender a ser o eu puro que essencialmente é. Pois bem, Fichte diz ao homem; "sê o que és", tende a ser o que és essencialmente. A moralidade em Fichte consiste – como também em Kant – em ajustar-se ao que verdadeiramente se é, em não se falsear.

Ambas as posições têm um pressuposto comum: que as coisas humanas podem ter diversos graus de realidade. Dizer "vem a ser o que és" contém o grande pressuposto de que a matéria humana admite graus de realidade, que se pode ser homem em diferentes graus, mais ou menos deficientes.

O eu • Não é arbitrário começar esta brevíssima exposição do pensamento fichteano com a doutrina moral. O ponto de partida de sua metafísica – e ao mesmo tempo o ponto de entroncamento com o kantismo – é essa determinação do eu. Ao mesmo tempo, evidencia-se que a ética nada mais é senão metafísica, um momento fundamental de toda metafísica, e talvez até sua culminação.

O *eu* é o fundamento da filosofia de Fichte. Temos que deter nossa atenção por um momento nessa ideia, que encontramos de modo cada vez mais frequente e central.

Ortega costuma contar a história maravilhosa do *eu*. Na Grécia, o eu praticamente não existia no começo, ou era uma coisa secundária; para um grego, o eu era uma coisa, com certas peculiaridades, mas, no fim das contas, uma coisa a mais; e os gregos, homens de ânimo inquieto e arrevesado, que levavam a galantaria até a metafísica, quando tinham de falar do eu falavam no plural e diziam nós, ἡμεῖς.

Depois da Grécia, na Idade Média cristã, o eu adquire uma posição nova e extraordinária: o eu é uma criatura, feita à imagem e semelhança de Deus, e sujeito de um destino, de uma missão pessoal. Mais tarde, depois do Renascimento, no século barroco, o eu prosseguirá em sua carreira ascendente. "Como nas fábulas do Oriente, quem era mendigo acorda príncipe. Leibniz se atreve a chamar o homem de *un petit Dieu*. Kant faz do eu o sumo legislador da natureza. Fichte, desmesurado como sempre, não se contentará com menos do que dizer: o Eu é tudo" (Ortega: *Las dos grandes metáforas*).

Deve-se acrescentar que a ideia de *homem* sofreu transformações muito essenciais. Na Antiguidade, o homem é um ente peculiar, tem uma propriedade estranha que é a de saber o resto das coisas e, sendo ele uma dentre elas, em certo sentido as envolve todas. Na Idade Média, o homem é uma criatura feita à imagem e semelhança de Deus; isso faz com que Deus fique envolvido no problema do homem – o que, diga-se de passagem, mostra a impossibilidade de entender como *heterônoma* a moral cristã, já que Deus nunca é algo alheio ao homem, pelo contrário, é sua ideia exemplar; mas já na Grécia acontecia algo análogo, embora muito diferente: o "algo divino" que o homem tem em Aristóteles. Na Idade Moderna ocorre algo totalmente novo. Até então, falava-se do homem; na época moderna parece que o próprio homem se escamoteia, deixando em seu lugar um *penhor*. Com efeito, vemos que se fala do eu, da vontade, da razão, da luz natural etc., mas não nos falam do homem. Quando Descartes diz *ego sum res cogitans*, não diz *o homem é*, mas sim *eu*; por isso não tem sentido fazer objeções a Descartes a partir de Aristóteles, ou vice-versa, porque Descartes ou Kant falam do eu e Aristóteles do homem. É claro que o homem tem um momento de *egoidade*, mas o homem e o eu não se *identificam*. E a vida humana tampouco se esgota no eu[1].

Esta digressão nos permite entender o fundamento da filosofia de Fichte. Diz Fichte que *o eu se põe, e ao pôr-se põe o não eu*. Que quer dizer isso? Em primeiro lugar, o *não eu* é simplesmente tudo o que não é o eu, aquilo que o eu encontra. Fichte volta com brio ao conceito de *posição* kantiana. O eu se põe; isso quer dizer que se põe como existente, que se afirma como existente. O eu se põe num ato, e em todo ato está implícita a posição do eu que o executa.

Vejamos a questão pelo outro lado. *Posição* em Kant era pôr-se entre as coisas. Pois bem, em Fichte, o eu, ao pôr-se, põe o outro que não é eu, ante o qual se põe. A posição do eu não pode dar-se sozinha; ela é posição *com* o outro.

---

[1]. Cf. minha Antologia filosófica *El tema del hombre*, especialmente a Introdução (*Revista de Occidente*, Madri, 1943).

Fichte

A partir de Brentano, os atos humanos voltaram a ser definidos como atos *intencionais*, ou seja, um ato está sempre apontando para um objeto, o objeto desse ato. Um ato supõe: um sujeito que o executa, o próprio ato e o objeto para o qual aponta esse ato. Essa ideia da intencionalidade radical do homem determinou toda a filosofia atual. E não é estranho que essa filosofia tenha se voltado para Fichte na qualidade de seu antecedente clássico.

A realidade • A posição do eu e do não eu – ou seja, *tudo* – resulta, segundo Fichte, num *ato*. A realidade é, pois, pura a*tividade, agilidade*, não substância ou coisa. Isso é decisivo e constitui o que há de mais profundo e original na metafísica fichteana. E como essa realidade se funda num ato *do eu*, a filosofia de Fichte é também idealismo. Para Fichte, esse idealismo transcendental é a única filosofia própria do homem livre; ele diz, numa frase famosa: "O tipo de filosofia que se escolhe depende do tipo de homem que se é."

2. O idealismo de Fichte

"Tathandlung" • Vimos que, para Fichte, a posição do eu e do não eu se reduz a um puro fazer, a uma pura atividade; a verdadeira realidade, longe de ser substância, é *Tathandlung*, que significa atividade, agilidade, façanha. A realidade perde seu caráter substancial e se transforma em puro dinamismo. Essa é a intuição profunda do pensamento de Fichte, como observou Ortega.

Intuição e conceito • No entanto, uma coisa é a intuição e outra o conceito. Kant dizia que o pensamento sem intuição é cego, mas que a intuição sem o conceito não é ciência. Uma intuição tem de se elevar a conceitos. E Fichte não é capaz de expressar conceitualmente sua intuição de forma adequada, porque está preso aos moldes do kantismo que ele pretende continuar. Isso lhe produz certo mal-estar, e por isso toda a sua obra é uma série de reelaborações do seu livro essencial. Intuição vem de *intueri*, ver, e conceito, de *concipere*, *capere cum*, pegar com. Fichte não tem instrumentos mentais para pegar o que viu e não chega a tomar posse disso. Por esse motivo continuará no âmbito da filosofia kantiana, e sua metafísica é idealista. Em que consiste o idealismo de Fichte?

Idealismo • Para começar, a realidade primeira é o eu. Não diz que há uma realidade, da qual um dos ingredientes é o eu, que está necessariamente ante um não eu (isso seria a expressão de sua intuição profunda), mas diz que o eu se põe e, ao pôr-se, põe o não eu; ou seja, o eu vem necessariamente acompanhado do não eu, mas este não eu não é originário, só se põe enquanto e na medida em que o eu o põe: portanto, radica no eu, é o eu que põe o não eu.

O importante e o positivo de Fichte é que essa posição não é secundária: *para ser eu*, este tem de *copôr* ou *compor* o não eu. No entanto, o eu funda o não eu, tem uma prioridade radical. E isso já é *idealismo*.

O que o não eu faz é limitar o eu, e, ao limitá-lo, dar-lhe sua verdadeira realidade. Um eu puro e simples, só, seria interminado e irreal. O eu se afirma como tal ante o não eu, numa posição que é pura atividade, que consiste em *estar-se fazendo* (para esta exposição do problema do idealismo fichteano segui, em termos gerais, a interpretação de meu mestre Ortega).

O saber • O eu se põe – se afirma como *eu* – como idêntico a si mesmo. Sua posição é A = A, eu = eu. Isso não é uma pura tautologia, mas expressa o caráter formal do eu: o *eu* se reconhece *a si mesmo*. O homem pode entrar em si mesmo e se reconhece como não igual ao não eu. A síntese da tese "eu = eu" e a antítese "não eu ≠ eu" é a *medida*. Fichte está aqui na mais clássica tradição, oriunda da Grécia. A medida, o *um*, é o que faz com que as coisas sejam. O que faz a síntese do eu e do não eu é o *saber*. O saber é a *unidade transcendental do eu e do não eu*. E Fichte diz: "Não somos nós que temos o saber, é o saber que nos tem." Esse é o sentido rigoroso da expressão *estar na verdade*.

III. Schelling

Vida e obras • Friedrich Wilhelm Joseph Schelling nasceu em Württemberg em 1775 e morreu em 1854. Foi de uma precocidade extraordinária, rara em filosofia. Estudou teologia em Tübingen, com Hölderlin e Hegel, que foram seus amigos. Dedicou-se também a profundos estudos filosóficos, e aos vinte anos, em 1795, publicou seu livro *Vom Ich als Prinzip der Philosophie* (Do eu como princípio da filosofia), de forte influência fichteana. Dois anos depois escreve *Ideen zu einer Philosophie der Natur* (Ideias para uma filosofia da natureza), e no seguinte é nomeado professor em Jena. Ali trava relações com os círculos românticos (Tieck, o historiador da literatura espanhola; Novalis, os irmãos Schlegel; depois casou com a mulher de August Wilhelm Schlegel, divorciada do seu primeiro marido: Carolina Schelling, que teve uma interessante personalidade dentro dos núcleos românticos). Schelling escreveu em Jena uma de suas obras capitais, *System des transzendentalen Idealismus* (Sistema do idealismo transcendental), *Bruno* e *Darstellung eines Systems der Philosophie* (Exposição de um sistema de filosofia). Depois se muda para Würzburg e Munique, ingressando na Academia de Ciências em 1806. De 1820 a 1827 foi professor em Erlangen, e de 1827 a 1841 em Munique. A partir desta última data, leciona na Universidade de Berlim. A essas obras devem-se acrescentar, entre as mais importantes, suas investigações *Über das Wesen der menschlichen Freiheit* (Sobre a essência da liberdade humana, 1809). Na última época de sua vida escreveu principalmente a respeito da filosofia da religião: *Philosophie der Mythologie und Offenbarung* (Filosofia da mitologia e da revelação).

Schelling é uma figura representativa da época romântica, com um senso muito agudo da ciência da natureza e ao mesmo tempo da beleza e da arte. Exerceu profunda influência na estética. Também dedicou grande atenção aos problemas da religião e da história.

As fases da filosofia de Schelling

Personalidade filosófica • Schelling foi de genial precocidade; é o caso mais extremo dos pouquíssimos que ocorrem na filosofia. Aos vinte anos tinha um sistema; mas, como viveu quase oitenta, fez quatro sistemas diferentes. Na realidade, é a evolução interna de um deles, que vai se desenvolvendo e amadurecendo com o tempo; no entanto, a diversidade de suas fases é tão considerável, que autoriza a falar de quatro sistemas diferentes: o da *filosofia da natureza e do espírito*, o da *identidade*, o da *liberdade* e o da *filosofia religiosa positiva*.

Schelling provém filosoficamente de Kant e de Fichte, deste último de modo muito direto. Hegel foi seu amigo e representa um momento posterior na metafísica, de plena maturidade, embora Schelling fosse um pouco mais jovem. Em Hegel culmina o idealismo alemão, que alcança sua plenitude com sua morte. A longevidade de Schelling é, no fundo, apenas uma sobrevivência.

Natureza e espírito • Vimos que Fichte partia da posição do eu, que colocava a radical dualidade do eu e do não eu. Essa cisão suscita no idealismo alemão o problema da distinção entre o reino da natureza e o reino da liberdade. Os idealistas terão de relacionar esses dois mundos tão diversos do ser: natureza e espírito. Esse é o problema de Schelling e culminará na filosofia hegeliana.

A primeira fase do pensamento de Schelling recolhe contribuições consideráveis da ciência natural de seu tempo, sobretudo da química e da biologia, que com frequência interpreta com excessiva liberdade e fantasia. É o momento em que acaba de ser descoberta a eletricidade – é conhecido o uso literário desmedido do adjetivo "elétrico" nesses anos –, e dessa maneira se completa a mecânica newtoniana. Por outro lado, as ideias evolutivas vão se impondo na biologia. A filosofia da natureza de Schelling, que às vezes se entrega a uma pura especulação imaginativa, sem contato com a realidade, influiu muito na psicologia da época e principalmente na medicina romântica. A natureza é inteligência em "devir" – diz Schelling –, espírito que vem a ser. Na verdade, se dá como um lento despertar do espírito. Isso explica a vinculação de natureza e espírito, que se manifesta especialmente no organismo vivo ou na obra de arte, cada um em sua respectiva esfera. O absoluto que está na base de ambos se revela na história, na arte e na religião. Nessas ideias, encontram-se em germe os elementos que aparecerão com plenitude nos sistemas posteriores de Schelling.

A identidade • O segundo sistema, o da identidade, consiste em estender uma ponte entre a natureza e o espírito mediante algo que seja espírito e natureza, um momento em que natureza e espírito sejam *idênticos*. No sistema anterior, o último estágio da evolução da natureza é o espírito. Aqui há uma zona comum, idêntica, em que a natureza é espírito, e o espírito, natureza. Essa identidade – diz Schelling – não pode ser expressa conceitualmente; só é conhecida por uma *intuição intelectual* (*intellektuelle Anschauung*). Hegel dizia que isso era "como um tiro de pistola"; e a identidade – que, segundo Schelling, é *indiferença* – era como a noite, "em que todos os gatos são pardos".

Esse sistema da identidade é *panteísta*, da mesma maneira como o é, segundo Hegel, qualquer sistema que afirme que o ser é sempre ser e que o nada é sempre nada, porque nesse caso o princípio *ex nihilo nihil fit* é interpretado de modo absoluto, e a criação é impossível. Nessa fase de Schelling, o ser é idêntico a si mesmo, e o nada também.

A metafísica da liberdade • Em seu terceiro sistema, Schelling renuncia à identidade. Explica a realidade como desdobramento, uma evolução mediante a qual ela vai se desenvolvendo gradativamente e manifesta a si mesma em etapas sucessivas. Passa de natureza inorgânica a natureza orgânica, e desta, a espírito. Isso está relacionado com o movimento das ciências naturais do começo do século XIX, especialmente da biologia, num sentido evolucionista. A realidade, segundo Schelling, vai evoluindo até chegar à forma suprema, a liberdade humana. A natureza desperta e vai se levantando gradativamente até chegar à liberdade. Trata-se de algo de grande beleza e de poderoso efeito estético, tão do agrado do espírito romântico; no entanto, exasperava a mente rigorosamente lógica e metafísica de Hegel.

A religião positiva • A última fase do pensamento de Schelling significa uma aproximação da religião cristã positiva, embora sem chegar à ortodoxia. Faz uma metafísica *teísta*, fundada na ideia da liberdade humana, e sua atividade se orienta sobretudo para a interpretação teológica da religião. É o momento em que na Alemanha se cultiva intensamente a teologia especulativa, tanto entre os hegelianos como na direção apontada por Schleiermacher. Schelling dedicou atenção especial ao estudo da mitologia. Em seus últimos anos foi chamado a Berlim para combater "o panteísmo hegeliano", embora, como vimos, este nunca tenha sido tão pleno e efetivo como o de Schelling numa época anterior. A filosofia de Schelling, nessa derradeira etapa, foi olhada com simpatia pelos protestantes ortodoxos e até mesmo, em certo sentido, pelos católicos contemporâneos.

IV. HEGEL

Vida e obras • Georg Wilhelm Friedrich Hegel era suevo; nasceu em Stuttgart em 1770 e pertencia a uma família burguesa protestante. Estudou intensamente no liceu de Stuttgart e depois teologia e filosofia em Tübingen. Lá foi amigo íntimo de Schelling e de Hölderlin; a amizade com o segundo foi mais duradoura; com Schelling teve atritos em decorrência da questão de maior importância para eles: a filosofia. Depois, Hegel foi professor particular, de 1793 a 1800, e esteve em Berna e em Frankfurt. Em 1801 foi *Privatdozent* em Jena, sem reunir muitos ouvintes por causa dos seus escassos dotes de orador e da dificuldade de seus cursos. Em 1807, já em plena maturidade, publica seu primeiro escrito considerável, que já é uma filosofia pessoal e não um mero programa: a *Phänomenologie des Geistes* (Fenomenologia do espírito). A situação da Alemanha afetada pela guerra obriga-o a trabalhar como redator de um jornal de Bamberg para poder viver; mas sente esse trabalho como algo provisório e penoso. Dois anos depois é nomeado reitor do liceu de Nuremberg e ali permanece até 1816, data em que consegue uma cátedra universitária em Heidelberg. O período de Nuremberg foi muito frutífero e denso; lá se casou em 1811 e publicou, de 1812 a 1816, sua obra capital, *Wissenschaft der Logik* (Ciência da Lógica). Em 1818 foi chamado para a Universidade de Berlim, da qual foi professor até o fim da vida e reitor nos últimos anos. Ali publicou a *Encyclopädie der philosophischen Wissenschaften* (Enciclopédia das ciências filosóficas) e deu cursos de enorme sucesso, que o transformaram na principal figura da filosofia alemã e também de toda a filosofia da época. Morreu de uma epidemia de cólera que castigou Berlim, no dia 14 de novembro de 1831. Nesse dia terminava uma genial etapa da filosofia, e talvez uma época da história.

Além das obras mencionadas, devem-se citar várias outras importantíssimas, publicadas como *lições* dos cursos de Hegel. Especialmente a *Filosofia do Direito*, a *Filosofia da história universal* (*Vorlesungen über die Philosophie der Weltgeschichte*), a *Filosofia da religião* e a *História da Filosofia*, primeira exposição da filosofia feita de um ponto de vista rigorosamente filosófico.

Hegel foi essencialmente um filósofo. Toda a sua vida esteve dedicada a uma meditação que deixou uma profunda marca de desgaste em seu rosto. "Ele era o que era sua filosofia – escreve Zubiri. Sua vida foi a história de sua filosofia; o resto, sua contravida. Para ele, só teve valor pessoal aquilo que o adquiriu ao ser revivido filosoficamente. A *Fenomenologia* foi e é o despertar para a filosofia. A própria filosofia é a revivescência intelectual da sua existência como manifestação do que ele chamou espírito absoluto. O humano de Hegel, tão calado e tão alheio ao filosofar por um lado, adquire, por outro, *status* filosófico ao se elevar para a suprema publicidade do concebido. E, reciprocamente, seu pensar conceptivo apreende no indivíduo que foi Hegel com a força que lhe confere a essência absoluta do espírito e o sedimento intelectual da história inteira. Por isso Hegel é, em certo sentido, a maturidade da Europa."

O pensamento de Hegel é de uma dificuldade só comparável à sua importância. É a culminação, em sua forma mais rigorosa e madura, de todo o idealismo alemão. Meu mestre Zubiri, de quem acabo de citar algumas palavras, fez um dos mais fecundos esforços para compreender e interpretar a filosofia de Hegel. Nas palavras que seguem se encontrará a marca dessa interpretação.

1. *Esquema da filosofia hegeliana*

Para Hegel, a filosofia é um problema, e por isso, segundo ele, tem de se justificar a si mesma. Hegel estava envolto numa filosofia e numa teologia que procuravam "não tanto evidência quanto edificação". A filosofia fora se tingindo de vaga generalidade, de profundidade oca, até se transformar em mero entusiasmo e em nebulosidade. É isso que para Hegel parece intolerável. Não o fato de fazerem uso de entusiasmo, de indeterminação, de um vago *sentimento de Deus*, mas de quererem transformar a filosofia nisso, ou, como isso naturalmente não é possível, fazê-lo passar por filosofia. "A filosofia deve guardar-se de querer ser edificante." Falando dos pensadores a que alude, diz Hegel que "acreditam ser aqueles eleitos a quem Deus infunde no sono a sabedoria. Na verdade, o que no sono assim concebem e produzem não passa de sonhos". Contudo, Hegel não fica nas recriminações. A essas palavras seguem-se as centenas de páginas da *Fenomenologia do espírito*. E Hegel explica seu propósito: "A verdadeira figura, em que a verdade existe, só pode ser o seu sistema científico. Colaborar para que a filosofia se aproxime da forma de ciência – para que possa deixar de se chamar amor ao saber para ser saber efetivo –, é isto o que me proponho."

Na *Fenomenologia do espírito*, Hegel expõe as etapas que a mente deve percorrer para chegar ao saber absoluto, ao filosofar. É só a partir daí que se pode fazer uma filosofia. E depois escreve a *Ciência da lógica*, e em seguida a *Enciclopédia das ciências filosóficas*, em que encontramos este esquema: Lógica, Filosofia da natureza, Filosofia do espírito. E esta última contém novamente em si a fenomenologia do espírito, que vimos no começo. Qual o sentido disso? Trata-se de dois pontos de vista muito diferentes: na *Fenomenologia* expõem-se as etapas sucessivas do espírito até chegar ao saber absoluto; entretanto, uma vez que se filosofou, esse saber absoluto abarca e compreende tudo, e esse espírito humano, com todas as suas etapas, entra como um momento dele. Aparece como um momento da filosofia.

Para Hegel, a realidade é o *absoluto*, que existe numa evolução dialética de caráter lógico, racional. De acordo com sua famosa afirmação, todo o real é racional e todo o racional é real. Tudo o que existe é um *momento* desse absoluto, um estágio dessa evolução dialética, que culmina na filosofia, em que o *espírito absoluto* possui a si mesmo no saber.

2. A *"Fenomenologia do espírito"*

O saber absoluto • Na *Fenomenologia do espírito*, Hegel mostra a dialética interna do espírito até chegar ao começo do filosofar, passando em revista os modos do saber (pensar é diferente de conhecer. Conhecer é conhecer o que as coisas são; tem um momento essencial que se refere às coisas; já vimos que era isso que Kant chamava de "conhecimento transcendental"). Hegel distingue a mera informação (história) e o conhecimento conceitual, no qual tenho os conceitos das coisas (nisso consistiriam as ciências, em que há um efetivo saber). Porém, falta um *saber absoluto*.

O saber absoluto é um saber totalitário. Por ser absoluto não pode deixar nada fora de si, nem sequer o *erro*. Inclui o erro enquanto erro. A história tem de ser isto: tem de incluir todos os momentos do espírito humano, até os momentos do erro, que aparecem como tais vistos desde a verdade.

Dialética • Em Hegel, essa dialética do espírito é *lógica*, é uma *dialética da razão pura*. É o que hoje torna questionável a filosofia da história de Hegel. O espírito atravessa uma série de estágios antes de chegar ao saber absoluto. No começo do filosofar está o *ser*. Aqui começa a filosofia. A filosofia começa, pois, com o ser.

3. A *lógica*

O sentido da lógica • O problema do que é a dialética é antigo e complexo; ocupa a filosofia desde Platão, e em Hegel chega à sua máxima agudeza, porque constitui o eixo de seu sistema. A dialética não é uma passagem da mente por vários estágios, mas *um movimento do ser*. Passa-se necessariamente de um estágio para outro, e em cada estágio está a *verdade* do anterior (recordemos o sentido grego da verdade = *alétheia* = estar patente). Em cada estágio se manifesta e se torna patente o anterior, e isso é sua verdade. E cada estágio inclui o anterior, *absorvido*, isto é, ao mesmo tempo *conservado e superado*.

A *Lógica* de Hegel é, portanto, uma dialética do ser, um *lógos* do *ón*, do ente; portanto, *ontologia*. A lógica hegeliana é *metafísica*.

Os estágios do pensamento hegeliano • Recapitulando o que dissemos a respeito do saber em Hegel, constatamos que se ajusta ao seguinte esquema, com a ressalva de que não se trata de uma *divisão*, mas sim, mais uma vez, do movimento do ser.

Saber
- Fenomenologia do espírito (começo do filosofar).
- Filosofia (Enciclopédia)
  - Ciência da lógica.
  - Filosofia do espírito.
  - Filosofia da natureza.

Lógica
- Doutrina do *ser*.
- Doutrina da *ciência*.
- Doutrina do *conceito*.

No *ser* distinguimos os três momentos seguintes:

Ser
- 1º Determinidade (qualidade).
- 2º Quantidade.
- 3º Medida.

Dentro da *qualidade* – para acompanhar um exemplo da dialética hegeliana – distinguimos três estágios:

- 1º Ser (*Sein*).
- 2º Existência (*Dasein*).
- 3º Ser para si (*Fürsichsein*).

No primeiro – esse *ser sem qualidade* – distinguimos:

Ser
- 1º Ser (*Sein*).
- 2º Nada (*Nichts*).
- 3º Devir (*Werden*).

Tudo isso, repito, não é uma *divisão lógica*, mas o movimento do próprio absoluto. A *Lógica* hegeliana terá de percorrer esses estágios em sentido inverso, ou seja, começando pelo simples ser sem qualidade para ir ascendendo a cada ponto de vista superior. Portanto, vemos que a dialética de Hegel tem uma estrutura ternária, na qual à *tese* se opõe a *antítese*, e as duas encontram sua unidade na *síntese*. Entretanto, não se trata de uma simples *conciliação*. A tese leva necessariamente à antítese, e vice-versa, e esse *movimento do ser* conduz inexoravelmente à síntese, na qual se encontram *conservadas e superadas* – *aufgehoben*, isso é, *absorvidas*, segundo a tradução proposta por Ortega – a tese e a antítese. E cada estágio encontra sua *verdade* no seguinte. É essa a índole do processo dialético. Tentaremos expor as razões dos primeiros momentos desse movimento dialético do ser.

A marcha da dialética • No final da *Fenomenologia do espírito* se chega ao começo absoluto do filosofar: ao ser. Esse ser é o ser puro, o ser absoluto. O ser é indefinível, porque o definido teria de entrar na definição; contudo, podem-se dizer algumas coisas sobre ele. Segundo Hegel, o ser é o *imediato indeterminado* (*das unbestimmte Unmittelbare*). Está livre de toda determinação no tocante à essência; simplesmente *é*; não é *isso* ou *aquilo*.

Esse ser não tem nada que possa diferenciá-lo do que não seja ele, já que não tem nenhuma determinação; é a pura *indeterminação* e *vacuidade*. Se tentamos intuir ou pensar o ser, não intuímos nada; se não fosse assim, intuiríamos *algo* (*etwas*) e não seria o ser puro. Quando vou pensar o ser, o que penso é *nada*. Portanto, do ser se passa ao nada. É o próprio ser que passa, não eu. O ser, o imediato indeterminado, é de fato *nada*; nada mais e nada menos que nada.

No ser, vimos essas duas características que Hegel nos dá no começo: *imediato* e *indeterminado*. A característica da indeterminação é o não ser *nada*; a da imediatez, ser o *primeiro*. Do ser fomos lançados ao nada. Mas, que é o nada? Perfeita vacuidade, ausência de determinação e conteúdo, incapacidade de ser separado de si mesmo. Pensar ou intuir o nada é isto: intuir o nada; é o puro intuir, o *puro pensar*. Vemos, pois, que intuir o nada e intuir o ser é a mesma coisa. O ser puro e o nada puro são uma *única e mesma* coisa. Em seu movimento interno, o ser nos lançou ao nada, e o nada ao ser, e não podemos permanecer em nenhum dos dois. Que quer dizer isso?

Indagávamos sobre a verdade. Verdade é estar patente, estar descoberto, mostrar-se. Vimos que a maneira de ser do "ser" é a de deixar de ser "ser" e passar a ser "nada"; e que o modo de ser do "nada" é também não poder permanecer em si e passar a ser "ser". A verdade é que o ser passou ao nada e o nada passou ao ser. Isso é o *devir* (*werden, fieri*, γίγεσθαι).

Nessa dialética, repito, em cada estágio está a verdade do anterior, e a sua está no seguinte. Assim, a verdade do ser estava no nada, e a do nada, no devir. E a verdade do devir tampouco estará patente nele mesmo, e assim prossegue, por sua inexorável necessidade ontológica, o movimento do ser nos estágios ulteriores da dialética.

O problema do panteísmo • Hegel lembra três momentos anteriores da história da filosofia: Parmênides, para quem o *ser* é o absoluto, a única verdade, diferentemente dos sistemas orientais (budismo), para os quais o nada era o princípio; Heráclito, que contrapõe a essa abstração o conceito total do devir; e o princípio da metafísica medieval *ex nihilo nihil fit*. Hegel distingue dois sentidos nessa afirmação: um que é uma pura tautologia, e outro que supõe a identidade do ser consigo mesmo e do nada consigo mesmo. Se o ser é sempre ser e o nada é sempre nada, não há devir; é o sistema da identidade (alusão a Schelling). E essa identidade – diz Hegel – é a essência do panteísmo. Vemos, pois, como Hegel se opõe a esse panteísmo pelo modo de entender o movimento dialético do ser.

O ser tinha passado ao nada, e vice-versa. Com isso aparece o problema da *contrariedade*. Hegel fala de um certo *desaparecer* do ser no nada e do nada no ser. Entretanto, como são dois *contrários*, o modo de ser que tem cada um é excluir o outro, *suprimir* o outro. Tanto a palavra alemã (*aufheben*) quanto a latina (*tollere*) têm um sentido de *elevar*; elevar-se como contrários num modo de ser superior. Quando duas coisas são necessárias é porque se excluem; mas se excluem numa unidade, num gênero. A contrariedade transcorre numa unidade, dizia Aristóteles. Esse modo que o ser e o nada têm de se excluir é o de se conservar na unidade superior que é o *devir*, em que existem excluindo-se.

Por outro lado, embora Hegel rejeite o panteísmo da identidade e afirme a passagem do nada ao ser, em outro sentido não está isento de panteísmo. Hegel não acredita que a realidade do mundo seja divina, que *pân* seja *theós*; no entanto, de outro ponto de vista, nota-se que o Deus de Hegel, o absoluto, só existe *devindo*; é, segundo sua própria expressão, um Deus que se faz (*Gott im Werden*). A rigor, os entes finitos não são diferentes de Deus, são *momentos* desse absoluto, estágios de seu movimento dialético. E, por último, a *criação* hegeliana não é tanto a posição na existência divina, como uma produção necessária na dialética do absoluto.

A ontologia hegeliana • Vemos, portanto, que a *Lógica* de Hegel, que começa com o ser, isto é, com o começo absoluto do filosofar, é a verdadeira ontologia. A Lógica deve ser entendida – diz Hegel – como o *sistema da razão pura*, como o reino do puro pensamento. Esse reino é a *verdade*. Portanto, conclui Hegel, pode-se dizer que o conteúdo da *Lógica* é a *exposição de Deus, tal como é em sua essência eterna, antes da criação da natureza* e *de nenhum espírito finito*. Depois desse primeiro estágio virão, portanto, as outras duas partes da filosofia: a *Filosofia da natureza* e a *Filosofia do espírito*.

4. *A filosofia da natureza*

A natureza • A filosofia grega entendeu por natureza a totalidade do que há, com um princípio (*arkhé*) e um fim (*télos*). Aristóteles define a natureza como princípio do movimento. Logo, *Phýsis* é vir a ser. Diz-se que algo é natural porque se move por si mesmo. Aristóteles diz que são naturais as coisas que têm em si mesmas o princípio de seu movimento. Em contraposição a Platão, que afirmava que a natureza é *ideia*, Aristóteles diz que a natureza de cada coisa é sua *ousía*, sua *arkhé*, o princípio interno de suas transformações.

Em Hegel, a natureza terá um caráter muito determinado, como um momento do absoluto. E esse momento do absoluto que é a natureza vem caracterizado para nós como um *ser para outro*, um *estar aí*. A natureza é o que é *outro*, o que não é *si mesmo*.

Os estágios • Essa natureza é um momento da Ideia, que tem diferentes estágios:

1.º *A mecânica*. E nela três momentos:

A) O *espaço* e o *tempo*: o momento abstrato do *estar fora*.
B) A *matéria* e o *movimento*: a mecânica finita.
C) A *matéria livre*: a mecânica absoluta.

2.º *A física*. E também três momentos:

A) Física da individualidade geral.
B) Física da individualidade particular.
C) Física da individualidade total.

3.º *A física orgânica*, com três momentos também:

A) A natureza *geológica*.
B) A natureza *vegetal*.
C) O organismo *animal*.

Aqui termina a evolução dos estágios da natureza.

5. *A filosofia do espírito*

O espírito em Hegel • Vimos o sentido que tinha a *phýsis* na Grécia. A filosofia grega se perguntava: Que é o que é? = que é a natureza? Não pergunta sobre o espírito. Essa ideia surgirá de modo insistente, embora extrafilosófico, em São Paulo (πνεῦμα) e logo depois na filosofia de Santo Agostinho: *spiritus sive animus*.

Espírito em Hegel é *ser para mim*, mesmidade. Há um momento na evolução do absoluto que é o espírito, e definimos esse espírito como a *entrada em si mesmo, a mesmidade, o ser para si*. E Hegel elabora um novo esquema do espírito.

Os estágios do espírito • Vamos indicar a articulação dialética dos estágios do espírito, para examinar depois brevemente os momentos mais importantes:

1º *Espírito subjetivo.*

A) Antropologia: a alma.
B) Fenomenologia do espírito: a consciência.
C) Psicologia: o espírito.

2º *Espírito objetivo.*

A) O direito.
B) A moralidade.
C) A eticidade.

3º *Espírito absoluto.*

A) A arte.
B) A religião revelada.
C) A filosofia.

a) O espírito subjetivo

O espírito subjetivo parece ser algo bastante claro. É espírito e é subjetivo; portanto é sujeito, um sujeito que se sabe a si mesmo, que é *si mesmo*, que tem *interioridade* e *intimidade*. Esse espírito subjetivo pode ser considerado na medida em que esteja unido a um corpo numa unidade vital, enquanto seja uma alma. Nesse momento o espírito é *alma*, e seu estudo estará na *antropologia*. Contudo, esse espírito não é só uma alma; ele *se sabe*, e no curso de todos os graus da *consciência* vai chegar ao saber absoluto; é o espírito enquanto se sabe. E assim se desenvolve a *fenomenologia do espírito*, que vai estudar até o momento de chegar ao ser, ao saber absoluto. Por último, não é só consciência: *sabe* e *quer*. Hegel chama esse momento de *espírito*, e seu estudo é a *psicologia*. Assim se delimita o quadro do que é o espírito subjetivo.

b) O espírito objetivo

O espírito objetivo nos coloca uma dificuldade nova e mais grave, que nasce de seu próprio conceito: *espírito* (ser para si, mesmidade), mas ao mesmo tempo *objetivo*, um espírito que *está aí*, que não tem sujeito. Não é natureza, mas tem o caráter da natureza de "estar aí". O fato de não ter sujeito parece estar em contradição com seu conceito de espírito.

O espírito objetivo compreende três formas, cada vez mais elevadas: o *direito*, a *moralidade* e a *eticidade* (ética objetiva ou *Sittlichkeit*, diferente de *Moralität*).

O direito • O direito se funda na ideia de *pessoa*. Pessoa é um ente racional, um ente com vontade livre. O direito é a forma mais elementar das relações entre pessoas. O que não é pessoa é propriedade da pessoa. É o que caracteriza o direito; em seu conceito não entra o Estado. O direito pode ser infringido e uma pessoa não ser tratada como pessoa, mas como coisa. Foi o caso, por exemplo, da escravidão. "Todos os homens são fins em si mesmos", já dizia Kant. O homem nunca pode ser meio para nada, *coisa*: é fim em si mesmo. Por isso, para a transgressão da ordem jurídica Hegel propõe uma *pena*, que nada mais é senão a volta a esse prévio estado de direito. O sentido da pena em Hegel é voltar a tratar a pessoa como pessoa. Definitivamente, quem tem direito à pena é o penado. O delinquente tem direito a ser castigado, a ser colocado dentro do direito, a ser tratado, portanto, como pessoa.

A moralidade • Há um segundo estágio, que é a moralidade. Em Hegel, a moralidade está fundada nos motivos. São os motivos que determinam a moralidade de uma ação. Isso a subjetiva e faz com que não tenha objetividade nenhuma, e é por isso que Hegel translada o desenvolvimento da ideia de moralidade para a eticidade ou ética objetiva. Nela se vê o desenvolvimento da ideia moral nas diferentes unidades de convivência: a família, a sociedade e, sobretudo, o Estado.

A eticidade • A eticidade é a realização do espírito objetivo, a *verdade* do espírito subjetivo e do espírito objetivo. Como espírito imediato ou *natural* é a *família*; a totalidade relativa das relações dos indivíduos como pessoas independentes é a *sociedade*, e o espírito desenvolvido numa realidade orgânica é o *Estado*; este é o momento que mais nos interessa.

O Estado • O Estado é a forma plena do espírito objetivo. Hegel talvez tenha sido o primeiro a elaborar uma ontologia do Estado. O Estado é uma criação da razão, e é a forma suprema em que se desenvolve a ideia de moralidade. Hegel não o considera do modo um tanto vazio como o considera Rousseau. É uma realidade objetiva; é uma construção e tem uma hierarquia ontológica superior. No entanto, nenhum Estado concreto realiza plenamente a ideia do Estado. Esta só se realiza no desenvolvimento total da história universal. A *história universal* é o desdobramento da dialética interna da ideia do Estado.

A história universal • Algumas características de Hegel podem ser mais bem percebidas em suas *Lições sobre filosofia da história universal* – um dos livros mais geniais que a Europa produziu – que em qualquer outra de suas obras. O sistematismo de Hegel é rigoroso e fechado. *Sistema* em Hegel é algo muito concreto; é a maneira como a verdade existe, de modo tal que nenhuma seja independente, que nada seja verdade por si só, mas que cada verdade esteja sustentada e fundada por todas as demais. Nisso consiste a estrutura sistemática da filosofia, diferentemente de uma estrutura que poderíamos chamar de *linear*, por exemplo na matemática. Esse sistematismo leva Hegel a deixar de lado algumas coisas e às vezes a deformar a realidade.

Hegel tenta explicar a evolução dialética da Humanidade. A história é a realização do plano divino, uma revelação de Deus. *Weltgeschichte, Weltgericht*: a história universal é o juízo universal. Para Hegel todo o real é racional e todo o racional é real. Por isso sua dialética é *lógica*. A história humana é *razão*, e razão pura. Consequentemente, a filosofia da história hegeliana será a tentativa de explicar toda a história, como um saber absoluto que não deixa nada de fora, que inclui o próprio erro enquanto erro.

Hegel distingue quatro momentos na evolução histórica dos povos, que assimila às etapas da vida humana: Oriente (a infância), com a forma da relação patriarcal; Grécia (a mocidade), ou seja, "a bela liberdade"; Roma (a idade viril), na forma de universalidade que é o

Império Romano; e os povos romano-germânicos (a ancianidade), com a contraposição de um império *profano* e um império *espiritual*. Hegel vê na história o progresso da liberdade: no Oriente há apenas *um* homem livre, que é o déspota; na Grécia e em Roma, *alguns* (os cidadãos); no mundo moderno cristão, *todos* os homens.

Hegel fazia sínteses grandiosas da história universal: a Índia ou o sonho, Grécia ou a graça, Roma ou o mando... A obra de Hegel é até hoje a tentativa fundamental de fazer uma filosofia da história. Depois dos ensaios de Santo Agostinho (*De civitate Dei*), de Bossuet (*Discours sur l'histoire universelle*) e de Vico (*La scienza nuova*), o livro de Hegel aborda com grandeza genial o tema da história. No entanto, nosso tempo terá de questionar seriamente dois pontos, problemáticos em Hegel. Um deles é a denominação de *espírito objetivo*, aplicado ao Estado, à história etc. O espírito é a entrada em si mesmo, e depois aparece um espírito sem sujeito. Ocorre algo semelhante com a *vida social*, que não é de ninguém, embora a vida se caracterize por ser *minha vida*, a vida *de alguém*. Aqui se vislumbra uma contradição. E o segundo ponto inquietante é entender a evolução histórica da Humanidade como *razão pura*, como dialética *lógica*. Até que ponto é assim? (cf. Ortega y Gasset: *La "Filosofía de la historia" de Hegel y la historiología*).

c) O espírito absoluto

O espírito absoluto é uma síntese do espírito subjetivo e do espírito objetivo, e também da natureza e do espírito. Para Hegel, a identidade da natureza e do espírito não é, como para Schelling, uma vacuidade, uma indiferença, pois ambos necessitam de um *fundamento comum*. Esse fundamento é o fundamento de todo o resto, o *absoluto*, que é *em si* e *para si*. E Hegel o chama de *espírito absoluto*.

Vimos que a questão é encontrar um fundamento comum que faça com que algo seja natureza e com que algo seja espírito. Esse fundamento será a *realidade radical*. Contudo, não se entende bem por que deve ser chamado de espírito, já que os espíritos eram tradicionalmente os entes que entram em si mesmos. Esse absoluto é o pensar sistemático em que cada coisa é verdade em função do sistema. Sistema é – agora é possível entender plenamente – a articulação que cada coisa tem em seu ser com o espírito absoluto. Não se trata de uma *coisa absoluta*, mas *do absoluto*, que é o que funda as outras coisas. O absoluto não é um conjunto, do mesmo modo que o mundo não é o conjunto das coisas, mas sim aquilo *onde* as coisas se encontram (um *onde* que não é primariamente espacial).

O absoluto e o pensar • O absoluto é *presente* a si mesmo; e esse ser presente a si mesmo é o *pensamento*. O ser presente a si mesmo é o ser patente, a *alétheia*. Não se trata de, partindo do pensamento, chegar a possuir esse absoluto, porque o absoluto é patente a si mesmo, e essa imediatez do absoluto é o pensamento. Enquanto eu não penso *isto*, não é um ser. O ser atual das coisas é o pensamento. Ser não é ser latente, mas ser patente, *alétheia*, verdade.

Toda tentativa de definir o absoluto equivale a sair dele; é preciso encontrar-se imediatamente no absoluto; é o ser puro. Como já vimos, o ser puro, quando eu o penso, é a *absoluta negação*. A tentativa que o absoluto faz de evitar o nada para manter-se no ser é o *devir*. O absoluto só pode existir *devindo*. Em seu devir, o espírito absoluto vem a ser *algo*. É o que na Grécia se chamava o ser em si.

Nada se basta a si mesmo, ser algo é *vir a ser* algo, e é supor que houve um princípio disso. A verdade de algo é ser em si o que já era em princípio absoluto. A isso se chamou *essência*. A essência é o que torna possível que uma coisa seja. E apreender-se absoluto é ser absoluto, *conceito*. O absoluto, que é a fonte de todo fazer, devém por si; por isso a Ideia é *liberdade*. E, por último, *saber-se o absoluto* é a filosofia. A filosofia não é pensar sobre o absoluto, mas *o absoluto enquanto se sabe* (cf. Zubiri: *Hegel y el problema metafísico*).

Os estágios do espírito absoluto • Como vimos, os três estágios do espírito absoluto são a arte, a religião revelada e a filosofia. Na *arte*, trata-se da manifestação *sensível* do absoluto; a ideia absoluta é *intuída*. Na *religião*, em contrapartida, essa ideia é *representada*. A filosofia da religião de Hegel, em cujos detalhes não podemos entrar aqui, é extremamente importante. Hegel se opõe à religião do *sentimento* de Schleiermacher; e dele surge uma importante corrente que dominou a teologia e a história da religião no século XIX. Em Hegel, o argumento ontológico recebeu uma nova interpretação, que lhe devolve valor, depois da crítica kantiana. Basta indicar que distingue entre o ponto de vista do *entendimento* – desde o qual aquele seria válido – e o ponto de vista da razão. A relação do pensamento com o absoluto permite a Hegel dar um novo sentido à prova ontológica, que assim continua desempenhando seu papel na história da filosofia.

O último estágio do espírito absoluto é a filosofia. Nela, a ideia já não é intuída ou representada, mas sim *concebida*, elevada a conceito. A filosofia é o saber-se a si mesmo do absoluto; não é um pensar *sobre o* absoluto, mas a forma explícita do próprio absoluto. É por isso que a história da filosofia pertence à filosofia por essência (Zubiri).

Hegel é o primeiro a fazer uma efetiva *História da filosofia*. Interpreta-a de modo dialético, como uma série de momentos que se conservam e se superam. Hegel acredita que com ele a filosofia chega à sua *maturidade*; que com ele alcança sua conclusão; é um final: Hegel tem clara consciência de que com ele culmina e se fecha uma época, a Idade Moderna. Por isso, ao término de sua *História da filosofia* pode fazer um balanço gigantesco e escrever um *Resultado* que tem uma incomparável grandeza. "A filosofia é a verdadeira teodiceia", diz. E agrega estas palavras, nas quais pulsa toda a augusta gravidade da história da filosofia, expressa como nunca o foi, nem antes nem depois de Hegel: "Até aqui chegou o espírito universal. A última filosofia é o resultado de todas as anteriores; nada se perdeu, todos os princípios foram conservados. Esta ideia concreta é o resultado dos *esforços do espírito* por quase 2.500 anos (Tales nasceu em 640 antes de Cristo), de seu *trabalho mais sério* para se fazer objetivo a si mesmo, para se conhecer:

'Tantae molis erat, se ipsam cognoscere mentem.'"

V. O PENSAMENTO DA ÉPOCA ROMÂNTICA

Desde a época de Kant até a primeira metade do século XIX, há uma intensa atividade intelectual na Alemanha, da qual estudamos o estrato mais profundamente filosófico – Kant, Fichte, Schelling, Hegel. Ao mesmo tempo há outros filósofos de estatura um pouco menor, que no entanto representam contribuições de sumo interesse à filosofia e a outras disciplinas, e uma série de pensadores que merecem ser registrados, ainda que brevemente.

Em primeiro lugar, no século XVIII aparecem dois movimentos, um sobretudo literário e outro religioso, que colocam em primeiro plano o sentimento e a vida afetiva: o chamado *Sturm und Drang* (tormenta e impulso) e o *pietismo*. No final desse século e começo do XIX aparece outro movimento, que é o *romantismo*, procedente, sobretudo, do primeiro dos mencionados. Ao mesmo tempo se produz um extraordinário florescimento dos estudos históricos, que leva à formação do núcleo conhecido como Escola Histórica. Por outro lado, a ciência natural acaba de constituir-se com a eletricidade (Galvani, Volta, na Itália; Faraday, na Inglaterra) e com a biologia na França (Buffon, Condillac, Lamarck). E por último, na filosofia, ao lado das grandes figuras já estudadas, encontramos principalmente os nomes de Schleiermacher e Schopenhauer, e também os de Franz von Baader, Jacobi, Krause. Tentaremos caracterizar rapidamente essas correntes de pensamento.

1. Os movimentos literários

Como reação ao espírito racionalista e frio da *Aufklärung* produz-se na Alemanha uma nova literatura. Suas principais figuras não estão isentas de ideias filosóficas e de um profundo interesse pelo idealismo. Destaca-se Goethe, cuja longa vida (1749-1832) lhe permitiu participar de todas as formas, do classicismo ao romantismo, e que foi de uma genialidade literária incomparável, somada a uma fecundidade notável para o pensamento científico e estético. Também Schiller, Hölderlin, Novalis, Herder, e os mais estritamente românticos, Tieck, os dois irmãos Schlegel, os Humboldt, até Heine.

O romantismo significa, como vimos, uma estética do sentimento. Além disso, há nele uma peculiar emoção do passado. Assim como o Iluminismo ao pensar o passado se voltou para o mundo clássico, para Grécia e Roma, os românticos têm uma manifesta preferência pela Idade Média, com a consequente valorização – em primeiro lugar artística e histórica – do catolicismo, que os aproxima da Igreja romana. Em muitos casos se produz também uma efetiva aproximação religiosa; mas sempre, pelo menos, uma admiração pelo culto católico, pela continuidade do Pontificado, pela esplêndida realidade histórica que é – embora só secundariamente – a Igreja. Esse interesse pelo passado medieval os leva a cultivar também o estudo da história.

2. *A escola histórica*

Vimos que no século XVIII francês (Voltaire, Montesquieu, depois do antecedente de Bossuet) a história deu um passo decisivo. A isso se soma a contribuição de alguns ingleses (Hume, Gibbon), e tudo isso é recolhido pela *Escola Histórica* alemã. Distinguem natureza de espírito, e este último é interpretado *historicamente*. A história geral, a do direito, a das religiões, a linguística, a filologia clássica, românica etc. são intensamente cultivadas por uma série de fecundos homens de ciência. Savigny, Bopp, Niebuhr, Mommsen mais tarde, realizam um importantíssimo e volumoso trabalho. A Escola Histórica cria a técnica documental, o estudo das fontes, embora depois lhe falte a construção intelectual suficiente e tenda a ficar na acumulação de dados. É particularmente claro o exemplo da filologia clássica, que reuniu um imenso material erudito mas não soube dar-nos uma visão adequada da Grécia. A isso reagiu energicamente Hegel, talvez pecando por um excesso de construção lógica da história.

3. Schleiermacher e a filosofia da religião

Personalidade de Schleiermacher • Friedrich Daniel Schleiermacher nasceu em 1768 e morreu em 1834. Formou-se nos estabelecimentos dos irmãos morávios, e sua principal atividade foi sempre a pregação e o estudo da teologia e da filosofia da religião. Foi durante vários anos pregador na *Charité* de Berlim, depois lecionou em Halle, e posteriormente na universidade berlinense, até sua morte. Suas obras mais importantes são *Kritik der Sittenlehre* (Crítica da moral), *Ethik, Der christliche Glaube* (A fé cristã), *Hermeneutik* e os discursos *Über die Religion* (Sobre a religião). Também fez uma esplêndida tradução de Platão.

A religião • Schleiermacher foi durante vários anos a figura mais destacada da teologia protestante alemã. Hegel se opôs à interpretação que Schleiermacher fazia da religião, e desde então a filosofia da religião ficou fortemente marcada pelas concepções de ambos.

Schleiermacher não admite nem uma teologia racional, nem uma teologia revelada, nem mesmo uma teologia moral como a kantiana, fundada nos postulados da razão prática. O objeto da especulação de Schleiermacher não é tanto *Deus* como *a religião*; mais que teologia, faz filosofia da religião. Essa religião é interpretada por ele como um *sentimento*. É a filosofia do *sentimento religioso*. Em que consiste esse sentimento? É o sentimento de *absoluta dependência*. O homem se sente necessitado, insuficiente, dependente. Dessa submissão procede a consciência de criatura que o homem tem. Com isso, o conteúdo dogmático fica, na verdade, desvirtuado e relegado a um segundo plano, e a religião se torna puro assunto de sentimento. Schleiermacher esquece o sentido fundamental da *religio* como *religatio* e com isso altera sua significação *fundamental*.

Teólogos posteriores • Ao longo do século XIX se produz na Alemanha uma intensa atividade teológica, parcialmente influenciada por Schleiermacher, mas que segue principalmente as pegadas de Hegel, em particular a chamada escola de Tübingen. Um dos mais importantes teólogos desse tempo é Christian Baur. David Strauss, apesar de sua maior superficialidade, alcançou grande fama. A teologia católica, por outro lado, conta na Alemanha com a grande figura de Mathias Josef Scheeben, morto em 1888, cuja obra capital, *Die Mysterien des Christentums*, é uma extraordinária contribuição à teologia especulativa.

4. Derivações do idealismo

No último terço do século XVIII e na primeira metade do XIX, florescem vários pensadores de interesse, ainda que um tanto obscurecidos pelos grandes filósofos do idealismo alemão, cuja influência recebem em maior ou menor medida, e sobre os quais a exercem igualmente. Alguns deles se apõem ao idealismo, mas todos se movimentam no âmbito dos seus problemas e estão condicionados pela posição filosófica da época. Consideremos brevemente os de maior importância.

Herder • Johann Gottfried Herder (1744-1803), parcialmente incluído no ambiente da *Aufklärung*, já em transição para o pensamento romântico, é um dos pensadores que iniciam a compreensão da realidade histórica no século XVIII. Herder leva em consideração as diferenças entre os povos e a influência dos fatores geográficos, mas considera a humanidade uma totalidade submetida à evolução, e seu *desideratum* era "uma história da alma humana, por épocas e por povos". Seus principais escritos são: *Auch eine Philosophie der Geschichte zur Bildung der Menschheit* (Também uma filosofia da história para a formação da humanidade), de 1774, e *Ideen zur Philosophie der Geschichte der Menschheit* (Ideias para a filosofia da história da humanidade), de 1784-91.

Jacobi • Friedrich Heinrich Jacobi (1743-1819), amigo de Goethe na juventude, representante do princípio do sentimento religioso, se opõe ao racionalismo em matéria de religião (Mendelssohn) e apela à fé, assimilada por ele à sociedade: numa e noutra nasceu o homem e nelas tem de permanecer. Jacobi fez uma crítica do kantismo e de alguns pontos da filosofia de Schelling. Seus escritos mais importantes são: *David Hume über den Glauben, oder Idealismus und Realismus* (D.H. sobre a fé, ou idealismo e realismo), *Von den göttlichen Dingen und ihrer Offenbarung* (Das coisas divinas e sua revelação).

Herbart • Johann Friedrich Herbart (1776-1841), contemporâneo das grandes figuras do idealismo alemão, permeado, a contragosto, por seu espírito, opõe-se à tendência dominante em sua época e, apoiado no pensamento do século XVIII e, certamente, em Leibniz, faz sua filosofia pessoal, menos brilhante que a de seus coetâneos Fichte, Schelling ou Hegel, com uma pretensão de *realismo*. Herbart escreveu *Lehrbuch zur Einleitung in die Philosophie* (Manual de Introdução à Filosofia), *Hauptpunkte der Logik* (Pontos principais da lógica), *Hauptpunkte der Metaphysik* (Pontos principais da metafísica), *Allgemeine Metaphysik* (Metafísica geral), *Theoriae de attractione elementorum principia metaphysica, Lehrbuch zur Psychologie* (Manual de psicologia), *Psychologie als Wissenschaft* (Psicologia como ciência), *Allgemeine praktische Philosophie* (Filosofia prática geral), *Allgemeine Pädagogik* (Pedagogia geral).

Para Herbart, a filosofia é a elaboração dos conceitos e se exerce sobre um conhecimento primário que é a experiência; consequentemente, tem de partir do "dado" e do que se impõe a nós, seja matéria ou forma. As matérias e as formas da experiência colocam problemas: o dado é só um ponto de partida, necessário para que os problemas sejam reais, e obriga a filosofar para tornar compreensível a experiência, que por si mesma não o é. *Metaphysica est ars experientiam recte intelligendi*. Deve-se passar de um conceito-problema para um conceito-solução, e para isso intervêm certos modos contingentes de considerar as coisas, que Herbart chama *zufällige Ansichten* ou *modi res considerandi*; assim se chega ao método de "integração dos conceitos".

Herbart distingue entre o que é e o ser ele mesmo, o *quale* que é o ser. Este último é entendido como posição absoluta, independente de nós; é o que Herbart chama de "Real", ou seja, o ente, donde sua tentativa de retorno ao realismo; a doutrina dos Reais se funda na teoria leibniziana das mônadas. Do Real como absoluto só se pode saber que é, que é simples, que não é quantidade e que é cabível a multiplicidade do ser, embora não no ser, isto é, que pode haver um ou muitos Reais. Contudo, considerado segundo nossos modos de pensar, se transforma em *imagem*, com aspectos contingentes que não contradigam essas características essenciais: o que o Real é para nós

– Herbart acaba caindo no idealismo. O eu é um dos Reais, e na sequência dessa ideia Herbart desenvolve sua psicologia, que é, como sua pedagogia, intelectualista: a única função originária da alma é representar. A ética, por último, é interpretada como uma *Geschmackslehre,* uma doutrina do gosto ou ciência da sensibilidade estimativa; o bem é a qualidade daquilo que nos força à aprovação, assim como o mal, à desaprovação; Herbart está muito próximo da ideia de valor, que amadureceria um século depois; o bem não se define nem se inventa: reconhece-se, se aceita, se estima ou aprova; a ética aparece no interior de um âmbito estético, relativa a uma beleza moral diferente da música ou da plástica; as *ideias práticas* são as relações fundamentais estimáveis, as valorizações exemplares; essas ideias são a liberdade íntima, a ideia da perfeição, a ideia da benevolência, a ideia do direito e a ideia da compensação ou equidade (cf. Ortega: *O.C.,* VI, 265-291).

Krause • Karl Christian Friedrich Krause (1781-1832), pertence ao grupo dos pensadores idealistas mais jovens. Com fortes raízes religiosas e éticas, teve relativa originalidade e se esforçou por conciliar o teísmo com as tendências panteístas dominantes em sua época; seu panenteísmo afirma que todas as coisas são *em Deus.* Krause insiste no destino e no valor da pessoa, entendida de modo moral, e desse ponto de vista interpreta o direito e a sociedade; a humanidade é uma federação de associações autônomas, de fim universal ou particular. As principais obras de Krause são: *Entwurf des Systems der Philosophie* (Esboço do sistema da filosofia), *Das Urbild der Menschheit* (O ideal da humanidade), *System der Sittenlehre* (Sistema de ética), *Vorlesungen über das System der Philosophie* (Lições sobre o sistema da filosofia), *Vorlesungen über die Grundwahrheiten der Wissenschaften* (Lições sobre as verdades fundamentais das ciências). Krause deixou muitas obras inéditas, que foram publicadas em parte. Apesar do estilo confuso e algo nebuloso de seus escritos, exerceu uma influência considerável. Seu sistema foi desenvolvido por alguns discípulos alemães, como Roeder e Leonhardi; mas sobretudo na Bélgica, com Ahrens e Tiberghien, e na Espanha, onde o krausismo teve uma vitalidade inesperada, que interessa registrar.

Sanz del Río • Don Julián Sanz del Río (1814-69) foi o fundador e a figura principal da escola krausista espanhola. Balmes e ele – contemporâneos, embora Sanz del Río tenha vivido vinte e um anos mais – são os dois nomes filosóficos mais importantes da Espanha no século XIX. Em 1843 foi nomeado catedrático de História da Filosofia da Universidade de Madri e enviado para realizar estudos na Alemanha; em Heidelberg foi discípulo de Leonhardi e Roeder e morou na casa de Weber, seu professor de História, onde foi companheiro de Amiel. De volta à Espanha, foi inspirador de um núcleo filosófico de extrema vitalidade, que exerceu influência na vida intelectual e política durante muito tempo, ao longo de quase todo o século. Apesar disso, seu valor filosófico é escasso; na hora de entrar em contato com a filosofia alemã, os krausistas escolheram um pensador secundário, muito menos fértil que as grandes figuras da época. Talvez nessa predileção de Sanz del Río tenha influído o caráter religioso e moral da filosofia de Krause. O melhor historiador do krausismo espanhol, Pierre Jobit[1], o interpreta como um movimento *pré-modernista*, precursor no século XIX da corrente heterodoxa que surgiu em alguns grupos católicos por volta de 1900. Os escritos de Sanz del Río tiveram escassa difusão fora do núcleo de seus discípulos, em parte por seu estilo obscuro e ingrato, mas também pelas dificuldades reais do seu pensamento, que significa um considerável esforço filosófico, de efetiva importância dentro das possibilidades espanholas de sua época. As principais obras de Sanz del Río, que seu autor apresentava como exposições de Krause, são *Ideal de la Humanidad para la vida*; *Lecciones sobre el sistema de filosofía analítica de Krause*; *Sistema de la filosofía: Metafísica: Primera parte, Análisis. – Segunda parte, Síntesis*; *Análisis del pensamiento racional*; *Filosofía de la muerte*; *El idealismo absoluto*.

O socialismo •A influência dos idealistas alemães, sobretudo de Hegel, e também de Ludwig Feuerbach (1804-72), hegeliano, crítico da teologia no sentido de um antropologismo ateu, e David Frie-

---

1. *Les krausistes*, par l'abbé Pierre Jobit (Paris-Bordeaux, 1936). Cf. meu ensaio *El pensador de Illescas*, em *Ensayos de teoría* (*Obras*, IV). Cf. também *El krausismo español*, de Juan López-Morillas (México, 1950).

drich Strauss, somada à de Darwin, se exerce sobre os teóricos do socialismo alemão – não esqueçamos as raízes diferentes do socialismo francês, contemporâneo ou ligeiramente anterior. Os mais importantes são Karl Marx (1818-83), Friedrich Engels (1820-95) e Ferdinand Lassalle (1825-64). Os dois primeiros publicaram, em 1848, o *Manifesto comunista* e são os fundadores da Internacional. Marx se doutorou com uma tese sobre Demócrito e Epicuro e publicou depois *Thesen über Feuerbach, Die heilige Familie* (A Sagrada Família), *Misère de la philosophie* (contra a *Philosophie de la misère* de Proudhon), *Zur Kritik der politischen Oekonomie* e, sobretudo, *Das Kapital*. Lassalle escreveu *Die Philosophie des Herakleitos des Dunklen von Ephesos* (A filosofia de Heráclito, o Obscuro de Éfeso) e *System der erworbenen Rechte* (Sistema dos direitos adquiridos).

O ponto de partida desses pensadores é a ideia de *dialética*, tomada de Hegel. Segundo Engels, essa dialética era "especulativa", idealista; partia do puro pensar, mas, a seu ver, deveria partir dos "mais tenazes fatos" *(von den hartnäckigsten Tatsachen)*. Como diz ironicamente Engels, citando a *Lógica* hegeliana, um método que "ia do nada para o nada passando pelo nada" *(von nichts durch nichts zu nichts kam)* não tinha lugar ali. Era necessário submeter essa dialética a uma crítica penetrante, embora Marx e Engels reconhecessem "o enorme sentido histórico" em que se fundava. Essa grandiosa concepção da história, que fez época, "era o pressuposto teórico direto da nova intuição materialista".

Em suas mãos, a dialética idealista de Hegel se transforma numa dialética material, que os leva ao que se costuma chamar – um tanto impropriamente – de "interpretação materialista da história" e que é antes uma interpretação econômica dela. A economia política se transforma assim na disciplina fundamental – Engels, por sua vez, comentou com muita agudeza o tratado de Marx *Zur Kritik der politischen Oekonomie*. A economia política começa com a mercadoria (*Ware*), com o momento em que os produtos são mutuamente trocados. O produto que aparece na troca é a mercadoria. E é mercadoria simplesmente porque à *coisa*, ao produto, se enlaça uma *relação* entre duas pessoas ou comunidades, entre o produtor e o consumidor, que já não estão unidos na mesma pessoa.

Este é o núcleo da concepção marxista: "A economia não trata de coisas, mas de relações entre pessoas e em última instância entre classes; porém essas relações estão sempre *ligadas a coisas e aparecem como coisas.*" Nota-se aqui como se insinua, sem clara justificação, a "coisificação" de um pensamento que originariamente destacava as relações pessoais. Marx insistiu, com acerto e indiscutível genialidade, na importância do fator econômico na história, mas depois pretendeu fundá-la integralmente nele e considerar, mediante uma construção arbitrária e insustentável, todo o restante como uma *superestrutura* da economia. A cultura, a religião, a filosofia e a vida inteira do homem se explicariam pelo componente econômico dela, que, embora muito real, é apenas parcial, e, embora imprescindível, dentro de uma perspectiva íntegra é secundário.

Por outro lado, a ideologia política ligada a essa doutrina filosófica levou a uma substantivação da ideia de "classes" sociais, à fixação de dois tipos, "burguês" e "proletário", construções relativamente aceitáveis para explicar a situação social na Europa nos começos da era industrial, mas absolutamente insuficientes quando aplicadas a outras épocas ou a outros países, e que exercem uma violenta deformação da realidade, que não se ajusta aos esquemas que lhe são impostos.

A importância de Marx como economista é muito grande, e ainda maior é sua significação política como fundador de um dos maiores movimentos de massas da história; contudo essa importância não é filosófica. O chamado "pensamento marxista" posterior esteve circunscrito a uma disciplina muito estreita, a ponto de constituir uma forma de escolástica em que as autoridades *filosóficas* mais constantemente citadas foram, além de Marx e – secundariamente – Engels, Lenin e Stalin (este último apagado subitamente depois de sua morte). Atualmente, as figuras de maior interesse entre os pensadores marxistas são o húngaro György Lukács (n. em 1885), autor de *Die Theorie des Romans, Geschichte und Klassenbewusstsein, Essays über den Realismus, Die Zerstörung der Venunft*; e o alemão Ernst Bloch, atualmente professor na Alemanha ocidental: *Das Prinzip Hoffnung, Naturrecht und menschliche Würde*.

O materialismo dogmático e o princípio do ateísmo professado pelo marxismo deram a esse movimento um caráter sumamente rígido e com traços quase religiosos, que não têm muito a ver com o núcleo originário do pensamento de Marx, principalmente o de sua juventude, estudado hoje com maior interesse e independência do que as formas ditadas por uma rígida organização alheia à atitude de perene inquietude, busca e justificação, que é própria da filosofia.

5. Schopenhauer

Personalidade • Arthur Schopenhauer nasceu em Danzig em 1788 e morreu em Frankfurt em 1860. Era filho de um rico comerciante e de uma mulher inteligente e culta, romancista. Depois de iniciar-se no comércio, estudou filosofia em Göttingen e Berlim. Sua tese de doutorado foi seu livro *Über die vierfache Wurzel des Satzes vom zureichenden Grunde* (Sobre a quádrupla raiz do princípio de razão suficiente). Em 1818 terminou sua principal obra, *Die Welt als Wille und Vorstellung* (O mundo como vontade e representação), que teve muito pouco sucesso. A partir de 1820 foi *privatdozent* em Berlim e quase não teve ouvintes para seu curso, que anunciou para a mesma hora do de Hegel. Por ocasião da epidemia de cólera de 1831, Schopenhauer abandonou Berlim para fugir dela e se estabeleceu definitivamente em Frankfurt; assim escapou da doença, enquanto Hegel morria. Posteriormente escreveu outros livros que obtiveram mais sucesso: *Über den Willen in der Natur* (Sobre a vontade na natureza), *Die beiden Grundprobleme der Ethik* (Os dois problemas fundamentais da Ética), *Aphorismen zur Lebensweisheit* (Aforismos para a sabedoria da vida), *Parerga und Paralipomena.*

Durante toda sua vida, Schopenhauer manteve uma áspera hostilidade contra os filósofos idealistas pós-kantianos, especialmente Hegel, a quem insulta, às vezes com engenho, e com frequência com trivialidade e falta de sentido. Sua falta de sucesso e de glória como professor e como escritor acentuou nele um pessimismo mordaz e agressivo, que caracteriza sua filosofia. Schopenhauer teve vivo interesse pela arte, música e literatura. Admirou e traduziu Gracián, de cujo estilo sentencioso e aforístico gostava. Os teóricos que mais o influenciaram foram Platão, Kant, os idealistas pós-kantianos – embora se opusesse a eles – e, por outro lado, o pensamento hindu e o budismo. Com a velhice, e depois de sua morte, a influência de Schopenhauer estendeu-se bastante, mas não se exerceu tanto pelas vias da filosofia rigorosa como pelas da literatura, da teosofia etc.

O mundo como vontade e representação • O título da grande obra de Schopenhauer contém a tese central de sua filosofia. O mundo é um "fenômeno", uma *representação*; Schopenhauer não distingue fenômeno e aparência, pelo contrário, identifica-os; o mundo de nossa representação é aparência ou engano. As formas deste mundo, que o transformam num mundo de objetos, são o espaço, o tempo e a causalidade, que ordenam e elaboram as sensações. As raízes kantianas desta teoria são visíveis.

No entanto, há um momento do mundo que não apreendemos como puro fenômeno, mas sim de modo mais profundo e imediato: o eu. Por um lado, o eu é perceptível como corpo; mas também como algo não espacial, alheio ao tempo e livre, que chamamos *vontade*. O homem se apreende, em seu estrato mais profundo, como *vontade de viver*. Cada coisa no mundo se manifesta como afã ou vontade de ser; tanto no inorgânico e no orgânico como na esfera da consciência. Portanto, a realidade é vontade. Como o querer supõe uma *insatisfação*, a vontade é constante dor. O prazer, que é transitório, consiste numa cessação da dor; a vida, no fundo, é dor. Isso faz com que a filosofia de Schopenhauer seja de um rigoroso pessimismo. A vontade de viver, sempre insaciada, é um mal; portanto, também o mundo e nossa vida o são.

A ética de Schopenhauer deriva dessa ideia. O sentimento moral é a *compaixão* e a tendência a aliviar a dor dos demais seres. Para isso tendem também o saber e a arte, especialmente a música; no entanto, são remédios passageiros. A única salvação definitiva é a *superação da vontade de viver*. Se a vontade se anula, entramos no *nirvana*; isto, que parece uma simples aniquilação, é na realidade o maior bem, a verdadeira salvação, o único que põe fim à dor e ao descontentamento do querer sempre insatisfeito.

A ética de Schopenhauer tinha também um caráter determinista, no sentido de que o homem é bom ou mau essencialmente e para sempre, sem que haja possibilidade de levá-lo, por exemplo, à bondade. Em contraposição à doutrina socrática, Schopenhauer crê que a virtude não pode ser ensinada, que se é bom ou mau *a radice*.

A filosofia de Schopenhauer é aguda e engenhosa, com frequência profunda, exposta com grandes dotes de escritor, e está animada por uma forte e rica personalidade; entretanto, seus fundamentos metafísicos são de pouca solidez, e sua influência levou muitos a se perderem num trivial *diletantismo*, impregnado de teosofia, literatura e "filosofia" hindu, na qual o que certamente se perde é o sentido da filosofia.

Vimos que, na verdade, o período idealista alemão termina em Hegel; os outros pensadores são consequência desse idealismo: eles se entregam a uma especulação que vai perdendo contato com os autênticos problemas da metafísica. A vaguidade, a nebulosidade e as construções fantásticas, que Hegel já identificava em seu tempo, ressurgem com mais pujança depois de sua morte. Isso provocará um movimento de reação, que irá submergir a filosofia numa de suas mais profundas crises: é o que chamamos de positivismo.

A filosofia no século XIX

A história da filosofia contemporânea, elaborada a partir de meados do século XX, tem de situar os pensadores do século passado numa perspectiva pouco usual, que não coincide com o modo habitual de representação de suas figuras. Com efeito, temos de interpretar a filosofia do passado recente tendo como guias duas ideias norteadoras: uma, a compreensão daquele tempo, diferente, embora próximo; outra, a necessidade de explicar a maneira como nossa filosofia provém daquela, e como àquele tempo sucede o que nos foi dado viver. Isso impõe, em primeiro lugar, uma apreciação da significação dos filósofos do século XIX, que não corresponde à que esteve vigente na época. Alguns pensadores, obscuros e mal-entendidos pelo seu meio, aparecem hoje como o que houve de mais substantivo e eficaz na filosofia do século passado. E, no interior da obra deles, com frequência as dimensões menos notórias e famosas em seu tempo se revelam decisivas, e também como antecipações das mais profundas descobertas de nossos dias.

O século XIX é uma época de certa anormalidade filosófica; a rigor, não começa antes da morte de Hegel, em 1831; seu primeiro terço, junto com o último da centúria anterior, forma um período bem diferente, dominado pelo idealismo alemão. Com a morte de Hegel, uma etapa se esgota e a filosofia mergulha numa profunda crise, na qual quase desaparece. Isso não é estranho, porque a história da filosofia é descontínua, e as épocas de máxima tensão criadora são sempre seguidas de longos anos de relaxamento, em que a mente parece não poder suportar o esforço metafísico. No entanto, no século XIX a filosofia é ademais formalmente negada, o que supõe um peculiar fastio ao filosofar, provocado, ao menos parcialmente, pelo abuso dialético em que cai o genial idealismo alemão. Surge então a necessidade premente de se ater às coisas, à realidade mesma, de se afastar das construções mentais para se ajustar ao real tal como ele é. E a mente europeia de 1830 encontra nas ciências particulares o modelo que irá transpor para a filosofia. A física, a biologia, a história vão surgir como modos exemplares de conhecimento. Dessa atitude nasce o *positivismo*.

O propósito inicial – ater-se à realidade mesma – é irrepreensível e constitui um imperativo filosófico permanente. Contudo, o problema começa justamente aqui: qual é a realidade? Como vemos, a filosofia não pode ser delimitada nem definida extrinsecamente, sua demarcação supõe uma questão metafísica prévia. Com excessiva precipitação, o século XIX acredita poder suprimi-la e afirma que a realidade são os *fatos sensíveis*. É esse o erro que invalida o positivismo. E, sem qualquer violência, a filosofia de Comte até hoje poderia ser interpretada como um esforço para restabelecer efetivamente esse postulado, para se tornar verdadeiramente *positiva*: em outros termos, para descobrir qual é a realidade autêntica, sem construções mentais e sem exclusões, a fim de se ater fielmente a ela.

Porque, é claro, a realidade é desvirtuada tanto mediante adições como mediante supressões. Aquilo que meu pensamento superpõe às coisas as altera e falseia; porém, não é menos falsa a parcialidade, tomar a parte pelo todo, crer que *algo real* é, sem mais nem menos, *a realidade*. Foram muitas as vezes em que a filosofia identificou uma porção ou elemento do que existe com a sua totalidade, e teve constantemente de se esforçar para corrigir esse erro e integrar a visão da realidade com os elementos que tinham sido deixados de fora e que com sua ausência falseavam a perspectiva.

No entanto, o erro com que o século XIX começa é mais grave, porque define o real, ou seja, formula uma tese metafísica, e ao mesmo tempo não se dá conta disso, a ponto de negar sua possibilidade, o que quer dizer que não entende sua interpretação da realidade – os fatos sensíveis – como aquilo que é, uma interpretação, mas sim como a própria realidade; parte desse pressuposto sem sequer ter consciência dele. Por isso, o problema que se colocará para a filosofia depois do positivismo é duplo: primeiro, descobrir a realidade autêntica, o que depois será chamado de *realidade radical*, e, em segundo lugar, reivindicar a necessidade e a possibilidade da metafísica.

As duas empresas transcorrem simultânea e paralelamente. Não se irá fazer uma especulação sobre a própria filosofia, em virtude da qual se mostre a validade do conhecimento metafísico, para depois, já de posse desse instrumento, investigar a estrutura do real. Pelo contrário, o esforço do próprio filosofar levará à evidência de que o positivismo *já* estava fazendo metafísica, justamente quando pretendia eliminá-la. Fazia metafísica, mas sem sabê-lo, ou seja, de modo pouco *positivo*, e por isso errôneo e deficiente. E a tentativa de levar a filosofia para sua verdadeira positividade obrigará, por um lado, a reparar em realidades que tinham sido obstinadamente deixadas de lado – concretamente a esfera dos objetos ideais e a realidade da *vida humana*, com seus peculiares modos de ser e todas as suas consequências ontológicas; e, por outro, para apreender essas realidades será necessário usar instrumentos mentais novos, que darão uma nova imagem do conhecimento e da própria filosofia.

Desse modo, nosso tempo se encontra na situação de criar uma nova metafísica que, por sê-lo, está radicada em toda a tradição do passado filosófico. Depois das antecipações de alguns poucos pensadores geniais do século XIX, a fenomenologia, a filosofia existencial e a da razão vital criaram um método de saber e voltaram a atenção para o mundo ideal e para a realidade da vida. Agora, esta filosofia de nosso tempo se vê obrigada a descer ao fundo das questões últimas, e com isso adquire seu máximo radicalismo.

I. A SUPERAÇÃO DO SENSUALISMO

Na primeira metade do século XIX, a intensidade da vida filosófica volta para França. Depois da época de plenitude do Iluminismo, aparece uma série de pensadores franceses interessantes, afinados com os *ideólogos* do final do século XVIII, e que se ocupam principalmente de questões relacionadas com a psicologia e com a origem das ideias. Essa filosofia, que invoca como antecedente imediato o sensualismo de Condillac, inicia um paulatino desvio desse ponto de vista e termina por abordar as questões metafísicas; é uma fase concretamente importante da pré-história da filosofia da vida.

Os dois filósofos mais consideráveis que representam essa tendência são Laromiguière e Degérando, antecedentes do principal pensador da época, Maine de Biran, de quem logo surge o grupo dos espiritualistas. Laromiguière (1756-1847) escreveu *Leçons de philosophie*, sensualista em linhas gerais, mas em que se distingue a recepção da reação, se afirma a atividade do eu, manifestada na *atenção*, e se esboça uma tentativa de superação do puro sensualismo. Degérando (1772-1842), de uma geração posterior, sensualista também, filiado a Bacon, Locke e Condillac, porém conhecedor do idealismo alemão, que perturba sua posição filosófica, escreveu um extenso livro em quatro volumes, intitulado *Des signes et de l'art de penser considérés dans leurs rapports mutuels*, e depois *Histoire comparée des systèmes de philosophie, relativement aux principes des connaisances humaines*, em três tomos. Degérando postula uma *filosofia da experiência*; afirma uma dualidade de dois elementos, o *eu* e as existências *contíguas*, que se revelam no fato da resistência. Ao mesmo tempo tenta unir o racionalismo e o empirismo, numa atitude que antecipa a eclética.

1. Maine de Biran

Situação filosófica • O mais profundo e original dos filósofos franceses de seu tempo é Maine de Biran (1766-1824). Sua principal obra é o *Essai sur les fondements de la psychologie et sur ses rapports avec l'étude de la nature* (1812); entre seus escritos de maior interesse contam-se também: *Journal, Mémoire sur la décomposition de la pensée, Influence de l'habitude sur la faculté de penser*. Maine de Biran, influenciado por Destutt de Tracy e Laromiguière, em polêmica com De Maistre e De Bonald, representa uma posição que tem certa analogia com a de Fichte na Alemanha. A partir de uma atitude inicial sensualista, desemboca na primeira compreensão relativamente madura da vida humana e termina num pensamento teísta e católico. Maine de Biran foi mal entendido em seu tempo, em parte pela originalidade de seu ponto de vista, e em parte pela obscuridade de sua expressão vacilante, embora os pensadores franceses posteriores o tenham invocado como mestre. Sua filosofia ainda não foi suficientemente utilizada, apesar dos esforços realizados neste século.

Metafísica • Maine de Biran, de acordo com os pressupostos sensualistas, procura o *fato primitivo* em que deve fundar-se a ciência. Este, contudo, não pode ser a *sensação*, porque esta não é sequer um *fato*; um fato, para sê-lo, deve ser conhecido, deve ser *para alguém*, e exige a coincidência da impressão sensorial com o eu. A *consciência* implica uma dualidade de termos, uma coexistência, e isto por sua vez exige um *âmbito* prévio, em que eu me encontro com o conhecido. O sabido é sempre *consabido*, porque saber é eu me saber *com* o objeto. Todo fato supõe uma dualidade de termos que não podem ser concebidos separadamente, mas que são função um do outro: o eu só existe ao se exercer ante uma resistência. Maine de Biran transforma os conceitos objetivos em funcionais; a coexistência é uma realidade dinâmica, um "fazer": o *esforço*. O eu e o resistente são somente ingredientes dessa realidade ativa[1].

---

3. Cf. meu estudo *El hombre y Dios en la filosofía de Maine de Biran*, em *San Anselmo y el insensato* (*Obras*, IV).

A consequência disso é um tanto radical: *eu não sou uma coisa*; o homem forma uma antítese com o universo inteiro; nem o esforço é *coisa*, nem tampouco seus termos, que só se constituem como tais em sua interação. Maine de Biran entende a vida como uma tensão ativa entre um eu e um mundo que só são momentos da realidade primária do esforço. O *eu vem a ser*, se constitui no esforço, e por isso o homem pode iniciar séries de atos livres e tem vida pessoal, humana. Em Maine de Biran constitui-se obscuramente uma visão vacilante e confusa, mal expressa, porém certeira, dessa realidade que chamamos *vida humana*.

2. O espiritualismo

Os ecléticos • Inspirado em Maine de Biran, embora de modo pouco profundo, que não retomava o mais valioso de seu pensamento, apareceu o *espiritualismo* francês, que dominou a vida filosófica oficial durante cinquenta anos. Seu iniciador é Royer-Collard (1763-1843), figura relevante do doutrinarismo político, que recolheu os ensinamentos da escola escocesa de Thomas Reid e Dugald Stewart. Théodore Jouffroy (1796-1842) é um pensador afinado com essa tendência. No entanto, o pensador mais importante do grupo é Victor Cousin (1792-1867), fundador do *ecletismo*, filosofia oficial da Universidade francesa durante o reinado de Luís Felipe. Cousin é um filósofo pouco original, que pretende harmonizar os diversos sistemas e revela influências cambiantes, dos gregos aos idealistas alemães, sobretudo Schelling, e certamente os escoceses e Maine de Biran. Foi um eficaz propulsor dos estudos de história da filosofia, e ele mesmo os cultivou intensamente. Publicou diversos *Cours d'histoire de la philosophie*, *Fragments philosophiques*, *Du vrai, du beau et du bien* e várias obras históricas e biográficas, particularmente sobre o círculo de Port-Royal.

Os tradicionalistas • Também como reação ao sensualismo, mas com marcada orientação para os problemas da sociedade, da política e da história, aparece um grupo de pensadores católicos, fortemente vinculados a Roma, fundadores da tendência *ultramontana*, que encontra no Papado e na legitimidade o fundamento da ordem social.

Representam uma posição tradicionalista, que desconfia da razão e faz residir as verdades fundamentais na "crença" de que a sociedade é depositária; em política se opõem ao espírito e às doutrinas da Revolução Francesa. Os pensadores mais importantes desse núcleo são o conde Joseph de Maîstre (1753-1821), saboiano, que foi embaixador na Rússia (*Du Pape, Soirées de Saint-Pétersbourg*) e Louis de Bonald (1754-1840), que tentou uma sistematização do tradicionalismo (*Législation primitive, Essai analytique sur les lois naturelles de l'ordre social*). Lamennais – que no final se separou da Igreja – tem certas afinidades com esse grupo; além dele, Lacordaire e Montalembert, embora estes se orientem para uma atitude mais liberal.

A Revolução, que por um lado provocou essa reação tradicionalista, despertou ao mesmo tempo um movimento de caráter *social*, dirigido por vários teóricos franceses, que imaginaram doutrinas sociais utópicas, porém não isentas de ideias agudas sobre o problema da sociedade. Destacam-se Saint-Simon, Fourier e Proudhon, que prepararam ao mesmo tempo correntes políticas socialistas e a fundação da ciência social.

Todos esses elementos são utilizados de diferentes maneiras pelo positivismo, que é o que há de mais importante na filosofia do século XIX.

Balmes • O sacerdote catalão Jaime Balmes, nascido em Vich em 1810 e morto em 1848, representa, com Sanz del Río, a principal contribuição espanhola à filosofia do século XIX e tem certa afinidade com os pensadores franceses mencionados. Em sua curta vida teve uma intensa atividade política, jornalística e filosófica. Suas obras mais importantes são: *El criterio* – uma lógica popular do bom senso –, *El protestantismo comparado con el catolicismo* – réplica à *Histoire de la civilisation en Europe*, de Guizot –, *Filosofía elemental, Filosofía fundamental*.

Balmes, familiarizado com a Escolástica por sua formação sacerdotal, soube renová-la num momento de grande decadência, com contribuições da escola escocesa, por um lado, e dos sistemas de Descartes e Leibniz por outro. Sua obra, mesmo dentro das limitações impostas pela circunstância histórica em que viveu e por sua prematura morte, significou uma tentativa séria e valiosa de restaurar os estudos filosóficos na Espanha, e teria podido significar um efetivo ressurgimento. Sua visão da filosofia contemporânea, sobretudo do idealismo alemão, é superficial e pouco acertada; enfoca, no entanto, muitas outras questões com bom senso e perspicácia frequente.

Fora do campo estrito da filosofia, e próximo dos tradicionalistas franceses, está Juan Donoso Cortés (1809-53), embaixador da Espanha em Paris, onde entrou em contato com os católicos, pelos quais foi muito estimado. Sua principal obra é o *Ensayo sobre el catolicismo, el liberalismo y el socialismo*.

II. O POSITIVISMO DE COMTE

Personalidade • Auguste Comte nasceu em 1798 e morreu em 1857. Pertencia a uma família católica, monárquica e conservadora, mas logo adotou uma orientação inspirada pela Revolução Francesa. Colaborou com Saint-Simon, de quem se separou depois, e se familiarizou com os problemas sociais. Foi aluno da Escola Politécnica de Paris, onde adquiriu uma sólida formação matemática e científica. Posteriormente, foi repetidor na Escola, até que as inimizades fizeram com que perdesse o cargo. Muito jovem, publicou uma série de *Opúsculos* muito interessantes sobre a sociedade, e depois empreendeu a grande obra de seis grossos volumes que intitulou *Cours de philosophie positive*. Em seguida escreveu um breve compêndio, o *Discours sur l'esprit positif, Catéchisme positiviste* e sua segunda obra fundamental, *Système de politique positive, ou Traité de sociologie, instituant la religion de l'Humanité*, em quatro tomos. O *Cours* foi publicado entre 1830 e 1842, e o *Système*, entre 1851 e 1854.

A vida de Comte foi difícil e desgraçada. Em sua vida privada foi infeliz, e nunca conseguiu obter o menor desafogo econômico, apesar de sua indiscutível genialidade e do seu esforço. Em seus últimos anos vivia sustentado por seus amigos e partidários, principalmente franceses e ingleses. Auguste Comte apresenta características de desequilíbrio mental, que em certo momento se acentuaram muito. No final da vida teve um profundo amor por Clotilde de Vaux, que morreu pouco depois; essa perda contribuiu para abatê-lo.

1. A história

A lei dos três estados • Segundo Comte, os conhecimentos passam por três estados teóricos diferentes, tanto no indivíduo como na espécie humana. A *lei dos três estados*, fundamento da filosofia positiva, é ao mesmo tempo uma teoria do conhecimento e uma filosofia da história. Estes três estados são chamados teológico, metafísico e positivo.

O estado *teológico* ou fictício é provisório e preparatório. Nele a mente procura as *causas e princípios das coisas*, o mais profundo, longínquo e inacessível. Nele há três fases distintas: o *fetichismo*, em que se personificam as coisas e se atribui a elas um *poder* mágico ou divino; o *politeísmo*, em que a animação é retirada das coisas materiais para ser transladada para uma série de divindades, cada uma das quais representa um grupo de poderes: as águas, os rios, os bosques etc.; e, por último, o *monoteísmo*, a fase superior, em que todos esses poderes divinos ficam reunidos e concentrados em um, chamado Deus. Como se vê, a denominação de estado *teológico* não é apropriada; seria preferível dizer religioso ou talvez *mítico*. Neste estado predomina a *imaginação*, e ele corresponde – diz Comte – à *infância* da Humanidade. É também a disposição primária da mente, na qual se volta a cair em todas as épocas, e só uma lenta evolução pode fazer com que o espírito humano se afaste dessa concepção para passar a outra. O papel histórico do estado teológico é insubstituível.

O estado *metafísico* ou abstrato é essencialmente crítico e de transição. É uma etapa intermediária entre o estado teológico e o positivo. Nele continua-se a procurar os conhecimentos *absolutos*. A metafísica tenta explicar a natureza dos seres, sua essência, suas causas. Para isso, porém, não recorre a agentes sobrenaturais, e sim a *entidades* abstratas que lhe conferem seu nome de *ontologia*. As ideias de princípio, causa, substância, essência designam algo diferente das coisas, embora *inerente* a elas, mais *próximo* delas: a mente, que se lançava na busca do longínquo, vai se aproximando das coisas passo a passo, e assim como no estado anterior os poderes se resumiam no conceito de Deus, aqui é a *Natureza* a grande entidade geral que o substitui. No entanto, essa unidade é mais frágil, tanto mental como socialmente, e o caráter do estado metafísico é sobretudo crítico e negativo, de preparação da passagem para o estado positivo: uma espécie de crise da puberdade no espírito humano, antes de chegar à idade viril.

O estado *positivo* ou real é o *definitivo*. Nele, a imaginação fica subordinada à *observação*. A mente humana se atém às *coisas*. O positivismo procura exclusivamente fatos e suas leis. Não busca causas nem princípios das essências ou substâncias. Tudo isso é inacessível. O positivismo se atém ao *positivo*, ao que está *posto* ou *dado*: é a filosofia dos *dados*. A mente, num longo retrocesso, se detém finalmente ante as coisas. Renuncia àquilo que é inútil tentar conhecer e procura apenas as leis dos fenômenos.

Relativismo • O espírito positivo é *relativo*. O estudo dos fenômenos nunca é absoluto, mas relativo à nossa organização e à nossa situação. A perda ou aquisição de um sentido – diz Comte – alteraria nosso mundo completamente e também nosso saber sobre ele. Nossas ideias são fenômenos não só individuais, como também sociais e coletivos, e dependem das condições de nossa existência, individual e social, e portanto da *história*. O saber tem de se aproximar incessantemente do limite ideal fixado por nossas necessidades. E o fim do saber é a *previsão racional: voir pour prévoir, prévoir pour pourvoir* é um dos lemas de Comte.

2. A sociedade

O caráter social do espírito positivo • Comte afirma que as ideias governam o mundo; há uma correlação entre o mental e o social, e um depende do outro. O espírito positivo tem de fundar uma ordem social, quebrantada pela metafísica crítica, e superar a crise do Ocidente. Comte elabora uma aguda teoria a respeito do poder espiritual e temporal. A constituição de um saber positivo é a condição para que haja uma autoridade social suficiente. E isso reforça o caráter histórico do positivismo; para Comte, o sistema que explicar o passado será dono do porvir. Desse modo, em continuidade histórica e equilíbrio social, pode realizar-se o lema político de Comte: *ordre et progrès*; ordem e progresso. E o imperativo da moral comtista –

que é uma moral essencialmente social – é viver para o próximo: *vivre pour autrui*.

A sociologia • Comte é o fundador da ciência da sociedade, que chamou primeiro de física social e depois de sociologia. Comte tenta levar o estudo da Humanidade coletiva ao estado positivo, isto é, transformá-lo em ciência positiva. E essa sociologia é, antes de tudo, uma interpretação da realidade histórica. Na sociedade rege também e principalmente a lei dos três estados, com outras tantas etapas: numa predomina o *militar*, que chega até o século XII; Comte valoriza muito a função de organização da Igreja Católica. Na época metafísica, a influência social cabe aos *legistas*; é a época da irrupção das classes médias, a passagem da sociedade militar à sociedade econômica; é um período de transição, crítico e dissolvente, revolucionário; o protestantismo contribui para essa dissolução. Por último, a época *industrial*, regida pelos interesses econômicos, corresponde ao estado positivo, e nela deverá ser restabelecida a ordem social, que deverá se fundar num poder *mental e social*. O grande protagonista da história é a Humanidade, que a sociologia de Comte chega quase a divinizar transformando-a em *religião*.

A religião da humanidade • Em seus últimos anos, Comte chegou a ideias que, embora extravagantes, emergem do mais profundo do seu pensamento: é o caso da ideia da "religião da Humanidade". A Humanidade em seu conjunto é o *Grand-Être*, o fim de nossas vidas pessoais; por isso a moral é *altruísmo*, viver para os demais, para a Humanidade. Esse Grande Ser deve ser objeto de culto, primeiro um culto privado, no qual o homem se sente solidário com seus antepassados e descendentes, e depois também um culto público. Comte chegou a imaginar a organização de uma Igreja completa, com "sacramentos", sacerdotes, um calendário com festas dedicadas às grandes figuras da Humanidade etc. Nessa Igreja falta apenas Deus e, naturalmente, é isso que faz com que não tenha sentido religioso. Com essa ideia estranha, que evidentemente tinha uma boa medida de desvario, Comte expressa de modo claríssimo o papel que concede ao *poder espiritual* na organização da vida social, e procura seu modelo no poder espiritual por excelência, a Igreja católica, em cuja hierarquia e em cujo culto se inspira para sua "religião". E assim chega o filósofo positivista a resumir seu pensamento num último lema: *L'amour pour principe; l'ordre pour base, et le progrès pour but**. Agora vemos o sentido pleno do título completo da Sociologia de Comte: a política, a sociologia e a religião da Humanidade estão inseparavelmente ligadas.

3. A ciência

A enciclopédia das ciências • Comte fez uma classificação das ciências que teve grande influência num momento posterior, e que nos interessa particularmente porque destaca algumas características de seu pensamento. As ciências estão numa ordem hierárquica determinada, que é a seguinte:

matemática-astronomia – física-química – biologia-sociologia.

Comte diz que essa hierarquia tem um sentido histórico e dogmático, científico e lógico. Em primeiro lugar, é a ordem em que as ciências foram aparecendo e, principalmente, a ordem em que foram atingindo seu estado positivo. Em segundo lugar, as ciências estão ordenadas segundo sua extensão decrescente e sua complexidade crescente. Em terceiro lugar, segundo sua independência; cada uma necessita das anteriores e é necessária para as seguintes. Por último, aparecem agrupadas em três grupos de dois, com afinidades especiais entre si. As ciências da vida – biologia e sociologia – são as últimas a sair do estado teológico-metafísico. A sociologia, em particular, é transformada em ciência efetiva pela obra de Comte. Dessa maneira, não só se completa a hierarquia das ciências, como também se passa a possuir a disciplina mais importante dentro do esquema comtiano da filosofia, definida por seu caráter histórico e social.

Observam-se algumas estranhas omissões na enciclopédia de Comte. Para começar, falta nela a metafísica, que o positivismo consi-

---

* O amor por princípio, a ordem por base e o progresso por fim. (N. T.)

dera impossível, embora, como vimos, a produza, uma vez que Comte elabora uma concreta teoria da realidade. Também falta, naturalmente, a teologia; é algo que dispensa explicação. Também não encontramos a psicologia; que fica dissolvida entre a biologia e a sociologia; Comte considera impossível a introspecção, e só considera possível a psicologia experimental, que se inclui na esfera de uma ou outra das duas ciências vitais, segundo se trate do indivíduo ou do homem em sua dimensão social. A história e as *ciências do espírito* de modo geral não aparecem autonomamente na lista de Comte, porque ele estava preso à ideia da unidade do método e insiste em aplicar sempre o das ciências naturais, apesar de sua genial visão do papel da história.

A filosofia • Portanto, o que é a filosofia para o positivismo? Aparentemente, uma reflexão sobre a ciência. Depois de esgotada esta, não sobra um objeto independente para a filosofia que não seja aquela reflexão; a filosofia se transforma em *teoria da ciência*. Assim, a ciência positiva adquire unidade e consciência de si própria. Mas a filosofia, é claro, desaparece; e é isso o que ocorre no movimento positivo do século XIX, que tem muito pouco a ver com a filosofia.

Contudo, no próprio Comte não é isso o que acontece. Além do que acredita fazer, existe o que efetivamente faz. E vimos que, em primeiro lugar, é uma filosofia da história (a lei dos três estados); em segundo lugar, uma teoria *metafísica* da realidade, histórica e *relativa*, entendida com características tão originais e tão novas como o ser social; em terceiro lugar, uma disciplina filosófica completa, a ciência da sociedade, a ponto de a sociologia, nas mãos dos sociólogos posteriores, nunca ter atingido a profundidade de visão que alcançou com seu fundador. Este é, definitivamente, o aspecto mais *verdadeiro* e interessante do positivismo, o que faz com que seja realmente filosofia, a despeito das aparências e de todos os positivistas.

4. *O sentido do positivismo*

O que mais chama a atenção em Comte é a importância que atribui a si mesmo. Tem consciência de sua enorme e definitiva importância para o mundo e sempre começa seus livros com um ar vitorioso, saturado de gravidade inaugural. Por que Comte tem tanta importância? Que é que traz com tanta gravidade entre as mãos? E note-se que esse primeiro gesto solene, quase hierático, se enlaça mentalmente com as cerimônias finais da *religião* da Humanidade. É necessário procurar o fio que vai de uma coisa à outra.

Auguste Comte tem certeza de que não fala em nome próprio; sua voz não é só sua: é a voz concreta, individualizada, da história; por isso soa com tanta majestade. Comte não tem dúvida de estar *no nível de seu século*. E isso é o que importa. Estar no nível de seu século quer dizer estar instalado na filosofia positiva; e esta não é nada menos que o estado *definitivo* da mente humana. Estar no nível de seu século significa já ter chegado e não estar na metade do caminho. Essa ciência positiva é uma disciplina de modéstia; e essa é sua virtude. O saber positivo se atém humildemente às coisas; fica diante delas, sem intervir, sem pular por cima para lançar-se em falaciosos jogos de ideias; não pede mais *causas*, tão-somente *leis*. E, graças a essa austeridade, consegue obter essas leis e as possui com precisão e certeza. A questão, no entanto, é que essa situação não é primária: pelo contrário, é o resultado dos esforços milenares para reter a mente, que escapava para todas as lonjuras, e forçá-la a cingir-se docilmente às coisas. Esses esforços são a história inteira; e Comte terá de dar conta de toda ela para poder entender o positivismo como aquilo que é, fielmente, sem falseá-lo, de modo *positivo*. E não é mais que um *resultado*. Vemos, pois, que o próprio imperativo de positividade postula também uma filosofia da história; o que corresponde ao primeiro elemento de seu sistema: a lei dos três estados. A filosofia positiva é, *ab initio*, algo histórico.

Comte volta inúmeras vezes e de maneira totalmente explícita ao problema da história, reivindicando-a como domínio próprio da filosofia positiva. *Tout est relatif; voilà le seul principe absolu* – já escrevia ele em 1817, ainda moço. E nessa relatividade encontra, quase trinta anos depois, a razão do caráter histórico da filosofia positiva, que pode explicar *todo* o passado. Isto não é um luxo da filosofia, algo que lhe é agregado, mas sim, como soube ver e mostrar Ortega, o principal de sua metafísica. Comte talvez não tenha se dado conta disso porque não tinha a intenção de fazer metafísica; mas a importância central desse relativismo não lhe escapa. Nele se funda a capacidade de *progresso* da filosofia positiva; e com isso, a possibilidade de alterar e melhorar não só a *condição* do homem, mas especialmente sua *natureza*. Nada mais grave poderia ser dito e, por isso mesmo, nada mais quero fazer a não ser registrá-lo; um comentário suficiente levaria a problemas que não podemos nem mesmo formular aqui.

Contudo, não quero deixar de citar umas palavras de Comte, claríssimas e atuais, que evidenciam bem seu pensamento: *Hoje é possível assegurar* – escreve – *que a doutrina que explicar suficientemente o conjunto do passado obterá inexoravelmente, em consequência dessa única prova, a presidência mental do porvir.*

Vemos, pois, que por trás de seu naturalismo científico há em Comte, de maneira essencial, um pensamento histórico. E isso é o que dá à sua filosofia sua maior atualidade e fecundidade. Toda ela está permeada pelo problema que tentei precisar, no qual se manifesta sua unidade mais profunda. E essa unidade é, justamente, o espírito positivo.

III. A FILOSOFIA DE INSPIRAÇÃO POSITIVISTA

1. Os pensadores franceses

Quase toda a filosofia do século XIX está dominada, essencialmente, pelo positivismo, e toda ela revela, de um modo ou outro, sua influência. Na França, essa presença é mais viva e constante do que em qualquer outro lugar. Na Espanha, o positivismo teve um representante que poderíamos chamar de "oficial" em Littré (1801-81), que em sua exposição da obra de Comte não destacou o mais fecundo e original dele. Num âmbito filosófico análogo se encontra Hippolyte Taine (1828-93), autor de um livro engenhoso e superficial sobre a filosofia francesa contemporânea *(Les philosophes classiques du XIXe siècle en France)*, de um livro extenso sobre *L'intelligence* e de numerosos estudos de história e arte. Também Ernest Renan (1823-92), orientalista e cultivador da filologia semítica e da história das religiões. Uma ala do positivismo francês se dedicou particularmente à sociologia, seguindo o caminho iniciado por Comte, embora com menor clarividência. Entre esses sociólogos encontram-se Durkheim (1858-1917), cujos principais livros são *De la division du travail social* e *Les règles de la méthode sociologique*; Gabriel Tarde (1843-1904), autor de *Les lois de l'imitation, La logique sociale, Les lois sociales*; Lévy-Bruhl (1857-1939), dedicado aos estudos de etnografia e sociologia dos povos primitivos, cuja principal obra é *La mentalité primitive*. Também tem vínculos estreitos com o positivismo o médico Claude Bernard (1813-78), autor da *Introduction à l'étude de la médecine expérimentale*, que em seus últimos anos começou a se aproximar da metafísica.

Embora a rigor extrapolem o positivismo e representem parcialmente uma reação a ele, deve-se citar aqui uma série de pensadores franceses do século passado que tiveram grande influência no seu tempo e alguns dos quais prepararam a renovação da filosofia realizada por Bergson. É o caso de Alfred Fouillée (1838-1912), autor de *L'évolutionisme des idée-forces*; Guyau (1854-88), que tem certas afinidades com Nietzsche (*La morale d'Epicure, L'irreligion de l'avenir, Esquisse d'une morale sans obligation ni sanction, La morale anglaise contemporaine, L'art au point de vue sociologique*), cheio de visões agudas, embora não sistemáticas; Cournot (1801-87), pensador profundo e original, ainda não bem estudado (*Traité de l'enchaînement des idées fondamentales dans les sciences et dans l'histoire, Essai sur les fondements de nos connaissances et sur les caractères de la critique philosophique, Matérialisme, vitalisme, rationalisme, Considérations sur la marche des idées et des événements dans les temps modernes*); Ravaisson (1813-1900), continuador do espiritualismo, um dos renovadores do aristotelismo no século XIX (*Essai sur la Métaphysique d'Aristote, La philosophie en France au XIXe siècle, Testament philosophique*); Renouvier (1815-1903), pensador criticista de grande fecundidade intelectual (*Philosophie ancienne, Philosophie moderne, Introduction à la philosophie analytique de l'histoire, Uchronie*).

2. A filosofia inglesa

"**O utilitarismo**" • O positivismo inglês estuda, sobretudo, os problemas éticos, e também questões lógicas. Para a moral utilitária, desenvolvida primeiro por Jeremy Bentham (1748-1832) e depois, principalmente, por John Stuart Mill (1806-73), o fim de nossas aspirações é o prazer, e é bom o que é *útil* e nos proporciona prazer. Não é uma ética egoísta, mas de caráter social: o que procura é *a maior felicidade do maior número* (*Utilitarianism, On Liberty*). A época burguesa, capitalista e industrial de meados do século XIX encontra uma expressão claríssima na moral utilitária. Stuart Mill publicou também uma importante obra de lógica: *A System of Logic, Ratiocinative and Inductive* (Sistema de lógica dedutiva e indutiva).

O evolucionismo • Os pensadores ingleses que desenvolvem a ideia de evolução, de origem francesa – Turgot, Condorcet, Lamarck –, mas filosoficamente cunhada por Hegel, também estão vinculados ao positivismo e ao utilitarismo. Embora não fosse filósofo, o biólogo Charles Darwin (1809-82) teve grande influência. Seu principal livro, *On the Origin of Species*, publicado em 1859-60, cujas ideias datavam de 1837, de sua famosa viagem a bordo do *Beagle*, continha uma teoria biológica da evolução fundada nos princípios de *luta pela vida e adaptação ao meio*, com a consequente *seleção natural* dos mais aptos. Essa doutrina influiu em todos os aspectos da vida intelectual do século XIX, e nela Marx encontrou um fundamento para a sua doutrina.

Herbert Spencer (1820-1903), engenheiro dedicado à filosofia, tomou de forma diferente a ideia de evolução e teve extraordinária importância, perdida logo depois, na segunda metade do século. Sua obra, de enorme extensão, foi publicada em sua maior parte com o título geral de *A Sistem of Synthetic Philosophy* (Sistema de filosofia sintética). Suas diversas partes são: *First Principles* (estes "primeiros princípios" são o incognoscível e o cognoscível), *Principles of Biology*, *Principles of Psychology*, *Principles of Sociology*, *Principles of Ethics*. Escreveu também, entre outras obras, *The Study of Sociology* e *The Man versus the State* (O indivíduo contra o Estado), expressão do individualismo político liberal.

Segundo Spencer, no universo ocorre uma redistribuição incessante da matéria e do movimento, que é evolução quando predomina a integração de matéria e a dissipação de movimento, e dissolução quando o processo ocorre de forma inversa. Essa transformação vem acompanhada por uma secundária, a do homogêneo em heterogêneo, e se dá na totalidade do universo e em todos seus domínios, desde as nebulosas até a vida espiritual e social. A causa principal da evolução é a *instabilidade do homogêneo*, e o que permanece invariável quantitativamente, como substrato de todos os processos evolutivos, é uma potência sem limites, denominada por Spencer de *incognoscível*. Essa doutrina, mais interessante por seus detalhes – por exemplo as observações sociológicas, frequentemente agudas – que pela sua débil metafísica, dominou o pensamento europeu durante vários decênios e exerceu profunda influência, até mesmo sobre Bergson.

3. A época positivista na Alemanha

O materialismo • Como foi apontado antes, o positivismo alemão costuma derivar para o materialismo e para o naturalismo, destituídos de qualquer interesse filosófico. Büchner, Vogt, Moleschott, Haeckel, Ostwald são, em geral, cultivadores das ciências da natureza, com infundadas pretensões filosóficas, de um ateísmo e um materialismo superficiais e, definitivamente, sem verdadeiro espírito científico.

As tentativas de superação • Outros pensadores, de maior independência, que inserem as ideias positivistas da época na tradição filosófica alemã anterior ou se esforçam por superá-las, têm maior interesse. Entre eles estão Fechner (1801-87), fundador, com Weber, da psicofísica; W. Wundt (1832-1920), de enorme saber e laboriosidade, que foi o mais importante cultivador da psicologia experimental e da chamada psicologia dos povos (*Völkerpsychologie*). Hermann Lotze (1817-81), influenciado por Leibniz e pelos idealistas, antecessor de Dilthey na cátedra de Berlim, iniciou uma reação contra o naturalismo e trabalhou com os problemas da história e da estética (*Mikrokosmos, System der Philosophie*). Friedrich Adolf Trendelenburg (1802-72), mestre de Dilthey, foi – com Ravaisson, Gratry e Brentano – o introdutor do aristotelismo em sua época (*Elementa logices Aristoteleae, Logische Untersuchungen*). Gustav Teichmüller (1832-88), que foi professor em Dorpat e exerceu influência na Rússia, foi um pensador perspicaz e de grande saber, autor de estudos importantes sobre filosofia grega (*Aristotelische Forschungen, Studien zur Geschichte der Begriffe, Neue Studien zur Geschichte der Begriffe*) e de um importante livro de metafísica, em que usa amplamente o conceito de "perspectiva": *Die wirkliche und die scheinbare Welt. Neue Grundlegung der Metaphysik*. Dele parte a interpretação da verdade no sentido da ἀλήθεια grega.

Alguns filósofos, cuja obra perdeu rapidamente importância, tiveram especial influência em seu tempo: Eduard von Hartmann (1842-1906), inspirado ao mesmo tempo no idealismo alemão e nas ciências biológicas, cuja principal obra é a *Philosophie des Unbewussten* (Filosofia do inconsciente). Hans Vaihinger (*Die Philosophie des Als ob*), próximo do pragmatismo, que formula uma filosofia do "como se" (alusão às Ideias regulativas kantianas). Por último, os chamados empiro-criticistas: Richard Avenarius: *Kritik der reinen Erfahrung* (Crítica da experiência pura) e Ernst Mach: *Analyse der Empfindungen* (Análise das sensações), de títulos tão claramente significativos.

O neokantismo • Na segunda metade do século, produz-se na Alemanha um movimento filosófico que tenta superar o positivismo, embora esteja de fato condicionado pelo seu espírito. Esses pensadores viam a salvação da filosofia na volta a Kant e iniciam uma restauração do kantismo. Já vimos, ao estudar esse filósofo, o ponto de vista a partir do qual os neokantianos o consideram.

O primeiro impulso nesse sentido foi a obra de Otto Liebmann intitulada *Kant und die Epigonen* (1865), que terminava cada capítulo com a conclusão: "Portanto, é preciso voltar a Kant." Também sinaliza um passo na mesma direção F. A. Lange (1828-75), autor de uma famosa *História do materialismo*. Entretanto, os principais representantes do movimento neokantiano são os pensadores da *escola de Marburgo*: Hermann Cohen (1842-1918), o mais importante de todos eles, que foi professor de Ortega nos anos de juventude deste (*System der Philosophie: Logik der reinen Erkenntnis, Ethik des reinen Willens, Aesthetik des reinen Gefühls*), Paul Natorp (1854-1924), que fez uma interpretação neokantiana do platonismo e estudou especialmente os problemas psicológicos e pedagógicos (*Platos Ideenlehre, Kant und die Marburger Schule*); e, recentemente, Ernst Cassirer (1874-1945), professor nos Estados Unidos durante seus últimos anos, que estudou o problema do conhecimento (*Das Erkenntnisproblem, Substanzbegriff und Funktionsbegriff, Philosophie der symbolischen Formen, Phänomenologie der Erkenntnis, Descartes, Leibniz' System*). Também escreveu uma *Filosofia do Iluminismo* e uma *Antropologia filosófica*.

Outro importante grupo neokantiano é a chamada *escola de Baden*, cujos membros de maior significação são Wilhelm Windelband (1848-1915), grande historiador da filosofia (*Einleitung in die Philosophie Lehrbuch der Geschichte der Philosophie, Präludien*), e Heinrich Rickert (1863-1936), dedicado aos estudos metodológicos e epistemológicos (*Die Grenzen der naturwissenschaftlichen, Begriffsbildung, Kulturwissenschaft und Naturwissenschaft, Philosophie des Lebens*).

IV. A DESCOBERTA DA VIDA

Entramos agora no estudo dos pensadores do último terço do século XIX. Aqui o sentido da história da filosofia talvez se mostre de um modo mais claro que em qualquer outro período.

Vou falar de filósofos que, em geral, estiveram um pouco à margem da corrente central do seu tempo. Vimos as vias descarriladas em que o positivismo lançou os pensadores depois de Comte. Só encontraremos filosofia autêntica nas mentalidades discrepantes, nas que saem do quadro da filosofia acadêmica e vigente, a ponto de não parecerem filósofos ou serem mal-entendidos. Contudo, é necessário acrescentar algo: só é possível ter esta visão do pensamento do final do século XIX a partir do século XX. A rigor, aquele pensamento *resultou* ser uma autêntica e fecunda filosofia *porque* serviu de estímulo e de antecedente à metafísica atual e só adquire seu valor à luz dela. Devemos recolher os momentos mais desdenháveis para o século passado, e que só ganham sua plena atualidade fora dele, isto é, na filosofia dos últimos anos. Portanto, esses filósofos não são sistemáticos. Em geral, há neles intuições geniais, lampejos, vislumbres; mas tudo isso, embora não seja pouca coisa, ainda não é filosofia em sentido rigoroso: esta requer, sem dúvida, *conceitos*, mas também *sistema*. Essa filosofia fragmentária encontra sua realidade – Hegel diria sua *verdade* – na etapa posterior, e nela se constitui como um primeiro passo de uma autêntica metafísica.

1. Kierkegaard

Sören Kierkegaard (1813-55) é um pensador dinamarquês cuja influência na filosofia, embora pouco visível, foi eficaz e prolongada.

Viveu em Copenhague, atormentado por seus problemas religiosos e filosóficos, e influenciado, embora na forma negativa de aberta oposição a ele, pelo idealismo alemão. Entre as obras de Kierkegaard temos *O conceito de angústia, A alternativa* (*Enten-Eller*), *Migalhas filosóficas* e o *Post-scriptum definitivo e não científico às migalhas filosóficas*, um de seus escritos mais importantes.

Kierkegaard, como outros pensadores de seu tempo, apelou ao cristianismo – no seu caso através da teologia protestante – para compreender o ser do homem. Insiste especialmente no conceito da *angústia*, que relaciona com o pecado original e na qual o homem se sente só. Isso o leva a fazer uma *antropologia*, determinada pela ideia de *existência*, de sumo interesse e de não escassa fecundidade filosófica, apesar de seu caráter assistemático e de um perigoso irracionalismo que deixou marcas em alguns de seus seguidores.

Kierkegaard rejeita a "eternização" que o hegelianismo introduz na filosofia, porque esse pensamento abstrato e *sub specie aeterni* deixa de fora a *existência*, isto é, o próprio modo de ser do homem, de todo homem, inclusive o próprio pensador abstrato. O homem é algo concreto, temporal, em devir, situado nesse modo de ser que chamamos existência por um cruzamento do temporal e do eterno, submerso na angústia. Para a existência é essencial o movimento, que o pensar *sub specie aeterni* anula. Kierkegaard, partindo de pressupostos religiosos, aborda a realidade humana em seu núcleo rigorosamente individual e pessoal, sem substituí-la por uma abstração como o homem em geral. A existência de que fala é a *minha*, em sua concreta e insubstituível mesmidade. No entanto, essa dimensão positiva de seu pensamento é obscurecida pelo seu irracionalismo. Kierkegaard considera que a existência e o movimento não podem ser pensados, porque caso o fossem ficariam imobilizados, eternizados e, portanto, abolidos. Pois bem, como quem pensa existe, a existência é posta junto com o pensamento, e esta é a grave questão da filosofia.

Kierkegaard exerceu considerável influência sobre Unamuno, e Heidegger recolheu de seu pensamento ensinamentos de grande valor. Portanto, o núcleo mais vivo da metafísica de Kierkegaard aparece elevado a sistema e a uma maturidade superior no próprio seio da filosofia atual.

2. Nietzsche

Personalidade • Friedrich Nietzsche nasceu em 1844. Estudou filologia clássica em Bonn e em Leipzig, e em 1869, aos vinte e cinco anos, foi nomeado professor dessa disciplina na Basileia. Em 1879, a doença o obrigou a abandonar seu cargo, e viveu independentemente como escritor. Em 1889 perdeu a razão, e morreu alienado em 1900, ao terminar o século XIX.

Nietzsche é uma mentalidade muito complexa; tinha grandes dotes artísticos, e é um dos melhores escritores alemães modernos. Seu estilo, tanto em prosa como em poesia, é apaixonado, ardente e de grande beleza literária. O conhecimento e o interesse pela cultura grega cumpriram um grande papel em sua filosofia. Mas o tema central do seu pensamento é o homem, a vida humana, e todo ele está carregado de preocupação histórica e ética. Sofreu grande influência de Schopenhauer e de Wagner; e talvez isso tenha acentuado sua significação literária e artística e ampliado sua influência, que foi muito ampla, porém em prejuízo de sua filosofia e de sua justa valorização posterior. Porque em Nietzsche há, sem dúvida, muito mais do que costumou mostrar o *diletantismo* que se apoderou de sua obra e de sua figura no final do século passado e no começo deste. Uma das missões da filosofia atual consistirá em lançar luz sobre o conteúdo metafísico do pensamento de Friedrich Nietzsche.

Suas principais obras são: *Die Geburt der Tragödie* (O nascimento da tragédia), *Unzeitgemässe Betrachtungen* (Considerações extemporâneas), *Menschliches, Allzumenschliches* (Humano, demasiado humano), *Morgenröte* (Aurora), *Also sprach Zarathustra* (Assim falou Zaratustra), *Jenseits von Gut and Böse* (Além do bem e do mal), *Zur Genealogie der Moral* (Genealogia da moral), *Der Wille zur Macht* (A vontade de poder). Esta última obra foi publicada depois de sua morte, com esse título, que não é de seu autor, e em forma que desvirtua seu sentido. Os recentes trabalhos de Schlechta mostraram as manipulações a que foram submetidos os escritos de Nietzsche para dar-lhes uma significação racista e favorável ao "totalitarismo" de nosso século.

O dionisíaco e o apolíneo • Nietzsche realiza uma interpretação da Grécia de grande alcance para sua filosofia. Distingue dois princípios, o apolíneo e o dionisíaco, isto é, o que corresponde aos dois deuses gregos Apolo e Dioniso. O primeiro é o símbolo da serenidade, da clareza, da medida, do racionalismo; é a imagem *clássica* da Grécia. No dionisíaco, em contrapartida, Nietzsche depara com o impulsivo, o excessivo e transbordante, a afirmação da vida, o erotismo, a orgia como culminação desse afã de viver, de dizer *sim!* à vida, apesar de todas as suas dores. A influência de Schopenhauer muda de sentido, e, em vez da negação da vontade de viver, Nietzsche põe essa vontade no centro de seu pensamento.

O eterno retorno • Nietzsche depende em certa medida do positivismo da época; nega a possibilidade da metafísica; além disso, parte da perda da fé em Deus e na imortalidade da alma. Contudo, essa vida que se afirma, que pede sempre para ser mais, que pede eternidade no prazer, voltará inúmeras vezes. Nietzsche utiliza uma ideia procedente de Heráclito, a do "eterno retorno" (*ewige Wiederkunft*) das coisas. Uma vez realizadas todas as combinações possíveis dos elementos do mundo, restará ainda um tempo indefinido pela frente, e então recomeçará o ciclo, e assim indefinidamente. Tudo o que acontece no mundo se repetirá igualmente inúmeras vezes. Tudo voltará eternamente, e com isso todo o mau, o miserável, o vil. No entanto, o homem pode ir transformando o mundo e a si mesmo mediante uma *transmutação de todos os valores* (*Umwertung aller Werte*), e encaminhar-se para o *super-homem*. Desse modo, a afirmação vital não se limita a aceitar e querer a vida uma só vez, e sim infinitas vezes.

O super-homem • Nietzsche se opõe a todas as correntes igualitárias, humanitárias, democráticas da época. É um afirmante da individualidade poderosa. O bem máximo é a própria vida, que culmina na *vontade de poder*. O homem deve superar-se, terminar em algo que esteja acima dele, como o homem está acima do macaco; isto é o super-homem. Nietzsche toma seus modelos dos personagens renascentistas, sem escrúpulos e sem moral, porém com magníficas condições vitais de força, de impulsos e de energia. E isso o leva a uma nova ideia da moral.

A moral dos senhores e a moral dos escravos • Nietzsche tem especial aversão à ética kantiana do dever, como também à ética utilitária, e também à moral cristã. Nietzsche valoriza exclusivamente a vida, forte, sadia, impulsiva, com vontade de domínio. Isso é o bom, e todo o fraco, enfermiço ou fracassado é mau. Por isso, a compaixão é o mal supremo. Assim, distingue dois tipos de moral. A moral dos senhores é a das individualidades poderosas, de superior vitalidade, de rigor consigo mesmas; é a moral da exigência e da afirmação dos impulsos vitais. A moral dos escravos, em contrapartida, é a dos fracos e miseráveis, a dos degenerados; está regida pela falta de confiança na vida, pela valorização da compaixão, da humildade, da paciência etc. É uma moral, diz Nietzsche, de *ressentidos*, que se opõem a tudo o que é superior e por isso afirmam todos os igualitarismos. Nietzsche atribui à moral cristã esse caráter de *ressentimento*; mas isto é uma inteligência absolutamente equivocada, oriunda da falta de visão de Nietzsche para o sentido do cristianismo. Scheler mostrou de forma brilhante a absoluta distância existente entre o cristianismo e todo tipo de ressentimento (cf. Max Scheler: *O ressentimento na moral*). Nietzsche, com sua valorização do esforço e do poder, é um dos pensadores que mais exaltaram o valor da guerra; para ele, a guerra é ocasião para a produção de uma série de valores superiores, o espírito de sacrifício, a valentia, a generosidade etc. Ante o homem industrial e utilitário da burguesia do século XIX, Nietzsche afirma a ideia do cavalheiro, do homem corajoso e pujante, que entende a vida generosamente. Embora Nietzsche não tenha conseguido vê-lo, essas ideias têm um ponto de contato com o cristianismo.

O mais importante da filosofia nietzschiana é sua ideia da vida e sua consciência de que existem valores especificamente *vitais*. Nessa expressão *valores vitais* estão contidas duas das ideias que irão dominar a filosofia posterior. Nietzsche é uma das origens da *filosofia dos valores* e da *filosofia da vida*.

V. A VOLTA À TRADIÇÃO METAFÍSICA

Ao mesmo tempo que na filosofia do século XIX aparece o tema da vida, e até mesmo alguns anos antes, ocorre uma transformação do conteúdo da filosofia que a aproxima novamente da tradição metafísica anterior, interrompida, pelo menos na aparência, pelo positivismo. E não só da imediata tradição realista alemã, mas sobretudo da tradição do racionalismo, da escolástica e, em suma, da grega. Com isso a filosofia readquire sua plena dignidade, possibilitando o começo de uma nova etapa de fecundidade filosófica, que é a que se inicia, justamente, com nosso século.

Não é uma coincidência que os pensadores dessa orientação tenham sido católicos, geralmente sacerdotes. A Igreja, por razões sobretudo teológicas, se manteve na proximidade dos grandes sistemas metafísicos. Durante muito tempo, poderíamos dizer desde Suárez, a Escolástica foi algo bastante morto. Sempre que se ocupou de questões filosóficas, o fez com um espírito de escola no sentido estreito da palavra, como simples exegese do pensamento medieval e "refutação dos erros modernos". Desse modo, com demasiada frequência deixou de lado toda a história da filosofia moderna, como se ela não tivesse existido, como se tivesse sido um puro erro e desvario que, incompreensivelmente, arrebatara o vigor da única filosofia verdadeira, ou seja, a medieval e, mais concretamente, o tomismo. Essa concepção é a tal ponto inadmissível, que foi totalmente superada sempre que alguém, dentro do pensamento escolástico, soube algo da filosofia moderna e da própria escolástica medieval. Nessas ocasiões, percebeu-se que a continuação viva e filosófica da Escolástica não está tanto nos supostos neoescolasticismos mas na filosofia moderna. Descartes e Leibniz inserem-se na linhagem de Santo Agostinho, Santo Anselmo, Santo Tomás, Escoto, Ockham e Eckhart, como bem sabe mesmo quem só os conhece medianamente; como sabia, por exemplo, melhor que ninguém, o Pe. Gratry.

Portanto, os filósofos católicos não tinham perdido contato com a metafísica. Ao longo do século XIX há uma série de tentativas de devolver a plenitude à filosofia, que culminarão em Brentano. Nesse momento, a filosofia de nossa época se coloca em movimento.

1. As primeiras tentativas

Bolzano • Na primeira metade do século XIX viveu o filósofo austríaco Bernhard Bolzano (1781-1848), sacerdote católico, professor de Filosofia da Religião em Praga de 1805 a 1820, data em que foi obrigado a abandonar sua cátedra. Em 1837, publicou sua obra capital, *Wissenschaftslehre* (Teoria da ciência), que no tocante à "parte elementar" da lógica "deixa muito para trás tudo o que a literatura universal oferece em matéria de ensaios sistemáticos de lógica", segundo a opinião de Husserl, que considera Bolzano "um dos maiores lógicos de todos os tempos". Bolzano está muito mais próximo de Leibniz que de seus contemporâneos idealistas alemães e leva o espírito matemático ao estudo da lógica e do problema do conhecimento. Em muitos aspectos, Bolzano antecipou ideias que se revelaram importantes para a lógica simbólica e matemática. Sua teoria, que afirma o caráter do *ser* – independente da consciência – dos conteúdos ideais espirituais, exerceu profunda influência na fenomenologia de Husserl, que, em uma de suas dimensões decisivas, é uma reivindicação dos *objetos ideais*. Bolzano escreveu também *Paradoxien des Unendlichen* (Paradoxos do infinito).

Rosmini e Gioberti • Os dois filósofos italianos Antonio Rosmini-Serbati (1796-1855) e Vincenzo Gioberti (1801-52) também contribuíram, com posições muito próximas, para a restauração da metafísica em meados do século XIX. Os dois eram sacerdotes católicos e intervieram ativamente na vida pública e na política da unidade italiana. Rosmini foi embaixador da Sardenha junto ao Papa; Gioberti, ministro. Rosmini escreveu: *Nuovo saggio sull' origine delle idee, Principii della scienza morale, Teosofia, Saggio storico-critico sulle categorie e a dialettica*. As principais obras de Gioberti são: *Introduzione allo studio della filosofia, Degli errori filosofichi di Rosmini, Protologia, Del buono, del bello, Teorica del sovranaturale*.

Rosmini procura a intuição de um "primeiro verdadeiro" que seja norma das demais verdades; um inteligível de cuja união com a inteligência resulte a própria inteligência; e isso é o ser como tal, objeto primeiro da inteligência. A conexão com Malebranche e, por conseguinte, com a ideia da visão das coisas em Deus, é muito estreita.

De maneira análoga, em Gioberti se dá um apriorismo do ser, em virtude do qual o intelecto humano tem essencialmente um conhecimento *imediato* de Deus, sem o qual não pode conhecer nada. Nas coisas criadas, aparece *imediatamente* para a mente algo divino; por isso a prova da existência de Deus é desnecessária. "O grande conceito da Divindade – diz Gioberti – teve até agora um lugar mais ou menos secundário nas doutrinas filosóficas, mesmo nas que, na aparência ou no efeito, se mostram mais religiosas." "Até agora as ciências especulativas participaram mais ou menos do ateísmo." Diante disso, a *fórmula ideal* de Gioberti afirma que o princípio ontológico (Deus) é ao mesmo tempo o princípio lógico e ontológico. "Do Ente depende toda existência, e de sua intuição, todo conhecimento." "O conceito do Ente está presente em todo nosso pensamento." Não se pode começar pelo homem, só por Deus, que se põe por si mesmo, e o homem pode reconhecê-lo, mas não demonstrá-lo, porque as chamadas provas da existência de Deus pressupõem "uma *intuição* anterior e primigênia".

Violentando a realidade, esses pensadores italianos prescindem do fato de que Deus não é imediatamente manifesto, mas está oculto e habita uma luz *inacessível*; por isso cabe seu desconhecimento, e é preciso um esforço para mostrar sua existência, que só pode ser conhecida intelectualmente pelas coisas criadas, *per ea quae facta sunt*, como diz São Paulo. "Ninguém nunca viu Deus." O erro ontologista foi condenado pela Igreja em 1861 e 1887, e foi em certa medida utilizado pelo complexo movimento heterodoxo conhecido pelo nome de *modernismo*, definido e condenado pela Igreja nos primeiros anos de nosso século.

2. Gratry

Maior interesse e alcance tem o pe. Gratry. Auguste Joseph Alphonse Gratry nasceu em Lille (França) em 1805 e morreu em 1872. Estudou na Escola Politécnica, ordenou-se sacerdote, foi professor em Estrasburgo e em Paris, e em 1852 fundou a Congregação do Oratório da Imaculada Conceição, renovação do Oratório de Jesus a que pertenceu Malebranche. A partir de 1863 foi professor de Teologia moral na Sorbonne. As obras mais importantes de Gratry são: *La connaissance de l'âme, Logique, La morale et la loi de l'histoire* e, principalmente, *La connaissance de Dieu*, o melhor livro filosófico sobre Deus escrito no último século.

Gratry é pouco conhecido e permaneceu quase no esquecimento, sobretudo enquanto filósofo, durante muitos anos. Sua obra, essencialmente metafísica e centrada no tema de Deus, não pôde a rigor ser entendida na circunstância positivista de seu tempo; as principais causas de seu desconhecimento foram suas próprias qualidades. Justamente por isso adquire hoje para nós o maior interesse. Gratry tem clara consciência de que a história da filosofia é uma só, começando na Grécia até chegar ao nosso tempo; assim, para expor sua filosofia pessoal, começa mostrando a evolução interna dos problemas, desde Platão até o racionalismo. Em segundo lugar, interpreta a metafísica como o essencial da filosofia, contrariando a opinião de sua época, e dá um passo decisivo na direção de sua restauração. E, principalmente, considera que o problema metafísico se coloca na esteira de duas magnas questões, que são as que hoje a filosofia é forçada a abordar: a da pessoa e a de Deus. Por último, em sua *Lógica*, expõe uma profunda teoria da indução ou dialética, como principal procedimento da razão, que tem profunda afinidade com as doutrinas fenomenológicas da intuição e do conhecimento das essências. Esses são os temas centrais do pensamento de Gratry.

Se há um conhecimento de Deus, ele se funda numa dimensão essencial do homem, assim como o conhecimento das coisas se funda no fato de que o homem está em contato com elas, com sua realidade. O *conhecimento* de Deus, como todo conhecimento, é algo *derivado* de outra dimensão ontológica primária em que se funda sua *possibilidade*. O problema de Deus implica o homem; e como este está essencialmente dotado de um corpo e existe num mundo, a ontologia do homem remete por sua vez à do mundo em que se encontra. Portanto, toda a metafísica se resume no problema de Deus.

O homem, segundo Gratry, tem três faculdades: uma primária, *o sentido*, e duas derivadas, a inteligência e a vontade. O sentido é o fundo da pessoa. Esse sentido é triplo: externo, mediante o qual sinto a realidade de meu corpo e do mundo; íntimo, com o qual sinto a mim mesmo e *a meus próximos*, e divino, pelo qual encontro Deus no fundo da alma, que é sua imagem. Esse *sentido divino* define a relação primária do homem com Deus, *anterior a todo conhecimento ou visão*; relação *radical*, porque o ente humano tem seu fundamento e sua raiz em Deus. A alma encontra em seu fundo um contato divino, e *ali reside sua força, que a faz ser.*

Deus é a raiz do homem, e este pende dele. Deus *faz viver* o homem, *sustentando-o*. Portanto, é o fundamento da vida humana; o homem é e vive desde sua raiz, apoiando-se em Deus. Esse é o pressuposto necessário de todo conhecimento da Divindade, e desse ponto de vista Gratry interpreta o ateísmo. O ateu é o homem que está privado do sentido divino; consequentemente é um *in-sensato*, um *demente*. As causas desse afastamento de Deus são a sensualidade e a soberbia. Pela sensualidade, o homem põe o centro nas coisas e se afasta de Deus; a soberbia faz com que o fundamento seja posto no próprio homem, extinguindo-se assim o sentido divino e obscurecendo-se o coração, ao mesmo tempo em que a mente se torna vã, como diz São Paulo. A alma, por ter uma raiz em Deus, pode desarraigar-se, e se esvazia, ficando sem substância nem consistência nenhuma.

Portanto, o ponto de partida do conhecimento de Deus é o sentido divino, o contato misterioso e obscuro com Deus no fundo da pessoa, que não é conhecimento, mas apenas condição prévia de sua possibilidade. O homem, superando a sensualidade e a soberbia, reconhece sua insuficiência e pode elevar-se a Deus, por *semelhança* e, sobretudo, por *contraste*. Gratry distingue dois procedimentos da razão: um, fundado na identidade, que é o silogismo ou dedução, e outro, fundado no princípio de transcendência, que é a indução ou dialética. Essa é a via intelectual para chegar a Deus. O resultado da indução não está contido no ponto de partida, excede-o; o dado presente nos remete a outro, que não está incluído no ponto de apoio. Para elevar-se a ele, é necessário um impulso (*élan*) inventivo, que nem todos possuem. As coisas nos induzem a nos elevarmos a Deus; esse é o sentido radical e primário da indução, que é um movimento total da alma.

O Pe. Gratry tem a intuição, por um lado, de que o mundo exterior fica envolto na realidade profunda do homem, e por outro, de que o homem, que não se basta a si mesmo, é *radicalmente* insuficiente, mesmo com o mundo, já que ainda lhe falta seu *fundamento* em Deus. Ao entrar em seu próprio fundo, o homem encontra, junto com a contingência, o ponto de apoio que o faz ser e viver, *sustentando-o*, e esse fundamento não é o *mundo*, que nos toca pela *superfície*, mas sim Deus, em quem se apóia nossa *raiz*.

Isto mostra a grande significação de Gratry para a filosofia atual, já que sua metafísica nos leva às últimas questões que nos colocamos e nos sinaliza um caminho seguro para abordá-las[1].

---

1. Um estudo detalhado de seu pensamento e de seu lugar na história da filosofia pode ser encontrado no meu livro *La filosofía del padre Gratry* (*Obras*, IV).

A filosofia de nosso tempo

I. Brentano

1. O lugar de Brentano na história da filosofia

Personalidade • Franz Brentano é um pensador austríaco de extraordinária importância. Nasceu em Maremberg, em 1838, e morreu em Zurique em 1917. Foi sacerdote católico e professor em Viena, mas posteriormente se separou da Igreja – sem no entanto abandonar suas convicções profundamente católicas – e deixou também sua cátedra. Brentano escreveu pouco e não publicou a maioria de seus escritos, que foram editados depois de sua morte. Contudo, encontrou discípulos de excepcional eficácia, e sua influência tem sido imensa, embora silenciosa e pouco visível. A filosofia do presente nasce com ele, se não exclusivamente, pelo menos no que tem de decisivo. Brentano escrevia livros breves, quase folhetos, de uma densidade e precisão incomparáveis; e cada um deles determinou a transformação radical de uma disciplina filosófica. É, com Dilthey, a figura máxima da filosofia de sua época; os dois constituem o antecedente mais eficaz e imediato da filosofia atual. Em muitos sentidos, Brentano e Dilthey se opõem; o primeiro é conciso, expressivo, claríssimo, enquanto o segundo é difuso e seu pensamento mostra uma estranha vagueza. Brentano toma como modelo as ciências da natureza, enquanto Dilthey transforma tudo em história. Enquanto Dilthey tem seus antecedentes intelectuais mais indiretos no idealismo alemão, Brentano o condena e, em contrapartida, invoca a tradição de Descartes e Leibniz, de Santo Tomás e, principalmente, de Aristóteles. De qualquer maneira, Dilthey e Brentano essencialmente se completam, e não é difícil ver que a filosofia de nossa época procede de sua dupla influência.

As mais importantes obras de Brentano são: *Vom Ursprung sittlicher Erkenntnis* (A origem do conhecimento moral), um breve folheto que transformou a ética e deu origem à teoria dos valores; *Die Lehre Jesu und ihre bleibende Bedeutung* (A doutrina de Jesus e sua significação permanente); *Psychologie vom empirischen Standpunkt* (Psicologia do ponto de vista empírico), sua obra capital, da qual procede diretamente a fenomenologia e, portanto, a filosofia atual em sua orientação mais rigorosa; estudos sobre Aristóteles, que renovaram completamente o aristotelismo; vários escritos breves sobre a filosofia e sua história, especialmente os intitulados *Die vier Phasen der Philosophie* (As quatro fases da filosofia) e *Über die Zukunft der Philosophie* (Sobre o porvir da filosofia); *Kategorienlehre* (Teoria das categorias), *Wahrheit und Evidenz* (Verdade e evidência); por último, um extenso estudo póstumo: *Vom Dasein Gottes* (Sobre a existência de Deus).

A situação filosófica de Brentano • Como todos os filósofos, aparece encravado numa tradição filosófica, e de modo ainda mais explícito que a maioria. Portanto, é necessário determinar sua situação minuciosamente. Por sua data de nascimento, seria um pós-hegeliano, imerso num ambiente positivista; mas, como sacerdote católico, encontra-se arraigado numa tradição escolástica e, portanto, aristotélica. Brentano tem uma manifesta *congenialidade* com Aristóteles e com Santo Tomás – mais com Aristóteles –, como a que teve o filósofo medieval com o grego. Depois de Trendelenburg, Brentano renova o aristotelismo numa época em que este estava abandonado; não esqueçamos que a filosofia moderna surgiu como uma tentativa de obliterar Aristóteles. Esse aristotelismo dá uma excepcional fecundidade ao pensamento de Brentano. Sempre que a filosofia retomou um contato *verdadeiro* com o pensamento de Aristóteles, a consequência foi um imediato incremento de seu rigor e de sua seriedade. Brentano é um exemplo disso, da mesma forma que a Escolástica do século XIII, e depois Leibniz, e mais ainda Hegel; e em nossos dias, uma das condições da indubitável profundidade da filosofia é a presença próxima de Aristóteles. Brentano condena a filosofia idealista de Kant a Hegel; considera-a um *extravio*. Em parte – só em parte – tem razão. Brentano recolhe a atitude positivista de seu tempo, justificada na medida em que exige ater-se ao que encontramos, sem lançar-se a construções mentais; o grave é que o positivismo não se atém ao que encontra, mas faz outras construções, não menos infundadas. Brentano volta, portanto, a um ponto de vista de oposição ao idealismo; chama-o "ponto de vista empírico". Na verdade, Brentano é qualquer coisa menos empirista; poderia sê-lo no sentido em que o foi Aristóteles, mas não no de Locke. Em Aristóteles, era frequente o recurso a uma visão imediata sem dedução racional; a isso se chamou empirismo; contudo, não tem nada a ver com a *experiência*, no sentido da experiência sensível. Aristóteles recorre ao *noûs*, à visão noética, que nos dá imediatamente os princípios. Já veremos o sentido do "empirismo" de Brentano, que leva justamente à superação de todo empirismo sensualista em suas últimas formas psicologistas.

Brentano estabelece a conexão da filosofia antiga, em sua raiz mais pura e autêntica, com a filosofia moderna. Fundando-se nessa situação, transforma a filosofia de seu tempo, partindo de sua visão de duas disciplinas: a psicologia e a ética. Vejamos a contribuição de Brentano a ambas.

2. *A psicologia*

A psicologia do tempo de Brentano era uma tentativa de transformá-la em ciência positiva experimental; uma psicologia associacionista, relacionada com a filosofia inglesa, que pretendia explicar tudo mediante associações de ideias e além disso intervir nas demais disciplinas, como, por exemplo, na lógica, na ética, na estética, para também transformá-las em psicologia. A de Brentano terá um caráter completamente novo.

Fenômenos físicos e psíquicos • O primeiro problema essencial que se coloca consiste em diferenciar nitidamente os fenômenos físicos dos psíquicos. A Idade Média – sobretudo Avicena – conhecera um caráter dos fenômenos psíquicos que depois foi esquecido; era o que chamavam de *inexistência intencional* (em que o *in* significa *em* e não negação; *existência em*), ou simplesmente *intencionalidade*. Brentano retomou esse caráter, dando-lhe um alcance e uma precisão que não teve na Escolástica.

Intencionalidade quer dizer referência a algo diferente; no caso dos atos psíquicos, referência a um conteúdo, a um *objeto* (o que não quer dizer que o objeto seja *real*). Pensar é sempre pensar *algo*; sentir é sentir algo; querer é querer algo; amar ou odiar é amar ou odiar algo. Portanto, todo ato psíquico aponta para um objeto; esse objeto pode não existir, como quando penso no centauro ou, ainda mais, no quadrado redondo ou no pentaedro regular; porém ambos existem como *correlatos* do meu pensamento, como objeto para o qual aponta meu ato de imaginar ou pensar. Se a Brentano forem mostrados atos não intencionais, dirá que não são atos psíquicos; por exemplo, a sensação de verde ou a dor de estômago. Segundo Brentano, as sensações são simples elementos não intencionais do ato psíquico (intencional) que é minha *percepção* de uma árvore verde; e o ato psíquico é o *sentimento* de desagrado cujo objeto intencional é a dor de estômago.

Essa ideia da intencionalidade tem amplas consequências. Irá levar, em primeiro lugar, ao ressurgimento dos objetos ideais, entre os quais aqueles que Husserl chamará de *significações*. Além disso, levará à ideia de que o pensamento é algo que não se esgota em si mesmo, que está apontando essencialmente para algo diferente dele. Dará lugar, por último, à consideração de que o homem é algo intencional, excêntrico, e que assinala algo diferente dele. A ideia do homem como um ente "aberto para as coisas" radica nessa ideia de Brentano.

O método de Brentano • Qual é o método de Brentano, esse método que ele chama de "empírico"? Para um inglês, para um psicólogo associacionista, empirismo queria dizer *observação de fatos*. O empirista observa um fato, e depois outro, e em seguida abstrai e generaliza os aspectos comuns. O método de Brentano é um empirismo de outro tipo. Suponhamos que quero observar um fenômeno: tomo *um único caso* e vejo o que é o essencial nele, aquilo em que consiste, sem o qual não é; assim obtenho a *essência* do fenômeno; e posso dizer, por exemplo, não que os atos psíquicos são *geralmente* intencionais, mas que o são *essencialmente*. Brentano intui a essência de um fenômeno. Esse método, depurado e aperfeiçoado por Husserl, é a fenomenologia.

Classificação dos fenômenos psíquicos • Depois de diferenciar os fenômenos psíquicos, Brentano tem de classificá-los. Já que o essencial deles é a intencionalidade, classifica-os baseando-se nela, segundo os diversos modos de referência intencional. E distingue três tipos de atos:

Atos psíquicos......
- *representações* (conhecidas como "assunções")
- *juízos*
- *emoções* (ou fenômenos de interesse, amor ou volição)

A palavra *representação* é usada por Brentano num sentido muito amplo: um pensamento, uma ideia ou uma imagem. Chama tudo o que está *presente à consciência* de representação. E Brentano formula um antigo princípio escolástico, que ainda encontramos em Espinosa por exemplo, e que se conhece com o nome de *princípio de Brentano*: "Todo ato psíquico, ou é uma representação ou está fundado numa representação." Se me alegro com uma coisa, meu alegrar-me supõe uma representação daquilo com que me alegro; se quero algo, da coisa querida etc. Portanto, há um primeiro grau de intencionalidade, que é a referência simples ao objeto representado, e um segundo grau, no qual, *sobre a base* de uma representação, tomo posição num segundo ato intencional. O *juízo* consiste em admitir ou rejeitar *algo* como *verdadeiro*. A emoção, o interesse, a vontade ou o amor consistem em um *mover-se para algo*, ou seja, apreciá-lo ou valorizá-lo, *estimá-lo*. Há também uma tomada de posição, um aprovar ou rejeitar, mas de índole diferente. Daqui parte a ética de Brentano, e depois a filosofia dos valores.

A percepção • Brentano, em sua *Psicologia*, faz também uma teoria da percepção. E encontra dois modos fundamentais: percepção *interna* (percepção dos fenômenos psíquicos) e percepção *externa* (percepção dos fenômenos físicos). A percepção interna é imediata, evidente e infalível (*adequada*); a externa, por sua vez, é mediata, não é evidente e está sujeita a erro (*inadequada*). Portanto, a percepção *interna* é critério seguro de certeza. Esta ideia foi retomada e corrigida por Husserl, que considera que toda percepção externa, mas também parte da interna (a empírica), é inadequada, e só é adequada a *fenomenológica*. Em suma, trata-se de não elaborar posições de existência;

deve-se descrever, simplesmente, as vivências, sem tomar posição perante a existência de nada externo a elas, como, por exemplo, objetos *reais*.

3. A ética

A ética de Brentano está traçada em *A origem do conhecimento moral*, que é o texto de uma conferência que pronunciou em Viena em 1889, com o título: "Da sanção natural do justo e do moral". Brentano irá aplicar à ética um ponto de vista análogo ao de sua psicologia, que ele chama de empírico no sentido que vimos.

A sanção • Brentano começa se perguntando sobre a sanção natural do justo e do moral. Quando digo sobre algo que é bom ou mau, tem de haver um fundamento, alguma sanção, algo que justifique o que seja bom ou mau. Brentano rejeita várias soluções de filósofos anteriores: o hedonismo, o eudemonismo, a moral kantiana etc.

Brentano guia-se por um ponto de vista diretor: faz corresponder ao bom o verdadeiro, e à ética, a lógica. O mandato ético, diz ele, é muito semelhante ao mandato lógico. O verdadeiro é admitido como verdadeiro num *juízo*: o bom é admitido como tal num *ato de amor*. O verdadeiro é *acreditado*, afirmado; o bom é *amado*. E, inversamente, o *falso* é *negado*, e o mau, *odiado*.

O critério moral • O que me diz que uma coisa é boa ou má? O fato de que eu a ame ou a odeie? Não. Em lógica, a verdade tampouco depende de que eu a afirme ou a negue: posso me enganar. Não é porque eu amo uma coisa que ela é boa; ao contrário: porque é boa, amo-a. Mas posso me enganar: não se deve limitar o *erro* ao campo do juízo; o erro, um erro de outro tipo, é cabível na estimação.

De repente, Brentano nos trasladou para a esfera da objetividade. O bom é o objeto; minha referência pode ser errônea; minha atitude ante as coisas recebe sua sanção das próprias coisas, não de mim.

Evidência • Percebo a mim mesmo amando ou odiando algo. Posso me enganar. A quem vou acudir para ver se é bom ou mau? Brentano recorre ao paralelismo com a lógica: que é o que nela me dá o critério para saber se erro ou não? Brentano distingue os *juízos cegos* dos *juízos evidentes*. Há muitas coisas que nego e outras que afirmo e nas quais creio firmemente, embora o faça por um juízo mais ou menos obscuro, fundado na fé, na autoridade, no costume etc. Posso crê-lo com absoluta firmeza, mas esses juízos não têm em si mesmos o fundamento de sua verdade: ou não o têm, ou o têm fora deles. Não têm em si mesmos a justificação de sua verdade, e Brentano os chama de cegos.

Diferentemente destes, há outro tipo de juízos que Brentano chama de *evidentes*. Trazem em si mesmos algo como uma luz, que os faz aparecer como juízos verdadeiros. São juízos em que não só se acredita e que se afirmam, mas que se *vê* que são verdadeiros, e se vê com plenitude intelectiva que não podem ser de outra maneira. Creio que 2 mais 2 são 4, não porque me disseram, mas porque vejo que é assim e não pode ser de outro modo. Portanto, os juízos evidentes são os que trazem em si a razão de sua verdade ou de sua falsidade.

O amor justo • Voltemos ao problema ético, em que se trata do bom e do mau. Brentano diz que o fato de eu ter amor ou ódio por uma coisa não prova sem mais nem menos que seja boa ou má. É necessário que esse amor ou esse ódio sejam *justos*. O amor pode ser justo ou injusto, adequado ou inadequado. Pode haver, por outro lado, um amor que traga em si a justificação de si mesmo. Quando amo uma coisa porque indubitavelmente é boa, trata-se de um *amor justo*. Se amo uma coisa impulsivamente, sem clareza, o amor pode ser justo ou injusto. Quando se vê que a coisa é boa, e pelo fato de ser boa, o amor é evidentemente justo. A atitude adequada diante de uma coisa boa é amá-la, e ante uma coisa má, odiá-la. E quando uma coisa é apreendida como boa ou como má, ela é *forçosamente* amada ou odiada. A conduta a ser seguida é outra questão. Brentano lembra o verso clássico: *Video meliora proboque, deteriora sequor.* A moral, portanto, está fundada *objetivamente*. E a *estimação*, longe de depender do arbítrio subjetivo, tem de se ajustar à bondade ou maldade *das coisas*, como a crença na verdade delas. Dessa ética de Brentano nasceu a teoria dos valores, que contém grandes dificuldades internas, mas que foi uma contribuição central para a ordenação objetiva e hierárquica do valor e, portanto, para a fundamentação da moral e das demais disciplinas estimativas.

4. A existência de Deus

No livro póstumo de Brentano, *Vom Dasein Gottes*, incluem-se diversas lições sobre a existência de Deus, pronunciadas em Würzburg e em Viena, de 1868 a 1891, e um breve tratado de 1915, intitulado *Gedankengang beim Beweis für das Dasein Gottes*. Na primeira época, Brentano rejeita a prova ontológica e afirma quatro provas *a posteriori*: a teleológica, a do movimento, a prova pela contingência e a prova psicológica pela natureza da alma humana. Brentano prefere as duas primeiras, sobretudo a teleológica, à qual dá uma precisão científica até então desconhecida. Contudo, no escrito de 1915 se serve do argumento pela contingência, de caráter puramente metafísico.

Brentano prova primeiro a necessidade do ente, que não pode ser absolutamente contingente. Uma vez demonstrada a existência de um ente necessário, afirma que nada do que cai sob nossa experiência, nem físico nem psíquico, é *imediatamente necessário*; portanto, tem de haver um ente *transcendente* imediatamente necessário[1].

A significação de Brentano • O centro do pensamento de Brentano é a ideia de *evidência*. Esse é o sentido de seu "empirismo": a visão evidente das essências das coisas. Essa volta à essência é a volta ao rigor da metafísica; em Brentano, a filosofia é, mais uma vez, conquista de essências, saber metafísico estrito, o que ela sempre foi quando foi autêntica. Por outro lado, Brentano nos fornece os elementos fundamentais da filosofia presente: a incorporação de toda a tradição filosófica, a intencionalidade, a intuição essencial, a ideia de valor. Dilthey, por sua vez, nos dará a historicidade. Com esses elementos se põe em marcha a filosofia de nosso século.

---

1. Sobre os problemas dessa prova, cf. meu estudo *El problema de Dios en la filosofía de nuestro tiempo*, em *San Anselmo y el insensato* (*Obras*, IV).

II. A IDEIA DA VIDA

1. *Dilthey*

Personalidade e escritos • Wilhelm Dilthey nasceu em 1833 e morreu em 1911. A partir de 1882 foi professor na Universidade de Berlim, como sucessor de Lotze. Nos últimos anos de sua vida aposentou-se da Universidade e reunia em sua casa um grupo de discípulos íntimos. A influência de Dilthey foi de fato enorme, porém tardia, pouco visível e estranha. Dilthey se dedicou particularmente aos estudos históricos, sobretudo de história da literatura e das demais ciências do espírito; e também cultivou intensamente a psicologia. Tinha uma formação de suma amplitude, inspirada de modo imediato nos idealistas alemães, concretamente em Schleiermacher, e que se estendia aos grandes racionalistas, aos medievais – inclusive árabes – e aos gregos; sua *Introdução às ciências do espírito* revela o vastíssimo material histórico e filosófico que Dilthey manejava.

Aparentemente, a obra de Dilthey era pouco mais que isso: psicologia e história do espírito. Quando tentou formular sua filosofia, movido por exigências editoriais concretas, só chegou a oferecer esboços insuficientes. Contudo, a obra de Dilthey trazia dentro de si a intuição vacilante, de expressão sempre frustrada, de uma nova ideia: a *ideia da vida*. Uma das duas raízes fundamentais da filosofia atual se encontra em Dilthey – e a outra, em Brentano; no entanto, a filosofia diltheyana só pode ser entendida como tal, em sua verdade, *desde* a filosofia de hoje, já amadurecida. Essa é a razão da essencial vaguidade do pensamento e do estilo de Dilthey, e de sua influência difusa e pouco visível.

A maioria das obras de Dilthey são ensaios ou anotações, que foram publicados parcialmente depois de sua morte. Seu principal e quase único livro é a *Einleitung in die Geisteswissenschaften* (Introdução às ciências do espírito), do qual só escreveu o primeiro tomo. Também escreveu uma série de estudos agrupados sob o título: *Weltanschauung und Analyse des Menschen seit Renaissance und Reformation* (Concepção do mundo e análise do homem desde o Renascimento e a Reforma); outra série intitulada: *Die geistige Welt: Einleitung in die Philosophie des Lebens* (O mundo espiritual: introdução à filosofia da vida), em que se encontram as *Ideen über eine beschreibende und zergliedernde Psychologie* (Ideias sobre uma psicologia descritiva e analítica) e *Das Wesen der Philosophie* (A essência da filosofia). Entre os escritos de sua última época se encontra *Weltanschauunsgslehre* (Teoria das concepções do mundo). Também escreveu o livro intitulado *Das Erlebnis und die Dichtung* (Vivência e poesia).

O ponto de vista de Dilthey • Taine, Renan, Wundt, Lange, Spencer pertencem à geração anterior a Dilthey; no entanto, temos a impressão de que são ainda mais antigos. É a turma positivista que começa a se sentir incomodada e reage contra o positivismo; contudo, a rigor, só Dilthey o consegue – e não totalmente. Auguste Comte (nascido em 1798) era de três gerações anteriores: Dilthey – da geração de Brentano, Nietzsche e William James – já não recolheu sua *influência direta*, mas apenas sua *vigência*. A dependência polêmica em relação ao positivismo condiciona a obra de Dilthey e a dos neokantianos.

Dilthey recebe da filosofia de Comte duas ideias muito importantes, que deverá reelaborar de modo original e diferente; a primeira é de que toda a filosofia anterior foi *parcial*, não tomou a realidade integralmente tal como é; a outra, de que a metafísica é impossível, e só resta lugar para as ciências positivas. Dilthey tentará fundar a filosofia "na experiência total, plena, sem mutilações, portanto, na realidade inteira e completa"; e, por outro lado, superar a metafísica conforme a entende, ou seja, como "absolutismo do intelecto": este é o tributo que paga à sua época.

A rigor, Dilthey não fez um sistema, nem uma teoria da vida, nem sequer uma doutrina histórica; fez menos e mais: tomar contato imediato com a realidade da vida e, consequentemente, da história. "Todos os homens – escrevi em outro lugar[1] a propósito de Dilthey – vivem na história, porém muitos não o sabem. Outros sabem que seu tempo *será histórico*, mas não o vivem como tal. Dilthey nos trouxe o *historicismo*, que é certamente uma doutrina, mas antes um modo de ser: a *consciência histórica*, procurando retirar do termo *consciência* seu matiz intelectualista e doutrinal. Hoje, totalmente mergulhados *nesse* historicismo, temos de nos esforçar para perceber a novidade dessa descoberta. Temos consciência de estar num tempo determinado, destinado a passar como os demais, a ser superado por outro. Temos capacidade de transmigrar para outras épocas, e vivemos num mundo constituído *diretamente* pela temporalidade. Diante de qualquer coisa, necessitamos de sua data, de sua inserção na história, e sem ela não a entendemos. Tudo se dá a nós numa circunstância histórica; nossa visão de uma cidade, por exemplo, não é a imediata do *presente*, mas aparece para nós como uma acumulação de estratos temporais, como um 'resultado' histórico, em que o passado sobrevive e está, por sua vez, carregado de futuro. Para Dilthey, isso está estreitamente relacionado com o ceticismo, provocado pelo antagonismo das ideias e dos sistemas. A atitude de espírito em que vivemos exclui o *definitivo*; não acreditamos resolver para sempre nenhuma questão, tão-somente dizer dela a palavra que nos corresponde em nosso tempo, e que está destinada a ser superada ou corrigida pelo tempo futuro. A visão da história em Dilthey é 'um imenso campo de ruínas'. Lembremos que nem sempre foi assim. Houve longas épocas em que o homem contemplava muitas coisas independentes do tempo, como se fossem dotadas de certa validade intemporal: é o caso de todos os classicismos. Contudo, nas idades menos serenas e seguras, e principalmente nas que significaram uma ruptura com as normas anteriores, se afirmava o presente como o *novo* e ao mesmo tempo como o *válido*, sem mais restrições. Diante da história como repertório de erros aparecia o presente como sua retificação e eliminação. Agora

---

1. *Biografía de la filosofía*, VI, 37 [*Obras*, II].

se sente a caducidade peculiar do histórico, mas ao mesmo tempo a inclusão nessa história do momento em que se vive. A cada nome humano temos de agregar, para entendê-lo, as duas datas que limitam sua vida, e já antecipamos em nós mesmos a segunda, ainda incerta, substituída por um ponto de interrogação. O homem nunca viveu como agora sua vida como a efetiva realidade dos *dias contados*. E isso é a história... Em nosso tempo, isso adquire características de uma radicalidade desconhecida... porque nosso tempo descobre que o que muda é *o próprio homem*. Não só o homem está na história, nem só *tem* história, mas *é* história; a historicidade afeta o próprio ser do homem." Esse é o ponto de vista diltheyano.

A vida humana • Dilthey descobre a vida em sua dimensão histórica. Dos diferentes modos como o século XIX chegou a abordar essa realidade que é o viver, o mais fecundo foi o diltheyano. A vida é em sua própria substância histórica; a história é a própria vida, do ponto de vista da totalidade da humanidade. Essa realidade vital não é um "mundo" de coisas e pessoas; é um complexo (*Zusammenhang*, a palavra que Dilthey repete constantemente) de *relações* vitais. Cada "coisa" nada mais é senão um ingrediente de nossa vida, e nela adquire seu sentido. "O amigo é para ele uma força que eleva sua própria existência; cada membro da família tem um lugar determinado em sua vida, e tudo o que o rodeia é entendido por ele como vida e espírito que se objetivou ali. O banco diante da porta, a casa e o jardim têm nessa objetividade sua essência e seu sentido. Assim a vida cria a partir de cada indivíduo seu próprio mundo" (*Teoria das concepções do mundo*, p. 62).

O mundo é sempre correlato do mesmo, e este não existe sem o outro termo, sem o *mundo*. Pois bem, essa vida se apresenta como um enigma que pede *compreensão*; a morte, sobretudo, coloca essa exigência, porque é o *incompreensível*. No entanto, a vida só pode ser entendida *a partir dela mesma*; o conhecimento não pode retroceder para trás da vida. Por essa razão, diante da explicação causal, método das ciências da natureza, Dilthey irá fazer da *compreensão descritiva* o método das ciências do espírito, do conhecimento da vida. E como a compreensão da vida alheia, principalmente a pretérita, requer uma interpretação, o método diltheyano é a *hermenêutica*. Por isso postula a psicologia "descritiva e analítica", por oposição à explicativa dos psicólogos experimentais, que tratam a vida humana como natureza.

A estrutura da vida humana é uma totalidade unitária, determinada pela *mesmidade da pessoa*. Todo estado psíquico é um processo, mas a própria vida não o é, ela é uma continuidade permanente dentro da qual se dão os processos que passam, "do mesmo modo – diz Dilthey – que um viajante que avança agilmente vê desaparecer atrás de si objetos que um momento antes estavam diante dele e junto dele, ao mesmo tempo em que se conserva a totalidade da paisagem". Ou seja, a realidade primária é a unidade do viver, *dentro* da qual se dão, por um lado, as "coisas" e, por outro, os "processos" psíquicos. Essa conexão fundamental que é a vida tem um caráter *finalista*.

A vida humana é uma unidade originária e transcendente: não é um composto de elementos; a partir de sua realidade unitária se diferenciam as funções psíquicas, que permanecem unidas a ela em sua conexão. Esse fato – diz Dilthey –, cuja expressão no grau mais elevado é a unidade da consciência e a unidade da pessoa, distingue totalmente a vida psíquica do mundo corporal como um todo. Portanto, Dilthey rejeita qualquer atomismo psíquico. Por outro lado, essa unidade se dá dentro de um meio. A unidade vital está em ação recíproca com o mundo exterior.

A vida consiste no fato de a unidade vital reagir aos estímulos, modificá-los ou se adaptar a suas condições, mediante a atividade voluntária. Por último, não se passa de uns elementos a outros da vida psíquica por mera causalidade no sentido da natureza externa; não há razão suficiente para que as representações se transformem em processos, nem para que estes se transformem em processos volitivos. Poder-se-ia imaginar, diz Dilthey, um ente, mero sujeito de representações, que em meio ao tumulto de uma batalha fosse espectador indiferente e abúlico de sua própria destruição, ou que esse mesmo ente acompanhasse a luta à sua volta com sentimentos de temor e consternação, sem que, apesar disso, desses sentimentos procedessem movimentos de defesa. A conexão que se dá entre os elementos da vida psíquica é de índole peculiar e superior, procedente dessa totalidade primária que é a vida humana.

Em Dilthey, a análise da vida humana, insuficiente, porém de extraordinária genialidade, é hoje ponto de partida da metafísica, e é forçoso recorrer sempre a ele.

A filosofia • "O que é filosofia não é uma questão que possa ser respondida segundo o gosto de cada um; sua função tem de ser empiricamente descoberta na história. Essa história, é claro, terá de ser entendida partindo da vitalidade espiritual de que nós mesmos partimos, e em que vivemos filosofia." Essas são as duas ideias diretoras de Dilthey: a essência da filosofia só pode ser descoberta na realidade histórica do que efetivamente foi, e a história só é compreensível desde a vida em que se está. Por isso, Dilthey tem de fazer uma interpretação da história inteira, para determinar o ser da filosofia. As duas características principais comuns a toda a filosofia são a *universalidade* e a *autonomia* ou pretensão de validade universal: todas as demais são privativas de alguma filosofia.

Dilthey retifica a ideia do pensar produtivo, tão do agrado dos idealistas alemães. A filosofia, diz Dilthey, analisa mas não produz; não cria nada; só pode mostrar o que existe. Isto é, Dilthey renova de forma mais verdadeira e radical a exigência positivista de ater-se às coisas, de não substituí-las por construções, atitude que será compartilhada pela fenomenologia. A filosofia é a ciência do real, isto é, de *todo* o real, sem mutilações.

Contudo, Dilthey está muito longe de um absolutismo intelectual. A inteligência não é algo isolado e independente, mas uma *função vital*, e só tem sentido dentro da totalidade que é a vida humana; o saber tem de ser "derivado" da vida. Em segundo lugar, o saber não *esgota* o real: "Em última instância, a própria realidade não pode ser explicada logicamente, apenas entendida. Em toda realidade que se dá para nós como tal, há, por sua natureza, algo inefável, incognoscível." O que nos é proporcionado, agrega ele, é irracional.

A fundamentação da filosofia sistemática é para Dilthey *autognose*, autoconhecimento (*Selbstbesinnung*). A partir do autoconhecimento progride-se para a *hermenêutica*, ou seja, o conhecimento da vida alheia, a interpretação compreensiva de outras vidas, e assim, da história. Por último, dali se passa para o conhecimento da *natureza*. A filosofia vai do mais próximo – nós mesmos – para o mais distante.

Embora os sistemas absolutos não sejam possíveis – cada um tem sua verdade parcial que, ao menos em princípio, não exclui a dos demais, parcial também –, o homem os pensa, e eles ficam como um fato constitutivo da consciência humana. Todo homem tem uma *Weltanschauung*, uma ideia ou concepção do mundo, cuja última raiz não é intelectual, mas sim a *própria vida*. Essas ideias do mundo, que a filosofia começa por estudar historicamente, podem ser reduzidas a *tipos* para conhecer os modos possíveis de representar o universo. Assim, Ortega (*Guillermo Dilthey y la idea de la vida*) resume deste modo os quatro temas da filosofia de Dilthey: 1º História da evolução filosófica como propedêutica. 2º Teoria do saber. 3º Enciclopédia das ciências. 4º Teoria das Ideias do mundo.

Dilthey postula uma *Crítica da razão histórica* – é o que sua *Introdução às ciências do espírito* pretende ser. Aspira a realizar pela "outra metade do *globus intellectualis*" o que Kant fez pelo conhecimento da natureza. Essa é a grande ideia de Dilthey: diante do irracionalismo a que chegam no século XIX os que têm consciência do fracasso da "razão pura" quando querem pensar a vida e a história, Dilthey reivindica uma nova forma de razão, mais ampla, que não exclui o histórico. A rigor, contudo, só tenta *aplicar* a razão à história; a mesma razão, entenda-se; por isso acaba considerando supra-históricas as ideias do mundo, e nessa medida não sabe *dar razão* delas. O termo *razão histórica* não tem – nem pode ter – em Dilthey o alcance que, como veremos, atinge na filosofia de Ortega.

O sentido da filosofia diltheyana • Vimos que no pensamento de Dilthey aparecem indissoluvelmente ligadas duas disciplinas: a psicologia e a história. Por um lado, *análise do humano*, especialmente mediante a autognose: filosofia como *ciência do espírito*. Por outro, essa realidade humana é história, é a *vida humana*; essa análise é *filosofia da vida*; e, portanto, na medida em que essa vida é alheia e pretérita, é interpretação histórica, *hermenêutica*. Seu modo de conhecimento não é a explicação causal, mas a compreensão (*Verständnis*), e sua teoria constituirá uma verdadeira crítica da razão histórica.

Aqui já temos uma série dos ingredientes da filosofia de nosso tempo, que ainda terá de ser completada. Em primeiro lugar, com uma nova interpretação do *tempo vital*, em Bergson; em segundo lugar, depois de a filosofia europeia voltar a se vincular com sua tradição metafísica e sistemática, a renovação, por obra de Brentano, da ideia de *intencionalidade* determinará o amadurecimento em Husserl de um método novo: a *fenomenologia*. Com isso já teremos os elementos de que partiu a filosofia que está sendo feita hoje: na Alemanha, a *filosofia existencial*, sobretudo de Heidegger; na Espanha, a *metafísica da razão vital* de Ortega, de resto bem diferente em seu sentido e em suas tendências mais profundas; e as doutrinas que procedem de uma, de outra ou de ambas.

2. Simmel

Vida e escritos • Georg Simmel, nascido em 1858 e morto em 1918, é quase exatamente contemporâneo de Bergson e Husserl. Foi professor das Universidades de Estrasburgo e Berlim e cultivou especialmente os temas que têm relação com a sociologia e a história. Apesar de deficiências essenciais, a *Sociologia* de Simmel é uma das tentativas mais agudas de fundamentação dessa disciplina. Simmel – uma das mais importantes figuras da filosofia do começo deste século – procurou desenvolver em seus escritos uma tática de aproximação à imediatez dos objetos e dos problemas; daí o principal atrativo de suas obras e ao mesmo tempo sua fecundidade.

Seus escritos mais importantes são: *Kant* (um curso de lições), *Schopenhauer und Nietzsche, Philosophie des Geldes* (Filosofia do dinheiro), *Die Probleme der Geschichtsphilosophie* (Os problemas da filosofia da história), *Grundprobleme der Philosophie* (Problemas fundamentais da filosofia), *Lebensanschauung* (Intuição da vida). Também seu importante *Soziologie* e grande número de perspicazes ensaios sobre *Cultura feminina, Filosofia da coqueteria, Filosofia da moda* etc.

A vida como transcendência • O mais profundo do pensamento de Simmel é sua concepção da vida, tal como a expõe, sobretudo, no primeiro capítulo de seu *Lebensanschauung*. A posição do homem no mundo – diz Simmel – está definida, porque a todo instante se encontra entre dois limites. Sempre, em todo lugar, *temos* limites, e por isso *somos* também limites. Há sempre um mais e um menos, um aquém e um além de nosso *aqui* e *agora* e *assim*; nossa vida aparece definida por dois valores que entram em frequente conflito: riqueza e determinação.

Contudo, o interessante é que, embora o limite geral seja necessário para nossa vida, todo limite particular determinado pode ser transcendido e ultrapassado. Nossas ações se assemelham às do jogador de xadrez, que precisa saber com certa probabilidade as consequências de sua jogada; no entanto, o jogo seria impossível se essa previsão se estendesse indefinidamente. Os limites da vida humana podem ser deslocados; por isso Simmel diz, em forma de paradoxo: "temos em todos os sentidos um limite e não temos em nenhum sentido um limite". Cada ato vital implica a limitação e a superação do limite. O espírito ultrapassa a si mesmo, transcende a si mesmo, e por isso aparece como o absolutamente vivente. Nesse sentido, pôde-se dizer que o homem é algo que deve ser superado; é o ente limitado que não tem nenhum limite.

O tempo • Para obter um conceito da vida, Simmel parte de uma reflexão sobre o tempo. A *atualidade* é um *momento* inextenso; não é *tempo*, como o ponto não é espaço. Nada mais é senão a coincidência do passado e do futuro que são, eles sim, magnitudes temporais, isto é, tempo. Entretanto, o passado já não é, o futuro não é ainda; a realidade só se dá no presente, e por isso a realidade não é algo temporal. "O tempo não existe na realidade, e a realidade não é tempo." E, apesar de tudo, a vida *vivida* subjetivamente é sentida como algo real numa extensão *temporal*. O uso da linguagem não entende atualidade ou presente como um mero ponto, mas sim como uma porção de passado e outra de futuro juntas, com limites que variam conforme se fale do presente pessoal, político ou histórico.

A vida aparece referida ao *futuro*. Isso pode ser entendido num sentido bastante banal: o homem se propõe sempre um fim futuro; contudo, esse fim é um ponto imóvel, separado do presente, e o que caracteriza a penetração vital (*Hineinleben*) da vontade atual no futuro é que *o presente da vida consiste em que esta transcende o presente*. Não é real um limiar entre o agora e o futuro. O futuro não é uma terra nunca pisada, separada do presente por uma fronteira; vivemos numa comarca fronteiriça, que pertence tanto ao futuro como ao presente. "A vida é realmente passado e futuro." "Só para a vida – agrega Simmel – o tempo é real." "O tempo é a forma de consciência daquilo que é a própria vida em sua imediata concretude, que não se pode enunciar, mas somente viver; é a vida, prescindindo de seus conteúdos."

A essência da vida • A vida atual transcende aquilo que não é sua atualidade, mas de modo tal que esse transcender constitui sua atualidade. Essa é a *essência da vida*. Chamamos *vida* um modo de existência que não reduz sua realidade ao momento presente, que não relega ao irreal o passado e o futuro, mas cuja continuidade peculiar se mantém realmente além dessa separação; ou seja, seu passado existe realmente penetrando no presente, e o presente existe realmente dilatando-se no futuro.

Pois bem, essa vida só se dá em *indivíduos*; e esse é um sério problema: a vida é ao mesmo tempo continuidade ilimitada e um eu determinado por seus limites. A transcendência da vida é imanente a ela; o ultrapassar-se a si mesmo é o fenômeno primário da vida; nisso consiste, segundo a frase de Simmel, "o absoluto de nossa relatividade". Portanto, a antinomia fundamental é a que existe entre a forma e a continuidade; a forma é a individualidade, e *a vida é em todo lugar individual*.

Simmel relaciona seu conceito da vida com a doutrina da vontade de viver de Schopenhauer, e a da vontade de poder de Nietzsche; mas adverte que o decisivo é a unidade de ambos os momentos. A vida tem duas definições que se completam reciprocamente: é *mais vida* e é *mais que vida*. Esse *mais* não é um adendo acidental. Vida é aquele movimento que a todo instante arrasta para si ou atrai algo para transformá-lo em sua vida. A vida só pode existir porque é *mais vida*. A morte, que segundo Simmel reside de antemão na vida, é também um transcender dela sobre si mesma. A geração e a morte transcendem a vida, para cima e para baixo. A vida precisa da forma e, ao mesmo tempo, precisa de mais que a forma.

Além disso, a vida transcende de seus próprios conteúdos, especialmente na atitude criadora. Não só é *mais vida*; é *mais que vida*. A vida só é o constante transcender do sujeito daquilo que lhe é alheio ou a produção do que lhe é alheio. Com isso não se subjetiva esse ser alheio, que permanece em sua independência, em seu "ser mais que vida"; o caráter absoluto desse *outro*, desse *mais*, é a fórmula e a condição da vida. O dualismo é a forma em que existe a unidade da vida. Por isso Simmel pode dizer, num último e agudo paradoxo, que a vida encontra sua essência e seu processo em ser *mais vida* e *mais que vida*; isto é, que seu *positivo* enquanto tal *já* é seu *comparativo*.

Essas ideias da maturidade de Simmel (seu *Lebensanschauung* é do mesmo ano de sua morte, 1918) significam um passo genial no caminho da compreensão da realidade da vida humana.

3. Bergson

Personalidade • Com Bergson já saímos do século XIX para entrar no XX. Suas raízes e a primeira etapa de sua formação estão na centúria passada; contudo, tanto sua vida como o sentido último de sua filosofia já pertencem a nossa época ou, melhor dizendo, são um típico momento de transição, como o resto da filosofia desse tempo: um passo a mais no caminho da superação do positivismo para voltar à nova metafísica.

Henri Bergson nasceu em Paris em 1859 e morreu nos primeiros dias do mês de janeiro de 1941. Foi professor de filosofia no Liceu de Angers, no de Clermont-Ferrand, na Universidade dessa cidade, no Collège Rollin e no Lycée Henri IV, de Paris, na Escola Normal Superior e, a partir de 1919, foi professor no Collège de France, a mais conceituada instituição francesa. Nos seus últimos anos, a idade o obrigou a uma vida retirada.

Suas obras mais importantes são: sua tese de doutorado *Essai sur les données immédiates de la conscience*, *Matière et mémoire*, *Le rire*, *Durée et simultanéité*, *L'évolution créatrice*; duas coleções de ensaios e conferências: *L'énergie spirituelle* e *La pensée et le mouvant* (onde se encontra a *Introduction à la métaphysique*), e seu último livro, *Les deux sources de la morale et de la religion*, onde se inicia sua já crescente aproximação ao catolicismo.

O espaço e o tempo • É usual, como vimos em Kant, pôr como termos comparáveis e paralelos o espaço e o tempo. Bergson reage energicamente contra isso e os opõe. O espaço é um conjunto de pontos, de qualquer dos quais se pode passar a outro qualquer; o tempo, em contrapartida, é irreversível, tem uma *direção*, e cada momento dele é insubstituível, uma verdadeira *criação*, que não pode ser repetido e ao qual não se pode voltar. Contudo, esse tempo bergsoniano não é o do relógio, o tempo *espacializado*, que se pode contar e que é representado numa longitude, mas sim o *tempo vivo*, tal como se apresenta em sua realidade imediata à consciência: a denominada *duração real*, *la durée réelle*. O espaço e o tempo são entre si como a matéria e a memória, como o corpo e a alma, respondem a dois modos mentais do homem, que são radicalmente diferentes, e até mesmo em certo sentido opostos: o pensamento e a intuição.

A inteligência e a intuição • O pensamento conceitual, o que se chama em sentido estrito inteligência, é o método do conhecimento científico, que se movimenta entre coisas e tende à espacialização. A ciência, em geral, procura a medida; e a operação de medir se faz diretamente pela comparação de longitudes (o metro e o caminho que se mede), ou mediante a tentativa de reduzir as outras magnitudes à longitude ou a outra forma espacial, por exemplo angular, que pode ser reduzida, por sua vez, à longitude (o relógio, o manômetro, o dinamômetro, o termômetro, que medem diversas magnitudes não espaciais em si mesmas por comparação com o deslocamento de uma agulha ou a dilatação longitudinal de uma coluna de mercúrio). O pensamento, dirigido para a ciência – ou para a vida prática, para o manejo das *coisas* –, procede por meio da lógica, da observação e dos conceitos. E tende a encontrar conceitos rígidos, que a inteligência maneja facilmente. Tende a *solidificar tudo*. Além do mais, o pensamento procura as semelhanças, o que há de comum em vários indivíduos; é generalizador. A inteligência é a esfera do inerte, do quieto – e, portanto, descontínuo –, do material.

Essas condições são diferentes das exigidas para a apreensão da realidade vivente. Concretamente, o tempo vivo, a *duração*, esse tempo que tenho que esperar para que se dissolva o açúcar que coloquei num copo, escapa ao pensamento. O movimento *real*, tal como se vê de dentro, quando movimento o braço, é decomposto pela inteligência numa série de repousos que *não são* o movimento. Mover um braço é algo *uno, contínuo, vivo*. O pensamento o esquematiza, fixa-o em conceito e o detém; tira-lhe, justamente, a mobilidade. Só a *intuição* é capaz de apreender a *duração real*, o movimento em sua verdadeira imediatez, a vida, em suma. A intuição é capaz de captar a mobilidade, de penetrar no processo mesmo do mover-se e no tempo vivo, antes de petrificá-lo em conceitos. A inteligência tem sua aplicação na matéria, e por isso na ciência; a intuição, em contrapartida, se adapta à vida. Bergson relaciona essa faculdade com o *instinto*, essa maravilhosa adaptação não conceitual do animal aos problemas vitais.

A ciência e a filosofia, que estão pensadas desde o espacial, não conheceram apenas – diz Bergson – a intuição; operaram sempre com as categorias do pensamento conceitual, que *não serve para apreender a vida e o tempo real*. Por isso o homem encontra grande dificuldade para pensar essas realidades; faltam-lhe os instrumentos adequados, e mais ainda o hábito de servir-se deles. A filosofia de Henri Bergson se aproxima da realidade da vida com uma atitude diferente da usual, instalando-se na própria mobilidade, não no processo já realizado e cumprido, mas no seu próprio realizar-se. A intuição tenta captar a vida de dentro dela, sem a matar previamente para reduzi-la a um esquema conceitual espacializado.

O "elã vital" • A realidade da vida é algo dinâmico, um impulso vital ou *elã vital*. Esse impulso determina uma evolução no tempo. E essa evolução é criadora, porque a realidade vai se fazendo numa continuidade viva, não se compõe de elementos dados, e só depois de consumada o pensamento pode tentar compô-la com elementos imóveis e dados, como se se quisesse recompor um movimento com uma série de estados de repouso. Isso põe Bergson em contato com a filosofia da vida, que tem nele um dos seus mais claros e fecundos antecedentes. Devemos observar, contudo, que Bergson entende a vida mais num sentido *biológico* que num sentido *biográfico* e *histórico*, de modo tal que não aborda a peculiaridade mais essencial da vida *humana*. Nesse sentido, o pensamento de Bergson precisa ser completado para alcançar plena eficácia. E, por outro lado, é também preciso superar o caráter de *irracionalidade* que ameaça toda intuição. A filosofia é saber rigoroso e, portanto, conceito e *razão*. Esta razão terá de pensar o novo objeto que é a vida, em toda a sua fluidez e mobilidade; será diferente da razão científica e matemática; no entanto, sempre deverá ser *razão*. Isso foi visto com toda clareza por Ortega, que por isso toma sempre o cuidado de falar de uma *razão vital*.

4. Blondel

Maurice Blondel (1861-1949) é, depois de Bergson, a figura mais original e interessante da filosofia francesa contemporânea. Blondel, discípulo de Ollé-Laprune, a quem dedicou um estudo, representa dentro do pensamento católico uma modalidade denominada "pragmatista" – em sentido bem diferente do pragmatismo inglês e americano – ou "ativista", ou melhor, *filosofia da ação*. Sua principal obra é um livro já antigo, de 1893: sua tese de doutorado, intitulada *L'Action. Essai d'une critique de la vie et d'une science de la pratique*. Depois de longos anos em que sua atividade de escritor se resumiu a colaborações em revistas filosóficas, Blondel publicou três obras de grande extensão: *La pensée, L'Être et les êtres* e uma reelaboração total, em dois volumes, de sua antiga tese *L'action*; além de alguns estudos sobre apologética e sobre o espírito cristão em suas relações com a filosofia.

O ponto de partida de Blondel é a pergunta sobre se a vida humana tem sentido e se o homem tem um destino. Ajo sem saber o que é a ação, sem ter desejado viver, sem saber quem sou nem se sou. E não posso, a nenhum preço, segundo nos é dito, conquistar o *nada*; estou condenado à vida, à morte, à eternidade, sem tê-lo sabido nem querido. Pois bem, esse problema, inevitável, é inevitavelmente bem ou mal resolvido pelo homem com suas *ações*. A ação é a verdadeira solução efetiva que o homem dá ao problema de sua vida; por isso seu estudo se impõe antes de tudo.

A ação é o fato mais geral e mais constante de minha vida: mais que um fato, diz Blondel, é uma necessidade, já que até o suicídio é um ato. Só se faz qualquer coisa fechando as demais vias e empobrecendo-se de tudo o que se teria podido saber ou conseguir. Cada determinação amputa uma infinidade de atos possíveis. E não cabe deter-

-se e suspender a ação, nem esperar. Se não ajo, algo age em mim ou fora de mim, quase sempre contra mim. A paz – diz Blondel – é uma derrota; a ação não tolera outra postergação senão a morte. Por isso não posso me guiar pelas minhas ideias, porque a análise completa não é possível para uma inteligência finita, e a prática não tolera atrasos: não posso diferir a ação até chegar à evidência, e toda evidência é parcial. Além do mais, minhas decisões costumam ir além dos meus pensamentos, e meus atos além das minhas intenções.

Portanto, é preciso constituir uma ciência da ação, integral, porque todo modo de pensar e viver implica deliberadamente uma solução completa do problema da existência. Blondel, que se remete certamente ao problema religioso, opõe-se ao intelectualismo e ao fideísmo, não em nome do sentimento, mas da ação. Daí sua crítica ao escolasticismo. Os entes são principalmente o que *fazem*. A filosofia tem de "impedir o pensamento de se idolatrar, mostrar a insuficiência e a subordinação normal da especulação, iluminar as exigências e os caminhos da ação; preparar e justificar as vias da fé". Não podemos entrar aqui nos detalhes dessa filosofia, do profundo e difícil pensamento blondeliano; basta assinalar o ponto de vista a partir do qual Blondel considera o problema da vida.

5. Unamuno

Vida e escritos • Miguel de Unamuno, nascido em Bilbao em 1864 e morto em Salamanca em 1936, é um dos mais importantes pensadores espanhóis. Não se pode considerá-lo um filósofo em sentido estrito; no entanto, o interesse que tem pela filosofia é extremo. Sua obra e sua própria figura pessoal constituem, a rigor, um problema filosófico. Seus escritos são copiosos e de gêneros muito diversos: poesia, romance, teatro, ensaios ideológicos. Do ponto de vista da filosofia, suas obras mais importantes são: os sete volumes de seus *Ensayos*, *Vida de Don Quijote y Sancho*, *Del sentimiento trágico de la vida* – seu livro mais considerável –, *La agonía del cristianismo* e, principalmente, alguns de seus romances: *Paz en la guerra*, *Niebla*, *Abel Sánchez*, *La tía Tula*, *San Manuel Bueno, mártir*, e seu relato poético *Teresa*.

O problema • Unamuno, que sente vivamente a problemática filosófica, centra toda a sua atividade intelectual e literária no que chama de "a única questão": a *imortalidade* pessoal do homem concreto, que vive e morre e não quer morrer totalmente. Num momento histórico em que a ciência vigente nem sequer aborda essa questão, Unamuno faz dela, desesperadamente, o eixo de sua vida inteira. Sua fé religiosa, deficiente e penetrada de dúvidas – "agônica", segundo sua expressão –, não o satisfaz. Portanto, vê-se obrigado a colocar o problema da imortalidade, que suscita, por certo, o da *morte* e naturalmente remete ao da *vida* e da *pessoa*. Contudo, Unamuno, em vez de escrever, como seria de se esperar, estudos filosóficos, compõe ensaios escassamente científicos, poemas e, principalmente, romances. Qual a razão dessa estranha produção literária?

O método • Por razões históricas, por pertencer a uma determinada geração, Unamuno está imerso no *irracionalismo* que já assinalei reiteradamente. Como Kierkegaard, como William James, como Bergson, crê que a razão não serve para conhecer a vida; que ao tentar apreendê-la em conceitos fixos e rígidos, despoja-a de sua fluidez temporal, mata-a. Esses pensadores sem dúvida falam da razão pura, da razão físico-matemática. Essa convicção faz com que Unamuno se desentenda da razão para voltar-se para a *imaginação* que é, diz ele, a faculdade mais substancial. Já que não se pode capturar racionalmente a realidade vital, vai tentá-lo por meio da imaginação, *vivendo-a* e *prévivendo* a morte na *narrativa*. Ao se dar conta de que a vida humana é algo temporal e que se faz, algo que se conta ou se narra, *história*, em suma, Unamuno usa o romance – uma forma original de romance, que poderia ser chamado de existencial ou, melhor ainda, *pessoal* – como método de conhecimento. Esse romance constitui um ensaio fecundíssimo de apreensão imediata da realidade humana, insuficiente, por certo, mas sobre a qual poderia operar uma metafísica rigorosa, que não se encontra em Unamuno.

Apesar de sua dispersão, e de sua obra não alcançar plenitude filosófica, Unamuno foi um genial adivinhador e antecipador de muitas descobertas importantes a respeito dessa realidade que é a vida humana, e seus achados com frequência ultrapassam, embora de forma imatura, o que a filosofia conseguiu investigar até hoje. Unamuno é um efetivo precursor, com personalidade própria, da metafísica da existência ou da vida. Isso justifica sua inclusão na história da filosofia, condicionada em última instância pela fecundidade que possam conseguir suas adivinhações, em cujos detalhes não podemos entrar aqui[2].

---

2. Cf. meu livro *Miguel de Unamuno* (1943), em que se estuda em sua integridade o problema filosófico que Unamuno coloca e sua contribuição à filosofia atual. Cf. também *La escuela de Madrid* (*Obras*, V).

III. A FILOSOFIA DE LÍNGUA INGLESA

Como em quase todas as épocas, atualmente a filosofia inglesa apresenta características relativamente distintas da europeia continental que, no entanto, não excluem um paralelismo e uma série de influências recíprocas. Nos últimos anos do século XIX irrompe, ademais, um novo fator: os Estados Unidos. Em íntima relação com a tradição britânica, mas com forte influência alemã e, em menor grau, francesa, inicia-se uma especulação filosófica na América do Norte determinada pela estrutura de uma sociedade bem diferente e por uma outra perspectiva dos problemas. Em nosso século, esse pensamento americano influenciou por sua vez o britânico; muitos pensadores de ambos os países trabalharam, lecionaram e residiram dos dois lados do Atlântico, e dessa forma criou-se uma forma de filosofia em língua inglesa que, com matizes variados, tem uma figura comum. Nos últimos decênios, essa filosofia começa a refluir sobre a da Europa continental, e é necessário levar em conta, mesmo de forma muito concisa, seu sentido geral e seus momentos fundamentais, já que se trata hoje de um componente decisivo da filosofia ocidental.

1. O *pragmatismo*

O primeiro movimento importante e original do pensamento americano é o pragmatismo. Antes, os "transcendentalistas" – entre os quais Ralph Waldo Emerson (1803-82) e Henry David Thoreau (1817-62) – tinham iniciado na Nova Inglaterra, em torno de Boston e Cambridge, sede da Universidade de Harvard e núcleo inicial da vida intelectual americana, uma reação contra o materialismo e o predomínio do pensamento positivista. Mas é só com os pragmatistas que se atinge uma primeira maturidade filosófica. O nome pragmatismo liga-se sobretudo ao de William James, que foi o primeiro a utilizar por escrito esta denominação, em 1898; recebera-a, contudo, de Peirce, iniciador da doutrina que expusera vinte anos antes. Muito se discutiu sobre as relações entre Peirce e James. Tendo permanecido durante muitos anos na sombra, a figura do primeiro suscitou recentemente vivo interesse, e ele passou a ser muito mais valorizado que James, que gozara de enorme prestígio e depois foi submetido a dura crítica. Discutiu-se a relação entre as duas interpretações do pragmatismo, e chegou-se a dizer que "o movimento filosófico conhecido como pragmatismo é em grande parte resultado de James ter entendido Peirce mal". Sem dúvida há nisso um exagero, devido à "descoberta" tardia de Peirce e à reação contra a vinculação exclusiva do pragmatismo a James e seus continuadores imediatos. Não podemos entrar aqui nas numerosas implicações do problema; basta assinalar a forma originária em que a doutrina aparece em um e outro e na tradição posterior.

Peirce • Charles Sanders Peirce (1839-1914), coetâneo de Dilthey, Brentano e Nietzsche, nasceu em Cambridge (Massachusetts); lecionou ocasionalmente alguns anos em Harvard e em Johns Hopkins e publicou muito pouco, artigos e resenhas de livros filosóficos, que foram sendo reunidos em volumes depois de sua morte: em 1923, o volume *Chance, Love and Logic*, editado por M. R. Cohen; a partir de 1931, os oito tomos de *The Collected Papers of Charles Sanders Peirce*, editados por Ch. Hartshorne, P. Weiss e A. Burks; finalmente, outro volume antológico, *The Philosophy of Peirce*, por J. Buchler. Entre os escritos de Peirce, um dos mais influentes foi o artigo *How to Make our Ideas Clear*, publicado em janeiro de 1878, texto inicial e básico do pragmatismo. Só chegou a terminar um livro, *The Grand Logic*, publicado como obra póstuma na coletânea de seus escritos.

As primeiras leituras filosóficas de Peirce foram as *Cartas sobre a educação estética do homem*, de Schiller; a *Lógica*, de Whately, e a *Crítica da razão pura*, que ele sabia quase de cor; também sofreu a influência de Duns Escoto e de sua própria formação matemática. Peirce adota uma atitude primariamente teórica: para ele a filosofia pertence, como uma "subclasse", à ciência da descoberta, a qual, por sua vez, é um ramo da ciência teórica. A função da filosofia é explicar e mostrar a unidade na variedade do universo, e ela tem um duplo ponto de partida: a lógica, ou seja, as relações dos signos com seus objetos, e a fenomenologia, isto é, a experiência bruta do mundo real objetivo. As duas disciplinas convergem em três categorias metafísicas fundamentais, de articulação muito complexa, que podem ser denominadas qualidade, relação e mediação. O pensamento de Peirce, muito fragmentário e pouco sistemático, abordou numerosos problemas de teoria do conhecimento, lógica e metafísica; mas, sobretudo, se propôs estabelecer um *método*, e este é justamente o pragmatismo.

Trata-se de "um método para averiguar a significação de palavras difíceis e concepções abstratas", ou também "um método para determinar os sentidos de conceitos intelectuais, isto é, daqueles em torno dos quais pode girar o raciocínio". Mais concretamente, Peirce propunha-se esclarecer as questões metafísicas tradicionais e, em certas ocasiões, eliminá-las como contrassensos. Isso mostra que o pragmatismo de Peirce é, sobretudo, lógico, diferentemente da imagem habitual, derivada de uma interpretação parcial e inexata da forma que adquiriu na obra de James. Mas é preciso ressaltar que nem o aspecto "lógico" é alheio a James, nem o "prático" a Peirce. Para este, a função do pensamento é produzir hábitos de ação; e por essa via chega, trabalhosamente e em formulações com frequência obscuras e pouco felizes, à ideia do pragmatismo.

A primeira expressão (em *How to Make our Ideas Clear*) é esta: "Considerem-se os efeitos de alcance prático que possam pensar-se como produzidos pelo objeto de nossa concepção. Nossa concepção desses efeitos é a totalidade de nossa concepção do objeto." Uma segunda formulação, um pouco menos profunda e mais clara, diz: "Para determinar o sentido de uma concepção intelectual devem-se considerar as consequências práticas pensáveis como resultantes necessariamente da verdade da concepção; e a soma dessas consequências constituirá o sentido total da concepção." Por último, uma terceira tese especifica mais o sentido do pragmatismo em Peirce: "O pragmatismo é o princípio segundo o qual todo juízo teórico exprimível numa frase em modo indicativo é uma forma confusa de pensamento, cujo único sentido, se o tem, está em sua tolerância a reforçar uma máxima prática correspondente, exprimível como uma frase condicional cuja apódose está no modo imperativo."

Ante o crescente uso da palavra *pragmatismo* num sentido diferente do que ele pretendera dar ao termo, Peirce renunciou a ele e cunhou para seu próprio pensamento o nome "pragmaticismo", que julgava "bastante feio para estar a salvo de raptores". A obra de Peirce, ainda não publicada na íntegra e só em parte estudada e conhecida, aparece hoje como muito fecunda e valiosa.

James • William James (1842-1910), da mesma geração de Peirce, nascido em Nova York, professor de Harvard a partir de 1872, médico, psicólogo e filósofo, é a figura de maior destaque da filosofia americana. James, escritor e conferencista muito vivo e sugestivo, cheio de ideias, contribuiu mais que ninguém para a aclimatação do pensamento filosófico nos Estados Unidos. Orientou-se inicialmente para a psicologia, disciplina de que foi um dos mais fecundos clássicos; seus dois livros psicológicos são duas obras-primas, em certos aspectos ainda não superadas, que continuam vivas e férteis em várias de suas facetas; sua atenção voltou-se depois para temas morais e religiosos e, por último, para a metafísica. Suas principais obras são: *The Principles of Psychology*, em dois volumes, e um tratado mais breve e denso, *A Textbook of Psychology*; *The Will to Believe* (A vontade de crer), *The Varieties of Religious Experience* (As variedades da experiência religiosa), *Pragmatism: a New Name for Some Old Ways of Thinking* (Pragmatismo: um nome novo para alguns modos antigos de pensar), *A Pluralistic Universe* (Um universo pluralista), *The Meaning of Truth* (O significado da verdade), *Some Problems of Philosophy* (Alguns problemas de filosofia), *Essays in Radical Empiricism* (Ensaios de empirismo radical).

A filosofia de James é uma das tentativas do final do século XIX de pensar e entender a vida humana. Sua psicologia representa uma penetrante compreensão da efetividade da vida psíquica em sua dinamicidade: a imagem do *stream of consciousness*, a corrente ou fluxo de consciência, é reveladora. Mas esse interesse pela vida adota a forma, habitual em seu tempo, de antiintelectualismo, mais ainda, de irracionalismo; de Kierkegaard a Spengler e Unamuno, passando por Nietzsche e Bergson, este foi o risco que correram todas as tendências análogas. É com essa atitude que James trata o tema do pragmatismo. Entende que não pode *haver* nenhuma diferença que não *faça* alguma diferença; poderíamos dizer que nenhuma diferença pode ser indiferente. "A função da filosofia – diz – deveria ser determinar que diferença definida fará para você e para mim, em instantes definidos de nossa vida, que esta ou aquela formulação do mundo seja a verdadeira." Esse pragmatismo, na opinião de James, não é novo: seus antecedentes são Sócrates e Aristóteles, Locke, Berkeley; é a atitude empirista, mas em forma mais radical e menos objetável; significa afastar-se da abstração e da insuficiência, das soluções verbais, das más razões *a priori*, dos princípios fixos, dos sistemas fechados, dos absolutos e origens supostos, e voltar-se para a concretude e a adequação, os fatos, a ação e o poder. Ante a concepção da metafísica como um enigma que se resolve com uma palavra ou princípio, James pede a cada palavra seu valor efetivo (*cash-value*); é menos uma solução que um programa de mais trabalho e, sobretudo, uma indicação de como é possível *modificar* as realidades existentes. "As teorias são portanto instrumentos e não respostas a enigmas com as quais possamos descansar." O pragmatismo assim entendido não tem dogmas nem doutrinas; é um método, compatível com doutrinas diversas; é "a atitude de se afastar de primeiras coisas, princípios, categorias, supostas necessidades, e olhar para as últimas coisas, frutos, consequências, fatos."

Isso implica uma ideia de verdade. James renuncia à ideia de uma concordância entre o pensamento e as coisas, pois ela só poderia ser julgada pelo pensamento e só nele as coisas são acessíveis. As ideias, que são parte de nossa experiência, são verdadeiras na medida em que nos ajudam a entrar em relação satisfatória com outras partes de nossa experiência. Verdade é o que "funciona", o que "dá certo", o que "seria melhor crer", em outras palavras, o que "*deveríamos crer*". As formulações dessa concepção de verdade são relativamente vagas e oscilantes em James e em seus continuadores; o núcleo fecundo que essa ideia encerra fica obscurecido pelo irracionalismo que a ameaça, pela propensão a uma interpretação estreita e utilitária desse "dar certo" ou ter êxito, que amputa uma série decisiva de atos *vitais*, como são os de estrita intelecção. Por isso, o pragmatismo é uma degradação da ideia de verdade, até mesmo de seu próprio ponto de vista, ou seja, do que este seria se se comprometesse a levá-lo rigorosamente a sério.

Os continuadores do pragmatismo • Os mais importantes são Dewey, Schiller e Ralph Barton Perry (1877-1957). John Dewey (1859-1952), nascido no mesmo ano que Husserl e Bergson, professor na Columbia University durante muitos anos, foi, em sua longa vida, um dos homens que mais influenciaram a vida intelectual dos Estados Unidos, sobretudo em educação. Seus livros mais importantes são: *How We Think, Democracy and Education, Essays in Experimental Logic, Reconstruction in Philosophy, Experience and Nature, A Common Faith, Logic: the Theory of Inquiry, Problems of Men*. Dewey denominou de *instrumentalismo* sua versão pessoal do pragmatismo.

F. C. S. Schiller (1864-1937), nascido em Altona, professor em Cornell, Oxford, e depois na Califórnia, cujos principais livros são *Humanism* e *Studies in Humanism*, também se vincula à filosofia de James e considera seu próprio pensamento, o *humanismo*, um pragmatismo mais amplo, que se estende a todas as disciplinas filosóficas. Como o pragmatismo, Schiller afirma que a verdade depende das consequências práticas; como toda a vida mental tem finalidade e esses fins são os do ente que somos nós, todo conhecimento fica subordinado à natureza humana e a suas necessidades fundamentais. "O humanismo – diz Schiller – é simplesmente a compreensão de que o problema filosófico concerne a seres humanos que tentam compreender um mundo de experiência humana com os recursos da mente humana." Para ele, realmente transformamos as realidades mediante nossos esforços cognoscitivos, e, portanto, nossos desejos e nossas ideias são forças reais na configuração do mundo.

2. *O personalismo*

Uma segunda tendência dominante no pensamento anglo-saxão de nossa época é conhecida por *personalismo*. Note-se que essa denominação é empregada em sentido estrito para designar um grupo ou escola coerente, sobretudo nos Estados Unidos, e também num sentido mais amplo, que engloba diversos núcleos unidos por uma tendência comum e uma afinidade espiritual. É nesse sentido lato que emprego aqui essa denominação. O traço mais geral do personalismo é sua insistência na realidade e no valor da pessoa e sua tentativa de interpretar a realidade desse ponto de vista. Próximo ao pragmatismo no que se refere ao problema da lógica, oposto em psicologia ao mecanicismo e ao *behaviorismo*, hostil também a uma interpretação naturalista do real, afirma a liberdade humana e o fundamento pessoal da realidade, ou seja, a existência de um Deus pessoal. Algumas posições idealistas, como a de Josiah Royce (1855-1916), são próximas do personalismo. Royce, californiano, professor de Harvard, escreveu *The Spirit of Modern Philosophy*, *Studies of Good and Evil*, *The World and the Individual*, *The Conception of Immortality*, *The Philosophy of Loyalty*. Sua obra exerceu influência na Europa, em parte através de Gabriel Marcel, que lhe dedicou um livro. Muito próximo do personalismo está também o humanismo de F. C. S. Schiller, antes mencionado.

A forma clássica do personalismo americano está representada por um grupo concentrado na Nova Inglaterra: Borden Parker Bowne (1847-1910), professor em Boston (*Metaphysics*, *Philosophy of Theism*, *Theory of Thought and Knowledge*, *Personalism*); Mary Whiton Calkins (1863-1930), do Wellesley College (*An Introduction to Psychology*, *The Persistent Problems of Philosophy*, *The Good Man and the Good*); Edgar Sheffield Brightman (1884-1952), sucessor de Bowne em Boston (*The Problem of God*, *A Philosophy of Religion*, *An Introduction to Philosophy*). Também está ligado a esse grupo W. E. Hocking (n. em 1873), de Harvard, cujo principal livro é *The Meaning of God in Human Experience*.

3. Tendências atuais

Santayana • Jorge Ruiz de Santayana (1863-1952), que assinava suas obras com o nome de George Santayana, nasceu em Madri, passou a infância em Ávila, formou-se em Boston, foi professor em Harvard e morreu em Roma. Brilhante escritor em língua inglesa, romancista e ensaísta, pouco sistemático, chamado às vezes de realista ou naturalista – denominações demasiado vagas – e também de materialista, deixou uma obra muito extensa e variada, em parte autobiográfica, que talvez culmine em sua ideia da *fé animal* como método de acesso à realidade. Seus principais livros são: *The Sense of Beauty*, *The Life of Reason* (cinco volumes), *Scepticism and Animal Faith*, *The Realms of Being* (composto de quatro partes: *The Realm of Essence*, *The Realm of Matter*, *The Realm of Truth*, *The Realm of Spirit*), sua autobiografia: *Persons and Places, In the Middle of the Road*, o romance *The Last Puritan*; por último, *Dominations and Powers*.

Alexander • Samuel Alexander (1859-1938), nascido em Sidney, Austrália, professor em Oxford e em Manchester, cujo pensamento também foi interpretado como naturalista e realista, representa uma das maiores construções metafísicas na filosofia inglesa contemporânea. Seu livro fundamental é *Space, Time and Deity*.

Whitehead • Alfred North Whitehead (1861-1947), o mais importante dos filósofos ingleses contemporâneos, lecionou na Inglaterra, sobretudo matemática, e a partir de 1924, nos Estados Unidos, já concentrado em filosofia, em Harvard e Wellesley. Sua obra matemática e lógica é sumamente importante; sobretudo, suas *Principia Mathematica* (em colaboração com Bertrand Russell); também dedicou muita atenção aos problemas educativos, numa série de trabalhos ao longo de quase toda a sua vida (*The Aims of Education*); o problema do pensamento e de suas formas é outro de seus temas principais (*The Function of Reason, Adventures of Ideas, Modes of Thought*); seu livro fundamental é uma obra metafísica apresentada como "um ensaio de cosmologia": *Process and Reality* (1929); a influência de Whitehead é hoje muito forte, talvez mais nos Estados Unidos que na Inglaterra.

Russell • Bertrand Russell (nascido em 1872), que lecionou em Cambridge, aparece associado a Whitehead na grande obra *Principia Mathematica* e é autor, como ele, de importantíssimas contribuições à teoria da matemática e à lógica simbólica: *The Principles of Mathematics, Introduction to Mathematical Philosophy, An Inquiry into Meaning and Truth*. É também autor de um livro sobre Leibniz, *The Philosophy of Leibniz*; da *History of Western Philosophy*; de dois livros intitulados respectivamente *The Analysis of Mind* e *The Analysis of Matter*; de um tratado geral, *An Outline of Philosophy*; um livro sobre o conhecimento: *Human Knowledge*, e numerosos ensaios e livros sobre educação, sociologia e política. Recebeu o prêmio Nobel de Literatura (como antes dele Eucken e Bergson).

Os movimentos mais recentes • As influências desses pensadores são decisivas na Inglaterra e nos Estados Unidos, embora não sejam as únicas e a penetração da filosofia europeia continental seja crescente, sobretudo na América. O inglês R. C. Collingwood (1889-1943) já se inclui numa tradição ocidental sem restrições, com particular influência do idealismo italiano; seus dois livros póstumos, *The Idea of Nature* e *The Idea of History*, mostram-no claramente. De forma menos acentuada ocorre o mesmo com G. E. Moore (1873-1959), autor de *Principia Ethica*, *Ethics*, *Philosophical Studies*, que abre bastante espaço em suas obras para a análise de que logo falaremos; e também C. D. Broad (n. em 1887), que escreveu *The Mind and its Place in Nature*, *Five Types of Ethical Theory*, *Ethics and the History of Philosophy*, ambos professores de Cambridge.

Uma enérgica presença do pensamento europeu se encontra também em pensadores americanos como George Boas (n. em 1891) e sobretudo Arthur Lovejoy (1873-1962), cujo livro mais importante é *The Great Chain of Being*; como Charles W. Hendel, que estudou Rousseau e os filósofos ingleses, e Brand Blanshard (*The Nature of Thought* etc.), ambos de Yale, ou Philip Wheelwright (*The Burning Fountain*, *Heraclitus, Metaphor and Reality*).

Mas a tendência que atualmente tem mais seguidores na Inglaterra é a que podemos denominar, com certa inexatidão, "análise linguística", a que pertencem, ainda que em diferentes graus, quase todos os pensadores britânicos atuais. Suas origens são em parte inglesas e em parte continentais, sobretudo procedentes do Círculo de Viena (Moritz Schlick, Hans Reichenbach, Otto Neurath, Rudolf Carnap, este último professor faz muitos anos nos Estados Unidos). A influência principal foi sem dúvida a de Ludwig Wittgenstein (1889-1951), austríaco, mas professor em Cambridge durante muitos anos, que publicou em 1921 seu famoso *Tractatus logico-philosophicus*, reeditado no ano seguinte em seu original alemão e tradução inglesa, com uma introdução de Bertrand Russell; posteriormente, Wittgenstein modificou consideravelmente seus pontos de vista em diversos artigos, recopilados depois de sua morte em *Philosophische Untersuchungen* e outros volumes. Entre os filósofos britânicos mais interessantes da atualidade estão Gilbert Ryle (*The Concept of Mind*), John Wisdom (*Other Minds, Philosophy and Psychoanalysis*), C. K. Odgen e I. A. Richards (*The Meaning of Meaning*), J. L. Austin (1911-60) (*Sense and Sensibilia, Philosophical Papers*), A. J. Ayer (*Language, Truth and Logic; The Problem of Knowledge*).

Apesar de grandes diferenças, esses núcleos filosóficos têm alguns traços em comum. O Círculo de Viena cultivou a lógica simbólica ou matemática, tanto na Áustria como na Inglaterra e nos Estados Unidos, assim como os lógicos poloneses do chamado Círculo de Varsóvia; provavelmente seja isto o que há de mais valioso nessas tendências, dentro de um campo limitado mas de considerável interesse; a obra de Lukasiewicz, Tarski, Carnap, Gödel e do próprio Wittgenstein vincula-se à dos lógicos americanos C. I. Lewis (*Mind and the World-Order*), Alonzo Church, Susanne K. Langer (autora também do interessante *Philosophy in a New Key*), W. V. Quine (*Mathematical Logic, Methods of Logic, From a Logical Point of View*), Charles Morris (*Signs, Language and Behavior*) etc. Afora isso, esses grupos adotam posições filosóficas que podem ser caracterizadas sumariamente – e prescindindo de muitos matizes – assim: sua tendência geral é antimetafísica – alguns consideram que a metafísica é impossível, outros opinam que não tem nenhum sentido, que seus enunciados são tautológicos ou puramente "emotivos" ou sem significação controlável. São "empiristas" num novo sentido – esses movimentos são às vezes chamados de "empirismo lógico", ou "positivismo lógico", ou "neopositivismo", às vezes "cientificismo" ou "fisicalismo", e inclinam-se para a matematização do pensamento. Na Inglaterra acabou predominando a crença de que a maioria dos problemas filosóficos e até mesmo os enunciados ou *statements* não têm sentido e decorrem simplesmente das imperfeições da linguagem, motivo pelo qual se deve proceder a uma clarificação das questões mediante a "análise linguística";

é claro que essa clarificação foi feita pela filosofia em todos os tempos, mas o pensamento inglês atual, sobretudo em Oxford, afirma que a filosofia *se reduz* a isso. Muitos desses pensadores consideram que *todo* enunciado científico pode *sempre* ser reduzido a um enunciado físico, ou seja, um enunciado que diga que tal evento se produziu em tal lugar e em tal momento; isto é, a um puro enunciado de *fato*; isso os leva ao *behaviorismo* ou descrição da conduta, e em sociologia, a um behaviorismo social.

Essas posições baseiam-se numa ideia bastante arbitrária da metafísica, identificada com algumas formas muito particulares dela ou, melhor dizendo, com a concepção que esses pensadores forjam dela; por outro lado, muitas de suas afirmações são tudo menos empíricas e não se justificam a partir de seus próprios pressupostos. Em geral, a análise dos "enunciados" deixa de lado aquilo que faz deles enunciados filosóficos, e o pensamento dessa orientação tende mais a fazer objeções à filosofia que a fazer filosofia. De resto, muitos de seus trabalhos são contribuições interessantes para o esclarecimento de algumas questões.

As relações entre a Europa e os Estados Unidos intensificaram-se enormemente nos últimos vinte anos e se aceleram cada vez mais. A fenomenologia, a obra de Heidegger – secundariamente a dos existencialistas –, a de Ortega através de numerosas traduções, a presença de Gilson e Maritain, tudo isso contribui para restabelecer nos Estados Unidos a complexidade da filosofia e para superar a unilateralidade da influência inglesa, que dominou durante alguns decênios. Por outro lado, o pensamento americano é cada vez mais conhecido na Europa. É de esperar que nos próximos anos se intensifique a comunicação entre as duas seções da filosofia ocidental, cindida desde o Renascimento e que desde então só se encontrou em alguns pontos descontínuos. Somente assim será possível apropriar-se plenamente da tradição filosófica do Ocidente.

IV. A FENOMENOLOGIA DE HUSSERL

Husserl e sua escola • Edmund Husserl nasceu em 1859 – assim como Bergson – e morreu em 1938. É o mais importante e original dos discípulos de Brentano; professor em Göttingen e depois em Freiburg, dedicou-se ao estudo da matemática e tardiamente ao da filosofia; em 1900 publicou a primeira edição de suas *Logische Untersuchungen* (Investigações lógicas), que renovaram e transformaram a filosofia; em 1913, o tomo I – único publicado em vida – de suas *Ideen zu einer reinen Phänomenologie und phänomenologischen Philosophie* (Ideias para uma fenomenologia pura e uma filosofia fenomenológica). Entre suas principais obras também encontramos *Philosophie als strenge Wissenschaft* (Filosofia como ciência rigorosa, 1911), *Formale und traszendentale Logik* (Lógica formal e transcendental, 1929) e *Méditations cartésiennes* (1931). Seu discípulo Heidegger publicou as *Vorlesungen zur Phänomenologie des inneren Zeitbewusstseins* (Lições para uma fenomenologia da consciência interna do tempo). Depois de sua morte foram publicados vários ensaios e o livro intitulado *Erfahrung und Urteil* (Experiência e juízo, 1939). Grande parte da obra de Husserl continua inédita ou está em vias de publicação, o que impede a exposição de suas últimas doutrinas, sobretudo no tocante à genealogia da lógica. Os Arquivos-Husserl, depositados na Universidade de Louvain, contêm aproximadamente 45.000 páginas de inéditos, em grande parte em escritura taquigráfica. Acabam de aparecer o texto original das *Cartesianische Meditationen, Die Idee der Phänomenologie,* de 1907, uma reedição ampliada do livro I das *Ideen* e os livros II e III, o importante livro *Die Krisis der europäischen Wissenschaften und* *die transzendentale Phänomenologie* (A crise das ciências europeias e a fenomenologia transcendental), dois volumes do *Erste Philosophie* (Filosofia primeira) e, recentemente, o volume IX da série *"Husserliana"*: *Phänomenologische Psychologie* (Psicologia fenomenológica).

Husserl procede essencialmente de Brentano, de quem herda, portanto, a tradição filosófica: católica, escolástica e, em suma, grega. Soma-se a isso a influência de Bolzano, a de Leibniz muito expressamente e a dos ingleses, sobretudo Hume; e, sem dúvida, o kantismo. Tem vínculos também com os outros discípulos de Brentano, sobretudo Marty e Meinong. Em torno de Husserl constituiu-se a escola fenomenológica, notável por seu rigor, precisão e fecundidade, que teve como órgão de difusão, desde 1913, o *Jahrbuch für Philosophie and phänomenologische Forschung* (Anuário de filosofia e investigação fenomenológica). Entre os fenomenólogos estão os mais importantes filósofos da Alemanha, sobretudo Scheler e Heidegger, que representam uma posição original dentro da fenomenologia.

1. Os objetos ideais

O psicologismo • O surgimento da fenomenologia coincide com o começo do século XX. Em 1900, como já dissemos, são publicadas as *Investigações lógicas* de Husserl, que tratam – diz seu autor – de "psicologia descritiva"; o termo *fenomenologia* ainda não aparece. É um passo decisivo para a restauração da autêntica filosofia.

Para entender a fenomenologia é preciso se situar no contexto histórico em que aparece. Em 1900 não havia filosofia *vigente*. A tradição idealista estava perdida desde os anos do positivismo; imperava uma anarquia filosófica; havia apenas algumas tendências contrárias à metafísica, considerada algo execrável; predominava a psicologia associacionista de tipo inglês. Esta psicologia exercera influência sobre as doutrinas filosóficas, contaminando-as de *psicologismo*. Psicologismo é a atitude pela qual uma disciplina filosófica se reduz a psicologia. Por exemplo, os psicologistas entendiam a lógica como uma disciplina *normativa* dos atos psíquicos do pensar. O conteúdo da lógica seriam as regras para pensar bem.

É contra esse psicologismo que Husserl se coloca, e dedica o primeiro tomo de suas *Investigações* a seu combate e superação. Se não se rompesse com o psicologismo, era impossível fazer filosofia. Faltava uma polêmica minuciosa, nos detalhes da qual não entraremos porque o psicologismo não é mais um problema.

O método de Husserl, nisso como em tudo, consiste em fazer descrições. Husserl reconhece que a lógica fala de ideias, conceitos, juízos etc., mas para ele não fala de nada psicológico, e sim sempre de algo *ideal*. Husserl toma um caso e nele procura seu sentido. Por exemplo, o princípio de contradição. Segundo os psicologistas, ele significaria que o homem não pode *pensar* que A é A e não A. Husserl se opõe a isso e diz que o sentido do princípio é que, se A *é* A, *não pode ser* não A. O princípio de contradição não se refere à possibilidade do pensar, mas à verdade do pensado, ao comportamento dos objetos. O princípio de contradição, assim como os demais princípios lógicos, tem validade objetiva.

Por um lado, o psicologismo pode ser ceticismo, por outro, tende ao relativismo. O ceticismo nega que seja possível conhecer a verdade, o relativismo admite que tudo pode ser verdade, mas que esta é *relativa*: há um relativismo individual e outro específico; a verdade – e a validade dos princípios – estaria restrita à espécie humana, que não poderia pensar que A é A e não A. Husserl refuta o relativismo, não só o individual, mas também o específico; diz que se os anjos entendem por A, por *ser* e por *verdade* o mesmo que nós entendemos, têm de dizer que A não pode ser A e não A ao mesmo tempo. Trata-se de uma validade *a priori* e absoluta, independente das condições psicológicas do pensamento. Portanto, Husserl postula, contra a lógica psicologista, uma *lógica pura dos objetos ideais*, isto é, dos princípios lógicos, das leis lógicas puras e das significações.

A fenomenologia • A fenomenologia é uma ciência de objetos ideais. É portanto uma ciência *a priori*; além disso, é uma ciência *universal*, porque é ciência das *essências* das *vivências*. Vivência (*Erlebnis*) é qualquer ato psíquico; na medida em que a fenomenologia abarca o estudo de todas as vivências, tem de abarcar o dos objetos das vivências, porque as vivências são *intencionais*, e é essencial nelas a referência a um objeto. Portanto, a fenomenologia, que compreende o estudo das vivências com seus objetos intencionais, é *a priori e* universal.

O ser ideal • Os objetos ideais se distinguem dos reais por um aspecto essencial. O ser ideal é *intemporal*, e o ser real está sujeito ao tempo, é *hic et nunc*, aqui e agora. Esta mesa em que escrevo está aqui na sala, e, sobretudo, neste momento; o 3, o círculo ou o princípio de contradição têm uma validade independente do tempo: Por essa razão, os objetos ideais são *espécies*; não têm o princípio de individuação que é o aqui e agora. *Ideia* em grego é o que se vê; *species* em latim significa o mesmo. Os objetos ideais são, portanto, espécies ou, com outro nome, *essências*.

Problemas do ser ideal • Os objetos ideais são para Husserl eternos, ou melhor, intemporais. Poder-se-ia, no entanto, perguntar onde estão. Para Husserl esta pergunta não tem sentido. Poder-se-iam aceitar três *hipóstases* que ele rejeita:

1.ª A hipóstase *psicológica*, que consistiria em fazer os objetos ideais residir na mente; sua existência seria mental, existiriam *em meu pensamento*.

2.ª A hipóstase *metafísica*, por exemplo a do platonismo, em que as ideias são entes que estão num lugar imaterial.

3.ª A hipóstase agostiniana ou *teológica*, em que as ideias estão na mente de Deus, que as está pensando eternamente.

Husserl, com o medo à metafísica que herdou de sua época, evita tudo o que seja metafísico e diz que os objetos ideais têm meramente *validade*. Este foi um ponto de polêmica entre Husserl e Heidegger, a propósito da verdade. Para Husserl, a fórmula de Newton, por exemplo, seria verdade mesmo se ninguém a pensasse. Heidegger diz que isso não tem sentido, que sua verdade não existiria se não houvesse uma existência que a pensasse; se não houvesse nenhuma mente – nem humana nem não humana – que a pensasse, haveria astros, haveria movimento, se quiserem, mas não haveria *verdade* da fórmula de Newton, nem nenhuma outra. A verdade precisa de alguém que a pense, que a descubra (*alétheia*), seja homem, anjo ou Deus.

2. As significações

Palavra, significação e objeto • Vimos que a fenomenologia trata das *significações*. Vejamos qual o sentido disso.
Suponhamos uma palavra, por exemplo, *mesa*. Temos aqui uma porção de coisas. Primeiro, um fenômeno físico, acústico, o *som* da palavra; mas só isso não é uma palavra; um fenômeno físico pode ser um *signo*. Por exemplo, um pano vermelho é signo de perigo; mas tampouco basta isso; uma palavra não se esgota em ser signo, porque as expressões podem ser usadas com duas funções; uma, *comunicativa*, na qual cabe o signo, e outra, que é a "vida solitária da alma"; e eu não faço signos para entender o que estou pensando.

O que faz com que uma palavra seja palavra é a *significação* (Aristóteles já definia a palavra como *phoné semantiké*). Que é a significação? Está na palavra? Evidentemente não. Diferentes palavras podem ter uma significação única (por exemplo, em diversas línguas). Pareceria então que a significação é o *objeto*; mas não é isso, porque às vezes o objeto *não existe*, e portanto não pode ser a significação; por exemplo, quando digo *círculo quadrado*.

As significações são *objetos ideais*. Quem aponta para o objeto é a significação. Entre a palavra e o objeto se interpõe a significação. As significações consistem em apontar para os objetos intencionais, não forçosamente reais, nem tampouco ideais, mas que podem ser inexistentes; por exemplo, se digo "poliedro regular de cinco faces", esse objeto não existe, não é real nem tampouco ideal, mas *impossível;* e, no entanto, a expressão tem uma significação que aponta para um objeto intencional; que o objeto exista ou não, é outra questão, que não interessa aqui.

Intenção e preenchimento • Quando ouço ou leio uma expressão, entendo-a; mas existem duas maneiras muito distintas de entender. Uma é o simples *entender* a expressão; outra é *representar* intuitivamente as significações. Husserl chama o mero entender uma significação de *pensamento simbólico* ou *intenção de significação*. Chama a representação intuitiva das significações de *pensamento intuitivo* ou *preenchimento [Erfüllung] de significação*. No primeiro caso há uma *men-*

ção, uma mera alusão, e no segundo uma *intuição*; trata-se de uma intuição das essências. A fenomenologia, que é uma ciência descritiva, descreve *essências*, mas nunca objetos.

Para expressar algo, portanto, é preciso uma significação; ao fenômeno da expressão superpõe-se uma significação; e quando essa significação se *enche* de conteúdo na intuição, temos a apreensão da essência.

3. O analítico e o sintético

Todo e parte • A terceira investigação de Husserl é um estudo sobre os todos e as partes, de extraordinária importância para a compreensão da fenomenologia. A palavra *todo* supõe algo composto de partes. Inversamente, *parte* supõe um componente de um todo.

Husserl distingue entre partes *independentes* (que podem existir por si, como a perna de uma mesa), e *não independentes* (que não podem existir isoladas, como a cor ou a extensão da mesa). Chama as partes independentes de *pedaços*, *seções*; as não independentes, de *momentos*: extensão, cor, forma etc. Nos *momentos* podem-se distinguir dois tipos: 1.º, a cor, por exemplo, que está *na* mesa; 2.º, a igualdade desta mesa com outra: a igualdade não está *na* mesa; a cor é uma *característica* da coisa, a igualdade é uma *relação*.

Implicação e complicação • Deparamos agora com o problema do que é que une as partes. A corporeidade não se dá sozinha, e sim unida à cor, à extensão etc. Husserl fala de dois tipos fundamentais de uniões:

1.º Dizemos: todos os corpos são extensos. A corporeidade e a extensão vêm juntas. O corpo *implica* a extensão; implicar algo quer dizer incluí-lo; a coisa implicada é uma característica daquilo que a implica. Entre as características de *corpo* está o fato de ser *extenso*; o ser diamante implica ser pedra. É o que Kant chama de *juízos analíticos*, e hoje se prefere denominar de *implicação*.

2.º Ortega denomina de *complicação* a relação por meio da qual uma parte está *unida* a outra, mas sem estar contida nela. A cor, por exemplo, *complica* a extensão; uma cor inextensa não pode se dar.

Husserl chama isso de *fundação* ou *fundamentação* (*Fundierung*). A fundamentação pode ser reversível ou irreversível. As características A e B podem se exigir mutuamente, ou então a característica A exigir a B, mas não o inverso. A característica cor complica a característica extensão, mas não o contrário; em contrapartida, não existe direita sem esquerda, e vice-versa; a complicação é, portanto, unilateral ou bilateral.

Juízos analíticos e sintéticos • Husserl fala de juízos analíticos e sintéticos com muito maior precisão que Kant. São juízos analíticos aqueles cujo predicado está implicado no sujeito. Juízos sintéticos, aqueles em que não está implicado, mas é acrescentado a ele. Que os juízos analíticos sejam *a priori* é algo claro. Mas Kant fala de juízos sintéticos *a priori*. Para Husserl esses juízos são aqueles em que o sujeito *complica* o predicado, nos quais há uma relação de *fundação* entre o sujeito e o predicado.

4. *A consciência*

A fenomenologia é *ciência descritiva das essências da consciência pura*. Que é a consciência? Husserl distingue três sentidos desse termo:

1.º O *conjunto* de todas as *vivências*: a unidade da consciência.

2.º O sentido que se expressa ao dizer *ter consciência* de uma coisa, o *dar-se conta*. Se vejo uma coisa, vê-la é um ato de minha consciência (no primeiro sentido); mas se me dou conta do ver, tenho consciência (no segundo sentido) de tê-la visto.

3.º O sentido da consciência como *vivência intencional*. Este é o sentido principal.

Vivência intencional • É um ato psíquico que não se esgota em seu ser ato e aponta para um objeto. Exista ou não o objeto, como objeto *intencional* é algo distinto do ato psíquico.

Uma vivência intencional concreta tem dois grupos de elementos: a *essência intencional* e os *conteúdos não intencionais* (sensações, sentimentos etc.); esses conteúdos individualizam as vivências, por exemplo a percepção de uma casa a partir de diversos pontos. O que difere é a *essência intencional*, e esta se compõe de dois elementos:

qualidade (o caráter do ato que faz com que a vivência seja *deste objeto e desta maneira*). Se eu digo "o vencedor de Jena" e o "vencido de Waterloo", tenho duas representações de um único objeto intencional (Napoleão); mas a *matéria* é distinta, pois numa apreendo Napoleão como vencedor e na outra como vencido. Resumamos essa explicação sinopticamente:

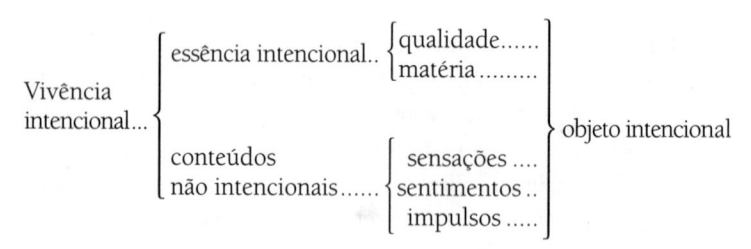

$$\text{Vivência intencional} \begin{cases} \text{essência intencional} \begin{cases} \text{qualidade} \\ \text{matéria} \end{cases} \\ \text{conteúdos não intencionais} \begin{cases} \text{sensações} \\ \text{sentimentos} \\ \text{impulsos} \end{cases} \end{cases} \text{objeto intencional}$$

Husserl distingue entre a matéria ou ὕλη sensual e a forma ou μοπφή intencional, e entre ato intencional ou *nóesis* e o conteúdo objetivo a que o ato se refere ou *nóema*.

A redução fenomenológica • Chegamos ao momento fundamental da fenomenologia, o que se chama ἐποχή (abstenção) fenomenológica. Consiste em tomar uma vivência e colocá-la "entre parênteses" ou "entre aspas" (*Einklammerung*), ou "desconectá-la" (*Ausschaltung*).

A raiz disso está no idealismo de Husserl. O idealismo tinha reduzido a realidade indubitável a processos de consciência. Brentano dissera que a percepção interna era evidente, adequada e infalível. Husserl segue Brentano, mas com uma modificação. Temos uma percepção; para Husserl, o indubitável é a percepção como tal; a percepção de uma mesa consiste em que a apreendo como existente, como real. E nisso, na *crença* que a acompanha, a percepção se diferencia de outra vivência; por exemplo, uma mera representação. Mas para não sair do indubitável, em vez de dizer: "estou vendo esta mesa que existe", devo dizer: "eu tenho uma vivência, e entre as características dela está a de minha crença na existência da mesa"; mas a crença figura sempre como característica da vivência. A isso, a esse pôr entre parênteses, Husserl chama de *redução fenomenológica* ou *epokhé*.

Acontece que essas vivências são minhas. E que sou eu? A redução fenomenológica também tem de se estender a meu eu, e o fenomenólogo "sucumbe" também à *epokhé* como sujeito psicofísico, como posição existencial; resta apenas o *eu puro*, que não é sujeito histórico, aqui e agora, mas o foco do feixe que são as vivências. Isso é a *consciência pura* ou reduzida fenomenologicamente. Portanto, temos agora as *vivências da consciência pura*.

Mas não basta. É preciso dar mais um passo. O fenomenólogo faz a redução fenomenológica e, tendo ficado com as vivências, tem de se elevar às *essências* (redução eidética).

As essências • Um objeto qualquer não pode ser descrito porque tem infinitas características. Mas mediante a redução eidética, passa-se das vivências a suas essências. Que são as essências? Husserl dá uma definição rigorosa.

O conjunto de todas as características unidas entre si por fundação constitui a essência da vivência.

Suponhamos um triângulo; tomo uma característica, a de ser equilátero; esta característica está unida por complicação ou fundação à de ter os ângulos iguais, e assim por diante com muitas outras características; todas elas constituem a essência do triângulo equilátero.

Husserl distingue entre multiplicidades *definidas* e *não definidas*; nas primeiras, uma vez estabelecidos alguns elementos delas, deduzem-se rigorosamente os demais. É o que ocorre com as essências matemáticas: se estabeleço as características "polígono de três lados", deduz-se daí rigorosamente toda a essência do triângulo. Nas outras multiplicidades não se chega tão simples e exaustivamente à essência.

5. A fenomenologia como método e como tese idealista

A definição completa • Ao reunirmos as características que fomos descobrindo na fenomenologia, constatamos que é uma *ciência eidética descritiva das essências das vivências da consciência pura*. Esta abstrusa definição já tem para nós um sentido transparente. E agora vemos por que a fenomenologia é ciência *a priori e universal*. É *a priori* em seu sentido mais pleno, porque só descreve *essências* (ou seja, objetos ideais e não empíricos) das vivências de uma consciência que tampouco é empírica, mas *pura*, e portanto, também *a priori*. E é *universal* porque se refere a todas as vivências, e como estas apontam para seus objetos, os objetos *intencionais* ficam envoltos na consideração fenomenológica; ou seja, *tudo o que existe* para o fenomenólogo.

O método • Esse método que explicamos nos leva ao conhecimento das essências, que, tradicionalmente, é a meta da filosofia. É um conhecimento *evidente* e fundado na *intuição*; não uma intuição *sensível*, mas sim *eidética*, ou seja, de essências (*eidos*). A partir da intuição de um caso me elevo para a intuição da essência, mediante a redução fenomenológica. E o exemplo que me serve de base pode ser um ato de percepção ou simplesmente de imaginação; a qualidade do ato não importa para a intuição eidética.

Esse método fenomenológico é o *método da filosofia atual*. Como método, a fenomenologia é uma descoberta genial, que abre um caminho livre para a filosofia. É o ponto de partida do qual é forçoso começar. Mas isso não é tudo: há uma falsidade no próprio centro da fenomenologia que é seu sentido metafísico.

O idealismo fenomenológico • Husserl quer evitar a qualquer custo a metafísica; trata-se de uma tentativa inútil porque a filosofia *é metafísica*. E, com efeito, Husserl faz metafísica ao afirmar como realidade radical a consciência pura. Husserl é idealista, e com ele o idealismo atinge sua forma mais aguda e refinada. Mas essa posição é insustentável; o idealismo, nessa sua etapa última e mais perfeita, mostra sua contradição interna. Se pensarmos a fundo a fenomenologia, sairemos dela. Foi o que fez a metafísica dos últimos anos. A fenomenologia, ao se realizar, nos leva, para além do pensamento de Husserl, a outras formas nas quais a primitiva ciência eidética e descritiva se transforma em verdadeira filosofia em sua forma mais plena e rigorosa: numa metafísica.

6. *A filosofia fenomenológica*

A filosofia como ciência rigorosa • No tocante ao conteúdo da filosofia, Husserl retoma a velha exigência de Sócrates e Platão, de Descartes e de Kant: a fundamentação da filosofia como ciência definitiva e estrita. Mais uma vez nega-se realidade última à filosofia existente: não se trata – diz Husserl – de a filosofia ser uma ciência imperfeita, mas de ainda não ser uma ciência. Os dois principais obstáculos com que depara em seu momento histórico são o *naturalismo* – consequência da descoberta da natureza –, que parte de pressupostos *téticos*, de "posições" existenciais, e o *historicismo* – consequência da descoberta da história –, que conduz a uma atitude cética de forma relativista; desse modo, a filosofia se transforma em *Weltanschauungsphilosophie*, filosofia das visões de mundo, contra a qual Husserl postula a filosofia como ciência estrita.

O ponto de partida tem, naturalmente, de ser a intencionalidade. Toda consciência é "consciência de", e o estudo da consciência inclui, como já vimos, o de suas significações e de seus objetos intencionais. Quando se elimina qualquer posição existencial, mediante a ἐποχή, tem-se uma *fenomenologia* da consciência. Na esfera psíquica, entendida nesse sentido, não existe distinção entre fenômeno e ser, o que lhe confere certa "absolutividade" que, evidentemente, exclui qualquer posição ou tese. A intuição fenomenológica conduz à contemplação das *essências*, e estas são algo absolutamente dado, mas como ser essencial (*Wesenssein*), nunca como existência (*Dasein*).

"Só uma fenomenologia realmente radical e sistemática – diz Husserl – pode nos fornecer a compreensão do psíquico." Por isso a psicologia está numa relação muito próxima com a filosofia; e este era o núcleo de verdade que pulsava na errônea posição psicologista: a tendência a uma fundamentação fenomenológica da filosofia.

Ideia do mundo e ciência • As grandes filosofias do passado tinham uma dupla referência: a ciência e a concepção do mundo. Mas essa situação se alterou desde a constituição de uma "*universitas* supratemporal de ciências rigorosas"; como diz Husserl, temos agora uma aguda distinção entre concepção do mundo e ciência. A "ideia" da primeira é distinta para cada época; a da segunda é supratemporal e não está limitada por nenhuma relação com o espírito do tempo. Nossos fins vitais são de dois tipos: uns para o tempo, outros para a eternidade; a ciência se refere a valores absolutos, intemporais. Não se pode abandonar a eternidade pelo tempo. E só a ciência pode superar definitivamente a necessidade que surge da ciência. As concepções do mundo podem brigar entre si; só a ciência pode decidir, e sua decisão, diz Husserl, traz o selo da eternidade. Essa ciência é *um* valor entre outros igualmente justificados; é impessoal, e sua qualidade tem de ser a *clareza* que corresponde à teoria, não a *profundidade* própria da sabedoria. Nosso tempo, diz Husserl, tem a vocação de ser uma grande época; a única coisa que o afeta é o ceticismo negativo mascarado de positivismo; é preciso superá-lo com um *verdadeiro positivismo,* que se atenha apenas a realidades, que não parta das filosofias, e sim das coisas e dos problemas, para ser assim ciência dos verdadeiros princípios, das origens, dos ριζώματα πάντων. Essa função só pode ser realizada pela apreensão fenomenológica das essências.

Filosofia transcendental • A fenomenologia, na medida em que é uma filosofia e não só um método, se define como um novo tipo de filosofia transcendental, que quase poderia ser considerada um neocartesianismo, radicalizando-o e evitando os desvios com que Descartes alterou suas próprias descobertas. Husserl representa, com efeito, a forma mais sutil e refinada do idealismo que se inicia em Descartes.

Husserl pleiteia a *evidência* em que as coisas estão presentes "elas mesmas". Mas há, além disso, um tipo de perfeição da evidência que é a *apodicticidade,* que confere a indubitabilidade absoluta, da mesma ordem da que possuem os princípios. A evidência do mundo não é apodíctica; em contrapartida, o *ego cogito* é o domínio último e apodicticamente certo sobre o qual deve se fundar toda filosofia radical. Daí a volta de Husserl ao ponto de vista cartesiano, ao princípio do *cogito*; mas, diferentemente de Descartes, é preciso evitar a confusão entre o *ego,* puro sujeito de *cogitationes,* e uma *substantia cogitans* separada, ou seja, uma *mens sive animus* humana. A vida psíquica se concebe *no mundo*; a *epokhé* fenomenológica elimina o valor existencial do mundo, coloca-o entre parênteses, e se atém assim ao eu *fundamental,* fenomenologicamente reduzido.

A egologia pura • A *epokhé* segrega uma esfera "nova e infinita" de existência, acessível a uma nova forma de experiência, a experiência transcendental. A cada gênero de experiência real – adverte Husserl, e isso é muito importante – corresponde também uma ficção pura, uma *quase experiência* (*Erfahrung als ob*). Desse modo se origina uma ciência absolutamente subjetiva, que começa como *egologia* pura, tendente a um solipsismo transcendental, que logo terá de ser objeto de indagação da fenomenologia. O *ego*, graças a essa peculiar experiência transcendental, pode se explicitar indefinida e sistematicamente. Mas isso exige maiores explicações.

A diferença radical entre a posição de Descartes e a de Husserl é a ideia de *intencionalidade*. Não se pode ficar no simples *ego cogito* cartesiano, de modo tal que o *ego* se transforme em *res* separada de qualquer outra realidade. Como pensar é sempre pensar alguma coisa, a fórmula exata é: *ego cogito cogitatum*. A fenomenologia não leva a perder o mundo: este permanece enquanto *cogitatum*. A consciência do universo está sempre presente (*mitbewusst*), é a unidade da consciência. O eu da meditação fenomenológica pode ser espectador de si mesmo, e este "si mesmo" compreende toda a objetividade que existe para ele, tal como existe para ele. A revelação do eu na análise fenomenológica compreende, portanto, todos os objetos intencionais correlatos dos atos, uma vez eliminada, é claro, toda posição existencial.

Esses objetos só existem e são o que são como objetos de uma consciência real ou possível; e, por sua vez, o *ego transcendental* (ou, psicologicamente, a alma) só é o que é em relação aos objetos intencionais. O eu se apreende a si mesmo como idêntico. E a forma fundamental da síntese dos atos vividos – cada um com uma duração vivida – é a consciência imanente do tempo. É característico da intencionalidade que cada estado de consciência possua um "horizonte" intencional, que remete a potencialidades da consciência, numa *protenção* contínua. Esse horizonte define um "halo" de possibilidades que *poderíamos* realizar se dirigíssemos nossa percepção em outro sentido. Por isso, ao *cogitatum* pertence uma indeterminação essencial, nunca está definitivamente dado, e particularidades permanecem em indeterminação.

Pois bem, esse eu não é um pólo vazio; em virtude das leis do que Husserl chama de *gênese transcendental* – ideia muito importante, desenvolvida nos últimos tempos de Husserl –, com todo ato de sentido novo, o eu adquire uma propriedade permanente nova. Se tomo uma decisão, já sou um eu que decidiu de tal modo: o ato passa, a decisão fica. Correlativamente, transformo-me a mim mesmo quando renego minhas decisões e meus atos. Isso remete à constituição de um *eu*, *pessoa* permanente, que conserva um "estilo", um caráter pessoal. O eu se constitui para si mesmo na unidade de uma *história*. Os objetos e categorias que existem para o eu se constituem em virtude das leis genéticas. Por isso a fenomenologia eidética, que para Husserl é uma "filosofia primeira", tem duas fases: a primeira, *estática*, com descrições e sistematizações análogas às da história natural; a segunda, *genética*. Essa gênese se apresenta em duas formas: ativa, na qual o eu intervém de modo criador (razão prática), e passiva, cujo princípio é a associação. Em todas essas constituições, o *fato* é irracional; mas Husserl adverte que "o *próprio fato*, com *sua irracionalidade*, é um *conceito estrutural no sistema do 'a priori' concreto*".

A intersubjetividade monadológica • Husserl distingue o eu, como mero polo idêntico e substrato dos *habitus*, do *ego* em sua plenitude concreta, que designa com o termo leibniziano de *mônada*. O *ego* monádico contém o conjunto da vida consciente, real e potencial, e sua explicação fenomenológica coincide com a fenomenologia em geral. Mas esse solipsismo é corrigido pelo fato de que em mim, *ego* transcendental, constituem-se transcendentalmente outros *egos*, e assim um "mundo objetivo" comum a todos. Nela aparece e se dá, portanto, uma filosofia comum a "todos nós" que meditamos em comum, uma *Philosophia perennis*.

O *ego* compreende meu ser próprio como mônada e a esfera formada pela intencionalidade; nesta se constitui em seguida um *ego* como que *refletido* em meu *ego* próprio, em minha mônada; ou seja, como que um *alter ego*, que é um *análogon*, mas ao mesmo tempo *outro*; trata-se, por conseguinte, da constituição na esfera de minha própria intencionalidade do outro como *estranho*. Essa comunidade de mônadas constitui, por sua intencionalidade comum, um único e mesmo mundo, que supõe uma "harmonia" das mônadas.

Espaço e tempo • Meu corpo, que está imediatamente presente a todo instante, estabelece uma articulação em minha esfera: me é dado no modo do aqui, do *hic*; qualquer outro corpo – e também o corpo do próximo –, no do *ali*, do *illic*. As possíveis mudanças de minha orientação fazem com que se constitua uma natureza *espacial*, em relação intencional com meu corpo. Todo *ali* pode se transformar em *aqui*, e posso perceber as "mesmas coisas" *desde ali* (*illinc*). O *outro* aparece para mim como se tivesse os fenômenos que eu poderia ter se fosse *ali*, e seu corpo dá-se a ele na forma de um *aqui absoluto*.

Por outro lado, minhas vivências passam; no entanto, adquirem para mim um valor de ser, de existência temporal, porque mediante re(a)presentações volto ao original desaparecido; essas representações se unificam numa síntese acompanhada da consciência evidente do *mesmo*. No caso dos objetos ideais, Husserl explica sua supratemporalidade como uma *onitemporalidade*, correlativa à possibilidade de serem produzidos e reproduzidos em qualquer momento do tempo. E a *coexistência* de meu eu com o eu do outro, de minha vida intencional e a dele, de minhas realidades e as dele, supõe a criação de uma *forma temporal comum*.

Isso faz com que não possa compor outra coisa senão uma única comunidade de mônadas, todas coexistentes; um único mundo objetivo ou natureza. E esse mundo *tem* de existir se eu trago em mim estruturas que implicam a coexistência de outras mônadas.

Os problemas da filosofia fenomenológica • Husserl indica duas etapas nas investigações fenomenológicas: uma "estética transcendental", em sentido mais amplo que o kantiano, referida a um *a priori* noemático da intuição sensível, e uma teoria da experiência do outro (*Einfühlung*). Todas as ciências apriorísticas têm sua origem última na fenomenologia apriorística transcendental. A fenomenologia transcendental, diz Husserl, desenvolvida sistemática e plenamente, é uma autêntica *ontologia universal*, concreta, que também chama de *lógica concreta do ser*. Dentro dela haveria em primeiro lugar uma egologia solipsista, e em seguida uma fenomenologia intersubjetiva.

Como vimos antes, Husserl, determinado pelos pressupostos de sua época, elimina a metafísica; mas esta eliminação tem um alcance limitado. A fenomenologia elimina apenas a metafísica *ingênua*, isto é, a que opera nas "absurdas coisas em si", mas não toda a metafísica em geral. No interior da esfera monádica, e como *possibilidade ideal*, reaparecem para Husserl os problemas da realidade contingente, da morte, do destino, do "sentido" da história etc. Dentro do horizonte da consciência reduzida dão-se os problemas centrais da filosofia. Assim se constitui um sistema de disciplinas fenomenológicas cuja base não é o simples axioma *ego cogito*, mas uma tomada de consciência de si mesmo, plena, íntegra e universal, primeiro monádica e depois intermonádica. É preciso perder primeiro o mundo pela ἐποχή para recuperá-lo em seguida nessa tomada de consciência. Este é o sentido final que Husserl dá à fenomenologia, a qual retoma, a um só tempo, o velho preceito délfico γνῶθι σεαυτόν e a frase de Santo Agostinho: *Noli foras ire, in te redi, in interiore nomine habitat veritas*.

* * *

A filosofia de Edmund Husserl é um dos três ou quatro grandes fatos intelectuais de nosso tempo. Contudo, sua fecundidade e seu alcance só são visíveis de modo ainda incompleto, e isto por razões nada acessórias, entre as quais se inclui o fato não desdenhável de que grande parte da obra de Husserl permanece inédita, ainda que a salvo dos azares do terrível decênio que se seguiu à morte do autor, e conservada na Universidade de Louvain. Nas últimas obras publicadas de Husserl têm início problemas novos e muito importantes, que põem em questão a própria ideia da fenomenologia na mente de seu autor e mobilizam sua última etapa, hoje conhecida apenas fragmentariamente. É de esperar que nos próximos anos venha à luz uma série de volumes que nos darão uma nova imagem de Husserl e dos caminhos para os quais, para além da fenomenologia *stricto sensu*, o pensamento filosófico de nosso tempo deve se orientar, sob o magistério indiscutível – embora mais ou menos remoto – de Husserl[1].

---

1. Sobre isso cf. Ortega: *Apuntes sobre el pensamiento: su teurgia y su demiurgia* (*O. C.*, V, p. 517-9 e 540-2). Cf. também minha *Introducción a la filosofía*: seções "Fenomenología" (cap. IV), "El concepto como función significativa" (cap. V) e "El problema de la lógica" (cap. VII) [*Obras*, II].

V. A TEORIA DOS VALORES

Convém distinguir a teoria dos valores (*Werttheorie*) da "filosofia do valor" (*Wertphilosophie*), que procede de Lotze e está representada principalmente por Windelband e Rickert.

A estimativa ou ciência dos valores surge por volta do princípio do século XX. Tem como fontes próximas a ética de Brentano e a fenomenologia, que também procede de Brentano. Os discípulos imediatos deste, sobretudo Meinong e von Ehrenfels, foram os primeiros a se ocupar filosoficamente do problema do valor. Depois, a teoria dos valores desenvolveu-se de modo extraordinário em dois grandes pensadores alemães: Max Scheler e Nicolai Hartmann. Temos de estudar as características dos valores para lançar depois uma breve vista d'olhos sobre a filosofia de Scheler e de Hartmann.

1. *O problema do valor*

O ponto de partida • Em Brentano, o *amor* justo era aquele amor evidente que traz em si mesmo a razão de sua justeza. Era o amor por um objeto que mostra evidentemente que a atitude adequada de se referir a ele é amá-lo. Um objeto é *amável* com amor justo quando obriga a reconhecer essa autêntica qualidade sua de exigir ser amado. Estamos a dois passos da teoria dos valores. Quando prefiro uma coisa é porque vejo que essa coisa *tem valor*, *é valiosa*.

Os valores são, portanto, algo que as coisas têm e que exerce sobre nós uma estranha pressão; não se limitam a estar aí, a ser apreendidos, obrigam-nos, ademais, a *estimá-los*, a *valorizá-los*. Posso ver uma coisa boa e não ir atrás dela; mas o que não posso fazer é não estimá-la. *Vê-la como boa* já é *estimá-la*. Os valores não nos obrigam a fazer nada, exceto essa coisa modesta, pequena e interior que é *estimá-los*. Valor é, portanto, aquilo que as coisas têm que nos obriga a *estimá-las*.

Mas isso não basta. Temos de nos indagar sobre um segundo problema. Vimos que há algo que merece e ao mesmo tempo exige o nome de *valor*; mas ainda não sabemos nada sobre essa estranha realidade. E surge a questão fundamental: que são os valores? A resposta a esta pergunta foi com frequência errônea; o valor foi confundido com outras coisas, e só a inconsistência desses pontos de vista equivocados tornou visível a verdadeira índole do valor.

Objetividade do valor • Chegaram a pensar (Meinong) que uma coisa é valiosa quando nos agrada, e vice-versa. O valor seria algo subjetivo, fundado no agrado que a coisa produz em mim. Mas acontece que as coisas nos agradam *porque são boas* – ou assim nos parecem –, porque encontramos nelas a bondade. A bondade apreendida é a *causa* de nosso agrado. Comprazer-se é comprazer-se em *algo*, e não é nossa complacência que dá o valor, mas ao contrário: o valor provoca nossa complacência.

Por outro lado, se a teoria de Meinong fosse correta, só seriam valiosos os objetos que existem, os únicos que podem produzir agrado em nós; no entanto – como percebeu Ehrenfels –, o que mais valorizamos é o que não existe: a justiça perfeita, o saber pleno, a saúde de que carecemos; em suma, os *ideais*. Isso obriga von Ehrenfels a corrigir a teoria de Meinong: são valiosas não as coisas agradáveis, mas as *desejáveis*. O valor é a simples projeção de nosso desejo. Em ambos os casos o valor seria algo subjetivo; não algo pertencente ao objeto, mas sim aos estados psíquicos do sujeito. Mas as duas teorias são falsas. Em primeiro lugar, existem coisas profundamente desagradáveis que nos parecem valiosas: cuidar de um pesteado, ser ferido ou morrer por uma causa nobre etc. Pode-se desejar mais vivamente comer que possuir uma obra de arte, ou ter riquezas que viver retamente, e ao mesmo tempo valorizar muito mais a obra artística e a retidão que a comida e o dinheiro. A valoração é independente de nosso agrado e de nosso desejo. Não é algo subjetivo, mas objetivo e fundado na realidade das coisas.

As palavras *agradável* e *desejável* têm, afora o sentido do que agrada ou é desejado, outro mais interessante aqui: o que *merece* ser desejado. Esse merecimento é algo que pertence à coisa, é uma dignidade que a coisa tem em si, independentemente de minha valoração. Valorizar não é *dar* valor, mas *reconhecer* o que a coisa tem.

Valores e bens • Mas é preciso distinguir agora entre o valor e a coisa valiosa. As coisas *têm* valores de diversos tipos e em diversos graus. O valor é uma *qualidade* das coisas, não a própria coisa. Um quadro, uma passagem ou uma mulher *têm* beleza; mas a beleza não é nenhuma dessas coisas. Chamam-se as coisas valiosas de *bens*. Os bens são, portanto, as coisas *portadoras de valores*, e os valores se apresentam realizados ou encarnados nos bens.

Irrealidade do valor • Dizemos que os valores são qualidades. Mas existem qualidades *reais* como a cor, a forma, o tamanho, a matéria etc. O valor não é uma qualidade real. Num quadro encontro a tela, as cores, as formas desenhadas, que são elementos seus; a beleza é algo que o quadro também tem, mas de outro modo; é uma qualidade irreal; não é uma coisa, mas tampouco um elemento de uma coisa. Existem, afora o valor, outras qualidades com esse caráter; por exemplo, a igualdade. A igualdade de duas moedas não é nada que as moedas tenham realmente; a tal ponto que *uma* moeda não tem igualdade. A igualdade não pode ser percebida sensivelmente, ela se depreende de uma comparação executada pelo entendimento; a igualdade se vê intelectualmente, mas ela é perfeitamente objetiva, porque não posso dizer que uma mesa e um livro sejam iguais; a igualdade é algo das coisas em relação, apreendida ou reconhecida pelo intelecto. Algo semelhante ocorre com o valor: a mente apreende o valor como algo objetivo, que lhe é imposto, mas perfeitamente irreal; o valor não se *percebe* com os sentidos, nem tampouco se *compreende*; *se estima*. Apreender o valor é, justamente, estimá-lo.

Característica do valor • Os valores apresentam certas características que esclarecem mais ainda seu sentido objetivo e de objetividade ideal. Em primeiro lugar, têm *polaridade*, isto é, são necessariamente *positivos* ou *negativos*, diferentemente das realidades, que têm um caráter de positividade (ou, no máximo, de *privação*). Ao bom se opõe o mau; ao belo, o feio etc. Ou seja, o valor "beleza" aparece polarizado positiva ou negativamente, e assim com todos os demais.

Em segundo lugar, o valor tem *hierarquia*: existem valores superiores e outros inferiores; a elegância é inferior à beleza, e esta à bondade, e esta, por sua vez, à santidade. Existe, pois, uma hierarquia objetiva dos valores que aparecem numa escala rigorosa.

Em terceiro lugar, os valores têm *matéria*, ou seja, um conteúdo peculiar e privativo. Não existe simplesmente valor, este se apresenta segundo conteúdos irredutíveis, que é preciso perceber diretamente: a elegância e a santidade são dois valores de *matéria* diferente, e seria inútil tentar reduzir um ao outro. E a reação de quem percebe os valores é diferente segundo sua matéria: a reação adequada ante o santo é a *veneração*; ante o bom, o *respeito*; ante o belo, o *agrado* etc.

Cabe, portanto, uma classificação dos valores, conforme sua matéria e seguindo sua hierarquia; e, em todos os casos, na dupla forma polar de positivo e negativo. Assim, existem valores *úteis* (capaz-incapaz, abundante-escasso), *vitais* (sadio-doente, forte-fraco, seleto-vulgar), *intelectuais* (verdade-erro, evidente-provável), *morais* (bom-mau, justo-injusto), *estéticos* (belo-feio, elegante-deselegante), *religiosos* (santo-profano) etc.

Percepção e cegueira para o valor • Os valores podem ser percebidos ou não; cada época tem uma sensibilidade para certos *valores*, e a perde para outros ou carece dela; há *cegueira* para um valor, por exemplo para o estético, ou para o valor religioso em alguns homens. Os valores – realidades objetivas – são *descobertos*, como se descobrem os continentes e as ilhas; às vezes, em contrapartida, a vista se turva para eles e o homem deixa de sentir seu estranho império; deixa de estimá-los, porque não os percebe (cf. Ortega y Gasset: *¿Qué son los valores?*, em *O.C.*, VI).

Ser e valer • A teoria dos valores insistiu – talvez de modo excessivo – em distinguir o valor do ser. Diz-se que os valores não *são*, mas que *valem*; não são *entes*, mas *valentes*. Mas isso é grave, porque a pergunta "que são os valores?" tem sentido, e não escapamos do *ser* com o subterfúgio do *valer*. Distingue-se cuidadosamente o bem do valor; mas convém não esquecer que a metafísica grega dizia *ser* sempre que o ser, o bem e o uno se acompanham mutuamente e se dizem das mesmas maneiras. São, como já vimos, os *transcendentais*. O bem de uma coisa é o que aquela coisa é. O ser, o bem e o uno não são *coisas*, mas transcendentais, algo que impregna e envolve todas as coisas e as faz ser e, sendo, ser *unas e boas*. É cabível pensar, portanto, o grave problema da relação entre o ser e o valor, que não pode ser dado por resolvido de uma vez por todas.

Talvez essa deficiência ontológica tenha impedido a filosofia dos valores de adquirir mais profundidade e importância. Alguns anos atrás parecia que a teoria dos valores viria a ser *a* filosofia. Hoje sabemos que não é assim. A teoria dos valores é um capítulo fechado que necessita de uma última fundamentação. A filosofia de nosso tempo, acima da teoria do valor, empreendeu um caminho mais fecundo ao entrar resolutamente pela via da metafísica.

2. Scheler

Personalidade e escritos • Max Scheler nasceu em 1874 e morreu em 1928. Foi professor da Universidade de Colônia, e é um dos pensadores mais importantes de nossa época. Tem raízes intelectuais em Eucken, de quem foi discípulo, e em Bergson; muito particularmente na fenomenologia de Husserl, que modifica num sentido pessoal. Scheler ingressou na Igreja católica e foi numa etapa de sua vida um verdadeiro apologista do catolicismo; nos últimos anos, contudo, desviou-se da ortodoxia num sentido panteísta.

Scheler é um escritor de extraordinária fecundidade. Sua principal obra é sua *Ética*, cujo título completo é *Der Formalismus in der Ethik und die materiale Wertethik* (O formalismo na ética e a ética material dos valores), em que critica a moral formalista de Kant e estabelece as bases de uma ética do valor, com conteúdo; além disso, escreveu *Wesen und Formen der Sympathie* (Essência e formas da simpatia), edição revista de uma obra anterior; *Das Ressentiment im Aufbau der Moralen* (O ressentimento na moral); *Die Stellung des Menschen im Kosmos* (O lugar do homem no cosmos); *Die Wissensformen und die Gesellschaft* (As formas do saber e a sociedade), e a grande obra de sua época católica: *Vom Ewigen im Menschen* (Do eterno no homem). A produção de Scheler foi copiosíssima e continua em parte inédita. São de especial interesse seus estudos de *antropologia filosófica*. Em seu livro *Vom Ewigen im Menschen* encontram-se dois de seus melhores escritos: *Reue und Wiedergeburt* (Arrependimento e Renascimento) e *Vom Wesen der Philosophie* (Sobre a essência da filosofia).

A filosofia de Scheler • Não podemos entrar na exposição detalhada do pensamento de Scheler. Por um lado, é complexo e abundante demais e nos levaria mais longe do que aqui seria cabível. O pensamento assistemático de Scheler não se deixa reduzir facilmente a um núcleo essencial do qual emane a variedade de suas ideias. Por outro lado, está próximo demais para fazer dele *história da filosofia* em sentido rigoroso. Pode-se optar por expor e interpretar o conteúdo de sua filosofia, ou então apenas situá-lo. Renuncio ao primeiro para me limitar ao segundo.

Scheler é fenomenólogo. Desde o começo, a fenomenologia foi conhecimento intuitivo de essências. Scheler se lança na conquista das essências, sobretudo nas esferas do homem e de sua vida, e na esfera do valor. É extraordinária a clareza e a fecundidade de Scheler nesse conhecimento de essências. Mas só isso não basta. Kant já advertia que a intuição sem o conceito não é ciência. E embora a intuição fenomenológica não seja sensível, a filosofia não pode se contentar em ser uma ciência *descritiva*, nem sequer de essências, mas tem de ser *sistema*, e seu fundamento tem de ser metafísica. E esta é a grande falha de Scheler. Seu pensamento, tão agudo e claro, não é metafísico em sentido estrito. Ademais, a consequência disso é que carece de unidade sistemática. Suas visões geniais iluminam diferentes zonas da realidade, mas falta-lhe uma coerência superior, que o saber filosófico exige. A verdade filosófica aparece na forma de sistema, em que cada uma das verdades está sendo sustentada pelas demais. E isso falta em Scheler.

Disso decorre o caráter provisório, essencial a seu pensamento. Scheler é um viveiro de ideias geniais em desordem, carentes de uma *raiz* da qual emerjam e que lhes dê plenitude de sentido. Depois do uso da fenomenologia como conhecimento de essências, é preciso pô-la a serviço de uma metafísica sistemática. Scheler não fez isso, mas preparou o caminho para a metafísica atual. Concentrou sua atenção nos temas do homem e de sua vida: sua filosofia estava orientada para uma *antropologia filosófica* que não chegou a amadurecer. Essa tendência, ao adquirir um sistematismo fundamental e se transformar em metafísica rigorosa, desembocou na *analítica existencial*.

3. Hartmann

Nicolai Hartmann (1882-1950), professor em Berlim e depois em Göttingen, também representa uma orientação fenomenológica relacionada com a de Scheler por sua atenção aos problemas do valor. Depois da grande obra ética de Scheler (1913), Hartmann publicou em 1926 sua *Ethik*, uma importante sistematização da moral dos valores. Mas, além disso, Nicolai Hartmann cultivou intensamente os problemas do conhecimento e da ontologia. Por isso percebe-se em sua filosofia um claro propósito de sistematização e de transformação em metafísica.

Suas obras mais importantes, afora a *Ética* já mencionada, são: *Platos Logik des Seins* (A lógica do ser em Platão), *Grundzüge einer Metaphysik der Erkenntnis* (Fundamentos de uma metafísica do conhecimento); *Das Problem des geistigen Seins* (O problema do ser espiritual); *Die Philosophie des deutschen Idealismus* (A filosofia do idealismo alemão); *Zur Grundlegung der Ontologie* (Fundamentação da ontologia); *Möglichkeit und Wirklichkeit* (Possibilidade e realidade); *Der Aufbau der realen Welt* (A estrutura do mundo real). Em 1942 publicou *Neue Wege der Ontologie* (Novos caminhos da ontologia), num volume coletivo, dirigido pelo próprio Hartmann e intitulado *Systematische Philosophie*. Por último, *Philosophie der Natur* (Filosofia da natureza), em 1950, e dois volumes de escritos breves, *Kleinere Schriften*.

VI. A FILOSOFIA EXISTENCIAL DE HEIDEGGER

Personalidade e obras • Martin Heidegger (1889-1976) foi professor da Universidade de Freiburg, como sucessor de Husserl, depois de ter sido professor em Marburg.

É o mais importante dos filósofos alemães da atualidade, e para encontrar uma figura comparável a ele teríamos de recorrer aos grandes clássicos da filosofia alemã. Heidegger procede imediatamente da fenomenologia, e seu pensamento se relaciona estreitamente com o de Husserl e Scheler; mas, por outro lado, vincula-se à mais rigorosa tradição metafísica e concretamente a Aristóteles. Sua tese de doutorado foi um estudo sobre Duns Escoto. Dedicou todo um livro à interpretação de Kant como metafísico. Em suas obras nota-se a presença constante dos grandes filósofos do passado: os pré-socráticos, Platão, Santo Agostinho, Descartes, Hegel, Kierkegaard, Dilthey, Bergson, além dos já citados.

O pensamento de Heidegger é de grande profundidade e originalidade. Suas dificuldades também são grandes. Heidegger criou uma terminologia filosófica que suscita graves problemas de compreensão, mas mais ainda de tradução. Ao tentar expressar ideias novas e descobrir realidades antes desconsideradas, Heidegger não se esquiva de uma reforma profunda do vocabulário filosófico, para melhor exprimir a intuição daquilo que quer fazer ver. Por outro lado, a filosofia de Heidegger está essencialmente incompleta. De seu livro fundamental, só a primeira metade foi publicada, seguida de um longo e quase total silêncio, de outros escritos mais breves, de características e orientação bastante variadas e da renúncia à publicação do segundo tomo.

Isso aumenta as dificuldades de uma exposição, que hoje, a rigor, não pode ser feita com precisão e sem precipitação. Terei de me limitar, portanto, a indicar o ponto de vista em que Heidegger se situa e assinalar alguns momentos centrais de sua metafísica, que permitam compreender seu sentido e ajudem a entender suas obras.

Estas não são muito extensas. Além de uma dissertação sobre *Die Lehre vom Urteil im Psychologismus* (A teoria do juízo no psicologismo), da tese já mencionada, *Die Kategorien- und Bedeutungslehre des Duns Scotus* (A doutrina das categorias e das significações de Duns Escoto) e de uma conferência sobre *Der Zeitbegriff in der Geschichtswissenschaft* (O conceito de tempo na ciência histórica), seu livro capital é o primeiro e único tomo de *Sein und Zeit* (Ser e tempo), publicado em 1927. Em 1929 publicou seu segundo livro: *Kant und das Problem der Metaphysik* (Kant e o problema da metafísica), uma interpretação muito pessoal do kantismo na *Crítica da razão pura*, entendida como uma fundamentação da metafísica. Depois, no mesmo ano, dois breves e densos folhetos: *Was ist Metaphysik?* (O que é metafísica?) e *Vom Wesen des Grundes* (Sobre a essência do fundamento), seguidos em 1933 de um discurso: *Die Selbstbehauptung der deutschen Universität* (A autoafirmação da Universidade alemã). Por último, outros ensaios: *Hölderlin und das Wesen der Dichtung* (Hölderlin e a essência da poesia), incluído depois no volume *Erläuterungen zu Hölderlins Dichtung*, e *Vom Wesen der Wahrheit* (Sobre a essência da verdade). Em 1947 publicou um breve livro: *Platons Lehre von der Wahrheit, mit einem Brief über den "Humanismus"* (A doutrina da verdade em Platão, com uma carta sobre o "humanismo"), em que se opõe a certas interpretações de sua filosofia e a distingue do "existencialismo" de Sartre. Em 1950 apareceu um volume intitulado *Holzwege* (Caminhos de bosque), composto de seis estudos escritos em diversas datas ("Der Ursprung des Kunstwerkes", "Die Zeit des Weltbildes", "Hegels Begriff der Erfahrung", "Nietzsches Wort 'Gott ist tot'", "Wozu Dichter?", "Der Spruch des Anaximander"). Em 1953, o livro *Einführung in die Metaphysik* (Introdução à Metafísica), e depois vários folhetos e artigos: *Georg Trakl, Der Feldweg, ...Dichterisch wohnet der Mensch..., Aus der Erfahrung des Denkens, Über die Seinsfrage, Was ist das-die Philosophie?*,

Hebel-der Hausfreund, os recentes volumes de ensaios *Was heisst Denken?* (Que significa pensamento?), *Vorträge und Aufsätze* (Conferências e ensaios), que inclui, entre outros, *Die Frage nach der Technik*, *Überwindung der Metaphysik*, *Logos*, *Moira*, *Aletheia* e, finalmente, *Der Satz vom Grund* (O princípio de razão, 1957) e um extenso *Nietzsche* (1961) em dois volumes. Está anunciada a publicação de suas obras completas com inclusão de muitos e extensos cursos inéditos.

1. O problema do ser

Ser e tempo • O problema que Heidegger aborda em sua investigação intitulada *Sein und Zeit* é *o sentido do ser* (*die Frage nach dem Sinn von Sein*). Não se trata dos *entes*, mas do *ser*. Este e nenhum outro é o tema da investigação. E seu fim *preliminar* é a interpretação do *tempo* como *horizonte* possível de qualquer intelecção do ser em geral. Heidegger insiste de modo particular – coisa que não deve ser esquecida como se faz com demasiada frequência – em que a questão fundamental é o sentido do ser. O resto é preliminar e serve para chegar a essa questão.

Ser e ente • Heidegger parte da consideração do problema na metafísica anterior. O ser foi entendido desde Aristóteles como *transcendental*, "o mais universal de tudo" (*Metafísica*, livro III, 4); uma universalidade que não é a do *gênero*, como queria Platão, mas aquela fundada na unidade da *analogia*. Mas – diz Heidegger – esse conceito de ser não é o mais claro, muito pelo contrário: é o mais obscuro. Ser (*Sein*) não é o mesmo que ente (*Seiendes*). O ser não pode ser definido; mas é justamente isso que coloca a questão de seu sentido.

O "ser" é o conceito mais compreensível e evidente. Todo mundo compreende a frase "o céu *é* azul", "eu *sou* alegre". Mas o fato de que compreendamos no uso cotidiano o ser e de que, ainda assim, seu sentido e sua relação com o ente sejam obscuros para nós, mostra que aqui há um *enigma*. E é isso que obriga a colocar a questão do sentido do ser. Toda ontologia – diz Heidegger (*S.u.Z.*, p. 11) – é cega se não explicar primeiro suficientemente o sentido do *ser* e compreender esta explicação como seu tema fundamental.

O existir e o ser • A ciência, como comportamento do homem, tem o modo de ser deste ente que é o homem. Heidegger chama esse ente de *Dasein* (traduzo *Dasein* por *existir*, infinitivo substantivado, assim como é *Dasein*, para distingui-lo do termo, de raiz latina, *Existenz*, que Heidegger usa em outro sentido, e que verto pela mesma palavra *existência*. Creio ser esta a menos ruim das traduções possíveis, a mais literal e ao mesmo tempo a menos violenta em espanhol). Mas Heidegger adverte que a ciência não é o único modo de ser do existir, nem sequer o mais próximo. O existir se entende em seu ser; a compreensão do ser é uma determinação do ser do existir. Por isso se pode dizer que o existir *é* ontológico.

O ser do *Dasein*, do existir, é a *Existenz*, a existência. Heidegger chama de *existencial* o que se refere à estrutura da existência. A analítica ontológica do ente que é o existir requer uma consideração prévia da existencialidade, isto é, o modo de ser do ente que *existe*. Mas aqui já está a ideia do *ser*, e a analítica do existir supõe a questão prévia do *sentido do ser em geral*.

Existir e mundo • Nas ciências, contudo, o existir trata com entes que não são forçosamente ele mesmo. Pois bem, é essencialmente próprio do existir *estar num mundo*. A compreensão do ser do existir supõe, portanto, de modo *igualmente originário*, a compreensão do "mundo" e do ser do ente que se encontra dentro do mundo. As ontologias dos entes que não são existir estão fundadas, por conseguinte, na estrutura ôntica do existir. Esta é a razão pela qual devemos buscar na *analítica existencial do existir* (*existenziale Analytik des Daseins*) a *ontologia fundamental*, que é a única da qual podem surgir todas as demais.

O existir tem primazia sobre todos os demais entes. Em primeiro lugar, uma primazia *ôntica*: esse ente está determinado em seu ser pela existência. Em segundo lugar, *ontológica*: o existir é em si mesmo, por sua determinação como *existência*, "*ontológico*". E em terceiro lugar, como é próprio do existir uma compreensão do ser que não é existir, tem uma primazia *ôntico-ontológica*: é condição de possibilidade de todas as ontologias. Por isso, nenhum modo de ser específico permanece oculto ao existir.

A analítica do existir • A analítica do existir é algo não só incompleto como *provisório*. Seu único intuito é destacar o ser deste ente, sem interpretação de seu sentido. Deve apenas preparar a abertura do horizonte necessário para a interpretação originária do ser; é essa a sua missão. Pois bem: o sentido do ser do existir é a *temporalidade*. Com isso temos o *solo* para a compreensão do sentido do ser. Aquilo *a partir* do que o existir compreende e interpreta o ser é o *tempo*. Esse é o horizonte da compreensão do ser. A primeira missão da filosofia é, portanto, *uma explicação originária do tempo como horizonte da compreensão do ser desde a temporalidade, como ser do existir.*

O método de Heidegger • O método da pergunta fundamental sobre o sentido do ser é *fenomenológico*. Para Heidegger, isso não significa filiar-se a nenhum "ponto de vista" ou "direção", porque a fenomenologia é um *conceito metódico*. Não caracteriza o *o que* do objeto da investigação filosófica, mas o *como* desta. E entende a fenomenologia como o imperativo de ir *às próprias coisas*, contra todas as construções imaginárias, as descobertas casuais e as questões aparentes.

A palavra *fenomenologia* procede dos dois termos gregos φαινόμενον (*phainómenon*) e λόγος (*lógos*). O primeiro deriva de *phaínesthai,* voz média de *phaíno,* pôr na luz, na claridade, da mesma raiz de φῶς (*phós*), luz. Fenômeno é o que se mostra, o que se põe na luz, e não é, portanto, *aparência*. O *lógos* é dizer, *manifestar* (δηλοῦν), e Aristóteles o explica como *apophaínesthai,* onde voltamos a encontrar a raiz de fenômeno, e este mostrar ou manifestar é *descobrir*, tornar patente, pôr na verdade ou ἀλήθεια. A falsidade, por sua vez, consiste num *encobrimento*. Este é o sentido da fenomenologia: um *modo de acesso* ao tema da ontologia. *A ontologia só é possível como fenomenologia.*

O sentido da descrição fenomenológica do existir é a *interpretação*. Por isso, a fenomenologia é *hermenêutica*.

A filosofia • Ontologia e fenomenologia não são duas disciplinas filosóficas entre outras. São dois títulos que caracterizam a filosofia por seu *objeto* e seu *método*. A filosofia é *ontologia fenomenológica universal*, que parte da *hermenêutica do existir*.

A elaboração da questão do ser compreende dois temas, e, portanto, a investigação se divide em duas partes, das quais só foi publicada a primeira (e não completa). O esquema é o seguinte:

Primeira parte: A interpretação do existir pela temporalidade e a explicação do tempo como horizonte transcendental da questão do ser.

Segunda parte: Fundamentos de uma destruição fenomenológica da história da ontologia, seguindo o fio da problemática da temporalidade.

Este é o sentido da filosofia de Heidegger, que em última instância é a velha pergunta sobre o *ser*, ainda sem resposta suficiente.

2. A análise do existir

A essência do existir • O ente cuja análise Heidegger empreende é cada um de nós mesmos. O ser desse ente é sempre *meu* (*je meines*). A essência desse ente (seu *quid*, seu *was*) tem de ser compreendida desde seu ser ou existência; mas é preciso interpretar essa existência num sentido privativo desse ente que somos nós, não no sentido usual do que está presente (*Vorhandensein*). Por isso Heidegger pode dizer: *A "essência" do existir consiste em sua existência* (*Das "Wesen" des Daseins liegt in seiner Existenz*). O existir implica sempre o pronome pessoal: "eu sou", "tu és". O existir é essencialmente sua *possibilidade*, por isso pode ser "escolhido", "ganho" ou "perdido". Por isso são próprios dele dois modos de ser: autenticidade ou inautenticidade.

As características de ser, quando se referem ao *Dasein* chamam-se *existenciais*, quando correspondem aos outros modos de ente, *categorias*. Por isso, o ente é um *quem* (existência) ou um *que* (ser presente no mais amplo sentido). Heidegger adverte que a analítica do existir é distinta de toda antropologia, psicologia e biologia, e anterior a elas. Portanto, a filosofia de Heidegger não só não se pergunta fundamentalmente pelo homem, e sim pelo sentido do ser; como tampouco a indagação preliminar sobre o ser do existir pode ser tomada como antropologia.

O "estar no mundo" • As determinações do ser do existir têm de ser vistas e compreendidas com base no que se chama o "estar no mundo", que é um fenômeno *unitário* e, portanto, não deve ser tomado como uma composição dos conceitos mencionados em sua expressão. Esse "no" não tem aqui um sentido espacial; a espacialidade é algo derivado do sentido primário do "em" e se funda no "estar no mundo", que é o modo fundamental de ser do existir. Tampouco o conhecer é primário, é um modo de ser do "estar no mundo". Um dos modos possíveis de tratar as coisas é conhecê-las; mas todos supõem essa prévia e radical situação do existir, constitutiva dele, que é simplesmente o estar em algo que se chama primariamente *mundo*.

O mundo • O "estar no mundo" (*In-der-Welt-sein*) só pode tornar-se plenamente compreensível em virtude de uma consideração fenomenológica do *mundo*. Para começar, o mundo não são as *coisas* (casas, árvores, homens, montanhas, astros) que existem dentro do mundo, que são intramundanas (*innerweltlich*). A *natureza* tampouco é o mundo, mas um ente que encontramos dentro do mundo e que pode ser descoberto em diversas formas e graus. Nem sequer a interpretação ontológica do ser desses entes se refere ao fenômeno "mundo", que já está *pressuposto* nessas vias de acesso ao ser objetivo.

Mundo é ontologicamente um caráter do próprio existir. Heidegger indica quatro sentidos em que se emprega o conceito *mundo*: 1. O mundo como a totalidade do ente que pode estar dentro do mundo. 2. O mundo como termo ontológico: o ser desse ente de que falamos; às vezes designa uma região que abarca uma multiplicidade de entes, como quando se fala do mundo do matemático. 3. O mundo como aquilo "em que vive" um existir fáctico como tal. 4. O mundo como denominação ontológico-existencial da *mundanidade*.

O mundo em que o homem se encontra não é primariamente *presente* (*vorhanden*), mas *à mão* (*zuhanden*). Daí o caráter de *instrumento* (*Zeug*) que as coisas têm, do qual Heidegger faz uma penetrante análise. Desse ponto de partida, faz uma análise da mundanidade e uma interpretação da ontologia cartesiana do mundo como *res extensa*, para estudar por último a *espacialidade* da existência. Mas não podemos entrar aqui nesses detalhes.

A coexistência • Não existe nenhum sujeito sem um mundo, em virtude da índole constitutiva do existir; tampouco existe um eu isolado dos demais. "Os outros *coexistem* no 'estar no mundo'. O mundo do *Dasein* é um *mundo comum* (*Mitwelt*); o *estar em* é um *estar com* outros, e o ser em si intramundano destes é *coexistência*. O "quem" dessa coexistência não é este nem aquele, não é ninguém determinado, nem a soma de todos: é o neutro, o "impessoal" (*das Man*). Uma característica existencial do *impessoal* é o de ser termo médio (*Durchschnittlichkeit*). O *impessoal* descarrega o existir em sua cotidianidade. "O *impessoal* é um existencial e pertence como fenômeno originário à constituição positiva do existir." E o *ser mesmo* autêntico é uma modificação existencial do *impessoal*.

A existência cotidiana • Do existir é próprio, por um lado, a *facticidade*, por outro, a *abertura* (*Erschlossenheit*), o estar essencialmente aberto para as coisas. Mas Heidegger distingue dois modos diferentes de "estar no mundo". Por um lado temos o *cotidiano* (*Alltäglichkeit*), que é a existência banal, *inautêntica*. O sujeito dessa existência banal é o *Man*, o *"se"*, o *"a gente"* impessoal. A existência se banaliza – de um modo indispensável e necessário – no "impessoal", no "qualquer", e isso é uma decadência ou *queda* (*Verfallen*). O *Man* está caído e perdido no mundo. O modo constitutivo da existência é estar *lançado* (*Geworfenheit*).

A existência autêntica • Mas o existir pode superar essa banalidade cotidiana e encontrar-se a si mesmo; então se transforma em *eigentliche Existenz* ou existência autêntica. O modo em que se encontra é a angústia (*Angst*) – conceito de que já fez uso Kierkegaard. A angústia não é por causa disso ou daquilo, mas *por nada*; quem se angustia, não tem angústia *de nada*. É, portanto, o *nada* que se revela na angústia. E o existir aparece caracterizado como *Sorge*, *cura*, em seu sentido originário de *cuidado* ou *preocupação*. Heidegger interpreta uma fábula latina de Higino, segundo a qual o Cuidado (*Cura*) formou o homem que a ele deve pertencer enquanto viver, segundo sentença de Saturno (o tempo).

A verdade • A questão do sentido do ser só se torna possível se existe uma compreensão do ser (esta pertence ao modo de ser deste ente que chamamos o existir). O *ser* recebe o sentido de *realidade*. Neste conceito se coloca a questão da existência do mundo exterior, decisiva nas disputas entre o realismo e o idealismo; mas Heidegger ressalta que a questão de se existe mundo e de se é possível demonstrar seu ser, como questão colocada pelo existir como "estar no mundo", não tem sentido. Heidegger distingue entre *mundo* como o *onde* do "estar em" (*In-Sein*) e "*mundo*" como ente intramundano. Pois bem, o mundo está essencialmente aberto (*erschlossen*) com o ser do existir; e o "mundo" está também já descoberto com a *abertura* do mundo. Isso coincide em termos de resultado com a tese do *realismo*: o mundo exterior existe realmente. Mas Heidegger se distingue do realismo pelo fato de que não crê, como aquele, que essa realidade necessite de demonstração ou seja demonstrável. O *idealismo*, por sua vez, ao afirmar que o ser e a realidade só estão "na consciência", expressa que o ser não pode ser explicado pelo ente; a realidade só é possível na compreensão do ser (*Seinsverständnis*); em outras palavras, o ser é para todo ente o "transcendental"; mas se o idealismo consiste em reduzir todo ente a um sujeito ou consciência, indeterminados em seu ser, então é tão ingênuo quanto o realismo.

A realidade foi definida nos antecedentes da filosofia atual (Maine de Biran, Dilthey) como *resistência*. Mas Heidegger radicaliza mais a questão. A experiência da resistência, a descoberta mediante o esforço do resistente, só é possível ontologicamente em virtude da abertura do mundo. A resistência caracteriza o ser do ente intramundano; mas se funda previamente no "estar no mundo", aberto para as coisas. A própria "consciência de realidade" é um modo do "estar no mundo". Se quiséssemos tomar o *cogito sum* como ponto de partida da analítica existencial, seria preciso entender a primeira afirmação, *sum*, no sentido de *eu estou no mundo*. Descartes, em contrapartida, ao afirmar a realidade presente das *cogitationes*, afirma com elas um *ego* como *res cogitans* sem mundo.

Ou seja, em vez de entender o homem como uma realidade reclusa em sua consciência, a analítica existencial o descobre como um ente que está *essencialmente* aberto para as coisas, definido por seu "estar no mundo"; como um ente, portanto, que consiste em *transcender* de si próprio. Isso já estava preparado pela descoberta da intencionalidade como característica dos atos psíquicos, que em última instância afeta o próprio ser do homem. Este transcende de si, aponta para as coisas, está aberto para elas. Como vimos, isso coloca numa perspectiva radicalmente nova o problema da realidade do mundo exterior, que não aparece como algo "acrescentado" ao homem, mas como já dado com ele.

Nisso se funda a *verdade*. Heidegger retoma a velha definição tradicional da verdade como *adaequatio intellectus et rei*, para mostrar sua insuficiência. A verdade é primariamente descoberta do ser em si mesmo (ἀλήθεια). E esta *descoberta* só é possível se fundada no "estar no mundo". Esse fenômeno, dimensão fundamental e constitutiva do existir, é o fundamento ontológico da verdade, que aparece fundada, portanto, na própria estrutura do *Dasein*. Em seu escrito *Vom Wesen der Wahrheit*, 1943, Heidegger coloca a essência da verdade na *liberdade;* a liberdade se descobre como o "deixar ser" (*Seinlassen*) do ente; não é que o homem "possua" a liberdade como uma propriedade, mas que a liberdade, a "existência" que descobre possui o homem; e Heidegger relaciona isso com a historicidade do homem, único ente histórico.

Só "há" verdade enquanto e na medida em que houver existir – diz Heidegger. O ente só está descoberto e aberto enquanto e na medida em que há existir. As leis de Newton, o princípio de contradição, qualquer verdade, só são verdadeiros na medida em que *há* existir. Antes e depois não há verdade nem falsidade. As leis de Newton, antes dele, não eram nem verdadeiras nem falsas: isso não quer dizer que não existisse antes o ente que descobrem, mas sim que as leis se mostraram verdadeiras por meio de Newton, com elas se tornou acessível ao existir esse ente, e é isso precisamente a verdade. Portanto, só se demonstraria a existência de "verdades eternas" se se provasse que houve e haverá *existir* em toda a eternidade. Toda verdade é, portanto, relativa ao ser do existir, o que naturalmente não significa nem psicologismo nem subjetivismo.

Mas, por outro lado, a verdade coincide com o ser. Só "há" ser – não ente – quando há *verdade*. E só há verdade na medida em que haja existir. O ser e a verdade, conclui Heidegger, "são" igualmente originários.

A morte • Na filosofia de Heidegger aparece como um tema importante a questão da morte. O existir é sempre algo inacabado, porque sua conclusão supõe ao mesmo tempo deixar de ser. Cabe, em certo sentido, uma experiência da morte do próximo. Nesse caso, a totalidade que o próximo alcança na morte é um *não existir mais*, no sentido de "não estar mais no mundo". A morte faz aparecer o cadáver; o fim do ente *qua* existir é o *começo* desse ente *qua* coisa presente; contudo, o cadáver é algo mais que uma coisa inanimada, e só pode ser compreendido desde a vida. A morte é algo próprio de cada qual: "ninguém pode tirar seu morrer de outro", diz Heidegger.

A morte é um caráter essencial do existir; mas não é um acontecimento intramundano; a morte, para o *Dasein,* é sempre um "ainda não". Trata-se de um "chegar a seu fim", e isso é o que Heidegger chama literalmente de *estar para a morte*[1] (*Sein zum Tode*). Este *estar para a morte* é constitutivo do existir, e o *morrer* se funda, do ponto de vista de sua possibilidade ontológica, na *Sorge,* na *cura*. A morte é a possibilidade mais autêntica da existência. Mas o *impessoal*, o *Man*, em sua existência banal e cotidiana, procura ocultar isso de si mesmo sempre que possível; diz-se: a morte com certeza chega, mas, por enquanto, ainda não. Com este *"mas..."* – diz Heidegger –, o *impessoal* nega sua certeza para a morte. Desse modo, o *impessoal* encobre o peculiar da certeza da morte: que é possível a todo instante. Assim que um homem nasce, é velho o bastante para morrer; inversamente, ninguém é bastante velho para que não tenha ainda um porvir aberto.

A morte é a possibilidade *mais própria do existir.* Na existência autêntica, as ilusões do *Man* são superadas, e o existir é *livre* para a morte. O *humor* (*Stimmung*) que permite essa aceitação da morte como a mais própria possibilidade humana é a *angústia.* Não há apenas um *estar para a morte*, mas uma *liberdade para a morte* (*Freiheit zum Tode*). Essa doutrina heideggeriana está atulhada de questões duvidosas e de dificuldades internas, às quais não é possível nem mesmo aludir aqui.

A temporalidade • Vimos o existir caracterizado como *Sorge.* Qual é agora o sentido desta *Sorge,* desta *cura?* A angústia ante a morte é sempre um *ainda não*; a preocupação se caracteriza por um *aguardar* (*erwarten*); trata-se, portanto, primariamente de algo *futuro.* E a

---

1. Sobre esta tradução, cf. meu artigo "Estar a la muerte", em *Ensayos de convivencia* [*Obras*, III].

decisão (*Entschlossenheit*) do existir é sempre numa *atualidade*. Por último, na *Geworfenheit*, no "estar lançado", funciona sobretudo o *passado* como tal. A *temporalidade* (*Zeitlichkeit*) se manifesta como o sentido da autêntica *cura*, e o fenômeno primário da temporalidade originária e autêntica é o *futuro*. Heidegger faz uma profunda e ampla análise da temporalidade e da historicidade fundada nela. Com isso, o existir aparece essencialmente ligado ao tempo, o que explica a conexão entre os dois termos centrais da ontologia de Heidegger, que dão título a seu principal livro: *ser e tempo*.

* * *

Estas breves indicações não pretendem ser uma *exposição* suficiente da filosofia de Heidegger, o que, além do mais, talvez ainda não seja possível hoje. A obra desse filósofo não está concluída; mais ainda: sua interpretação é problemática, discutida. Faz quase quarenta anos que foi publicado o tomo I de *Sein und Zeit*, e desde então as publicações de seu autor não reapresentam, pelo menos de forma madura, nada que constitua um corpo de doutrina comparável ao desse livro. Isso faz com que surja uma questão sobre o sentido da filosofia heideggeriana. Em seus últimos trabalhos, Heidegger fez uma crítica acurada das interpretações apressadas de seu pensamento. O que aqui interessa é mostrar o sentido e o lugar dessa metafísica – excepcionalmente profunda, rica e sugestiva, e ao mesmo tempo transbordante de problemas e riscos filosóficos, visíveis hoje nos que invocam, de forma mais ou menos justificada, seu magistério e influência – e procurar ajuda para a tão difícil quanto urgente leitura – menos frequente e detida do que seria de imaginar – da genial obra de Heidegger. Por isso julguei preferível ater-me principalmente ao torso de *Sein und Zeit*, em vez de entrar nos detalhes dos escritos posteriores, que exigiriam, para alcançar alguma clareza, uma exposição sumamente minuciosa.

3. O "existencialismo"

Nos últimos decênios, e sobretudo desde o final da Segunda Guerra Mundial, desenvolveu-se amplamente um movimento filosófico muito complexo, procedente em suas ideias capitais da filosofia da vida, que costuma ser englobado sob o nome, bastante equívoco e inexato, de "existencialismo". Alguns de seus representantes são coetâneos de Heidegger – como Jaspers, Marcel, Wahl, pertencentes à mesma geração que outros pensadores de orientações diversas, como Ortega, Hartmann, Lavelle, Le Senne, Maritain, Gilson etc. Iniciaram sua filosofia independentemente dele, embora tenham experimentado sua influência; outros são seus continuadores, desenvolvem-no e com frequência o desvirtuam. Todas essas tendências, de valor e fecundidade muito desiguais, com divergências consideráveis, de significação muito distinta, têm, contudo, alguns traços em comum. Houve um momento em que pareciam dominar o cenário filosófico, pelo menos na Europa continental e na América espanhola; sua influência e seu prestígio reduziram-se nos últimos anos.

A expressão "existencialismo" é a mais difundida; contudo, muitos desses filósofos a rejeitaram no que se refere a suas doutrinas. Para introduzir uma classificação aproximada, poderíamos distinguir entre filosofia *existencial* (Heidegger), filosofia *da existência* (Jaspers, Marcel) e *existencialismo* (que deveria ser reservado para Sartre e seus continuadores). Todas essas formas de pensamento foram inspiradas, mais ou menos remotamente, por Kierkegaard, cuja sombra se projeta sobre elas. Este mostrara sua aversão ao pensamento abstrato ou *sub specie aeterni* e reclamara atenção para a existência: "O pensamento abstrato é *sub specie aeterni*, faz abstração do concreto, do temporal, do processo da existência, da angústia do homem, situado na existência por uma conjunção do temporal e do eterno." "Todo pensamento lógico se dá na linguagem abstrata e *sub specie aeterni*. Pensar assim a existência significa fazer abstração da dificuldade de pensar o eterno no devir, algo a que se está obrigado, já que aquele que pensa se encontra ele mesmo no devir. Disso decorre que pensar abstratamente seja mais fácil que existir (como um chamado sujeito)." "Deus não pensa, cria; Deus não existe, é eterno. O homem pensa e existe, e a existência separa o pensar do ser, os mantém distantes um do outro na sucessão." "A subjetividade é a verdade, a subjetividade é a realidade." Estas ideias de Kierkegaard são o germe de boa parte dessas doutrinas, mais diretamente das de Jaspers e Wahl.

Essas formas de pensamento despertaram vivo interesse; a razão mais profunda disso – por trás de modas passageiras – é o fato de que essas filosofias estão no nível do tempo, formularam os verdadeiros problemas de nossa época – seja qual for a verdade de suas soluções –, responderam ao afã de concretude de todo o pensamento atual e, sobretudo, se concentraram no estudo dessa realidade que é, com um nome ou outro, a vida humana. Tentarei caracterizar brevemente os pensadores mais importantes desse grupo.

Jaspers • Karl Jaspers, nascido em Oldenburg em 1883, professor em Heidelberg e depois na Basileia, procede das ciências; a partir da psiquiatria foi se aproximando da filosofia. Suas obras são muito numerosas, e algumas enormemente extensas; as mais importantes são: *Allgemeine Psychopathologie*, *Psychologie der Weltanschauungen*, *Die geistige Situation der Zeit*, *Philosophie* (1932, 3 volumes: "Philosophische Weltorientierung", "Existenzerhellung", "Metaphysik"), *Vernunft und Existenz*, *Nietzsche*, *Descartes und die Philosophie*, *Existenzphilosophie*, *Der philosophische Glaube*, *Einführung in die Philosophie*, *Vom Ursprung und Ziel der Geschichte*, *Rechenschaft und Ausblick*, *Vernunft und Widervernunft in unserer Zeit*, *Von der Wahrheit* (primeiro tomo, extensíssimo, de uma *Philosophische Logik*), *Die grossen Philosophen*. Jaspers demonstrou uma preocupação moral constante, e se ocupou minuciosamente da responsabilidade da Alemanha, da defesa da liberdade e dos problemas históricos de nosso tempo.

Da psicologia das *Weltanschauungen* ou "visões de mundo" Jaspers avançou para uma filosofia da existência (*Existenzphilosophie*); sua filosofia foi qualificada por Gabriel Marcel de "uma orografia da vida interior". Está construída a partir do ponto de vista do que chama de *mögliche Existenz* ou existência possível, ou seja, o inacabado; a pergunta sobre o ser envolve e afeta quem pergunta; a busca do ser é sempre irrealizada, mas essencial (ressonância da ideia da metafísica como *Naturanlage* de Kant, cuja influência sobre Jaspers é decisiva). A existência é para Jaspers o que nunca é objeto; tem de se virar consigo mesma e com sua transcendência. Jaspers se interessa especialmente pelas "situações-limite" ou fronteiriças (*Grenzsituationen*), que não podem ser modificadas, que pertencem à *Existenz* mas significam a passagem para a transcendência – determinação histórica da existência, morte, sofrimento, luta, culpa. Um conceito fundamental no pensamento de Jaspers é o que chama de *das Umgreifende* (o abarcador, englobante ou envolvente); é o ser que não é só sujeito nem só objeto: ou o ser em si que nos rodeia (mundo e transcendência) ou o ser que somos (existência, consciência, espírito). O que conhecemos está *no* mundo, não é nunca o mundo; a transcendência, por sua vez, nunca chega a ser mundo, mas "fala" através do ser no mundo. Se o mundo for tudo, não há transcendência; se há transcendência, há no ser mundano um possível indicador dela.

Buber • Martin Buber (nascido em Viena em 1878, morto em Jerusalém em 1965) é um pensador judeu que tem afinidades com essa maneira de pensar, com uma referência especial aos temas religiosos e à mística judaica. Insistiu com particular energia nas relações sujeito-objeto e sujeito-sujeito, sobretudo na relação *eu-tu*. O tema do próximo recebeu de Buber uma contribuição considerável. Seus escritos mais importantes são: *Ich und Du* (Eu e tu), *Die chassidischen Bücher, Zwiesprache: ein Traktat vom dialogischen Leben, Qué es el hombre?, Der Mensch und sein Gebild.*

Marcel • Na França, o primeiro representante dessas doutrinas é Gabriel Marcel (1889-1973); convertido ao catolicismo em 1929, filósofo e autor dramático, considera que seu teatro é parte essencial de sua própria indagação filosófica. Seus livros mais importantes são: *Journal métaphysique, Être et avoir, Du refus à l'invocation, Homo viator* e, sobretudo, *Le mystère de l'être*; entre suas obras teatrais: *Le seuil invisible, Le quatuor en fa dièse, Un homme de Dieu, Le monde cassé, Le dard, Le fanal, La soif, Le signe de la croix, L'émissaire.*

Marcel é pouco sistemático; seu pensamento, sinuoso, procura submeter-se à realidade, seguindo seus meandros, conservando a maior autenticidade possível e uma grande fidelidade às coisas. Sua delicadeza intelectual, sua veracidade e sua falta de frivolidade são muito notórias. Homem religioso, dominado pelo respeito do real, faz um uso digno e profundo de seus dotes intelectuais. Desde 1914 falou de "existência", e seu pensamento foi chamado de "existencialismo cristão", embora ele tenha rejeitado esse nome. "Existe um plano – escreve Marcel – no qual não só o mundo não tem sentido, como é contraditório formular a questão de saber se tem algum; é o plano da existência imediata; é necessariamente o do fortuito, é a ordem do acaso."

Uma distinção decisiva para Marcel é a que ele faz entre *problema* e *mistério*. O problema é para ele algo que se encontra, que fecha o caminho; está inteiro diante de mim; o mistério, ao contrário, é algo em que me encontro envolto ou comprometido (*engagé*), cuja essência consiste em não estar inteiro diante de mim; como se nessa zona a distinção entre o "em mim" e o "ante mim" perdesse significação. Marcel considera que os problemas *filosóficos* não são propriamente problemas, mas antes mistérios neste sentido. Marcel usa os conceitos de projeto, vocação, criação e transcendência. Criar significa criar num nível acima de nós mesmos; transcender não quer dizer transcender a experiência, porque além dela não há nada, mas ter experiência do transcendente. Para ele existe um *fulcrum existencial*, um ponto de apoio ou ponto de vista, que é o humano. O problema do corpo é formulado como a condição de "ser encarnado"; isso quer dizer aparecer como esse corpo, sem se identificar nem se distinguir. O corpo é manifestação do nexo que me une ao mundo, e posso dizer "eu sou meu corpo". O existencial se refere ao ser encarnado, ao fato de estar no mundo; e isso é um *chez soi*; o sentir não é uma passividade, mas uma participação. Marcel refletiu profundamente sobre a situação, o sacrifício e o suicídio, a paternidade e sua relação com o cuidado corporal do filho – donde a possibilidade da paternidade adotiva; e, finalmente, da "fidelidade criadora". Marcel propõe uma "filosofia concreta", determinada pela "mordedura do real", na qual são temas a morte, o suicídio, a traição; a crença no tu é essencial dentro dela; o ser é o lugar da fidelidade, que significa um compromisso desmedido e a esperança como crédito infinito; essas ideias, e a fé na imortalidade pessoal, estão intimamente ligadas com o amor e se expressam admiravelmente na frase de uma personagem de Marcel: *Toi que j'aime, tu ne mourras pas* [Você, que amo, não morrerá].

Ao mesmo nível cronológico pertence Jean Wahl (nascido em 1888), professor da Sorbonne, autor de *Études sur le Parménide de Platon, Vers le concret, Études kierkegaardiennes, Petite histoire de l'existentialisme, Traité de Métaphysique*. Também Louis Lavelle (1883-1951), cujas relações com o existencialismo são muito mais remotas, autor de *De l'Être, Traité des valeurs, La dialectique de l'éternel présent* etc., e René Le Senne (1883-1954), cujos principais livros são: *Introduction à la philosophie, Le mensonge et le caractère, Obstacle et valeur, Traité de morale générale, Traité de caractérologie*. À geração seguinte, igualmente mais próximo do personalismo e do espiritualismo que do pensamento existencial, pertence Emmanuel Mounier (1905-1950), fundador da revista *Esprit*, autor de livros políticos e de um *Traité du caractère, Introduction aux existentialismes, Le personnalisme*.

Sartre • A figura mais notória da filosofia francesa dos anos posteriores à Guerra Mundial é o representante do "existencialismo" em sentido estrito, Jean-Paul Sartre (nascido em 1905). Professor de liceu, novelista e dramaturgo, escritor político, diretor de *Les Temps modernes*, estudou por algum tempo na Alemanha e recebeu forte influência do pensamento fenomenológico de Husserl e também de Heidegger, dos quais procede grande parte de suas ideias. No entanto, Heidegger apontou a grande distância que o separa de Sartre; nos últimos anos, este se aproximou cada vez mais do marxismo. Sua obra é muito ampla; seus principais escritos filosóficos são *L'imagination, Esquisse d'une théorie des émotions, L'imaginaire, L'être et le néant* (sua obra fundamental, 1943); após uma longa interrupção, publicou em 1960 outra obra muito extensa, *Critique de la raison dialectique*; devem-se mencionar, ademais, seus ensaios *Situations, Baudelaire, L'existentialisme est un humanisme, Saint-Genêt, comédien et martyr* etc. A estas somam-se seus romances "existenciais" *La nausée* (1938), *L'âge de raison, Le sursis, La mort dans l'âme*, seus relatos *Le mur, Les jeux sont faits, Engrenages*, seu teatro: *Huis-clos, Les mouches, Morts sans sépulture, La putain respectueuse, Les mains sales, Le diable et le bon Dieu, Nekrassov, Les séquestrés d'Altona* e um livro autobiográfico, *Les mots*.

Sartre partiu de uma psicologia fenomenológica e só de modo relativamente tardio passou para a ontologia – o subtítulo de *L'être et le néant* é "Essai d'ontologie phénomenologique"; é um livro de 722 densas páginas, de difícil leitura, com um tecnicismo tradicional, em geral transposto para outros sentidos, análises minuciosas, descrições fenomenológicas, fragmentos de grande talento literário e outros de prosa abstrusa e pouco acessível. O sentido primário do "existencialismo" é a prioridade da existência sobre a essência, o que equivale a inverter os termos tradicionais, embora aceitando o mesmo esquema da ontologia tradicional; em certo sentido, poder-se-ia dizer que a filosofia de Sartre é ontologia tradicional, escolástica ou fenomenológica, *à rebours*, mas sem transcender de suas formulações e conceitos fundamentais. Por isso, os que ele maneja constantemente são ser, nada, em-si e para-si, para-si e para-outro etc. O ser do homem é interpretado como *pour-soi* ou consciência, com o que recaímos em Husserl. "A consciência – escreve Sartre – é um ser para o qual, em seu ser, está em questão o seu ser enquanto este ser implica outro ser que não ele mesmo." "A consciência é um ser para o qual é em seu ser consciência do nada de seu ser." Sartre coloca o problema em termos de consciência, o que o aproxima muito mais de Husserl que de Heidegger. Além disso, muitas de suas ideias foram formuladas por esses dois filósofos ou por Ortega: o projeto, a escolha ou *choix*, o "estar condenado a ser livre" (Ortega já ensinava vários decênios antes que "o homem é forçosamente livre", é livre para tudo menos para deixar de sê-lo; mas ao mesmo tempo constatou que, embora o homem sempre escolha, nem tudo em sua vida é objeto de escolha; nem a circunstância nem a vocação ou projeto originário).

Sartre professa o que chama de "um ateísmo consequente", que funda em razões sumamente débeis e pouco justificadas; para ele, o humor fundamental ante a realidade é a evidência de que tudo está "de mais" (*de trop*) e portanto, a *náusea*. O homem é uma paixão para fundar o ser e constituir o Em-si, o *Ens causa sui*, ou seja, Deus. "Mas a ideia de Deus – conclui Sartre – é contraditória e nos perdemos em vão; o homem é uma paixão inútil." Na *Critique de la raison dialectique*, Sartre diz que uma antropologia estrutural e histórica "trouve sa place à l'intérieur de la philosophie marxiste parce que je considère le marxisme comme l'indépassable philosophie de notre temps et parce que je tiens l'idéologie de l'existence et sa méthode 'compréhensive' pour une enclave dans le marxisme lui-même qui l'engendre et la refuse tout à la fois"*. Para Sartre o marxismo é a filosofia insuperável de nosso tempo, e a razão disso é que apenas começou a se desenvolver e as circunstâncias que o engendraram ainda não foram superadas: "loin d'être épuisé, le marxisme est tout jeune encore, presque en enfance: c'est à peine s'il a commencé de se développer. Il reste donc la philosophie de notre temps: il est indépassable parce que les circonstances qui l'ont engendré ne sont pas encore dépassées".

Transcrevo esta citação textual porque representa muito bem o modo habitual do raciocínio sartriano. Nos últimos anos, foi alvo de muitas críticas, e seu prestígio e influência decresceram muito. Teve grande influência sobre Simone de Beauvoir, romancista e autora de estudos filosóficos, e, originalmente, esteve próximo de seu pensamento o grande escritor Albert Camus (1913-60), que depois se separou totalmente do marxismo. Maurice Merleau-Ponty (1908-61), muito influenciado pelos filósofos alemães contemporâneos, sobretudo pelos fenomenólogos, é autor de *La structure du comportement*, *Phénoménologie de la perception*, *Les aventures de la dialectique*, *Signes*. Em quase todos os países europeus e na América espanhola essas correntes tiveram ressonâncias e imitações, que começaram a se atenuar nos últimos tempos.

---

* "Tem lugar no interior da filosofia marxista porque considero o marxismo a filosofia insuperável de nosso tempo e porque, a meu ver, a ideologia da existência e seu método 'compreensivo' são um enclave no próprio marxismo, que a engendra e a rejeita ao mesmo tempo." (N. T.)

VII. Ortega e sua filosofia da razão vital

1. A figura de Ortega

Vida • José Ortega y Gasset, o máximo filósofo espanhol, nasceu em Madri em 9 de maio de 1883 e morreu na mesma cidade em 18 de outubro de 1955. De 1898 a 1902 cursou licenciatura em Filosofia e Letras na Universidade de Madri e se doutorou em 1904, com uma tese sobre *Os terrores do ano mil* (*Crítica de uma lenda*). Em 1905 foi para a Alemanha e estudou nas Universidades de Leipzig, Berlim e Marburg; na última destas Universidades – filosoficamente a mais importante da Alemanha naquela época – foi discípulo do grande neokantiano Hermann Cohen. A partir de 1910 foi catedrático de Metafísica da Universidade de Madri, onde ministrou seus cursos até 1936.

Em 1902 Ortega iniciou sua atividade de escritor; suas colaborações em jornais e revistas, seus livros, suas conferências e seu trabalho editorial tiveram influência decisiva na vida espanhola e, faz alguns decênios, essa influência se estendeu de modo crescente para fora da Espanha. Em 1923 fundou a *Revista de Occidente* (publicada até 1936) que, com sua Biblioteca – de atividade não interrompida –, manteve os leitores de língua espanhola rigorosamente informados sobre todas as questões intelectuais. Ortega incorporou ao pensamento espanhol, mediante traduções e edições, o mais substantivo da ciência europeia, em particular a alemã, um repertório de obras clássicas, e conseguiu que os estudiosos espanhóis tivessem condições de estar à altura dos tempos. A consequência disso e, sobretudo, de sua ação filosófica pessoal foi o florescimento de uma escola filosófica, no sentido lato do termo, que costuma ser chamada de *escola de Madri*, e à qual estão vinculados, entre outros, Manuel García Morente, Fernando Vela, Xavier Zubiri, José Gaos, Luis Recaséns Siches, María Zambrano, Antonio Rodríguez Huéscar, Manuel Granell, José Ferrater Mora, José A. Maravall, Luis Díez del Corral, Alfonso G. Valdecasas, Salvador Lissarrague, Paulino Garagorri, Pedro Laín Entralgo, José Luis Aranguren e o autor deste livro.

A partir de 1936, Ortega residiu na França, Holanda, Argentina, Portugal e Alemanha, com estadas na Espanha desde 1945. Foram anos de maturação de seu pensamento e de composição de suas principais obras, durante os quais seus escritos se difundiram no exterior e podem ser lidos numa dezena de línguas. Por meio dele, o pensamento espanhol enquanto tal – Ortega sempre dedicou seu esforço à meditação sobre a Espanha, e toda a sua obra está condicionada por sua circunstância espanhola – está presente no mundo. Em 1948 fundou em Madri, com Julián Marías, o instituto de Humanidades, onde ministrou cursos e participou de colóquios sobre vários temas.

Estilo intelectual • Ortega é um grande escritor. Entre a meia dúzia de admiráveis prosistas espanhóis deste século, ocupa um lugar insubstituível e, na verdade, nenhum é superior a ele. Seus dotes literários possibilitaram que levasse a cabo uma transformação na linguagem e no modo de escrever, cuja marca é visível em boa parte dos autores contemporâneos. Ortega criou uma terminologia e um estilo filosófico em espanhol, que não existiam; sua técnica – oposta à de Heidegger, por exemplo – consiste em evitar de modo geral os neologismos e devolver às expressões usuais do idioma, profundamente vividas, até mesmo aos modismos, seu sentido mais autêntico e originário, muitas vezes carregado de significação filosófica ou capaz de contê-la. O uso da metáfora alcançou com ele, além de seu valor de beleza, outro estritamente metafísico. "A cortesia do filósofo é a clareza", costumava dizer; e tanto por escrito como em sua incomparável oratória docente, atingiu o máximo de diafaneidade de seu pensamento; Ortega extrema o esforço para se tornar inteligível, a ponto de induzir o leitor, com demasiada frequência, a crer que, por tê-lo entendido sem muito trabalho, não tem de se empenhar para entendê-lo por completo. Em alguns de seus últimos escritos, Ortega chegou a um modo de expressão totalmente original, em que a fidelidade ao gênio da língua se une a procedimentos estilísticos absolutamente novos, e que corresponde à forma de razão em que consiste seu método filosófico; é o que chamei de o *dizer da razão vital*[1].

Ao mesmo tempo, Ortega realizou uma renovação de alguns gêneros literários. O fato de escrever sua obra tendo em vista as circunstâncias espanholas obrigou-o durante muitos anos a exprimir seu pensamento em artigos de jornal ou em ensaios; foi fornecendo a porção de filosofia que os leitores podiam efetivamente absorver em cada momento. "Era preciso seduzir para os problemas filosóficos com meios líricos" – disse ele. Ortega escreveu, portanto, artigos e ensaios de peculiar índole, com os quais foram compostos alguns dos livros mais importantes do século XX.

O interesse de Ortega não se limitou às questões estritamente filosóficas, mas levou seu ponto de vista filosófico a todos os temas vivos: a literatura, a arte, a política, a história, a sociologia, os temas humanos foram tratados por ele; e a respeito de uma imensa quantidade de questões pode-se encontrar alguma página de Ortega da qual se recebe uma iluminação que com frequência se espera em vão de grossos volumes. Mas todos esses escritos, mesmo os de aparência mais remota, estão vinculados a um propósito filosófico, e é só à luz de seu sistema que é possível entendê-los em sua integralidade. Pelo fato de Ortega ter-se ocupado sobretudo de filosofia, hoje a Espanha volta a contar, depois de Suárez, com um autêntico metafísico, original e rigoroso. Ortega, com sua obra intelectual e com sua influência, tornou possível e existente a filosofia na Espanha.

Obras • A produção literária de Ortega é muito copiosa. Suas *Obras completas*, reunidas em seis volumes, compreendem escritos publicados de 1902 a 1943; três volumes recolhem as obras posteriores. Os mais importantes deles são: *Meditaciones del Quijote* (1914); *El es-*

---

1. Analisei minuciosamente esta questão em meu estudo "Vida y razon en la filosofía de Ortega" (em *La escuela de Madrid. Estudios de filosofía española*. Buenos Aires, 1959) [*Obras*, V]. Cf. também minha *Introducción a la filosofía*, cap. V, 48 [*Obras*, II].

pectador (oito volumes, 1916-34); *España invertebrada* (1921); *El tema de nuestro tiempo* (1923); *Las Atlántidas* (1924); *La deshumanización del arte e ideas sobre la novela* (1925); *Kant* (1924-29); *La rebelión de las masas* (1930); *Misión de la Universidad* (1930); *Guillermo Dilthey y la idea de la vida* (1933); *En torno a Galileo* (1933); *Historia como sistema* (1935); *Ensimismamento y alteración* (1939); *Meditación de la técnica* (1939); *Ideas y creencias* (1940); *Apuntes sobre el pensamiento: su teurgia y su demiurgia* (1941); *Estudios sobre el amor* (1941); *Del Imperio romano* (1941), e os prólogos a três livros: "Historia de la Filosofía", de Brehier (1942); "Veinte años de caza mayor", do Conde de Yebes (1942), e "Aventuras del Capitán Alonso de Contreras" (1943). Posteriormente, *Papeles sobre Velázquez y Goya* (1950); prólogo a *El collar de la Paloma*, de Ibn Hazm (1952); *Stücke aus einer "Geburt der Philosophie"* (1953); *Europäische Kultur und europäische Völker* (1954); *Velázquez* (1954). A publicação de seus escritos inéditos começou em 1957 com seu livro sociológico *El hombre y la gente, ¿Qué es filosofía?* (curso de 1929), o importantíssimo e extenso livro *La idea de principio en Leibniz y la evolución de la teoría deductiva* (provavelmente o mais importante de toda a sua obra), *Idea del teatro*, *Meditación del pueblo joven*, além de um "Prólogo para alemanes" escrito em 1934 e publicado nesta língua, seu primeiro curso do Instituto de Humanidades, *Una interpretación de la Historia universal*, *Meditación de Europa*, *Origen y Epílogo de la Filosofía*, *Vives-Goethe* e *Pasado y porvenir para el hombre actual*.

São de enorme importância seus cursos universitários, especialmente os de 1929 a 1936 e os recentes do Instituto de Humanidades, indispensáveis para conhecer com precisão o pensamento filosófico orteguiano, e à luz dos quais – alguns já publicados nos últimos anos – se revela a conexão sistemática e o alcance metafísico íntegro de suas outras obras impressas. Nesses cursos tratou, sobretudo, do tema do idealismo e de sua crítica, da estrutura da vida histórica e social e da metafísica da razão vital, primeira versão do sistema filosófico de Ortega, cuja exposição completa nunca foi publicada. Até que os escritos póstumos de Ortega sejam completamente utilizados, será impossível escrever um livro suficiente sobre a filosofia de Ortega; e isso condiciona a presente exposição que – apesar de meu conhecimento dos cursos e de parte da obra inédita de Ortega – tem caráter fragmentário e provisório e só se destina a facilitar a introdução a seu estudo direto[2].

2. A gênese da filosofia orteguiana
a) A crítica do idealismo

Realismo e idealismo • A primeira formação de Ortega foi neokantiana; seus anos de Marburg deram-lhe um conhecimento minucioso de Kant, uma disciplina intelectual rigorosa, a visão interna de uma última forma de "escolasticismo" e uma imersão na atitude idealista. Muito rapidamente, contudo, como se pode ver em seus primeiros escritos, reagiu de maneira pessoal; pouco tempo depois, Ortega chegava a posições próprias, determinadas, como veremos, pela superação de todo subjetivismo e idealismo – sem recair na velha tese realista –, pela exigência de sistema e pelo predomínio absoluto da metafísica. Essas ideias, num processo de maturação ininterrupta, levaram-no a seu sistema de *metafísica segundo a razão vital* e, secundariamente, significaram uma crítica decisiva do idealismo.

O realismo, mais que uma *tese*, é uma atitude. Nela se supõe que a verdadeira realidade são as coisas; e o ser real quer dizer ser por si, independente de mim. Mas essa posição aparentemente tão óbvia, que dominou o pensamento filosófico durante vinte e dois séculos, não está livre de crítica. De Descartes a Husserl, a filosofia defendeu uma nova tese, que corrige e retifica a realista: é o que se chama de idealismo.

---

2. É possível encontrar precisões e desenvolvimentos sobre muitas das questões concretas em meu estudo citado na nota anterior *La escuela de Madrid* e em *Ortega y tres antípodas* (1950); cf. – sobretudo para a primeira etapa de seu pensamento – meu comentário às *Meditaciones del Quijote* (Biblioteca de Cultura Básica da Universidade de Puerto Rico, 1957). Embora não se trate de uma exposição da filosofia orteguiana, remeto o leitor também a minha *Introducción a la filosofía*, que tem suas raízes mais imediatas nela e em que faço um uso sistemático do método da razão vital. Afora isso, pode-se encontrar um estudo profundo dessa filosofia em meu livro *Ortega*, cujo vol. I, *Circunstancia y vocación*, foi publicado em 1960.

Descartes descobre que as coisas não são seguras; que eu posso estar num erro: que existem o sonho e a alucinação, em que tomo por verdadeiras realidades que não o são. O único certo e indubitável é o *eu*. Por outro lado, nada sei do mundo das coisas exceto na medida em que esteja presente, na medida em que seja *testemunha* delas. Sei da casa porque estou nela; se for embora, continuará existindo? A rigor, não posso sabê-lo. Só sei que existe enquanto estou nela, enquanto está *comigo*. Portanto, as coisas sozinhas, independentes de mim, me são alheias e desconhecidas; nada sei delas, nem sequer se existem. As coisas, portanto, são *para mim* ou *em mim*, são *ideias minhas*. A mesa ou a parede são *algo que eu percebo*. A realidade radical e primária é o eu; as coisas têm um ser derivado e dependente, fundado no do eu. A substância fundamental é o eu, Descartes diz que posso existir sem mundo, sem coisas. Esta é a tese idealista, que culminou, em sua forma mais perfeita, no idealismo da consciência pura de Husserl, estudado antes. A isso Ortega vai se opor rigorosamente.

O eu e as coisas • O idealismo tem toda razão ao afirmar que não posso saber das coisas a não ser na medida em que esteja presente a elas. As coisas – pelo menos enquanto as sei e tenha sentido falar de sua realidade – não podem ser independentes de mim. Mas não tem razão ao afirmar a independência do sujeito. Não posso falar de coisas sem eu; mas tampouco de um *eu sem coisas*. Nunca estou sozinho, e sim sempre com as coisas, fazendo algo com elas; sou inseparável das coisas, e se estas necessitam de mim, eu, por minha vez, necessito delas para ser. De modo igualmente originário e primitivo, encontro-me com meu eu e com as coisas. A verdadeira realidade primária – a *realidade radical* – é a do eu com as coisas. *Eu sou eu e minha circunstância* – já escrevia Ortega em seu primeiro livro, em 1914. E não se trata de dois elementos – eu e coisas – separáveis, pelo menos em princípio, que se encontrem juntos por acaso, mas sim de que a realidade radical é esse fazer do eu com as coisas, que chamamos *vida*. O que o homem faz com as coisas é *viver*. Esse fazer é a realidade com que originariamente nos encontramos, que agora não é nenhuma *coisa* – material ou espiritual, porque também o *ego* cartesiano é uma *res*, ainda que *cogitans* –, mas atividade, algo que propriamente não é, mas que se *faz*. *A realidade radical é nossa vida. E a vida é o que fazemos e o que nos acontece. Viver é tratar com o mundo, dirigir-se a ele, agir nele, ocupar-se dele.* Portanto, não há prioridade das coisas, como acreditava o realismo, nem tampouco prioridade do eu sobre elas, como opinava o idealismo. A realidade primária e radical, da qual o eu e as coisas são apenas momentos abstratos, é o dinâmico fazer que chamamos *nossa vida*.

A consciência • Mas temos de examinar o momento culminante do idealismo, sua forma mais depurada: a fenomenologia de Husserl. Esta não é um idealismo subjetivo; não fala de ideias ou vivências de um eu empírico, mas das vivências da consciência pura. Para escapar da metafísica – fazendo metafísica ao mesmo tempo –, Husserl se encerra na *consciência*.

Acontece, contudo, que o pensamento – isso que se chama consciência – consiste em *propor algo*. Pensar é propor algo como verdadeiro, como existente. Pois bem, a fenomenologia diz que sobre esse ato propositivo vem um segundo ato que consiste em praticar a *epokhé*, em invalidar o primeiro e colocá-lo entre parênteses. Mas isso não é tão claro nem tão fácil.

Quando vivo o ato, não há consciência. Ante mim nada mais há senão o visto ou o *pensado*; não me encontro nem com o *ver* nem com o *pensar*, com o que se chama *consciência*. O que há é: eu com *a coisa*. Posso dizer que há consciência quando me dou conta que vi uma coisa um momento atrás, mas não a *vejo*. Quando tenho consciência de minhas vivências, não as vivo, faço delas objeto de reflexão. Pratico a "abstenção" sobre um objeto que é a *lembrança* de minha visão anterior. E o que faço agora é viver *outro* ato: o de colocar entre parênteses meu ato anterior. E neste segundo ato tampouco pratico a "abstenção", vivo-o; nele tampouco há consciência, e é também *propositivo*. Portanto, só posso praticar a redução fenomenológica sobre lembranças de atos, não sobre os atos vividos. A consciência pura, com todas as suas vivências reduzidas, longe de ser a realidade, é simplesmente o resultado de uma operação mental que faço; ou seja, o contrário: uma construção intelectual, uma hipótese. E a redução fenomenológica, portanto, é impossível.

Ato quer dizer *atualidade*, ser agora; é a pura presencialidade. E entre o ato e a redução fenomenológica desse ato se interpõe o *tempo*. O tempo, que é justamente a forma da vida humana.

Portanto, não me encontro com o eu puro, nem com a consciência, nem com as vivências reduzidas; tudo isso é o resultado de uma manipulação mental minha com atos meus anteriores: justamente o contrário do que é *a realidade*. Da essência dos atos é próprio serem simplesmente vividos, e não se poder exercer a reflexão sobre eles a não ser desde outro ato; portanto, quando não são mais presentes e vividos, salvo na lembrança. A fenomenologia traz em si uma interpretação radicalmente falsa da realidade primária.

A verdade é que eu vivo atos; e estes são *intencionais*: vejo *algo*, penso *algo*, quero *algo*, em suma, me encontro com *algo*. E com esse algo me encontro de um modo real e efetivo, sem "abstenção" nenhuma: *na vida*. A fenomenologia, quando a pensamos a fundo, nos descobre sua última raiz errônea e nos deixa fora dela, além dela: instalados, não na consciência, porque *a rigor ela não existe*, mas na realidade radical que é a vida.

Esta é a crítica orteguiana do idealismo. Recolhe o que a tese idealista tinha de justificado, ao afirmar a necessidade do eu como ingrediente da realidade, mas corrige seu excesso ao tomar esse eu como a realidade primária. Nem as coisas sozinhas, nem o eu sozinho, mas o fazer do eu com as coisas, ou seja, a vida.

b) As etapas da descoberta

Interessa recolher muito brevemente os momentos pelos quais passou o pensamento de Ortega até chegar à forma madura de sua filosofia; isso iluminará o sentido das fórmulas em que se expressam as teses fundamentais de sua metafísica.

Eu e circunstância • A primeira manifestação do ponto de vista pessoal de Ortega se encontra em um ensaio publicado em 1910 e intitulado *Adán en el Paraíso* (*O.C.*, I, p. 469-98). Ali se emprega pela primeira vez o termo *vida* rigorosamente, no sentido de vida humana, de vida biográfica; em segundo lugar, insiste-se no que está em torno do homem, tudo o que o *rodeia*, não só o imediato, mas também o remoto; não só o físico, mas também o histórico, o espiritual. O homem, diz Ortega, é o problema da vida, e entende por vida algo concreto, incomparável, único: "a vida é o individual". E define-a, com maior rigor, como *coexistência*: "Vida é troca de substâncias; portanto, *conviver, coexistir*" (p. 488). "Adão no Paraíso – acrescenta. Quem é Adão? Qualquer um e ninguém particularmente: a vida. Onde está o Paraíso? A paisagem do Norte ou do Meio-dia? Não importa: é o cenário ubíquo para a tragédia imensa do viver" (p. 489). Adão no Paraíso significa: eu no mundo; e esse mundo não é propriamente uma coisa ou uma soma delas, mas um *cenário*, porque a vida é *tragédia* ou drama, algo que o homem faz e que acontece com ele com as coisas.

Em *Meditaciones del Quijote* (1914) aparece de forma *conceitual* a ideia que o título *Adão no Paraíso* expressa metaforicamente: *eu sou eu e minha circunstância*. A realidade circunstante "forma a outra metade de minha pessoa". E "a reabsorção da circunstância é o destino concreto do homem". Desse ponto de vista, Ortega faz uma interpretação do que é um bosque, evitando tanto o pressuposto realista quanto o idealista, ou seja, coloca em andamento a compreensão de uma realidade *desde a vida*. E essa doutrina culmina numa teoria da verdade como *patenteamento* ou desvelamento – *alétheia* –, da cultura como certeza e da luz ou claridade como raiz da constituição do homem (*O.C.*, I, p. 322-58).

Perspectivismo • Na mesma obra aparece também a ideia de que a perspectiva é um ingrediente constitutivo da realidade: "o ser definitivo do mundo não é matéria nem é alma, não é coisa alguma determinada, mas uma perspectiva" (p. 321). Essa doutrina já se encontra constituída como tal, mesmo com o nome *perspectivismo* – que Ortega depois substituiu por outros menos intelectualistas –, em 1916 ("Verdad y perspectiva", *El Espectador*, I. – *O.C.*, II, p. 15-20). "O ponto de vista individual me parece ser o único ponto de vista desde o qual se possa olhar o mundo em sua verdade." "A realidade, precisamente por sê-lo e achar-se fora de nossas mentes individuais, só pode chegar a estas multiplicando-se em mil caras ou faces." A realidade não pode ser olhar a não ser do ponto de vista que cada qual inevitavelmente ocupa no universo. Aquela e este são correlativos, e assim como não se pode inventar a realidade, tampouco se pode fingir o ponto de vista." "Cada homem tem uma missão de verdade. Onde está minha pupila não está outra: o que da realidade minha pupila vê não o vê a outra. Somos insubstituíveis, somos necessários." E em 1923 agrega, de forma ainda mais precisa e formal: *"A perspectiva é um dos componentes da realidade*. Longe de ser sua deformação, é sua organização. Uma realidade que vista de qualquer ponto resultasse sempre idêntica é um conceito absurdo." "Essa maneira de pensar leva a uma reforma radical da filosofia e, o que mais importa, de nossa sensação cósmica." *"Cada vida é um ponto de vista sobre o universo."* (*El tema de nuestro tiempo*. – *O.C.*, III, p. 199-200).

Razão e vida • Nas mesmas *Meditaciones del Quijote* – a data de 1914 é decisiva para o pensamento de Ortega – inaugura-se um terceiro tema, intimamente vinculado aos anteriores e que interferirá em ambos ao atingir sua plenitude: o da relação entre a razão e a vida. "A razão não pode, não tem de aspirar a substituir a vida. A própria oposição entre razão e vida, tão usada hoje pelos que não querem trabalhar, já é suspeita. Como se a razão não fosse uma função vital e espontânea da mesma linhagem que o ver ou o tocar!" "Ao destronar a razão, cuidemos de colocá-la em seu lugar" (*O.C.*, p. 353-4). De forma muito mais precisa e rigorosa essa ideia reaparece em *El tema de nuestro tiempo*, convertida em doutrina da *razão vital*: *"A razão é tão somente uma forma e uma função da vida."* "A razão pura tem de ceder seu império à *razão vital*" (*O.C.*, III, p. 178). E depois: *"A razão pura tem de ser substituída por uma razão vital, em que aquela se localize e adquira mobilidade e força de transformação."* A filosofia precisa desterrar seu caráter utópico, *"evitando que o que é horizonte flexível e dilatável se imobilize em mundo"*. "Pois bem: a redução ou conversão do mundo em horizonte não retira nada de realidade daquele; simplesmente o refere ao sujeito vivente, cujo mundo é, dota-o de uma dimensão vital" (p. 201-2). O tema de nosso tempo é, segundo Ortega, a conversão da razão pura em razão vital: sua filosofia, desde então, é a realização sistemática dessa tarefa.

3. A razão vital

A realidade radical • Ortega diz várias vezes que a realidade radical é nossa vida. Mas é preciso entender rigorosamente essa expressão. *Radical* não quer dizer "única", nem "a mais importante"; quer dizer simplesmente o que significa: realidade em que se *radicam* ou arraigam todas as demais. A realidade das coisas ou a do eu se dá *na vida*, como um momento dela. "A vida humana – escreve Ortega (*Historia como sistema. O.C.*, VI, p. 13) – é uma realidade estranha da qual a primeira coisa que convém dizer é que é a realidade radical, no sentido de que a ela temos de referir todas as demais, já que as demais realidades, efetivas ou supostas, têm de um modo ou outro que aparecer nela." A realidade como tal – conforme escrevi em outro lugar[3] –, a realidade enquanto realidade, se constitui em minha vida; *ser* real significa, precisamente, radicar em minha vida, e a esta tem de se referir toda realidade, embora o *que* é real possa transcender, de qualquer modo, de minha vida. Em outras palavras, minha vida é o pressuposto da noção e o próprio sentido da realidade, e esta só se torna inteligível a partir dela: isso quer dizer que só dentro de minha vida se pode compreender em sua radicalidade, em seu sentido último, o termo *real*. Mas não esqueçamos que quando falamos de *algo real* e derivamos seu momento de "realidade" de minha vida, permanece a questão da relação com ela desse "algo"; dito de outro modo, dizer que eu sou um ingrediente da realidade não significa de modo nenhum que eu seja parte ou componente das coisas ou entes reais, mas que em seu "tê-los para mim", em seu "radicar em minha vida" se funda o caráter efetivo de sua "realidade", entendida como dimensão ou caráter disso que é real. Mesmo no caso de o *que* é real ser anterior, superior e transcendente a minha vida, independente dela e até origem e fundamento dela mesma – como no caso de Deus –, sua *realidade* como tal – se quisermos dar algum sentido efetivo a esse termo e não reduzi-lo a um nome vão ou a um equívoco – é *radicada* na reali-

---

3. *Introducción a la filosofía*, VII, 66. Cf. também XI, 86.

dade radical de minha vida, à qual fica "referida" na medida em que é "encontrada" nela.

Razão vital e razão histórica • Durante séculos, desde a Grécia, a razão foi entendida como algo que capta o imutável, a essência "eterna" das coisas. Procurou-se considerar as coisas *sub specie aeternitatis*, à parte do tempo. Essa razão culmina na razão matemática dos racionalistas do século XVII, que produz as ciências físicas, e na "razão pura" de Kant. Mas essa razão matemática, que tão bem serve para conhecer a natureza, ou seja, as coisas que têm um ser fixo, uma realidade já feita, não funciona tanto nos assuntos humanos. As ciências do humano – sociologia, política, história – revelam uma estranha imperfeição em comparação com a maravilha das ciências da natureza e suas técnicas correspondentes. A razão matemática não é capaz de pensar a realidade cambiante e *temporal* da vida humana. Aqui não podemos pensar *sub specie aeterni*, mas sim no tempo.

Essa evidência, que foi se impondo em maior ou menor medida ao pensamento filosófico desde o século XIX, foi a fonte dos irracionalismos que irromperam na filosofia durante os últimos cem anos. Mas Ortega, nada "racionalista", se opõe a todo irracionalismo. "Para mim – escreveu ele –, razão e teoria são sinônimos... Minha ideologia não vai contra a razão, já que não admite outro modo de conhecimento teorético senão ela; vai apenas contra o racionalismo" (*Ni vitalismo ni racionalismo. – O.C.*, III, p. 237). O significado mais autêntico e primário da razão é o de "dar razão de algo"; pois bem, o racionalismo não se dá conta da irracionalidade dos materiais que a razão maneja, e crê que as coisas se comportam como nossas ideias. Esse erro mutila essencialmente a razão e a reduz a algo parcial e secundário. "Todas as definições da razão, que faziam consistir o essencial desta em certos modos particulares de operar com o intelecto, além de serem estreitas, a esterilizaram, amputando ou embotando sua dimensão decisiva. Para mim é razão, no verdadeiro e rigoroso sentido, toda ação intelectual que nos põe em contato com a realidade, por meio da qual topamos com o transcendente" (*Historia como sistema. – O.C.*, VI, p. 46).

E, com efeito, Ortega observa que a razão matemática, a razão pura, nada mais é senão uma espécie ou forma particular da razão. Entendê-la como *a* razão é tomar a parte pelo todo: uma falsidade. Junto da razão matemática e "eterna", e acima desta, está a *razão vital*. Esta razão não é menos razão que a outra, muito pelo contrário. Ortega, como vimos, é qualquer coisa menos um "vitalista" propenso ao irracionalismo. Trata-se de uma razão rigorosa, capaz de apreender a realidade temporal da vida. A razão vital é *ratio*, *lógos*, rigoroso conceito. Em que consiste propriamente?

A razão vital "não se distingue do viver"; a própria vida é a razão vital, porque "viver é não ter outro remédio senão raciocinar ante a inexorável circunstância" (*En torno a Galileo – O.C.*, V, p. 67). Que significa isso? Viver já é entender; a forma primária e radical de intelecção é o fazer vital humano. Entender significa referir algo à totalidade de minha vida em andamento, ou seja, de minha vida fazendo-se, *vivendo*. É a própria vida que, ao pôr uma coisa em sua perspectiva, ao inseri-la em seu contexto e fazê-la *funcionar* nele, a torna inteligível. *A vida é, portanto, o próprio órgão da compreensão*. Por isso se pode dizer que *a razão é a vida humana*. Uma realidade humana só se torna inteligível desde a vida, referida a essa totalidade em que está radicada. Só quando *a própria vida funciona como razão* conseguimos entender algo humano. É isso, em suma, que quer dizer *razão vital*.

Mas o horizonte da vida humana é histórico; o homem está definido pelo nível histórico em que lhe coube viver; o que o homem foi é um componente essencial do que é; é hoje o que é justamente por ter sido antes outras coisas; o âmbito da vida humana inclui a história. A vida que funciona como *ratio* é em sua substância mesma histórica, e a história funciona em todo ato de intelecção real. A razão vital é constitutivamente *razão histórica*[4].

"Trata-se – escreve Ortega – de encontrar na própria história sua razão original e autóctone. Por isso deve-se entender em todo o seu rigor a expressão 'razão histórica'. Não uma razão extra-histórica que parece se cumprir na história, mas literalmente o *que aconteceu com o*

---

4. Cf. uma investigação minuciosa do problema da razão no cap. V de minha *Introducción a la filosofía*, sobretudo p. 47-9, de onde foram tomadas as fórmulas anteriores.

homem, constituindo a substantiva razão, a revelação de uma realidade transcendente às teorias do homem e que é ele mesmo por trás de suas teorias." "A razão histórica não aceita nada como mero fato, mas fluidifica todo fato no *fieri* de que provém: vê como o fato se faz" (*História como sistema*. – O.C., VI, p. 49-50).

Isso supõe, é claro, a elaboração de uma série de categorias e formas mentais que possam capturar a realidade histórica e vital; o hábito da mente de pensar *coisas*, substâncias em sentido "eleático", como diz Ortega, torna sumamente difícil chegar ao conceito suficiente do que não é "coisa" mas *fazer*, vida temporal. Ortega pede a superação do substancialismo, do eleatismo em todas as suas formas, para chegar a pensar essa realidade que se faz a si mesma. "Para falar do ser-homem temos de elaborar um conceito não eleático do ser, assim como se elaborou uma geometria não euclidiana. Chegou a hora de a semente de Heráclito dar sua magna colheita." Como o vital é sempre singular e único, determinado por uma circunstância, os conceitos que apreendam a vida têm de ser "ocasionais" – como "eu", "tu", "isso", aquilo", "aqui", "agora" e, inclusive e sobretudo, "vida", que é sempre "a de cada qual"; ou seja, trata-se de conceitos que não significam sempre o *mesmo*, mas cujo sentido depende, com todo rigor, da *circunstância*. A razão histórica e vital é, portanto, *narrativa*; mas supõe por sua vez uma *analítica* ou teoria abstrata da vida humana, universal e válida para qualquer vida, que se enche de concretude circunstancial em cada caso.

A filosofia • O homem não consiste primariamente em *conhecer.* O conhecimento é uma das coisas que o homem faz; não se pode definir o homem – como fazia o racionalismo – por sua dimensão cognoscente. O conhecimento se dá na vida e tem de ser derivado dela. Não se pode partir do conhecimento como algo natural, é preciso explicar *por que* e *para que* o homem conhece. No homem não há nada humano que seja *natural*, tudo nele tem de ser derivado de sua vida.

Essa vida é algo que temos de fazer. É, portanto, problema, insegurança, *naufrágio*, diz Ortega, com expressiva metáfora. Nessa insegurança, o homem busca uma certeza; precisa *saber*, no sentido primário de *saber a que se ater.* A vida se apoia sempre num sistema de *crenças* em que "se está" e das quais é bem possível que nem sequer se tenha consciência; quando estas falham, o homem tem de fazer algo para saber a que se ater, e isso que o homem faz, *seja o que for*, é chamado *pensamento*. Então o homem chega a ter *ideias* sobre as coisas. Pois bem, nem todo pensamento é *conhecimento* em sentido estrito, que consiste em averiguar o *que as coisas são*, o que supõe a *crença prévia* de que as coisas têm um ser e que este é cognoscível para o homem (cf. *Apuntes sobre el pensamiento* – um breve estudo decisivo, que contém em germe uma transformação da filosofia – *O.C.*, V, p. 513-42).

O conhecimento é, portanto, uma das formas essenciais de superar a incerteza e nos leva a possuir não as coisas – estas já as tenho perante mim e por isso são questão para mim –, mas seu *ser*. O ser é algo que *eu faço*; mas faço, entenda-se bem, *com as coisas*; é uma interpretação da *realidade*, meu plano de atença a respeito delas. Esse ser – e não as coisas – é o que passa para a minha mente no conhecimento: o ser da montanha, e não a montanha em si mesma. Portanto, o conhecimento é uma manipulação, ou melhor, uma "mentefatura" da realidade, que a deforma ou transforma; mas isso não é uma deficiência do conhecimento, e sim sua essência, e é nisso precisamente que consiste seu interesse.

O homem não está nunca em puro saber, mas tampouco no puro não saber. Seu estado é o de ignorância ou verdade insuficiente. O homem possui muitas certezas, destituídas no entanto de um fundamento último e em colisão umas com as outras. Necessita de uma certeza radical, uma instância suprema que dirima os antagonismos; esta certeza é a filosofia. A filosofia é, portanto, a verdade radical, que não suponha outras instâncias ou verdades; tem, além disso, de ser a instância superior para todas as outras verdades particulares. Tem de ser, portanto, uma certeza *autônoma* e *universal*, diferentemente das ciências, que são parciais e dependentes de suposições prévias. Mas a filosofia é, ademais, *prova de si mesma*, é responsável e *feita pelo homem*, o que a distingue da religião, que se funda na revelação e vem, portanto, de Deus, e da poesia ou da experiência de vida, que são "irresponsáveis" e não consistem em prova, embora tenham universalidade. A filosofia é, portanto, o fazer do homem que se encontra perdido, para alcançar uma certeza radical que lhe permita saber a que se ater em sua vida. Esta é a razão de por que e para que o homem filosofa.

4. *A vida humana*

Eu e o mundo • A realidade radical, aquela com que me encontro independentemente de qualquer interpretação ou teoria, é minha *vida*. E a vida é o que fazemos e o que acontece conosco. Em outras palavras, encontro-me com as coisas, numa circunstância determinada, tendo de fazer algo com elas para viver. Encontro-me, pois, na vida, que é anterior às coisas e a mim; a vida me é dada, mas não me é dada feita, e sim como afazer. A vida, com efeito, diz Ortega, dá muito que fazer.

A fórmula mais sintética da filosofia de Ortega é a frase das *Meditaciones del Quijote*, já citada: *Eu sou eu e minha circunstância*. As coisas aparecem interpretadas como *circumstantia*, como o que está *ao redor* do eu, referidas, portanto, a ele. Trata-se, portanto, de um *mundo*, que não é a soma das coisas, mas o *horizonte* de totalidade sobre as coisas e distinto delas; as coisas estão – como eu – *no mundo*; mas esse mundo é meu mundo, ou seja, minha circunstância.

Viver é estar no mundo, agir nele, estar fazendo algo com as coisas. Circunstância é, portanto, *tudo o que não sou eu*, tudo aquilo com que me encontro, *inclusive meu corpo e minha psique*. Posso estar descontente com minha aparência corporal ou igualmente com meu humor, minha inteligência ou minha memória; portanto, são coisas recebidas, com as quais me encontro assim como me encontro com a parede em frente; essas realidades são as mais próximas de mim, mas não são eu. A circunstância, que por um lado chega até meu corpo e minha psique, por outro compreende também toda a sociedade, isto é, os outros homens, os usos sociais, todo o repertório de crenças, ideias e opiniões que encontro em meu tempo; é, portanto, também a circunstância histórica. E como não tenho realidade pura e simples, e minha vida se faz essencialmente *com* a circunstância, sou inseparável dela, que comigo integra minha vida. Por isso Ortega diz: eu sou eu e minha circunstância, e se não a salvo, não me salvo.

Esta profunda análise remete a um núcleo de importantes problemas: os que se referem ao *quem* que é cada qual, ao eu que faz sua vida com sua circunstância ou mundo; em suma, à questão fundamental da pessoa.

O projeto vital • Como a vida não está feita, mas tem de ser feita, o homem tem de determinar previamente *o que* vai ser. A vida – diz Ortega – é faina poética, porque o homem tem de inventar o que vai ser. Eu sou um programa vital, um projeto ou esquema que pretendo realizar e que tive de imaginar em vista das circunstâncias. Encontro ante mim um repertório ou teclado de possibilidades e urgências, e só posso viver *escolhendo* entre elas; essas possibilidades são finitas, mas são sempre várias, e aparecem como tais quando projeto meu esquema ou programa vital sobre as puras facilidades e dificuldades que compõem minha circunstância. Por isso o homem *não pode viver* sem um projeto vital, original ou comum, valioso ou torpe: tem de ser bom ou mau, romancista de sua própria vida, tem de imaginar ou inventar a personagem que pretende ser; e, por conseguinte, a vida humana é antes de tudo *pretensão*.

"A vida humana – escreve Ortega – não é uma entidade que muda acidentalmente, mas, ao contrário, nela a 'substância' é precisamente mudança, o que quer dizer que não pode ser pensada eleaticamente como substância. Como a vida é um 'drama' que acontece e o 'sujeito' a quem ela acontece não é uma 'coisa' à parte e prévia a seu drama, mas função dele, quer dizer que a 'substância' seria seu argumento. Mas se esta varia, quer dizer que a variação é 'substancial'." "As formas mais díspares do ser passam pelo homem. Para desespero dos intelectualistas, o *ser* é, no homem, mero *passar e passar-se com ele*". "O homem 'vai sendo' e 'des-sendo' – vivendo. Vai acumulando ser – o passado: vai se fazendo um ser na série dialética de suas experiências." "O homem é o que se passou com ele, o que fez... Esse peregrino do ser, esse substancial emigrante, é o homem." "Em suma, *o homem não tem natureza, tem... história*. Ou, o que dá na mesma: o que a natureza é para as coisas, a história – como *res gestae* – é para o homem" (*Historia como sistema* – O.C., VI, p. 35-41). Por outro lado, contudo: "O ser do homem é a um só tempo natural e extranatural, uma espécie de centauro ontológico" (*O.C.*, V, p. 334); e também: "A realidade humana tem uma inexorável estrutura, nem mais nem menos que a matéria cósmica" (*O.C.*, VI, p. 242).

A moral • Nem toda *atividade* é um fazer. Há atividades, inclusive psíquicas, que são puros mecanismos, e a rigor eu não as faço, mas se fazem ou produzem em mim; é o caso do imaginar, do recordar, do pensar; o máximo que faço é *me pôr* a pensar ou imaginar, provocar essa atividade, pelo resultado da qual não posso responder. Posso *me pôr* a resolver um problema ou escrever um soneto: não está nas minhas mãos achar a solução ou encontrar as consoantes e as metáforas oportunas. *Fazer* é a atividade que eu executo, *por algo e para algo*, e da qual sou, portanto, *responsável*.

Pois bem, minha vida é um fazer, isto é, sou eu que tenho de fazê-la, tenho de decidir a cada instante o que vou fazer – e portanto ser – no instante seguinte; tenho de escolher entre as possibilidades com que me encontro, e ninguém pode me eximir dessa escolha e decisão. Isso faz com que o problema da *liberdade* se coloque na filosofia orteguiana de modo completamente novo. A liberdade consiste nessa forçosa escolha entre possibilidades. "Ser livre quer dizer carecer de identidade constitutiva, não estar adscrito a um ser determinado, poder ser outro do que se era e não poder se instalar de uma vez por todas em nenhum ser determinado." O homem é, portanto, constitutiva e necessariamente livre – o que não quer dizer que seja totalmente livre e para sempre. Como a vida não está feita, mas tem de ser feita, não pode deixar de ser livre; o homem é *forçosamente livre*: não tem liberdade para renunciar a ela.

Como tenho de decidir o que vou fazer a cada instante, preciso *justificar para mim mesmo* por que faço uma coisa e não outra; a vida é *responsabilidade*, é, em sua última substância, moral. Como toda realidade humana, a vida admite *graus do ser*. As coisas são o que são: a pedra é pedra, e o cavalo, cavalo; em contrapartida, faz todo sentido dizer de uma mulher que é *muito mulher*, ou de um homem que é *muito* homem (ou *pouco* homem). Como a vida não tem um ser já dado desde o princípio, pode se realizar em modos *plenos* ou *deficientes;* pode *ser falseada*. Quando a vida se faz desde o próprio eu, quando o homem é fiel a essa voz que o chama a ser uma determinada coisa e que por isso recebe o nome de *vocação*, é *vida autêntica*; quando o homem se abandona ao tópico e recebido, quando é infiel a sua íntima e original vocação, falseia sua vida e torna-a *inautêntica*. A moralidade consiste na autenticidade, em levar a seu máximo de realidade a vida; viver é *viver mais*. A moral consiste em que o homem realize seu destino pessoal e insubstituível.

5. A vida histórica e social

A historicidade da vida humana • O homem se encontra vivendo numa determinada altura dos tempos: em certo nível histórico. Sua vida está feita de uma substância peculiar, que é "seu tempo". Enquanto o tigre é sempre um "primeiro tigre" que estreia o ser tigre, o homem é *herdeiro* de um passado, de uma série de experiências humanas pretéritas, que condicionam seu ser e suas possibilidades. O homem *foi* certas coisas concretas, e *por isso* não pode mais sê-las e tem de ser determinadas outras. A vida individual já é histórica; a historicidade pertence essencialmente à vida de cada um de nós. Por isso, "para compreender algo humano, pessoal ou coletivo, é preciso contar uma história. Este homem, esta nação faz tal coisa e é assim *porque* antes fez tal outra e foi de tal outro modo. A vida só se torna um pouco transparente – diz Ortega – ante a *razão histórica*". "O indivíduo humano não estreia a humanidade. Desde o começo encontra em sua circunstância outros homens e a sociedade que entre eles se produz. É por isso que sua humanidade, a que nele começa a se desenvolver, parte de outra que já se desenvolveu e chegou a sua culminação; em suma, acumula à sua humanidade um modo de ser homem já forjado, que ele não tem de inventar, mas simplesmente instalar-se nele, partir dele para seu desenvolvimento individual" (*Historia como sistema* – O.C., VI, p. 40-3).

As gerações • A história tem uma estrutura precisa, que é a das *gerações*. Cada homem encontra um mundo determinado por um repertório de crenças, ideias, usos e problemas. Essa forma da vida tem certa estabilidade, dura certo tempo, que para Ortega são quinze anos.

"Uma geração é uma zona de quinze anos durante a qual vigorou uma certa forma de vida. A geração seria, pois, a unidade concreta da autêntica cronologia histórica, ou, dito de outra forma, a história caminha e procede por gerações. Entende-se agora em que consiste a afinidade verdadeira entre os homens de uma geração. A afinidade não procede tanto deles como do fato de se verem obrigados a viver num mundo que tem uma forma determinada e única" (*O.C.*, VI, p. 371).

Cada geração está determinada por uma data central e constituída por uma "zona de datas" de quinze anos – sete antes e sete depois do decisivo. Um homem pertence, pois, a uma geração que é comum a todos os que nasceram dentro dessa zona de datas. Entre os *contemporâneos* – os homens que vivem no mesmo tempo –, Ortega distingue os *coetâneos*, que são os que têm a mesma idade, ou seja, que pertencem à mesma geração. As gerações *decisivas* são aquelas em que a variação histórica é muito maior que de ordinário, e determinam a articulação das épocas históricas. O *método das gerações* transforma-se, nas mãos de Ortega, num instrumento de exemplar precisão para compreender a realidade histórica[5].

O homem e a gente • Na área de nossa vida encontramos o social, os fatos sociais – os usos, o direito, o Estado. Esses fatos sociais estão adscritos unicamente aos homens; nos demais entes não encontramos nada que mereça ser chamado de *social*, pois as chamadas "sociedades animais" têm um sentido totalmente diferente. O social é, portanto, um fato da vida humana. Mas isso coloca um grave problema, porque a vida humana é sempre *minha*, a de cada qual, a de cada um de nós. É vida individual ou pessoal e consiste em que o eu se encontra numa *circunstância* ou mundo, sem ter a certeza de existir no instante imediatamente posterior e tendo sempre que estar fazendo algo para garantir essa existência. Portanto, humano é propriamente o que eu mesmo faço, o pessoal, o que tem para mim um sentido e que, por isso, entendo. A ação humana supõe então um su-

---

5. Cf. J. Marías: *El método histórico de las generaciones* (1949) e o capítulo "Dinámica de las generaciones" em *La estructura social* (1955) [*Obras*, VI].

jeito responsável, e a vida é, por essência, *solidão*. Em contrapartida, o social não surge em minha solidão, mas na *convivência* com os outros homens. Não é, portanto, vida em seu sentido primário.

Quem executa os atos sociais? Cumprimentamos porque é o que se faz; o guarda detém o passo do pedestre porque *mandaram que o fizesse*. Quem é o sujeito no social? Todos e ninguém determinado; a coletividade, a sociedade, em suma, *a gente*.

As ações sociais são, portanto, humanas, e não outra coisa; mas não se originam no indivíduo, não são desejadas por ele e muitas vezes nem sequer entendidas: não compreendemos o sentido de apertar e sacudir a mão para cumprimentar, para citar um exemplo trivial e imediato.

O interindividual e o social • Mas a sociologia sempre introduziu uma confusão que impediu a visão clara de seus problemas. Costuma-se contrapor tradicionalmente o individual ao social ou coletivo. O indivíduo solitário, por um lado; por outro, a pluralidade de homens, a convivência interpretada como coletividade ou sociedade. Ortega estabelece uma distinção essencial, que abre caminho para uma nova sociologia. Dentro da convivência existem duas formas muito distintas. Uma delas é a *interindividual*, a relação de dois ou mais indivíduos *como tais*: o amor, a amizade etc. são fatos interindividuais, convivência de indivíduos pessoais enquanto pessoas; no interindividual não se sai da vida individual, da vida *sensu stricto*. A outra forma, em contrapartida, é a propriamente *social*; é impessoal, não é espontânea nem responsável. O cumprimentar, a parada imposta pelo guarda de trânsito, a relação do carteiro com o destinatário de uma carta não são atos originais e voluntários de um indivíduo como tal, que este *deseje e entenda*. O homem é mero executor da ação social, de modo mecânico.

Os usos • Chama-se *uso* ao que pensamos, dizemos ou fazemos porque *se* pensa, diz ou faz. Os fatos sociais são primariamente os usos. Esses usos, que não emergem originariamente do indivíduo, são impostos pela sociedade, pela *gente*. Se não os seguimos, o entorno toma represálias contra nós (o desprezo *social* para quem não cumprimenta, a coação jurídica ou *estatal* para quem atravessa a rua indevidamente). Os usos são *irracionais* e *impessoais*. São "vida social ou coletiva", algo muito estranho, que é vida, mas sem algumas de suas características essenciais, algo intermediário entre a natureza e o homem, uma quase natureza. Não existe uma *alma coletiva*. "A sociedade, a coletividade, é a grande desalmada, já que é o humano naturalizado, mecanizado e como que mineralizado." Por isso faz sentido chamá-la de "mundo" social (lembremos o problema suscitado em Hegel pelo "espírito objetivo").

Esses usos – diz Ortega – permitem prever a conduta dos indivíduos que não conhecemos, permitem a quase-convivência com o estranho. Além disso, dão-nos a herança do passado e nos põem à altura dos tempos; por isso pode haver progresso e história: porque há sociedade. Por último, os usos, ao fornecerem resolvidas e automatizadas muitas porções da vida, franqueiam para o homem o mais pessoal e permitem "criar o novo, racional e mais perfeito".

Sociedade e dissociação • É preciso, no entanto, observar algo sumamente grave: se os homens são sociáveis, são também insociáveis. Ou seja, a sociedade não existe nunca de forma estável, apenas como esforço para superar a dissociação e a insociabilidade, ela é sempre problemática. Daí seu caráter terrível, suas conexões com o mando, a política e o Estado, que "são sempre, em última instância, violência, menor nos períodos melhores, terrível nas crises sociais".

Além da vida individual é preciso compreender a vida coletiva, porque o coletivo *é* algo que *se passa* com o homem em sua vida individual. A filosofia da razão vital permite abordar, depois do estudo da vida humana em sua originalidade, dois dos grandes temas da "vida" coletiva: a sociedade e a história.

* * *

Esse breve esboço da filosofia de Ortega, que está longe de incluir sua última palavra sobre os temas mais importantes, pretende apenas assinalar sua extrema originalidade e importância e mostrar que caminhos percorre. Ela está totalmente arraigada no problema de nosso tempo. Passo a passo, num avanço cheio de sentido, a filosofia foi nos levando à descoberta da realidade que é a vida humana. O destino da época era chegar aqui. Em 1923 Ortega chamou a tarefa de reduzir a razão pura à razão vital de *o tema de nosso tempo*. Ele não faltou ao chamamento inexorável deste. Suas obras póstumas vão mostrando a maturidade de seu pensamento, as últimas posições a que chegou. *El hombre y la gente* significa a autêntica fundamentação da sociologia, entendida como teoria da vida social, radicada, portanto, na teoria da vida humana individual, ou seja, na metafísica. Seu curso de 1929, *¿Qué es filosofía?*, é a primeira exposição que Ortega fez das linhas essenciais de seu sistema filosófico. Seu livro sobre *La idea de principio en Leibniz y la evolución de la teoría deductiva* penetra, com radicalidade talvez desconhecida até agora, na significação do pensamento ocidental em sua história: os gregos – em particular Platão, Aristóteles, Euclides, os céticos, os estóicos –, os escolásticos, os modernos – filósofos, matemáticos e físicos; os "existencialistas" contemporâneos. A crítica de Ortega mostra "o nível de nosso radicalismo" e o sentido mais profundo da filosofia da razão vital. A exposição detalhada dessas obras – provavelmente as mais importantes de seu autor – terá de ser feita levando em conta outros escritos ainda inéditos, com os quais compõem a última fase desse pensamento (sobre tudo isso, remeto a meu livro *Ortega*, cujo primeiro volume já foi publicado).

6. A Escola de Madri

A influência estritamente filosófica de Ortega foi tão profunda que não há atualmente nenhuma forma de pensamento em língua espanhola que não lhe deva alguma porção essencial; mas essa influência foi mais direta e positiva em seus discípulos no sentido mais rigoroso da palavra, especialmente os que se formaram à sua volta na Universidade de Madri, ou os que, na ausência desta circunstância, receberam de Ortega certos princípios e métodos de pensamento. No começo deste capítulo foram citados os nomes de alguns pensadores que integram a chamada Escola de Madri; vamos agora examinar brevemente a obra de quatro deles, que representam contribuições de particular importância para a filosofia de nosso tempo, e cuja personalidade, assim como a de outros membros do grupo, se desenvolveu de formas muito diversas e independentes, o que corresponde também à exigência de circunstancialidade e autenticidade que caracteriza todos os matizes do pensamento orteguiano.

Morente • Manuel García Morente (1886-1942) nasceu em Arjonilla (Jaén), estudou em Granada, depois em Bayona e Paris, onde foi discípulo de Boutroux e recebeu as influências de Rauh e, sobretudo, de Bergson, que então começava a dominar o pensamento francês; licenciado em Filosofia em Paris, completou seus estudos na Alemanha (Berlim, Munique e Marburg) com Cohen, Natorp e Cassirer, os três filósofos neokantianos mais importantes. A partir de 1912 foi catedrático de Ética na Universidade de Madri, e de 1931 a 1936, decano da Faculdade de Filosofia e Letras. Ordenado sacerdote em 1940, voltou a sua cátedra e morreu em Madri dois anos depois.

Morente teve uma cultura amplíssima e foi admirável professor e tradutor. Seu pensamento seguiu diversas orientações ao longo de sua vida; atraído pelo kantismo de seus mestres alemães, ele o expôs admiravelmente em seu livro *La filosofía de Kant*, que tomava o filósofo alemão como ponto de partida no passado para uma especulação atual; depois se interessou por Bergson, a quem dedicou um breve livro, *La filosofía de Henri Bergson*; discípulo e amigo de Ortega, a parte mais madura de seu pensamento é uma exposição pessoal da filosofia orteguiana, com contribuições de vivo interesse, como seus estudos sobre o progresso e sobre a vida privada, incluídos no volume *Ensayos*; sua obra mais importante, que reúne sua visão da história da filosofia e sua orientação pessoal, é a redação de um curso da Universidade de Tucumán, *Lecciones preliminares de Filosofía*[6]. Depois da guerra civil e de sua crise espiritual, que desembocou em sua ordenação sacerdotal, Morente publicou vários trabalhos, reunidos no volume *Idea de la Hispanidad*, assim como alguns estudos sobre Santo Tomás, antecipações

---

6. Depois de sua morte publicou-se na Espanha uma nova edição deste livro, com grandes supressões e alterações, sob o título *Fundamentos de filosofia*; uma segunda parte deste volume foi escrita por Juan Zaragüeta (nascido em 1883, autor de uma obra muito ampla, resumida em três volumes de *Filosofía y vida*).

ainda imaturas do que teria podido ser uma última fase de seu pensamento interrompido bruscamente pela morte.

Zubiri • Xavier Zubiri nasceu em San Sebastián em 1898. Fez estudos de Filosofia e Teologia em Madri, Louvain e Roma; doutorou-se na primeira destas Faculdades em Madri, com uma tese sobre *Ensayo de una teoría fenomenológica del juicio*, e na segunda em Roma; fez também estudos científicos e filosóficos na Alemanha; em 1926 foi catedrático de História da Filosofia na Universidade de Madri; ausente da Espanha desde princípios de 1936 até o começo da Segunda Guerra Mundial, foi professor na Universidade de Barcelona de 1940 a 1942. Desde então reside em Madri, afastado do ensino oficial, e deu uma série de cursos privados, de grande repercussão, ou ciclos de conferências, desde 1945.

A formação especificamente filosófica de Zubiri revela a influência de seus três mestres principais: Zaragüeta, Ortega e Heidegger. Seus estudos teológicos e a orientação do primeiro deles proporcionaram-lhe uma profunda familiaridade com a escolástica, cuja marca é bem visível em seu pensamento; Ortega foi decisivo para sua maturação e orientação: "Mais que discípulos – escreveu Zubiri –, fomos criaturas suas, no sentido de que ele nos fez pensar, ou pelo menos nos fez pensar em coisas e de uma forma que até então não tínhamos pensado... E fomos criaturas suas, nós que nos preparávamos para ser enquanto ele se estava fazendo. Recebemos então dele o que ninguém mais poderá receber: a irradiação intelectual de um pensador em formação." Por último, Zubiri estudou com Heidegger em Freiburg de 1929 a 1931, pouco depois da publicação de *Sein und Zeit*, e a marca desse magistério enriqueceu igualmente seu pensamento. A isso se devem agregar os amplíssimos e profundos conhecimentos científicos de Zubiri, aos quais dedicou extraordinária atenção durante toda a vida, desde a matemática até a neurologia, e seus estudos de línguas clássicas e orientais, sobretudo como instrumentos para a história das religiões.

A obra escrita de Zubiri foi tardia e descontínua, e ainda é escassa. Seus ensaios filosóficos – exceto "Sobre el problema de la filosofía" e "Ortega, maestro de filosofía" – foram reunidos em 1944 no volume

Naturaleza, Historia, Dios; até 1962 não voltou a publicar, e nesse ano veio a lume seu extenso estudo *Sobre la esencia*; em 1963, a redação de um ciclo de conferências, *Cinco lecciones de filosofía*.

Os estudos históricos de Zubiri compõem grande parte de sua obra e são de penetração e profundidade extraordinárias. Estão construídos de maneira sumamente pessoal, como uma tentativa de buscar as raízes da própria filosofia, e portanto com uma referência à situação atual do pensamento, que lhes confere caráter estritamente filosófico. Isso é notório nos primeiros ensaios de *Naturaleza, Historia, Dios*, "Nuestra situación intelectual", "¿Qué es saber?" e "Ciencia y realidad", que introduzem à consideração do passado; assim como nos estudos "El acontecer humano: Grecia y la pervivencia del pasado filosófico", "La idea de filosofía en Aristóteles", "Sócrates y la sabiduría griega" ou "Hegel y el problema metafísico". De uma perspectiva mais propriamente teológica, embora com inconfundível presença da filosofia atual, "El ser sobrenatural: Dios y la deificación en la teología paulina", talvez o mais iluminador e profundo de seus escritos. Seu último livro estuda a ideia da filosofia numa série descontínua de pensadores: Aristóteles, Kant, Comte, Bergson, Husserl, Dilthey e Heidegger. A significação filosófica da física contemporânea foi estudada no ensaio "La idea de la naturaleza: la nueva física".

O mais comentado e influente dos ensaios de Zubiri é "En torno al problema de Dios" (1935), que busca a dimensão humana desde a qual esse problema deve ser formulado; o homem está *implantado* na existência ou implantado no ser; apoia-se *a tergo* em algo que nos *faz ser*; isso leva à ideia de *religação*: estamos *obrigados* a existir porque estamos previamente *religados* ao que nos faz existir. A existência está não só *lançada*, como *religada* por sua raiz. Estar aberto para as coisas mostra que *existem* coisas; estar religado descobre que *existe o* que religa e é raiz fundamental da existência. É isso que Zubiri chama de *deidade*: e a religação coloca o problema intelectual de Deus como ser fundamental ou fundamentante. Daí surgem os problemas da religião ou irreligião e inclusive o ateísmo, que aparecem formulados nessa dimensão da religação.

O livro *Sobre la esencia* foi longamente preparado por meio de cursos em que Zubiri tratou de diversos problemas de metafísica. É um livro sumamente denso e técnico, que investiga com minúcia e profundidade uma questão central da filosofia. Zubiri se propõe retornar "à realidade por si mesma e inquirir nela qual é esse seu momento estrutural que chamamos de essência". O conceito de estrutura é utilizado de maneira temática, apoiando-se na filosofia de Aristóteles, de cuja ideia de substância, aliás, faz uma crítica que desemboca no conceito de *substantividade*, com recurso frequente a esquemas escolásticos de pensamento e uma presença constante da mentalidade científica, física e, sobretudo, biológica. Uma parte considerável do interesse desse estudo refere-se a suas possibilidades de compreensão da realidade biológica, e concretamente da espécie. A essência, segundo Zubiri, é um momento de uma coisa *real*, e esse momento é unidade primária de suas características; por outro lado, essa unidade não é exterior, mas intrínseca à própria coisa, e um princípio em que se fundam as outras características da coisa, sejam ou não necessárias; a essência assim entendida – conclui – é, dentro da coisa, sua *verdade*, a verdade da realidade. Longas análises determinam o âmbito do "essenciável", a realidade "esenciada" e a essência mesma do real. Esse livro complexo e difícil culmina em sua exposição da ideia da ordem transcendental, em que Zubiri critica outras concepções da transcendentalidade e expõe a sua própria. Em tudo ele utiliza conceitos avançados em seus cursos, como o de "inteligência senciente", que faz do homem um "animal de realidades", definido por essa "habitude" peculiar.

Apesar do tecnicismo de sua expressão, do uso constante de neologismos e das referências frequentes às ciências, os cursos e escritos de Zubiri revelam inconfundível paixão intelectual e um dramatismo que decorre dos esforços de um pensamento excepcionalmente profundo para abrir caminho entre suas intuições e desenvolvê-las dialeticamente até chegar a fórmulas próprias. O volume *Sobre la esencia* é o primeiro de uma anunciada série de "Estudios filosóficos", em que deverá se expressar o enorme saber e o profundo pensamento de seu autor.

Gaos • José Gaos (Gijón, 1902 – México, 1969) foi professor nas Universidades de Zaragoza e Madri (desde 1936, reitor desta); a partir de 1939 residiu e lecionou no México. Seus mestres foram Ortega, Morente e Zubiri, com os quais colaborou estreitamente na Faculdade de Filosofia e Letras de Madri nos anos imediatamente anteriores à guerra civil. Dedicou muitos esforços à tradução de obras filosóficas, sobretudo Husserl e Heidegger. Escreveu numerosos estudos sobre o pensamento espanhol e hispano-americano, sobre questões de docência filosófica e sobre filosofia em sentido estrito. Seus livros mais importantes são: *Pensamiento de lengua española, Filosofía de la filosofía e historia de la filosofía, Dos exclusivas del hombre: la mano y el tiempo, Confesiones profesionales, Sobre Ortega y Gasset, Filosofía contemporánea, Discurso de filosofía, Orígenes de la filosofía y de su historia, De filosofía.*

Gaos sempre foi um admirável professor; seus dotes pedagógicos e comunicativos, como os de Morente, sua clareza de exposição oral, sua curiosidade intelectual, seu rigor e seu amplo saber, seu sentido de humor são qualidades que fizeram dele, tanto na Espanha como no México, um magnífico motivador e estimulador de vocações filosóficas, e sua influência foi muito grande. Seus dotes de escritor, talvez pela quantidade de traduções realizadas, escondem o brilhantismo e o atrativo de sua palavra oral, e por isso essas qualidades aparecem melhor nos livros que são versões fiéis de cursos, como *Dos exclusivas del hombre*, em que podemos encontrar a originalidade, a frescura e inspiração do pensamento de Gaos em liberdade.

A um domínio muito vasto e rigoroso do conjunto do pensamento filosófico do passado une-se em Gaos uma tríplice influência particularmente enérgica: a de Ortega, que informou a própria raiz de seu pensamento, como ocorre com todos os pensadores que experimentaram sua influência imediata; a de Husserl, cujas obras estudou com excepcional profundidade e lucidez, e a de Heidegger, talvez a mais visível nos últimos anos. Gaos, que às vezes declara não ser mais que um professor de filosofia – sê-lo de verdade só é possível filosoficamente – e que não oculta certa tendência ao ceticismo, significa um elemento insubstituível na nascente filosofia espanhola contemporânea.

Ferrater • José Ferrater Mora pertence à "Escola de Madri" apenas de modo indireto. Nasceu em Barcelona em 1912; foi discípulo direto dos mestres dessa Universidade, sobretudo de Joaquín Xirau; expatriou-se em 1939, residiu em Cuba, Chile e finalmente nos Estados Unidos, onde é professor no Bryn Mawr College. Mas suas relações filosóficas com aquela escola são muito estreitas: Xirau era discípulo de Ortega; em 1935, ao se referir a este, Ferrater falava da "atitude filial de quem bebeu nele, mais que ideias, estilo; mais que pensamentos, maneiras"; a influência de Morente e Zubiri sobre ele também foi considerável; e não se deve esquecer a exercida por Unamuno e Eugenio d'Ors.

A obra de Ferrater é muito ampla. O mais importante dela é seu *Diccionario de Filosofía*, que foi crescendo e se aperfeiçoando em sucessivas edições, até se transformar num esplêndido repertório de informação filosófica, à altura do tempo, equilibrado, rigoroso e que significa uma apresentação pessoal e estritamente filosófica da realidade da filosofia pretérita e atual. Outros livros de Ferrater são: *Cuatro visiones de la historia universal*, *Unamuno: bosquejo de una filosofía*, *Ortega y Gasset: etapas de una filosofía*, *Variaciones sobre el espíritu*, *Cuestiones disputadas*, *La filosofía en el mundo de hoy*, *Lógica matemática* (em colaboração com H. Leblanc), *El hombre en la encrucijada* e *El ser y la muerte*. Este livro é o que Ferrater considera mais representativo de seu pensamento; é – conforme uma prática característica de seu autor, que gosta de voltar a seus escritos e refazê-los – uma nova versão de seu livro anterior *El sentido de la muerte*; leva como subtítulo "Bosquejo de una filosofía integracionista". Por "integracionismo" Ferrater entende "um tipo de filosofia que se propõe estender uma ponte sobre o abismo com demasiada frequência aberto entre o pensamento que toma como eixo a existência humana ou realidades descritas por analogia com ela, e o pensamento que toma como eixo a Natureza". Não quer um mero "nivelamento" das doutrinas, nem uma seleção eclética de elementos delas, nem um "compromisso" entre seus extremos; mas uma *ponte* pela qual seja preciso transitar em ambas as direções, conservando-as em sua respectiva insustentabilidade. Ferrater, com o olhar atento a tudo o que faz a filosofia hoje, tanto na Europa como no mundo anglo-saxão e até no soviético, apresenta esse conjunto numa perspectiva relativamente plana, pouco escorçada e que não é primariamente a sua pessoal. Uma atitude análoga, fora da filosofia, aparece em seu interessante livro *Cataluña, España, Europa*, escrito com a serenidade, agudeza e ironia inteligente que caracterizam toda a sua obra intelectual.

* * *

Acompanhamos, século após século e etapa após etapa, toda a história da filosofia ocidental, desde a Grécia até Ortega e o núcleo filosófico a que deu origem. Deus quis que pudéssemos encerrar esta história, justificadamente, com nomes espanhóis. Ao chegar aqui, a filosofia nos mostra, apesar de todas as suas diferenças, a unidade profunda de seu sentido. No final encontramos todo o passado, presente em nós. Isso dá peso à história da filosofia, na qual gravita *atualmente* todo o passado. Mas este final não é uma *conclusão*. A história da filosofia se encerra no presente, mas o presente, carregado de todo o passado, traz dentro de si o futuro, e sua missão consiste em colocá-lo em marcha. Talvez no tempo vindouro não seja mais alheia a esse movimento a Espanha, que em Ortega fez sua a filosofia.

Apêndice bibliográfico

Citam-se a seguir algumas das obras que mais eficazmente podem servir para o estudo da história da filosofia.

I. Dicionários e histórias gerais da filosofia

R. Eisler: *Wörterbuch der philosophischen Begriffe.*
—— *Philosophen-Lexikon.*
Baldwin: *Dictionary of Philosophy and Psychology.*
A. Lalande: *Vocabulaire technique et critique de la philosophie.*
    Schmidt-Streller: *Philosophisches Wörterbuch.* [Trad. bras. *Vocabulário técnico e crítico da filosofia*, São Paulo, Martins Fontes, 3.ª ed., 1999.]
D. D. Runes: *Dictionary of Philosophy.*
J. Ferrater Mora: *Diccionario de filosofía* (5.ª edição, 1965). [Trad. bras. *Dicionário de filosofia*, São Paulo, Martins Fontes, 4.ª ed., 2001.]
J. Zaragüeta: *Vocabulario filosófico.*
J. E. Erdmann: *Grundriss der Geschichte der Philosophie* (2 vols, 1866).
Windelband-Heimsoeth: *Lehrbuch der Geschichte der Philosophie* (1935).
—— *Allgemeine Geschichte der Philosophie* (em *Die Kultur der Gegenwart*, 1909).
—— *Die Grunddisziplinen* (em *Handbuch der Philosophie*, de Bäumler e Schröter. Volume I, 1934).
Janet-Séailles: *Histoire de la philosophie.*
A. Messer: *Historia de la filosofía* (5 vols.).
K. Vorländer: *Historia de la filosofía* (2 vols, 1921).
E. Bréhier: *Historia de la filosofía* (trad. esp., 2 vols, 1942).
B. Russell: *A History of Western Philosophy* (trad. esp., 2 vols, 1946).
F. Copleston: *A History of Philosophy* (publicados vols. I-VII).
A. Rivaud: *Histoire de la philosophie.*
J. Marías: *La filosofía en sus textos* (antologia) (2 vols, 1950; 2.ª ed. 3 volumes, 1963).

II. Sobre a essência da filosofia

H. Bergson: *Introduction à la métaphysique*.
W. Dilthey: *Das Wesen der Philosophie* (trad. esp.).
E. Husserl: *Philosophie als strenge Wissenschaft*.
Max Scheler: *Vom Wesen der Philosophie*.
M. Heidegger: *Was ist Metaphysik?* (trad. esp. de Zubiri: "¿Qué es metafísica?").
J. Ortega y Gasset: *Prólogo a una historia de la filosofía* (*O. C.*, IV).
X. Zubiri: *Sobre el problema de la filosofía* (*Revista de Occidente*, números 115 e 118).
J. Marías: *Introducción a la filosofía* (1947).
—— *Biografía de la filosofía* (1954).
—— *Idea de la metafísica* (1954).

III. Filosofia grega

1) Fontes:

H. Diels: *Die Fragmente der Vorsokratiker*.
Ritter-Preller: *Historia philosophiae graecae*.
Arnim: *Stoicorum veterum fragmenta*.
W. Nestle: *Die Vorsokratiker. Die Sokratiker. Die Nachsokratiker*.
Capelle: *Die Vorsokratiker*.
K. Freeman: *The Pre-Socratic Philosophers* (1946).
—— *Ancilla to The Pre-Socratic Philosophers* (1948).
C. J. de Vogel: *Greek Philosophy* (1950).

2) Obras gerais:

Ed. Zeller: *Die Philosophie der Griechen*.
Th. Gomperz: *Griechische Denker* (1903-09).
J. Joel: *Geschichte der antiken Philosophie* (1921).
R. Hönigswald: *Die Philosophie des Altertums*.
E. Cassirer-E. Hoffman: *Geschichte der antiken Philosophie* (1925).
H. Meyer: *Geschichte der alten Philosophie* (1925).
J. Stenzel: *Metaphysik des Altertums* (1934).
E. Howald: *Ethik des Altertums* (1934).
W. Jaeger: *Paideia* (trad. esp. de J. Xirau, 3 vols., 1942-45). [Trad. bras. *Paideia*, São Paulo, Martins Fontes, 4.ª ed., 2001.]

W. F. Stace: *Critical History of Greek Philosophy* (1924).
J. Burnet: *Early Greek Philosophy. Greek Philosophy: I: From Thales to Plato.*
L. Robin: *La pensée grecque.*
J. Tannery: *Pour l'histoire de la science hellène.*
P. M. Schuhl: *Essai sur la formation de la pensée grecque* (1934).
Ch. Werner: *La philosophie grecque* (1938).
J. Marías: *Biografía de la filosofía* (1954).

3) *Monografias:*

a) Os pré-socráticos:

O. Gigon: *Der Ursprung der griechischen Philosophie* (1945).
H. Diels: *Herakleitos von Ephesos* (2.ª ed., 1909).
E. Weerts: *Heraklit und die Herakliteer* (1926).
K. Reinhardt: *Parmenides und die Geschichte der griechischen Philosophie* (1916).
Riezler: *Parmenides* (1934).
X. Zubiri: *Naturaleza, Historia, Dios* (1944), p. 216-55.
E. Bignone: *Empedocle* (1916).
W. Jaeger: *La teología de los primeros filósofos griegos* (trad. esp., 1952). P. Wheelwright: *Heráclitus* (1959).

b) A sofística e Sócrates:

H. Gomperz: *Sophistik und Rethorik* (1912).
M. Meunier: *La légende de Socrate* (1926).
H. Kuhn: *Sokrates* (1934).
M. M. Dawson: *Ethics of Socrates* (1925).
H. F. Carrill: *Socrates or the Emancipation of Mankind* (1927).
X. Zubiri: *Sócrates y la sabiduría griega* (em *Naturaleza, Historia, Dios.*)
  A. Tovar: *Vida de Sócrates* (1947).
O. Gigon: *Sokrates.*

c) Platão:

G. Grote: *Plato* (4 vols).
C. Ritter: *Platon* (1910-23).
U. von Wilamowitz-Möllendorf: *Platon* (1919).
W. Pater: *Platon and Platonism* (1909).

P. Natorp: *Platos Ideenlehre* (1903). *Platón* (trad. esp., 1925).
P. L. Landsberg: *La academia platónica* (trad. esp., 1926).
L. Robin: *Platon* (1938).
J. Moreau: *La construction de l'idéalisme platonicien* (1938).
J. Marías: *Introducción a Platón* (em Platón: *Fedro*, 1948).
I. M. Crombie: *Plato's Doctrines* (1962).

d) Aristóteles:

F. Brentano: *Aristoteles und seine Weltanschauung* (1911); *Aristóteles* (tradução espanhola).
A. E. Taylor: *Aristotle*.
O. Hamelin: *Le système d'Aristote* (1920).
H. Siebeck: *Aristóteles* (trad. esp., 1930).
W. D. Ross: *Aristotle* (1923).
W. Jaeger: *Aristóteles* (trad. esp., 1946).
W. Bröcker: *Aristóteles* (1935).
L. Robin: *Aristote* (1944).
J. Marías: Introducción a la *Política* de Aristóteles (1950). Introducción a la *Ética a Nicómaco* (1960).
D. J. Allan: *The Philosophy of Aristotle* (1952).
J. Moreau: *Aristote et ses disciples* (1962).

e) O ideal do sábio:

M. Guyau: *La morale d'Epicure* (1878).
F. Bignone: *Epicuro* (1920).
P. Barth: *Los estoicos* (trad. esp., 1930).
J. Marías: *Introducción a la filosofía estoica* (em Séneca: *Sobre la felicidad*, 1943). *Marco Aurelio o la exageración* (em *San Anselmo y el insensato*, 1944).

f) O neoplatonismo:

J. Simon: *Histoire de l'école d'Alexandrie* (2 vols., 1843-45).
E. Vacherot: *Histoire critique de l'école de Alexandrie* (3 vols., 1946-51).
Th. Whittaker: *The Neoplatonists* (1901).
W. R. Inge: *The Philosophy of Plotinus* (1918).
F. Heinemann: *Plotin* (1921).
E. Bréhier: *La philosophie de Plotin* (1922).
J. Mehlis: *Plotino* (trad. esp., 1931).

IV. O CRISTIANISMO

1) *Fontes:*

Migne: *Patrologiae cursus completus:* Series Latina (P. L.), 221 vols. (1844-64). Series Graeca (P. G.), 161 vols. (1857-86).
Rouët de Journel: *Enchiridion Patristicum.*

2) *Obras gerais:*

P. de Labriolle: *Histoire de la littérature latine chrétienne* (1920).
—— *La réaction païenne* (1934).
Batiffol: *La littérature grecque chrétienne.*
O. Bardenhewer: *Geschichte der altchristlichen Litteratur.*
A. Harnack: *Geschichte der altchristlichen Litteratur. Lehrbuch der Dogmengeschichte.*
J. Tixeront: *Histoires des dogmes dans l'antiquité chrétienne.*
A. Puech: *Les apologistes grecs du Ier siècle de notre ère* (1912). Corbière: *Le christianisme et la fin de la philosophie antique.*
E. de Faye: *Introduction a l'histoire du gnosticisme* (1903). *Gnostiques et gnosticisme* (1913).
H. Newman: *Essay on the Development of Christian Doctrine* (trad. esp., 1909).
A. C. MacGeffert: *A History of Christian Thought* (1932-33).
J. Marín Sola: *La evolución homogénea del dogma católico* (1923).
A. Amor Ruibal: *Los problemas fundamentales de la filosofía y del dogma* (10 volumes).
X. Zubiri: *El ser sobrenatural: Dios y la deificación en la teología paulina* (em N., H., D., 1944).

3) *Monografias:*

Prat: *Origène* (1907).
E. de Faye: *Origène, sa vie, son oeuvre, sa pensée* (1923). – *Esquisse de la pensée d'Origène* (1925).
R. Cadiou: *Introduction au système d'Origène* (1932).
O. Karrer: *Augustinus. Das religiöse Leben* (1923).
E. Portaliès: *Saint Augustin* (em *Dict. de Théol. Cath.*, t. L., Col. 2.268-2.474).
E. Gilson: *Introduction à l'étude de Saint Augustin* (1929).
E. –Troeltsch: *Augustin, die christliche Antike und das Mittelalter* (1915). H. Eibl: *Augustin und die Patristik* (1923).

M. Schmaus: *Die psychologische Trinitäslehre des hl. Augustinus* (1927).
J. Mausbach: *Die Ethik des hl. Augustinus* (2 vols., 1909).
E. Przywara: *Augustinus. Die Gestalt als Gefüge* (1934).
J. Guitton: *Le temps et l'eternité chez Plotin et Saint Augustin* (1933).
H. A. Wolfson: *The Philosophy of the Church Fathers* (1956).
—— *Philo: Foundations of Religious Philosophy in Judaism, Christianity, and Islam.*

V. FILOSOFIA MEDIEVAL

1) *Obras gerais:*

J. Huizinga: *El otoño de la Edad Media* (trad. esp., 2.ª ed., 1945).
H. O. Taylor: *The Mediaeval Mind* (2 vols., 1911).
M. Grabmann: *Die Geschichte der scholastischen Methode* (2 vols., 1911).
—— *Mittelalterliches Geistesleben* (2 vols., 1926-36).
—— *Filosofía medieval* (trad. esp., 1928).
—— *Historia de la teología católica* (trad. esp., 1928).
—— M. de Wulf: *Histoire de la philosophie médiévale.*
E. Gilson: *La philosophie au Moyen Âge* (1944). [Trad. bras. *A filosofia na Idade Média*, São Paulo, Martins Fontes, 1995.]
L'esprit de la philosophie médiévale (2 vols., 1932).
History of Christian Philosophy in the Middle Ages.
A. Dempf: *Die Ethik des Mittelalters.* (1927).
Metaphysik des Mittelalters (1934).
S. Munk: *Mélanges de philosophie juive et arabe* (1859).
Carra de Vaux: *La doctrine de l'Islam* (1909).
M. Horten: *Die Philosophie des Islam in ihren Beziehungen zu den philosophischen Weltanschauungen des westlichen Orients* (1924).
D. Neumark: *Geschichte der jüdischen Philosophie des Mittelalters* (1907-13).
M. Cruz Hernández: *Filosofía hispano-musulmana.*
—— *La filosofía árabe* (1963).

2) *Monografias:*

M. del Pra: *Scoto Eriugena ed il neoplatonismo medievale* (1941).
Domet de Vorges: *Saint Anselme* (1901).
A. Koyré: *L'idée de Dieu dans la philosophie de Saint Anselme* (1923).
K. Barth: *Anselms Bewis der Existenz Gottes* (1931).
J. Marías: *San Anselmo y el insensato* (1944).

C. Ottaviano: *Riccardo di S. Vittore* (1933).
Carra de Vaux: *Avicenne* (1900).
M. Cruz: *La metafísica de Avicena* (1949).
E. Renan: *Averroës*.
D. Saliba: *Etude sur la métaphysique d'Avicenne* (1926).
M. Horten: *Die Metaphysik des Averroes* (1912).
M. Asín Palacios: *El Islam cristianizado* (1931).
    Huellas del Islam (1944).
J. Ortega y Gasset: *Abenjaldún nos revela el secreto* (*El Espectador*, VIII).
Ibn Khaldun: *The Muqaddimah. An Introduction to History*. Tr. e intr. de F. Rosenthal (3 vols., 1958).
J. Gaos: *Maimónides* (*Revista de Occidente*, 1935).
E. Gilson: *La philosophie de Saint Bonaventure* (1924).
M. Baumgartner: *Santo Tomás* (trad. esp.).
M. Grabmann: *Santo Tomás de Aquino* (trad. esp.).
Sertillanges: *Saint Thomas d'Aquin* (1910).
J. Maritain: *Le docteur angélique* (1930).
E. Gilson: *Le thomisme* (4.ª ed. 1942).
E. Meyer: *Thomas von Aquin* (1938).
G. M. Manser: *La esencia del tomismo* (trad. esp., 1947).
A. Aguirre: *Rogerio Bacon* (1935).
T. e J. Carreras Artau: *Filosofia cristiana de los siglos XII al XV* (1939).
B. Landry: *Duns Scot* (1922).
E. Gilson: *Jean Duns Scot* (1952).
E. Longpré: *La philosophie du b. Duns Scot* (1924).
M. Heidegger: *Die Kategorien und Bedeutungslehre des Duns Scotus* (1916).
C. T. S. Harris: *Duns Scot* (1927).
N. Abbagnano: *Guglielmo di Ockam* (1931).
E. A. Moody: *The Logic of William of Ockam* (1935).
Karrer: *Das system Meister Eckharts* (1923).
E. Seeberg: *Meister Eckhart* (1934).
B. J. Muller-Thym: *University of Being in M. Eckhart* (1939).

VI. Filosofia moderna

OBRAS GERAIS

J. E. Erdmann: *Versuch einer wissenschaftlichen Darstellung der Geschichte der neueren Philosophie* (6 vols., 1834-35).
K. Fischer: *Geschichte der neueren Philosophie* (4.ª ed., 10 vols., 1897-1904).

W. Windelband: *Geschichte der neueren Philosophie* (2 vols., 6.ª ed., 1919).
R. Falckenberg: *Geschichte der neueren Philosophie* (8.ª ed., 1927).
H. Heimsoeth: *La metafísica moderna* (trad. esp., 1932).
T. Litt: *La ética moderna* (trad. esp., 1933).
Lecky: *History of the Rise and Influence of the Spirit of Rationalism in Europe* (2 vols., 6.ª ed., 1873).
E. Cassirer: *Das Erkenntnisproblem* (3 vols., 2.ª ed., 1911 ss.).

A) *O Renascimento:*

1) *Obras gerais:*

W. Dilthey: *Weltauffassung und Analyse des Menschen seit Renaissance und Reformation* (G. S., II).
J. Burkhardt: *La cultura del Renacimiento en Italia* (trad. esp.).
H. Heimsoeth: *Los seis grandes temas de la metafísica occidental* (traducción esp.).
J. R. Charbonnel: *La pensée italienne a XVIe siècle et le courant libertin* (1917).
E. Cassirer: *Individuum und Kosmos in der Philosophie der Renaissance* (1927). [Trad. bras. *Indivíduo e cosmos na filosofia do Renascimento*, São Paulo, Martins Fontes, 2001.]

2) *Monografias:*

a) El humanismo:

P. S. Allen: *The age of Erasmus* (1914).
Margaret Mann: *Erasme et les débuts de la Réforme française, 1517-1530* (1933).
J. Huizinga: *Erasmo* (trad. esp.)
M. Bataillon: *Erasme en Espagne*.
A. Bonilla y San Martín: *Luis Vives y la filosofía del Renacimiento*.
G. Marañón: *Luis Vives* (1942).
J. Ortega y Gasset: *Vives* (1942).
J. Estelrich: *Vives* (1942).

b) Nicolau de Cusa:

E. van Steenberghe: *Le cardinal Nicolas de Cuse, l'action, la pensée* (1920).
P. Rotta: *Il cardinale Nicolò de Cusa* (1929).
J. Hommes: *Die philosophischen Grundlehren des Nicolaus von Cues* (1926).
F. Morin: *Nicolas de Cues* (in *Dict. de phil. et de théol. scol.*).
M. de Gandillac: *La philosophie de Nicolas de Cuse* (1941).

c) Giordano Bruno:

D. Berti: *Giordano Bruno, sua vita e sue dottrine* (1890).
V. Spampanato: *Vita de Giordano Bruno* (1921).
G. Gentile: *Giordano Bruno e il pensiero del Rinascimento* (1920).
R. Hönigswald: *Giordano Bruno* (trad. esp., 1925).

d) A física moderna:

C. Prantl: *Galilei und Kepler als Logiker* (1875).
A. Gratry: *Logique* (1855).
A. J. Snow: *Matter and Gravitation in Newton's Physical Philosophy* (1926).
J. Ortega y Casset: *La "Filosofía de la Historia" de Hegel y la historiología* (1928).
X. Zubiri: *La nueva física* (en *N., H., D.*).
J. Marías: *Física y metafísica en Newton* (in *San Anselmo y el insensato*).

e) A escolástica espanhola:

M. Solana: *Historia de la filosofía española, siglo XVI* (3 vols., 1941).
L. G. A. Getino: *El Mtro, Fr. Francisco de Vitoria y el renacimiento teológico del siglo XVI* (3.ª ed., 1930).
L. Mahieu: *François Suarez* (2 vols., 1921).
R. de Scorraille: *François Suarez* (2 vols., 1911).
L. Recaséns Siches: *La filosofía del derecho de Francisco Suárez* (1927).
R. E. Conze: *Der Begriff der Metaphysik bei Franz Suarez* (1929).
J. H. Fichter: *Man of Spain, Francis Suarez* (1940).
J. Zaragüeta: *La filosofía de Suárez y el pensamiento actual* (1941).
E. Gómez Arboleya: *Francisco Suárez, S. I.* (1946).
J. Marías: *Suárez en la perspectiva de la razón histórica* (in *Ensayos de teoría*).

B) *O idealismo do século XVII:*

a) Descartes:

Bordas-Demoulin: *Le Cartésianisme* (1843).
J. Chevalier: *Descartes* (1921).
E. Gilson: *Études sur le rôle de la pensée médiévale dans la formation du système cartésien* (1930).
A. Koyré: *Descartes und die Scholastik* (1923). – *L'idée de Dieu chez Descartes* (1922).
O. Hamelin: *Le système de Descartes* (1911).

H. Gouhier: *Essais sur Descartes* (1937).
—— *Les premières pensées de Descartes* (1958).
Études sur Descartes (publ. da Rev. de Métaph. et de Mor., 1937).
K. Jaspers: *Descartes und die Philosophie* (1937).
J. Marías: *Los dos cartesianismos* (em *Ensayos de teoría*).
F. Alquié: *La découverte métaphysique de l'homme chez Descartes* (1950).
G. Rodis-Lewis: *La morale de Descartes*.

b) O cartesianismo na França:

V. Delbos: *La philosophie de Malebranche* (1924).
H. Gouhier: *La philosophie de Malebranche et son expérience religieuse* (1926).
J. Stieler: *Malebranche* (trad. esp., 1931).
E. Boutroux: *Pascal* (1900).
F. Strowski: *Pascal et son temps* (1907-09).
J. Chevalier: *Pascal* (1922).
E. Jovy: *Études pascaliennes* (1927-28).
J. Busson: *La pensée religieuse française de Charron à Pascal* (1933).
R. Guardini: *Christliches Bewusstsein. Versuche über Pascal* (1935).

c) Espinosa:

P. L. Couchoud: *B. de Espinoza* (1902).
V. Delbos: *Le spinozisme* (1916).
J. A. Gun: *B. Espinoza* (1924).
C. Baensch: *Espinoza* (trad. esp., 1925).
—— *Septimana Spinozana* (Haag, 1933).
H. Serouya: Es*Spinoza, sa vie, sa philosophie* (1933).
L. Dujovne: *Espinoza. Su vida, su época, su obra, su influencia* (1941-43).
H. Hubbeling: *Spinoza's Methodology* (1964).

d) Leibniz:

W. Dilthey: *Leibniz und sein Zeitalter* (G. S., III).
B. Russell: A *Critical Exposition of the Philosophy of Leibniz* (1900).
L. Couturat: *La logique de Leibniz* (1901).
E. Cassirer: *Leibniz's System in seinen wissenschaftichen Grundlagen* (1902).
J. Baruzi: *Leibniz et l'organisation religieuse de la Terre* (1907).
H. Heimsoeth: *Die Methode der Erkenntnis bei Descartes und Leibniz* (1912 ss).
—— *Leibniz's Weltanschauung* (1917).
H. Schemalenbach: *Leibniz* (1921).
W. Kinkel: *Leibniz* (trad. esp., 1925).

APÊNDICE BIBLIOGRÁFICO

G. Stammler: *Leibniz* (1930).
Carr: *The Monadology of Leibniz* (1930).
J. Marías: Edição comentada do *Discurso de Metafísica* (1942).
J. Moreau: *L'univers leibnizien* (1957).
J. Ortega y Gasset: *La idea de principio de Leibniz y la evolución de la teoría deductiva* (1958).
Y. Belaval: *Leibniz critique de Descartes* (1960).

C) O empirismo:

a) A filosofia inglesa:

W. R. Sorley: *A History of English Philosophy* (2.ª ed., 1937).
Rémusat: *Bacon,* etc. (1875).
E. Wolff: *Bacon und seine Quellen* (2 vols., 1910-13).
J. Spedding: *Account of the Life and Times of Francis Bacon* (2 vols., 1879).
V. Brochard: *La philosophie de Bacon* (1912).
Ad. Levi: *Il pensiero di F. Bacone* (1925).
H. Hoenigswald: *Hobbes und die Staatsphilosophie* (1924).
E. Meinecke: *Die Idee der Staatsraison* (1924).
F. Tönnies: *Tomás Hobbes* (trad. esp., 1923).
F. Brand: *Thomas Hobbes' Mechanical Conception of Nature* (1928).
Th. Laird: *Hobbes* (1934).
R. Polin: *Politique et philosophie chez Thomas Hobbes* (1953).
Paul Hazard: *La crisis de la conciencia europea* (trad. esp., 1941).
S. Alexander: *Locke* (1908).
R. J. Aaron: *John Locke* (1937).
D. J. O Connor: *John Locke.*
A. Petzall: *Ethics and Epistemology in John Locke's "Essay Concerning Human Understanding"* (1937).
A. C. Fraser: *Berkeley* (1881).
J. St. Mill: *Berkeley's Life and Writings* (1871).
E. Cassirer: *Berkeley's System* (1914).
A. A. Luce: *Berkeley and Malebranche* (1934).
I. Hedenius: *Sensationalism and Theology in Berkeley's Philosophy* (1936).
J. Wild: *George Berkeley* (1936).
G. J. Warnak: *Berkeley* (1953).
A. Meinong: *Hume-Studien* (2 vols., 1877-82).
R. Metz: *David Hume* (1929).
Laing: *David Hume* (1932).

J. Laird: *Hume's Philosophy of Human Nature* (1932).
I. Hedenius: *Studies in Hume's Ethics* (1937).
Constance Maund: *Hume's Theory of Knowledge* (1937).
O. McKendree Jones: *Empirism and Intuitionism in Reid's Commonsense Philosophy* (1927).

b) O Iluminismo:

E. Cassirer: *Filosofía de la ilustración* (trad. esp., 1943).
P. Hazard: *El pensamiento europeo en el siglo XVIII* (1946).
F. Brunetière: *Études sur le XVIIIe siècle* (1911).
D. Mornet: *Les origines intelectuelles de la Révolution Française* (1933).
G. Desnoiresterres: *Voltaire et la société au XVIII siècle* (8 vols., 1867-76).
R. Lanson: *Voltaire* (1906).
R. Aldington: *Voltaire* (1925).
N. L. Torrey: *Voltaire and the English Deists* (1931).
Barckausen: *Montesquieu, ses idées et ses oeuvres* (1907).
H. Höffding: *Rousseau* (trad. esp., 1931).
E. H. Wrighter: *The Meaning of Rousseau* (1929).
Gérin: *J.-J. Rousseau* (1930).
Ch. W. Hendel: *J.-J. Rousseau, Moralist* (2 vols., 1934).
E. Héligon: *Condillac* (1937).
M. Müller: *Essai sur la philosophie de Jean d'Alembert* (1926).
J. Delvaille: *Histoire de l'idée de progrès* (1910).
J. B. Bury: *The Idea of Progress* (1921).
H. Sée: *Les idées politiques en France au XVIIIe* (1920).
W. Dilthey: *Friedrich der Grosse und die deutsche Aufklärung. Das achtzehnte Jahrhundert und die geschichtliche Welt* (G.S., III).
B. Croce: *La filosofía di Giambattista Vico* (1911).
R. Peters: *La estructura de la historia universal en Juan Bautista Vico* (trad. esp., 1930).
L. Giusso: *Giambattista Vico*.
R. Herr: *The Eighteenth-Century Revolution in Spain* (1958). (Tr. esp. 1964.)
J. Marias: *Los Españoles* (1962).
—— *La España posible en tiempo de Carlos III* (1963).

c) A formação da época moderna:

P. Hazard: *La crisis de la conciencia europea* (trad. esp., 1911).
W. Sombart: *Lujo y capitalismo* (trad. esp., 1928).
—— *Guerra y capitalismo* (trad. esp., 1934).

R. H. Tawney: *La religión en el orto del capitalismo* (trad. esp., 1936).
W. H. Dunning: *A History of Political Theories from Luther to Montesquieu* (1905).
Max Weber: *Die protestantische Ethik und der Geist der Kapitalismus* (1920).
J. Marías: *La pérdida de Dios* (em *San Anselmo y el insensato*, 1944).

D) *O idealismo alemão:*

a) Kant:

H. Cohen: *Kants Theorie der Erfahrung* (1871).
Th. Ruyssen: *Kant* (1900).
E. Cassirer: *Kants Leben und Lehre* (1918).
M. G. Morente: *La filosofía de Kant* (1917).
M. Wundt: *Kant als Metaphysiker* (1924).
J. Ortega y Gasset: *Kant* (1924-29).
P. Menzer: *Kant* (trad. esp., 1925).
O. Külpe: *Kant* (trad. esp., 1925).
M. Heidegger: *Kant und das Problem der Metaphysik* (1929).

b) Fichte:

E. Lask: *Fichtes Idealismus und die Geschichte* (1902).
X. León: *La philosophie de Fichte* (1902).
—— *Fichte et son temps* (3 vols., 1922-27).
F. Medicus: *Fichte* (trad. esp., 1925).
—— *Einleitung zu Fichtes Werke* (1911).
N. Hartmann: *Die Philosophie des deutschen Idealismus* (1923).
H. Heimsoeth: *Fichte* (trad. esp., 1931).
M. Guéroult: *L'évolution et la structure de la doctrine de la science chez Fichte* (1930).

c) Schelling:

K. Fischer: *Schelling* (1902).
E. Bréhier: *Schelling* (1912).
H. Knittermeyer: *Schelling und die romantische Schule* (1929)

d) Hegel:

W. Dilthey: *Die Jugendgeschichte Hegels* (*G.S.*, IV).
P. Kroner: *Von Kant bis Hegel* (1921-24).
H. Falkenheim: *Hegel* (trad. esp., 1925).
W. Moog: *Hegel y la escuela hegeliana* (trad. esp., 1932).

B. Croce: *Saggio sullo Hegel* (1913).
G. Gentile: *La riforma della dialettica hegeliana* (2.ª ed., 1923).
—— *Teoria generale dello spirito come atto puro* (4.ª ed., 1924).
W. Cunningham: *Thought and Reality in Hegel's System* (1928).
J. Ortega y Gasset: *Hegel y América. La "Filosofía de la historia" de Hegel y la historiología* (1928).
X. Zubiri: *Hegel y el problema metafísico* (em N., H., D.).
H. Glockner: *Hegel* (1929).
N. Hartmann: *Die Philosophie des deutschen Idealismus*, II (1929).
Th. Steinbüchel: *Das Grundproblem der hegelschen Philosophie* (1933).

e) O pensamento da época romântica:

W. Dilthey: *Leben Schleiermachers. Das Erlebnis und die Dichtung.*
H. Mulert: *Schleiermacher* (1918).
G. Simmel: *Schopenhauer y Nietzsche* (trad. esp.).
Th. Ruyssen: *Schopenhauer* (1911).
H. Haase: *Schopenhauer* (1926).
P. Jobit: *Les éducateurs de l'Espagne contemporaine: I. Les krausistes* (1936).
J. López Morillas: *El krausismo español* (1956).
V. Cacho: *La Institución Libre de Enseñanza* (1962).
G. A. Wetter: *El materialismo dialéctico* (tr. esp. 1963).

E) *A filosofia no século XIX:*

a) A superação do sensualismo:

A. Nicolas: *Études sur Maine de Biran* (1858).
M. Couillac: *Maine de Biran* (1905).
G. Michelet: *Maine de Biran* (1906).
P. Tisserand: *Essai sur l'anthropologie de Maine de Biran* (1909).
A. de la Vallete-Monbrun: *Maine de Biran, essai de biographie* (1914).
V. Delbos: *Maine de Biran* (1918).
H. Gouhier: Introdução a *OEuvres choisies de M. de B.* (1942), Edição do *Journal* (3 vols., 1954-57).
J. Marías: *El hombre y Dios en la filosofía de Maine de Biran* (em *San Anselmo y el insensato*, 1944).

b) O positivismo de Comte:

E. Littré: *Auguste Comte et la philosophie positive* (1863).
J. St. Mill: *Comte and Positivism* (1865).

APÊNDICE BIBLIOGRÁFICO

Lévy-Bruhl: *La philosophie d'Auguste Comte* (1900).
G. Cantecor: *Le positivisme* (1904).
Marcuse: *Die Geschichtsphilosophie Auguste Comte* (1932).
H. Gouhier: *La jeunesse d'Auguste Comte et la formation du positivisme* (3 volumes, 1933-41). – *Vie d'Auguste Comte*.

c) A filosofia de inspiração positivista:

H. Taine: *Les philosophes classiques du XIXe siècle en France* (1857).
F. Ravaisson: *La philosophie en France au XIXe siècle* (1867).
L. Ferraz: *Histoire de la philosophie en France au XIXe siècle* (3 volumes, 1880-89).
J. Benrubi: *Les sources et les courants de la philosophie contemporaine en France* (2 vols., 1939).
J. M. Guyau: *La moral inglesa contemporánea* (trad. esp.).
J. H. Muirhead: *Contemporary British Philosophy* (3 séries, 1926-56).
S. Saenger: *Stuart Mill* (trad. esp., 1930).
Karl Britton: *J. S. Mill* (1953).

d) A descoberta da vida:

W. Lowrie: *Kierkegaard* (1938).
H. Höffding: *Sören Kierkegaard* (trad. esp., 1930).
K. Löwith: *Kierkegaard und Nietzsche* (1933).
E. Bertram: *Nietzsche* (1920).
A. Pfänder: *Nietzsche* (trad. esp., 1925).
A. Vetter: *Nietzsche* (1928).
K. Jaspers: *Nietzsche* (1936).
K. Schlechta: *Der Fall Nietzsche* (1958).

e) A volta à tradição metafísica:

Card. Perraud: *Le P. Gratry sa vie et ses oeuvres* (1900).
L. L. Braun: *Gratrys Theorie von der religiösen Erkenntnis* (1914).
E. J. Scheller: *Grundlagen der Erkenntnislehre bei Gratry* (1929).
J. Marías: *La filosofía del Padre Gratry. La restauración de la metafísica en el problema de Dios y la persona* (3.ª ed., em *Obras*, IV).

F) *A filosofia de nosso tempo:*

a) Brentano:

O. Kraus: *Brentanos Stellung zur Phänomenologie und Gegenstandstheorie* (1924).

E. Rogge: *Das Kausalproblem bei Franz Brentano* (1935).
M. Cruz Hernández: *Francisco Brentano* (1954).

   b) A ideia da vida:

G. Misch: *Lebensphilosophie und Phänomenologie* (1930).
—— *Vorbericht* ao tomo V de *Diltheys Gesammelte Schriften* (1923).
A. Degener: *Dilthey und das Problem der Metaphysik* (1933).
J. Ortega y Gasset: *Guillermo Dilthey y la idea de la vida* (1934).
J. Höfer: *Vom Leben zur Wahrheit. Katholische Besinnung an der Lebensanschauung Wilhelm Diltheys* (1936).
C. F. Bollnow: *Dilthey: eine Einführung in seine Philosophie* (1936).
P. Laín: *Dilthey y el método de la historia* (1942).
F. Pucciarelli: *Introducción a la filosofía de la vida* (na trad. esp. de "La esencia de la filosofía", 1944).
J. Marías: *Introducción a la filosofía de la vida* (na trad. esp. comentada de "Teoría de las concepciones del mundo", de Dilthey, 1944).
H. A. Hodges: *Wilhelm Dilthey: an introduction* (1944).
F. Díaz de Cerio: *W. Dilthey y el problema del mundo histórico* (1959).
M. G. Morente: *La filosofía de Henri Bergson* (1941).
J. Zaragüeta: *La intuición en la filosofía de Henri Bergson* (1941).
H. Höffding: *La philosophie de Bergson* (1916).
J. Chevalier: *Bergson* (1925).
Le Roy: *Bergson* (trad. esp., 1928).
J. Marías: *Miguel de Unamuno* (1943).
—— *La escuela de Madrid* (1959).
M. Oromí: *El pensamiento filosófico de Miguel de Unamuno* (1943).
J. Ferrater Mora: *Unamuno: bosquejo de una filosofía* (1944, 2.ª ed., 1957).
P. L. Landsberg: *Reflexiones sobre Unamuno* (*Cruz y Raya*, n.º 31).
S. Serrano Poncela: *El pensamiento de Unamuno* (1953).
Carla Calvetti: *La fenomenología della credenza in Miguel de Unamuno* (1955).
F. Meyer: *L'ontologie de Miguel de Unamuno* (1955).

   c) A filosofia em língua inglesa:

H. W. Schneider: *A History of American Philosophy* (1946).
A. W. Moore: *Pragmatism and its Critics* (1909).
J. B. Pratt: *What is Pragmatism?* (1909).
R. B. Perry: *Present Philosophical Tendencies* (1912).
E. Leroux: *Le pragmatisme américain et anglais* (1923).

APÊNDICE BIBLIOGRÁFICO

Sydney Hook: *The Metaphysics of Pragmatism* (1927).
W. B. Gallie: *Peirce and Pragmatism* (1927).
E. Boutroux: *William James* (1911).
M. Knight: *William James* (1952).
D. D. Runes (editor): *Twentieth Century Philosophy* (1947).
M. Farber (editor): *L'activité philosophique contemporaine en France et aux États-Unis* (1950).
P. A. Schilpp (editor): *The Philosophy of John Dewey.*
—— *The Philosophy of George Santayana.*
—— *The Philosophy of Alfred North Whitehead.*
—— *The Philosophy of Bertrand Russell.*

d) Husserl:

Th. Celms: *El idealismo fenomenológico de Husserl* (trad. esp., 1931).
J. Gaos: *La crítica del psicologismo en Husserl* (1933).
X. Zubiri: *Ensayo de una idea fenomenológica del juicio* (1927).
L. Levinas: *La théorie de l'intuition dans la phénomenologie de Husserl* (1930).
J. Xirau: *La filosofía de Husserl.*
Marvin Farber: *The Foundations of Phenomenology* (1943).
H. Spiegelberg: *The Phenomenological Movement* (1960).
Alois Roth: *Edmund Husserls Ethische Untersuchungen* (1960).

e) A teoria dos valores:

J. Ortega y Gasset: *¿Qué son los valores?* (1923).
   Max Scheler (1928).
Gurwitsch: *Las tendencias actuales de la filosofía alemana* (trad. esp.).
Johannes Hessen: *Wertphilosophie* (1937).
L. Lavelle: *Traité des valeurs.*

f) Heidegger:

K. Jaspers: *Existenzphilosophie* (1938).
—— *Vernunft und Existenz* (1935).
H. Heyse: *Idee und Existenz* (1935).
O. F. Bollnow: *Existenzphilosophie* (1942).
A. Delp: *Existencia trágica* (trad. esp., 1942).
A. Wagner de Reyna: *La ontología fundamental de Heidegger.*
A. de Waehlens: *La filosofía de Martín Heidegger* (1945).
J. D. García Bacca: *Nueve grandes filósofos contemporáneos y sus temas* (1947).
J. Gaos: *Introducción a "El ser y el tiempo", de M. Heidegger* (1951).

g) Ortega y Gasset:

M. G. Morente: *Ensayos* (1945).
C. Barja: *Ortega y Gasset* (em *Libros y autores contemporáneos*, 1935).
E. R. Curtius: *Ortega y Gasset* (em *Kritische Essays zur europäischen Literatur*).
N. Loeser: *Ortega y Gasset en de philosophie van het leven* (1949).
J. Marías: *La escuela de Madrid* (1958).
—— *Ortega y tres antípodas* (1950).
—— Comentario a las *Meditaciones del Quijote* (1957, 2.ª ed., 1965).
J. Ferrater Mora: *Ortega y Gasset* (1958).
P. Garagorri: *Ortega. Una reforma de la filosofía* (1958).
J. Gaos: *Sobre Ortega y Gasset* (1957).
La Torre (Universidad de Puerto Rico): *Homenaje a Ortega y Gasset* (1956).
F. Salmerón: *Las mocedades de Ortega y Gasset* (1959).
F. Niedermayer: *José Ortega y Gasset* (1959).
J: P. Borel: *Raison et vie chez Ortega y Gasset* (1959).
B. Gräfin von Galen: *Die Kultur- und Gesellschaftsethik José Ortega y Gasset* (1959).
C. Ceplecha, O.S.B.: *The Historical Thought of José Ortega y Gasset* (1958).
J. H. Walgrave: *De wijsbegeerte van Ortega y Gasset* (1959).
J. Marías: *Ortega. – I. Circunstancia y vocación* (1960).
F. Díaz de Cerio Ruiz, S. I.: *José Ortega y Gasset y la conquista de la conciencia histórica. Mocedad: 1902-1915* (1961).
A. García Astrada: *El pensamiento de Ortega y Gasset* (1961).
H. Larraín: *La génesis del pensamiento de Ortega* (1962).
A. Gaete: *El sistema maduro de Ortega* (1962).
J. Hierro S. Pescador: *El derecho en Ortega* (1965).
A. R. Huéscar: *Con Ortega y otros escritos* (1964).
—— *Perspectiva y verdad: el problema de la verdad en Ortega* (1966).

Epílogo de
José Ortega y Gasset

NOTA PRELIMINAR

Em 1943, durante seu período de residência em Lisboa, Ortega empreendeu a composição de um Epílogo à História da filosofia de Julián Marías, publicada em 1941 e cuja segunda edição estava sendo preparada. Entretanto, o tema começou a tomar vulto maior que o previsto, e em 10 de janeiro de 1944 escreveu a Marías: "Essas grandes coisas sobre a etimologia e sobre muitos outros temas densos você as verá em seu 'Epílogo'. Estou metido nisso faz meses. Hoje tudo é tão problemático, há tantas interferências que interrompem o trabalho, que não me atrevo a impostar a voz com grandes promessas. Mas saiba que continuo metido até o pescoço em seu epílogo. Gostaria, no entanto, que você não dissesse nenhuma palavra a ninguém sobre o assunto." Uns meses depois, em junho, anunciava-lhe que o epílogo ia se transformar num volume de 400 páginas, o mais importante de seus livros, que, naturalmente, seria publicado separadamente da História, mas com o título Epílogo à "História da filosofia" de Julián Marías, algo que lhe interessava manter em segredo até o momento de seu lançamento. No final do ano de 1944, Ortega começou a dar um curso de filosofia em Lisboa, e em 29 de dezembro escrevia mais uma vez a Marías: "Nele sairá parte do já feito para seu Epílogo que, por sua vez, se beneficiará do curso e talvez logo estejam redigidas suas 700 páginas!"

No verão de 1945, Ortega comunicou a Marías que pensava separar uma parte do conteúdo projetado para o Epílogo com o título de A origem da filosofia. E em 1946, em duas entrevistas a jornais, primeiro em Lisboa (O Século, 13 de abril) e depois em Madri (A B C, 26 de abril), anunciava entre seus trabalhos em curso de elaboração o "Epílogo..." e "A origem da filosofia". Sua vinda à Espanha, diversas tarefas, a fundação do Instituto de Humanidades, longas viagens e novos trabalhos interromperam a redação desses escritos, aos quais sempre pensava em voltar.

A totalidade dos manuscritos existentes foi publicada em 1960 com o título editorial Origen y Epílogo de la Filosofía *(Fondo de Cultura Económica, México)* e depois no volume IX das Obras completas. Imprimimos aqui a parte escrita como Epílogo ao presente livro.

I. [O PASSADO FILOSÓFICO]

Nihil invita Minerva
(Velho ditado latino, segundo Cícero)

E agora, que mais? Julián Marías acabou de fazer passar diante de nós o acidentado filme que é a história da filosofia. Cumpriu sua tarefa de modo exemplar. Deu-nos duas lições de uma só vez: uma, de história da filosofia; outra, de sobriedade, de ascetismo, de escrupulosa submissão à tarefa que se propusera realizar, inspirada numa finalidade didática. Gostaria neste epílogo de aproveitar ambas as lições, mas na segunda não posso me ajustar totalmente a seu exemplo. Marías pôde ser tão sóbrio porque expunha doutrinas que já estavam aí, desenvolvidas em textos aos quais se pode recorrer. Mas o *epílogos* é o que vem quando se acabaram os *lógoi*, neste caso as doutrinas ou "dizeres" filosóficos – portanto, o que se deve dizer sobre o que já foi dito –, e isso é um dizer no futuro que, por isso mesmo, não está aí e em que dificilmente podemos nos referir a textos preexistentes mais amplos. Foi o próprio Marías que me impôs esta tarefa. Também me submeto a ela e procurarei cumpri-la com a dose de brevidade e, se possível, de clareza que a intenção deste livro exige.

O dizer é uma espécie do fazer. Que é *que se deve fazer* ao terminar a leitura da história da filosofia? Trata-se de evitar o capricho. O capricho é fazer qualquer coisa entre as muitas que se podem fazer. A ele opõe-se o ato e hábito de *escolher*, entre as muitas coisas que se podem fazer, precisamente aquela que exige ser feita. Os latinos chamavam esse ato e hábito do reto escolher primeiro de *eligentia* e depois de *elegantia*. Talvez seja desse vocábulo que vem nossa palavra *int-eligentia*. De qualquer maneira, *Elegância* deveria ser o nome dado ao que torpemente chamamos de *Ética*, já que é esta a arte de escolher a melhor conduta, a ciência do que fazer. O fato de a *voz elegância* ser uma das mais irritantes no planeta hoje é sua melhor recomendação. Elegante é o homem que nem faz nem diz qualquer coisa, mas que faz o que se deve fazer e diz o que se deve dizer.

Não há dúvida quanto ao que se deva fazer ao terminar a leitura da história da filosofia. É algo que surge quase automaticamente. Primeiro, dirigir um último olhar, como que panorâmico, à imensa avenida das doutrinas filosóficas. No postimeiro capítulo do texto de Marías termina o passado e cabe a nós prosseguir, tanto o leitor como eu. Não ficamos nesse continente em cuja costa ainda estamos. Ficar no passado é estar morto. Com um último olhar de viajantes que seguem seu inexorável destino de transumar, resumimos todo esse pretérito, nós o avaliamos e nos despedimos dele. Para ir aonde? O passado confina com o futuro porque o presente que idealmente os separa é uma linha tão sutil que só serve para juntá-los e articulá-los. No homem, pelo menos, o presente é um vaso de parede finíssima cheio até a borda de recordações e de expectativas. Quase, seria quase possível dizer que o presente é mero pretexto para que haja passado e haja futuro, o lugar onde ambos conseguem ser tais.

É esse último olhar, em que colhemos o essencial do passado filosófico, que nos faz ver que, ainda que assim quiséssemos, não podemos ficar nele. Não existe nenhum "sistema filosófico" entre os formulados que nos pareça suficientemente verdade. Aquele que presume poder instalar-se numa doutrina antiga – e me refiro, é claro, apenas a quem se dá conta do que faz – sofre de uma ilusão de ótica. Porque, no melhor dos casos, quem adota uma filosofia pretérita não a deixa intacta, pois para adotá-la teve de tirar dela e acrescentar-lhe não poucos pedaços haja vista as filosofias subsequentes.

Donde resulta que esse postimeiro olhar para trás provoca em nós, irremediavelmente, outro olhar para a frente. Se não podemos nos alojar nas filosofias pretéritas, não temos outro remédio a não ser tentar edificar outra. A história do passado filosófico é uma catapulta que nos lança pelos espaços ainda vazios do futuro rumo a uma filosofia por vir. Este epílogo não pode consistir em outra coisa senão em dar expressão, ainda que elementar e insinuante, a algumas das muitas coi-

Epílogo de José Ortega y Gasset

sas que esses dois olhares veem. Na presente conjuntura creio ser isso o que se deve dizer.

Ao concluir a leitura de uma história da filosofia, manifesta-se ante o leitor, em panorâmica presença, todo o passado filosófico. E essa presença dispara no leitor, quem quer que ele seja – desde que não se açore, que saiba dar-se conta, passo a passo, do que vai acontecendo nele –, uma série dialética de pensamentos.

Os pensamentos podem estar ligados com evidência, um ao outro, de dois modos. O primeiro é este: um pensamento aparece surgindo de outro anterior porque não é mais que a explicação de algo que já estava implícito nele. Então dizemos que o primeiro pensamento *implica* o segundo. Este é o pensar analítico, a série de pensamentos que brotam dentro de um primeiro pensamento em virtude de uma progressiva análise.

Mas há outro modo de ligame evidente entre os pensamentos. Quando queremos pensar o corpo Terra, pensamos um corpo quase redondo de determinado tamanho, um pouco achatado na região de ambos os pólos e, segundo recentes averiguações, ligeiramente achatado também na zona do Equador, em suma, um esferoide. Só queríamos pensar esse pensamento. Acontece que não podemos pensá-lo solitário, pois ao pensá-lo justapensamos ou pensamos além disso o espaço em volta desse esferoide, espaço que o limita ou lugar em que está. Não tínhamos previsto esse anexo, não estava em nosso pressuposto pensá-lo. Mas ocorre que não temos outro remédio, *se* pensamos o esferoide, senão pensar também o espaço em volta. Pois bem, é evidente que o conceito desse "espaço em volta" não estava incluído ou implicado no conceito "esferoide". Contudo, esta ideia nos impõe inevitavelmente aquela, sob pena de ficar incompleta, de que não consigamos acabar de pensá-la. O conceito "esferoide" não implica mas, na verdade, *complica* o pensamento "espaço em volta". Este é o pensar sintético ou dialético[1].

---

1. Como não pudesse fazer de outra forma, a filosofia sempre exerceu o pensar sintético, mas até Kant ninguém tinha reparado em sua peculiaridade. Kant o "desco-

Numa série dialética de pensamentos, cada um deles complica e impõe pensar o seguinte. O nexo entre eles é, portanto, muito mais forte que no pensar analítico. No exercício deste *podemos* pensar o conceito implicado no antecedente e uma vez pensado, temos de fato de reconhecer sua "identificação" com este, embora não fosse forçoso pensá-lo. O primeiro conceito não sente falta de nada, fica tranquilo, como se se sentisse completo. Mas no pensar sintético não se trata de poder, e sim de ter, *velis nolis*, de justapor um novo conceito. Diríamos que aqui a evidência do nexo entre dois conceitos é anterior a ter pensado o segundo, já que é ela que nos leva imperativamente a ele. A dialética é a obrigação de continuar pensando, e isso não é uma maneira de dizer, mas uma realidade efetiva. É o próprio fato da condição humana, pois o homem, com efeito, não tem outro remédio senão "continuar pensando" porque sempre depara com o fato de que não pensou nada "por completo", mas que precisa integrar o já pensado, sob pena de perceber que é como se não tivesse pensado nada e, em consequência, de se sentir perdido.

Este fato enorme não entra em colisão com este outro menor: que, *de facto*, cada um de nós para, se detém e deixa de pensar em determinado ponto da série dialética. Alguns param antes, outros depois. Mas isso não quer dizer que não *tivéssemos* de continuar pensando. Mesmo que nos detenhamos, a série dialética continua, e sobre nós fica gravitando a necessidade de prossegui-la. Mas outros afãs da vida, doenças ou simplesmente a diferença na capacidade de percorrer sem se extraviar e sem vertigem uma longa cadeia de pensamentos são causa de interrompermos *violentamente* a série dialética. Nós a cortamos e ela continua dentro de nós sangrando. Porque o fato bruto de

---

bre" e o nomeia, mas dele só vê o caráter negativo, qual seja, que não é um pensar analítico, que não é uma implicação. E como na tradição filosófica – sobretudo na imediatamente anterior, em Leibniz – só o nexo de implicação entre dois pensamentos parecia evidente, acredita que o pensar sintético não é evidente. Seus sucessores – Fichte, Schelling, Hegel – assumem sua evidência, mas ainda ignoram de onde esta vem e qual é seu regime. Husserl, que pouco fala do pensar sintético, foi quem mais esclareceu sua índole. Mas ainda estamos no começo da tarefa de tomar posse dele e resta muito por fazer, como se verá neste epílogo, mais adiante.

suspendê-la não significa deixar de ver com urgente clareza que teríamos de continuar pensando. Ocorre, pois, como no xadrez: um jogador é incapaz de antecipar sem se confundir o mesmo número de jogadas possíveis que o outro, partindo ambos de uma dada situação das peças no tabuleiro. Ao renunciar a continuar antecipando mais jogadas não fica tranquilo; ao contrário, pressente que é na jogada depois das previstas que está ameaçado de xeque-mate. Mas não lhe é dado poder mais.

Tentemos, pois, percorrer em seus principais estágios a série dialética de pensamentos que a presença panorâmica do passado filosófico automaticamente dispara em nós. O primeiro aspecto que nosso olhar oferece é o de ser uma multidão de opiniões sobre o mesmo que, enquanto multidão, se contrapõem umas às outras e ao se contraporem se incriminam reciprocamente de erro. Portanto, o passado filosófico é, a nossos olhos, o conjunto dos erros. Quando o homem grego deu uma primeira parada em sua trajetória criadora de doutrinas e lançou o primeiro olhar para trás em pura contemplação histórica[2], foi essa a impressão que teve, e o fato de ficar nela e não *continuar pensando* deixou nele, como um precipitado, o ceticismo. É o famoso *tropo* de Agripa ou argumento contra a possibilidade de alcançar a verdade: a "dissonância das opiniões" – *diaphonia tôn doxôn*. Os sistemas aparecem como tentativas de construir o edifício da verdade que fracassaram e vieram abaixo. Vemos, portanto, o passado como erro. Hegel, referindo-se, de forma mais geral, à vida humana toda, diz que "quando voltamos a vista para o passado o primeiro que vemos são ruínas". A ruína é, com efeito, a fisionomia do passado.

Notemos, no entanto, que não fomos nós que descobrimos nas doutrinas de antanho a quebradura do erro, mas que conforme líamos a história íamos vendo que cada nova filosofia começava por denunciar o erro da antecedente e não só isso, mas que, de modo formal,

---

2. Aristóteles sempre retoma as doutrinas precedentes, não com olhar histórico, e sim com um interesse sistemático, como se fossem opiniões contemporâneas que devem ser levadas em conta. Em Aristóteles só se anuncia a perspectiva histórica quando chama certos filósofos de "os antigos" – *hoi palaioí* – e comenta que ainda são inexpertos – *apeiría*.

por ter reconhecido o erro desta era ela *outra* filosofia[3]. A história da filosofia, ao mesmo tempo em que é exposição dos sistemas, acaba sendo, sem que isso se proponha, a crítica deles. Esforça-se para erigir, uma depois da outra, cada doutrina, mas uma vez que a erigiu, a deixa desnucada por obra da subsequente e semeia o tempo de cadáveres. Não é, portanto, apenas o fato abstrato da "dissonância" que nos apresenta o passado como erro, mas é o próprio passado que, por assim dizer, vai cotidianamente se suicidando, desprestigiando e arruinando. Nele não encontramos onde procurar guarida. Tal gigantesca experiência do fracasso é a que exprime este magnífico parágrafo de Bossuet, egrégio exemplo – diga-se de passagem – do bom estilo barroco ou modo em que se manifestou o homem ocidental em todas as ordens da vida de 1550 a 1700: "Quando considero este mar turbulento, se assim é lícito chamar a opinião e os raciocínios humanos, impossível me é em espaço tão dilatado achar asilo tão seguro nem retiro tão sossegado que não tenha se tornado memorável pelo naufrágio de algum navegante famoso[4]".

Na série dialética este é, portanto, o *primeiro pensamento*: a história da filosofia nos descobre *prima facie* o passado como o mundo morto dos erros.

SEGUNDO PENSAMENTO

Mas não pensamos o primeiro "completo". Dizíamos que cada filosofia começa mostrando o erro da ou das precedentes e que, graças a isso, ela é outra filosofia. Mas isso não teria sentido se cada filosofia não fosse formalmente, por uma de suas dimensões, o esforço para

---

3. Um fato que deveria nos surpreender mais do que o faz é que, depois de iniciada a atividade filosófica propriamente dita, não parece ter havido nenhuma filosofia que começasse de novo, mas todas brotaram partindo das anteriores e – a partir de certo momento – cabe dizer que de todas as anteriores. Nada seria mais "natural" que o aparecimento, aqui e acolá – ao longo de toda a história filosófica –, de filosofias sem precedentes em outras, espontâneas e *a nihilo*. Mas não foi assim, e o que ocorreu foi antes em grande medida o contrário. Importa sublinhá-lo para que se perceba a força da série dialética que agora desenvolvemos e de outras afirmações minhas posteriores, entre elas as que se referem à filosofia como tradição.

4. *Sermón sobre la Ley de Dios, para el Domingo de Quincuagésima*.

eliminar os erros anteriores. Isso nos proporciona uma súbita iluminação que nos faz descobrir no passado um segundo aspecto. Continuamos vendo-o composto de erros, mas agora constatamos que esses erros, apesar de o serem e precisamente porque o são, transformam-se em involuntários instrumentos da verdade. No primeiro aspecto, o erro era uma magnitude puramente negativa, mas, nesse segundo, os erros como tais adquirem um matiz positivo. Cada filosofia aproveita as falhas das anteriores e nasce, segura *a limine* de que, pelo menos, nesses erros não cairá. E assim sucessivamente. A história da filosofia mostra-se agora como a de um gato escaldado que vai fugindo dos fogos onde se queimou. De modo que ao caminhar adiante no tempo a filosofia vai recolhendo em seu alforje um cúmulo de erros reconhecidos que *ipso facto* se transformam em auxiliares da verdade. Os naufrágios de que fala Bossuet se perpetuam na condição de boias e faróis que anunciam escolhos e baixios. Portanto, num segundo aspecto o passado nos aparece como o arsenal e o tesouro dos erros.

TERCEIRO PENSAMENTO

Costumamos pensar hoje em dia que a verdade é coisa muito difícil. É um costume razoável. Mas, ao mesmo tempo, costumamos opinar que o erro é coisa fácil demais, e isso já é um uso menos discreto. Dá-se o paradoxo de que o homem contemporâneo se comporta frivolamente ante o fato do erro. Que o erro exista lhe parece ser a coisa mais "natural" do mundo. Não se questiona sobre o fato do erro. Aceita-o e pronto, a tal ponto que, ao ler a história da filosofia, uma das coisas que mais lhe causam estranheza é presenciar os esforços tenazes dos gregos para explicar como é possível o erro. Dirão que essa habituação à existência do erro, como se fosse um objeto doméstico, faz parte do ceticismo congênito do homem contemporâneo. Mas temo que dizer isso seja outra frivolidade e, por certo, reveladora de singular megalomania. Chamam qualquer coisa de ceticismo! Como se o ceticismo pudesse ser um estado de espírito congênito, isto é, dado, com que alguém depara sem esforço prévio de sua parte! A culpa é dessa entidade, a um só tempo deliciosa e repugnante, soberana e envilecedora que chamamos linguagem. A vida da linguagem é, por um lado, contínua degeneração das palavras. Essa degeneração, como quase tudo na linguagem, se produz mecanicamente, ou seja, estupidamente. A linguagem é um uso. O uso é o fato social por excelência, e a sociedade é, não por acidente, mas por sua mais radical substância, estúpida. É o humano desumanizado, "desespiritualizado" e transformado em mero mecanismo[5]. O vocábulo "cético" é um termo técnico cunhado na Grécia na melhor época de sua inteligência. Com ele foram denominados certos homens tremebundos que negavam a possibilidade da verdade, primordial e básica ilusão do homem. Não se trata, portanto, simplesmente de pessoas que "não acreditavam em nada". Sempre e em todas as partes existiram muitos homens que "não acreditavam em nada", precisamente porque "não se indagavam" sobre nada, e porque viver era para eles um simples se deixar ir de um minuto para o seguinte, em puro abandono, sem reação íntima nem tomada de atitude ante nenhum dilema. Acreditar numa coisa supõe um ativo não acreditar em outras e isso, por sua vez, implica ter-se questionado sobre muitas coisas em comparação com as quais sentimos que outras são "inquestionáveis" – por isso acreditamos nelas. Eis por que falo entre aspas desse tipo de homem, que existe e sempre existiu, que "não acredita em nada". Dou a entender com isso que é inadequado qualificar assim seu estado de espírito, porque nele não se dá um efetivo não acreditar. Essa personagem nem acredita nem deixa de acreditar. Acha-se a sotavento de tudo isso, não "engata" com a realidade nem com o nada. Existe em vitalício cochilo. Para ele as coisas nem são nem deixam de ser, e por isso não sofre o baque de acreditar ou não nelas[6]. Atualmente esse humor de vital embotamen-

---

5. A primeira vez que expus publicamente essa ideia da sociedade, base de uma nova sociologia, foi numa conferência dada em Valladolid em 1934, com o título "O homem e a gente". Aventuras sem número me impediram de publicar até hoje o livro que, com a mesma epígrafe, deve expor toda a minha doutrina sobre o social [cf. *El hombre y la gente*. Em *Obras completas*, tomo VII].

6. É claro que o homem *está* sempre em inumeráveis crenças elementares, da maioria das quais não se dá conta. Cf. sobretudo meu estudo *Ideas y creencias* (*Obras completas*, t. V). O tema da não crença que o texto acima aborda refere-se ao nível de assuntos humanos patentes sobre os quais os homens falam e discutem.

to é chamado "ceticismo" por uma degeneração da palavra. Um grego não conseguiria entender esse emprego do vocábulo porque o que ele chamava de "céticos" – *skeptikoí* – eram para ele homens terríveis. Terríveis não porque "não acreditassem em nada" – longe disso! –, mas porque não deixavam você viver; porque vinham ao seu encontro e extirpavam-lhe a crença nas coisas que pareciam mais certas, metendo na sua cabeça, como afiados aparelhos cirúrgicos, uma série de argumentos rigorosos, concisos, de que não havia maneira de se safar. E isso implicava que esses homens tivessem executado previamente em si mesmos a própria operação, sem anestesia, em carne viva – tivessem se "desacreditado" conscienciosamente. Além disso e por fim, tinham, antes mesmo disso, se empenhado tenazmente em fabricar esses utensílios cortantes, esses "argumentos contra a verdade" com que praticavam sua tarefa de amputação. O nome revela que os gregos viam o cético como a figura mais oposta a esse homem sonolento que se abandona e se deixa ir pela vida. Chamavam-no de "o investigador", e como também esse nosso vocábulo está com a fama em baixa, diremos mais exatamente que o chamavam de "o perscrutador". O filósofo, por sua vez, era um homem de extraordinária atividade mental e moral. Mas o cético era-o muito mais, porque enquanto aquele se extenuava para chegar à verdade, este não se contentava com isso e continuava, continuava pensando, analisando essa verdade até mostrar que era vã. É por isso que além do sentido básico de "perscrutador" ressoam na palavra grega conotações como "homem hiperativo", "heroico", mas com muito de "herói sinistro", "incansável" e, portanto, "fatigante", com o qual "não há o que fazer". Era a furadeira humana. Note-se que a voz "cético" só posteriormente passou a denominar uma escola filosófica, uma doutrina – primeira degeneração semântica do termo[7]. Originariamente significou a ocupação vocacional e in-

---

7. Razão disso: aquele que é cético à maneira de e *porque* pertence a uma escola, já o é por recepção, não por própria criação e é, portanto, um modo de ser cético "secundário", habitualizado e, em consequência, mais ou menos deficiente e inautêntico. Paralelamente e por razões não iguais mas análogas, a palavra vai perdendo vigor significante. A linguística tradicional conhece o fenômeno em sua manifestação mais externa e fala de vocábulos *fortes* e *fracos*, ainda em relação a um vocábulo, de seus sentidos

coercível de certos homens determinados, ocupação inaudita, que ninguém antes tinha exercido, que ainda não tem, por isso mesmo, nome estabelecido e que é preciso chamar pelo que os vemos fazer: "perscrutar" as verdades, ou seja, esquadrinhá-las mais a fundo que os demais, questionar as coisas ali onde o filósofo acredita ter chegado, com seu esforço, a torná-las inquestionáveis.

Conste, portanto, que o verdadeiro cético não encontra seu ceticismo no berço e doado, como o homem contemporâneo. Sua dúvida não é um "estado de espírito", mas uma aquisição, um resultado a que se chega em virtude de uma construção tão laboriosa como a mais compacta filosofia dogmática.

Nas gerações anteriores à atual – não precisemos agora desde quando nem por quê – padeceu-se uma depressão do que Platão chamava "ânsia pelo Ser", ou seja, pela verdade. Houve, sim, enorme e fecunda "curiosidade" – daí a expansão e o extraordinário refinamento nas ciências –, mas faltou o impetuoso afã de esclarecer os problemas radicais. Um destes é o da verdade e seu correlato, o problema da autêntica Realidade. Aquelas gerações viveram recostadas na maravilha progressiva das ciências naturais que terminam em técnicas. Deixaram-se levar de trem ou de carro. Mas note-se de passagem que desde 1880 acontece que o homem ocidental não tem uma filosofia

---

mais ou menos fortes, fracos, "vazios" (gramática chinesa) etc. Mas é claro que se a linguagem é por um lado degeneração dos vocábulos, tem necessariamente de ser, por outro, portentosa geração. Um vocábulo qualquer *carrega-se* subitamente de uma significação que ele nos *diz* com uma plasticidade, relevo, clareza, sugestividade, ou, como queiram chamá-la, superlativa. Sem esforço nosso para vitalizar seu sentido, *descarrega* sobre nós sua *carga* semântica como uma faísca elétrica. É o que chamo de "a palavra em forma" que age como uma incessante revelação. É perfeitamente factível percorrer o dicionário, tomar o pulso de energia semântica de cada vocábulo numa determinada data. A clássica comparação das palavras com as moedas é verídica e fértil. A causa de sua homologia é idêntica: o uso. Bem podiam os linguistas realizar algumas investigações sobre esse tema. Não só encontrarão muitos fatos interessantes – disso já sabem –, como também novas categorias linguísticas até agora despercebidas. Faz tempo – mesmo se de linguística sei quase nada – que procuro, ao acaso de meus temas, ir sublinhando acertos e falhas da linguagem, porque, mesmo não sendo linguista, talvez tenha algumas coisas a dizer que não são totalmente triviais.

vigente. A última foi o positivismo. Desde então só esse ou aquele homem, esse ou aquele mínimo grupo social têm filosofia. O certo é que desde 1800 a filosofia vai deixando progressivamente de ser um componente da cultura geral e, portanto, um fator histórico *presente*. Pois bem, isso nunca tinha acontecido desde que a Europa existe.

Só quem adota a atitude de questionar de forma precisa e peremptória as coisas – se, em definitivo, são ou não são – pode viver um genuíno acreditar e não acreditar. Essa mesma astenia no ataque ao problema da verdade nos impede também de ver no erro um seriíssimo problema. Basta insinuar o impossível que é um erro absoluto. Este é tão incompreensível que nos faz cair redondo em outro arrepiante enigma: a insensatez. O problema do erro e o da demência se implicam mutuamente.

Tanto é assim que quando o passado filosófico, em seu segundo aspecto, nos apareceu como o arsenal e o tesouro dos erros, pensamos apenas parcialmente o conceito do "erro precioso", do erro transmutado em magnitude positiva e fecunda.

Uma filosofia não pode ser um erro absoluto porque este é impossível. Aquele erro contém, portanto, algo de verdade. Mas, além disso, manifestava-se como um erro que era preciso detectar, ou seja, que à primeira vista parecia uma verdade. O que evidencia que tinha não pouco desta já que tão bem a suplantava. E se analisarmos mais de perto em que consiste a "refutação" – como dizem nos seminários com um vocábulo horrendo – que uma filosofia executa sobre sua antecessora, perceberemos que é obra nada parecida com uma eletrocução, embora a fonética daquele vocábulo prometa um espetáculo não menos aterrorizante. Ao fim, revela-se que não era erro por não ser verdade, mas porque era uma verdade insuficiente. Aquele filósofo anterior parou na série dialética de seus pensamentos antes do tempo: não "continuou pensando". O fato é que seu sucessor aproveita aquela doutrina, coloca-a em seu novo ideário e evita exclusivamente o erro de se deter. A coisa é clara: o anterior teve de se fatigar para chegar até um ponto – como o aludido jogador de xadrez; o sucessor, sem fadiga, *recebe* esse trabalho já feito, apreende-o e, com novo vigor, pode partir dali e chegar mais longe. A tese recebida não fica no novo sistema tal qual era no antigo, fica completada. Na verdade, trata-se de uma ideia nova e distinta daquela primeiro criticada e depois integrada. Reconheçamos que aquela verdade manca, comprovadamente errada, *desaparece* na nova construção intelectual. Mas desaparece porque é assimilada em outra mais completa. Essa aventura das ideias que morrem não por aniquilamento, sem deixar rastro, mas porque são *superadas* em outras mais complexas, é o que Hegel chamava de *Aufhebung*, termo que traduzo pelo de "absorção". O absorvido desaparece *no* absorvente e, por isso mesmo, ao mesmo tempo em que é abolido, é conservado[8].

Isso nos proporciona um terceiro aspecto do passado filosófico. O aspecto de erro, com que *prima facie* ele se apresentava para nós, resulta ser uma máscara. Agora a máscara foi retirada e vemos os erros como verdades incompletas, parciais ou, como costumamos dizer, "têm razão *em parte*". portanto são *partes* da razão. Poder-se-ia dizer que a razão virou caco antes de o homem começar a pensar e, por isso, este tem de ir recolhendo os pedaços um a um e juntá-los. Simmel fala de uma "sociedade do prato quebrado", que existiu no final do século passado na Alemanha. Uns amigos, em certa comemoração, se juntaram para comer e na hora da sobremesa decidiram quebrar um prato e distribuir os pedaços entre si, cada um assumindo o compromisso de ao morrer entregar sua fração a outro dos amigos. Desse modo, os fragmentos foram chegando às mãos do último sobrevivente, que pôde reconstruir o prato.

Essas verdades insuficientes ou parciais são experiências de pensamento que, em torno da Realidade, é preciso fazer. Cada uma delas é uma "via" ou "caminho" – *méthodos* – pelo qual se percorre um trecho da verdade e se contempla um de seus lados. Mas chega um ponto em que *por esse caminho* não se pode avançar mais. É forçoso ensaiar um outro distinto. Para isso, para que seja distinto, tem de

---

8. A "absorção" é um fenômeno tão claro e reiterado que não oferece lugar a dúvida. Mas em Hegel é, além disso, uma tese ligada a todo seu sistema, e enquanto tal não tem nada a ver com o que foi dito acima, assim como não se deve pensar na dialética hegeliana quando falei e venha a falar de "série dialética".

levar em conta o primeiro e, nesse sentido, é uma continuação daquele com mudança de direção. Se os filósofos antecessores já não tivessem feito essas "experiências de pensamento" o sucessor teria de fazê-las e, portanto, ficar nelas e ser ele o antecessor. Dessa maneira, a série dos filósofos aparece como um único filósofo que tivesse vivido dois mil e quinhentos anos durante os quais teria "continuado a pensar". Nesse terceiro aspecto, o *passado* filosófico se revela para nós como a ingente melodia de experiências intelectuais pelas quais o homem foi *passando*.

QUARTO PENSAMENTO

Esse filósofo que viveu dois mil e quinhentos anos pode-se dizer que existe: é o filósofo atual. Em nosso presente comportamento filosófico e na doutrina que dele resulta, temos em consideração e à vista boa parte do que se pensou antes sobre os temas de nossa disciplina. Isso equivale a dizer que as filosofias pretéritas colaboram com a nossa, estão nelas atuais e vivazes.

Quando pela primeira vez entendemos uma filosofia ela nos surpreende pela verdade que contém e irradia – o que significa que por ora, se não conhecêssemos outras, nos pareceria ser a própria verdade. Daí que o estudo de toda filosofia, mesmo para o mais tarimbado nesses encontros, é uma inesquecível iluminação. Considerações ulteriores nos fazem retificar: aquela filosofia não é a verdade, e sim tal outra. Mas isso não significa que fique anulada e invalidada aquela primeira impressão: a arcaica doutrina continua sendo "por ora" verdade – entenda-se, uma verdade pela qual sempre se terá de passar no itinerário mental rumo a outra mais plena. E esta a que se chega é mais plena porque inclui, absorve aquela.

Em cada filosofia estão todas as demais como ingredientes, como passos que é preciso dar na série dialética. Essa presença será mais ou menos destacada e, talvez, todo um velho sistema apareça no mais moderno apenas como um vestígio ou um rudimento. Isso é palmar e formalmente assim se compararmos uma filosofia posterior com as precedentes. Mas também vice-versa: se tomarmos uma mais antiga veremos, em filigrana, como germes, como tênues perfis, ainda não encarnadas, muitas das ideias posteriores – sempre que se leve em conta o grau de explicitação, de riqueza, de dimensões e distinções próprio do tempo em que aquela filosofia mais velha foi pensada. Não poderia ser de outra forma. Como os problemas da filosofia são os radicais, não existe nenhuma em que já não estejam todos. Os problemas radicais estão inexoravelmente ligados uns aos outros, e puxando por qualquer um saem os restantes. O filósofo sempre os vê, mesmo que seja sem consciência clara e separada de cada um. Caso não se queira chamar isso de ver, digamos que, cego, apalpa-os. É por isso que – ao contrário do que o leigo pensa – as filosofias se entendem muito bem entre si: são uma conversa de quase três milênios, um diálogo e uma disputa contínuos numa língua comum que é a própria atitude filosófica e a presença dos mesmos problemas bifrontes.

Com isso vislumbramos um quarto aspecto do passado filosófico. O anterior fazia com que o víssemos como a melodia de experiências intelectuais pelas quais, perante certos temas, o homem tem de ir passando. Dessa forma, o pretérito ficava afirmado, justificado. Mas ficava ali – na região do sido. Embalsamado mas, então, morto. Era uma visão arqueológica. Mas agora percebemos que essas experiências realizadas têm de ser realizadas sempre de novo, ainda que com a benéfica facilidade de tê-las recebido já realizadas. Não ficam, portanto, atrás de nós, já que nossa filosofia atual é, em grande parte, a revivescência no hoje de todo o ontem filosófico. Em nós, as velhas ideias recobram eficácia sempre nova e assim subsistem. Em vez de representarmos o passado filosófico como uma linha horizontalmente estendida no tempo, o novo aspecto nos obriga a figurá-lo em linha vertical porque esse passado continua atuando, gravitando no presente que somos. Nossa filosofia é tal como é porque está montada sobre os ombros das anteriores – como o número da "torre humana" que a família de acrobatas faz no circo. Ou, se preferirem outra figura, pode-se ver a humanidade filosofando como um longuíssimo caminho que é forçoso percorrer século após século, mas um caminho que, à medida que vai se fazendo, vai se enrolando sobre si mesmo e, carregado no dorso do caminhante, de caminho se transforma em equipagem.

Isso que acontece com o passado filosófico não é senão um exemplo do que acontece com todo pretérito humano.

O passado histórico não é passado simplesmente por não estar mais no presente – isso seria uma denominação extrínseca –, mas porque *se passou* com outros homens dos quais temos memória e, por conseguinte, *continua se passando conosco* que o estamos continuamente *repassando*.

O homem é o único ente feito de passado, que consiste em passado, embora não só em *passado*. As outras coisas não o *têm* porque são apenas *consequência* do passado: o efeito deixa para trás e de fora a causa de que emerge, fica sem passado. Mas o homem o conserva em si, o acumula, faz com que, dentro dele, isso que foi continue sendo "na forma de tê-lo sido"[9]. Esse *ter* o passado que é conservá-lo (motivo pelo qual o especificamente humano não é o chamado intelecto, mas a "feliz memória")[10] equivale a um ensaio, modestíssimo sem dúvida, mas, enfim, um ensaio de eternidade – porque com isso nos assemelhamos um pouco a Deus, já que *ter* no presente o passado é uma das características do eterno. Se, no mesmo sentido, *tivéssemos* também o futuro nossa vida seria um cabal arremedo da eternidade – como diz Platão do próprio tempo com muito menos razão. Mas o futuro é precisamente o problemático, o incerto, o que pode ser ou não ser: não o *temos* exceto na medida em que o prognostiquemos. Daí a ânsia permanente no homem de adivinhação, de profecia. Durante a época moderna foi dado um grande passo na faculdade de adivinhar: é a ciência natural que prediz com rigor muitos acontecimentos futuros. E é curioso notar que os gregos não chamavam de conhecimento *sensu stricto* um método intelectual como nossa ciência física que, para eles, contenta-se com "salvar as aparências" – τὰ φαινόμενα σῴξειν –, mas acabaram por chamá-la "divinatio artificiosa". Vejam no tratado *De divinatione* de Cícero a definição

---

9. Sobre essa categoria da razão histórica que é o "ser na forma de tê-lo sido", cf. meu estudo *Historia como sistema*. [*Obras completas*, t. VI].

10. Cf. o *Prólogo* ao livro do Conde de Yebes [*Obras completas*, t. VI].

ção desta provavelmente tomada de Possidônio e digam se não é a definição da ciência física[11].

O homem pode adivinhar cada vez mais o futuro e, portanto, "eternizar-se" mais nessa dimensão. Por outro lado, pode ir se apropriando cada vez mais de seu passado. Quando findem as lutas presentes, é provável que o homem, com fúria e ânsia até agora desconhecidas, se ocupe de absorver o passado em proporções e com vigor e exatidão nunca vistos: é o que chamo e anuncio faz tantos anos como *aurora da razão histórica*.

O homem acha-se, portanto, muito próximo da possibilidade de aumentar gigantescamente seus quilates de "eternidade". Porque ser eterno não é perdurar, não é ter estado no pretérito, estar no presente ou continuar estando no futuro. Isso é apenas perpetuar-se, perenizar-se – uma lida, afinal de contas, fadigosa, porque significa ter de percorrer *todo* o tempo. Mas eternizar-se é o contrário: é não se mover do presente e conseguir que passado e futuro se fadiguem eles mesmos em vir para o presente e preenchê-lo: é recordar e prever. É, portanto, de certo modo, fazer com o tempo o que Belmonte conseguiu fazer com o touro; em vez de ele se azafamar em torno do touro, conseguiu que o touro se azafamasse em torno dele. A pena é que o touro do Tempo, no que nos cabe presumir concretamente, sempre terminará por escornar o Homem que se atarefa para eternizar-se.

A "eternidade" do Homem, mesmo essa efetivamente possível, é tão somente provável. Tem sempre de dizer para si mesmo o que aquele cavalheiro borguinhão do século XV escolheu como divisa: *Rien ne m'est sûr que la chose incertaine:* só tenho certeza da incerteza. Ninguém nos garante que o espírito científico persistirá na humanidade, e a evolução da ciência está sempre ameaçada de involução, de retrocesso e até de desvanecimento.

Nossa retrospecção tornou manifesto que *é indiferente qualificar o passado filosófico como conjunto de erros ou como conjunto de verdades* por-

---

11. *De Divinationes* I, XLIX (cito da edição Didot por não ter outra à minha disposição). Parece-me que o termo "divinatio artificiosa" não é encontrado antes do I, LVI.

Epílogo de José Ortega y Gasset

que, com efeito, tem tanto de um como do outro. Qualquer dos dois juízos é parcial e, em vez de brigar, mais vale, no fim das contas, se juntarem e darem as mãos. A série dialética que percorremos não é, em seus pontos temáticos, uma sequência de pensamentos arbitrários ou justificados apenas pessoalmente, mas o itinerário mental que terá de cumprir todo aquele que se ponha a pensar a realidade "passado da filosofia". Não é arbitrário nem é nossa a responsabilidade de que, partindo de sua totalidade, a primeira coisa que percebamos seja a multidão de opiniões contraditórias e, portanto, errôneas, que em seguida vejamos como cada filosofia evita o erro do precursor e assim o aproveita, que mais tarde nos demos conta de que isso seria impossível se aquele erro não fosse em parte verdade e, por fim, como essas partes da verdade se integram ressuscitando na filosofia contemporânea. Assim como o experimento corriqueiro graças ao qual o físico verifica que as coisas ocorrem de um determinado modo, e que ao ser repetido em qualquer laboratório idôneo dá o mesmo resultado, essa série de passos mentais se impõe a qualquer um que medite. Fixar-se-á ou se deterá mais ou menos em cada articulação, mas todas são estações nas quais seu intelecto *parará* um instante. Como veremos, a função do intelecto é parar e, ao fazê-lo, parar a realidade que o homem tem diante de si. Na operação de percorrer a série, tardará mais ou menos, segundo seus dotes, segundo sua disposição física, segundo o estado climático, segundo goze de repouso ou tenha desgostos[12]. A mente adestrada costuma percorrer em grande velocidade uma série dialética elementar como a exposta. Esse adestramento é a educação filosófica, nem mais nem

---

12. Aproveito esse caso para uma intervenção pedagógica dirigida a qualquer jovem inexperiente – ser jovem é ser profissionalmente inexperiente – que me leia. É sumamente provável que ante as últimas frases do texto sua reação tenha sido a seguinte: "Tudo isso é óbvio e trivial. Já sabemos que não se está do mesmo jeito todos os dias! Portanto, o autor, ao dizê-lo e acumular expressões para dizer o mesmo – o 'não se sentir bem' –, se entrega à 'retórica'. De qualquer modo, aí não há nada que seja um problema filosófico." Limito-me a responder que ao chegar à p. [a indicação da página está em branco no manuscrito, e não parece encontrar-se entre as que o autor chegou a escrever] lembre-se dessa sua reação, porque é possível que então sinta um choque, muito útil para que aprenda a ler os textos filosóficos.

menos misteriosa que a ginástica ou que o "cultivo da memória". Qualquer um pode ser filósofo, basta querer – entenda-se, querer exercitar-se, seja rico ou pobre, já que a riqueza quase estorva mais que a pobreza[13]. Ao entendermos que o passado da filosofia é, *na realidade*, indiferente a seu aspecto de erro e a seu aspecto de verdade, nossa conduta deverá ser a de *não abandonar* nenhum e *integrá-los*.

Uma verdade, se não for completa, é algo em que não se pode ficar – em que não se pode "estar". Lembrem-se do exemplo inicial do esferoide e o espaço em torno dele. Basta insistir em pensar bem o esferoide que ele nos lança para fora e nos dirige para o "espaço em torno". Por isso, faz muito sentido o que nos diz por si mesma, se soubermos ouvi-la, a expressão corrente do idioma espanhol: "X está en un error". Porque ela subentende que o erro é precisamente "aquilo em que não se pode estar"[14]. Caso se pudesse *estar* no erro não teria sentido o esforço de buscar a verdade. E, com efeito, o mesmo idioma espanhol usa outra expressão conexa em que manifesta o que naquela estava subentendido: "X caiu no erro de..." O estar no erro é, portanto, um cair – o mais oposto ao "estar". Outras vezes se dá a essa problemática "estância" no erro um viés também negativo mas de caráter moral. Não só se cai como "se *comete* o erro...", responsabilizando o caído por seu cair.

Como as verdades pretéritas[15] são incompletas não se pode estar nelas, e só *por isso*, são erros. A existência ou não de erros de outro tipo,

---

13. Cf. em meu estudo *En torno a Galileo* como a riqueza, a superabundância de muitos bens é a causa das grandes e, às vezes, terríveis crises históricas [*Obras completas*, t. V].

14. A título de esclarecimento: essa expressão envolve uma intenção reprovatória; X faz algo que, por uma razão ou outra, não se pode fazer – estar no erro. Pertence a um tipo de expressões como: X é um traidor, Y mente, Z confunde as coisas – que, embora sejam positivas gramaticalmente, enunciam negatividades. O negativo aparece no predicado, positivo também enquanto forma gramatical, mas que o enunciador supõe e admite ser uma realidade negativa inquestionável.

15. Falar de "verdade pretérita" parece indicar que a verdade tem data, que é datada, quando a verdade sempre foi definida como algo alheio ao tempo. Discutiremos isso mais adiante; por ora gostaria apenas de observar que não se trata de um *lapsus* verbal e que se é um crime não é impremeditado.

isto é, de erros que nada mais são senão erros, cujo erro não consiste meramente em seu caráter fragmentário, mas em sua matéria e substância, não é uma questão que precisemos elucidar nesse momento.

Interrompamos aqui esta série dialética não porque, a rigor, não deveríamos continuá-la, mas porque no âmbito deste epílogo não cabe dizer mais e o que foi dito é o bastante. Mas o erro não é, conforme todo o acima discutido, interromper uma série dialética, não "continuar pensando"? Seria se a déssemos por completa, mas o que fazemos é simplesmente dá-la por bastante para o horizonte e o nível de temas que vamos abordar. É bem óbvio que nesta série, como no olhar que a iniciou, não se tentou outra coisa senão uma enorme macroscopia. Mas é claro que restam nessa mesma direção do pensamento inumeráveis coisas por dizer. Mais ainda, o que foi enunciado é apenas o primário, e o primário é sempre o mais tosco e grosseiro, embora seja forçoso dizê-lo e não seja lícito saltá-lo[16].

---

16. Nem o espaço em que devo me estender nem a finalidade didática do livro permitem desenvolvimentos mais amplos deste tema. Ao falar agora imagino leitores ainda não muito adestrados nos modos da Filosofia. Para facilitar-lhes a tarefa dei a esta primeira série didática uma expressão e também alguns destaques tipográficos que acusam enfaticamente as articulações do pensamento ao avançar em sua progressiva complicação ou síntese. No restante destas páginas abandono tal procedimento a fim de caminhar com mais pressa por pressupostos e deixando tácitos muitos dos passos intermediários que o pensamento dá e o leitor pode suprir.

Mas, sempre que possível, convém evitar para o leitor a incômoda depressão resultante de anunciar-lhe vagamente que coisas mais interessantes, mais substanciosas ficam tácitas sem permitir que veja, fosse como amostra, algum perfil concreto do silenciado. Mas como isso, por sua vez, seria impraticável na maioria dos casos, sob pena de expressar-se hermeticamente multiplicando o laconismo pelo tecnicismo, apenas cabe, aqui e acolá, por meio de exemplos, apresentar listas de temas precisos que foram deixados intactos. Com isso o leitor ganha confiança no autor, lhe dá crédito e se convence de que esses anúncios de profundidades taciturnas e de rigores postergados são coisas efetivas. Em suma, convém a ambos – leitor e autor – que o calar deste não seja malignamente entendido como vazio, mas que se transluza mais cheio que seu dizer.

Por isso agrego aqui alguns dos muitíssimos temas que a série apenas iniciada neste capítulo encontraria mais adiante se prosseguisse. Escolho-os entre os que podem ser enunciados em termos muito breves, ser entendidos sem nenhuma preparação especial, mas que, ademais, são problemas abertos cuja solução exigiria longas investigações, até mesmo de caráter empírico, de fatos e "dados":

Em vez disso vamos agora – depois de uma breve reflexão sobre o que acabamos de fazer, que nos renderá um importante teorema ontológico – inaugurar, partindo do mesmo assunto (o passado filosófico), outra série dialética com uma rota muito diferente.

1º. O que havia, antes do início da filosofia, como ocupação homóloga no homem? Portanto, não seria a filosofia, por sua vez, nada além de um passo dado pelo pensamento desde outro anterior que não seria filosofia? Isso significa que toda a filosofia, desde sua origem até esta data, apareceria como mero membro de uma série "dialética" enormemente mais ampla que ela. Sobre esse tema, que é indispensável, terei de dizer algo mais adiante.

2º. Por que a filosofia começou, quando e onde começou.

3º. Se esse começo, por suas condições concretas, impôs à filosofia limitações milenares de que necessita se libertar.

4º. Por que em cada época a filosofia para em determinado ponto.

5º. Se na melodia de experiências intelectuais que é o passado filosófico não faltaram determinadas experiências. Isso teria para mim a especial importância de fazer o leitor reparar que o dito no texto não *dá por suposto* que o processo histórico da filosofia foi "como devia ser", que não haja nele imperfeições, buracos, falhas graves, importantes ausências etc. Para Hegel, o processo histórico – o humano geral e, em particular, o filosófico – foi perfeito, o que "tinha de ser", o que "devia ser". A história, afirma ele, é "racional", mas, bem entendido, essa "racionalidade" que, segundo ele, a história tem, é uma "razão" não histórica, e sim, com ligeiras modificações, a que desde Aristóteles se conhecia e desde então foi reconhecida como o oposto à historicidade: o invariável, o "eterno". Penso que é urgente inverter a fórmula de Hegel e dizer que, muito longe de a história ser "racional", acontece que a razão ela mesma, a autêntica, é histórica. O conceito tradicional de razão é abstrato, impreciso, utópico e ucrônico. Mas como tudo que é tem de ser concreto *se há* razão, esta terá de ser a "razão concreta". (Cf. do autor *Historia como sistema*, 1935, e, como pré-formulação da ideia, *El tema de nuestro tiempo*, de 1923. Algo sobre a historicidade da razão em *Ensimismamiento y alteración*, 1939 [Buenos Aires], e em *Prólogo a Veinte años de caza mayor* do Conde de Yebes, 1941) [*Obras completas*, tomos VI, III, V e VI. O trabalho *Ensimismamiento y alteración* é o capítulo I do livro *El hombre y la gente*, em *Obras completas*, tomo VII].

II. Os aspectos e a coisa inteira

Se suspendermos por uns momentos nossa ocupação com o passado filosófico e, em seu lugar, refletirmos sobre o que se passou conosco em relação a ele ao desenvolvermos a série dialética anterior, poderemos obter uma generalização importante. Esse passado nos foi apresentado sob diferentes aspectos, cada um dos quais ficou formulado por nós no que costumamos chamar de "conceito, noção, ideia de uma coisa". Se fosse por gosto, teríamos nos contentado com um, com o primeiro. Era o mais cômodo. Mas a realidade que tínhamos na nossa frente – o passado filosófico – não nos deixou e nos obrigou a nos mobilizarmos, a transitar de um aspecto a outro e, paralelamente, de uma "ideia" a outra. De quem é a culpa de que fosse inevitável nos darmos a todo esse trabalho: a realidade, a coisa ou nós, nossa mente? Vejamos.

Se o leitor olhar com os olhos de sua cara a superfície da mesa ou a parede que talvez agora tenha diante de si e também esta página do livro e insistir por um tempinho em sua inspeção ocular, notará uma coisa tão banal quanto estranha. Notará que o que efetivamente vê da parede num segundo momento não é totalmente a mesma coisa que viu no primeiro. E não é que a parede, em tão breve espaço de tempo, tenha, por si, mudado. Mas pontos, formas, pequenas rachaduras, minúsculas manchas, matizes de cor que primeiro não se viam *se revelam* no segundo momento – onde *revelar* pode ser entendido como em fotografia. Com efeito, surgem de repente e, no entanto, com o caráter de já estarem ali antes, mas despercebidos. Se o leitor tivesse se obrigado – o que é praticamente impossível – a formular em conceitos e, portanto, em palavras o que viu em cada um desses dois momentos notaria que as duas fórmulas ou conceitos da parede eram diferentes. A cena se reproduziria indefinidamente se continuasse indefinidamente olhando a parede: esta, como um manancial inesgotável de realidade, iria "manando" conteúdo sempre imprevisto que iria, a cada momento, se revelando. A coisa, nesse exemplo, permaneceu quieta: é nosso olho que se moveu dirigindo o eixo visual ora para uma coisa, ora para outra. E a cada disparo de olhar que a pupila fazia, a parede, ferida em suas entranhas, deixava escapar novos aspectos de si mesma. Mas mesmo sem mover a pupila teria ocorrido o mesmo, porque *a parede também faz mover-se* nossa atenção. No primeiro instante, teríamos nos *fixado* em determinados componentes, no segundo, em outros, e a cada *fixação* nossa a parede teria correspondido com outra fisionomia. Trata-se de um fenômeno de valor paradigmático que, às vezes, é comovedor. Se tomarmos qualquer folha de uma árvore e a olharmos com insistência, veremos primeiro apenas sua forma geral e depois ela mesma; a folha vai solicitando nosso olhar, movendo-o, itinerando-o sobre sua superfície, guiando-o de modo tal que se revela a nós a maravilhosa estrutura de graça geométrica, "construtiva", arquitetônica, incrível que formam suas inumeráveis nervuras. Para mim, essa experiência impremeditada foi inesquecível – o que Goethe chamava um "protofenômeno" –, e a ela devo, literalmente, toda uma dimensão de minha doutrina: que *a coisa é o mestre do homem*; sentença de conteúdo muito mais grave do que agora se possa supor[1]. Mas tenho de acrescentar isto: nunca acabei de ver uma folha.

Quem sabe seja um exemplo mais claro proporno-nos a ver uma laranja. Primeiro vemos dela apenas uma *face*, um hemisfério (aproximadamente) e em seguida *temos de nos mover* e ir vendo hemisférios sucessivos. A cada passo, o aspecto da laranja é outro – outro que se *articula* com o anterior quando este já *desapareceu*, de modo que nun-

---

1. Cf. uma insinuação dela em meu ensaio *La "Filosofía de la historia" de Hegel y la historiología*, 1928 [*Obras completas*, t. IV].

ca *vemos junta* toda a laranja e temos de nos contentar com *visões* sucessivas. Neste exemplo, a coisa exige ser vista completa com tal veemência que nos puxa e nos faz materialmente girar em torno dela.

Não há dúvida de que é a laranja, a realidade, que, por sua vez, é causa de que passemos de um aspecto a outro, que nos obriga a nos deslocarmos e cansarmos. Mas é claro que faz isso porque, a cada momento, só podemos olhá-la de um ponto de vista. Se fôssemos ubíquos e, a um só tempo, pudéssemos vê-la de todos os pontos de vista, a laranja não teria para nós outros "aspectos diversos". De chofre a veríamos inteira. Também somos, pois, causadores de nosso próprio trabalho.

Nosso movimento de translação em torno da laranja para ir vendo-a, se não fosse mudo, seria um exemplo cabal de série dialética. A condição de nosso pensar, devido à qual costuma ser chamado de "discursivo"[2], ou seja, que corre a saltos descontínuos, faz com que tenhamos de *percorrer*, passo a passo, fazendo paradas, a realidade. A cada passo captamos uma "vista" dela e essas vistas são, por um lado, o *sensu stricto* intelectual, os "conceitos" ou "noções" ou "ideias", por outro, o intuitivo, os "aspectos" correlativos da coisa. Esse percorrer supõe tempo e cada homem dispõe de pouco e a humanidade não dispôs até aqui de mais de, aproximadamente, um milhão de anos, motivo pelo qual não são fabulosamente muitas as "vistas" que até agora foram captadas da Realidade. Haverá quem diga que se poderia ter aproveitado melhor o tempo porque é evidente que se perde muito tempo[3]. É verdade, mas para corrigir isso seria preciso, entre outras coisas, averiguar primeiro por que a história perde tanto tempo, por que não anda mais depressa, por que "os moinhos dos Deuses moem tão devagar", como já sabia Homero[4]. Em suma, é preciso explicar não só o tempo histórico, mas seu *tempo* diverso, seu *ritardando* e seu *accelerando*, seu *adagio* e seu *allegro cantabile* etc. Do que resulta a ex-

---

2. O termo é confuso porque no pensar há um lado intuitivo e outro "lógico" ou conceitual. Mas não convém entrar aqui nesse assunto.
3. Cf. nota (11), p. 560.
4. *Ilíada*, IV, 160.

travagante mas evidente consequência de que, além de os homens terem perdido todo esse tempo, têm de gastar outro tanto se dedicando "à la recherche du temps perdu"[5].

A presente ocasião não é oportuna para tentá-lo. O problema agora é que, a cada momento, temos da realidade apenas um certo número de vistas que vão se acumulando. Estas vistas são, por sua vez, "aspectos da coisa".

O "aspecto" pertence à coisa, é – para dizê-lo cruamente – um pedaço da coisa. Mas não é só *da* coisa: não existe "aspecto" se alguém não olha. É, portanto, *resposta* da coisa a um olhá-la. Colabora nela o olhar porque é este que faz com que na coisa brotem "aspectos", e como esse olhar tem em cada caso uma índole peculiar – olha em cada caso *de um ponto de vista determinado* –, o "aspecto" da coisa é inseparável do vidente. Mas, permitam que eu insista: como, no final das contas, é sempre a coisa que se manifesta para um ponto de vista em algum de seus aspectos, estes lhe pertencem e não são "subjetivos". Por outro lado, dado que são somente *resposta* à pergunta que todo olhar faz, a uma inspeção determinada, não são a coisa mesma, mas apenas seus "aspectos". Com um modismo de sobra vernacular, diríamos que o "aspecto" é a "cara que [a realidade] tem". Ela tem mas tem para nós[6]. Se coubesse integrar os incontáveis "aspectos" de uma coisa, teríamos ela mesma, porque a coisa é a "coisa inteira". Como isso é impossível, temos de nos contentar em ter dela apenas "aspectos" e não a coisa mesma – como acreditavam Aristóteles ou Santo Tomás.

O que por parte da coisa é "aspecto", por parte do homem é a "vista" captada da coisa. Costuma ser chamada de "ideia" (conceito,

---

5. Também aqui o leitor, que não costuma *ver* as coisas de que o autor está falando, mas ficar de *fora* olhando as palavras com que fala, como os sapatos de uma vitrine, julgará com grande petulância que isso não passa de um jogo de palavras. Concedo-lhe um prazo até a próxima publicação de um livro meu, onde encontrará um exemplo concretíssimo e conciso de como o acima dito é literalmente verdade e, em certas ocasiões, não há outro remédio senão ocupar-se de "buscar o tempo perdido" por si mesmo ou por outro, por uma nação ou pela humanidade inteira.

6. E, na verdade, poder-se-ia, em vez de "aspecto", dotar com toda formalidade o vocábulo "cara" de valor terminológico em ontologia.

noção etc.). Mas este é um termo que hoje só tem significado psicológico, e o fenômeno radical que agora nos ocupa não tem nada de psicológico. É claro que para que a coisa nos ofereça seus "aspectos" e – o que dá na mesma, só que considerado desde o "sujeito" que tem a coisa diante de si – o homem possa captar dela suas "vistas", todos os aparelhos corporais e psíquicos têm de funcionar. A psicologia, a física e a fisiologia estudam esses funcionamentos, mas isso quer dizer que essas ciências como que partem de algo prévio, que está aí antes delas e que é causa de sua existência, do fenômeno primário e radical que é a presença da coisa ante o homem na forma de "aspectos" ou "vistas". O funcionamento desses aparelhos e mecanismos não tem qualquer interesse para a questão que nos ocupa. Tanto faz que funcionem de um modo ou de outro, pois o que importa é o resultado: que o homem se encontra com o fato de que vê coisas.

Não se trata de psicologia nem com nada que se pareça[7]. Trata-se de um fato metafísico ou, com outro nome, ontológico. E os fatos metafísicos – que não são misteriosos ou ultracelestes, mas os mais simples, os mais triviais, lapalissadas – são os fatos mais verdadeiramente "fatos" que existem, anteriores a todos os "fatos científicos", que supõem aqueles e deles partem.

Por isso conviria desalojar da terminologia filosófica o vocábulo "ideia", palavra em último grau de degradação e envilecimento, já que nem mais em psicologia significa algo preciso, autêntico, unívoco. Na Grécia – pois se trata de uma palavra grega, não latina e menos ainda românica – teve seu grande momento, sua vez de estar em forma. Com

---

7. Isso não quer dizer que a psicologia não seja uma disciplina fabulosamente interessante, à qual as pessoas deveriam se afeiçoar mais porque é acessível, bastante rigorosa e muitíssimo divertida. Com preparação bastante modesta pode-se trabalhar com ela com resultados positivos e de própria criação. Já faz dez anos que tive o propósito de iniciar na Espanha uma campanha *pró* Psicologia, aproveitando o entusiasmo e os excepcionais dotes de organizador que o Dr. Germain possui. Não sou psicólogo nem teria podido me dedicar a sê-lo, mas fui um aficionado, e isso teria permitido que eu despertasse curiosidades, suscitasse vocações e promovesse grupos de estudiosos e curiosos na matéria em torno das pessoas que já de antemão, denodadamente e sem apoio, se ocupavam dessa ciência, sobretudo em Barcelona e em Madri.

Díon, amigo e discípulo de Platão, chegou a reinar literalmente em Siracusa, embora apenas por uns dias, e em Atenas foi por algum tempo quase a opinião "reinante". Foi nada menos que a *Ideia*, as *Ideias* platônicas. Platão chamou o trato com elas de "dialética", da qual diz que é a "arte real" – βασιλικὴ τέχνη. Quem diria, contemplando seu papel atual viscoso, indistinto e nulo! *Diable qu'il a mal tourné ce mot "idée"!*

Pois bem, a versão mais exata do termo *Ideia*, quando Platão o usava, seria "aspecto". E ele não se ocupava de psicologia, mas de ontologia. Porque, com efeito, é próprio da Realidade ter "aspectos", "respeitos" e, em geral, "perspectiva", já que é próprio da Realidade que o homem esteja diante dela e a veja[8]. São quase equivalentes os termos *perspectiva* e *conhecimento*. Mais ainda, o primeiro tem a vantagem de avisar antecipadamente que o conhecimento não é apenas um "modus cognoscentis", mas uma positiva modificação do conhecido – coisa que Santo Tomás não aceitaria; que é a coisa transmutada em meros "aspectos" e tão somente "aspectos", para os quais é essencial constituírem-se em uma perspectiva. O conhecimento – e aludo a ele agora apenas de soslaio – é perspectiva, portanto, nem propriamente um ingresso da coisa na mente como acreditavam os antigos, nem um estar a "própria coisa" na mente *per modum cognoscentis*, como queria a escolástica, nem é uma cópia da coisa como [falta o final da frase], nem uma construção da coisa como supuseram Kant, os positivistas e a escola de Marburg –, mas uma "interpretação" da própria coisa submetendo-a a uma tradução, como se faz de uma linguagem para outra, diríamos da linguagem do ser, que é mudo, para a linguagem que exprime o conhecer. Essa linguagem para a qual é traduzido o ser é, nem mais nem menos, *a* linguagem, o *logos*. Conhecer,

---

8. É o que veremos mais adiante. Neste capítulo, pretendemos apenas precisar uma *terminologia* e não fundamentar a verdade do que ela enuncia. *Por que* falamos de Realidade, *por que* ultimamente asseguramos que tem "aspectos", o que supõe que alguém o esteja sempre vendo etc., são temas radicais de que em breve nos ocuparemos; contudo, os exemplos dados – parede, mesa, página de livro ou então a folha da árvore – bastam por si mesmos para justificar *por ora*, e *nesses* casos pelo menos, a terminologia, já que esta enuncia eficazmente o que, pelo menos, nesses casos efetivamente ocorre.

em sua derradeira e radical concretude, é dialética – διαλέγειν –, *ir falando precisamente das coisas*. A palavra enuncia as vistas em que são patentes para nós os aspectos da Realidade⁹.

Mas essa nova terminologia nos permite ver com clareza um equívoco muito prejudicial que se perpetua na antiga. Costumou-se chamar de "ideias verdadeiras" aquelas que representam ou a que correspondem realidades. Mas essa denominação, além de outras muitas deficiências, é contraditória porque traz em si um emprego equívoco, dual do termo *realidade*. Por um lado, é um conceito epistemológico e, como tal, nada mais significa a não ser que há efetivamente no real aquilo mesmo que o pensamento pensa ou, em outras palavras, que a ideia efetivamente *ideia* o que há na realidade. Se digo que a neve é branca, digo verdade porque efetivamente encontro na neve isso que chamo "brancura". Se digo que é preta, ocorre o contrário. Nesse sentido alude-se, pois, à "realidade da ideia" e se desconsidera a "realidade *do* real". Este último é um conceito "ontológico" e significa a coisa segundo é – e a coisa não é senão a "coisa inteira", sua inte-

---

9. Sendo o conhecimento um assunto que o homem tem com as coisas, será preciso referir-se a ele contemplando-o algumas vezes desde o homem e outras desde as coisas. O assunto, a realidade que se contempla – o fenômeno "conhecimento" – é, em ambos os casos, o mesmo; o que variou foi nosso ponto de vista. Por isso convém possuir um *dobrete* de termo, "vista" e "aspecto". Afinal, ambas as denominações têm a vantagem de recordar constantemente que pensar é em última instância "ver", *ter presente a coisa*, ou seja, *intuição*. Tenham em conta que à linguagem, à palavra, ao nome, correspondem, afora outras que não importam agora, duas funções: *uma*, permitir manejar uma enorme quantidade de conceitos, de idéias de forma "econômica", poupando-nos de efetuar realmente o ato de pensar que esses conceitos e ideias são. Na maioria dos casos, o que descuidadamente chamamos pensar não o é propriamente, é apenas sua abreviatura. Nessa função, cada palavra é somente um "vale" pela efetiva execução de um pensamento, e com ela a linguagem nos permite "abrir um crédito" intelectual com que fundamos, como grandes indústrias, as ciências. Mas o negócio bancário não pode consistir apenas em abrir créditos. Essa função é correlativa de outra e a exige: realizar os créditos adquiridos. Daí a *outra* função da linguagem que é a decisiva: cada palavra é um convite para *ver a coisa* que ela denomina, para executar o pensamento que ela enuncia. Porque pensamento, repito e repetirei sem cessar nestas páginas, é em última e radical instância um "estar *vendo* algo e, disso que se está vendo, *fixar* com a atenção tal ou qual parte". Diremos, pois, que pensar é "fixar-se em algo do que se vê".

gridade. Pois bem, a maioria de nossas "ideias verdadeiras" representa tão somente um dos componentes da coisa que naquele momento nossa mente acha, vê e apreende – portanto, um mero "aspecto" parcial, arrancado da coisa, abstrato, embora "real" no primeiro sentido do termo. Esta é a causa mais frequente de nossos erros, porque nos leva a crer que assegurar-se de que uma ideia é verdade se reduz a confirmar esse único caráter "real" da ideia que é enunciar um "autêntico aspecto" – a não buscar sua integração confrontando a ideia não só com o "aspecto" que ela enuncia, mas com o decisivo caráter da realidade que é "ser inteira" e, por isso mesmo, ter sempre "mais aspectos"[10].

---

10. Dado o forçoso paralelismo entre os problemas da Realidade e os problemas da Verdade, era inevitável que se reproduzisse o mesmo equívoco ao usar o termo "verdade". Esquece-se com demasiada frequência que esta palavra, mesmo na linguagem mais vulgar, significa primariamente "o que é completamente verdade" e só secundariamente tem um segundo sentido mais modesto, resignado e parcial; "aquilo que, mesmo não sendo *toda* a verdade, o é *em parte* porque não é um erro". Que "a neve é branca" é, em parte, verdade porque na neve há brancura, mas, primeiro, existem muitas coisas brancas cuja brancura é de diferente matiz que a da neve – logo o predicado "brancura" dito da neve só é verdade se o tomarmos com seu especial matiz que na proposição não consta e que faz dela uma verdade incompleta, parcial, com o risco de ser falsa. Segundo, existem de fato neves que, mesmo recém-caídas, não são brancas. Terceiro, a neve é inumeráveis outras coisas além de ser branca. O vocábulo "é" na expressão "a neve é..." tem também um sentido máximo que só seria preenchido se o predicado dissesse tudo o que a neve é. Mas, como "realidade" e "verdade", o *é* possui sentidos secundários e deficientes.

III. Série dialética

O exemplo da laranja e, por outro lado, nossa própria conduta ao percorrer os quatro aspectos primeiros que nos apresenta o passado filosófico são duas "séries dialéticas". A reflexão que acabamos de fazer sobre o que nesses "discursos" ou desenvolvimentos mentais se passou conosco nos permite ter uma primeira compreensão do que é uma "série dialética". Essa primeira compreensão é suficiente para que manejemos e aproveitemos esse termo em tudo o que vem a seguir. Mais tarde, ao enuclear o tema "pensar" teremos de entrar nos interstícios da realidade que com esse nome denunciamos.

Não vá o leitor ficar amarrado diante do termo "série dialética", achando que por trás dele há necessariamente grande presa, devido à sua teatral prestância que lembra a ostentação terminológica dos antigos sistemas românticos alemães, próprios de um tempo em que os filósofos eram soleníssimos e ante o público atuavam como ventríloquos do Absoluto. Trata-se de coisa muito pouco importante e muito caseira, mas que é cômoda.

O termo limita-se a denominar o seguinte conjunto de fatos mentais que se produzem ante qualquer tentativa de pensar a realidade:

Toda "coisa" se apresenta sob um primeiro aspecto que nos leva a um segundo, este a outro e assim sucessivamente. Porque a "coisa" é "na *realidade*" a soma ou *integral* de seus aspectos. Portanto, o que fizemos foi:

1.º *Parar* ante cada *aspecto* e captar dele uma *vista*.

2.º *Continuar* pensando ou passar para outro aspecto contíguo.

3.º *Não abandonar*, ou *conservar* os aspectos já "vistos" mantendo-os presentes.

4º. *Integrá-los* numa vista suficientemente "total" para o tema que em cada caso nos ocupa.

"Parar", "continuar", "conservar" e "integrar" são, portanto, as quatro ações que o pensar dialético executa. A cada uma dessas ações corresponde um *estado* de nossa investigação ou processo de compreensão ou pensamento. Podemos chamá-las as *articulações* em que vai se armando nosso conhecimento da coisa.

Pois bem, todo o *quid* está em que cada "vista" de um "aspecto" exige que avancemos para ver outro. A coisa, como dissemos, nos puxa, nos força a andar de novo depois de ter parado. Essa nova "vista" exigida pela primeira será a de outro "aspecto" da coisa – mas *não um qualquer*, e sim o aspecto que na coisa está *contíguo* ao primeiro. Em princípio, o pensar dialético não pode *pular* nenhum aspecto, tem de percorrer todos e, além disso, um depois do outro. A contiguidade "lógica" das "vistas" (vulgo, conceitos) provém da contiguidade por implicação. O conceito de 1 é contíguo ao conceito 2, porque está imediatamente implicado neste. A contiguidade dialética é como a do conceito "espaço em torno" exigido pelo conceito "terra". É uma contiguidade de complicação. Como Hegel chamou ilustremente o pensar sintético ou complicativo de "dialética", busco com esse termo continuidade com a tradição. Mas notem o pouco que tem a ver com a *dialética* de Hegel[1].

Mas o caminho que se faz de um ponto ao ponto contíguo é o que em geometria constitui a linha reta. Temos, pois, que o pensar dialético *só anda em linha reta* e vem a ser como os *fen shui*, ou espíritos perigosos que tanto preocupam os chineses. Porque o fato é que essas entidades, fautrizes do bem e do mal para os homens, só podem se deslocar retilineamente. Por isso, a borda dos telhados chineses é encurvada para cima. Se assim não fosse, um *fen shui* que se instalasse no telhado deslizaria em linha reta caindo sobre a horta ou jardim, proximidade de grande perigo; no entanto, ao encontrar eriçada para o alto a borda do telhado não tem outro remédio senão sair disparado rumo ao firmamento.

---

1. Deixo para outro trabalho uma exposição que esclareça o que há em comum (muito pouco) e o que há de divergente (todo o resto) entre o uso desse termo na obra de Hegel e nas páginas deste livro.

Epílogo de José Ortega y Gasset

Essa contiguidade dos passos mentais faz com que o pensar constitua uma *série* e do tipo mais simples. Conste, pois, que se falo de "*série dialética*" é infelizmente apenas porque se trata de uma série qualquer e vulgar, como o é uma "série de números", uma "série de selos" ou uma "série de desgostos". Que nesse caso a série seja de pensamentos, de conceitos, ideias ou "vistas" não é motivo para armar grande alvoroço.

Suponhamos que nos pomos a pensar sobre um tema qualquer, grande ou pequeno, e que anotamos num papelzinho, um debaixo do outro, os pensamentos a que vamos chegando guiados pela intuição ou visão da coisa, até que consideremos oportuno parar. Isso será a "série dialética X", onde X = sobre *tal* tema. Podemos pôr o título desse tema encabeçando o papelzinho e arquivar este num fichário, para tê-lo à mão quando seja preciso. Foi o que fiz enquanto escrevia estas páginas a fim de não esquecer o que passava pela minha cabeça.

Do que resulta que o tremendo termo, prometedor de profundidades, revela posteriormente sua humilíssima condição de mero instrumento de catalogação para que o autor não se esqueça, e de guia para que o leitor não se perca. Este livro é uma série de séries dialéticas. Poderíamos ter chamado a coisa de muitas outras maneiras. Que o leitor as procure e verá que a escolhida por mim, apesar de seu perfil grandiloquente, é a mais simples e trivial.

Esse "troço" ou ferramenta que é a série dialética serve também para facilitar a tarefa perfurante do crítico, porque é possível atribuir números 1, 2, 3... ou letras A, B, C... aos passos do pensar em que ela consiste, o que permite assinalar com toda precisão e comodidade o ponto que não se entende ou que parece errôneo ou necessitado de alguma correção ou complemento[2].

---

2. Sem que eu possa me deter agora nisso, faço notar a graciosa coincidência que essa numeração das "ideias" na série teria com os famosos e enigmáticos "números ideais" de Platão. Porque também ali, ao lado da série dialética das Ideias, desde a primeira e envolvente (a ideia do Bem) até a última e concreta – a "espécie indivisível" ou ἄτομον εἶδος – coloca-se paralelamente a série dos números, de modo que a cada Ideia corresponda um número – porque ambas as séries são "isomorfas", como hoje dizem os matemáticos. Devemos a Stenzel ter começado a decifrar esse enigma dos "números ideais" ou "Ideias-números" em Platão, vinte e três séculos depois, em seu livro *Zahl und Gestalt bei Platon und Aristoteles*, 1924.

IV. A MESMIDADE DA FILOSOFIA

Imaginemos uma pirâmide e que nos instalemos num ponto dela situado em uma de suas arestas. Logo damos um passo, isto é, passamos a um dos pontos contíguos à direita ou à esquerda da aresta. Com esses dois pontos engendramos uma direção retilínea. Continuamos passando de ponto a ponto, de modo tal que nosso andar desenhe uma reta nessa face da pirâmide. De repente, por motivos quaisquer de arbítrio, conveniência ou oportunidade, detemo-nos. Em princípio poderíamos prosseguir muito mais adiante na mesma direção. Essa reta é o símbolo estrito de nossa primeira série dialética que chamaremos Série A.

Agora, sem abandonar a reta em que estávamos, retrocedemos e nos reinstalamos no ponto de partida na aresta. Uma vez ali, decidimos prosseguir, *sempre em linha reta* passando para o outro ponto contíguo que, sendo nosso caminho atual de retrocesso e, portanto, com direção inversa, nos levará para além da primeira reta. Mas eis que achando-nos num ponto da aresta, o outro ponto contíguo, mesmo avançando na mesma direção, não se acha mais na mesma face da pirâmide que os anteriores. Portanto, sem que nos propuséssemos isso, ao andar para trás e retornar com itinerário inverso ao *mesmo* ponto de partida passamos não só para outro ponto, mas para outra face da pirâmide.

É o que faremos agora. Com estrita continuidade em nosso pensar, ao voltar a ver, andando na direção oposta, o fato inicial – o passado filosófico –, vamos vê-lo por outra de suas faces e a série de aspectos que agora vão surgir ante nossos olhos será muito distinta da anterior. Partindo, pois, outra vez do próprio panorama que é a história da filosofia, vamos engendrar uma nova reta mental, uma segunda "série dialética", que chamaremos série B.

Lembrem-se que conforme o "primeiro aspecto", o passado filosófico apareceu para nós como uma "multidão de opiniões sobre o mesmo". Era a primeira vista que captávamos daquela realidade, e a primeira vista é normalmente tomada de longe[1]. Só se vê confusão. Veremos a seguir como a "confusão" é um estágio inicial de todo conhecimento, *sem o qual não se pode ir saindo para a luz*. O importante para quem queira pensar de verdade é não ter demasiada pressa e ser fiel em cada passo de seu itinerário mental ao aspecto da realidade que no momento está vendo, *evitando desprezar os primeiros, distantes e confusos aspectos* por uma espécie de *esnobe* urgência que provoca nele o desejo de chegar rápido aos mais refinados.

Mas ante essa "multidão de opiniões sobre o mesmo", o que nos chamou primeiro a atenção foi o momento "multidão". Vimos o passado filosófico como uma gota de água onde pululavam caoticamente os infusórios das doutrinas, sem ordem nem concerto, em franca divergência e universal charivari, brigando uns com os outros. Era uma paisagem de infinita inquietude mental. A história da filosofia tem, com efeito, e não há por que nem para que ocultá-lo, um divertido aspecto de doce manicômio. A filosofia que, se algo parece nos prometer, é a máxima sensatez – "a verdade", "a razão" – se mostra, num primeiro momento e tomada em seu conjunto histórico, com traços muito similares à demência. Convém que o leitor vá se acostumando com essas metamorfoses porque neste livro vai assistir a muitas[2].

---

1. Nos casos em que não é assim trata-se de um encontro anormal com uma realidade que se apresenta a nós desde o começo como imediata, clara, precisa. Isso produz no homem um *choque* tão grande que provoca nele fenômenos anômalos – no bom e no mau sentido. Um deles é a estranha crise súbita que se chama "conversão", outro é o "êxtase repentino", outro, o "deslumbramento" etc.

2. A razão disso é muito simples. Sendo próprio da realidade apresentar aspectos diversos dependendo de onde e como seja olhada, cada um deles é uma "forma" ou figura, ou *morphé* que a realidade adota e, à medida que as percebemos, presenciamos sua "transformação", "transfiguração" ou "metamorfose".

Epílogo de José Ortega y Gasset

Obcecados por esse caráter de multidão e divergência, só prestamos atenção a ele e ele nos levou inevitavelmente na direção da Série A. Mas agora, habituados com a aparente pluralidade e discrepância das filosofias já dominadas intelectualmente por nosso pensamento e convencidos de que no final das contas "não é assim", nos desinteressamos, pelo menos por certo tempo, desse momento e então salta a nossa vista o outro, qual seja: que, embora muitas e discrepantes, são opiniões sobre *o mesmo*. Isso nos convida a buscar, olhando contra a luz a multidão das filosofias, a unidade, mais ainda, a *unicidade* da filosofia; a descobrir através das diferentes doutrinas o que nelas há do *mesmo*. De outro modo não teria sentido chamar essas doutrinas, a despeito de suas divergências, "filosofias" ou nomes afins. Isso implica que, por baixo de suas caretas de antagonistas, todas são a *mesma* filosofia, ou seja, que as filosofias não são mera multidão, não são só esta e aquela e outra acolá, mas que têm em última instância uma *mesmidade*. Isto é, esperamos, suspeitamos, presumimos que a tenham.

Partimos, pois, jovialmente para a arriscada viagem em busca da *mesmidade* da filosofia. Imediatamente vamos notar que essa nova andança nos leva para o interior das filosofias, nos leva para suas entranhas, para um "dentro", intimidade e recôndito, e em comparação com o qual tudo o que foi visto na Série A era extrínseco, casca, pele sobre osso.

Bem, e como procederemos? Talvez o leitor pense que devamos *começar* por tomar uma a uma, em sua sucessão cronológica, cada filosofia e olhar "o que tem dentro". Em seguida compararíamos as entranhas de cada uma e veríamos se coincidem ou não, se eram as *mesmas* entranhas que tinham servido a muitos corpos distintos.

Mas, em primeiro lugar, deixaria de ser um olhar panorâmico de resumo sobre o *conjunto* do passado filosófico que a este dirigimos ao acabar a leitura do livro de Marías e que, como dissemos, era como uma despedida desse continente pretérito. Em segundo lugar, deter-se a fundo em cada doutrina equivaleria a ser infiel para com a primeira vista, da qual agora examinamos a *mesmidade* da filosofia, na qual oferece-se a nós um aspecto modestíssimo dela, mas que não tem por que ser pulado. A ciência se formou e progrediu graças ao fato de não pular os aspectos modestos. A física existe porque existe a astronomia matemática e esta, por sua vez, porque Kepler viveu anos respeitosamente, religiosamente detido ante uma ridícula diferença de cinco minutos de arco que havia entre os dados de observação sobre posição dos planetas registrados com minúcia prodigiosa por Tycho-Brahe e sua "primeira solução" para o sistema de seus movimentos em torno do Sol. Nessa errônea solução, os planetas ainda descreviam órbitas circulares. À medida que Kepler, durante um apaixonado trabalho de anos, comprimia essas circunferências sobre os dados de Tycho que delas divergiam, as circunferências se abrandaram, se alargaram um pouco e se transformaram nas ilustres elipses de que a humanidade viveu até Einstein. Essas elipses, combinadas com as leis mecânicas de Galileu, com certos métodos gerais de Descartes e algumas outras coisas posteriores, tornaram possível a ideia de gravitação e com isso a "filosofia de Newton", o primeiro sistema autêntico, ou seja, *bem-sucedido* de pensamento sobre algo real que o homem possuiu, isto é, a primeira ciência efetiva. Isso para não falar da atenção às diferenças mínimas – comparadas com as quais os "cinco minutos" de Kepler parecem gigantescos –, de cuja religiosa contemplação, do respeito às quais surgiu a teoria da relatividade. O mesmo pode ser dito, se tomarmos a coisa por um outro lado, mais modesto ainda, do fato de que a obra de Kepler, homem genial, teria sido impossível se antes Tycho-Brahe, um homem sem gênio – a não ser que o gênio seja a paciência –, não tivesse dedicado a vida inteira à modestíssima tarefa de reunir as medidas mais exatas possíveis na época sobre os deslocamentos siderais, coisa que, por sua vez, não teria sido possível, se numa nação de fabulosos imprecisos como é Portugal, não tivesse nascido um homem, mais modesto ainda, um maníaco da precisão, o bom Nunes que encasquetou inventar um aparelho para medir décimos de milímetro, o engenhoso, famoso *nonius* que conserva para sempre, mumificado em latim, o modesto nome de nosso vizinho Nunes[3].

---

3. E vice-versa – como veremos mais adiante –, se Kepler tivesse deparado com dados métricos cuja exatidão fosse maior, mesmo sem chegar às precisões quase fabu-

Epílogo de José Ortega y Gasset

Prestemos, pois, a atenção devida, nem sequer ao mais essencial, mas ao primeiro *aspecto* do passado filosófico que esse novo *respeito* ou face – a "mesmidade" das filosofias – nos oferece[4].

Das coisas definitivamente passadas, a primeira *vista* que obtemos não costuma ser de caráter visual; nem é visão ocular, nem a visão mental que mais adiante estudaremos sob o termo "intuição". Visão só se pode ter do que, de uma forma ou outra, de mais perto ou de mais longe, "está aí diante de nós em pessoa". A visão é relação imediata de nossa mente com a coisa, e desde que a avistamos distante no final do horizonte até que a tenhamos quase tocando a pupila, a única coisa que fazemos é passar por formas cada vez mais precisas e claras de relação imediata com ela. Mas o passado radical é o que não "está aí diante de nós". É o que se foi e, por excelência, o ausente. E a primeira e mais elementar notícia que dele temos não é um *vê-lo*, mas um *ouvir* falar dele. Assim, da filosofia, a primeira coisa com que todos os hoje vivos depararam, se com algo depararam, é com a série de seus nomes e com os títulos de seus livros e com a denominação dos homens que *andavam* às voltas com o filosofar. O passado nos chega em nomes e dizeres que ouvimos dizer dele – tradição, fábula, lenda, narrativa, história: dizer, mero dizer. Da filosofia topamos primeiro

---

losas que hoje a física alcança, teria fracassado, e a física *não* teria se constituído porque os meios matemáticos de então não bastavam para dominar diferenças tão pequenas e complexas. Isso mostra até que ponto a ciência é um organismo delicadíssimo cujos membros, de condição muito diferente entre si, têm de avançar com uma espécie de "harmonia preestabelecida".

4. Nada seria mais fácil que realizar com todo rigor esse propósito. Seria simplesmente uma questão de mais páginas. Mas a economia deste livro, onde há coisas demais para dizer, me obriga no que segue a misturar coisas que *a rigor* pertencem a aspectos posteriores, mais próximos e que não se veem num sobrevoo, que é o que corresponde estritamente neste capítulo. Mas é preciso, por razões puramente didáticas, antecipar algumas coisas. O importante é não deixar de dizer o essencial desse aspecto, e não há qualquer prejuízo, tendo em conta essa advertência, em acrescentarmos coisas inessenciais nele. Portanto – e esse alerta vale para todo este capítulo –, ante o estrito fenômeno "filosofia vista a distância", esses adendos de visão mais próxima, isto é, de quem já está dentro da filosofia e não tem dela apenas uma vaga e remota visão, nada mais fazem senão dar caráter explícito ao que esse "ignorante", sem conseguir precisá-lo para si mesmo, vê, ouve e sente em sua vaga imagem do que é filosofia.

com o que dela "se diz". Os gregos chamaram "o que se diz" de "fama" – no sentido de nossa frase vulgar "corre fama que...".

Contudo, ante esse passado radical, ante o passado propriamente "histórico", feito de ausência e remoto horizonte, há um passado relativo, passado um tantinho presente – como se disséssemos que não acabou de ir embora. Com esse passado temos ainda certa relação visual: embora de modo turvo, continuamos a vê-lo. Nas rugas da cara do ancião vemos que é um *passado* vivente, *presente*. Não precisamos ouvir *dizer* que aquele homem *foi*: *seu ter sido antes* é presente para nós com energia. O mesmo acontece com a paisagem povoada de ruínas, com a roupa desbotada e esfarrapada, com a velha montanha vulcânica de que resta apenas o esqueleto interior pétreo, com nosso rio Tejo, prisioneiro em seu leito estreito e profundamente talhado dentro da dureza das rochas. Vemos com os olhos da cara, se formos um pouco fisionomistas, que o Tejo é um rio muito velho, um caudal senescente, cujo débil fluxo corre por um álveo caloso, córneo – em suma, presenciamos um espetáculo de fluvial arteriosclerose (quem não se angustia ou, pelo menos, se melancoliza ao contemplar em seu curso nas cercanias de Toledo esse rio decrépito, é porque é cego de nascimento e não merece existir ou, em tendo de existir, que olhe o mundo. É inútil: não vê nada).

Mas, repito, do passado histórico a mais normal e íntima noticia[5] é a que nos chega em nomes. A aventura não lhe é peculiar. O nome é a forma da relação distante, radicalmente distante entre nossa mente e as coisas. Da maioria destas, é a primeira comunicação e, de muitíssimas, a única que nos chega com seus nomes, só seus nomes.

Aparecem subitamente diante de nós, deslizam em nosso ouvido quando as coisas que eles denominam ainda estão remotíssimas de nós – talvez para sempre, invisíveis e além do horizonte. Os nomes

---

5. Onde, do passado, restam apenas resíduos materiais, coisas, utensílios, pedras e não resíduos verbais, falta sempre para nós a presença de sua intimidade. É por isso que nos encontramos – sobretudo, graças aos recentes avanços da investigação – com civilizações inteiras que são mudas e cujos restos estão ali como um hieróglifo para o qual temos de encontrar um sentido. É essa a diferença entre pré-história e arqueologia por um lado e filologia por outro.

são, portanto, como esses pássaros que em alto-mar voam de repente na direção do navegante e lhe anunciam ilhas. A palavra é, com efeito, anúncio e promessa de coisa, é já *um pouco* a coisa. Há muito menos extravagância do que parece na teoria dos esquimós, segundo a qual o Homem é um composto de três elementos: o corpo, o alma e... o nome. Os arcaicos egípcios pensavam o mesmo. E não esqueçamos que: "Onde estão dois ou três reunidos *em meu nome, aí estou eu* no meio deles" (Mt 18,20)[6].

O nome é só "referência à coisa". Está por ela, no lugar dela. A língua é, por isso, símbolo. Uma coisa é símbolo quando se apresenta a nós *como* representante de outra coisa que não está presente, que não temos diante de nós. *Aliquid stat pro aliquo* – é a relação simbólica. A palavra é, portanto, presença do ausente. Esta é sua graça – permitir que uma realidade continue estando, de algum modo, naquele lugar de onde se foi ou onde nunca esteve. A palavra "Himalaia" coloca, aqui em Estoril, onde só se vê a serrinha de mentirinha que é Sintra – coloca "algo assim como" o Himalaia, a vaga, tênue, espectral forma de sua enorme mole. E, ao *falar* aqui com vocês *do* Himalaia, o temos, um pouco, o passeamos, o tratamos – isto é, tratamos *dele*.

Mas a presença que a palavra dá ao ausente não é, certamente, nem compacta nem genuína. O representante não é nunca o representado. Por isso, quando o chefe de Estado chega a um país estrangeiro, seu embaixador nesse país deixa de existir. Que fazer! Da coisa que nomeia, o nome nos apresenta, no melhor dos casos, tão somente um esquema, uma abreviatura, um esqueleto, um extrato: seu conceito. Isso *se* a entendermos bem, que não é tarefa nada fácil!

Donde resulta que o mágico poder da palavra, quando permite que a coisa esteja simultaneamente em dois remotíssimos lugares – ali onde efetivamente está e ali onde se fala dela –, deve ser atribuído com muita parcimônia. Porque o que temos da coisa, ao ter seu nome, é uma caricatura: seu conceito. E, se não tivermos cuidado, se não des-

---

6. Cf. mais adiante *Lógica e ontologia mágicas*, onde falo de que o Homem viu o pensar = logos = palavra, como vindo do ser e residente nele [o título mencionado não foi encontrado nem, ao que tudo indica, chegou a ser escrito].

confiarmos das palavras, procurando chegar, por trás delas, às coisas mesmas, os nomes se convertem em máscaras que, em vez de tornar, de algum modo, a coisa presente, a ocultam. Se aquilo era a graça da palavra, seu dom mágico, isto é sua desgraça, o que a linguagem sempre está a ponto de ser – ilusão, farsa e estardalhaço.

Mas, queiramos ou não, cada um de nós não *tem* da maioria das coisas nada exceto suas mascarilhas nominais – "palavras, palavras, palavras" –, bafejos, brisas, sopros que nos vêm da atmosfera social em que respiramos e que, ao inspirar, encontramos dentro de nós. E achamos que por isso – porque temos os nomes das coisas – podemos *falar delas* e *sobre* elas. E logo aparecerá quem nos diga: "Vamos falar *a sério* de tal coisa." Como se isso fosse possível! Como se "falar" fosse algo que se possa fazer com última e radical seriedade e não com a consciência dolorida de que se está executando uma farsa – farsa, às vezes, nobre, bem-intencionada, até mesmo "santa", mas, no final das contas, farsa! Caso se queira, de verdade, fazer algo *a sério* o primeiro a fazer é calar-se. O verdadeiro saber é, como rigorosamente veremos, mudez e taciturnidade. Não é, como o falar, algo que se faz em sociedade. O saber é um manancial que só pulsa na solidão.

V. [O NOME AUTÊNTICO]

Ouçamos ou leiamos os nomes dessa ocupação a que os homens se dedicam no Ocidente faz vinte e seis séculos, os títulos dos livros em que essa ocupação se perpetua e as qualificações ou motes que a linguagem dedicou aos homens que estiveram às voltas com isso.

A filosofia propriamente dita começa com Parmênides e Heráclito. O que imediatamente a precede – "fisiologia" jônica, pitagorismo, orfismo, Hecateu – é prelúdio e nada mais, *Vorspiel und Tanz*.

Parmênides e outros de seu tempo deram à exposição de sua doutrina o nome de "alétheia". Este é o nome primigênio do filosofar. Pois bem, o instante em que um nome nasce, em que pela primeira vez se *chama* uma coisa com um vocábulo, é um instante de excepcional pureza criadora. A coisa está ante o Homem ainda intacta de qualificação, sem qualquer roupagem de denominação; poderíamos dizer, exposta à intempérie ontológica. Entre ela e o Homem ainda não existem ideias, interpretações, palavras, tópicos. É preciso encontrar o modo de enunciá-la, de dizê-la, de transpô-la para o elemento e "mundo" dos conceitos, *lógoi* ou palavras. Qual será a escolhida? Notemos desde já algo de que nos ocuparemos a fundo muito mais adiante. *Trata-se de criar uma palavra*. Pois bem, a língua é precisamente o que o indivíduo não cria, mas encontra estabelecido em seu entorno social, em sua tribo, em sua pólis, urbe ou nação. Os vocábulos da língua já têm sua significação imposta pelo uso coletivo. Falar é, portanto, usar mais uma vez esse uso significativo, *dizer o que já se sabe*, o que todo o mundo sabe, o consabido. Mas agora se trata de uma coisa que é nova e que, por isso mesmo, não tem nome usual. Encontrar-lhe uma denominação não é "falar" porque ainda não existe palavra para ela – é "falar consigo mesmo". Só a própria pessoa tem diante dos olhos a "nova coisa" e, ao escolher um vocábulo para nomeá-la, só ela o entende. Assistimos, pois, a uma função da linguagem que é o contrário da língua ou falar da gente ou dizer o consabido[1]. É necessário, contudo, que aquele que vê *pela primeira vez* a coisa entenda a si mesmo ao denominá-la. Para isso buscará na língua, naquele vulgar e cotidiano dizer, um vocábulo cuja significação tenha *analogia* – já que não pode ser mais do que isso – com a "nova coisa". Mas a analogia é uma transposição de sentido, é um emprego *metafórico* da palavra, portanto, poético. Quando Aristóteles[2] constata que tudo está "feito de algo" *como* cadeiras e mesas e portas estão feitas de madeira, chamará isso *de que* (ὅ ἐξ οὗ) todas as coisas estão feitas de "madeira" – ὕλη –, ou seja, a "madeira por excelência, a última e universal madeira" ou "matéria". Nossa palavra *matéria* nada mais é senão a madeira metaforizada.

Disso resulta – quem diria! – que a descoberta de um termo técnico para um novo conceito rigoroso, que a criação de uma terminologia não é senão uma operação de poesia.

E vice-versa, se reavivarmos em nós o significado do termo técnico já constituído, e nos esforçarmos por entendê-lo a fundo, ressuscitaremos a situação vital em que se encontrava aquele pensador quando pela primeira vez *viu* ante si a "nova coisa".

Essa situação, essa experiência viva do novo pensar grego que viria a ser o filosofar, foi maravilhosamente denominada por Parmênides e alguns grupos alertas de seu tempo com o nome de "alétheia"[3]. Com efeito, quando, ao pensar meditando sobre as ideias vulgares, tópicas e recebidas em relação a uma realidade, constata que são falsas e por trás delas lhe aparece a própria realidade, é *como se* tivesse

---

1. Da linguagem me ocupo, sistematicamente, em minha obra a ser publicada: o lado social dela é estudado em minha doutrina sociológica *El hombre y la gente*. As demais categorias da linguagem são estudadas em minha doutrina historiológica *Aurora de la razón histórica* [cf. em *El hombre y la gente*, capítulos XI e XII].

2. A rigor, o termo surgiu antes dele.

3. Nas duas ou três gerações anteriores – os jônicos –, a palavra ἱστορεῖν expressa: o que eles faziam, e que em seguida, com olhar retrospectivo e técnico, se chamou φυσιολογία.

tirado de cima desta uma crosta, um véu ou cobertura que a ocultava, por trás dos quais se apresenta em pêlo, nua e patente a própria realidade. O que sua mente fez ao pensar nada mais é, portanto, senão *algo assim como* um desnudar, des-cobrir, tirar um véu ou cobertura, re-velar (= desvelar), des-cifrar um enigma ou hieróglifo[4]. É isso literalmente o que significava na *língua vulgar* o vocábulo *a-létheia* – descobrimento, patentização, desnudamento, revelação. Quando, no século I d.C., veio uma nova descoberta radical, uma nova e grande revelação distinta da filosofia, a palavra *alétheia* já gastara seu novo sentido metafórico em sete séculos de filosofia e foi preciso buscar outro termo para dizer "revelação": este foi, como correspondia aos tempos já asiatizados, um vocábulo barroco: *apo-kálypsis* – que significa exatamente a mesma coisa, só que de modo mais carregado.

Enquanto *alétheia*, a filosofia nos aparece, portanto, como o que é – como uma tarefa de descoberta e deciframento de enigmas que nos põe em contato com a realidade ela mesma e nua. *Alétheia* significa verdade. Porque *verdade* deve ser entendido não como coisa morta, conforme vinte e seis séculos de habituação, já inercial, nos levam hoje a entender, mas como um verbo – "verdade" como algo vivente, no momento de acontecer, de nascer; em suma, como ação. *Alétheia* = verdade é dito em termos vivazes de hoje: *averiguação,* descoberta da verdade, ou seja, da realidade nua por trás das roupagens de falsidade que a ocultavam. Por uma curiosa contaminação entre o descoberto = a realidade e nossa ação de descobri-la ou desnudá-la, falamos com freqüência da "verdade nua", o que é uma redundância. O nu é a realidade e desnudá-la é a verdade, averiguação ou *alétheia*.

Este nome primigênio da filosofia é seu verdadeiro ou autêntico nome[5] e, por isso mesmo, seu nome poético. O nome poético é aquele com que chamamos as coisas em nossa intimidade, falando com nós mesmos, em secreta *endofasia* ou falar interno. Mas em geral não sabemos criar esses nomes secretos, íntimos, em que nos entendería-

---

4. Cf. *Meditaciones del Quijote,* 1914 [*Obras completas,* t. I].
5. É incrível que a linguística atual ainda ignore que as coisas têm, de fato, um "nome autêntico" e ache que isso é incompatível com o caráter essencialmente mudadiço e feito de quase puros acidentes que é a linguagem.

mos a nós mesmos no tocante às coisas, em que nos diríamos o que autenticamente *são para nós*. Padecemos de mudez no solilóquio.

O papel do poeta apoia-se no fato de ser capaz de criar para si esse idioma íntimo, esse prodigioso jargão feito exclusivamente de nomes autênticos. E ao lê-los notamos que em grande parte a intimidade do poeta, transmitida em suas poesias – sejam versos ou prosas –, é idêntica à nossa. Por isso o entendemos: porque ele, por fim, dá uma língua à nossa intimidade e conseguimos nos entender a nós mesmos. Daí o estupendo fato de que o prazer suscitado em nós pela poesia e a admiração que o poeta nos suscita provém, paradoxalmente, de parecer que nos plagia. Tudo o que ele nos diz já tínhamos "sentido", só que não sabíamos dizê-lo[6]. O poeta é o intérprete do Homem consigo mesmo.

"Verdade", "averiguação" deveria ter sido o nome perdurável da filosofia. No entanto, só teve esse nome em seu primeiro instante, ou seja, quando a "própria coisa" – neste caso, o filosofar – ainda era uma ocupação nova, que as pessoas até então não conheciam, que não tinha ainda existência pública e não podia ser vista de fora. Era o nome autêntico, sincero que o filósofo primigênio dá em sua intimidade a isso que se pegou fazendo e que para ele mesmo não existia antes. Ele está sozinho com a realidade – "seu filosofar" – na frente dele, em estado de graça diante dela, e lhe dá, *sem precaução social nenhuma*, inocentemente, seu verdadeiro nome como faria o poeta "terrível" que é uma criança.

Mas, da mesma maneira que o filosofar é um acontecimento que se repete, é uma ocupação que começa a ser habitual e a Gente começa a vê-la de fora – que é como a gente sempre vê tudo –, a situação varia. O filósofo não está mais sozinho com a coisa na intimidade de

---

6. Que aconteceria com esse fenômeno normal e fundamental da vida humana num tempo em que os homens quaisquer, os homens massa, fossem sendo progressivamente petulantes? Pois uma das coisas mais engraçadas que vi acontece com intensidade e freqüência crescentes nas novas gerações, a ponto de ter me deixado muitas vezes atônito: que o jovem atual quando nos lê e conseguimos fazer com que entenda algo *acredita logo em seguida que foi ele que teve a ideia*. Como o escritor, se realmente for um, parece "plagiar" o leitor; esse leitor petulante de hoje acredita seriamente que é ele o verdadeiro autor e que já sabia aquilo. O fato é estupefaciente e grotesco, mas inegável.

seu filosofar; é além disso, como tal filósofo, uma figura pública assim como o magistrado, o sacerdote, o médico, o mercador, o soldado, o jogral, o verdugo. A irresponsável e impessoal personagem que é o entorno social, o monstro de *n+1* cabeças que é a gente, começa a reagir ante essa nova realidade: o "averiguador", isto é, o filósofo. E como o ser deste – seu filosofar – é uma tarefa humana muito mais íntima que todos aqueles outros ofícios, o choque entre a publicidade de sua figura social e a intimidade de sua condição é maior. Então, com a palavra "alétheia", "averiguação", tão ingênua, tão exata, tão trêmula e pequenina ainda de seu recente nascimento, começam a "acontecer coisas". As palavras, em última instância modos do viver humano, têm elas também seu "modo de viver". E como todo viver é "acontecer coisas com alguém", um vocábulo, recém-nascido, entra até seu desaparecimento e morte na mais arriscada série de aventuras, algumas favoráveis e outras adversas[7].

O nome "alétheia" inventado para uso íntimo era um nome em que não estavam previstos os ataques do próximo e, portanto, era indefeso. Mas nem bem a gente soube que havia filósofos, "averiguadores", começou a atacá-los, a mal-entendê-los, a confundi-los com outros ofícios equívocos, e eles tiveram de abandonar aquele nome, tão maravilhoso como ingênuo, e aceitar outro, de geração espontânea, infinitamente pior, mas... mais "prático", isto é, mais estúpido, mais vil, mais cauteloso. Não se tratava mais de nomear a realidade nua de "filosofar", na solidão do pensador com ela. Entre ela e o pensador se interpõem os próximos e a gente – personagens pavorosas –, e o nome tem de defender duas frentes, olhar para dois lados – a realidade e os outros homens –, nomear a coisa não só para si próprio, mas também para *os demais*. Mas olhar para os dois lados é envesgar. Vamos agora observar como nasceu esse vesgo e ridículo nome de filosofia.

---

[7]. Recordemos o breve exemplo antes mencionado das aventuras sofridas pelo vocábulo "ideia". Cada palavra pede, em princípio, uma biografia, num sentido *análogo* ao que tem este termo quando referido a um homem. O que tem de *analogia* provém do fato de que as palavras pertencem, em última instância, à "vida coletiva", que só é vida em sentido *análogo* à "vida pessoal", a única que é propriamente vida [cf. *El hombre y la gente*].

2ª **edição** maio de 2015 | **1ª reimpressão** janeiro de 2024
Papel Offset 75 g/m² | **Impressão e acabamento** Imprensa da Fé